2020

高等教育教学实践探索
——厦门大学解决方案

计国君　主编

厦门大学出版社　国家一级出版社
XIAMEN UNIVERSITY PRESS　全国百佳图书出版单位

图书在版编目(CIP)数据

高等教育教学实践探索:厦门大学解决方案/计国君主编.—厦门:厦门大学出版社,2020.12
ISBN 978-7-5615-7981-7

Ⅰ.①高…　Ⅱ.①计…　Ⅲ.①高等学校—教学研究—文集　Ⅳ.①G642.0-53

中国版本图书馆 CIP 数据核字(2020)第 237540 号

出 版 人	郑文礼
责任编辑	高　健
封面设计	李嘉彬
技术编辑	朱　楷

出版发行　**厦门大学出版社**

社　　　址	厦门市软件园二期望海路 39 号
邮政编码	361008
总　　　机	0592-2181111　0592-2181406(传真)
营销中心	0592-2184458　0592-2181365
网　　　址	http://www.xmupress.com
邮　　　箱	xmup@xmupress.com
印　　　刷	厦门市金凯龙印刷有限公司

开本	787 mm×1 092 mm　1/16
印张	29
插页	1
字数	618 千字
版次	2020 年 12 月第 1 版
印次	2020 年 12 月第 1 次印刷
定价	116.00 元

本书如有印装质量问题请直接寄承印厂调换

厦门大学出版社
微信二维码

厦门大学出版社
微博二维码

目　　录

第一篇　思想政治理论课教育与课程思政

第二篇　课程与教材建设

第三篇　课堂教学改革与思考

第四篇　创新创业教育与实践教学

第五篇　人才培养模式创新与实践

第一篇

思想政治理论课教育与课程思政

数学建模从通识课程到课程思政的
提升与建设方案

谭　忠*

摘要:党的十八大以来,习近平总书记把创新摆在国家发展全局的核心位置,高度重视科技创新。因此,对人才培养中的创新教育模式的探讨显得格外迫切,任何一门课程都对个别相关学科的创新教育有积极意义。是否有这样一门课程,它几乎涉及所有学科和所有行业,通过对它的学习与训练就可以不出校门,了解几乎所有学科,了解几乎所有行业。数学建模课程应该属于这类课程。本文阐述了数学建模课程从最初为了提高大学生学习数学课程的兴趣、提高大学生应用数学解决实际问题的能力、扩大大学生的学科视野与行业视野以及指导大学生的职业规划这一技能性、实用性的课程,通过挖掘、提升使之成为实施以"课程思政"为目的的课堂教学改革,推进习近平新时代中国特色社会主义思想进课堂、进头脑、进教材,使大学生深刻领会习近平科技创新思想,从而树立远大理想、立志科技报国、提高创新意识与创新能力,为祖国研究出更多关键核心技术,实现本课程"为党育人、为国育才"课程思政的不朽初衷。这样本课程通过站位、教学内容灵活的教学方法凝聚成一门重要的创新教育课程。

关键词:课程思政;数学建模;学科视野;行业视野;职业规划;创新意识;创新能力;科技报国

一、创新与创新思维——领袖的重托、当代的使命

创新是在当今世界,在我国出现频率非常高的一个词,同时又是一个非常古老的词。创新(innovation)这个词起源于拉丁语。它原有三层含义:一是更新;二是创造新的东西;

---

* 谭忠,湖南人,厦门大学数学科学学院教授、博士生导师,"闽江学者"特聘教授,曾获国务院政府特殊津贴。

三是改变。创新作为一种理论,是美国哈佛大学教授熊彼特,于 1912 年第一次把创新引入经济领域。创新思维指因时制宜、知难而进,以开拓创新的科学思维、新颖独创的科学方法解决问题的思维过程,这种思维能突破常规思维的界限,以超常规甚至反常规的方法、视角去思考问题,提出与众不同的解决方案,从而产生新颖的、独到的、有社会意义的思维成果。习近平强调要提高战略思维、历史思维、辩证思维、创新思维、法治思维、底线思维能力。其中,"创新思维"成为习近平总书记近几年在不同场合讲话中提及的高频热词。习总书记为何如此重视"创新思维",领导干部如何培养"创新思维",全社会又该怎样鼓励和尊重"创新思维"。他的一系列重要讲话,已经给出了答案。2014 年 6 月,北京人民大会堂,在中国科学院第十七次院士大会、中国工程院第十二次院士大会上,习近平总书记表示:"我们比以往任何时候都更加需要强大的科技创新力量。要实现中华民族伟大复兴的目标,就必须坚定不移贯彻科教兴国战略和创新驱动发展战略,坚定不移走强国之路。"这次大会上,总书记站在历史和时代的高度,为我国科技发展指明了方向。科技兴则民族兴,科技强则国家强。在建设世界科技强国的征程上,总书记提出一系列新思想、新论断、新要求。他深刻地指出,科技创新是核心,抓住了科技创新就抓住了牵动我国发展全局的"牛鼻子"。

1.为什么会产生创新呢?

人类为了解决所面对的问题,一般有三种应对模式:一是了解前人或其他的人在此之前是否做过类似的事情,这样可以借鉴或改编前人的方法解决当前问题,或者改编眼前的问题跟前人所考虑的问题近似,然后予以解决。这就是站在前人的肩膀上前进,在方法论上称为类比方法。这也是我们需要上学读书的原因。二是你所面对的问题是人类从未遇到过的,或者以前遇到过,但从没有考虑过而现在不得不考虑的问题,这就需要创新。三是人类从未走出丛林,今天的中国仍面对一种情况,那就是有人知道路但对我们封锁,他们不让我们跟跑,我们不得不靠自己的努力另辟蹊径实现超越。这就是独立自主的创新。

2.科学精神与工匠精神对科技创新的呼唤

在改革开放初期,设立人才项目即头衔,俗称"帽子"。最初这些"帽子"的设立,为我国当时的科技迅速发展做出了不可磨灭的贡献。但如今"帽子"已经满天飞,少数有"帽子"的学者成了跳槽专业户,有的人一顶"帽子"在多处兼职。许多高校为了自身发展或者应付检查、评估,不是注重内涵建设而是到处高价挖人。这些做法严重影响了青年学者的努力方向,少数科技人员丧失科学精神和工匠精神,与设立各种头衔的初衷背道而驰。

对应于设立"帽子"的评价体系,许多指标如 SCI 篇数、影响因子、引用次数、ESI 高被引(学者)、自然指数等几乎都可以人为操作。比如近期新华社报道:高校为争夺 ESI 排名"奇招"频出。近年来,每隔两个月,ESI 排名的公布都会牵动众多高校的神经。记者调查发现,为争夺 ESI 排名,一些高校不惜鼓励校内学者互引刷数据,还引发了学术论文追热点、"傍大腕",利用审稿权增加文章被引数等现象。一些高校还专门成立了 ESI 学科建设会、专家咨询会。多家高校内部考核文件显示,很多学校专门制定了"ESI 学科论文引用奖励办法",对高被引论文、热点论文实行高额奖励。

由于一些高校和科研机构的注水行为,排行榜的科学性受到影响。此外,一些科研人员还反映,一些人通过摸清 ESI 排名的套路钻空子,进一步影响了数据真实性。比如,有学者发现,上半年发表的论文拥有更多被引用的机会,1 月份发表的论文成为 ESI 高被引论文的概率,是 12 月份发表的论文的 40 倍。

这些都与应用指标体系检验科研水平的初衷背道而驰。因此,今年刚出台的国家三大奖,取消影响因子与引用次数考核是非常必要的。

正本清源正是为了科学界重视科学精神与工匠精神,把精力用在科技创新上。

3.面对复杂国际环境的中国对原始创新的呼唤

以美国为代表的国际反华势力只希望中国的科技永远跟跑,由此我们必须自主创新。正如习总书记说的:我国科技发展的方向就是创新、创新、再创新。实施创新驱动发展战略,最根本的是要增强自主创新能力。要坚定不移走中国特色自主创新道路,坚持自主创新、重点跨越、支撑发展、引领未来的方针,加快创新型国家建设步伐。

4.国家发展对创新人才的迫切需要

为了培养国家需要的创新人才,越来越多的高校允许学生选修其他学科的课程,但是时间总是有限,大学生所了解到的学科仅少数几个。有什么办法在不需要花费大量时间的前提下,让同学们了解更多学科背景和行业背景。数学建模就是这样一门课程。它的案例几乎涉及所有学科和所有行业,使同学们通过本门课程的学习,足不出户便可以获得其他学科或行业的背景知识、问题与解决方案。

二、从数学建模课程的内涵和外延看其思政特征

1.什么是数学建模

数学建模就是人类应用定量思维的方式,探讨自然现象、社会现象、工程技术、人自身以及日常生活中的实际问题的过程。通常,人们分析决定现象和问题演化发展变化的因素,即变量并创建方法量化这些变量,再根据现象与事件所表现出来的或者人们测定的数据,应用独创性的思路或者某些业已建立的规律和机理,建立变量之间的定量关系,这种定量关系统称为数学模型。然后求解所建立的数学模型,并解释、验证求解结果而应用于实际。但求解数学模型的过程因为需求不同形成了两类关注侧面不同但相互依存的研究体系,一类是分析研究该数学模型,并建立纯粹的理论体系,另一类则需要近似计算来预

测或解释现实问题的应用体系。前者被称为基础数学或应用基础研究,后者被称为应用数学。在长期的生产实际中,人们已经逐步地将这些定量的思想方法和建立起来的数学模型,通过深入的研究建立了不同分支的数学理论体系,并与实际背景问题的研究相分离,按照数学特有的规律持续发展着。

回顾漫长的数学发展历程,人们通过数据的采集和定量分析的思想方法,建立了许多变量之间的关系,形成了许多数学分支。首先是最简定量关系即函数关系,形成了初等分析方法,并建成了一套函数论理论体系;接着比初等函数关系稍复杂一点的变量之间的关系式满足某个代数方程,形成了初等代数方法和初等几何方法,建立起代数学和解析几何理论体系;进一步地,人们也建立了变量之间满足动力学行为时的动力学方法,当变量离散时称为离散动力学方法(差分方程),当变量连续时称为连续动力学方法(常微分方程和偏微分方程)。同时还建立了变量之间具有优化效应的方法[动态优化方法(变分法)和静态优化方法(线性与整数规划、非线性规划、动态规划、组合优化与图论方法、排队论、存储论、对策论和决策论)];不仅如此,人们还探讨了不确定问题的随机数学方法,即概率论与随机过程、蒙特卡罗模拟以及随机排队论、随机存储论的方法,以及统计方法包括回归分析与方差分析、聚类分析与判别分析、主成分分析和因子分析、对应分析与典型相关分析和时间序列分析等;最后对界限不分明的模糊性问题,人们建立了模糊数学方法,即模糊数学方法和灰色系统分析方法等。

当然还有许多看似非常抽象的数学理论也来源于实际,并应用于更加抽象和高深的科学理论,甚至在高科技的新技术领域得到应用,如微分几何和偏微分方程在广义相对论中的应用,拓扑学在无结构数据分析中的应用,偏微分方程在瓦斯爆炸的阻隔爆技术和超高声速(航空发动机)推进技术中的应用等。这些都需要更难、更深刻的数学知识,我们将在未来的论著中探讨。

2.数学建模课程的特点

(1)本课程内容丰富、体系完整,尝试全面汇聚数学建模的方法与思想体系,并按照数学知识结构进行分块,各模块、各章节相互独立,自成体系,由浅入深,又相互衔接,汇聚成体。这些内容几乎涵盖了目前流行的数学建模知识点和方法的全部内容,便于分块训练和作为资料查找,有利于扩大大学生的数学知识面。

(2)本课程每章节总是从产生该数学分支的源头问题出发,引出相应的数学思想和当今的应用,然后过渡到方法的引出,形成以数学方法为主线的特色,并引导学生进行案例分析,遵从"类比"方法与创新方法结合的原则,绝不生搬硬套某种方法。

(3)本课程是厦门大学国家精品共享课程和国家精品在线 MOOC 课程"数学建模"的配套内容,它构建了以"高兴趣、宽知识、阔视野、强能力"为导向的全过程案例化教学体系,使本课程以问题为驱动,案例贯穿全过程,所选案例来源于多学科、跨学科、行业需求和日常生活,许多是面向当今科技发展前沿、面向国家和地方战略需求、面向社会热点问题,新颖有趣,具有时代感,有助于提高同学们学习数学和应用数学解决实际问题的兴趣。有的问题可能正孕育着新的数学思想并逐步在产生新的数学分支,有利于拓宽大学生各方面的知识面、开阔大学生的学科与行业视野、增强大学生的创新意识和创新能力以及提高他们在学术界或行业企业中的持久竞争力。

(4)本课程不仅注重建模论文的写作格式符合学术论文的写作要求与规范,以便适合全国大学生数学建模竞赛和美国大学生数学建模竞赛的赛前培训,而且更加强调面对案例和竞赛题就像面对科研课题,具体来讲我们建议引导学生按以下方式进行训练:①这个问题过去有类似的研究吗? 认真查阅资料、搜集资料,搜集多种不同资料,包括教材、专著和论文。②过去用的什么数学知识建模的? ③你熟悉这个建模方法吗? 必须掌握并在课堂上讲解。④你与之不同的想法是什么? 这是呼唤大学生创新能力的关键点。通过这样训练后的学生,科研意识和创新能力显著增强。后期出国到名校深造、保送到更好院校的学生比例远比没有参训的学生比例大。

与其问如何学好本门课程,还不如问如何练好这门课。数学建模不过是建立现象或事件中变量之间的定量关系的过程,将这个定量关系写成数学的式子就是数学模型。由于变量的多样性、复杂性,同学们必须抓住主要因素,去掉次要的因素,展开想象力,建立变量之间的定量关系。经证明,以学生为主体的研究性教学模式和多名学生组合的协同学习形式相结合的教学模式效果良好,具有推广价值。

(5)本课程体现了以教学内容促进教学方式、教学方法的改革思路。初步解决了"教"与"学"的关系,改变了长期以来以教师为中心、学生被动接受教育的模式。本课程强调将研究性教学模式与协同学习模式有机结合,确定以学生为主体,通过对学生系统化的数学思想与建模方法指导,精心培植创新性人才自主学习的土壤,注重培养学生自我发现问题、解决问题的能力,形成适合学生自主学习、协同创新的教学模式和环境。该模式强调师生双向互动、共同研究,强调与多学科、多行业结合的开放性策略,利用高校多学科优势,以科研和行业需求反哺教学,将多学科科研的内容、行业企业急需解决的问题以及研究生专题讨论班的形式引入本科教学,使之成为灵活的、有利于大学生个性化发展、能启发引导学生学以致用、提高大学生的创新意识和创新能力的、有深度的开放式教学模式模拟企业场景。

(6)本课程的内容编排、每章节课时长短以及案例格式要求,充分体现了本课程内容以及厦门大学在数学建模教学、竞赛培训模式上的科学性、系统性、时代感、可持续发展以及可向其他学科推广的普适性,确实将传授知识、培养素质和提高大学生创新能力有机地结合起来了。

(7)本课程是厦门大学国家精品课程"数学建模"系列课程体系的一部分,我们成功地将数学建模的思想融入大学一年级新生的学科入门指导和数学主干课的教学活动中去,取得了良好的效果。同时,本课程对建模知识点的相应数学理论进行了直通前沿领域的引导性简述,有利于学生们课程结束或竞赛结束后继续钻研,成为其大学生科创项目、毕业设计题目甚至硕士、博士阶段的研究选题。总之,经过多年的努力,我们挖掘了数学建模技能的多效性,成功拓展了该课程的应用功能,逐步形成了本硕博多层次、阶梯性、循序渐进的贯穿从大一新生到毕业生职业规划的,以理、工、农、医、经、管学科为主贯穿多学科的、多行业的立体化的、全方位的课程体系。

数学建模课程有无穷魅力,我们按照李大潜院士提出的"将数学建模的思想融入数学主干课的教学中"的理念进行相关教学实践活动,并由此寻找有效的适应新学生群体的教学方法,收到了相当好的效果:

(1)从 2003 年至 2019 年,通过本课程,我们共指导厦门大学建模队获全国一等奖 51 个,全国二等奖 83 个,其中,2003 年和 2013 年两次获当年度全国唯一一项最高奖"高教社杯",成为我国自 1992 年开赛 2002 年设立该奖以来唯一两次获得"高教社杯"的重点高校。

(2)近年来,受益于数学建模活动的学生越来越多,有的同学因为获奖而获得国外著名大学的青睐,还有的同学因此获得保研深造的机会,更多的同学通过训练而掌握了数学建模的方法、技能,在后来的科学研究或工作岗位上发挥了重要的作用。

(3)近年来,"厦门大学数学建模创新实验室"已经建设成为我校教学与科研的平台,成为我校辐射全省和全国、服务地方建设的重要窗口。

(4)通过数学建模教学和竞赛培训的实践活动,探讨了一套学术型拔尖人才和应用复合型人才同室培育的教学模式,不需要人为分流就能培养出学术拔尖型和应用复合型两类人才。对于没有设立专业学位如"数学"这样的学科就是一个很好的模式,起到了示范作用。

3.数学建模对各学科和各行业的支撑

数学的价值主要体现在它能解决各学科、各行业以及科学与工程技术领域和现实生活中提出的问题。这里,我们列举部分对数学建模有大量需求的学科和行业进行简单分析。

(1)音乐审美

对音乐的欣赏,不管是管弦乐、小提琴独奏还是大型的交响乐,可以这样说,对音乐的欣赏与理性分析产生了深入的数学理论,也诞生了科学! 正是对小提琴弦的研究导致了首个偏微分方程的出现,并最终形成了一个强大的学科。

(2)数学建模与各学科

科学的发展是离不开数学的,数学模型在其中起重要的桥梁作用,各学科的许多基本理论都是用数学模型表示的。数学建模是科学研究的基本手段与语言,又是联系数学理论与现实世界生产和实际的桥梁。

数学建模与自然科学各学科存在广泛联系。首先看 07 理学（0701 数学、0702 物理学、0703 化学），马克思、恩格斯说："一种科学只有成功运用了数学，才算达到真正完善的地步。"物理学正是成功运用了数学。

0704 天文学，比如，多体问题（many body problem）。定义：由三个或三个以上的质点及其相互引力作用组成的力学模型。天体力学和一般力学的基本问题之一，又称为 N 体问题，N 表示任意正整数。它研究 N 个质点相互之间在万有引力作用下的运动规律，对其中每个质点的质量和初始位置、初始速度都不加任何限制。牛顿早就提出了这个问题。作为研究天体系统运动的一种力学模型，N 个质点就代表 N 个天体，每个质点所受到的作用力就是它们之间的万有引力。因此，这也是一种特殊的质点系统动力学，并已成为一般力学的专门分支。对于一些特殊形状的天体，不能作为质点看待时，则须另行研究。天体力学中的普遍情况下的多体问题是一组已知初始值的常微分方程组。

0705 地理学，0706 大气科学。例如，龙卷风、飓风和台风是如何形成的？

0707 海洋科学。例如，海啸是如何形成的，可以提前预测吗？

0708 地球物理学，0709 地质学。例如，地震等地质灾害是如何形成的？可以预测吗？

0710 生物学。随着后基因组时代到来，生物学研究者的定量研究能力和知识已不再是可有可无的了，而是大势所趋。英国生物学家保罗·纳斯（Paul Nurse）因细胞周期方面的卓越研究成为 2001 年度生理学或医学诺贝尔奖的得主。他曾在一篇回顾 20 世纪细胞周期研究的综述文章中写道："我们需要进入一个更为抽象的陌生世界，一个不同于我们日常所想象的细胞活动的、能根据数学有效地进行分析的世界。"

0711 系统科学一级学科是从数学学科中分出去的。0712 科学技术史也可以应用反问题的数学方法研究某个技术的起源，为人类促进科学技术的发展寻找机遇。0713 生态学，数学与生态学的结合已经形成了二级学科数学生态学（mathematical ecology），这是介于生态学与数学之间的边缘学科，是用数学方法定量研究生态系统变化过程的学科。早在 20 世纪 40 年代，就有人应用数学概念和技术整理了生态实验和观察的经验数据，如在物种散布和生态位填充、岛屿地理学和地理生态学，以及在营养动态和食物链研究等方面做出了贡献。到了 60 年代系统工程应用后，系统分析逐步引入了生态学研究。利用计算机进行生态过程模拟实验，标志系统生态学的开始，由于环境问题的出现和定量研究生态过程的深入，系统分析和模拟技术在生态学领域发展十分迅速。美国许多地方建立起了生态系统模拟或资源计划研究中心，其他如加拿大、澳大利亚、日本和欧洲一些国家的数学生态学也有类似的发展和应用，是系统分析和模拟数学生态发展的当代高阶段和新水平。0714 统计学尽管已经成为一级学科，但是它必定以数学为基础。

08 工学门类包含 39 个一级学科（0801 力学、0802 机械工程、0803 光学工程、0804 仪器科学与技术、0805 材料科学与工程、0806 冶金工程、0807 动力工程及工程热物理、0808 电气工程、0809 电子科学与技术、0810 信息与通信工程、0811 控制科学与工程、0812 计算机科学与技术、0813 建筑学、0814 土木工程、0815 水利工程、0816 测绘科学与技术、0817

化学工程与技术、0818 地质资源与地质工程、0819 矿业工程、0820 石油与天然气工程、0821 纺织科学与工程、0822 轻工技术与工程、0823 交通运输工程、0824 船舶与海洋工程、0825 航空宇航科学与技术、0826 兵器科学与技术、0827 核科学与技术、0828 农业工程、0829 林业工程、0830 环境科学与工程、0831 生物医学工程、0832 食品科学与工程、0833 城乡规划学、0834 风景园林学、0835 软件工程、0836 生物工程、0837 安全科学与工程、0838 公安技术、0839 网络空间安全),可以看到没有一个一级学科不需要数学。

09 农学门类包含 9 个一级学科(0901 作物学、0902 园艺学、0903 农业资源与环境、0904 植物保护学、0905 畜牧学、0906 兽医学、0907 林学、0908 水产学、0909 草学),这些学科都需要数学方法的深入。

10 医学门类包含 11 个一级学科(1001 基础医学、1002 临床医学、1003 口腔医学、1004 公共卫生与预防医学、1005 中医学、1006 中西医结合、1007 药学、1008 中药学、1009 特种医学、1010 医学技术、1011 护理学),目前医工结合的迅速发展,医学各学科几乎都将需要数学方法的应用。

11 军事学门类需要精准,一定离不开数学。

12 管理学包含 5 个一级学科(1201 管理科学与工程、1202 工商管理、1203 农林经济管理、1204 公共管理、1205 图书情报与档案管理),每个一级学科应用数学方法的趋势已经不可逆转。

13 艺术学(1301 艺术学理论、1302 音乐与舞蹈、1303 戏剧与影视学、1304 美术学、1305 设计学),几乎都需要应用数学解决问题。

01 哲学(0101 哲学)、02 经济学(0201 理论经济学、0202 应用经济学),"经济学因为成功地应用了数学才成为科学"。

03 法学(0301 法学最近出现了计量法学与数字法学的研究,0302 政治学一级学科中,也应用数学进行分析,国外称为政治数理。0303 社会学,比如社会流动与分层。0304 民族学,民族关系与矛盾的分析与预测需要数学。0305 马克思主义理论与 0306 公安学都跟数学有关)。

04 教育学[0401 教育学、0402 心理学(教育学、理学学位)、0403 体育学],正在应用大数据方法分析教育学的最佳走势。

05 文学(0501 中国语言文学、0502 外国语言文学、0503 新闻传播学)门类正在与计算机、大数据与人工智能结合,成为下一个数学化的学科门类。

06 历史学(0601 考古学、0602 中国史、0603 世界史),欧亚语系起源自哪里是语言学、历史学和考古学等领域的重点问题,一直在全世界争论不休。前几年,这个争议了百年的问题被几位数学家应用扩散的数学模型解决了。

(3)数学建模与各行业

国家标准(GB/T 4754—2002)规定国民经济行业分 20 个门类,我们对各门类中存在的问题作简单分析。

（A）农、林、牧、渔业。例如，中药种植业发展中的三个关键问题——中药材资源的可持续发展、中药材基地建设、中药材规范化种植及 GAP 认证，造林和更新问题，渔业养殖与捕捞问题，农业生产最佳灌溉系统问题。

（B）采矿业。例如，烟煤和无烟煤开采洗选合理配置问题，对煤矿瓦斯气（煤层气）的开采问题，瓦斯爆炸的运动方程与预防。

（C）制造业。例如，加工过程中的最佳方案问题等。

（D）电力、燃气及水的生产和供应业。例如，节能问题，污水治理问题，智慧城市中的智能气网、智能水网、智能电网等。

（E）建筑业。例如，建筑的抗震问题等，建筑设计中的问题：伊拉克裔天才女设计师哈迪德，最初选择学习数学而不是建筑学，在那里她学会了分析和缜密的思考，还获得很多关于几何学的抽象的知识。在 20 世纪 70 年代初来到伦敦后，她才开始学习建筑。

（F）批发和零售业。例如，烟草制品批发与零售的精准投放问题，超市进货问题等。

（G）交通运输、仓储和邮政业。例如，物流公司的最佳运输路径问题，最佳装载问题，最佳仓储问题等。

（H）住宿和餐饮业。例如，酒店的评级问题。

（I）信息传输、计算机服务和软件业。例如，计算机是数学家发明的，高新技术的本质是数学，数据处理和存储服务问题，软件等 IT 公司。

（J）金融业。例如，金融、保险、证券行业定价问题，银行系统（理财、财务分析师）保险公司（精算）、证券分析师，风险和损失评估问题，汇率问题，金融衍生产品如何定价？如何估计风险？金融危机与经济危机如何预测？在衍生证券的定价理论中，著名经济学家、诺贝尔奖获得者 Black-Scholes 建立的定价理论成为华尔街的操盘法律，而 Black-Scholes 公式则是一个偏微分方程。

（K）房地产业。例如，房地产价格评估问题，房地产行业的泡沫问题等。

（L）租赁和商务服务业。

（M）科学研究、技术服务和地质勘查业。例如，自然灾害和自然现象的分析与预测——①地震灾害对人类威胁巨大，它能被我们预测吗？地震波的改变给我们什么信息？②台风、龙卷风和飓风威力巨大，这些特定的风也都是由空气的运动形成的，它是怎样形成的？我们能够运用流体运动的特征描述并预测它们吗？例如，工业与高新技术领域——①石油开采模型地下储油层可以视为石油储藏在多孔介质之中，当我们打井采油时需要研究石油在多孔介质中的流动情况。为了确定石油的储量和地下油藏参数，如多孔介质对石油的渗透率等，我们需要知道地下石油的压力变化情况，知道了地下石油的压力变化，可帮助我们决定采油方案，使采油能够持续高产，但在采油的过程中，我们不可能测量油藏各点的压力。因此，需要建立相应的数学模型，利用数值模拟技术计算出油藏各处压力的变化情况。②新材料的合成从晶体生长到铁磁的研究，都需建立分子运动方程。

（N）水利、环境和公共设施管理业。例如,2005 年"高教社杯"全国大学生数学建模竞赛题目 A 题:长江水质的评价和预测问题。

（O）居民服务和其他服务业。例如,菜市场选址问题,菜篮子工程的优化问题。

（P）教育。例如,教育收费的合理性问题。

（Q）卫生、社会保障和社会福利业。例如,2009 年"高教社杯"全国大学生数学建模竞赛题目 B 题:眼科病床的合理安排问题。

例如,肥胖研究似乎不属于数学范畴,但美国俄亥俄州州立大学数学研究人员侯赛因·焦什昆不这样认为。他带领一个研究团队,借助数学模型揭示脂肪细胞形成的过程并解开肥胖之谜。

例如,如何准确预报天气或者局部地区烟雾消散的时间?

例如,人口问题是当今世界上最令人关注的问题之一。

例如,交通流问题。

例如,吸烟过程的数学描述。

（R）文化、体育和娱乐业。例如,2006 年"高教社杯"全国大学生数学建模竞赛题目 A 题:出版社的资源配置问题。

（S）公共管理和社会组织。例如,公务员(统计局、规划局——城市高温屡屡刷新:被忽略的城建生态功能——散热问题的数学问题),评估部门评估(风险、教育评估如高校评估)中心、评估(房地产)所、上市公司资产评估等,大型活动的评估,国家或地区科技实力评估,机场调度部门(如何最优?)。

（T）国际组织。例如,政策研究部门、国际关系分析师。美国新英格兰复杂系统研究所和布兰代斯大学的科学家小组发明了一个数学模型,能以 90%的准确率预测何处可能发生不同种族或文化间的暴力冲突。

三、数学建模对高新技术的强力支撑

掌握建模技术,提高科技原创能力!依靠学科背景,利用建模知识,分析自然和社会现象以及各行各业在实际中提出的问题,克服技术难题。建立准确的数学模型并解决它,这就能做出高水平的原创性科研。

1.纯粹数学居然这么快就用上了:用于识别复杂网络社区的 Ollivier-Ricci 曲率法受 DARPA、美国陆军研究署资助,南加州大学的研究人员提出"Ollivier-Ricci 曲率"概念,用于社区网络结构识别,能够快速识别出复杂团体、物品和人之间的隐藏联系与相互关系。

麻省理工学院(MIT)报告指出基础研究投资减少会使美国陷入创新赤字。2017 年 2月,美国麻省理工学院发布研究报告,强调了基础研究对美国保持创新领导地位的重要性。

俄罗斯政府工作报告总结 2012—2017 年取得的科学成果与突破。2018 年 4 月 11日,俄罗斯政府网站发布 2012—2017 年政府工作报告,总结上届政府期内俄罗斯在经济、民生、社会发展和科学技术等多个领域的工作成果。

2.用于飞机起落架的半主动磁流变阻尼器,韩国仁荷大学和韩国航空大学设计了一型双芯型半主动磁流变阻尼器,可提高飞机起落架的着陆效率。

四、数学建模课程思政的设计

1.基础知识讲授与思政融合设计

（1）基础知识最能体会由问题的驱动与牵引,逐步产生数学思想的过程,将现实问题的规律和解决方案用数学思想表现出来就是数学模型。这个过程不是生搬硬套传授知识,重点在培养学生的逻辑思维能力、分析问题的能力、把握规律的能力。学生感受到数学的魅力、数学的美妙、数学源远流长的光辉历史,认识到数学的发展以及它对人类社会发展的作用,从而树立不怕困难、艰苦奋斗、勇于创新的理想信念,成为继承和发展前人文化遗产的人。

（2）挑战教科书,捍卫科学家精神。

2010 年,康振生注意到一篇论文:美国科学家让"小檗"这种植物感染上了小麦条锈菌。这让他不禁沉思,康振生决定挑战教科书。几年后,康振生以无可辩驳的证据说明:小麦条锈病菌的确在野生小檗上交配和生育,这也是小麦杀手层出不穷的根源。这一发现被评价为具有"里程碑"意义。

2.案例分析训练与思政融合设计

（1）数学建模训练的形式主要是分组,3 人为一组,在合作学习过程中加强集体主义教育。学会合作是面向 21 世纪的教育四大支柱之一。当今社会竞争与合作并存,大学生很快就要走上工作岗位,即将面临很多问题,如何与人相处,如何克服工作中遇到的种种困难,如何树立正确的集体主义观念等,都是需要认真思考的问题。这就要求教师在课堂教学中加强学生团队合作精神的培养,为学生创造合作的环境。同组的同学来自不同的学科专业,有利于多学科交叉,产生灵感,做出更好的科研成果。

（2）案例分析要具有时代感,习近平总书记在科学家座谈会上的重要讲话中指出:"希望广大科学家和科技工作者肩负起历史责任,坚持面向世界科技前沿、面向经济主战场、面向国家重大需求、面向人民生命健康,不断向科学技术广度和深度进军。"数学建模课程也要以问题为导向,国际前沿问题、国家战略问题、社会热点问题以及日常生活中的问题,会引起同学们的高度兴趣,问题驱动使同学们的学习效益更加明显。

（3）选择案例分析,同时也穿插一些中国老一辈科学家的感人故事,他们正当风华正茂时毅然决然放弃自己的所学所研,投身到祖国最需要的学科与行业。"两弹一星"元勋们牺牲自我、报效祖国的感人故事将影响我们的年轻学子,起到思想政治课程教育的同样效果。

"基础化学实验（一）"课程中融入思政育人的
教学设计探究*

王翊如　黎　朝　杨乐夫　杨利民　董　鑫　郑　洪　任艳平**

摘要:本文以化学系的"基础化学实验（一）"课程为例,探讨了在制备实验、化学原理实验、容量分析实验、重量分析实验、电分析实验、光分析实验教学模块中融入思政育人的方法途径,在培养学生具有人文素养、科学精神和社会责任感等方面做了详细的教学设计。

关键词:课程思政;教学设计;基础化学实验

　　"教书育人"一直以来都是教师的基本责任和义务。面对新时代提出的课程思政的要求[1],则需教师进一步详细地做好教学设计,挖掘有益的思政元素。

　　由于专业实验课具有课时长、小班教学等特点,教师有更多的时间在课堂上与学生进行交流讨论和单独指导,"基础化学实验（一）"课程作为化学类学生第一门必修实验课,在引导学生重视实验安全、具有环保意识和可持续发展理念、具有人文素养、科学精神和社会责任感,了解专业及相关学科领域的政策和法律,遵守学术道德、职业道德和职业规范等方面起着重要的支撑作用。

　　本文拟从"基础化学实验（一）"课程的制备实验、化学原理实验、容量分析实验、重量分析实验、电分析实验和光分析实验六大教学模块入手,对实验课程中融入思政育人的方法进行详细的教学设计。

---

　　*　感谢国家基础科学人才培养基金项目 J1310024 资助。

　　**　王翊如,厦门大学化学化工学院副教授;黎朝,厦门大学化学化工学院副教授;杨乐夫,厦门大学化学化工学院副教授;杨利民,厦门大学化学化工学院副教授;董鑫,厦门大学化学化工学院助理教授;郑洪,厦门大学化学化工学院副教授;任艳平,厦门大学化学化工学院教授。

一、制备实验

制备实验的核心在于制备出具有品质好、产量高的产品。本课程涉及两个基础的制备实验,包括硫酸亚铁铵和三草酸合铁酸钾的制备。采用微量化的实验设计理念不但减少了制备成本,包括材料和时间成本,而且增加了课堂讨论的深度和广度。利用学生自制的硫酸亚铁铵产品作为原料进一步制备三草酸合铁酸钾,可以减少实验教学过程中产生的化学品,体现了"绿色化学"的理念。绿色化学的最大特点是在始端就采用预防污染的科学手段,因而过程和终端均为零排放或零污染。世界上很多国家已把"化学的绿色化"作为新世纪化学发展的主要方向之一,因此,在培养人才的过程中,可以通过普及"绿色化学"的理念来加强学生的环保意识和可持续发展理念。

三草酸合铁酸钾是一种漂亮的晶体,制备过程颜色变化多样且绚丽,是最受学生欢迎的实验之一,因此在课堂引入"化学之美"的理念,以"美"启"真",论述科学本身就是真善美的统一,通过提高拍摄实验照片或视频的要求来提升学生的文化品位和审美情趣。晶体生长的情况,不但需要考虑溶质自身的特性、溶液体系、溶质浓度、温度以及温变速率这些参数,而且在实验室里长晶体还可以通过添加不良溶剂、挥发、降温、控制晶核等方式以及控制电场、磁场、压强等方式调整晶体生长。诸多的影响因素导致学生在实验过程极易加错试剂,此时不仅要求学生重做实验,更鼓励学生从所处的各种迷途、歧途中找到正确的回归方向,合成出正确的产品[2]。

二、化学原理实验

近年来,科学研究经常被一些追求"高、大、上、新、奇、怪"的噪音所干扰,在处于启蒙阶段的学生心中造成一定的思维混乱以及对科学探索进程的轻视。"化学反应动力学与活化能测定"作为一项重要的化学原理实验内容,起到了从化学现象到化学规律的摆渡性作用,为学生树立脚踏实地,立足客观世界与科研实践向未知世界启航的探索精神至关重要。在实验目的介绍中,通过突出反应动力学在从反应现象、化学平衡上升到速率方程、反应动态学中的桥梁性作用,了解到"高深莫测"的理论模型的起源与终点始终立足于基本的化学事实。我们做研究的目的不是飞到天上去,而是返回到地面上来,回到科学探索的初衷,去设想自己如何正确看待眼前的科学问题,并脚踏实地地给出研究方案。

由上述强调实践性教学思路进一步延伸,作为化学类实验课程的先导,实验方案与流程的讲解也需对理论课教学中常用的演绎法教学进行改造:理顺从实践到理论的因果顺序,推翻对理论权威的畏惧心态,为真正的新路线、新设计预留成长空间。例如,课程中对阿累尼乌斯关系的阐述,理论课教学中常采用从天而降的方式直接界定活化能与指前因子的物理意义,而在实验中这两个概念的出现是基于实验条件的规律性设置而呈现的反应现象的改变,对现象的反复观测和规律的试探性总结,才形成了经验型公式的表达。通过这样思路的调整,学生对于科研探索中基础实验事实、基础性数据的重视才能够得到强化,为真正需要突破的研究方向积蓄能量。

三、容量分析实验

容量分析是定量分析的基础,涉及一系列基础实验训练,包括规范的操作、实验环境的维护、实验记录以及分析结果的表达与评价。规范的操作不仅可以获得准确可靠的可以重复的实验结果,也能提高实验效率。严谨、认真、细致的规范操作习惯的养成,将为学生以后的科学研究打下坚实的基础,并使学生进一步了解化学及相关学科领域的政策和法律,了解遵守学术道德、职业道德和职业规范的必要性。而维护实验环境的干净整洁,是获得准确可靠实验结果的重要保障。实验环境的维护需要每个学生的共同努力,尤其是公用试剂及仪器的使用,要求学生使用后恢复原来状态,满足实验室 6S 管理的要求,这是培养学生基本素质、具有社会责任感的好时机。

注重基础实验训练的同时,同样可以注重学生创新意识的培养。让学生认识到,对于某一物质的测定,分析方法不局限于一种,某种分析方法也不局限于测定一种物质。例如讲解"高锰酸钾法测定硫酸亚铁铵中 Fe^{2+} 含量"实验原理时,启发学生思考对于 Fe^{2+} 的测定,除了我们实验采用的高锰酸钾氧化还原滴定法,是否还有其他方法?(例如,络合滴定的方法、分光光度法等),再进一步说明不同的方法具有不同的灵敏度、准确度、选择性。引导学生根据不同的分析对象(包括含量和基体干扰等)选择不同的分析方法,并让学生尝试延伸实验,用数据加以比较。这样学生对于实验方案的设计、改进有了参与度,可以激发学生对实验的热情与兴趣。这样小小的改进,是培养学生创新意识的一点尝试,希望在这里埋下创新的种子,将来在学生漫长的学习研究过程中会适时发芽、开花、结果。

四、重量分析实验

采用重量法测定结晶水的实验可以追溯到 18 世纪中叶拉瓦锡研究生石膏和熟石膏之间的转变。拉瓦锡将硫酸和石灰合成的石膏加热,发现会释放出水蒸气,他用天平仔细称量了不同温度下石膏失去水蒸气的质量,失去的水蒸气从此被命名"结晶水"。实验讲解可由此引入对拉瓦锡生平的介绍,拉瓦锡出生于法国巴黎一个律师家庭,尽管由于家庭原因他选择在大学学习法律并获律师资格,但他本人却对自然科学更感兴趣。不但利用课余时间学习自然科学,毕业后遵从个人兴趣转而投入自然科学研究,成为人类历史上最伟大的化学家之一,被后世尊称为"现代化学之父"。这说明兴趣是最好的老师,是成就事业的基础和保证。大学生们要在学习生活中有意识地培养自己的专业兴趣。拉瓦锡最伟大的贡献是使化学从定性转为定量:用实验证明了化学反应中的质量守恒定律,彻底地推翻了燃素说,他的定量分析的思想方法为近代化学的研究奠定了基础,使化学开始蓬勃地发展起来。通过拉瓦锡生平的介绍,可以使学生了解"定量"在科学研究中的重要性,这也是相关分析化学实验对学生科学素质培养的一个要点。同时,在学习和研究中要勇于质疑,敢于追根究底,探索未知,经过理性分析和定量实验,提出问题或发表不同见解。

沉淀重量法因其准确度高而被不少国家标准或行业标准所采用,例如硫酸钡重量法测定硫酸根就有国家标准 GB/T 22660.8-2008 和行业标准 YS/T-273.8-2006。标准是科学、技术和实践经验的凝练和总结,是可量化、监督、比较的规范,在全社会各行各业均有应用,是推进治理体系现代化的工具。在实验讲解时可介绍各种标准、法规,尤其是国家标准、行业标准、地方标准和企业标准 4 个层次之间的依从关系和内在联系,使学生了解随着科技进步和社会经济的发展,国家对标准法规工作的重视程度明显加强,政府部门事后监督与检查力度也明显加大。同时,学生也需了解标准和法规具有动态性和时效性,需要不断修订与完善。

五、电分析实验

本课程的电分析实验包括了"阿伏伽德罗常数的测定"和"醋酸电离常数和电离度的测定"。在讲解"阿伏伽德罗常数的测定"实验时,不仅仅教会学生掌握电量分析法测得阿伏伽德罗常数,还可以给学生介绍其他测定阿伏伽德罗常数的分析方法,例如 X 射线晶体密度法,单分子膜法等来拓展学生的视野。同时,还可以介绍阿伏伽德罗常数发现的历史[3],到底是谁最早发现的,它是一个什么样的单位,它是否仅仅是一个常数,有没有量纲,它的出现对于化学学科的发展起到什么样的促进作用等。通过这些知识,学生了解,科学知识并不是信手拈来、轻而易举得到的,它需要付出辛勤的劳动。在探索科学的路上没有捷径可走,它更需要孜孜不倦、不畏惧失败、勇于向困难挑战的精神。科学探索是一个长期、曲折、复杂、艰辛的过程,需要培养学生不怕挫折、锲而不舍、愈挫愈勇的勇气与毅力。

在"电离常数和电离度"实验中,不单单让学生掌握 pH 法,还可以延伸到电位法,再拓展到电导率法、目视比色法和分光光度法等分析方法,并和学生一起探讨各种方法的原理、优点及缺点,以及如何改进,减少实验误差等。通过这些学习,学生体会类比、迁移等多种科研创新思维方式,培养学生的自学能力、思维能力、表达能力和归纳总结能力,树立创新意识和实践意识。

六、光分析实验

光分析实验的引入可以从介绍七个国际单位开始,学生第一次接触光强的单位"坎德拉",生涩的光强单位可以采用生动的中文"烛光"进行表达和理解,由此延伸到"烛光虽小,却能赶走黑暗"以及"勿以善小而不为",并对学生实验过程中的操作细节和为人处世表现做出正面的引导。光分析实验中的分光光度法的基本原理是基于物质对光的吸收,可以由此扩展到光的发射、散射、衍射等分析方法,再由分子光谱扩展到原子光谱,再由可见光扩展到波长范围更广的紫外、红外、X 射线、核磁等波谱方法,初步构建光分析的知识框架。

光分析实验中的目视比色法具有设备简单,操作简便等特点,因此广泛应用于准确度要求不高的半定量分析中。实验过程中要求配制硫酸亚铁铵产品测试液时使用除氧的去离子水溶解,以免水中的溶解氧将产品的亚铁离子氧化成三价铁离子导致错误的分析结果。通过实验原理以及这个实验细节的介绍使学生明白哪怕是一个简单的科学实验它所蕴含的科学原理也并不简单,也需要我们具备扎实的理论知识以及符合科学逻辑的实验设计,这就要求学生保持良好的学风以及不断提升个人自主学习及实践的能力。

总而言之,基础化学实验课堂作为高校专业课教学的重要组成部分,同样担负着思政育人的职责与使命,在教学设计中需努力做到既育智,又育心,促进学生全面发展。

参考文献

[1]杨宜花:《中医专业教学中融入中医文化思政德育的探讨》,《光明中医》2019 年第 9 期。

[2]任艳平:《在基础化学实验教学过程中如何培养学生"想"的意识——以"经典合成实验"教学为例》,《大学化学》2018 年第 9 期。

[3]杨锦:《阿伏伽德罗常数测定实验探究》,《实验技术与管理》2011 年第 3 期。

高校法治教育从"思政课程"到"课程思政"的探索[*]

吕微平　李晓阳[**]

摘要：高校的法治教育从开展之初，便归属于思想政治教育课程，是"思政课程"的一个重要组成部分。当前法治教育从"思政课程"到"课程思政"的探索，既要关注"思政课程"内部的协同教育，也要解决各专业多学科协同法治教育的问题，并且在高校的教育管理中配合法治教育"课程思政"的推进，构建全面覆盖、类型丰富、层次递进、相互支撑的课程思政体系。

关键词：法治教育；思政课程；课程思政

2019 年 8 月 14 日，中共中央办公厅、国务院办公厅印发了《关于深化新时代学校思想政治理论课改革创新的若干意见》，指出要整体推进高校课程思政和中小学学科德育。深度挖掘高校各学科门类专业课程和中小学语文、历史、地理、体育、艺术等所有课程蕴含的思想政治教育资源，解决好各类课程与思政课相互配合的问题，发挥所有课程育人功能，构建全面覆盖、类型丰富、层次递进、相互支撑的课程体系，使各类课程与思政课同向同行，形成协同效应。高校法治教育如何从"思政课程"向"课程思政"发展？笔者结合教学实践进行了一些探索。

一、高校法治教育作为"思政课程"的教学现状

高校法治教育的开展始于 1987 年。1985 年 11 月 22 日，第六届全国人大常委会第十三次会议通过了关于在公民中基本普及法律常识的决议，正式启动全国范围第一个五年普法教育规划，到 2020 年我国将持续开展七个五年的普法教育规划。在全民普法教育的

[*]　基金项目：2018 厦门大学"课程思政"建设计划立项项目："思想道德修养与法律基础"思政课程项目；"基础课"有关"培养法治思维"问题的专题教学设计与研究项目。

[**]　吕微平，福建漳州人，厦门大学马克思主义学院副教授；李晓阳，福建泉州人，厦门大学马克思主义学院硕士研究生。

背景下,从 1987 年起高校的思想政治理论课中出现了法制教育的内容,由"法律基础"课程承担。这意味着高校法治教育的起始是归属于思想政治教育课程之中的,是"思政课程"的一个重要组成部分。作为对高校大学生进行法治教育的主渠道,高校思想政治理论课程中的法治教育教材经历了从"85 方案""98 方案"到"05 方案"的演变,从最初的"法律基础"发展为今天融合了法律与道德的"思想道德修养与法律基础"。截至 2019 年6 月"思想道德修养与法律基础"教材已经出了 8 个版本。

1.高校法治教育教学内容的发展变化

高校法治教育的教学内容一开始仅仅是法制教育,随着中国特色社会主义法治建设的推进,高校也经历了对大学生进行法制教育、法治理念教育到法治教育的发展过程。

法治教育与法制教育、法治理念教育是不同的。法治教育包含了法制教育的基本内容。法制教育侧重讲授法律的具体规定和适用,而法治教育则侧重法律原理和法治理论的学习。法制教育通过对某一社会关系领域的法律条文进行解释,并以现实生活中的相关案例辅助说明,重视规则意识的培养。法治教育重视法治思维的培养,采用问题导向式的教育手段,启发思考,重视法治实践。

法治教育与法治理念教育也不同,法治教育的政治性是通过法治理念教育体现的,法治教育包含了法治理念教育的内容。社会主义法治理念包括依法治国、执法为民、公平正义、服务大局、党的领导等五个方面的基本内容,是中国共产党以马克思主义为指导,在总结社会主义法治建设经验教训和吸收古今中外法治文明成果的基础上,逐步凝练和形成的指导社会主义法治建设的重大理论成果,具有鲜明的政治性、彻底的人民性、系统的科学性、充分的开放性。

2012 年党的十八大把"法治"确立为社会主义核心价值观的重要内容之一,在"四个全面"战略布局中提出了"全面推进依法治国",并将"依法治国基本方略全面落实、法治政府基本建成"作为全面建成小康社会的重要目标和重要任务。2017 年党的十九大进一步明确了全面依法治国是习近平新时代中国特色社会主义思想的重要组成部分,是中国特色社会主义的本质要求和重要保障。2018 版"思想道德修养与法律基础"教材,更是第一次明确提出对新时代大学生开展法治教育,提高法治素养,帮助大学生努力成长为自觉担当民族复兴大任的时代新人的教育目标。

因此,我们可以把高校的法治教育界定为,在全面依法治国的背景下,学校和教师通过组织和实施各种教学方法和教学手段,以讲授马克思主义法学的基本原理知识为基础,帮助大学生掌握中国特色社会主义法治理论,了解中国特色社会主义法律体系,培养法治思维与法治意识,最终使其能够在社会关系中正确地依法行使权利和履行义务,具备较高的法治素养,坚定走中国特色社会主义法治道路。

2.当前高校法治教育教学中存在的问题

(1)法治教育的对象没有具体分类

我们一般把所有的高校大学生都视为法治教育的对象,没有做具体分类。我国的高校包括了本科、专科以及职业院校等各类学校,但在实际的教学中,法治教育几乎是以同一本教材为依据的无差别教育,这种形式的教育是低水平的。以法学专业的本科生为例,2005年之前单设"法律基础"课程时,相当一部分高校的法学专业的学生是免修这门课的。2005年以后整合为"思想道德修养与法律基础",法学专业的学生却转为必须上这门课程,而这门课中法学教育的内容相比"法律基础"却少了近一半! 当然法治教育与法学专业教育不同。法治教育面向所有的高校大学生,而法学专业教育只针对法学专业学生。法治教育的内容依托于"思想道德修养与法律基础"课程,属于思想政治理论课的范畴,政治性是其根本性质;而法学专业教育带有职业教育的特点,更偏重法律专业职业能力的培养。不过不可否认的是在诸如宪法教育、中国特色社会主义法治理论与法治道路等内容上,法治教育与法学专业教育的内容存在部分重叠。

这种以思政课堂作为法治教育主渠道的教育方式虽然有足够的普遍性,但没有明确的针对性。这种模式的法治教育在我国法制建设发展的阶段能够胜任全民普法教育的任务,而当中国特色社会主义进入新时代,在全面推进依法治国的时代背景下,显然变得有些滞后。

(2)法治教育已无法满足高校日益增长的现实教育需求

随着我国中国特色社会主义建设的推进,高校各大专业院系专业化教育的分类越来越细,与之呼应的是社会各领域的法律规则也越来越详尽。无论你将来从事哪一个领域的职业,都必须对该领域的相关法律规则有基础的了解,但目前的法治教育偏重于政治性和普及型,无法满足各专业的教育需求。以职业伦理和学术科研道德规范法治教育为例,各专业院系迫切需要针对本专业职业规则和学术规范的相关法治教育课程,比如经济学院开设经济与法,医学院开设法律与医学伦理等,在专业教育中融入法治教育的内容。

思政课堂作为法治教育的主渠道,其政治性毋庸置疑,但如何与法治教育学理性、应用性的内容相结合,是课堂讲课的一大挑战。法治教育具有实践性的特征,法治思维更是一种融法律的价值属性和工具理性于一体的特殊的高级法律意识。高校法治教育的目标是培养大学生的法治思维,提高法治素养。因此,课堂的讲授应当更加重视启发学生深入思考,理论联系实际,而不是简单的介绍法律规定。在这方面高校的法治教育应当与中学的法治教育有所区别,做好衔接,避免内容重述。这就对授课教师的法学专业水平有较高的要求了,然而目前高校思政课教师中很大一部分是不具备法学专业知识背景的。

（3）高校法学院在法治教育中没有充分发挥作用

高校法学院参与法治教育是从"法律基础"课程开设开始的，从 1987 年起有一些院校的法学院承担了这门课程教材的编写和授课，到了 2005 年将"思想道德修养"与"法律基础"整合为一门课程之后，更多是由思政课教师承担了法治教育部分的授课，效果并不是太好。面对高校日益增长的现实法治教育需求，不论是思政课教师，还是思政课堂都已经无法承担起高校所有的法治教育教学需求。因此，法学院专业教师应当在高校法治教育中发挥应有的作用。目前，有一些高校的个别院系，比如经济学院，会邀请法学院的教师讲授"经济法""电子商务法"等课程。不过这类法治教育课程更偏重技术性和规则性，如何从专业课程向"课程思政"发展，是一个突破的难点。如果从"课程思政"的角度思考的话，那么这类课程的法治教育就不应当仅仅是讲授相关技术规则，更应该解释这些规则背后的国家利益与个人利益的取舍及价值追求。

二、高校法治教育向"课程思政"发展的探索

目前，高校法治教育的发展，已经不能局限于思想政治理论课的课堂，协同创新是未来发展的方向。

1.思政课程内部的协同教育

"思想道德修养与法律基础"课作为思政课程之一，本身就包含了思想道德教育与法治教育两个相对独立的内容，两个部分的内容如何相辅相成，相互配合协同教育，又具有课程思政的特点，形成了这门课的特殊之处。法治教育的开展，离不开对道德与法律关系的阐述；坚持走中国特色社会主义法治道路，需要依法治国与以德治国相结合。法治思维方式的培养，不仅有法律工具价值的体现，更应该重视背后的价值观引领。法治包括良法与善治，"良""善"本身便是价值观的表达。2018 年宪法修订，社会主义核心价值观写入了宪法，将其融入社会主义法治建设是法治发展的方向。良法与善治都需要充分发挥"人"的主观能动性。大学生作为担当民族复兴大任的时代新人，具备良好的思想道德素质与法治素养是实现良法善治的关键。

目前我国社会主义法治实践在很多方面都体现了德治与法治的结合，法治教育的内容应当跟进。2016 年教育部、司法部、全国普法办发布的《青少年法治教育大纲》，指出各级教育阶段法治教育的重点。小学重视习惯养成，关注未成年人保护和校园霸凌；中学重视法律规则内容的学习，关注校园伤害、暴力；高等教育重视法治思维方式培养，增加法治实践在教育中的比重。以此为据高校的法治教育应更多关注法治实践，特别是社会治理、社会矛盾纠纷的处理，拥有品德胜于技巧的底线，敬畏法律规则背后的道德价值观。

2.高校各专业多学科协同法治教育

随着社会化大生产分工分类的细化,与之对应的各院校专业的分类越来越细,专业更新的速度也越来越快,在专业教育中融入法治教育的内容,多学科协同法治教育已经具备现实的需求性和实现的可能性。专业学科教育原先偏重于学理性和专业性,但其实在价值引领上与法治教育有融通的地方。以各专业的职业伦理法治教育为例,在笔者做的一项有关高校职业伦理法治教育的调查中,调查的700多名学生中当问及所在学校是否有开设相关课程时,58.8%表示开设了相关课程,41.2%则表示没有开设相关课程。此外在开设的课程中,职业伦理或专业伦理课程的比重更大,职业或专业法治教育的比例很小,不到10%。那么是我国没有相关的职业立法吗?当然不是,调整职业关系的最基本法律有《劳动法》。如果以医护人员为例,相关法律法规有《执业医师法》《医疗事故处理条例》等,在《侵权责任法》中对医疗伦理责任有明确的法律规定,医务人员违反医疗良知或职业伦理的过失行为,医疗机构应承担侵权赔偿责任。但是目前高校的相关专业开设的大多是职业伦理课程,而不是职业伦理法治教育课程,殊不知有些伦理规则已经入法,不仅是不道德的行为,更是违法行为!由此可见多学科协同法治教育已经迫在眉睫。

当然各专业的法治教育其专业性更强,术业有专攻,法学院的专业教师更有能力去承担。但是不容忽视的是这些课程也是"课程思政"发展的一个方面,立德树人,专业育人,坚持政治性和价值导向是基本原则。因此职业法治教育与职业伦理教育应当是合二为一的,专业性技术性职业规则的背后必须有价值观的正确引领,必须遵守法律。

3.高校管理法治化协同法治教育

"课程思政"是高校思想政治教育向纵深发展的具体化,其中高校的管理也是协同"课程思政"开展的一个重要方面。管理的法治化是最好的法治实践教育。一方面高校的管理要规范化、法治化;另一方面学校要积极引导学生依法自主管理,依法维权,发挥党员学生干部在学生依法自主管理中的作用。这些是最生动和最有效的法治教育实践方式。以厦门大学为例,目前高校学生管理在法治教育方面主要包括学校规章制度教育、学校安全教育、国家安全教育、诚信教育、廉洁法治教育等,还有特别结合《厦门经济特区生活垃圾分类管理办法》进行垃圾分类教育。在这些学生管理教育当中,法治教育与思想道德教育是结合在一起的,然而目前教育的状况是法治教育有些忽视。以诚信教育为例,学生考前签署诚信承诺书是必需的,针对这个内容的调查也显示知晓的学生比例高达99%以上。然而当问及承诺书中的《厦门大学考试纪律及违规办法》具体的规定是什么,也基本上是99%以上不知道详细的规定。再比如当问及如果不按要求进行垃圾分类,是否是违法行为或仅仅是不道德行为,仍有近一半的学生回答是不道德的行为,不认为是违法行为!然而,厦门针对垃圾分类管理已经立法,不按规定进行垃圾分类在厦门已经是一种违法行为了,甚至会面临承担罚款的法律责任。

由此可见,高校学生管理必须要有法治思维,将法治教育融入管理之中,以考试诚信承诺书为例,建议把惩罚规则补充印刷明示在上,一旦作弊,将受到纪律处分并取消成绩!让学生明确知道规则的内容,培养规则意识。诚信是社会主义核心价值观之一,而社会主义核心价值观已经入宪,各部门法中也有针对诚信的原则规定,违背诚信,不仅是不道德的行为,更是一种违法行为,必须承担相应的法律责任。

三、结论

综上所述,教育是国之大计、党之大计,承担着立德树人的根本任务。教育的初心和使命在所有的大学课程中都是共通的,那就是立德树人,为党育才,为国育人。

思政课是落实立德树人根本任务的关键课程,发挥着不可替代的作用。法治教育是全面推进依法治国的基础,良法善治的关键在于"人"的基本素质。大学生作为担当民族复兴大任的时代新人,思想道德素质与法治素养的培养尤为重要。法治教育从"思政课程"到"课程思政"的发展,需要充分挖掘其他专业课程蕴含的法治教育资源,各类专业课程与法治教育课程相互配合,同向同行,形成协同效应,从而达到构建全面覆盖、类型丰富、层次递进、相互支撑的课程思政体系的目标。

参考文献

[1]中共中央文献研究室编:《习近平关于全面依法治国论述摘编》,中央文献出版社2015年版。

[3]姚建龙:《大学生法治教育论》,中国政法大学出版社2016年版。

[4]陈秉公:《学习习近平关于教育的重要论述探索高校立德树人创新体系》,《思想教育研究》2018年第10期。

[5]陈大文、孔鹏浩:《论大学生社会主义法治思维的培养》,《思想理论教育导刊》2015年第1期。

[6]徐蓉:《当前高校法治教育发展的障碍与突破》,《思想理论教育》2016年第11期。

[7]颜湘颖:《大学生法治教育研究综述:主要观点与若干反思》,《当代青年研究》2016年第3期。

习近平历史观融入"中国近现代史纲要"教学的探索[*]

周雪香[**]

摘要:党的十八大以来,习近平总书记就中国历史,特别是党史、国史的一些重大问题,作了一系列重要讲话、谈话、报告和演讲,形成了具有鲜明时代特征的历史观,对学习、研究历史具有重要的指导意义。"中国近现代史纲要"课教学应该把习近平历史观深度融入其中,使学生能够深刻认识"四个选择"的历史必然性,增强中国特色社会主义的"四个自信",落实立德树人的根本任务。

关键词:习近平历史观;融入;"中国近现代史纲要"教学

党的十八大以来,习近平总书记就中国历史,特别是党史、国史的一些重大问题,作了一系列重要讲话、谈话、报告和演讲,形成了具有鲜明时代特征的历史观,对学习、研究历史具有重要的指导意义。"中国近现代史纲要"(以下简称"纲要")课的主要目的是让学生了解国史、国情,深刻领会"四个选择",十分有必要把习近平历史观融入教学过程中,以培养大学生正确的历史观,提高他们"运用科学的历史观和方法论分析和评价历史问题、辨别历史是非和社会发展方向的能力"[1],增强中国特色社会主义的"四个自信"。

一、以史为鉴,继往开来

2011年9月1日,时任中央党校校长的习近平在讲话中明确指出:历史是前人的"百科全书";学习、总结历史,借鉴、运用历史经验,是我们党的"一个重要的思想和方法"。习近平强调,要注重对我国近现代历史和中国共产党历史的学习,以深入认识近现代中国的国情以及中国社会的发展规律。[2]党的十八大以后,习近平多次在不同场合反复强调

---

　*　基金项目:厦门大学一流本科课程建设计划项目(序号9);厦门大学2019年"课程思政"示范课程建设计划项目(序号30);2019年度教育部高校示范马克思主义学院和优秀教学科研团队建设重点项目(19JDSZK024)。
　**　周雪香,福建连城人,厦门大学马克思主义学院教授,历史学博士。

学习党史、国史的重要性，"知史爱党，知史爱国"。[3]学习中共党史和中华人民共和国历史，"是坚持和发展中国特色社会主义、把党和国家各项事业继续推向前进的必修课"。[4]习近平的这些论述，对于我们在纲要课的导论中，向学生讲述为什么必须学习这门课具有重要的指导意义。

关于学习纲要课的目的和意义，应讲清楚习近平的如下论述：

1.学习历史，"不是为了纠结过去，而是要开创未来"[5]

习近平指出：我们今天回顾历史，"是为了总结历史经验、把握历史规律，增强开拓前进的勇气和力量"，[6]而不是要从过去的成功中寻求慰藉。

鸦片战争以后，资本—帝国主义列强对中国的侵略，给中华民族带来深重灾难，使中国由独立的封建国家逐步变成了半殖民地半封建社会。学习这段历史，我们要深刻汲取落后就要挨打的教训，增强奋发图强的使命感和责任感。[7]

资本—帝国主义列强的侵略给中华民族制造的民族危机，促进了中华民族和中国人民的觉醒，中国社会各阶级为了寻找国家的出路而进行了艰苦的探索。但是，太平天国农民战争、地主阶级的洋务新政、资产阶级的戊戌维新和辛亥革命，都无法完成反帝反封建的历史任务。而无产阶级的政党——中国共产党成立后，中国革命形势才发生根本性的改变。一代又一代中国共产党人前仆后继、竭尽全力，领导人民取得新民主主义革命的胜利，创建了中华人民共和国，开创了中国历史的新纪元。学习这段历史，一方面要继承和发扬近代以来的爱国主义精神和优良革命传统，为实现中华民族伟大复兴"持续奋斗"，[8]另一方面，要深刻领会"四个选择"的历史必然性，"增强建设中国特色社会主义事业的信心"。[9]

2.学习历史，要提高历史文化素养

"以史为镜，可以知兴替。"学习历史，是为了知古鉴今、古为今用，从历史中汲取经验和智慧。因此，在学习历史知识的时候，要注意培养历史意识和文化自觉。要把历史知识同工作实际相结合，取其精华、去其糟粕，在考虑问题、制定决策时，自觉遵照历史规律，充分发挥历史知识的积极作用。[10]

二、让历史说话，用史实发言

习近平2013年12月3日主持中央政治局集体学习，他在讲话中强调："只有坚持历史唯物主义，我们才能不断把对中国特色社会主义规律的认识提高到新的水平，不断开辟当代中国马克思主义发展新境界。"[11]习近平多次强调，学习、研究历史必须坚持正确的历史观，"让历史说话，用史实发言"，必须要有翔实准确的史料支撑，并且进行深入细致的研究分析，才能得出历史结论。[12]这就要求我们，作为纲要课老师，首先自己必须坚持正确历史观,并对所授内容进行深入细致的研究,运用翔实准确的史料和透彻的学理分析来回应学生,坚持政治性和学理性相统一,价值性和知识性相统一。在教学过程中,注意讲清楚习近平总书记的下述重要论断:

1.要坚持历史的客观性

历史作为过去发生的事实,是不能任意选择的,正如习近平所指出:"历史就是历史,事实就是事实,任何人都不可能改变历史和事实。"[13]历史是由人物和事件构成的,我们在评价历史事件和历史人物时,应该放到历史的长河中去考察,分析该事件和人物所处的时代与社会历史条件,注意历史必然性和历史偶然性之间的关系,不能以今天的时代条件、认识水平去苛求前人。[14]习近平《在纪念毛泽东同志诞辰 120 周年座谈会上的讲话》,既全面回顾和高度评价毛泽东和毛泽东思想,同时也没有回避其晚年发动"文化大革命"的错误。这就为科学评价历史人物指明了方向。

2.要注重历史的连续性

习近平指出:"历史的联系是不可能割断的。"[15]我们在学习、研究历史时,不能形而上学地将历史割裂开来,必须注意其中的继承性和连续性。习近平强调,中华民族数千年文明史,中国人民近代以来的斗争史,中共奋斗史,中华人民共和国发展史,改革开放探索史,这些历史都是一脉相承的,不可割裂。[16]如果不坚持历史的连续性,就无法看清历史的发展脉络和演进逻辑。

对中华人民共和国改革开放前后两个历史时期的认识和评价,这是国内外普遍关注的问题。对此,习近平指出:"这是两个相互联系又有重大区别的时期,但本质上都是我们党领导人民进行社会主义建设的实践探索。"这两个历史时期是无法割裂的,更不是根本对立的。我们既不能用后者否定前者,同时也不能以前者否定后者。[17]

3.要把握历史的主流与本质

习近平强调,在研究和宣传中国共产党历史时,要注意把握"历史发展的主题和主线、主流和本质"。[18]只有把握历史的主流与本质,才能科学、正确地看待历史,"发扬经验,吸取教训",把党和人民的事业推向前进。[19]把握历史的主流与本质,对于正确认识党史、中华人民共和国史是非常重要的。中国共产党成立以来,取得的成就与进步伟大辉煌,经历的困难与风险也世所罕见。遇到困难和风险,中国共产党勇敢正视、正确应对,攻坚克难、夺取胜利,团结带领人民实现三次伟大飞跃,迎来了实现中华民族伟大复兴的光明前景。对于中华人民共和国成立以来党在领导人民进行社会主义建设的探索过程中出现的一些失误和曲折,我们应该放在当时的社会环境中去考察,从社会、历史、思想等方面剖析其根源,在此基础上探索出防止重犯类似问题的方法和对策。

三、敬畏历史,反对历史虚无主义

历史虚无主义是一种影响广泛的社会思潮和思想现象。在我国,自 20 世纪 80 年代以来,历史虚无主义逐渐泛起,进入 21 世纪后更是呈泛滥之势。其突出表现是,打着"反思历史""重新评价""还原真相"等旗号,肢解、曲解中国传统文化,肆意歪曲、篡改甚至恶搞中国革命史和中共党史,肆意解构历史上党的主要领导人形象,戏说历史,"神剧"丛生,给人们的思想造成一定的混乱。对此,习近平指出:"历史虚无主义的要害,是从根本上否定马克思主义指导地位和中国走向社会主义的历史必然性,否定中国共产党的领导。"[20]他强调,对历史,"我们要心怀敬畏、心怀良知"[21],"不能用无端的想象去描写历史,更不能使历史虚无化"。[22]在纲要课教学中,要坚持建设性和批判性统一原则,用唯物史观批驳歪曲历史的错误言论,旗帜鲜明地反对历史虚无主义,讲清楚习近平如下论述:

1.要坚决反对任何歪曲和丑化党的历史的错误倾向[23]

一段时间以来,中国革命史和中华人民共和国历史成为国内外敌对势力不时攻击、丑化和污蔑的对象。对此,习近平明确指出:其"根本目的就是要搞乱人心,煽动推翻中国共产党的领导和我国社会主义制度"。[24]习近平以苏共垮台作为前车之鉴,认为对苏联历史和苏共历史的全面否定是导致苏联解体和苏共垮台的一个重要原因,搞历史虚无主义,造成思想混乱。习近平强调:"我们不是历史虚无主义者,也不是文化虚无主义者,不能数典忘祖、妄自菲薄。"[25]

2.对革命领袖的评价不能陷入虚无主义的泥潭

习近平指出:革命领袖是人不是神,他们的认识和行动也会受到时代条件的限制。我们在评价领袖人物时,既不能"把他们像神那样顶礼膜拜",有意忽视他们的失误和错误,同时也不能因为他们存在失误和错误就把他们全盘否定,把他们的历史功绩都抹杀。[26]对领袖人物的失误和错误要进行正确分析,使之成为宝贵的历史教材。

3.要崇尚英雄,捍卫英雄,培养学生明辨是非的能力

2015 年 9 月 2 日,习近平在讲话中强调:"一个有希望的民族不能没有英雄。"实现中华民族伟大复兴的目标,"需要英雄,需要英雄精神"。我们要崇尚英雄,捍卫英雄,学习英雄,关爱英雄。[27]对于网络及新媒体上各种诋毁历史英雄的奇谈怪论,我们应该积极予以回应,以培养学生明辨是非的能力。

综上所述,习近平历史观对学习、研究历史具有重要的指导意义。作为思想政治理论课的一分子,纲要课教学应该把习近平历史观深度融入其中,使学生能够深刻认识"四个选择"的历史必然性,增强中国特色社会主义的"四个自信",落实立德树人的根本任务。

参考文献

[1]《中国近现代史纲要》,高等教育出版社 2018 年版,第 3 页。

[2][7][8][9][10][15]习近平:《领导干部要读点历史》,《中共党史研究》2011 年第 10 期。

[3]习近平:《在中央党校建校 80 周年庆祝大会暨 2013 年春季学期开学典礼上的讲话》,《人民日报》2013 年 3 月 3 日。

[4]《习近平在中共中央政治局第七次集体学习时强调:在对历史的深入思考中更好走向未来 交出发展中国特色社会主义合格答卷》,《人民日报》2013 年 6 月 27 日第 1 版。

[5][21]习近平:《携手构建合作共赢新伙伴 同心打造人类命运共同体——在第七十届联合国大会一般性辩论时的讲话》(2015 年 9 月 28 日,纽约),《人民日报》2015 年 9 月 29 日第 2 版。

[6]习近平:《在庆祝中国共产党成立 95 周年大会上的讲话》(2016 年 7 月 1 日),《人民日报》2016 年 7 月 2 日第 2 版。

[11]习近平:《推动全党学习和掌握历史唯物主义　更好认识规律　更加能动地推进工作》,《人民日报》2013 年 12 月 5 日第 1 版。

[12]习近平:《让历史说话 用史实发言 深入开展中国人民抗日战争研究》,《人民日报》2015 年 8 月 1 日第 1 版。

[13]习近平:《在纪念全民族抗战爆发七十七周年仪式上的讲话》,《人民日报》2014 年 7 月 8 日第 2 版。

[14][26]习近平:《在纪念毛泽东同志诞辰 120 周年座谈会上的讲话》,人民出版社 2013 年版,第 11、12 页。

[16]《习近平在布鲁日欧洲学院的演讲》,《人民日报》2014 年 4 月 2 日第 2 版。

[17][19]习近平:《在发展中国特色社会主义实践中不断发现、创造、前进》,《人民日报》2013 年 1 月 6 日。

[18][23]习近平:《在全国党史工作会议上的讲话(摘要)》,《中共党史研究》2010 年第 8 期。

[20]中共中央党史研究室:《历史是最好的教科书——学习习近平同志关于党的历史的重要论述》,《人民日报》2013 年 7 月 22 日第 2 版。

[22]习近平:《在中国文联十大、中国作协九大开幕式上的讲话》,《人民日报》2016 年 12 月 1 日第 2 版。

[24]习近平:《关于坚持和发展中国特色社会主义的几个问题》,《求是》2019 年第 7 期。这是习近平总书记 2013 年 1 月 5 日在新进中央委员会的委员、候补委员学习贯彻党的十八大精神研讨班上讲话的一部分。

［25］习近平:《牢记历史经验历史教训历史警示　为国家治理能力现代化提供有益借鉴》,《人民日报》2014 年 10 月 14 日第 1 版。

［27］习近平:《在颁发"中国人民抗日战争胜利 70 周年"纪念章仪式上的讲话》,《人民日报》2015 年 9 月 3 日第 2 版。

"中国近现代史纲要"课程教学改革的"守正"与"创新"问题*

——基于"05"方案以来相关课程教学改革的研究分析

佳宏伟 郭 莹**

摘要:"守正"与"创新"是推进目前高校思想政治理论建设与改革必须遵循的两个重要原则。"05"方案实施以来,"纲要"课程教学工作者,围绕着课程教学改革的"守正"与"创新"问题,已从课程定位、性质、内容及教材编纂,教学模式与方法改革以及师资队伍建设等方面进行诸多理论与实践探讨,梳理这些研究和实践对于推动新时代背景下"纲要"课的教学改革的"守正"与"创新"问题具有重要意义。本文认为推进新时代背景下"纲要"课程教学改革的"守正"与"创新"问题,我们既要重视课程"守正"的层次性,又要重视课程"创新"的综合能力、协同能力和学术能力的全面提升。

关键词:"中国近现代史纲要";教学改革;"05"方案

2019 年 3 月 18 日,习近平总书记在参加"学校思想政治理论课教师座谈会"上发表重要讲话,为新时代高校思想政治理论课程建设与改革指明方向。综观习近平总书记的重要讲话内容,我们认为"守正"与"创新"是贯穿讲话内容的两个关键词语,也是推进目前高校思想政治理论建设与改革必须遵循的两个重要原则。2005 年 3 月 2 日,中共中央宣传部和教育部颁布《〈中共中央宣传部、教育部关于进一步加强和改进高等学校思想政治理论课的意见〉实施方案》(教社政〔2005〕9 号)[1](以下简称"05"方案)的通知,首次把"中国近现代史纲要"(以下简称"纲要")课程列为高等学校本科思想政治理论必修课之一。可以说,"05"方案实施以来,"纲要"课程教学工作者围绕着怎么"守正"和"创新"的问题展开大量探讨和研究,涉及"纲要"课的课程建设、教材编纂、师资队伍建设、教法

---

* 本研究获得 2019 年教育部高校示范马克思主义学院和优秀教学科研团队建设项目(重点选题)"'中国近现代史纲要'课教学资源建设研究"(项目批准号:19JDSZK024)和 2018 年厦门大学"课程思政"示范课程建设计划项目资助,谨此说明。

** 佳宏伟,厦门大学马克思主义学院副教授;郭莹,桂林电子科技大学信息科技学院思想政治理论教研部教师。

改革以及学科建设等具体问题。教育部相关部门针对相关问题,也先后颁布《教育部办公厅关于全国普通高校从 2007 年春季开始对 2006 级学生普遍开设"中国近现代史纲要"和"毛泽东思想、邓小平理论和'三个代表'重要思想概论"课的通知》(教社科厅〔2006〕4 号)[2]、《教育部办公厅关于进一步加强高等学校思想政治理论课教材编写管理、规范教材使用的通知》(教社科厅〔2006〕1 号)[3]、《关于增设"中国近现代史基本问题研究"二级学科的通知》(学位〔2008〕15 号)[4]等文件规范和推动"纲要"课程相关教学改革创新。本文主要是通过对学界"05"方案实施以来有关"纲要"课程"守正"和"创新"的理论探索与教学改革研究成果进行梳理,讨论新时代背景下"纲要"课程教学改革的"守正"与"创新"问题,为切实推进并落实中央关于进一步办好高校思想政治理论课的相关决策部署提供借鉴意义。[5]

一、"守正"问题:关于"纲要"课程定位、性质、内容及教材编纂的探讨

2005 年 3 月 2 日通过的"05"方案明确规定该课程主要是"帮助学生了解国史、国情,深刻领会历史和人民怎样选择了马克思主义,怎样选择了中国共产党,怎样选择了社会主义道路"。[6]这一规定也成为从事"纲要"课程教学工作者确定其课程性质、定位以及教学任务的基本依据。但是,由于该课程设置内容与"毛泽东思想和中国特色社会主义理论体系概论"和历史学本科课程"中国近现代史"相关内容都密切相关,怎么区分这些课程的教学内容和任务,直接关系到"纲要"课程的性质与定位问题,涉及课程"教什么""怎么教"等这些大是大非问题。沙健孙、张静如、王炳林、王顺生、康沛竹等人都有专门探讨。沙健孙在《关于开设"中国近现代史纲要"课程的若干思考》一文认为"纲要"课程应该遵照"05"方案的相关原则规定,指出:要注意加强本课程的理论性,要区分与历史系本科生专业课的差异;注意以世界历史的眼光审视中国近现代史,注意联系时代特征、国际格局和世界大势;注意本课程时段下限,既不是 1949 年,也不是 1956 年,而是应当延展到 21世纪初;注意联系学生的现实困惑说明有关历史情况。[7]《关于"中国近现代史纲要"教学的若干问题》一文则进一步指出"纲要"课程的教学目的就是要通过对中国近现代史的叙述和分析,帮助大学生做到"两个了解"、懂得"三个选择"的必要性和正确性。[8]张静如、王炳林在《关于开设"中国近现代史纲要"课的对话》的对谈中围绕着课程设置意义、课程内容、教材建设与师资队伍建设等问题也展开讨论,在论及课堂教学时,张静如指出"纲要"课教学应该处理好教材与课堂讲授关系、历史知识讲述与思想政治教育的关系以及历史知识的繁与简的关系;王炳林指出"纲要"课教学要处理好中学历史课、毛泽东思想和中国特色社会主义理论体系概论的衔接问题。[9]康沛竹围绕"纲要"课程与专业历史课、"毛泽东思想和中国特色社会主义理论体系概论"课的内在关系进行探讨,指出相对于专业历史课,"纲要"课在讲授中要更加注重阐述中国近现代历史发展的规律,要特别

注意加强教学中的理论性,"毛泽东思想和中国特色社会主义理论体系概论"则更多的是讲"论"不同,虽然"纲要"课程要注重理论性,但毕竟是讲"史",是要用基本史实去阐明中国近现代的基本问题和相关的理论点,仍有很大区别。[10]王顺生指出"纲要"是连接"马克思主义基本原理概论"和"中国特色社会主义理论体系概论"的"纽带",为"思想道德修养与法律基础"提供丰富的历史事件,认为"纲要"的基本教学要求可以概括为:把握两个"了解"(了解国史、国情),深刻领会三个"选择"(怎样选择了马克思主义、中国共产党和社会主义道路)[11]。宋进指出"纲要"课教学要注重与中学历史课历史知识教学的承续性、层次性,避免有关历史知识教学的重复性;注重历史知识教学的线索性、规律性和案例性,避免历史知识教学的求全性,注重历史知识的载体性,体现其思想性、政治性和理论性。[12]华表《"中国近现代史纲要"课教学需要注意的几个基本问题》一文也特别指出"纲要"课程教学必须要明确"纲要"课的课程性质与定位,厘清与专业历史课程的区别,避免与中学阶段历史教学在内容上的重复,处理好与"毛泽东思想和中国特色社会主义理论体系概论"课的关系。[13]

教材编纂问题也直接涉及"纲要"的性质、任务及定位问题,直接涉及教师"教什么"和学生"学什么"这一根本问题。因此,围绕着教材编纂问题也是讨论重点,相关问题探讨主要围绕着两个方面:一是围绕教育部组织统编的马工程教材相关内容进行解读;二是对非统编教材和相关配套教材的探讨。教育部组织统编的马工程教材"纲要"第一版由高等教育出版社于 2007 年正式出版,至今已经先后出版 2007 版、2008 版、2010 版、2013版、2015 版和 2018 版。学者围绕着每一个版本所修订内容都有讨论。针对 2007 年首版统编马工程教材的讨论最为集中,沙健孙、李文海、金冲及、张海鹏、田居俭、王晓秋、王顺生、程中原、侯树栋、黄修荣、史革新、李久林等人对教材的史观运用、编纂体系、主题线索、章节安排等内容都有讨论,认为教材编纂出版对于明确"纲要"课程教学目的与要求、理解课程教学主线与主题、把握课程教学方向都具有重要指导意义。沙健孙认为"纲要"教材把近现代史分为互相衔接的三大阶段,采取综述和专题相结合的讲法,既可以避免与中学教程内容上的简单重复,更可以帮助学生了解中国近现代历史基本线索、发展规律和主要经验。[14]李文海认为"纲要"是"一部思想性、学术性、可读性结合得较好的高校教材,是叙述中国近现代发展历程的一部信史"。[15]金冲及认为"写得相当好",对于历史主线把握"非常准确",对历史发展脉络"表述完整",教材内容有非常"针对性",不回避热点,写作风格上也"言简意赅,准确平实"。[16]张海鹏指出"纲要"教材"用历史唯物主义观点,正确阐述了近代历史上旧民主主义革命和新民主主义革命的历史过程,关照了历史发展中的政治、经济与文化等多种面向,是用唯物史观研究历史的模范"。[17]田居俭认为"对于中国近现代史上的重要人物,这部教材均能采取历史主义的态度,是值得称道的";[18]王顺生认为"同以往思想政治理论教材相比,'纲要'教材具有权威性、规范性";[19]程中原认为这部教材"较好地体现了历史与逻辑相统一、理论与实际相结合的要求,称得上是一部信史"[20];侯树栋认为"纲要"教材"不是只记录历史事件的一部自然主义的历史之作,而是在科学历史观的指导下对中国近现代史历史实践经验的总结",是一部内涵深刻的历史教科书。[21]黄修荣认为"纲要"教材主题突出,针对性强,编写体例新颖,点、线、面结合,视野开阔,表述完整,文字简洁、准确、鲜活。[22]史革新指出"纲要"教材具有"观点鲜明、内容严谨、评述允当、体例创新、文字流畅等诸多优点,是近年来高校在开展学术研究和教材建设方面取得的又一个新成果"。[23]李久林认为"纲要"是一部生动的爱国主义教材。[24]当然,有学者也对2007版教材某些问题的处理提出修改意见。例如,赵朝峰认为"纲要"教材需要适当增加鲜活的史料,增强教材的生动性,课后的阅读文献应该更加科学、规范,在学术观点上采纳当今中国近现代史研究领域的最新科学成果,使教材编写形式丰富多彩。[25]之后,在2007年版基础上,先后进行5次修订。[26]针对每次修订内容,学界都有解读和讨论。例如,针对2008年修订版,秦立海认为2008版教材编者并没有在所有重要问题上都与时俱进,有些观点和提法还带有明显的历史痕迹,需要进一步吸收最新学术成果。[27]针对2010修订版,刘佰合认为仍存在教材的"三编体系"和其采用的中国近现代史"两段式"时段定位之间产生内在的矛盾与紧张,专题的具体选择与设置也有不利于学生全面了解"国史"与"国情"的潜在危险,阅读文献与该课程之教学目标也不相协调。[28]王万江、尹业香围绕着2013年修订版教材提出一些具体认识,王万江认为2013版教材本身更多的仍是对历史过程的展示和历史经验教训的总结,并没有对"四个选择"给出全方位的针对性的回答;[29]尹业香、刘昊围绕着下编部分具体内容进行探讨,认为2013版教材中的下编内容,应该将社会主义制度和社会主义道路的内涵与价值取向阐述清楚,对社会主义改造过程中的局限性认识要提升到邓小平南方谈讲话精神的高度,既要充分肯定社会主义建设中取得的巨大成就,也要阐明探索中的失误。[30]

　　除了"纲要"课统编教材,一些高校根据"05"方案的精神,也试图编纂自己的特色教材。从这些非统编教材的编纂内容看,基本上都是在"05"方案的基本框架下突出各自学校的课程改革特点。例如,胡德坤、宋俭等人编纂《中国近现代史纲要》围绕实现中华民族伟大复兴的主题,以中华民族从衰落走向复兴的历史征程与光明前景为基本脉络。[31]王宪明、蔡乐苏主编《中国近现代史述要》围绕建设现代国家这一主线,侧重于中国走上中国特色社会主义现代化道路的历史必然性的主题。[32]章征科主编《"中国近现代史纲要"专题研究》以历史主体的选择和历史进程为主线,围绕中国人民选择马克思主义、中国共产党、社会主义和改革开放的历史进程,探讨了各阶级为挽救民族危机所进行的抗争与努力。[33]在此不一一罗列。[34]应该说,这些非统编教材虽然各有侧重和特点,但是基本上都是在"05"方案精神指导下进行编写。因此,讨论这些非统编教材的编纂内容对于我们全方位认识课程性质、定位和方向也是十分有益。

二、"创新"问题:关于"纲要"课程教学模式与方法改革的探讨

　　习近平总书记在全国高校思想政治工作会议上指出:"要用好课堂教学这个主渠道,

思想政治理论课要坚持在改进中加强,提升思想政治教育亲和力和针对性,满足学生成长发展需求和期待。"这里不仅指出了高校思想政治理论课教学在整个高校思想政治工作中的重要性,同时也指出必须加强高校思想政治理论课教学模式与方法改革,才能满足新形势下学生对思想政治理论课教学的需求。"05"方案实施以来,从事"纲要"课程教学的工作者围绕着"怎么教"的问题展开了全方位探索,诸多教学方法和模式也被广泛应用于课堂教学实践中。从目前相关实践与研究分析,主要集中在以下几个方面:

1.关于专题教学模式探讨

专题化教学是目前高校思想政治理论课教学的主要模式,中共中央宣传部、教育部发布《普通高校思想政治理论课建设体系创新计划》明确提出:"各地各高校要积极推进专题教学,凝练教学内容,强化问题意识,构建重点突出、贴近实际的教学体系。"[35]相关研究主要涉及专题教学的必要性及其意义、专题内容设置、教材内容转化等问题。例如,王同起《对开设"中国近现代史纲要"专题讲座的思考》一文专门讨论专题讲座内容的设置问题,指出"纲要"课程教学的专题设置必须围绕中国近现代史的主线和主题,突出课程教学的重点和整体性,并提出八个专题的设想。[36]王久高《"中国近现代史纲要"教学组专题教学模式探析——以北京大学为例》一文专门讨论北京大学"纲要"课程组在专题教学实践方面的探索,指出北京大学"纲要"课程专题教学模式实践过程中,很好统筹教学内容、教学管理、课程考核等各方面。[37]阎治才《对"中国近现代史纲要"专题教学内容体系的思考》一文则讨论东北师范大学在推进专题教学方面探索经验,指出"纲要"课程专题化教学必须重视教材内容向教学内容的转化问题。[38]韩强《"中国近现代史纲要"课抗战专题的凝练》以抗战专题为例,讨论专题教学中课程专题的凝练问题,指出科学的专题凝练,对于增强教学效果,提升学生对专题教学的认同至关重要。[39]盛林《〈中国近现代史纲要〉专题式教学思考》一文重点讨论专题教学中问题导向的问题,指出专题设置应考虑问题设计、问题阐释、问题拓展和问题扩充四个方面,遵循历史解释与现实关照、历史叙述与理论阐释、教学需求与学生需求相结合的原则。[40]张树焕《深化"中国近现代史纲要"课专题教学的路径探析》一文考察"纲要"课专题教学实现路径,认为"纲要"课程的专题教学,要以"四个选择"为旨归统摄专题的设置,切实回应学生的困惑与关注热点,多方位、多角度地运用材料,以理服人。[41]廖阔《两嵌入视域下"中国近现代史纲要"问题导入式专题教学改革研究》一文指出专题教学设置方面必须嵌入学生主体的专业实践教学和学生的能力拓展活动中,重视问题导入,以关键历史事件为突破口,以"小事件"展现"大历史",坚持点面结合、史论结合。[42]贾凯《"中国近现代史纲要"课程教学三位一体改革模式探索——以厦门大学为中心》一文讨论厦门大学结合网络教学、实践教学推进专题教学改革的经验探索,认为专题教学改革是一个综合改革工程,应该结合网络教学和实践教学改革举措,提升专题教学理论性、针对性和实效性。[43]

2.关于实践教学模式的探讨

2005 年,中共中央宣传部、教育部《关于进一步加强和改进高等学校思想政治理论课的意见》中指出:"高等学校思想政治理论课所有课程都要加强实践环节。要建立和完善实践教学保障机制,探索实践育人的长效机制。"[44]2012 年教育部等六部门联合发文(教思政〔2012〕1 号)再次明确指出实践教学"是学校教学工作的重要组成部分,是深化课堂教学的重要环节,是学生获取、掌握知识的重要途径",而"实践教学方法改革是推动实践教学改革和人才培养模式改革的关键"[45]。因此,随着思想政治理论课教学改革的不断深入,实践教学也越来越成为各高校加强和推进思政课教学改革的突破口。特别是最近几年,各高校结合各自实际,纷纷提出不同实践教学模式。思政课教学工作者结合"纲要"课程特点,围绕着实践教学意义、方法、内容及其途径,也有大量相关理论探索与经验总结。解建红《"中国近现代史纲要"实践教学的目标和特点》一文考察"纲要"课实践教学的目标和特点,指出"纲要"课实践教学要引导学生通过对形象生动的历史素材的感知,使其客观辩证地认识国情、认识社会,树立正确的政治方向和人生观、价值观,增强社会责任感和历史使命感。[46]汪平秀《〈中国近现代史纲要〉实践教学模式探索》一文将"纲要"课程的实践教学形式分为感知认识性实践、内化性实践和研究性实践三种实践模式,指出"纲要"课实践方式和方法要"活",内容要丰富多彩、有趣,要与时代热点、社会现实问题、地域资源、网络资源和课程内容等相结合。[47]刘文丽《关于开展"中国近现代史纲要"课实践教学的几点思考》一文认为应该加强"纲要"课程实践教学的规范化建设,全面构建实践教学体系和质量评价体系。[48]艾丹《增强"纲要"课实践教学实效性的思考》一文探讨"纲要"课实践教学的实效性问题,指出"纲要"课实践教学可以从实践教学内容、形式和技术层面来加强实践成效。[49]黄世坤《找寻"活着"的历史——对"中国近现代史纲要"课实践性教学模式的探索》一文认为"纲要"课实践教学必须明确作为实践的实践性教学、作为教学新范式的实践性教学、作为社会服务新形式的实践性教学这三个层次,指出"纲要"课实践教学必须要处理好学生实践活动与学者实践活动、"纲要"课实践性教学与其他学科实践性教学的关系、实践性教学与服务社会的关系。[50]杨才林、王晓力提出"五个一"实践教学模式,即读一本经典著作、看一部精彩视频、参观一个历史博物馆、写一篇心得体会、做一次课堂演讲,指出这一实践模式无论是从实践过程,还是实践主客体对象以及实践效果分析,都具有很强的实效性。[51]杨国辉《"中国近现代史纲要"课实践育人评价体系构建》一文则具体探讨"纲要"课程实践育人评价指标体系的建构问题,涉及指标体系建构的理念、原则、方法和评价体系指标要素。[52]李晓宇《新时期深化高校思政课实践教学的路径探究——以〈中国近现代史纲要〉课程为例》一文指出必须加强包括实践内容、实践教学评价体系等在内制度建设。[53]盛林、孙艳美《提升"中国近现代史纲要"课实践教学效果的三个着力点》一文认为应该从观念上充分重视社会实践教育在"纲要"课教育教学中的特殊地位,正确把握"纲要"课教学历史阐释与实践分析的辩证统一关系,并积极推展实践育人的渠道。[54]高春菊《地方口述史收集在思想政治理论课中的运用——"纲要"课实践教学途径探索与实践》一文考察地方口述史收集实践教学模式在"纲要"课实践教学中的重要意义,认为这一实践模式具有覆盖面广、操作可行性强等特点,可以进一步推广。[55]

3.关于网络教学模式的相关探讨

随着网络技术,特别是新媒体技术的发展,包括"纲要"课在内的高校思想政治理论课都开始探索从传统的课堂教学向借助互联网技术向虚拟课堂教学转变。一大批的网络教学平台,如爱课程、智慧树、清华在线等纷纷建立。目前,在爱课程上的"纲要"网络课程就有包括武汉大学、浙江大学、北京大学、南开大学在内8门网络精品课程;[56]智慧树上有包括王炳林主持,联合北京师范大学、南开大学、厦门大学、西南交通大学、广西师范大学等高校联合制作网络课程在内9门网络精品课程。[57]围绕着互联网＋背景下新媒体技术的应用、网络课程平台建设、慕课程建设等问题,课程教学工作者都有相关理论探索与思考。例如,李志友等人对如何运用网络技术提高"纲要"教学实效性进行了探索,指出建立包括课程管理系统、课程学习系统、课程交流系统、测试评价系统在内的课程网络教学平台,对于提升网络技术在"纲要"课程教学中的实效性方面至关重要。[58]王艳娟《网络环境下交互教育实现路径的探讨——以〈中国近现代史纲要〉课程网络教学的实施为例》一文探讨网络环境下"纲要"课程交互教育的实现路径。[59]翁贺凯、李璎珞先后发文讨论了清华大学"纲要"慕课程方面的实践与经验,指出清华大学"线上＋线下"双课堂混合式教学改革有助于实现教学模式的改革创新。[60]于安龙分析网络资源在"纲要"课教学中运用路径及原则问题,指出网络资源不能孤立运用,而是应该根据实际的教学内容,恰当运用现场教学、情感教学、案例教学等教学方法,将教师的讲解、学生的研讨与网络资源的展示结合起来,以其合力作用取得"纲要"课教学的理想效果。[61]孙康讨论武汉大学在线开放课程实践过程中所面临的新问题、新情况和新挑战,认为与传统课堂教学模式不同,基于网络技术的"翻转课堂"更需要教师适应或者说改变传统某些教学方式和理念。[62]杨淑玉、程丽云具体考察了移动互联网大背景下"纲要"课程面临的诸多挑战与对策,指出应该注重传统课堂与网络课堂的契合问题,通过利用移动互联网络技术来提升高校思想政治理论课实效性。[63]

4.关于其他课程教学方法与实践的探讨

专题教学、实践教学与网络教学主要是从课程教学形态方面思考和探讨"纲要"课程的教学方法问题,大量相关研究则围绕着某一具体教学方法来探讨。如徐奉臻、陈殿林、杜志章等人讨论"问题式教学法"在"纲要"课程教学中运用与实践问题,认为以学生为中心、以问题意识为导向的问题式教学有助于提升课程教学的针对性和教材内容向教学内容转化这一关键问题。[64]马敏等人提出"三结合整合式"教学模式在"纲要"课教学中运用问题,指出这一模式在解决当前"纲要"课程所面临教学效果不佳这一痼疾具有显著作用。[65]宋进、崔璨、张树焕等人讨论了案例教学在"纲要"课程教学中运用问题。宋进认为实施案例教学是提高"纲要"教学有效性的重要方法。但在实施教学的过程中,必须注重处理好"纵与横""史与论""正与反""中与外""前与后""史与人"关系。[66]崔璨等人考察微观案例在"纲要"课程教学中的可行性问题,认为微观案例教学更好地呈现了多元的历史视野,赋予了学生更为合理的思维方式,对于增强纲要课的意识形态导向作用,发挥其思想政治教育的功用具有积极意义。[67]张树焕认为案例教学法是符合教学规律和大学生特点的教学模式,在具体实践中,要把握案例教学法的操作程序,正视问题和不足,通过编制案例教学库、加强师资培训、改变授课模式等方法提高"纲要"课案例教学的实效性。[68]李爽讨论大历史视野下的比较方法运用问题,指出大历史视野下的比较方法运用于课程教学之中,将课程教学目的、课程教学规律和学生认知规律三者有机统一起来,是推进"纲要"课教学方法改革,实现教学科学发展的重要方式。[69]谢菲探讨情景剧教学法在"纲要"课程教学运用、实践及效用问题,指出情景剧教学法对于提升"纲要"课程的教学效果十分有益。[70]朱潇潇提出将"两轴教学法"有机融入"纲要"课教学,认为"两轴教学法"有利于拓展课堂的广度和深度,完整展示中国与世界、当下与历史的关系。[71]白文刚、佟静、贾文华、易彪、王广峰、杨琰等人分析互动式教学或者参与式教学法在课程教学中运用问题。白文刚认为"纲要"课教学过程是师生合作、交流互动的过程,教师应该始终贯彻"教师为主导,学生为主体"的理念,在教学设计中体现学生的积极参与,与学生形成有效的互动,使学生的主体性得到有效发挥。[72]佟静认为传统以教师、教材、课堂为中心的教学模式,难以适应已掌握了较为系统的历史知识这一基本现实的大学生群体,因此,"纲要"教学必须向更加注重学生主体地位的教学模式转变。[73]贾文华、李丽玲认为在"纲要"课教学过程中,应该充分尊重学生的主体地位,通过教师设置问题与学生自主发现问题相结合的方式,灵活运用问题教学法,使学生积极主动参与到教育教学活动中。[74]易彪认为教师在教学中应该通过精心设计教学各个环节,进一步改进成绩考评方式,并将研讨式教学方式与其他教学方式结合起来,以建立平等的师生关系。[75]李朝阳考察"纲要"课教学中教师的有效提问问题,指出教师课堂提问对于提升课堂教学质量和效果至关重要,在有效提问中,善于把握有效提问的时机,必须为课程教学目标服务、要有"大学味"、要"以生为本"。[76]王广峰认为教师要提高自己的授课技巧,最好设置师生互动环节,让学生参与教学,提高学生的学习积极性。[77]杨琰重点分析"参与式教学法"在课程教学中运用的成效及困境,指出目前该教学法的实施,仍存在许多"形式大于内容"的不足。就"纲要"课而言,课程参与式教学开展的核心前提重在激发大学生主动学习的热情和兴趣,关键在于发挥教师启发式教学作用。[78]于新娟、刘朝辉、郭理、邱德宇等人围绕着教学对象特殊性与教学方法内在统一性问题展开探讨,认为课程教学必须充分重视教学对象的特殊性。于新娟认为不同专业学生的要求从教学方式到内容呈明显多样化特点,目前"纲要"课堂教学的时空局限性与学生的多样化需求不相适应。因此,应采用系统教学模式,将课堂教学环节向课外实践研究环节延展,从系统论角度将教学过程凝练为课堂教学、课外实践课题研究以及综合"考评",每一环节都承担着基于不同专业的差异化教学任务。[79]刘朝辉认为,"纲要"课教学过程中应该针对不同专业的学生,运用与专业特色相结合的启发式教学模式,设计贴近其专业的教学内容。[80]郭理等人也认为针对不同教学对象特点,应该进行分类教学,指出以学科专业分对象、以知识专博分内容、以思维特点分形式、以教学难易分考核为主要特征的分类教学模式,有利于提升"纲要"课程教学实效性。[81]邱德宇、刘承昊、华表以清华大学"纲要"课为例,阐明了因材施教的重要性,认为在"纲要"课教学过程中,应该根据学生的专业特点,充分把握学生学情,把教学与学生的专业学习结合起来。[82]大量有关探讨不同民族地区、不同专业高校的课程建设问题,实际上也都是讨论课程教学必须要具有针对性,尊重学生主体性特征,因时因地适应不同学生主体。[83]

三、关于"守正"与"创新"问题的若干思考

应该说,"05"方案实施以来,"纲要"课程教学工作者,围绕着"纲要"课程的"守正"与"创新"问题,无论是从理论探索,还是具体实践方面,都取得显著成绩。"纲要"课程设置之初的功能定位日益凸显,课程在高校思想政治工作中所扮演的角色也日益显现。但是,我们对标刚刚召开"学校思想政治理论课教师座谈会"会议精神要求,制约"纲要"课程教学能力提升的一些痼疾,依然没有彻底解决,包括"纲要"课在内思想政治理论课在大学教学中的主体性地位仍有待提升,对于相关课程的重要性认识还有待提高。应该说,这些问题解决的关键,我们认为依然是"怎么守正"和"怎么创新"的问题。以下我们就结合"纲要"课程设置以来相关教学改革成就及问题,围绕着"守正"与"创新"问题提出自己的几点粗浅认识:

1.关于"纲要"课建设的"守正"问题

习近平总书记在"学校思想政治理论课教师座谈会"上明确指出:"当前应该把思政课放到世界百年未有之变局和实现中华民族伟大复兴的战略格局中去考察,这是关系到未来30年中国社会主义事业建设者和接班人该怎么培养这个问题。两个百年目标的实现要靠社会主义的建设者和接班人,而不是相反,不能由于我们教育的失败,而辜负我们的希望。"这一论述为我们"纲要"课程改革"守正"的原则问题做出旗帜鲜明的回答。但是,我们认为,在推进课程改革"怎么守正"的问题时,除了必须关照这一大使命、大方向,还必须要重视贯穿"纲要"课程教学过程中的教学诸要素即教学主体、教学对象和教学介质的"守正"问题。从以上"05"方案实施以来的相关教学改革探讨来看,相关问题探讨也主要是围绕着课程性质和定位这些大问题,我们认为目前制约课程改革取得成效,有诸多问题是与贯穿于教学过程的诸要素没有弄清楚各自基本职责问题有很大问题。(1)关于

教师"守正"问题。习近平总书记在学校思想政治理论课教师座谈会上明确指出"办好思政课,关键在教师,在发挥教师的积极性、主动性、创造性",并对思政课教师提出六点要求。应该说,这些要求为新时代思政课教师队伍建设指明方向。但是我们认为,在落实相关问题时,无论是教师本身,还是师资队伍管理者,都必须重视高校思政课教师"大学教师"这一基本身份属性。长期以来,我们在论及思政课教师的身份属性时,更多强调思政课教师的特殊性,而往往忽视思政课教师的大学教师的身份属性问题。思政课教师必须要首先具备一名大学教师的基本修养,然后才能做一名合格的思政课教师。从这个意义上讲,思政课教师不仅要守正"价值观教育"这一本质要求,而且还要守正"大学教师"这一基本身份属性。(2)关于"学生"的守正问题。目前,有关"纲要"课程教学改革与问题的分析,主要是从思政课管理者或者从思政课教师的角度去思考。实际上,若我们转换教学主客体,从学生的角度去思考目前高校课程教学问题与现状,有很多问题也与学生本身认知有很大关系。学生应该做什么?应该怎么做?这些问题仅仅是思政课课堂教学本身的问题,还是其他专业课教学中也存在的问题?应该说,目前我们在推进相关课程改革与建设过程中,这也是必须思考的问题。学生的课堂责任与义务有没有履行?新时代的大学生本身有没有缺失?为什么会有这些缺失?弄清楚这些问题对于我们理顺教与学的关系,推进课程改革取得实效都至关重要。(3)关于教学"介质"的守正问题。教学是需要借助一定的方法、手段和工具来完成的,这也是最近几年来各个学校推进思政课改革的突破口。很多学校冀通过形式创新来提升相关课程的教学效果,特别是一些新媒体和新技术也被广泛引进到大学思政课的课堂教学中,取得成效也是有目共睹。但是,我们也必须承认现在的很多课程改革有些已经落入了为改革而改革,为形式而形式的窠臼,"三位一体""四位一体""五位一体",甚至出现"八位一体",似乎是形式越多,课程越成功。在推进形式创新的过程中,忽视形式创新的目的是什么,为什么要进行方式创新?我们认为在推进高校思政课教学改革过程中,必须要重视这一点。无论手段再先进,形式再吸引力,这也仅仅是辅助手段而已,不能主次颠倒。

2.关于高校思想政治理论课建设的"创新"问题

习近平总书记在"学校思想政治理论课教师座谈会"上明确指出,增强思政课的思想性、理论性和亲和力、针对性,必须推动思政课改革创新。可以说,自"05"方案实施以来,"纲要"课程教学改革与创新展开全方位探索与实践,无论是从理论探索,还是具体实践方面,都取得显著成绩,课程设置不断调整和优化,教材体系不断更新和完善,教学方法也不断凝练和提升,新媒体技术被广泛应用于课堂教学中。但是,就目前"纲要"课程的发展现状分析,特别是对标"学校思想政治理论课教师座谈会"会议精神要求,制约"纲要"课程教学能力提升的一些痼疾,依然没有彻底解决,思想政治理论课在大学教学中的主体性地位仍有待提升,对于相关课程的重要性认识还有待提高。应该说,"创新"依然是目前高校思政课建设最为紧迫的任务。具体讲,我们认为在以下几个方面要进一步加强:

（1）综合改革创新与课堂教学效果的全面提升问题。正如前言，有关课程教学改革的探索与实践，应该说各高校都在结合自己特色进行探索，专题教学、实践教学、网络教学等教学模式改革都在不同程度上推进思政课课堂教学方式发生重要变革。互动式教学法、情景教学法、案例教学法和问题式教学法等教法的推广，促进课堂教学效果的极大提升。但是，我们必须正视目前的相关教学改革仍然缺乏综合改革创新的能力，在政治性与学理性、价值性与知识性、建设性与批判性、理论性与实践性、统一性与多样性、主导性与主体性、灌输性与启发性、显性教育与隐形教育的统一性方面，仍有很大改进空间。怎么整合这些各具特色的教学方法，特别是怎么整合专题教学、实践教学和网络教学联动发展需要进一步思考，从大格局、大视野的角度推进课程综合改革创新，全方位提升课堂教学效果的全面提升。（2）协同创新能力与课程教学质量的全面提升。我们经过十余年改革探索与实践，课程的一些具体改革措施在各个高校也不断推陈出新。但是，我们必须承认思政课教学具有其他课程教学所不具有的特殊规律，很多问题亟待解决，不是简单靠一个教师、一个学院、一个学校等一己之力可以完成的。大思政协同创新的格局必须进一步加强，跨校际、跨课程的协同建设能力必须进一步提升。"纲要"课程与其他思政课程之间的关系、"纲要"课程与其他相关专业课程建设、不同学校的协同备课机制建设、大中小一体化课程建设问题以及课程教育教学资源共享平台建设等方面的协同创新的好坏，都会直接关系到未来课程教学质量的全面提升。（3）学术创新能力与课程教学的协同发展。思想政治理论课教学由于课程本身的特质决定其在整个教学过程中需要高度关注价值观第一这一本质要求，但是，这一本质特质并非要求大家固守思维、故步自封，并非要求大家不能进行科学研究和学术探讨。关于此，我们认为无论是从政策层面，还是现实社会发展需求，还是从教学对象本质要求看，都是十分有必要重视教师学术创新能力的提升。当前，包括"纲要"课程在内的思想政治课地位和教学中遇到很多问题不能解决，显然与目前相关的学科建设滞后、学术研究水平低下和思想政治课教师的学术能力不高有很大关系。因此，我们认为要想彻底改变当前包括"纲要"课在内的思政课在大学课程建设中的尴尬地位，必须要求我们教师转变观念，在教学方式和内容上，必须要进行一些观念上的转变，在加强教学方法革新的同时，大力加强和提升马克思主义理论的学科建设和学术研究。

参考文献

［1］《〈中共中央宣传部、教育部关于进一步加强和改进高等学校思想政治理论课的意见〉实施方案》（教社政〔2005〕9号），http://www.moe.gov.cn/jyb_xxgk/gk_gbgg/moe_0/moe_495/moe_991/tnull_10140.html，访问日期：2020年3月11日。

［2］《教育部办公厅关于全国普通高校从2007年春季开始对2006级学生普遍开设"中国近现代史纲要"和"毛泽东思想、邓小平理论和'三个代表'重要思想概论"课的通知》（教社科厅〔2006〕4号），http://www.moe.gov.cn/srcsite/A13/moe_772/200612/

t20061225_80672.html,访问日期:2020 年 3 月 11 日。

[3]《教育部办公厅关于进一步加强高等学校思想政治理论课教材编写管理、规范教材使用的通知》(教社科厅〔2006〕1 号),http://www.moe.gov.cn/srcsite/A13/moe_772/200604/t20060403_80410.html,访问日期:2020 年 3 月 11 日。

[4]《关于增设"中国近现代史基本问题研究"二级学科的通知》(学位〔2008〕15 号),http://www.moe.gov.cn/srcsite/A22/moe_833/200804/t20080402_82752.html,访问日期:2020 年 3 月 11 日。

[5]关于相关问题的研究评论,也有学者针对不同时期的相关研究,或从宏观角度、或从某一个具体专题,或从某一个时期,涉及课程建设、专题教学、实践教学、教学模式等论题。相关研究可参阅:何景春、孙华:《"中国近现代史纲要"课程近五年来教育教学研究概述》,《福建论坛》(社科教育版)2009 年第 10 期;宋进:《"中国近现代史纲要"课建设的回顾与思考》,《思想理论教育》2010 年第 11 期;杨近平:《"中国近现代史纲要"专题教学研究述评》,《河南教育学院学报》(哲社版)2011 年第 4 期;周蕴蓉等:《近五年来〈中国近现代史纲要〉课程实践教学研究综述》,《广东第二师范学院学报》2012 年第 6 期;仝华:《"中国近现代史纲要"课建设的回顾与思考》,《思想理论教育》2015 年第 9 期;刘朝辉:《"中国近现代史纲要"课程教学模式研究综述》,《山西高等学校社会科学学报》2016 年第 7 期;李学桃:《"中国近现代史纲要"教学研究现状及发展展望》,《思想教育研究》2017 年第 12 期;林子荣、宋俭、潘婷:《十八大以来"纲要"课程与教学研究现状、热点及问题——基于 CNKI 相关文献的统计分析》,《思想政治理论研究》2018 年第 6 期;等等。

[6]《〈中共中央宣传部、教育部关于进一步加强和改进高等学校思想政治理论课的意见〉实施方案》(教社政〔2005〕9 号),http://www.moe.gov.cn/jyb_xxgk/gk_gbgg/moe_0/moe_495/moe_991/tnull_10140.html,访问日期:2020 年 3 月 11 日。

[7]沙健孙:《关于开设"中国近现代史纲要"课程的若干思考》,《思想理论教育导刊》2005 年第 6 期。

[8]沙健孙:《关于"中国近现代史纲要"教学的若干问题》,《思想理论教育导刊》2006 年第 9 期。

[9]张静如、王炳林:《关于开设"中国近现代史纲要"课的对话》,《思想理论教育导刊》2005 年第 4 期。

[10]康沛竹:《关于开设"中国近现代史纲要"课的几点思考》,《清华大学学报》(哲社版)2006 年第 2 期。

[11][19]王顺生:《对开设"中国近现代史纲要"课程的几点思考》,《中国高教研究》2007 年第 3 期。

[12]宋进:《大学和中学衔接视域下的"中国近现代史纲要"课教学》,《思想理论教育》2012 年第 13 期。

[13]华表:《"中国近现代史纲要"课教学需要注意的几个基本问题》,《思想理论教

育》2014 第 12 期。

[14]相关具体阐述可参阅:沙健孙:《关于〈中国近现代史纲要〉教材的解读》,《清华大学学报》(哲社版)2006 年第 2 期;本刊记者:《〈中国近现代史纲要〉教材编写的主要问题——访教材编写组首席专家(召集人)沙健孙教授》,《思想理论教育导刊》2006 年第 7 期。

[15][18]周溯源:《正确地了解过去、认识现在、把握未来——就〈中国近现代史纲要〉出版访沙健孙、李文海、程中原、田居俭》,《求是》2007 年第 10 期。

[16]金冲及:《〈中国近现代史纲要〉的几个特点》,《高校理论战线》2007 年第 3 期。

[17]张海鹏:《〈中国近现代史纲要〉的学术价值与现实意义》,《高校理论战线》2007 年第 4 期。

[19]王顺生:《对开设"中国近现代史纲要"课程的几点思考》,《中国高教研究》2007 年第 3 期。

[20]程中原:《读高校思想政治理论课教材〈中国近现代史纲要〉》,《高校理论战线》2007 年第 3 期。

[21]侯树栋:《一部内涵深刻的历史教科书》,《高校理论战线》2007 年第 3 期。

[22]黄修荣:《〈中国近现代史纲要〉的意义与特点》,《高校理论战线》2007 年第 4 期。

[23]史革新:《历史教育是提高国民精神素质的基础教育》,《高校理论战线》2007 年第 4 期。

[24]李久林:《对"中国近现代史纲要课"的几点认识》,《高校理论战线》2007 年第 4 期。

[25]赵轶峰:《关于〈中国近现代史纲要〉教材的几点思考》,《党史研究与教学》2007 年第 6 期。

[26]关于每次修订主要内容和原则可以参阅以下相关论述:本刊记者:《关于〈中国近现代史纲要〉教材的修订——访〈纲要〉教材编写课题组首席专家(召集人)沙健孙教授》,《思想理论教育导刊》2008 年第 4 期;本书编写组:《关于〈中国近现代史纲要〉2010 年修订情况的说明》,《思想理论教育导刊》2010 年第 9 期;《中国近现代史纲要》教材编写课题组:《〈中国近现代史纲要〉教材修订说明》,《思想理论教育导刊》2013 年第 9 期;本教材修订组:《〈中国近现代史纲要〉(2018 年版)修订说明》,《思想理论教育导刊》2018 年第 5 期。

[27]秦立海:《关于〈中国近现代史纲要〉教材内容的若干思考》,《历史教学》(高教版)2008 年第 10 期。

[28]刘佰合:《〈中国近现代史纲要〉教材若干问题的思考》,《淮北师范大学学报》(哲社版)2011 年第 4 期。

[29]王万江:《〈中国近现代史纲要〉与高中历史教材衔接探索》,《大学教育》2014 年

第 17 期。

[30]尹业香、刘昊:《〈中国近现代史纲要(下编)〉的若干意见和修改建议——以"马克思主义理论研究和建设工程重点教材"2013 年修订版为例》,《长江大学学报(社科版)》2014 年第 1 期。

[31]胡德坤、宋俭等:《中国近现代史纲要》,武汉大学出版社 2006 年版。

[32]王宪明、蔡乐苏:《中国近现代史述要》,清华大学出版社 2008 年版。

[33]章征科:《"中国近现代史纲要"专题研究》,安徽师范大学出版社 2014 年版。

[34]相关具体教材的编纂问题可参阅:仝华:《"中国近现代史纲要"课建设的回顾与思考》,《思想理论教育》2015 年第 9 期。

[35]中共中央宣传部、教育部发布《普通高校思想政治理论课建设体系创新计划》,http://www.moe.gov.cn/srcsite/A13/moe_772/201508/t20150811_199379.html,访问日期:2020 年 3 月 11 日。

[36]王同起:《对开设"中国近现代史纲要"专题讲座的思考》,《思想理论教育导刊》2007 年第 6 期。

[37]王久高:《"中国近现代史纲要"教学组专题教学模式探析——以北京大学为例》,《思想理论教育导刊》2009 年第 3 期;《"中国近现代史纲要"教学组专题教学模式探析》,《教学与研究》2010 年第 6 期。

[38]阎治才:《对"中国近现代史纲要"专题教学内容体系的思考》,《思想理论教育导刊》2010 年第 9 期。

[39]韩强:《"中国近现代史纲要"课抗战专题的凝练》,《思想理论教育导刊》2016 年第 10 期。

[40]盛林:《〈中国近现代史纲要〉专题式教学思考》,《历史教学》2017 年第 24 期。

[41]张树焕:《深化"中国近现代史纲要"课专题教学的路径探析》,《思想教育研究》2017 年第 9 期。

[42]廖阔:《两嵌入视域下"中国近现代史纲要"问题导入式专题教学改革研究》,《思想政治课研究》2018 年第 4 期。

[43]贾凯:《"中国近现代史纲要"课程教学三位一体改革模式探索——以厦门大学为中心》,《思想政治教育研究》2018 年第 5 期。

[44]《〈中共中央宣传部、教育部关于进一步加强和改进高等学校思想政治理论课的意见〉实施方案》,http://old.moe.gov.cn//publicfiles/business/htmlfiles/moe/moe_772/201001/xxgk_80414.html,访问日期:2020 年 3 月 11 日。

[45]《教育部等部门关于进一步加强高校实践育人工作的若干意见》(教思政〔2012〕1 号),http://old.moe.gov.cn/publicfiles/business/htmlfiles/moe/s6870/201209/142870.html,访问日期:2020 年 3 月 11 日。

[46]解建红:《"中国近现代史纲要"实践教学的目标和特点》,《边疆经济与文化》

2009 年第 1 期。

[47]汪平秀:《〈中国近现代史纲要〉实践教学模式探索》,《青海民族大学学报》(教育科学版)2011 年第 4 期。

[48]刘文丽:《关于开展"中国近现代史纲要"课实践教学的几点思考》,《思想教育研究》2011 年第 1 期。

[49]艾丹:《增强"纲要"课实践教学实效性的思考》,《思想理论教育导刊》2011 年第 9 期。

[50]黄世坤:《找寻"活着"的历史—— 对"中国近现代史纲要"课实践性教学模式的探索》,《思想理论教育导刊》2012 年第 4 期。

[51]杨才林、王晓力:《中国近现代史纲要"五个一"实践教学模式探索》,《思想政治教育研究》2015 年第 2 期。

[52]杨国辉:《"中国近现代史纲要"课实践育人评价体系构建》,《长沙理工大学学报》(哲社版)2016 年第 6 期。

[53]李晓宇:《新时期深化高校思政课实践教学的路径探究——以〈中国近现代史纲要〉课程为例》,《大连大学学报》2017 年第 4 期。

[54]盛林、孙艳美:《提升"中国近现代史纲要"课实践教学效果的三个着力点》,《思想理论教育导刊》2017 年第 10 期。

[55]高春菊:《地方口述史收集在思想政治理论课中的运用——"纲要"课实践教学途径探索与实践》,《思想政治课研究》2017 年第 3 期。

[56]https://www.icourse163.org/,访问日期:2020 年 3 月 11 日。

[57]https://www.zhihuishu.com/,访问日期:2020 年 3 月 11 日。

[58]李志友、徐占春、代祥:《"中国近现代史纲要"网络教学研究》,《重庆教育学院学报》2011 年第 4 期。

[59]王艳娟:《网络环境下交互教育实现路径的探讨——以〈中国近现代史纲要〉课程网络教学的实施为例》,《浙江理工大学学报》2013 年第 3 期。

[60]翁贺凯、李璎珞:《增强抗日战争史教学的历史科学性——以清华大学"中国近现代史纲要"慕课为例》,《思想教育研究》2018 年第 6 期;翁贺凯、李璎珞:《清华大学"中国近现代史纲要""慕课"混合式教学改革探索》,《思想理论教育导刊》2016 年第 1 期。

[61]于安龙:《论网络资源在历史教学中的运用——以〈中国近现代史纲要〉课为例》,《历史教学》2016 年第 1 期。

[62]孙康:《基于在线开放课程的"翻转课堂"对高校思想政治理论课教师的新挑战——以武汉大学"中国近现代史纲要"课程教学改革为例》,《思想理论教育导刊》2017 年第 10 期。

[63]杨淑玉、程丽云:《移动互联网时代"中国近现代史纲要"课程面临的挑战和对策》,《新课程研究》2018 年第 9 期。

[64]徐奉臻:《"MSD教学模式"与"中国近现代史纲要"课程体系的构建》,《黑龙江高教研究》2007年第2期;陈殿林:《从问题意识到问题逻辑——"中国近现代史纲要"教材体系向教学体系转化路径研究》,《思想理论教育导刊》2011年第7期;杜志章:《论PBL教学法在思想政治理论课教学中的应用——以"中国近现代史纲要"课程为例》,《学校党建与思想教育》2013年第7期。

[65]马敏、王坤庆、王继新:《"三结合整合式"教学模式探索——〈中国近现代史纲要〉课程教学改革的理论与实践》,《教育研究》2009年第3期。

[66]宋进:《〈中国近现代史纲要〉课案例教学中的几个关系》,《思想政治课研究》2014年第5期。

[67]崔璨、张麟:《中国近现代史纲要课运用微观案例教学的可行性研究——以"微观史学"为启示》,《历史教学问题》2016年第3期。

[68]张树焕、王妍:《案例教学法在"中国近现代史纲要"课中的运用探析》,《思想教育研究》2015年第11期。

[69]李爽:《"中国近现代史纲要"课教学中大历史视野的定位与比较方法运用》,《东北师大学报》(哲社版)2014年第5期。

[70]谢菲:《情景剧教学法在高校思想政治理论课教学中的实践与效用分析——以"中国近现代史纲要"课程为例》,《电子科技大学学报》(哲社版)2016年第2期;谢菲、张帅:《"历史情景剧"教学法在高校思政课教学中的实效性分析——以"中国近现代史纲要"课为例》,《思想教育研究》2016年第10期。

[71]朱潇潇:《在开放的视野中认识世界和中国——以两轴教学法提升"中国近现代史纲要"课堂效果》,《思想理论教育导刊》2018年第10期。

[72]白文刚:《上好"中国近现代史纲要"课的两个关键》,《高校理论战线》2007年第5期。

[73]佟静:《论"中国近现代史纲要"课教学观念的四个转变》,《思想理论教育导刊》2009年第5期。

[74]贾文华、李丽玲:《尊重学生主体地位,提高问题教学的实效性——以〈中国近现代史纲要〉教学为例》,《绥化学院学报》2010年第4期。

[75]易彪:《"中国近现代史纲要"课开展研讨式教学要把握好的几个问题》,《思想教育理论导刊》2012年第10期。

[76]李朝阳:《高校思想政治理论课教学中教师的有效提问——结合"中国近现代史纲要"课的探讨》,《思想政治教育研究》2013年第5期。

[77]王广峰:《论思想政治理论课教学中的五对关系——以"中国近现代史纲要"课为例》,《思想教育研究》2017年第11期。

[78]杨琰:《高校思想政治理论课参与式教学的成效、问题及改进策略——以"纲要"课为例》,《学校党建与思想教育》2018年第3期。

[79]于新娟:《高校"中国近现代史纲要"教学有效性探究——基于不同专业学生》,《山西高等学校社会科学学报》2014年第11期。

[80]刘朝辉:《与专业特色相结合的启发式教学模式探析——以"中国近现代史纲要"课程为例》,《内蒙古师范大学学报》(教育科学版)2015年第11期。

[81]郭理、姚宏志:《分类教学:增强高校思想政治理论课教学实效性的有益探索——以"中国近现代史纲要"课为例》,《思想理论教育导刊》2016年第1期。

[82]邱德宇、华表:《思想政治理论课因材施教的探索与思考——以清华大学"中国近现代史纲要"课为例》,《思想教育研究》2017年第5期;刘承昊、华表:《清华大学"中国近现代史纲要"课程教学创新机制探索——以"读历史,搞创作"课堂教学为例》,《高校马克思主义理论研究》2018年第3期。

[83]相关研究可参阅:马志芹:《"中国近现代史纲要"教学实效性刍议——以民族学生为视角》,《黑龙江史志》2012年第16期;郑建锋:《理工科大学"中国近现代史纲要"课堂教学实效与对策——以江苏科技大学为参照》,《山西高等学校社会科学学报》2018年第4期;等等。

问题导向式专题思政课教学："毛泽东思想和中国特色社会主义理论体系概论"课的实践与探索*

罗礼太**

摘要: 问题导向式专题思政课教学模式,指专题集体备课、专题循环讲授、热点问题讨论和专题成绩综合考核的教学模式。厦门大学马克思主义学院,以思想政治理论课改革创新为动力,针对"毛泽东思想和中国特色社会主义理论体系概论"课开展了以问题为导向的专题教学模式,历经八年多实践教学与探索,有效增强了思想政治理论课吸引力、感染力、实效性等。本文拟结合厦门大学思想政治理论课教学实践,总结以问题为导向的专题教学模式特征、经验,并从研究教学本质、深化教学理念、强化教学过程等方面进行对策分析。

关键词: 思政课;问题导向;经验;对策

目前,我国经济社会正经历深刻变革、利益格局调整,各种思想多样杂陈、各种力量竞相发声成为常态。意识形态领域,多元思想文化交流、交融、交锋长期并存,相互激荡趋势更加显著。大学生的思想更加活跃,独立性、选择性、差异性显著增强。在此背景下,思想政治理论课程面临新的挑战。"推动思想政治理论课改革创新,要不断增强思政课的思想性、理论性和亲和力、针对性。" 2019 年 3 月 18 日,在"学校思想政治理论课教师座谈会"上,习近平总书记提出"八个统一"的具体要求,为思政课的改革创新指明了方向和路径。"思想政治理论课要坚持在改进中加强,提升思想政治教育亲和力和针对性,满足学生成长发展需求和期待。"[1] 要想实现这些则需要对思想政治理论课进行全方位改革。怎样运用马克思主义的立场、观点与方法在多元思想文化中立主导,给思想政治理论课提出了新的要求。思想政治理论课如何更好贯彻党的教育方针,回应新时代的挑战和立德

---

　* 基金项目:问题导向式专题化教学模式研究——以"概论"课为例,2018 年度教育部高校示范马克思主义学院和优秀教学科研团队建设项目(思政课教学方法改革项目择优推广计划)(18JDSZK103)。
　** 罗礼太,厦门大学马克思主义学院副教授。

树人的新要求？这是当前政治理论教育工作者亟待回答的问题。实践证明，只有不断创新教育教学模式，才是根本出路。厦门大学马克思主义学院，以思想政治理论课改革创新为动力，针对"毛泽东思想和中国特色社会主义理论体系概论"（以下简称"概论"）课开展了以问题为导向的专题教学模式，历经八年多实践教学与探索，有效增强了思想政治理论课吸引力、感染力、实效性等。本文旨在"概论"课中以问题为导向的专题教学模式的现状、特征基础上，总结经验，并联系现存的问题进行对策分析。

一、问题导向式专题思政课教学模式特征分析

思想政治理论课是大学生的必修课程。早在 2014 年，承担全校思政课教学主体任务的厦门大学马克思主义学院，就成立了思想政治理论课教学改革领导小组，正式启动实施思政课综合改革创新工程，深化专题教学、网络教学、实践教学"三位一体"思政课教学体系和模式改革。"概论"课程率先推行以问题导向式专题教学新模式是改革的核心。问题导向式专题思政课教学模式是指专题集体备课、专题循环讲授、热点问题讨论和专题成绩综合考核的教学模式。其中，专题集体备课，即由马克思主义中国化教研部组织课程组教师集体研讨教材，将教材内容以问题形式，逻辑分成若干专题，按照任课教师学科背景和研究专长承担相应专题教学内容。专题循环讲授即实行同一门课程在同一班级由多个教师共同完成并在不同班级依次循环专题讲授的全新循环授课模式。热点问题讨论，即围绕教材，组织老师进行专题调研、指导学生实地调研和在网上征集选题等，在自己的班上辩证地分析问题，解答当前社会热点问题。专题成绩综合考核，即课程测试按专题内容测试，并综合评定学生成绩的全新考核模式。

问题导向式专题思政课教学模式，简而言之，就是抓住教材的重点问题，讲好中国精彩故事。以问题为核心，专题备课、循环讲授和热点问题讨论三者之间相互依存，共同统一于思想政治理论课教学过程之中。对此，厦门大学马克思主义学院主要从以下几个方面进行实践探索。

1.做好专题教学前期的准备工作，确保专题教学落小落细落实

首先，把马克思主义中国化教研部"概论"课教师按课程分成课程教学组，课程教学组的组成人员根据教学班级的数量组成，分成 2～3 个组，一组一般由 9 名教师组成，共同完成课程教学任务。其次，根据任课教师的学科背景和研究专长，进行专题教学分工，确定任课教师专题授课内容。再次，在每学期前、中、后，教研部组织课程组教师开展集体备课活动，对任课教师的教学专题备课进行把关，提出修改意见，任课教师根据集体讨论意见对教案、课件进行修改完善。最后，在每次专题备课活动中，确定 1～2 名教师主题发言，介绍专题备课经验和体会，其他教师对专题的内容进行补充和扩展。

2.以问题导向为突破口,强化集体备课,集体挖掘教材上的问题

首先,通过专题集体备课环节,让问题意识进入任课教师头脑,进入专题教案。其次,通过专题集体备课环节,凝练教学主题,选择重点难点热点问题,让问题凸显出来。在"概论"课的教学中,学院推进课程的教学改革,将原有教材中的内容及当前国家的热点难点问题,结合任课教师的科研专长进行分工,进行专题教学,分别从九个专题进行讲授,分别为:马克思主义中国化两大成果、改革开放与新时代中国特色社会主义、决胜全面建成小康社会与中国梦、建设现代化经济体系、中国特色社会主义政治发展道路、在发展中保障和改善民生、坚持用社会主义核心价值观凝心聚力、共商共建人类命运共同体、推动全面从严治党向纵深发展。从实践探索来看,专题教学不是简单机械地将现有教材碎片化,而是教师在专题集体备课这一关键环节中,把教材内容问题化,以问题导向为抓手,依据教材研究理论问题和重大现实问题。

3.科学编制专题循环讲授课表,保证循环讲授在所有教学班之间循环运转

第一,教研部编制课程循环讲授课表,包括循环教师、班级和教室等信息。第二,任课教师在自己的班除了讲授课程的导论部分,还要讲授自己的专题内容,让学生把握课程的整体性。第三,任课教师在自己班级统一介绍课程专题内容的划分、专题讲授的教师专长等情况。第四,任课教师在讲授各自专题内容的时候,课堂上务必讲清楚所讲专题在教材中所处的地位及与其他专题之间的内在关系问题,让学生把握教材内容的整体性。第五,任课教师在专题循环讲授结束后,回到自己的班级,适当串讲教材章节内容,进行课程学习总结。第六,任课教师在自己班级,指定学生建立思想政治理论课班级微信群,便于介绍专题老师的简况、指导学生社会实践、提前布置主题讨论等等。

4.专题成绩实行综合考核

首先,科学设置课程测试成绩构成。卷面主观题测试占 40%,网络客观题测试占 20%,平时表现(课堂出勤情况、课堂讨论回答问题、上课表现等)占 20%,社会实践报告占 20%。其次,网络测试(单项和多项每个专题有相应的测试题供学生练习三次。任课教师在全部专题讲授结束时安排时间进行两次测试,测试时间 60 分钟,学生网络测试成绩取两次测试的高分为准。再次,对学生因请假等特殊情况而缺席专题网络测试的学生,由学院在课程学习结束后,统一安排时间集中进行补测。

5.班级教学管理,充分利用在读研究生资源

每两个教学班配备一名研究生担任班级助教,以弥补因任课教师流动上课而带来的管理松懈问题。办法:在每两个本科生教学班级配备一名在读研究生当助教,负责教学班级的日常管理工作,掌握和反馈本科生思想和学习动态,布置思考问题,协助社会实践调研等。配备研究生助教,一方面,维持了教学班级管理的连续性,同时也减轻了任课教师的工作量,另一方面,为在读研究生提供了教学实践平台,丰富了研究生教学实践经验,在实践中提高了研究生自身的问题意识和能力。

二、问题导向式专题思政课教学模式的创新经验总结

改革思想政治理论课教学方法,创新思想政治理论课教学艺术,是思想政治理论课强大的生命力和不竭的动力。结合以上现状与特征,本文认为问题导向式专题思政课教学模式实践,为探索新时代思想政治理论课教学规律积累了以下几个方面的主要经验。

1.研究专题教学的本质,是组织专题教学,实现专题教学独特优势的关键环节

任何事物都有它的本质规律。"概论"课专题教学也是如此,它不是简单地在思想政治理论课教学中的移植和复制,更不是对传统模式的简单否定,必须充分研究和把握专题教学的本质问题。专题教学的本质就是问题化教学。专题教学要以问题教学为中心,把教材上的理论难题、教师关注的重点问题和学生关心的热点问题有机统一起来,坚持问题导向,注重回答普遍关注的问题,注重解答学生思想上的疑惑,反对空对空、两张皮,防止教条主义、形式主义。比如,如何看待中国特色社会主义理论体系的科学性,如何看待加强和改善中国共产党的领导,如何看待自由、民主、平等的科学内涵和实践,如何看待西方所谓"普世价值",如何看待坚持中国社会主义制度优越性和全面深化改革,如何准确把握"四个全面"战略布局,如何深刻领会新发展理念和构建新发展格局,如何看待使市场在资源配置中起决定性作用和更好发挥政府作用……就需要重点加以解答。凡是学生普遍关注的深层次问题,都要从国际和国内、历史和现实、理论和实践的结合上作出令人信服的回答。任课教师做到带着真情讲问题,把问题讲明,树立大学生的社会责任意识;任课教师要把问题讲实,做到既不夸大问题,也不缩小问题,更不回避理论和社会现实问题;任课教师要保持强烈的时代精神和问题意识,及时把党的十九大精神、习近平新时代中国特色社会主义思想和十九届四中、五中全会精神等讲清、讲深和讲透;任课教师要把问题讲透,让学生弄清楚问题的前因后果来龙去脉,只有突出问题的专题教学,才是真正意义上的专题教学。

2.树立教师专题教学理念,是组织专题教学,发挥专题教学独特优势的前提条件

现代高等教育规律表明,学科理念的先进与落后,直接关系到学科的发展。思想政治理论课更是如此。思想政治理论课教学理念问题直接关系其教育教学的针对性和有效性。比如,我们在推行"概论"课专题教学的过程中,由于受传统教学理念的影响,相当一部分教师在处理教材时,始终摆脱不了教材的束缚,生怕遗漏任何一个知识点,不敢大胆处理教材,守旧于传统的知识传授,缺乏把教材上的知识变成问题的教学新理念。专题教

学则要求思想政治理论课教师在充分把握教材精神实质的基础上,大胆地对教材进行合理取舍,把教材体系通过吸收消化转化成以问题为导向的教学体系,把单一的知识体系传授转化为学生思辨能力的提高和信仰体系的养成,培养和提高学生运用马克思主义的立场、观点和方法分析问题和解决问题的能力。

3.加强教学过程管理,发挥教研部功能,是新时代思想政治理论课建设的组织管理保障

科学管理就是生产力。思想政治理论课教学过程管理是潜在的生产力,这种潜在生产力可以直接转化为教育效果。专题教学是一项逻辑的系统工程,系统中各要素作用的发挥,取决于过程管理。比如,加强教研部的科学管理问题。马克思主义中国化教研部是高等教育的基层教学组织。我们认为,马克思主义中国化教研部的功能,如果没有得到发挥,教研部仅仅就是一个摆设;如果得到了发挥,教研部就是一个助推器。一是在专题集体备课环节,集思广益,保证了专题备课的质量。二是在专题循环讲授环节,环环相扣,层层递进,保证了专题教学有条不紊地运转。三是在专题综合考核环节,多项因素的全面考查,保证了测试质量。四是在专题教学信息反馈环节,信息畅通,通过网络征集、课上调查等方式了解学生关注的热点、难点问题,在深入剖析教材的基础上,"概论"课教师会结合学生们"想听"的问题,经过提炼分析及时进行对策研究和调整,继而形成既有针对性又系统化的教学模式。

4.建立信息反馈机制,是新时代思想政治理论课建设的重要信息保障

利用好新媒体技术,是当代思想政治理论课建设的必然要求。思想政治理论课专题教学模式,起始于对传统教学模式信息的收集整理和分析结论,专题教学过程和完善也离不开教学过程信息的收集整理与分析。我们认为,专题教学是对传统教学模式的深刻变革。无论是任课教师,还是受教学生,都有一个适应过程。比如,教师循环讲授,刚开始部分学生感觉很不适应。刚刚熟悉适应任课教师的教学风格,在学习下个问题时,又换了教师,觉得困惑不解,有的甚至产生消极情绪。对此,我们通过线上线下,建立健全信息沟通反馈机制,如开学生代表座谈会、开教师听课反馈会、网上问卷调查、建立学生微信群、教学班配备研究生助教等,及时有效化解了学生对专题教学的多种困惑。

5.统筹协调形成工作合力,是新时代思想政治理论课建设强有力的后勤保障

我们认为,思想政治理论课建设不论是从外部条件还是内部条件,它都是一个系统工程。思想政治理论课教学改革相比专业课程教学改革,难度更大,问题更复杂。"概论"课教学改革涉及全校学生,牵涉教务处、学工部、校团委、各学院以及教室、设备等管理部门,仅靠马克思主义学院和任课教师的力量是无法解决的,不可能全面推进思想政治理论课教学改革,必须得到学校党委和职能部门的高度重视和支持。比如,校党委书记直接联系马克思主义学院的教学,坚持校党领导上思政课制度,选聘校内优秀辅导员担任思想政治理论课教学,引进校外专家和学者进来授课。思想政治理论课领导小组和教学指导委员会、教务处、学工处妥善解决专题化授课教师严重不足的问题,出台了《厦门大学关于开展面向校内辅导员选聘思想政治理论课教师的通知》。按行政班编排教学班,并且由超大班改为人数不超过一百人的正常班。

三、问题导向式专题思政课教学模式探索存在的问题与完善对策分析

思想政治理论课以问题为导向的专题教学模式,打破常规的教学模式,将"概论"课上成专题讲座是一种探索。经八年多的研究和实践探索,厦门大学马克思主义学院完全改变长期以来"上课一张脸、考试一张纸"的问题。"概论"课教师努力把习近平新时代中国特色社会主义思想讲准、讲活、讲好的信心和底气,关键在激发了教师积极性、主动性、创造性。实现了由教材体系到教学体系的转变,由知识体系向信仰体系的转变。提升了学生想听想学的兴趣,达到稳中求进、提质增效的效果。尽管取得一些成绩,仍然存在不足,需要进一步深化和完善。主要表现在:一是教师处理教材的能力有待进一步提升。部分教师在凝练专题时,对教材问题处理不到位。二是教师在教学过程的问题意识有待进一步增强。部分教师课堂上理论讲授多,问题探讨少。三是专题循环讲授问题。教师长期讲授一个专题会造成知识面固化问题。四是专题教学社会实践问题,与课堂教学相互促进、相得益彰的思想政治理论课第二课堂体系建设相对滞后。针对以上不足,本文将从以下几个方面进行对策研究,提出具体建议以进一步改进和完善思想政治理论课专题教学。

1.推动高校思想政治理论课改革创新,要在践行和培育思想政治理论课教师的职业情感上下功夫

我们坚持让有信仰的人讲信仰,思想政治理论课的教学效果,根本取决于思想政治理论课教师职业情感的深与浅。习近平总书记指出:"人民教师无上光荣,每个教师都要珍惜这份光荣,爱惜这份职业,严格要求自己,不断完善自己。做老师就要执着于教书育人,有热爱教育的定力、淡泊名利的坚守。"[2]职业情感深,教学投入大,效果好,职业情感浅,教学投入少,效果不尽人意。对此,要组织学习马克思主义经典作家的职业精神和信仰,加强思想政治理论课教师职业道德修养,以身作则、率先垂范,不仅要以深邃的理论魅力,而且还要以高尚的人格魅力来赢得学生的敬仰,以模范的言行举止为学生树立榜样;强化"四个意识"、"四个自信"、"两个维护"、政治规矩、政治纪律的学习;在实践中深入培养教师马克思主义信仰、共产主义理想。

2.推动高校思想政治理论课改革创新,要在提升思想政治理论课教师思想素质和业务能力上下功夫

随着时代的快速发展,对思想政治理论课教师的综合素质要求越来越高。当代思想政治理论课教师不仅要具有扎实的马克思主义理论水平,还要具有现代信息技术能力和驾驭国际国内复杂信息的能力。在加强思政课教师理论武装的同时,厦门大学加大选派思政课教师参与学习考察、社会实践和挂职锻炼的力度,帮助思政课教师开阔学术视野、全面了解国情,也让思政课教师更有情怀、更有担当,让思政课教学更有温度、更接地气。为此,学院积极探索思想政治理论课教师业务考核模式,每年要建立健全思想政治理论课专题教师业务培训制度,做到专题教师全员覆盖。除了邀请校外专家的专题讲座培训,还主动参与思想政治理论课教师各级各类培训。院党政管理干部和"概论"课教师代表组成团队,集体听课常态化,[3]从专题选定、理论内涵、逻辑重点、教学方式、教学仪态、语言表达、课件制作等方面进行细致点评,帮助教师提高教学质量和提升教学形象,在相互听课学习中,教师们不断创新教学方法,提升教学技巧,研发出研讨辩论、案例分析、情景剧演绎等一系列教学新方法,告别过去单向式的灌输形态,让学生真正参与课堂教学,在互动中实现教学内容的入脑入心。

3.推动高校思想政治理论课改革创新,充实完善以问题为导向的专题教学模式,要在探索专题教学的内在规律上下功夫

思想政治理论课专题教学模式是一种全新的教学模式。不论是理论上还是实践上,都尚处于探索之中。围绕优化专题教学模式,我们要进一步加强各个专题之间的理论逻辑研究,激发学生理论学习的好奇心和求知欲。"中国经济增速和大学生就业有何联系?中国梦得到实现的标准是什么?"在"概论"课主讲教师石红梅的讲义,记录了来自学生的上百个问题。这些年,开学第一堂课,收集、梳理、分类学生关注的问题,已成为石红梅的"固定动作"。"必须知道他们喜欢什么,然后再根据思政课的具体教学内容为学生准备'菜品',只有这样菜才能合他们的胃口。"石红梅的做法是厦大思政课"问题导向式专题教学"改革的一个缩影。[4]研究各个专题和课程之间的衔接,实现理论难点、重点问题和社会热点与教学逻辑体系的统一;进一步充实和完善问题收集、归类和设计,在诸多问题中抓住主要问题、重点问题和难点问题,避免面面俱到的铺陈和罗列。集体备课,联合攻关,探讨教学教法,注重案例的应用,在理论联系实际上下功夫;积极优化探索专题教学模式的效果评估方式。

4.推动高校思想政治理论课改革创新,要在构建思想政治理论课专题教学社会实践体系上下功夫

2015年,厦大马克思主义学院成立思政课实践教学领导小组,下设实践教学中心,负责推进思政课实践教学改革,通过理论教学与实践教学互动、第一课堂与第二课堂相连接、思政课与"挑战杯""大学生创新创业训练"相结合,形成了思政教育良性机制。近5年,马克思主义学院先后设立实践教学调研基地10多个,实践教学站点达160多个,累计2.7万多名学生、组成2400多个小组参与了思政课实践教学活动,足迹横跨全国31个省(区、市)160多个县(市、区),形成了2377份调查报告,[3]其中数十份以咨政报告的形式被省部级批示、采纳。2019年9月,马克思主义学院还把实践队请入了"概论"思政课堂,由参与实践的优秀学生代表主讲思政课,通过实地所见、所感,向同学们讲述中华人民共和国成立70年来社会的巨大变化和发展。同时,学院还结合自身科研发展主线特别是中国农村发展道路研究重点培育了10多个长期研究的课题。2015年,由"概论"课教师贺东航教授指导、经济学院本科生蔡佳楠任队长的"农民之子"团队,在第十四届"挑战杯"全国大学生课外学术科技作品竞赛中,"土地流转、农民权益与新型经营主体:在流转中实现共赢——河南鄢陵模式探析"课题夺得了全国特等奖。思想政治理论课课堂教学是主渠道和主阵地,思想政治理论课社会实践教学是主渠道和主阵地的有机补充。要理论和实践相结合,统筹课内和课外、校内和校外、网上网下力量,二者之间相辅相成,相得益彰。对此,要围绕专题教学,探索组织马克思主义理论研究社团,提高大学生马克思主义理论素养;积极整合学校社会实践教学资源,拓展社会实践形式,开展专题调研、实地调研和主题调研,持续跟踪和研究重大的理论和实践问题,形成具有影响力的社会实践报告;利用网络空间,探索线上征集社会实践教学选题。

根据在厦门大学学生中随机抽样的1235份问卷来看,绝大多数学生对于问题导向式专题思政课教学模式改革持积极态度,其中46.2%认为非常好,43.1%认为比较好,只有极少数学生更倾向于传统的教学方式。说明经过八年多推广和实施,问题导向式专题思政课教学模式收到了很好的效果,思政课长期以来给人以内容枯燥、教学方法单调、教学效果不理想的印象如今已不复存在。用语简练、内容翔实、配有实例、生动深入是学生们给厦大思政课新的标签[5]。"概论"课的探索和实践表明:高校思想政治理论课——问题导向式专题教学模式是可行的,它反映了思想政治理论课教学规律,满足大学生成长成才的需求,具有推广和操作的潜力。此模式对于提高思想政治理论课教学针对性和实效性,扩大教育教学覆盖面,增强教学吸引力和感染力具有借鉴参考的价值,对于进一步推动高校思想政治理论课教育教学模式改革具有理论和实践意义。

参考文献

[1]《着力推动思政课改革创新——论学习贯彻习近平总书记在学校思政课教师座

谈会上重要讲话》,《人民日报》2019 年 3 月 21 日。

[2]《习近平在全国教育大会上强调:坚持中国特色社会主义教育发展道路培养德智体美劳全面发展的社会主义建设者和接班人》,《人民日报》2018 年 9 月 10 日。

[3]曹熠婕:《厦大:上好思政"实践"课》,《中国教育报》2017 年 7 月 10 日。

[4]马跃华:《厦大"问题导向式专题教学"思政课让学生上得过瘾》,《光明日报》2017 年 5 月 9 日。

[5]陈浪:《厦大马克思主义理论学科的"四个回归"》,厦门大学新闻网,https://news.xmu.edu.cn/2018/0813/c1552a349517/page.htm,访问日期:2019 年 12 月 10 日。

新时代法治教育研究[*]

罗　文^{**}

摘要：法治教育在全面依法治国中起基础作用，法治教育的过程是法律知识、法治理念和法治思维传播普及的过程。法治教育担当着思想政治教育和普法教育的双重使命，实施法治教育是新时代全面推进依法治国的战略要求。我国的法治教育主要依托思想政治理论课开展教育教学，法治中国建设的理论与实践是其内容来源，新时代法治教育的主要内容应包括马克思主义法学基本理论、中国特色社会主义法治理论、以宪法为中心的法律体系基础知识等。大中小学法治教育一体化、法治教育与道德教育相结合、着重培养法治思维、以改革促发展求质量是新时代法治教育的发展趋势。

关键词：新时代；法治教育；定位；内容与形式；发展趋势

十九大报告指出，"全面依法治国是国家治理的一场深刻革命"。坚持和完善全面依法治国对于实现中国的第五个现代化——国家和社会治理体系、治理能力现代化意义重大。习近平总书记关于全面推进依法治国的重要论述，对新时代法治中国建设提出了一系列新理念、新思想、新战略，是习近平新时代中国特色社会主义思想的重要组成内容，是新时代法治建设的主要理论指引和行动指南，也是法治教育的重点内容。法治教育在全面依法治国中起基础作用，做好青少年学生的法治教育，关系到中国法治的未来。

---

　*　基金项目：2016 年教育部高校示范马克思主义学院和优秀教学科研团队建设项目"法安天下、德润人心——法治和德治关系的理论与实践研究"（项目批准号 16JDSZK076）；2018 年厦门大学教学改革研究项目（思政类专项）"三位一体教学模式下思想政治理论课考核方式的改革与创新研究"（项目编号 JG20180301）；厦门大学 2018 年"课程思政"建设计划立项项目："基础课"有关"培养法治思维"问题的专题教学设计与研究。

　**　罗文，福建厦门人，厦门大学马克思主义学院副教授、思政课教学改革研究中心主任。

一、新时代法治教育的定位

1.法治教育的含义

(1)法治教育与法律教育、法学教育

法治教育的过程是法律知识、法治理念和法治思维传播普及的过程。涉及法律内容的教育一般被称为"法律教育"。笔者认为,法律教育的范围较大,可以包含法治教育在内。从专业教育的角度区分,法律教育可以分为法律专业教育和非法律专业教育,但法治教育就没有所谓"法治专业教育"和"非法治专业教育"的说法。"法治教育"一词通常是指对教育对象进行非专业性的法律教育,法治教育的性质一般认为是非法律专业性的普法教育。法学教育则一般指专业性的法律教育,与非专业性的法治教育区别对称。法治教育目的不是为了培养法律专业人才,而是为了让更多的人,包括所有的学生,通过比较系统地学习法律基础知识,了解和掌握法律的基本理论,从而培育法治观念、法治思维,养成自觉遵法守法用法的意识。高校的法治教育虽和法学专业教育有所不同,但因为法治教育纳入了思政课的缘故,教育对象也包括了法学专业的大学生。

(2)法治教育与法制教育

普法教育原先使用的名称多为"法制教育",随着改革的深入发展和对法律问题研究的深化,最初的"法制教育"逐步演变为现今的"法治教育"。在十五大提出依法治国基本方略之前,对"法制"和"法治"两个词的使用不够规范、统一。但自十五大以后,对这两个词的内涵基本确定,使用上也更加规范。通常认为"法治"与"法制"的内涵不同,法制是法律制度的简称,法治是相对于人治而言的治理模式。法治与人治对立,而法制与人治并非相悖,如封建专制国家可能是法制国家,但却不是法治国家。因此法制有两种类型,人治型法制与法治型法制。2018年《宪法修正案》将我国宪法序言里"健全社会主义法制"修改为"健全社会主义法治"。从"法制"到"法治",表面上看只是一字之改,实则却是观念的嬗变,其重大意义在于,明确社会主义法制是法治之下的法制而非人治之下的法制,表明中国不光要加强法律制度的建设,并且要从治国思想与模式上摒弃人治、迈向法治。用"法治教育"取代"法制教育"也就顺理成章。并且法治教育包含了法制教育的基本内容,两者既有联系又有区别,法制教育侧重学习法律的具体规定和适用,而法治教育则侧重于法律原理和法治理论的学习。[1]

(3)高校法治教育和中小学法治教育

法治教育属于普法教育,同时也是思想政治教育的重要内容之一,是中国特色社会主

义法治和中国特色社会主义教育相融合的具体展现。我国的法治教育主要依托大中小学的思想政治理论课开展教育教学,在大中小学不同的教育阶段,形成了既相互关联又相对独立的高校法治教育和中、小学法治教育三阶段分层次的法治教育模式。

2.新时代法治教育担当的使命

(1)法治教育担当着思想政治教育和普法教育的双重使命

十九大报告提出,要"加大全民普法力度""提高全民族法治素养"。法治教育的目的一是普法、消除法盲,二是提高受教育者的法治素养。学校在立德树人中离不开对学生法治素养的培育,所谓"法治素养"指"人们通过学习法律知识,理解法律本质、运用法治思维、依法维护权利与依法履行义务的素质、修养和能力,对于保证人们尊崇法治、遵守法律具有重要的意义"。[2]

与其他一些国家和地区类似的法治教育相比,中国的法治教育具有中国特色。中国的法治教育是中国特色社会主义教育和中国特色社会主义法治相结合的产物,中国的法治教育和思想政治教育紧密联系,法治教育本身是思想政治教育的重要组成部分。中国的法治教育不仅是为了普及法律常识,同时还发挥着思想政治教育的功能和作用,服从并服务于思想政治教育的整体目标与需要。正因为如此,中国的法治教育主要依托思想政治理论课开展教育教学。法治教育教学中应及时反映法治中国建设的最新理论与实践成果,特别是融入习近平总书记关于全面依法治国的思想理论,切实做到"进教材、进课堂、进头脑",这是作为思政课的高校"思想道德修养与法律基础"课和中小学"道德与法治"课在新时代的使命与担当。

(2)实施法治教育是新时代全面推进依法治国的战略要求

法治是一种科学的、先进的治国方略与法律文化,是国家进步、社会文明的重要标志,是发展社会主义民主政治、建设社会主义政治文明、完善中国特色社会主义的客观需要和必然选择。但实现法治化是一项艰巨复杂的系统工程,不仅表现为良法善治的确立,在深层次上还体现为一个社会的价值选择、思维模式、行为方式等方面的深刻变革。培育和践行社会主义核心价值观中的法治观是建设社会主义法治的重要思想文化基础,是法治建设的基础工程,法治中国建设客观要求铸就全民对法治的信仰。因此,实施法治教育是全面推进依法治国的战略要求,同时也是预防青少年违法犯罪、构建和谐校园与和谐社会的现实需要。通过法治教育,培育具有较高法治素养的公民,引导广大学生把法律意识、法治观念镌刻到头脑里、熔铸在行动中。

二、新时代法治教育的内容与形式

1.法治中国建设的理论与实践是法治教育的内容源泉

法治教育的内容来自法治实践及其形成的理论。中华人民共和国成立七十载,法治建设虽有曲折但总体上取得了显著成就,正反两方面的经验教训使党和人民深刻认识到"法治兴则国家兴,法治衰则国家乱"[3]。中华人民共和国法治建设取得的主要成就,有学者概括为四个方面,即开辟了中国特色社会主义法治道路、创立了中国特色社会主义法治理论、形成了中国特色社会主义法律体系、构建了中国特色社会主义法治体系。[4] 2012年,十八大报告提出"全面推进依法治国"战略、"加快建设社会主义法治国家",确认"法治是治国理政的基本方式"。2014年,十八届四中全会召开,这是党历史上首次专门研究法治问题的中央全会,会议通过的《关于全面推进依法治国若干重大问题的决定》阐明了全面推进依法治国的总目标和路线图,并且明确指出"社会主义法治必须坚持党的领导,党的领导必须依靠社会主义法治"。2017年,十九大报告进一步明确指出,"全面依法治国是中国特色社会主义的本质要求和重要保障"。全面推进依法治国,是解决党和国家事业发展面临的一系列重大问题,解放和增强社会活力、促进社会公平正义、维护社会和谐稳定、确保党和国家长治久安的根本要求。[5]全面依法治国是习近平新时代中国特色社会主义思想的重要组成部分,十九大报告概括凝练的"8个明确""14个坚持"是习近平新时代中国特色社会主义思想的核心内容[6],明确全面推进依法治国总目标是"8个明确"之一,坚持全面依法治国基本方略是"14个坚持"之一。新时代法治教育应以习近平新时代中国特色社会主义思想为引领。

2.新时代法治教育的主要内容

法治教育以了解和掌握法律基础知识为基本内容,以培育社会主义法治观为核心,以培养和提高法治素养为目标。笔者认为,新时代的法治教育主要内容应包括以下三个方面:

(1)马克思主义法学基本理论——马克思主义法律观教育

向学生传播马列主义法律思想,主要学习关于法律的本质、特征、起源、历史发展,法律作用、法律运行、法律效力、法律责任、法律与道德的关系等法律的基本理论知识,着重帮助学生掌握马克思主义法律观。

(2)中国特色社会主义法治理论——社会主义法治观教育

法治理论是关于什么是法治、如何实行法治,研究如何依法治国、依法执政、依法行政、依法治理等问题的理论。中国特色社会主义法治理论发端于邓小平理论,发展于"三个代表"重要思想和科学发展观,成型于习近平新时代中国特色社会主义思想。习近平总书记关于全面依法治国的新理念新思想新战略,丰富和发展了中国特色社会主义法治理论,是中国特色社会主义法治理论的精髓,是马列主义法律思想中国化的创新发展。法治是人类政治文明发展进步的成果,将社会主义与法治紧密结合起来,在国家治理和社会治理体系现代化进程中选择法治,确立"依法治国,建设社会主义法治国家"的命题,这为发展和完善科学社会主义提供了原创性贡献。中国特色社会主义法治理论与实践还为实现良法善治的全球治理提供了中国方案、中国模式、中国经验,不再仅把西方话语体系的法治理论、法治道路、法治模式奉为圭臬。法治教育应着力引导学生全面理解和把握中国特色社会主义法治理论,帮助学生树立社会主义法治观。

(3)以宪法为中心的法律体系基础知识——法律意识教育

学习必需的法律基础知识是法治教育的题中之意。没有法律常识就达不到消除法盲的目的,没有法律常识就形不成法律意识,没有法律常识何谈法律观、法治观的培养。法律知识是表,法律意识是里,二者是表里一致的有机统一体。传授法律知识的根本目的是培养受教育者的法律意识。掌握法律知识是做加法,是授人以鱼,增强法律意识是做乘法,是授人以渔。因此,必须辩证地看待法治教育中知识性和理论性的关系。知识是理论建构的基石,法治教育离不开法律知识的传授,但法治教育又不仅是知识传授,更要在知识学习中进行理论建构,进而达到在思想意识上引导和影响学生的目的和效果。知识教育与思想教育相融合,才能实现法治教育的初心与使命。

相对于中小学法治教育,高校法治教育应进行更高层次的理论学习,需帮助大学生在了解掌握中国特色社会主义法律体系内容的基础上,深入学习宪法,深入学习中国特色社会主义法治理论,深入学习习近平总书记关于全面依法治国的重要论述。

3.法治教育的基本形式及其沿革

当前大中小学分别依托思政课系列中的"思想道德修养与法律基础""道德与法治"作为主渠道开展法治教育。1982年十二大报告提出"要在全体人民中间反复进行法制的宣传教育,从小学起各级学校都要设置有关法制教育的课程,努力使每个公民都知法守法"。1985年中共中央、国务院批转了《中央宣传部、司法部关于向全体公民基本普及法律常识的五年规划》,拉开了全民普法的序幕。同年11月22日,第六届全国人大常委会第十三次会议通过了关于在公民中基本普及法律常识的决议,正式启动全国范围第一个五年普法规划。此后中小学陆续在政治课中加入法律内容。2017年秋季学期伊始,全国中小学政治课教材统一使用教育部统编教材,并更名为"道德与法治",相较以往更突出了法治教育。高校自1986年起在思政课中增设了一门"法律基础"课,持续了20年,直到2006年"法律基础""思想道德修养"两门课合并,形成今天的"思想道德修养与法律基础"。

三、新时代法治教育的发展趋势

1.形成大中小学法治教育一体化格局

国家正研究制定《法治宣传教育法》，以法治方式进一步完善法治教育体系，推进大中小学法治教育一体化，强化大中小学法治教育的衔接与配合。2016年中共中央、国务院转发了《中央宣传部、司法部关于在公民中开展法治宣传教育的第七个五年规划（2016—2020年）》（以下简称"七五"普法规划），明确法治宣传教育的对象是一切有接受教育能力的公民，重点是领导干部和青少年。"七五"普法规划要求法治教育要从青少年抓起，要把法治教育纳入国民教育体系，制定和实施青少年法治教育大纲，在大中小学设立法治知识课程，确保在校学生都能得到基本法治知识教育。

2.推进法治教育与道德教育相结合

"七五"普法规划要求推进法治教育与道德教育相结合。习近平总书记指出，中国特色社会主义法治道路的一个鲜明特点，就是坚持依法治国和以德治国相结合，强调法治和德治两手抓、两手都要硬。法学教育要坚持立德树人，不仅要提高学生的法学知识水平，而且要培养学生的思想道德素养。[7]法治中国建设要坚持法治与德治相结合，法治教育同样也要坚持德法兼修。

3.着重培养法治思维

要达到提高法治素养的目的，学习法律知识是基础，培养法治思维是关键。小学阶段主要是"法治启蒙教育"，中学阶段主要是"法治常识教育"，大学阶段主要是"法治理论教育"，在不断学习法律知识的基础上，逐步加深对"法"的理解和认识，循序渐进培养法治思维能力。高校法治教育尤其应加大法治思维的培养力度，有意识地引导和帮助大学生将法治观念升格为法治思维、升华为法治精神，提高运用法治思维分析、解决问题的法治实践能力。

4.法治教育要以改革促发展求质量

（1）完善法治教育的课程建设

必须落实法治教育纳入学校课程体系的要求，最好能专门设置法治教育课程，保证并适当增加法治教育的课时。进一步修订完善法治课程教材，优化教学内容，大中小学教学内容要合理分配和衔接，避免简单重复。

（2）充实法治教育的师资力量

教育的关键在师资,应不断引进壮大从事法治教育的师资力量,加强现有师资的业务培训,提升教师的专业素养,加强集体备课和同行间的经验交流,努力提高法治教育教学水平。

（3）改进教学方法

法治教育十分适合同时也应当符合显性教育与隐性教育相统一的要求。教法上应把知识教育与思想教育有机融合。课堂教学要以问题为导向,注意教学的针对性。要加强互动式教学,引导学生积极思考。在教学中注重理论联系实际,善用案例教学法,善用多媒体教学手段,善用"互联网＋"手机等新技术,力求增强法治教育的实效性。

（4）改进考核方式

发挥考核"指挥棒"的作用,促进师生对法治理论知识的教与学。法治教育应少用机械记忆式的学习和考试方式,应更加注重考核学生对所学理论知识的理解和运用,特别是考察法治思维能力水平,从而倒逼教学质量的提升。

四、结语

总之,新时代的法治教育要有新作为。实现法治梦是中国梦在法治领域的具体体现,在这一筑梦过程中,应当重视和加强兼具普法和思想政治教育功能的法治教育。要精心打造法治教育金课,让每堂课都富有活力、充满新鲜感,从而激发学生的学习兴趣,增强法治教育的吸引力和获得感,切实改善教育教学效果。这对于培养青少年学生树立社会主义核心价值观之法治观,成长为时代新人、合格公民,成为中国特色社会主义事业的建设者和接班人具有重要意义和深远影响。

参考文献

[1]吕微平:《法治教育在"思想道德修养与法律基础"课的体现》,《厦门大学学报》(哲社版)2018 年教学研究专辑。

[2]马克思主义理论研究和建设工程重点教材编写组:《思想道德修养与法律基础》(2018 年版),高等教育出版社 2018 年版,第 6 页。

[3]中共中央宣传部:《习近平新时代中国特色社会主义思想学习纲要》,学习出版社、人民出版社 2019 年版,第 96 页。

[4]张文显:《七十载法治建设铺就法治强国路》,《法制日报》2019 年 10 月 1 日第8 版。

［5］中共中央宣传部:《习近平新时代中国特色社会主义思想学习纲要》,学习出版社、人民出版社 2019 年版,第 97 页。

［6］中共中央宣传部:《习近平新时代中国特色社会主义思想三十讲》,学习出版社 2018 年版,第 7 页。

［7］《习近平在中国政法大学考察时强调:立德树人德法兼修抓好法治人才培养,励志勤学刻苦磨炼促进青年成长进步》,《人民日报》2017 年 5 月 4 日第 1 版。

习近平高校思想政治教育教师观若干问题探析[*]

章舜钦^{**}

摘要:高校思想政治教育是直接关系到我国培养什么样的人、如何培养人和为谁培养人的重要问题。党的十八大以来,习近平就高校思想政治教育和教师队伍建设等发表了一系列重要讲话,形成了高校思想政治教育教师的全员育人观、根本任务观、政治素质观和教师队伍建设观。思想政治教育教师观是习近平教育思想的重要组成部分,学习研究习近平高校思想政治教育教师观,对促进高校思想政治教育和教师队伍建设的发展,都具有重要意义。

关键词:习近平;思想政治教育;教师观

"百年大计,教育为本;教育大计,教师为本。"党的十八大以来,习近平就高校思想政治教育和教师队伍建设等发表了一系列重要讲话,提出了一系列明确要求,深刻回答了高校党的建设、思想政治教育和教师队伍建设等重要问题,为加强和改进思想政治教育指明了目标方向和方法路径。习近平思想政治教育教师观是习近平教育思想的重要组成部分,深入学习和研究习近平高校思想政治教育教师观,对我们科学领会习近平新时代教育思想,加强高校思想政治教育,培养新时代合格人才,对实现教育强国,建设中国特色社会主义现代化,实现中华民族伟大复兴的中国梦,都具有重要意义。

一、习近平高校思想政治教育教师的全员育人观

习近平总书记强调指出:"高校思想政治工作关系高校培养什么样的人、如何培养人以及为谁培养人这个根本问题。要坚持把立德树人作为中心环节,把思想政治工作贯穿教育教学全过程,实现全程育人、全方位育人,努力开创我国高等教育事业发展新局

* 基金项目:福建省本科高校教育教学改革研究项目"思想政治教育硕士研究生课程建设改革研究"(FBJG20180166)。

** 章舜钦,福建莆田人,厦门大学马克思主义学院副教授。

面。"[1]"师者,教人以道者之称也。"高校教师是人类灵魂的工程师,不仅要承担传播科学文化知识和技能的重要任务,还要承担大学生思想政治教育的历史使命。高校教师还是高等教育持续发展的重要资源,是实现我国教育强国的重要保障。教育兴则国家兴,教育强则国家强,思想政治教育是建设中国特色社会主义,实现中华民族伟大复兴的思想基石,而思想政治教育教师则是这块基石的奠基人。能否做好思想政治教育,不断提高大学生的思想政治素质,培养有理想有本领有担当的能够担负民族复兴大任的时代新人;开创我国高等教育事业发展新局面;加快一流大学和一流学科建设,实现高等教育内涵式发展;为国家培养出大批合格人才,思想政治教育教师是关键。

那么,高校思想政治教育教师是指哪些人呢?习近平指出,要"把思想政治工作贯穿教育教学全过程,实现全程育人、全方位育人,努力开创我国高等教育事业发展新局面"。[2]所谓全程育人,指将育人活动贯穿教育教学对象成长发展的全过程,把思想政治工作贯穿教育教学全过程。把思想政治教育工作贯穿高校教育教学全过程,是遵循思想政治教育规律、教书育人规律、学生成长规律的要求。把高校教师教书育人的职责与使命,提到遵循规律的高度,是习近平在教育理论上的创新,对高校加强和改进思想政治工作具有重要意义。所谓全方位育人有狭义和广义之分。"广义上的全方位育人是指政府、社会、家庭、学校等共同育人的实践过程;狭义上的全方位育人,即强调高校党委、党的基层组织、教职员工各方面的育人责任,共同构建起党政工团学齐抓共管,全方位覆盖的思想政治工作运行模式。"[3]因此,高校思想政治教育教师指高校从事思想政治理论课教育工作专兼职教师,和负有思想政治教育职责的高校其他教师、党政人员、辅导员等所有教职员工。高校要树立大思政的工作理念,动员所有教职员工参加思想政治教育工作,把思想政治教育工作同学校的各方面工作更加紧密地结合起来,"形成思政理论课专任教师和专业课教师联动机制,充分发挥教师在育人中的主导力量"。[4]思想政治教育之所以是高校全体教师的共同责任,是因为思想政治教育具有全员性的性质决定的。"在我国社会,思想政治工作不仅具有覆盖的全员性,而且具有过程的全程性。所谓全员性,是指所有社会人员都要参与思想政治工作、接受思想政治教育,他们既是教育者,又是受教育者。"[5]

高校思想政治理论课教学是对学生进行思想政治教育的主渠道,不过不是唯一渠道,其他专业课教师以及党政人员、辅导员等,也承担着对学生进行思想政治教育的责任。著名教育学家雅斯贝尔斯认为:教育是人的灵魂的教育,而非理性知识的堆积。针对我国高校的部分专业课教师不重视对学生进行思想政治教育,其他行政部门、管理部门忽视对学生进行思想政治教育的现状,习近平指出:"做老师就要执着于教书育人。"[6]教书育人是所有教师的天职和使命。高校全体教师在向大学生传授科学文化知识和技能,从事"教书"天职的同时,还要开展思想政治教育,培养大学生科学正确的世界观、人生观、价值观、道德观和法治观等,担负育人的使命。教书是传授科学文化知识和技能,教学生学会做事;育人是培养学生正确的世界观、人生观和价值观,教学生如何做人。教书和育人总是不可分割地结合在一起的,高校教师不能只顾教书,而忘了育人。我国著名教育家陶行知曾指出:"先生不应该专教书,他的责任是教人做人;学生不应该专读书,他的责任是学习人生之道。"[7]教师作为高等教育的主体,主导着整个高等教育的过程,是学生身心发展的主要影响源,教师是否履行好教书育人,做好思想政治教育,将直接影响学生的成长成才。

二、习近平高校思想政治教育教师的根本任务观

高校思想政治教育教师的工作任务有许多,其中,根本任务是立德树人,培养有理想有本领有担当的能够担负民族复兴大任的合格人才;巩固马克思主义在高等教育中的指导地位,夯实高校全体师生的共同思想基础。

1.立德树人,培养合格人才

高校思想政治教育教师的根本任务是立德树人,培养有理想有本领有担当的能够担负民族复兴大任的合格人才。高校思想政治教育的对象是大学生,他们承担着建设中国特色社会主义现代化,实现中华民族伟大复兴中国梦的历史使命。大学生的历史使命决定了我国高校教育的根本任务就是立德树人,也就是通过加强大学生思想政治教育,把大学生培养成为能够肩负起新时代历史使命的合格人才。

首先,立德树人是大学生成长成才的重要保障。"才者,德之资也;德者,才之帅也。"我国高校培养的人才是有标准的。习近平指出,"培养什么人,是教育的首要问题。我国是中国共产党领导的社会主义国家,这就决定了我们的教育必须把培养社会主义建设者和接班人作为根本任务,培养一代又一代拥护中国共产党领导和我国社会主义制度、立志为中国特色社会主义奋斗终身的有用人才。这是教育工作的根本任务,也是教育现代化的方向目标。"[8]在"立德"和"树人"的关系中,"'立德'是途径,'树人'是目标。从这个意义上来说,立什么样的德,就树什么样的人"[9]。人无德不立,树人的关键在于立德,这是高校人才培养的辩证法,没有立德,所树之人一定是不合格的。为了培养有理想有本领有担当的能够肩负起新时代历史使命的合格人才,高校必须把立德树人作为思想政治教育的根本任务。新时代大学生是中国特色社会主义事业的建设者和接班人,他们的思想政治素质是实现中华民族伟大复兴中国梦的重要基石。习近平在党的十九大报告中指出:"要全面贯彻党的教育方针,落实立德树人根本任务……培养德智体美全面发展的社会主义建设者和接班人。"[10]这是我们党第一次在党的全国代表大会报告中提出"立德树人"概念,并将"立德树人"作为思想政治教育的根本任务。2018年5月,习近平在北京大学师生座谈会上指出:"大学是立德树人、培养人才的地方,是青年人学习知识、增长才干、放飞梦想的地方","我们的教育要培养德智体美全面发展的社会主义建设者和接班人","培养社会主义建设者和接班人,是我们党的教育方针,是我国各级各类学校的共同

使命。……高校只有抓住培养社会主义建设者和接班人这个根本才能办好,才能办出中国特色世界一流大学"。[11]高校全体教师必须全面贯彻党的路线方针政策,坚持高等教育为中国特色社会主义事业服务,为实现中华民族伟大复兴服务的根本宗旨,努力培养有理想有本领有担当的合格人才。高校若不能抓住立德树人这个根本,就无法培养出合格人才。

其次,立德树人是高等学校的立身之本。习近平在全国高校思想政治工作会议上指出:"高校立身之本在于立德树人。"[12]新时代高等学校必须坚持和加强党的全面领导,始终保持高等学校正确的政治方向。为了办好我国高等教育,就必须全面贯彻党的路线方针政策,把"立德树人"确定为思想政治教育的根本任务,这是高校坚持社会主义办学方向的内在要求,也是新时期贯穿党的教育方针的具体体现。习近平把"立德树人"确定为我国高等教育的根本任务、立身之本,体现了习近平对新时代教育规律和教育本质的科学把握,丰富了我们党的教育方针的内涵,是我们党教育思想的新发展。高等教育只有坚持立德树人,才能培养出高素质的合格人才,才能培育和践行社会主义核心价值观,坚定理想信念,具有坚实的本领才干,德智体美劳全面发展的能够肩负中华民族伟大复兴大任的时代新人。2019年3月,习近平在学校思想政治理论课教师座谈会上也强调:"思想政治理论课是落实立德树人根本任务的关键课程。"[13]习近平这一重要讲话,不仅指明了思想政治理论课的根本任务,而且再次明确了立德树人是我国高校的立身之本。

2.巩固马克思主义的指导地位,夯实高校全体师生的共同思想基础

关于思想政治教育的根本任务,习近平提出了"两个巩固"的要求,他指出:"宣传工作就是要巩固马克思主义在意识形态领域的指导地位,巩固全党全国人民团结奋斗的共同思想基础。"[14]高校思想政治教育是党的宣传教育工作的重要组成部分。坚持社会主义办学方向,坚持马克思主义,贯彻习近平新时代中国特色社会主义思想,巩固马克思主义在我国高等教育中的指导地位,夯实高校全体师生的共同思想基础,是我国高校思想政治教育的根本任务。"两个巩固"不仅指明了宣传工作的根本任务,也指明了新时代高等教育,特别是高校思想政治教育的根本任务,深刻揭示了高校思想政治教育的本质要求与功能属性,即意识形态性与功能属性。意识形态性是思想政治教育工作的鲜明特性。"思想政治工作与社会主义意识形态的关系,是直接而基本的关系,思想政治工作性质的规定性就是社会主义意识形态性。党的思想政治工作必须运用马克思主义理论,包括马克思主义哲学思想、政治思想、法律思想、道德思想、党的建设理论等,开展工作、进行教育,因而思想政治工作实际上是社会主义意识形态工作。"[15]

高校是意识形态的前沿阵地,没有思想政治教育,各种非马克思主义、反马克思主义的错误思想就会乘虚而入。目前,高校思想政治教育领域遇到新的挑战和新的问题,如西方国家所宣扬的所谓"普世价值""宪政民主""三权分立"等政治观念,给高校大学生的思想造成了一定的负面影响,削弱了马克思主义意识形态的凝聚力和引领力。对此,习近平指出:"经济建设是党的中心工作,意识形态工作是党的一项极端重要的工作。"[16]习近平的论述指明了思想政治教育的根本任务。可见,是否加强高校思想政治教育,是否坚持马克思主义为指导,是否做好高校意识形态工作,直接决定着我国高等教育的性质和高校办学的方向。高校思想政治教育教师是引领社会意识形态的重要力量,要深刻认识思想政治教育的根本任务,不断增强做好思想政治教育的政治责任感、历史使命感;要守好高校意识形态阵地,牢牢掌握意识形态工作的话语权;要"不忘初心、牢记使命",不断加强自身马克思主义理论修养,特别是习近平新时代中国特色社会主义思想的学习,为新时代大学生成长成才奠定坚实的思想政治基础;要高度重视各方面信息对大学生思想产生的影响,充分了解和分析各种思想,保持头脑清醒,与各种错误思想做斗争,引导大学生扣好人生第一粒扣子,把新时代大学生培养成为德智体美劳全面发展的合格人才。

三、习近平高校思想政治教育教师的政治素质观

如何成为一名合格思想政治教育教师呢?习近平很重视高校思想政治教育教师的综合素质,多次发表重要论述。2014年习近平在同北京师范大学师生代表座谈时的讲话中指出,做党和人民满意的好老师,"要有理想信念、要有道德情操、要有扎实学识、要有仁爱之心"。[17]这为教师提高综合素质确立了目标、指明了方向,也是加强教师队伍建设的行动指南。2019年3月18日,习近平再次指出,思想政治理论课教师"政治要强、情怀要深、思维要新、视野要广、自律要严、人格要正"。[18]这"六要"虽然是在学校思想政治理论课教师座谈会上发表的重要讲话,也是对新时代高校所有教师提出的最新要求。在这"六要"当中,政治要强是高校思想政治教育教师最重要的素质,也是高校思想政治教育教师能否完成"立德树人"根本任务的关键所在,直接决定能否把大学生培养成为有理想有本领有担当的时代新人。2018年1月中共中央、国务院颁发的《关于全面深化新时代教师队伍建设改革的意见》进一步提出要"着力提升思想政治素质,全面加强师德师风建设"。高校思想政治教育教师政治要强,主要体现在以下三个方面。

1.党性修养、党性观念要强,要坚决拥护党的领导

习近平指出:"我国高等教育肩负着培养德智体美全面发展的社会主义事业建设者和接班人的重大任务,必须坚持正确政治方向。"[19]高校思想政治教育教师是正确政治方向的掌舵者,"传道者自己首先要明道、信道",[20]才能保证高校办学的社会主义方向。教师思想政治状况具有很强的示范性。学术无禁区,课堂有纪律。当前,高校思想政治教育教师,总体上是明道信道,积极向上的。但是也存在"好好先生""南郭先生""撞钟先生"。所谓"好好先生",其主要表现是不讲原则、不敢担当,对于大学生思想领域的大是大非问题,他们往往态度暧昧、立场模糊。[21]这给思想政治教育带来了负面影响。思想政治教育教师决不能成为"两面人",必须自觉加强党性修养,不断增强党性观念。一定要

树立"四个意识",坚定"四个自信",坚决做到"两个维护",用习近平新时代中国特色社会主义思想武装头脑,在思想上和行动上始终与以习近平同志为核心的党中央保持高度一致。

2.马克思主义理论修养要强

马克思主义理论是科学性和革命性的统一,具有鲜明的实践品格和持久的生命力。马克思主义理论修养要强就是要求高校教师马克思主义理论要扎实,立场要坚定,要认真学习、深刻领会习近平新时代中国特色社会主义思想。思想政治教育历来都具有鲜明的政治性,根本目的是使大学生接受、认同和坚持马克思主义理论,树立马克思主义理想信念,确立马克思主义的科学信仰,树立中国特色社会主义的共同理想和共产主义的远大理想,成为中国特色社会主义事业的建设者和接班人,实现中华民族伟大复兴中国梦的合格人才。习近平指出:"马克思主义就是我们共产党人的'真经','真经'没念好,总想着'西天取经',就要贻误大事!"[22]对马克思主义理论的信仰,始终是指引和支持中国人民站起来、富起来、强起来的强大精神力量。思想政治教育教师要真学、真懂、真信、真用马克思主义理论,这是思想政治教育教师的根本立场,是决定"培养什么样的人"的根本问题。思想政治教育要"让有信仰的人讲信仰",没有信仰,或者信仰不坚定,对马克思主义理论认识错误的人,是不能从事思想政治教育工作的。实践也证明,只有真正信仰马克思主义,才能理直气壮从事思想政治教育,才能真正感染学生,使马克思主义入脑入心,并赢得学生的信任和尊重。

3.理想信念要强

理想信念是教书育人的指路明灯。习近平指出:宣传思想工作的"重中之重是要以坚定的理想信念筑牢精神之基,坚定对马克思主义的信仰,对社会主义和共产主义的信念,对中国特色社会主义道路、理论、制度、文化的自信"[23]。理想信念,包括共产主义远大理想、中国特色社会主义共同理想,是高校思想政治教育教师素质的核心内容。习近平多次强调"革命理想高于天","马克思主义是中国共产党人理想信念的灵魂"[24]。思想政治教育教师没有理想信念,就没有灵魂,"'功崇惟志,业广惟勤。'理想指引人生方向,信念决定事业成败。没有理想信念,就会导致精神上缺钙"[25]一个人的行动是由思想决定的,当一个人的内心中理想信念被突破,伴随而来的是政治上变质、理想上变味、信仰上迷失。正如习近平指出的,"没有理想信念,或理想信念不坚定,精神上就会'缺钙',就会得'软骨病'"[26],是无法完成思想政治教育的根本任务的。而当思想政治教育教师"有了坚定的理想信念,站位就高了,眼界就宽了,心胸就开阔了,就能坚持正确政治方向"[27]。才能引导新时代大学生树立科学正确的世界观、人生观、价值观、道德观和法治观,在实现中华民族伟大复兴中国梦的实践中放飞青春梦想,书写华彩人生。

四、习近平高校思想政治教育教师的队伍建设观

"强国要以强教为支撑,强教要以强师为保障。"[28]教师队伍建设是新时代教育强国的重要内容,教师队伍建设的水平和质量,决定着思想政治教育的水平和质量。习近平十分重视高校教师队伍建设,他指出:"建设政治素质过硬、业务能力精湛、育人水平高超的高素质教师队伍是大学建设的基础性工作。"[29]2019年3月,习近平在学校思想政治理论课教师座谈会上,深刻分析了思想政治理论课教师的重要作用,对高校教师队伍素质提出了明确要求,是高校教师队伍建设的重要指导思想。为了办好党和人民满意的教育,高校应把教师队伍建设摆在重要位置,建设高素质的思想政治教育教师队伍。

1.加强党对高校教师队伍建设的领导

习近平指出:"办好中国的事情,关键在党。"[30]加强教师队伍建设,关键也在党。坚持党对高校的领导,是中国特色社会主义大学的本质特征,也是我国教育的最大政治优势。当今世界,任何国家的高等教育都是在特定生产关系的条件下进行的,与社会制度密不可分。坚持党的领导决定着中国高校的性质和办学方向,"加强党对高校的领导,加强和改进高校党的建设,是办好中国特色社会主义大学的根本保证"。[31]教师队伍建设要始终坚持党的统一领导,牢牢把握党对教育工作的领导权。高校党委和各级党组织要不忘初心,牢记使命,履行好管党治党、办学治校的主体责任,要充分发挥高校党委总揽全局、科学谋划、把关定向的作用,要把思想政治教育教师队伍工作纳入议事日程,不断改进工作方式,采取有效措施解决教师队伍建设中的问题,确保教师队伍坚定正确的政治方向,确保用科学的理论培养人,用正确的思想引导人,要配齐建强思想政治教育教师队伍,建设专职为主、专兼结合、数量充足、素质优良的思想政治教育教师队伍。

2.加强高校教师队伍的培训

培训是提升高校教师素质,加强教师队伍建设的重要手段之一。习近平指出:"高校教师要坚持教育者先受教育,努力成为先进思想文化的传播者、党执政的坚定支持者,更好担起学生健康成长指导者和引路人的责任。"[32]通过培训造就高素质教师队伍是立教之本、兴教之源。教师是我国教育事业的生力军,学校能否为社会主义建设事业培养大批合格的人才,拥有一支优秀的教师队伍是重要前提。习近平指出:"教师队伍素质直接决定着大学办学能力和水平。建设社会主义现代化强国,需要一大批各方面各领域的优秀人才。这对我们教师队伍能力和水平提出了新的更高的要求。"[33]提高思想政治教育教师素质,除了把好入职关之外,关键是培训在职教师。正如习近平指出的:"要从培养社会主义建设者和接班人的高度,考虑大学师资队伍的素质要求、人员构成、培训体系等。"[34]要通过培训,建设一支高素质思想政治教育的教师队伍。

在培训方面,要不断创新培训途径、办法和学习方法,注重培训实效。要将思想政治培训与专业知识培训相结合,定期培训和不定期培训相结合,网上学习和网下培训相结合,集中培训与自我学习相结合,理论学习与实践教育相结合。教师培训除了专业知识、教学技能等内容之外,最重要的是加强教师队伍的师德师风建设,习近平指出:"评价教师队伍素质的第一标准应该是师德师风。师德师风建设应该是每一所学校常抓不懈的工作,既要有严格制度规定,也要有日常教育督导。"[35]通过加强师风师德建设,使思想政治教育教师都能够自觉坚持"四个统一"即"教书和育人相统一、言传和身教相统一、潜心问道和关注社会相统一、学术自由和学术规范相统一",不断提高自身的综合素质,为传播先进思想文化、坚定支持党依法执政、引导新时代大学生健康成长成才,打下坚实的基础。

3.加强高校教师队伍的管理制度建设

高校要健全和完善各种配套制度,切实加大教师队伍建设的政策投入、人力投入、经费投入,完善思想政治教育激励机制,为思想政治教育工作的顺利开展提供必要的条件和保障。习近平指出:"随着办学条件不断改善,教育投入要更多向教师倾斜,不断提高教师待遇,让广大教师安心从教、热心从教。对教师队伍中存在的问题,要坚决依法依纪予以严惩。"[36]建设一支高素质的思想政治教育教师队伍,要切实解决高校教师生在教学、科研和生活中遇到的各种问题,让教师能够安心从事思想政治教育工作,把主要的精力投入到教书育人中。

要健全和完善考核与激励机制,在教师考核、职称评审、项目申报、评优评奖等方面,建立和实施师德一票否决制。要重视教师的职业发展、心理健康和人文关怀,形成良好的教书育人的环境和氛围。要完善教师管理的工作机制,全国已经有部分高校成立"教师工作部",成立思想政治教育工作领导小组,明确教师思想政治教育的领导体制和管理体制,制定相关的管理制度。要通过树立典型,发挥榜样的示范功能,通过奖励先进,激发思想政治教育教师的工作积极性和主动性,助推思想政治教育的不断发展。要重视高校普通教师的教育培养和发展工作,及时将先进分子吸收加入党组织,壮大党员队伍。要加强党员队伍建设,每个教师党员都能够做到在党爱党、在党言党、在党为党。要加强高校基层党组织建设,健全完善基层党组织的各项制度,从严治党。要选优配强高校党委书记和基层党支部书记,充分发挥思想政治教育教研室(部)的协调保障作用,和教师党支部的先锋模范和战斗堡垒作用。要建立健全让高职称教师愿意从事、安心从事思想政治教育教学工作,和高校各级党委、行政领导带头进课堂上思想政治理论课的各项制度。

参考文献

[1][2][12][19][20][32]习近平:《把思想政治工作贯穿教育教学全过程,开创我国高等教育事业发展新局面》,《人民日报》2016年12月9日第1版。

[3]万美容:《论高校思想政治工作的科学发展》,《中国青年社会科学》2017年第

4 期。

[4]赵志华:《习近平大学生思想政治教育观及其实践意义》,《南昌师范学院学报》2018 年第 5 期。

[5][15]郑永廷:《把高校思想政治工作贯穿教育教学全过程的若干思考——学习习近平总书记在全国高校思想政治工作会议上的讲话》,《思想理论教育》2017 年第 1 期。

[6][8][36]习近平:《坚持中国特色社会主义教育发展道路,培养德智体美劳全面发展的社会主义建设者和接班人》,《人民日报》2018 年 9 月 11 日第 1 版。

[7]陶行知:《行知书信集》,安徽人民出版社 1981 年版,第 109 页。

[9]苏国红、李卫华、吴超:《习近平"立德树人"教育思想的主要内涵及其实践要求》,《思想理论教育导刊》2018 年第 3 期。

[10]习近平:《决胜全面建成小康社会,夺取新时代中国特色社会主义伟大胜利——在中国共产党第十九次全国代表大会上的报告》,人民出版社 2017 年版,第 45 页。

[11][29][33][34][35]习近平:《抓住培养社会主义建设者和接班人根本任务,努力建设中国特色世界一流大学》,《人民日报》2018 年 5 月 3 日第 1 版。

[13][18][30]习近平:《用新时代中国特色社会主义思想铸魂育人 贯彻党的教育方针落实立德树人根本任务》,《人民日报》2019 年 3 月 19 日第 1 版。

[14][16][26]习近平:《习近平谈治国理政》,外文出版社 2014 年版,第 153 页。

[17]习近平:《做党和人民满意的好老师——同北京师范大学师生代表座谈会时的讲话》,《人民日报》2014 年 9 月 10 日第 2 版。

[21]郭海成:《提升高校思想政治教育亲和力》,《人民日报》2017 年 7 月 25 日第 7 版。

[22]习近平:《在全国党校工作会议上的讲话》,人民出版社 2016 年版,第 15 页。

[23]习近平:《举旗帜聚民心育新人兴文化展形象,更好完成新形势下宣传思想工作使命任务》,《人民日报》2018 年 8 月 23 日第 1 版。

[24]习近平:《在纪念马克思诞辰 200 周年大会上的讲话》,《人民日报》2018 年 5 月 5 日第 2 版。

[25]习近平:《在同各界优秀青年代表座谈时的讲话》,《人民日报》2013 年 5 月 5 日第 2 版。

[27]《十八大以来重要文献选编》,中央文献出版社 2014 年版,第 117 页。

[28]朱旭东:《新时代教师队伍建设的新价值》,《中国教师》2018 年第 2 期。

[31]习近平:《坚持立德树人思想引领,加强改进高校党建工作》,《人民日报》2014 年 12 月 30 日第 1 版。

立德树人视域下高校思想政治理论课的守正创新*

傅丽芬**

摘要：思想政治理论课是落实立德树人根本任务的关键课程。随着政治多极化、经济全球化、文化多元化的日益发展，守正创新蕴含着矛盾分析的辩证法哲理，是思想政治理论课实现立德树人的根本保障。为此，应坚持在"守正"中"创新"，"创新"中"守正"。

关键词：思想政治理论课；立德树人；守正创新

从 2016 年全国高校思想政治工作会议，到 2018 年全国教育大会，再到 2019 年 3 月 18 日召开的学校思想政治理论课教师座谈会，习近平总书记关于思政课在立德树人方面的作用都做了深刻的阐释。尤其是在学校思想政治理论课教师座谈会上更是强调指出："办好思想政治理论课是立德树人的关键，事关党和民族的千秋伟业，必须旗帜鲜明、毫不含糊"，"思想政治理论课是落实立德树人根本任务的关键课程"。[1] 这一重要论述将思想政治理论课的地位和作用提升至前所未有的战略高度。当前，随着世界政治多极化、经济全球化、文化多元化和自媒体时代信息传播开放性等时代特征的出现，高校思想政治工作面临着严峻的挑战。面对新挑战，思想政治理论课唯有守正创新才能提升教育说服力和感染力，使其教学价值供给和大学生的成长需求平衡互动，从而切实解决"培养什么样的人、如何培养人以及为谁培养人这个根本问题"。[2]

一、立德树人凸显价值取向，是思想政治理论课守正创新的根本方向

立德树人，既包含着"立德""树人"的理解，也包含着"立德"与"树人"的辩证关系。"立德"语出《左传》："大上有立德，其次有立功，其次有立言，虽久不废，此之谓不朽。"

---

* 基金项目：国家社科基金高校思政课研究专项课题"推动高校思政课专题教学改革创新研究"（20VSZ120）的阶段性成果。

** 傅丽芬，福建厦门人，厦门大学马克思主义学院副教授，经济学博士，研究方向为马克思经济学。

"树人"语出《管子》："一年之计，莫如树谷；终身之计，莫如树人。"由此可见，"立德"即树立德行，强调用正面的教育引导人、教化人，使人成为真正的人；"树人"即培养人才，强调人的培养教育，使之成人成才。二者是独立的教育内容，又彼此联系、密不可分。才者，德之资也；德者，才之帅也。立德的目的是树人，而树人必须以立德为导向。思想政治理论课是铸魂育人、涵德化人的基础课程。设置思想政治理论课课程，始终不渝在高校进行马克思主义思想政治理论教育，培养德、智、体、美全面发展的社会主义建设者和接班人是中国共产党在高校开展思想政治工作的历史传统和独特优势。早在延安时期中国共产党就运用学校思想政治理论课程进行社会动员、社会共识教育和干部教育。以陕北公学为例，高级班开设"中国革命运动史""马列主义""辩证唯物主义"等课程，后期又增加"世界革命运动史""科学社会主义"等课程，面向中国共产党党员和干部全面开展马克思主义理论教育和宣传。[3]中华人民共和国成立后，在高校开设了"马列主义基础"等政治理论课，到"一九六四年，明确规定除形势任务课外，设置了'中共党史''政治经济学''哲学'三门公共政治理论课"[3]。改革开放以来，党和政府非常重视高校思想政治理论课的课程建设与发展，不断推动思政课锐意创新，先后实施了四套改革方案："78方案""85方案""98方案""05方案"。中央领导集体始终把思想政治理论课摆在特殊重要的位置，一以贯之地坚持思想政治理论课的根本目标和任务是培养社会主义的建设者和接班人。邓小平在1978年4月召开的全国教育工作会议上强调："我们的学校是为社会主义建设培养人才的地方。培养人才有没有质量标准呢？有的。这就是毛泽东同志说的，应该使受教育者在德育、智育、体育几方面都得到发展，成为有社会主义觉悟的有文化的劳动者。"[4]江泽民在1994年召开的全国教育工作会议上要求："各级各类学校都要全面贯彻党的教育方针，坚持社会主义办学方向，努力培养德智体全面发展的'四有'新人。要针对改革和建设过程中出现的新情况新问题，不断加强和改进学校的思想政治工作和政治课教育……引导和帮助青年学生树立正确的世界观、人生观、价值观，打下科学理论的基础，确立为建设有中国特色社会主义而奋斗的政治方向。"[5]进入21世纪，胡锦涛认为"培养什么样的人，如何培养人"的重要性凸显，"全国高校都要始终不渝地全面贯彻党的教育方针，坚持学校教育、育人为本，德智体美、德育为先，充分发挥大学生思想政治教育主阵地、主课堂、主渠道的作用，全方位推进大学生思想政治教育，多方面促进大学生全面发展"。[6]习近平总书记着眼于新的时代要求和新的实践需要，在北京大学师生座谈会上进一步强调，"培养社会主义建设者和接班人，是我们党的教育方针，是我国各级各类学校的共同使命"，"要把立德树人的成效作为检验学校一切工作的根本标准，真正做到以文化人、以德育人，不断提高学生思想水平、政治觉悟、道德品质、文化素养，做到明大德、守公德、严私德。要把立德树人内化到大学建设和管理各领域、各方面、各环节，做到以树人为核心，以立德为根本"。[7]

二、守正创新蕴含着矛盾分析的辩证法哲理,是实现立德树人根本保障

守正创新充分体现了新形势下思想政治理论课不变与变的辩证规律。守正,意味着遵循发展规律,尊重和坚守光荣传统,恪守正道,弘扬正气。创新,意味着摆脱常规思维的束缚,另辟蹊径,敢于挑战权威,勇往直前。新的历史形势条件下,海量信息的包围,各种思想文化交流交融交锋的频繁,新生代大学生的崭新特性等,高校意识形态领域的形势更加复杂严峻,思政课实现立德树人根本目标的难度加大。一是移动网络等新媒体的迅速发展,增加了思政课实现立德树人根本目标的难度。信息化时代下,信息产品广泛普及、信息传播发生变革,人们的生活习惯、思维习惯和学习方式也随之发生改变。网络新媒体所具有的即时性、交互性、共享性和跨时空性特点与青年学生求之若渴的精神相契合,使之成为大学生交流和对话的平台。而大学生涉世未深,对一些复杂的现实问题往往认识简单、片面,新媒体发展迅速但有效的监管和甄别薄弱,会导致网络传播过程中泥沙俱下,物质主义、享乐主义和各种错误思潮对思想正处于转型期的大学生影响较大,造成一些学生主流意识形态淡化和模糊。二是师生关系淡化,增加了思政课实现立德树人根本目标的难度。随着我国高等教育的大众化普及化以及各学校新校区建设等诸多学校和社会因素的影响,高校师生关系出现了一些新问题乃至新矛盾,如师生关系不够密切,师生间情感疏远而淡漠,学生对有些老师认同感不强等等。师生关系的淡化使得新时代大学生在面对思想疑难、心理困惑等各种问题时,不愿意主动求助于思想政治课教师。这就导致思政课教师不能及时了解学生的思想动态和心理问题,无法有针对性地开展思想引导、生活指导、心理疏导等工作,也无法帮助学生形成正确的世界观、人生观和价值观。三是市场经济的负面效应,增加了思政课实现立德树人根本目标的难度。市场经济在我国的建立和发展,激发了社会活力,增加了市场竞争程度,人们的自主意识、效率意识和锐意改革创新的意识不断增强,经济社会迅猛发展。但事物的发展总有两面性,市场经济的市场交换原则、市场逐利性观念等催化了人的物质欲望膨胀,诚信意识淡薄、社会责任缺失、艰苦奋斗精神淡化等。以上种种负面效应对思政课实现立德树人根本目标造成了严重干扰。由此可见,实现新形势下思想政治理论课立德树人的根本目标既要守正,也要创新。

三、推进思想政治理论课守正创新,实现立德树人的路径

推进思政课守正创新,实现立德树人的引领作用,我们要做到两个坚持。一是坚持在"守正"中"创新"。"守正"是基础、前提,坚持"守正","创新"才能有明确的立场和正确的指向。首先,守正要遵循思想政治理论课的教学规律,坚持因材施教。如中宣部、教育部规定,高校思想政治理论课教学一律使用全国统编教材。而不同类型学科的学生如理

工科、文科和艺术类学生等,他们的知识结构储备、职业规划、心理特点等各不相同。这就要求我们既要系统研究教材体系,又要对学生深入调查,根据不同专业学生的学习基础和专业特点,行之有效地整合、设计不同教学专题和案例,寻找与学生思想的契合点,力求做到因材施教,有的放矢。其次,守正要强调内容为王,政治性和学理性相统一。高校思想政治理论课最根本的特性就是政治性,这一特性是由思想政治理论课对大学生进行马列主义理论教育,社会主义意识形态的建构与培育,实现社会主义建设者和接班人培养的主要任务决定的。学理性是马克思主义的基本理论和相关哲学社会科学所蕴含的科学思想与方法论。在思想政治理论课教学实践中,二者是辩证统一的关系,政治性是导向,学理性是内容。思想政治理论课教学坚持政治性与学理性相统一,既要改变传统思想政治理论课远离学生实际需求,通过单向度的理论灌输来强化意识形态教育,又要防止从一个极端走向另一个极端,过于强调学生的需求甚至一味地迎合学生"诉求"追求教学形式的"花哨"而忽视教学内容的主导性与先进性,甚至出现意识形态控制弱化的现象。马克思说:"理论只要说服人,就能掌握群众;而理论只要彻底就能说服人。"思想政治理论课"以理服人",就是要把马克思主义的基本原理、基本方法讲清楚讲透彻,把人类社会发展的历史必然性、中国特色社会主义的历史必然性讲清楚讲透彻,把习近平新时代中国特色社会主义思想讲清楚讲透彻,并结合学生普遍关心的社会热点难点问题和思想困惑,从学理角度进行理论分析,通过透彻的解读来触动并提升学生的思想观念。最后,守正要强化价值导向功能,价值性和知识性相统一。价值塑造、价值引领和知识传播是思想政治理论课程的两大功能。价值性不能脱离知识性,知识性也不能代替价值性,二者的关系应该是知识性以价值性为前提,价值性寓于知识性之中。在思想政治理论课的教学实践中,有种较为普遍的现象就是当作专业技术课一样的教学,纯粹的知识教育,忽视这些课程承载着鲜明的价值观,具有思想引领与人生观、价值观和方法论的塑造作用。习近平同志指出:"掌握马克思主义,最重要的是掌握它的精神实质,运用它的立场、观点、方法和基本原理分析解决实际问题。"[7] 因此,思想政治理论课教学绝不是单纯的文化知识课,要寓价值观引导于知识传授之中,通过对专题内容有针对性的设计和大胆创新,突出其价值性、思想性这一本质特征,让学生在探究思想政治理论知识中发觉乐趣,形塑价值认同。

　　二是坚持在"创新"中"守正"。"创新"是动力、能力,坚持"创新","守正"才有活力源泉和动力根基。面对国内国际新形势、意识形态领域新态势、信息化发展新趋势,思政政治理论课实现立德树人的引领作用,比以往任何时候都更加需要创新。习近平在全国高校思想政治工作会议上发表重要讲话指出,"做好高校思想政治工作,要因事而化、因时而进、因势而新。"[2] 从习近平总书记的讲话中不难看出,思想政治教育不能固守原有的教学理念和教学方式,要更新教学理念,创新教学模式,乘势而为,进一步强化课程教育针对性,在润物无声中,让学生信服,实现教与学的价值升华。有"现代管理之父"之誉的彼得·德鲁克说:"当前社会不是一场技术,也不是一场软件、速度的革命,而是一场观念上的革命。"我国思想政治理论课原有的以教师为中心、强调工具性、知识性和灌输性的教学理念已然是很多学校教学效果不佳的深层次原因。为此,需要我们树立以学生为中心,育人为本,"教"与"学"开放、平等、互动的现代教学理念,并将其贯彻到专题式、参与式教学模式。如在专题式教学模式中,专题教学的课前准备,我们要充分利用网络课程平台,搜集学生普遍关心的社会热点,认识上感到模糊迷茫的问题,有针对性地设计专题内容。专题教学的课堂组织,我们一方面要强调以学生为本,充分尊重学生的主体性,注重学生的个性发展,最大限度地调动学生学习的热情和求知的激情。另一方面,要以教师为主导,教师通过提高自身的业务素质,完善教学技巧,更新教学手段,以其特有的人格魅力和富有情趣的讲解来感染学生和激发学生的学习兴趣[8]。在参与式教学模式中,可以尝试MOOC+"翻转课堂"新型教学模式,增加学生的学习主动性。总而言之,以开放的视野和创新的思路推进思政课改革,做到"工艺"精湛、"配方"新颖、"包装"时尚,课堂才能真正"活"起来,"动"起来,在"润物细无声"中实现立德树人。

参考文献

[1]张烁:《习近平主持召开学校思想政治理论课教师座谈会强调用新时代中国特色社会主义思想铸魂育人贯彻党的教育方针落实立德树人根本任务》,《人民日报》2019年3月19日第1版。

[2]张烁:《习近平在全国高校思想政治工作会议上强调:把思想政治工作贯穿教育教学全过程开创我国高等教育事业发展新局面》,《人民日报》2016年12月9日第1版。

[3]教育部社会科学司:《普通高校思想政治理论课文献选编(1949—2008)》,中国人民大学出版社2008年版,第76页。

[4]《邓小平文选》第2卷,人民出版社1994年版,第365页。

[5]《江泽民文选》第1卷,人民出版社2006年版,第371~372页。

[6]胡锦涛:《胡锦涛在全国加强和改进大学生思想政治教育工作会议上发表重要讲话强调:进一步加强和改进大学生思想政治教育工作大力培养造就社会主义事业建设者和接班人》,《人民日报》2005年1月19日第1版。

[7]习近平:《习近平在北京大学师生座谈会上的讲话》,《人民日报》2018年5月3日第2版。

[8]周英峰:《习近平在纪念中国共产党成立90周年党建研讨会上强调:不断推进马克思主义中国化 坚持中国特色社会主义道路》,《经济日报》2011年6月21日第1版。

[9]傅丽芬:《专题化教学模式的实施与优化策略》,《教育教学论坛》2018年第16期。

[10]石云霞:《高校思想政治理论课建设和改革60年回顾与思考》,《思想理论教育》2009年第19期。

[11]王小琴:《习近平关于立德树人重要论述与实践溯源》,《山西高等学校社会科学学报》2019年第4期。

推进"形势与政策"课程改革创新的思考*

吴文琦**

摘要:2017 学年秋季学期开始,厦门大学"形势与政策"课程已实现"全覆盖、不断线"。2018 年,厦门大学按照教育部新文件要求优化调整了"形势与政策"开课方案。针对该课程面临的教学管理难度大、师资力量相对薄弱、培训效果有待加强等问题,建议通过明确职责分工、加强师资力量、提升培训效果等措施进一步加强和改进"形势与政策"课程。

关键词:"形势与政策";课程建设;改革

"形势与政策"课是高校思想政治理论课程体系中重要的组成部分。为全面贯彻落实全国高校思想政治工作会议精神,进一步贯彻落实中宣部、教育部和省教育工委有关文件精神,加强大学生形势与政策教育,厦门大学党政领导和相关部门十分重视"形势与政策"课的开设与管理。自 2016 年起,学校在马克思主义学院成立"形势与政策"教研部,负责"形势与政策"课的课程建设与教学管理。三年来,厦门大学严格按照中央文件精神和教育部文件要求制定和实施"形势与政策"课程开课方案。经过两次开课方案的调整,厦门大学"形势与政策"课程运行良好,仍有一些环节需要完善,以期进一步加强和改进课程建设。

一、厦门大学"形势与政策"课程开课方案的调整

2017 年,厦门大学根据《中共中央宣传部、教育部关于进一步加强高等学校学生形势与政策教育的通知》(教社政〔2004〕13 号)以及《中共福建省委教育工委关于进一步规范高校形势与政策课教育教学工作的通知》(闽委教思〔2017〕13 号)的文件要求,通过了

---

* 基金项目:厦门大学本科高校教育教学改革研究项目(JG20170214);2018 厦门大学"思想道德修养与法律基础"思政课程项目;2018 厦门大学"'基础'课有关'培养法治思维'问题的专题教学设计与研究"思政课程项目。
** 吴文琦,福建泉州人,厦门大学马克思主义学院副教授。

《厦门大学"形势与政策"课程开课方案(2017版)》(下称"2017开课方案")。2018年4月,教育部印发了《关于加强新时代高校"形势与政策"课建设的若干意见》(教社科〔2018〕1号)。为了进一步落实教育部最新文件要求,厦门大学重新调整了"形势与政策"开课方案(下称"2018开课方案")。

1.关于课时安排的调整

"2017开课方案"中,"形势与政策"课程的课时是根据原先教育部和省委教育工委文件要求的"平均每学期16周,每周1学时计算。本科四年期间的学习,计2个学分"设置的,按本科四年每学期开课,每周1学时的要求,总学时为128学时。128学时分别以"课堂教学+网络教学+实践教学+其他活动"的教学模式进行安排,其中课堂教学安排32课时,只在大一大二四个学期开课。

按照教育部2018年新文件,要求"本、专科学生在校期间开课不断线,本科每学期不低于8学时,共计2学分","2018开课方案"的调整思路:(1)将总学时由原来的128学时调整为64学时。(2)开课覆盖大一至大四8个学期,每学期课堂教学安排8学时。各学院可根据学院实际,适当融入主题党团课或讲座,但每学期不超过4课时。(3)保留网络教学,但不计算课时。"形势与政策"教研部定期更新易班网络资源,供学生们自主自愿学习;(4)取消社会实践环节。鉴于文件未要求"形势与政策"课程安排实践教学环节,且其他四门本科思政课均已安排社会实践,"形势与政策"课程不再安排社会实践环节。

2.关于排课的调整

"2017开课方案"中,"形势与政策"课由马克思主义学院在全校范围内统筹排课。该方案运行之后,部分问题凸显出来:(1)"形势与政策"课程时间跨度长达四年,所有教学环节结束后登记成绩,马克思主义学院无法做到长期跟踪。(2)班级存在各学院学生交叉的情况,不利于教师教学管理。辅导员对本院学生熟悉,如若将班级设置为同一学院的学生,管理会更为方便。(3)课程统一安排在单周周一下午第七、第八节,不利于组织听课,同时若个别教师突发情况无法授课时,不能调动其他教师代替上课。

鉴于以上情况,厦门大学考虑"形势与政策"课程在由马克思主义学院进行统一管理协调的同时,由各学院负责具体的排课工作。具体思路:(1)由各学院将本院学生分成具体的班级,确定本学院"形势与政策"课程授课班级数量;(2)安排各班级具体授课时间;(3)安排班级授课教师及专题教学课表;(4)涉及具体事宜如课程时间安排等需与教务处对接时,由各学院直接与教务处沟通。以上事项完成后,学院将课程安排的所有具体情况汇总至马克思主义学院。

3.关于课程管理的调整

关于"形势与政策"的课程管理,"2018开课方案"的调整思路:(1)确定学院负责人。

各学院书记指定一名党委副书记负责做好本学院"形势与政策"课程的教学管理工作。(2)关于缺课补课。学生缺课补课事宜由班级任课教师负责。学生每学期缺课不能超过1次,否则不能参加考试。缺课1次的,原则上允许补课1次。缺课学生必须在易班平台观看2个课时时长的网络视频进行补课。外出交流的学生,可采取灵活方式修读"形势与政策"课,即每学期完成8课时的网络视频学习任务,同时参加统一的在线测试,并取得合格成绩。(3)关于考试不合格。网络测试工作由马克思主义学院统一安排并通知各学院,各学院授课教师具体落实。首先,延长网络测试时间,由原来的1天延长至3天。马克思主义学院发布网络测试时间和要求后,各学院负责通知本学院学生参加网络测试,并监督学生在规定时间内完成测试。其次,确有特殊原因不能按期参加考试或者考试不合格的学生,可以且只能补考一次,原则上补考须在下一学期内完成。(4)关于课程日常管理。首先,关于成绩登记管理。各学院对每学期全院学生的成绩分别做好登记,8个学期均合格则"形势与政策"课程合格,如其中任意一学期不合格,则课程成绩不合格。各学院在第8学期末将成绩录入系统。外校来交流的学生,修课并在考试合格的情况下,可以出具修课证明。其次,关于日常教学管理。课程助教由各学院配备;日常的教学管理工作如调课补课等,由各学院向教务处报备并通知学院相关学生;校领导、校外专家进思政课堂由马克思主义学院协调安排。最后,教学档案。各学院应按照教务处关于教学档案保存的规定,负责本学院"形势与政策"课程教学档案的收集、整理和保存工作。

4.关于新旧开课方案衔接的思路

2017级学生适用的是"2017开课方案",另有部分2016级(或2016级之前)的学生因转系等原因需要修习"形势与政策"课程,这些学生均有可能涉及如何适用新旧开课方案的问题。关于开课方案衔接的思路:(1)2017级本科生继续沿用"2017开课方案"。(2)部分2016级(或2016级之前)的本科生,因转系等原因需修习"形势与政策"课程的,若未修满2学分,应选择加入本学院2017级课群,同时在教务网站上选课("形势与政策(三)"或"形势与政策(四)"),进行专题学习并参加在线测试。每修习一学期课程且在线测试考核合格,计0.5学分。(3)当2017级专题教学结束时,若学生未修满2学分,则应选择加入本学院2018级课群,进行专题学习并参加在线测试。每修习一学期课程且在线测试考核合格,计0.5学分。该生应将成绩提交至课程班主任处备案。

二、当前"形势与政策"课存在的问题

1.教学管理难度大

按照教育部对"形势与政策"课的开设要求,本、专科学生在校期间开课不断线,本科每学期不低于8学时。也就是说,"形势与政策"课要每个学期面向全体学生开设,贯穿大学教育全过程,即"全覆盖、不断线"。因此,"形势与政策"课在教学管理方面体现出以下特点:(1)教学周期长。其他四门思想政治理论课都只上一个学期,"形势与政策"课需要贯穿大学四年,每个学期均要开课、考核、录入成绩。学生从入学时起便开始修习本课程,一直要到大学毕业时才能获得本课程的最后成绩。该课程中涉及的教学管理、学生管理、相关工作的组织和协调工作等,都是值得全盘考虑和细节考量的庞大工程。(2)由于在校生大一至大四每学期均需修习本课程,以厦门大学的招生规模,则意味着本课程每学期的学生数为将近2万名,而其他思想政治理论课的学生数则是不到2500人。也就是说,"形势与政策"课每学期所面向的学生数是其他思想政治理论课的8倍。(3)牵涉面广。一方面,虽然同样是全校性公共必修课,其他思想政治理论课每学期只需固定针对某一年级的文科或理科院系开课,而"形势与政策"课每学期面向的是全校各学院各年级的学生。另一方面,面对如此庞大的教学工程,绝非马克思主义学院一己之力可以完成,需要举全校各部门各院系之力才可实现。因此,本课程牵涉面之广显而易见。由此可见,"形势与政策"课的课程建设与教学管理比其他任何课程都更加困难。

2.师资力量相对薄弱

"形势与政策"课每学期所涉学生数众多,相应地,授课教师的需求量也很大。当"2018开课方案"逐步推进至全覆盖时,每学期专题学习的学生数是近2万人,按中班教学规模(100人以下),在每位教师平均带2个班的情况下(现在"形势与政策"课排课时间是单周周一下午第七、第八节,由于时间固定,每位教师最多只能上半学期和下半学期各带一个班),保守估计也需要100名教师。目前马克思主义学院"形势与政策"教研部只有3名专任教师,都肩负着繁重的教学科研任务,对"形势与政策"课程主要承担教学统筹管理及培训工作。因此,厦门大学"形势与政策"课以兼职教师队伍为主,大体由以下三个群体组成:一是各学院辅导员。"形势与政策"课教学任务主要由各学院的辅导员包干完成。二是高校政工干部,包括校领导、学院领导、各职能部门负责人等。三是校外聘请的专家学者、行业楷模、地方政府行政与党委领导等。

从目前来看,通过这种授课教师队伍组成模式,厦门大学"形势与政策"课得以顺利开展。这支队伍的优势在于,辅导员是学生在学校的"家长",辅导员授课让课堂更具亲切感。而外聘专家、校领导拥有丰富的实务经验,擅长理论联系实际,让他们参与课程教

学,能够引导学生更好地探求象牙塔之外的世界,带给学生一定的新鲜感。但从长远来看,这个师资队伍仍存在隐忧。首先,兼职教师通常都有其主业,难以全身心投入"形势与政策"课堂。辅导员有大量的事务性工作,面对备课难免显得有些力不从心,教学总体效果不太理想。外聘专家、校领导工作繁忙,进课堂的时间和次数很难确保固定性和长效性。其次,兼职教师队伍不稳定、教学水平参差不齐,教学质量的差异性很大。由此可见,以辅导员为主的教师队伍虽能保证"形势与政策"课程正常开课,但确实很难要求授课教师在教学上的全情投入和精益求精。

3.培训效果有待加强

通常认为,开展培训是提升任课教师授课水平的有效路径。毋庸置疑,如果培训的专题内容与任课教师的授课内容直接相关,肯定能够帮助任课教师短时间内将其转化为教学内容。然而在实际运作中,培训所能起到的效果却有限。首先,每次培训的主题往往较为分散,既难以帮助接受培训的教师建立对课程体系的整体把握,也无法对具体授课给予直接的启发。其次,虽说目前从国家到地方再到学校还有学院都有各种培训,但相对于数量庞大的兼职教师队伍来说,仍远远不能满足需求。再次,即便为兼职教师们提供了轮训机会,往往又因为他们事务性工作太多而抽不出时间,真正能参与培训者甚少。

三、进一步加强和改进"形势与政策"课

1.明确职责分工,形成长效机制

进一步健全完善党委统一领导,党委宣传部门与马克思主义学院牵头负责,教务部门、学生工作部、团委等直接参与的领导体制和工作机制。细化并明确学校各部门、各学院的职责分工,形成清晰易行、协调统一的工作制度,通过发布正式文件以便长期执行。

2.加强师资力量,引进专任教师

习近平强调,"办好思想政治理论课关键在教师"。[1]加快建设一支政治坚定、业务精湛、师德高尚的"形势与政策"专职教师队伍势在必行,可行路径有三条:一是从现有的思想政治理论课专职教师中遴选;二是从现有"形势与政策"课兼职教师中遴选,尤其是从辅导员队伍中遴选;三是招聘应届毕业的人文社会科学专业的优秀博士或博士后。[2]目前,厦门大学正对第二条路径展开积极探索,稳步推进遴选优秀辅导员充实到"形势与政策"专任教师队伍的程序。根据厦门大学的政策文件,具有副教授职称及以上职称或者具有博士学位的辅导员,可以向学校提出转聘马克思主义学院专任教师的申请。经马克思主义学院聘任委员会审议并形成院长提名意见,教授委员会审议通过后,政治素质高、教学能力强的申请者可以从辅导员序列转岗为马克思主义学院专任教师序列。这一政策

得到马克思主义学院和辅导员的热烈响应。就该政策第一阶段的落实情况来看,已有三位具有副教授职称的辅导员顺利转聘为马克思主义学院专任教师。今后,这一政策还将持续发力,继续遴选优秀的辅导员成为马克思主义学院专任思政课教师,培养他们成为讲授"形势与政策"课的骨干力量。此外,建议学校能够赋予学院在招聘"形势与政策"课专任教师时更大的自主权,尽快充实该课程的专任教师队伍,以解师资力量极度匮乏之困。

3.集中培训主题,提升培训效果

虽然"形势与政策"课的教学内容动态性强,但基本围绕四个方面的形势与政策展开,包括全面从严治党专题、我国经济社会发展专题、港澳台工作专题、国际专题。建议在开展校级或院级培训时,讲座内容应紧密契合这四大专题。当安排任课教师尤其是兼职教师参加中央或地方开展的培训时,考虑到兼职教师时间有限,应尽量选取与此四大专题相关的主题。与此同时,建议学校设立专项经费,有计划地安排"形势与政策"课专兼职教师进行国内外考察和参加培训,使任课教师不断开阔眼界,丰富教学素材,提升教学技能。

参考文献

[1]《习近平主持召开学校思想政治理论课教师座谈会强调:用新时代中国特色社会主义思想铸魂育人贯彻党的教育方针落实立德树人根本任务》,《人民日报》2019年3月19日第1版。

[2]何兰萍:《新时代推进高校"形势与政策"课改革创新的思考》,《思想理论教育导刊》2019年第10期。

关于"概论"课如何讲授
社会主义本质理论的几点思考[*]

刘洪刚[**]

摘要：社会主义本质理论是中国特色社会主义理论体系的重要组成部分，是"毛泽东思想和中国特色社会主义理论体系概论"课程需要讲授的核心专题内容。在课堂讲授中，我们需要梳理党对社会主义本质认识的历史进程，分析"根本任务""价值目标""领导力量"三位一体的基本内容、阐明中国特色社会主义实现了社会主义形态的现代转型，坚定社会主义价值目标在新时代实践中必将逐步得到实现等基本问题。

关键词：中国特色社会主义；本质；"概论"课

作为中国特色社会主义理论体系重要组成部分，在改革开放中逐渐形成与发展起来的社会主义本质理论，是"毛泽东思想和中国特色社会主义理论体系概论"（以下简称"概论"）课程需要讲授好的核心专题。新时代中国的发展向当代大学生提出了新的要求，"概论"课讲授好社会主义本质理论，对于当代大学生坚定中国特色社会主义自信具有重要意义。笔者结合自身的学术研究和教学体会，就如何在教学内容上讲授好社会主义本质理论提出几点思考，以求教于学界同仁。

一、讲清楚党对社会主义本质探索的历史进程

回顾世界社会主义运动史，各国共产党在社会主义建设中所犯的诸种错误，关键就在于没有搞清楚"什么是社会主义"。邓小平曾指出："我们过去对这个问题的认识不是完全清醒的。"[1]长期以来，人们主要从制度层面来认识社会主义，把苏联实行的一套制度视为社会主义的本质，如单一的生产资料公有制和指令性计划经济体制、权力高度集中的

---

　*　基金项目：2019年度厦门大学教学改革研究项目"思想政治理论课新教材重点难点教学内容研究——以'概论'课程为例"（JG20190303）。

　**　刘洪刚，四川威远人，厦门大学马克思主义学院副教授，法学博士。

政治体制与社会文化管理体制,阻碍了社会主义事业的发展。

作为中国特色社会主义的总设计师,邓小平深刻总结以往国际共产主义运动的教训和中国改革开放的实践经验,在长期思索中创造性地提出了社会主义本质学说。在1992年初的武昌、深圳、珠海、上海等地的考察途中,邓小平首次对"社会主义的本质"进行了界定,即"解放生产力,发展生产力,消灭剥削,消除两极分化,最终达到共同富裕"。[2]这一科学论断涉及生产力、生产关系和价值目标,在高于具体制度层面揭示了社会主义的内在规定性,从根本上突破了苏联实践对社会主义本质的偏执与误读,初步回答了中国建设什么样的社会主义。

以江泽民同志为核心的领导集体在成功推进中国特色社会主义实践中形成了"三个代表"重要思想,提出促进人的全面发展是"马克思主义关于建设社会主义新社会的本质要求":社会主义"既要着眼于人民现实的物质文化生活需要,同时又要着眼于促进人民素质的提高,也就是要努力促进人的全面发展"[3]。促进人的全面发展的本质要求进一步揭示了中国特色社会主义的价值目标,也划定了自身的发展方向。

党的十六大以来,以胡锦涛同志为总书记的党中央在全面建设小康社会实践中形成了"以人为本"的科学发展观,使得对"什么是中国特色社会主义"的认识逐步拓展到了社会层面。就社会层面而言,首次形成了"社会和谐是中国特色社会主义的本质属性"[4]的重大判断,阐明了中国特色社会主义在社会领域所要达到的理想状态,即解决人与自身、人与人、人与社会、人与自然之间的矛盾。与此同时,强调社会公平正义"是我国社会主义制度的本质要求"[5]。这些无疑构成了中国特色社会主义社会领域的根本目的。

党的十八大以来,以习近平同志为核心的党中央在全面深化改革中继续探索深化对新时代"什么是中国特色社会主义"的认识。其一,总结党领导中华人民共和国社会主义建设历史,提出"中国特色社会主义最本质的特征是中国共产党领导"[6]的新论断。这就从无产阶级政党与社会主义关系的角度界定了中国特色社会主义本质。其二,提出以人民为中心的发展思想,指出"共享是中国特色社会主义的本质要求"[7]。以人为中心的发展思想,强调必须"把人民对美好生活的向往作为奋斗目标"[8]。据此,中国共产党把共享提升新时代中国发展的本质要求,逐步缩小社会贫富差距,更好地保障社会成员平等享有各项权利以促进自身全面发展。

由上可见,党对社会主义本质的探索,都坚持以中国特色社会主义为主题,科学回答了经济文化相对落后的中国建设什么样的社会主义的首要理论问题。

二、讲清楚对中国特色社会主义本质特征的系统阐释

综上所述,我们可以把社会主义本质理论概括为:"在中国共产党领导下,坚持以人为本,解放和发展生产力,实现共享共富、公平正义与社会和谐,促进人的全面发展。"[9]这就从根本任务、价值目标和领导力量及其辩证统一关系系统地阐释了中国特色社会主

义"三位一体"的本质特征。

第一,突出强调了解放和发展生产力的重要地位,阐明了中国特色社会主义的根本任务。改革开放前,社会主义建设出现严重失误,根本原因就是"在一个长时期里忽视了发展社会主义社会的生产力"[10]。把解放和发展生产力作为根本任务体现了我国建设社会主义的迫切要求。与此同时,和平与发展已经成为当今时代主题,全球化成为世界潮流。这既给我国提供了发展的机遇,也带来了巨大的挑战。要中国特色社会主义这篇大文章写下去,就必须更加重视发展先进生产力,展现社会主义制度内在的进步本性。正如邓小平所言:"社会主义的优越性,归根到底是要大幅度发展社会生产力,逐步改善、提高人民的物质生活和精神生活。"[11]

第二,突出强调了实现共享共富、社会和谐与公平正义,促进人的全面发展的价值目标。实现共享共富是中国特色社会主义经济领域的价值目标。以往阶级社会的发展仅仅使得少数人占有绝大部分的社会财富,社会多数人难以享有社会发展成果。中国特色社会主义将使社会成员共同享有改革开放的成果,有效防止社会两极分化,逐步实现共同富裕。实现社会和谐与公平正义是中国特色社会主义社会领域的价值目标,即建设"民主法治、公平正义、诚信友爱、充满活力、安定有序、人与自然和谐相处的社会"[12]。促进人的全面发展是中国特色社会主义的最高价值目标,也内在地包含着共享共富、社会和谐与公平正义。我国"社会主要矛盾已经转化为人民日益增长的美好生活需要和不平衡不充分发展之间的矛盾"[13]。在新时代的新发展阶段,社会大众在追求更高的物质文化生活的同时,对政治参与、社会公平正义与生活环境等的需求日益凸显出来,要求"更好地推动人的全面发展、社会全面进步"[14]为价值指向和行动指南。

第三,突出强调了中国共产党是中国特色社会主义的根本领导力量。中国共产党自成立之日起,就明确把马克思列宁主义作为指导思想,是中国工人阶级的先锋队,同时是中国人民和中华民族的先锋队。中国共产党领导人民取得了新民主主义革命的胜利,建立了中华人民共和国,实现了民族的独立;完成了社会主义三大改造,确立了社会主义基本制度,实现了中国历史上最深刻的变革;进行了改革开放,创造了人类社会发展史上的"中国奇迹",使中华民族的伟大复兴在21世纪呈现出最光明的前景。事实雄辩地证明,"没有党的领导,就没有现代中国的一切"[15],"没有中国共产党的领导,民族复兴必然是空想"[16]。

三、讲清楚中国特色社会主义的科学社会主义本质属性

近年来,有人对改革开放以来中国的社会主义性质持怀疑态度,提出了"中国特色资本主义""国家资本主义""权贵资本主义""民主社会主义"等错误观点。其原因就在于这些错误观点未能准确认识到中国特色社会主义是科学社会主义在21世纪的最新形态和主要代表,是"科学社会主义理论逻辑和中国社会发展历史逻辑的辩证统一"[17]。

第一，中国特色社会主义的"以人民为中心"思想坚持了科学社会主义基本立场。在马克思、恩格斯等经典作家看来，人类社会的"历史活动是群众的活动"，决定人类社会发展的是"行动者的群众"[18]。作为区别于资本主义的新社会，社会主义就是人民的事业，为人民谋利益的事业："无产阶级的运动是绝大多数人的，为绝大多数人谋利益的独立的运动。"[19]中国共产党践行"以人民为中心"的思想，表明中国特色社会主义始终坚持一切为了人民、一切依靠人民的根本立场。正如习近平在党的十九大报告中所指出：新时代中国特色社会主义"把人民对美好生活的向往作为奋斗目标，依靠人民创造历史伟业"。[20]

第二，中国特色社会主义的根本任务理论坚持了科学社会主义的科学方法。历史唯物主义认为生产力是人类社会发展的最终决定性因素和根本动力，因为生产力的发展带来生产关系的变革和上层建筑的变迁。理想的共产主义社会的到来是以高度发展的社会生产力和充分的财富涌流为物质前提的。为此，马克思、恩格斯多次强调，无产阶级夺取政权后要采取有效的革命措施，"尽可能快地增加生产力的总量"[21]。我国的社会主义是在相对落后的社会历史条件下建立的，生产力的历史起点与经典作家的构想有巨大的差距。把解放和发展生产力纳入社会主义本质范畴，作为中国现阶段的根本任务，既回应了当前中国现实发展的最迫切的要求，又坚持了马克思恩格斯关于发展生产力的唯物史观。

第三，中国特色社会主义的价值目标内在于科学社会主义之中。经典作家曾明确表达了共同富裕是未来社会主义社会的价值诉求。马克思指出，未来新社会的"生产将以所有人的富裕为目的"[22]。恩格斯也说道：社会主义社会将通过社会化生产"保证一切社会成员有富足的和一天比一天充裕的物质生活"[23]。经典作家也阐明了社会主义社会是一个真正的和谐社会，"是人和自然界之间、人和人之间的矛盾的真正解决，是存在和本质、对象化和自我确证、自由和必然、个体和类之间的斗争的真正解决"[24]。人的全面发展也是经典作家强调的科学社会主义的价值目标。恩格斯指出："根据共产主义原则组织起来的社会，将使自己的成员能够全面发挥他们的得到全面发展的才能"，"把生产发展到能够满足所有人的需要的规模……使社会全体成员的才能得到全面发展"。[25]

第四，中国特色社会主义最本质的特征坚持了科学社会主义关于坚持共产党领导的基本原则。在领导工人阶级运动和社会主义理论探索中，马克思、恩格斯详细论证了共产党人的先进性和领导者角色。在他们看来，共产党人"是各国工人政党中最坚决、始终起推动作用的部分"[26]。无产阶级要获得自身的解放，就必须建立自己的政党。列宁在领导俄国社会主义革命和建设进程中，也阐明了共产党的先锋队和领导核心地位，指出共产党人是"经过考验、受过专业训练和长期教育并且彼此配合得很好的领袖"[27]。"中国共产党领导是中国特色社会主义最本质的特征"，既坚持了经典作家关于坚持共产党领导的思想观点，又体现了鲜明的中国特色。

四、讲清楚社会主义本质的实现是一个历史的发展过程

在经典作家的设想中,社会主义将首先在高度发达的资本主义国家建立起来。恩格斯在《共产主义信条草案》中指出,社会主义将建立在"大量的生产力和生活资料的基础之上",建立在"生产力和生活资料无限增长的可能性的基础之上"[28]。对经典作家而言,未来社会主义社会已经实现了生产力的高度发达、物质财富的高度富足、社会和谐与人的全面发展。我国没有经历资本主义充分发展的历史阶段,是在经济文化相对落后的情况下进入社会主义的。这就决定了我国正处于并将长期处于社会主义初级阶段,即"不发达的阶段"[29]。这意味着社会主义本质的实现——生产力的高度发展与共享共富、公平正义与人的全面发展的实现——将是一个循序渐进的历史发展过程。早在20世纪90年代初,邓小平就语重心长地指出:"巩固和发展社会主义制度,还需要一个很长的历史阶段,需要我们几代人、十几代人,甚至几十代人坚持不懈地努力奋斗。"[30]

中国改革开放的伟大实践则证明了社会主义本质的阶段性实现。自1978年以来,我国创造了人类发展史上的"中国奇迹",我国的综合国力已经位列世界主要国家前列,实现由世界体系的边缘处境向中心地位的转变:经济保持了年均近两位数的持续高速增长,社会生产力水平总体上显著提高,诸多领域实现了跨越式发展。国内生产总值由世界第10位上升到第2位,220多种主要工农业产品生产能力稳居世界第一位;实现由低收入国家跃升到中上收入国家,正向高等收入国家迈进;开放型经济体制逐步建立,对外贸易、对外投资、外汇储备稳居世界前列,对世界经济增长的贡献率超过30%。社会主义民主法治建设迈出重大步伐,人民当家作主的制度体系框架基本建立,政治体制改革有序推进,社会主义法治体系日益完善,人民的政治权利得到切实保护和实现。社会主义文化建设取得重大进展,社会主义核心价值观和中华优秀文化得到广泛弘扬,文化体制改革带来文化事业快速发展,人民的精神生活由贫乏走向丰富。社会建设取得全面进步,人民的生活水平达到全面小康,教育、医疗、就业、住房与社会保障事业成就斐然,人民获得感、幸福感、安全感更加充实、更有保障。生态文明建设成效显著,生态环境质量明显改善,美丽中国建设迈出实质性步伐,形成人与自然和谐发展新格局,为人民创造出良好的生产生活环境。

按照党的十九大战略部署,新时代中国特色社会主义将在"本世纪中叶建成富强民主文明和谐美丽的社会主义现代化强国"[31],中国将成为综合国力和国际影响力领先的国家,实现全体人民共同富裕,社会公平正义,为人的全面发展创造坚实的物质基础与社会条件。这意味着社会主义本质必将在新时代中国特色社会主义的持续发展中更充分地展现。

总之,"概论"课讲授好社会主义本质理论专题内容,需要梳理党对社会主义本质认识的历史进程,透视"根本任务""价值目标""领导力量"三位一体的基本内容、阐明中国

特色社会主义实现了社会主义形态从传统到现代的转型,坚定社会主义价值目标在新时代实践中将逐步得以实现等基本问题。这将有助于当代大学生坚定中国特色社会主义共同理想,自觉地肩负起历史和时代赋予的重任,为新时代中国特色社会主义伟大事业而奋斗。

参考文献

[1][2][10][29][30]《邓小平文选》第 3 卷,人民出版社 1993 年版,第 63、373、137、252、379~380 页。

[3]《江泽民文选》第 3 卷,人民出版社 2006 年版,第 294 页。

[4]《中共中央关于构建社会主义和谐社会若干重大问题的决定》,人民出版社 2006 年版,第 1 页。

[5][11]《胡锦涛文选》第 2 卷,人民出版社 2016 年版,第 291、285 页。

[6][8][13][14][16][20][31]习近平:《决胜全面建成小康社会 夺取新时代中国特色社会主义伟大胜利——在中国共产党第十九次全国代表大会上的报告》,人民出版社 2017 年版,第 20、21、11、12、16、19 页。

[7]《中共中央关于制定国民经济和社会发展第十三个五年规划的建议》,《人民日报》2015 年 11 月 4 日第 1 版。

[9]刘洪刚:《中国特色社会主义本质理论研究》,《科学社会主义》2017 年第 2 期。

[11][15]《邓小平文选》第 2 卷,人民出版社 1994 年版,第 251、266 页。

[17]《习近平谈治国理政》,外文出版社 2014 年版,第 21 页。

[18][24][25]《马克思恩格斯文集》第 1 卷,人民出版社 2009 年版,第 297、185、689 页。

[19][20][26]《马克思恩格斯文集》第 2 卷,人民出版社 2009 年版,第 42、52、44 页。

[22]《马克思恩格斯全集》第 31 卷,人民出版社 1998 年版,第 104 页。

[23]《马克思恩格斯文集》第 9 卷,人民出版社 2009 年版,第 299 页。

[27]《列宁全集》第 6 卷,人民出版社 1986 年版,第 115~116 页。

[28]《马克思恩格斯全集》第 42 卷,人民出版社 1979 年版,第 373 页。

新时代大学生理想信念教育的路径探析*

曾炜琴　李晓庆**

摘要：青年强则国家强。在新时代背景下，加强理想信念教育对于树立大学生正确的世界观、人生观、价值观，以及为国家培养合格的社会主义建设者和优秀接班人具有重要的现实意义。高校理想信念教育存在着缺乏日常渗透性、个体塑造性及长效机制等现实问题，导致部分大学生存在理想信念淡漠、缺失的不良现象。高校可以通过坚持理论联系实际、发挥人的主观能动性、关注教育主体性、健全制度建设来实现理想信念教育对大学生的价值引领。

关键词：新时代；大学生；理想信念教育；路径

党中央高度重视对当代青年及党员领导干部的理想信念教育。习近平总书记在多个场合反复强调理想信念的重要性，也谈到了坚定理想信念的途径和方式。2012 年习近平在十八届中共中央政治局第一次集体学习时指出："理想信念就是共产党人精神上的'钙'，没有理想信念，理想信念不坚定，精神上就会'缺钙'，就会得'软骨病'。"[1]在党的十九大报告中习近平强调，"青年一代有理想、有本领、有担当，国家就有前途，民族就有希望"[2]。2017 年习近平在党的十九届一中全会上的讲话中指出："理想信念是事业和人生的灯塔，决定我们的方向和立场，也决定我们的言论和行动。"[3]2019 年 10 月，党的十九届四中全会审议通过的《中共中央关于坚持和完善中国特色社会主义制度，推进国家治理体系和治理能力现代化若干重大问题的决定》进一步要求，"推动理想信念教育常态化、制度化"[4]。

青年大学生代表着国家希望、民族未来。大学生是否有理想，信念是否坚定，不仅关系着国家的前途命运，也关系着个人的人生发展方向。对国家而言，加强对大学生的理想

　　* 基金项目：厦门大学 2018 年"课程思政建设计划"项目；2018 年厦门大学教改课题"思政课教学话语体系创新研究"（JG20180129）。

　　** 曾炜琴，江西赣州人，厦门大学马克思主义学院副教授，哲学博士；李晓庆，河南周口人，厦门大学马克思主义学院硕士研究生。

信念教育是为了培养出一批批优秀的社会主义接班人,大学生心中有信仰,国家就有希望。对个人而言,加强大学生的理想信念教育的目的是引导大学生树立正确的世界观、人生观、价值观,掌握人生的总钥匙。以习近平同志为核心的党中央对理想信念的多次强调,深刻体现出国家对培养青年大学生的理想信念的高度重视。

十八大以来,以习近平同志为核心的党中央进行了具有新的历史特点的伟大斗争,开启了中国特色社会主义的新时代。新时代的大学生必须明确我国发展的新的历史方位,坚定理想信念,焕发出青年大学生应有的生命力。理想信念教育不是昙花一现,也绝不能走马观花、流于形式。新时代大学生理想信念教育有什么重要意义,面临着哪些挑战,应该如何加强理想信念教育,诸多问题都是高校思想政治教育工作者应该深入思考的。

一、新时代大学生理想信念教育的背景

从国际角度来看,新时代背景下机遇与挑战并存。经济全球化和互联网为中国的发展带来了诸多便利,中国特色社会主义进入新时代,中国倡导并推进"一带一路"建设,构建人类命运共同体,力求抓住和用好重要战略机遇期。但以美国为首的西方国家抛出"中国威胁论",不断升级中美贸易摩擦,宣扬所谓的"普世价值",鼓吹西方宪政民主制度,打着"民主"的幌子干涉中国内政,否定中国共产党领导的多党合作和政治协商制度,制造历史终结论、马克思主义过时论等偏激言论,力图遏制中国的发展,甚至颠覆中国社会主义制度。互联网的迅速发展加快了世界各国人民的思想观点、价值观念、意识形态的交流和碰撞,西方各种社会思潮不断涌入国内,严重冲击了人们原有的价值观念和意识形态,特别是西方资本主义国家的政治蛊惑更容易诱导一些不懂国情、不关注社会现实的大学生发生理想信念动摇,诱使他们对社会主义核心价值观和全人类的共同价值产生怀疑,陷入历史虚无主义思想误区。

从国内角度来看,中华人民共和国成立 70 周年,国家面貌发生了翻天覆地的变化,经济保持中高速发展,科技创新能力不断增强,人民的生活水平普遍提高,社会的主要矛盾发生了深刻变化,我国正努力朝着全面建成小康社会进而实现社会主义现代化强国目标迈进。但与此同时,社会也正处于利益格局深刻调整、社会结构深刻变动、人们思想观念深刻变化的关键时期。"由于社会经济成分、社会组织形式、就业心态、利益关系、分配方式日益多样化、多元化,社会群体在利益关系、社会角色、思想观念、价值导向等方面的差异日益突出,人们的思想活动表现出独立性、选择性、多样性和包容性的特征。"[5]互联网也改变了人们的生活方式和交往方式,一方面有利于人与人之间的交流沟通,另一方面网络有害信息又像毒素源源不断地侵入人们的思想中。当前,国内各种社会思潮不断涌现,正确与错误、进步与落后、积极与消极的思想观念鱼龙混杂,一些错误的思想观念正严重侵蚀着国民的心理健康,破坏社会的和谐稳定,导致一些大学生理想信念出现动摇和偏差。

二、新时代大学生理想信念教育的意义

在新时代背景下,大学生的思想观念容易受到不良社会思潮的影响,加强大学生的理想信念教育具有重要的现实意义。

就微观层面而言,加强理想信念教育有利于引导大学生明辨是非,树立正确的世界观、人生观、价值观。理想信念教育是大学生健康成长的动力源泉,要不断发挥理想信念的导向作用。有理想,有信念,生活才会更有希望,脚下才会更有力量。在形形色色的社会压力面前,一些大学生往往不知所措、力不从心,逐渐失去生活目标,随波逐流。例如近年来所谓的"佛系青年",缺乏生活活力和动力、悲观失望、抗压力不强,身心处于不健康的发展状态,甚至频频出现高校大学生自杀事件。加强理想信念教育,有助于大学生树立正确的"三观",在面对生活、学习压力时,能够坚定信念,攻克难关。2017 年 8 月 15 日,习近平总书记给第三届中国"互联网+"大学生创新创业大赛"青年红色筑梦之旅"的大学生的回信中指出:"祖国的青年一代有理想、有追求、有担当,实现中华民族伟大复兴就有源源不断的青春力量。"[6]大学生坚定理想信念,也就扣好了人生的第一颗扣子,明确了奋斗的目标和方向,在以后的人生发展历程中必然能够立场坚定,勇往直前。理想信念教育就是价值观教育,它将提升大学生的思想道德素养和人格魅力,促进大学生自由全面的发展。

就宏观层面而言,高校加强大学生理想信念教育的目的是培养一批批优秀的社会主义建设者和接班人。我国的传统文化教育向来重视德育,始终坚持以德为先的教育理念。进入新时代,坚持立德树人为教育的根本任务,培养有理想、有本领、有担当的时代新人,要求大学教育符合社会发展的现实需要,坚持正确的政治方向,培养大学生的爱国情怀,这要求高校需要以思想政治教育工作为主线不断加强大学生的理想信念教育。当代大学生的价值观导向决定着我国的前途和未来,没有理想信念就如无源之水、无本之木,国家将面临动荡;如果偏离了共产主义理想信念就可能导致亡党亡国。青年人应该坚定理想信念,只有这样才能挑起实现中华民族伟大复兴中国梦的重担。

三、新时代大学生理想信念教育中的问题

在我国高校教育中,思想政治理论课是大学生的必修科目,是对大学生进行思想政治教育的主渠道,其中以引导大学生树立坚定的理想信念为第一要务。进入新时代,各大高校都十分重视理想信念教育,但理想信念教育过程中又存在着一些问题,导致教育的实效性不强。

1.理想信念教育缺乏日常渗透性

民间有句俗语："好厨子，一把盐。"习近平总书记曾将思想政治教育工作巧妙地比喻为"盐"。他认为好的思想政治工作应该像盐一样，在溶解之后，食物就会自动吸收盐，更易达到色香味俱全的效果。思想政治教育亦是如此。[7]这一生动形象的比喻，对于高校加强大学生理想信念教育有着十分重要的指导意义。理想信念教育应该用渗透的教育方式进行，像盐一样具有易溶性，这样比直接进行生硬的理论灌输能起到事半功倍的效果。同时，高校对大学生进行理想信念教育不应是昙花一现，而应该像空气一样无处不在，无时不有，让理想信念教育更加生活化、日常化。

一直以来，中国的教育方式不同于西方，我国高校更多注重显性教育，课堂教学成为主要的教育方式和教学手段。显性教育方式突出直观性、形象化，在教育过程中更具说服性，师生之间能够直接沟通，形成"教"与"学"的逻辑架构。但由于思想政治理论课教学模式僵化，话语体系老化，师生之间没能形成良好的双向互动交流的教学模式，导致未能关照到新时代大学生的心理特征，部分大学生对思想政治理论课的兴趣逐渐降低。因此，寻求更具吸引力、渗透性、生活化、常态化的理想信念教育方法和手段迫在眉睫。同时西方意识形态的频频入侵，大学生理想信念教育更需要时时有、处处学，真正发挥"润物细无声"的作用。

2.理想信念教育缺乏个体塑造性

一些高校教师对大学生进行理想信念教育时，主要从国家、社会等角度出发，注重从宏观角度强调理想信念的意义，过分突出意识形态教育，话语体系又缺乏时代特色，普遍存在忽视教育对象的心理特征和社会认知特点的问题，导致大学生被动地跟随老师的步伐，产生"事不关己高高挂起"的心理态度，难以引起情感认同、形成理论认知，最终难以做到行动上的遵循。大学生的思想道德品质具有可塑性特征，思想政治教育工作者应着重突出教育对象的主体作用，根据学生的需求来开展理想信念教育，以重塑人文关怀。

3.理想信念教育缺乏长效机制

理想信念教育不仅需要思想政治教育工作者的努力，更需要国家、社会、学校形成教育合力。科学合理的制度是保障理想信念教育规范化和常态化的前提。目前高校对大学生的理想信念教育普遍存在于课堂教学之中，但是理想信念教育的制度和政策建设明显不足。在我国市场经济不断发展的今天，企业注重招揽技能型人才，而为了迎合企业的发展需求，众多高校受到以"就业率"争高低的错误导向的影响，更加重视培养学生的专业技能，却忽视了包括理想信念在内的思想素质培育，从而导致理想信念教育处于弱势地位。许多高校开展的理想信念教育活动呈现出重视眼前利益轻视长远规划的现象，造成了理想信念教育的过分功利化。同时，高校开展理想信念教育的形式单一且简短仓促，缺乏长远的系统规划,没有形成科学有效的理想信念培育机制,呈现出零碎、随意和短暂的特征;在培育过程中也没有遵从学生的发展规律,包括思想观念、心理特征、情感认知、人生价值等方面的影响因素,势必导致高校的理想信念教育难以取得实效。[8]

四、新时代大学生理想信念教育路径

1.理论联系实际,增强理想信念教育稳定性

自改革开放以来,社会主要矛盾发生变化、社会思潮此消彼长、人们的价值取向多元多变。在新时代,高校进行理想信念教育需要立足时代、有理有据,坚持以理服人。

理论来源于实践,又可以指导实践。新时代背景下,理想信念教育不能故步自封,而要符合时代发展规律,高校应顺应社会新要求,创新理想信念教育的内容和方式,使理想信念教育的内涵与社会发展要求相适应,与新时代社会主义核心价值观教育相结合。高校思想政治教育工作者必须深刻把握新时代特征,立足于大学生成长的社会环境,深刻了解大学生在新时代背景下形成的社会认知和个体认知差异。[9]这要求高校思想政治理论课教师在深入学习马克思主义理论知识的同时,关注社会热点问题,注重理论的实用性,用事实证明理论,帮助学生从社会现实中找到说服自己的有力根据。只有这样,大学生的理想信念才能更加坚定,面对非主流意识形态的冲击也更能够坚持正确的价值取向。

2.发挥人的主观能动性,提升理想信念教育吸引力

高校开展理想信念教育就好比制作一道菜肴,口感好不好关键看“度”的把握。没有深入开展理想信念教育将导致“火候小”的情况,容易夹生饭。但如果没有把握好火候,不恰当地进行理想信念教育将导致“过度”的情况,菜肴就会“糊了锅”。习近平总书记的“盐之说”目的是告诫高校思想政治教育工作者们在向大学生进行理想信念教育时应审时度势、把握好分寸,运用辩证思维方式思考问题、观察事态发展状况。

春风化雨,润物无声。简单生硬、强行灌输的说教,如同直接食盐一样咸涩,无法吞咽,或如同嚼蜡一般,枯燥无味,不能被教育对象认同、接受。我国传统教育重视潜移默化的方法,西方的思想教育同样重视隐性教育的功能,新时代背景下,正确的理想信念教育方式应该像盐一样具有易溶性、渗透性,应该像空气一样常态化、生活化。因此,教师应充分发挥主观能动性,继承传统教育的优点、学习西方教育文化的长处,将理想信念教育融入日常生活之中,贴近学生、贴近现实、贴近生活。

3.关注教育主体需求,彰显理想信念教育引领力

在思想政治理论课的教学活动中,由于理想信念教育忽视人文关怀,大学生呈现出沉默、失语的状态,理想信念教育的实效性和针对性有待提高。因此,高校在进行理想信念

教育时需要从学生现实需求出发进行积极引导,关注教育主体的利益诉求以及学生个体心理发展特点,运用理想信念相关的真实案例对大学生的身心进行塑造,从学生角度考虑理想信念教育的价值意义,使学生明了坚定理想信念能够为自身的发展带来的价值导向作用。只有这样,大学生在知其然并且知其所以然的基础上,增强对坚定理想信念的幸福感和获得感,真正实现理想信念教育内容融入大学生日常生活之中。

4.健全制度建设,保障理想信念教育实效性

贯彻落实十九大及十九届四中、五中全会精神,逐步完善理想信念教育制度化、常态化建设,是大学生确立理想信念的重要保障,这需要国家和高校共同努力。通过建立健全理想信念教育长效机制让学生体验生活、确立奋斗目标、树立人生理想,从而将大学阶段形成的理想信念在步入社会之后努力践行,最终实现人生理想。

建立健全理想信念培育机制,首先应坚持学生为本的培育理念,秉持一切为了学生、为了学生的一切、为了一切学生的教育原则,增强学生对理想信念教育的情感认同。其次,要完善组织保障制度。不断发挥高校各级领导的组织能力以及各级部门协调能力,将理想信念教育作为学习十九大及十九届四中、五中全会精神的重要抓手。同时,不断完善理想信念教育考核激励机制,形成一套系统的评估体系,将理想信念教育纳入学生综合素质的考核规章制度中。最后,高校要充分发挥"互联网+"的宣传教育作用,建立理想信念教育网络平台,坚持组织学生线上学习和理想信念线下教育相结合。例如,针对党员的教育管理工作,厦门市委建立了网络教育长效机制,通过党建e家网络平台,组织党员学习党的最新理论成果以及开展理想信念教育活动,并在网络平台上设立党员积分考核激励制度,取得切实成效。高校在建设理想信念教育网络平台时可以参考借鉴其经验举措,从而使理想信念教育真正落到实处,而不是流于形式。

青年大学生承载着国家的未来和希望,加强新时代大学生理想信念教育需要付出更多努力进行探索,高校思想政治教育工作者任重而道远。理想信念教育要坚持知行合一、有理有据,关注现实、以人为本,为国家培养新一代有理想、有本领、有担当的优秀社会主义接班人和合格社会主义建设者。

参考文献

[1]习近平:《紧紧围绕坚持和发展中国特色社会主义学习宣传贯彻党的十八大精神》(2012年11月17日),《习近平谈治国理政》第一卷,外文出版社2018年版,第15页。

[2]习近平:《决胜全面建成小康社会 夺取新时代中国特色社会主义伟大胜利——在中国共产党第十九次全国代表大会上的报告》,http://www.gov.cn/zhuanti/2017-10/27/content_5234876.htm,访问日期:2019年11月15日。

[3]习近平:《在党的十九届一中全会上的讲话》,《求是》2018年第1期。

[4]《中共中央关于坚持和完善中国特色社会主义制度推进国家治理体系和治理能

力现代化若干重大问题的决定》,http://www.gov.cn/zhengce/2019-11/05/content_5449023.htm,访问日期:2019年11月15日。

[5]陈超、姜华:《新时代境遇下大学生理想信念发展态势与应对》,《中国高教研究》2013年第4期。

[6]习近平:《习近平总书记给第三届中国"互联网＋"大学生创新创业大赛"青年红色筑梦之旅"的大学生的回信》,http://www.xinhuanet.com//2017-08/15/c_1121487775.htm,访问日期:2019年11月15日。

[7]张啸飞:《好的思想政治工作应该像盐》,《内蒙古日报》2018年7月16日第5版。

[8]潘涛:《高校学生理想信念教育路径的审视与重构》,《湖北函授大学学报》2017年第13期。

[9]吕遊、史向军:《增强"95后"大学生理想信念教育实效性需要把握好的几个问题》,《思想理论教育导刊》2016年第5期。

论"思修"课中爱国主义主题教学的问题导向[*]

周天庆[**]

摘要:激发学生的爱国主义情怀,引导学生践行爱国主义,是高"思修"课第三章教学的重要任务。以问题为导向的教学思路,可提高教学内容的针对性,有助于确定教学重点和难点,从而使教学内容贴合学生思想实际,最终达到拓展学生分析问题能力的教学目标。

关键词:"思修"课;爱国主义;问题导向

2018 年 5 月 2 日,习近平总书记在北京大学师生座谈会上的讲话时强调:"爱国,不能停留在口号上,而是要把自己的理想同祖国的前途、把自己的人生同民族的命运紧密联系在一起,扎根人民,奉献国家。"以爱国主义为核心的民族精神是中国精神的基本内容之一,是实现中国梦的精神支撑,也是"思想道德修养与法律基础"第三章《弘扬中国精神》的讲授重点所在。激发学生的爱国主义情怀、引导学生践行爱国主义,是高校思想政治教育的重要任务。本文认为针对课程中爱国主义主题的教学,有必要考虑以下思路:首先通过各种方式途径了解青年大学生在爱国主义方面的思想实际及社会思潮背景等,努力使教学内容具有针对性。其次,依据学生思想实际及社会思潮中反映的问题,确定教学重点和难点,以做到有的放矢地展开教学。最后,通过多种教学手段,拓展学生分析问题的能力,运用课堂讲授的理论、方法分析各种消解爱国主义的论调,提高学生的分辨能力。

一、以问题为中心的教学思路

思想政治教育课如果在教学过程中回应学生学习、生活中接触到的问题,能够提升学生兴趣,解答学生的困惑,从而能够较好地提升教学效果。也就是说,在教学中需要坚持问题导向,回应学生的所思所想,有针对性地在课堂进行引导,才能更好地帮助学生确立

---

[*] 本文系厦门大学"课程思政建设计划"项目成果。

[**] 周天庆,厦门大学马克思主义学院副教授。

正确的认知,提高学生的分析能力。那么学生对爱国主义相关问题的关注点在什么地方?在爱国主义这个问题上,有什么样的困惑?在认识上是否还存在模糊、不足或者需要加强之处?是否存在其他值得注意、需要教学过程中予以重视并尽力解决的问题?本文拟从上述前提出发,争取课堂教学能够贴近学生对爱国主义相关问题的认知状况,以便确立教学重点、难点,针对性地展开教学。从教学实际看,可从以下几个途径把握了解学生对于爱国主义精神的认知状况等。

以问卷形式进行调查。以爱国主义为调查主题,设置相关调查选项,对学生对爱国主义的认知状况进行调查。调查的内容包括在爱国主义问题上有过什么困惑?是如何理解一些不爱国的行为的?在爱国主义问题上最关注哪些问题?对爱国在法律上的相关规定的了解状况等等。在问卷调查环节,为便于与教学过程结合等,可以灵活多样。比如在调查次数上,相关调查可以在每个学期都进行,要求班级学生全部参与。这样可以经过几个学期的问卷积累,能够大大提高样本数量,而且能够反映较长时间段内学生在爱国主义主题上存在的普遍性问题。从问卷调查的组织上,教师可以单独进行调查,也可联合几个教师同时进行调查,最好是以教研室、学院的名义进行。教研室、学院所有教师都参与调查,能够更有效地扩大调查范围,提高样本数量,并且因为学院不同教研室开课年级不同,能够掌握了解不同年级的学生的相关思想状况。可能的话,可以联合其他高校教师一同参与调查项目,以便了解不同层次、区域的高校学生在爱国问题上的关切点等。问卷的形式,可以是纸质问卷,在上课时由教师带到教室发放并回收。为方便计,也可以利用相关软件小程序进行。如课堂派等,问卷发布在软件程序上。在教学过程中,要求学生完成相关调查。学生可以直接在手机中参与。用软件程序进行调查的好处:(1)比较便捷。学生可以直接在手机上操作。(2)效率较高,一些选项的统计结果在软件中能够直接得出。(3)成本较低,不需印制纸质问卷。

典型案例、言论等的收集。当前网络资讯比较发达,爱国的正面案例、负面案例等各种相关资讯在网络中经常出现,相关案例及言论在网络上有相当广泛的讨论或争议,有些还成为社会热点问题。对网络中的这些案例及言论,教师如果平时上网稍加关注,或以关键词到网络上搜索即可获得。网络的覆盖面广,一些案例、言论学生也略有所知。有些尤其是负面案例及言论,可能给学生带来较大困惑。比如一些历史虚无主义的观点往往对学生思想造成巨大的负面冲击。再如以极端思维误解爱国主义的言论和行为,也往往给学生带来困惑。因此,在教学过程中需要重视网络中的相关案例的收集。首先,这些案例的收集,能够丰富教学内容。如其中关于爱国的正面案例是相关教学内容的直接例证,甚至能够生动、形象地深化教学内容。其次,因为网络等的覆盖面广,学生往往接触过相关热点案例,从热点事件切入教学,能够在一定程度上激发学生思考的兴趣。再次,网络中爱国的负面案例,有些同学能够分辨,如有演员获得所谓的"国家精神奖"。但有些人为地制造国家与党、政府、人民的对立以歪曲爱国主义的言论,学生有时会存在困惑,这时需要教师在课堂上从学理、逻辑等各个角度进行具体说明并消除相关困惑,这也应该是教学的重要任务。

结合相关研究论著、论文。一些论著就爱国主义这一教学主题包含的相关问题有相当深刻的探讨思考,对当前社会思潮有相当深刻的把握,这些研究成果可以结合教学实际,融入课堂内容。而不少学术论文也曾以爱国主义为主题进行问卷调查。这些调查研究往往来自不同区域,能够反映不同区域大学生对爱国主义认知的差异等,有些调查数据可以直接利用,并有助于丰富相关调查样本的代表性。而其中调查问卷选项等的设置、调查数据、调查结论等,对了解把握国内大学生的思想实际,对于总体上把握大学生爱国主义思想的认知状态等有很大的帮助。

"思想"课中针对爱国主义主题的教学时间相对有限,不可能引用全部案例、言论。因此在收集到案例之后,可以先将相关案例、言论等进行甄别或综合归类,便于结合学生思想认识实际展开教学。比如,2018年11月18日,苏州太湖马拉松赛上,中国选手何引丽在冲刺阶段两次受到志愿者"递国旗"干扰,以5秒之差与冠军失之交臂。马拉松运营方表示,"递国旗"是对选手的一种礼遇,这种"惯例"不会改变。此外,动不动谁谁吓尿了,动不动就谁谁吓跪了,动不动造出一些让自己热血沸腾的"正能量谣言"等言论,这些可归类于爱国主义高级黑、低级红。再如,网络媒体中解构中国革命建设过程中产生的爱国主义典型形象的案例、为汉奸翻案的言论等,可以归为历史虚无主义。……

在对网络媒体中的这些案例言论归类的基础上,再根据对学生的相关调查,归纳出学生思想认识中的普遍性问题,以此确定教学重点、难点,展开教学,能够有效地提高教学的针对性。

二、依据问题确定教学重点与难点

根据相关调查及资料收集,在教学过程中发现,现实生活中存在几种影响大学生爱国主义精神培植的情况:(1)部分学生对爱国主义精神的内涵缺乏深刻体认,如对什么是爱国主义、为何要坚持爱国主义等问题缺乏理论、逻辑、历史、现实的认识,认知模糊,最终淡化了爱国与自身发展等的紧密联系,导致爱国主义精神的缺失。(2)当下舆论环境比较复杂,一些媒体运用戏谑、歪曲、割裂等方式消解爱国主义这一严肃主题,部分学生对此缺乏应有的应对能力,无法分辨其中的错误,在爱国主义这一基本问题上立场不够坚定,甚至在行为上被引入歧途。本文认为,坚定学生爱国主义的基本原则,认清形形色色消解爱国主义言行的实质,强化大学生对爱国主义精神具体内涵的体认,提高学生的分辨能力,是当前爱国主义教育的重点所在,也是引导学生做忠诚的爱国者的前提。

学生在爱国主义的认知等方面需要解答的问题较为多样,但课堂教学过程有自身展开的逻辑脉络,教材体系中的一些基本内容和要求需要在课堂教学过程中予以贯彻。为保证课堂教学过程的逻辑完整性,本文拟以什么是爱国主义、为什么要爱国、如何爱国为课堂教学的内在脉络,将相关问题融入这三个教学主题之中,并以此为教学重点和难点。

1.什么是爱国主义？

本教学要点拟从以下思路展开讲授：首先说明，中国历史上具有源远流长的爱国主义传统，侧重从历史、文明的角度对中国历史上形成爱国主义传统的背景、原因等有所了解，以作为后面讲授内容的铺垫。其次针对少数同学可能存在的爱国主义立场模糊的情形，根据教材对爱国主义的定义，分别从政治、道德、法律三个方面具体说明，爱国主义是公民的基本责任和义务。无论从政治角度看，还是从道德与法律角度看，不同的文明中，在爱国这一原则上都持相同的观点。从理论上看，西方启蒙运动时期的思想家如卢梭等人从政治学的角度强调了公民对于国家这一共同体的责任，同时爱国也是公民的基本道德要求。从法律角度看，所有国家包括不同文明类型的国家都在法律上确定了公民爱国的义务。此一教学重点主要是通过相关理论追溯，以及现实对照，强化同学对爱国主义这一原则的认识，让同学意识到，爱国主义不是可有可无的要求，它是每个人最基本的责任与义务，是公民必须坚守的底线要求，是每个公民应该具备的基本立场。最后，结合教材关于爱国主义的一些具体要求，如爱祖国的大好河山、爱自己的骨肉同胞、爱祖国的灿烂文化、爱自己的国家等进行讲解，并针对历史虚无主义重点讲解爱祖国的灿烂文化这一点，从文化的角度理解国家的内涵，在此基础上探讨个人与爱国之间的内在联系，这便于通过文化的认同感强化学生对爱国主义的认同。同时，针对网络上将爱国家与爱祖国割裂开来的言论，从理论上梳理国家与祖国这两个概念之间的联系与区别，强调不仅要看到这两个概念之间的区别，也必须看到两者之间的内在联系，否则是形而上学。

2.为什么要爱国？

如何理解新时期爱国主义与爱社会主义、坚持中国共产党领导的一致性？结合教材内容，目的是通过对这两个问题的讲解，明确爱国的意义。同时辨析一些将爱国与社会制度等割裂的言论错误所在，廓清网络媒体中一些错误言论对同学的负面影响。

针对为什么要爱国的问题，首先为方便讲授内容引起同学共鸣，从同学关心个人权利等心理情感、认识取向的角度展开讲授。引用相关案例，如利比亚、也门撤侨等，或者相关影片，从个体生存、发展等角度说明国家是保障个人各种权利的最强后盾。爱国是个人人生价值实现的源泉。以此说明国家与个体之间的关系，国家对于个人生存发展的意义价值。其次，从中国当前发展过程中产生的问题的角度，强调爱国主义具有凝聚社会共识的旗帜作用，只有每个中国公民爱国，中国才能更好地解决发展过程中产生的问题。再次，结合教材必须坚持立足民族又面向世界这一部分内容，从中国目前面对的国际环境角度，说明在剧烈的国际竞争背景下，爱国主义对于中国未来发展的重要性。最后，从中国历史经验的角度，通过中国历史上人口数量变化、迁徙等说明，结合教材内容，强调维护祖国统一与民族团结，尊重和传承中华民族历史和文化的重要性。

针对网络媒体中将国家、政府、社会制度割裂开来的言论，认为当前爱国主义不等于坚持中国共产党领导,不等于坚持中国特色社会主义制度等错误言论,本文将从历史与现实、理论与实践的角度,引用相关案例资料,说明坚持中国特色社会主义制度与爱国主义在根本目标上是一致的。坚持社会主义道路,使得中国站起来了,使得中华民族实现了独立于世界民族之林这一目标。坚持中国特色社会主义道路,使得中国富强起来了,使得中国梦越来越真实。爱国的根本目标,就是实现中国梦,实现国家的独立和富强,就是让人民过上幸福生活,实现中华民族的伟大复兴。因此当代爱国主义与爱社会主义在根本目标上具有内在的一致性。同时,重点说明,爱国与坚持特定的社会制度确实是两个不同的概念,但两者之间不仅只有区别,也有联系。任何国家都是有特定的社会制度,不可能截然分开。将爱国与坚持社会主义制度割裂开来,看不到其中的一致性,从方法论的角度看,是形而上的表现,在现实中是无法做到的。再次,将中国共产党与其他国家的执政党进行比较,从中国共产党执政过程中取得的成就、中国共产党的领导能力、自我革新能力,从中国共产党的代表性、中国共产党执政的效率等各个角度说明,中国共产党为中华民族的伟大复兴提供了坚实的组织保障,只有中国共产党才能真正使爱国的目标落到实处。中国共产党是中华民族利益的承担者。因此,在当代爱国主义与坚持中国共产党的领导是一致的。

3.怎么爱国?

首先,要提高认识。通过列举网络媒体中的高级黑、低级红、打着爱国旗号营销牟利等现象,指出这些现象的问题所在,提醒同学要提高自身的认知水平,对此类现象要有分辨能力。此外,针对网络媒体中戏谑、歪曲、污蔑、丑化英雄人物等现象,引用史料,提醒同学更要注意背后的卑劣动机。结合对邱少云、狼牙山五壮士等英雄形象被污蔑案例,指出其目的是解构爱国主义。而一些对汪精卫等汉奸的洗白的言论,实际混淆了是非,颠倒了黑白。此外,就网络媒体中以极端民族主义民粹主义等帽子妖魔化爱国主义、以极端的思维误解爱国主义等等现象进行分析,提醒同学注意思维方法,注意理解问题的逻辑,坚定立场,能够明辨是非。其次,强调爱国不仅只表现在思想言论层面,更重要的是落实到行动当中,要由爱国之情转化到爱国之行上。最后,结合教材内容说明,当前做一个忠诚的爱国者需要做到维护和推进祖国统一、促进民族团结、增强国家安全意识等基本方面。

通过上述教学重点、难点的讲解,学生可以在一定程度上明确爱国主义是一种基本的政治、道德和法律要求,并强化对爱国主义内涵的认知,意识到爱国主义是作为一个公民的基本的责任或义务。通过对如何理解新时期爱国主义与爱社会主义、坚持中国共产党领导的一致性问题的讲解,可以引导学生在理论上、逻辑上对社会主义、中国共产党领导地位的认同。通过对怎么爱国这一问题的讲解,可以较好地廓清当前弘扬爱国主义过程中各种错误言论的负面影响,能够较好地提高同学的认识分辨能力,消除同学对爱国主义理解上的模糊之处,鼓励同学投入伟大的爱国实践当中。

需要说明的是,以问题为导向确定爱国主义主题教学的重点和难点,并非抛弃教材,或者要完全改变教材理论框架。实际上教材为学生爱国主义分析能力提供了基本的理论体系或知识前提。本文以问题为导向确定爱国主义主题教学的重点与难点,是在尽量结合教材的前提下进行的。

三、拓展学生分析问题的能力

以爱国主义为核心的民族精神是中国精神的基本内容,是大学生承担民族复兴使命的精神力量源泉。本主题教学的目的,是加深大学生对爱国主义内涵的理论认知,强化大学生对爱国主义的情感认同,使大学生具备能够正确分析、应对各种消解爱国主义的错误言论、观点与行为的能力,为大学生将爱国主义情怀转化为爱国主义实践活动奠定理论、情感基础,引导学生在实现中华民族伟大复兴进程中做忠诚的爱国者。其中,拓展学生分析问题能力,使学生能够更好地应对各种消解爱国主义的言论,应是教学的重要目标。

拓展学生分析问题的能力,首先要让学生具备必要的理论基础,这是学生能够去分析问题的前提。学生如果掌握教材中的相关知识点,大致上能够建立起分析问题的理论框架。对此,除了课堂讲授时必要的讲解,还可以运用多媒体技术采用课堂测试等方式,或者通过其他类型的作业,以测试学生相关知识要点为主。这样可以帮助学生掌握、巩固相关知识,为在学生头脑中形成分析问题的理论框架做准备。

但现有"思想道德修养与法律基础"教材中关于爱国主义的一些知识点相对而言是基础性的,有些知识点并未完全展开,这时要注意在教学中对相关知识点作拓展解释。比如学生在爱国与爱自己的国家及相应的执政党、政府、制度这一问题上往往产生困惑,有时甚至将爱国与爱自己的国家、执政党、政府对立起来。这时需要对爱国主义的具体内涵做深入的说明,让学生意识到:爱国与爱自己的国家及相应的执政党、政府、制度等确实有一定区别,但这两者是有内在联系的。当自己的国家及执政党、政府有力地维护了民族、人民利益,相关制度代表了经济社会文化等等发展的方向,这时爱国与爱自己的国家是统一的。再如,爱自己祖国的文化这一爱国主义的基本内涵,同样可以拓展讲解,如通过对中国这一概念内涵历史演变的拓展讲解,可以看到爱国与爱祖国的灿烂文化的内在联系。

这种知识的拓展讲解,能够较好地从理论上解答学生的困惑、提高学生的理论思维能力。与此同时,也要回应学生对与爱国主义相关的社会热点事件的关切,并予以引导。因此锻炼、提高学生运用理论分析问题的能力也是课堂教学的重心所在。总体上,现有的教学课时安排有限,在较短的教学时间内只能就相关案例作简要讲解,学生的拓展运用需要以课后练习的形式进行。

课后拓展阅读是锻炼学生分析问题能力的重要方式。关于课后拓展阅读,首先要求每个学生都要参与,强调这些拓展是平时成绩的依据,计入期末总评分数。作业一般可以发布在多媒体上,学生使用手机或电脑就可参与。完成作业的时间学生可以自己把握。通过这种相对较为灵活的安排和便捷的参与方式,尽量提高学生的参与度。

拓展阅读案例的收集。这类案例最好是成为社会热点的案例，或者是当前发生的鲜活案例，具有一定的即时感，以激发学生的兴趣。拓展阅读案例中设置的提问，以帮助学生达到把握问题实质为主。比如下文案例：

2019 年 10 月 28 日，西湖检察院对瞿某某侵害革命英烈名誉的行为，依法向杭州互联网法院提起民事公益诉讼。西湖检察院告诉记者，该案是全国检察机关首例向互联网法院提起保护英烈名誉的民事公益诉讼案。

今年 9 月，西湖区检察院公益损害与诉讼违法举报中心接到市民王先生举报，在某网络平台上有人销售侮辱、诋毁英烈董存瑞、黄继光的贴画。西湖检察院调查后发现，在该网络平台经营"某某画坊"的瞿某某，发布、销售侮辱、诋毁革命先烈董存瑞、黄继光的贴画。平台上显示，在"董存瑞舍身炸碉堡"的画像上配有"连长你骗我！两面都有胶！"，在"黄继光舍身堵枪眼"的画像上配有"为了妹子，哥愿意往火坑里跳！"等不雅文字。上述贴画分别有 6 种规格、尺寸剩余库存数量巨大。

西湖区检察院认为，瞿某某在网络平台上公开发布和销售否定英烈崇高革命气节和伟大爱国精神的贴画，该行为是对英雄烈士的诋毁和亵渎，造成恶劣社会影响。依照《中华人民共和国英雄烈士保护法》第二十二条和第二十六条之规定，瞿某某的行为应当被认定为侵害英烈名誉的行为，依法应当承担相应的民事责任。

针对以上案例，设置的提问至少要让学生明确：革命先烈、英雄人物是爱国主义的符号或象征，诋毁侮辱丑化先烈英雄人物，实质是解构爱国主义精神，面对此类现象我们要能够站稳立场，明了其后果。案例中当事人涉嫌商业利益而诋毁侮辱先烈的行为是可耻的，违背了爱国主义的基本要求，不仅仅是政治、道德上受谴责，甚至要承担法律责任。……

总之，学生分析问题能力拓展的目的是能够提高学生运用知识的能力，进一步提高对爱国主义的理解，从而能够明确爱国主义者应有基本立场。这是推动学生将爱国主义认识、情感转化为爱国行为的前提，也是在教学过程中应该努力做到的目标。

"大思政"视域下高校思政课多元协同实践教学创新研究[*]

郑　雁[**]

摘要：高校思政课实践教学作为提高思政课教学质量的关键环节，普遍面临资源短缺、师资队伍薄弱、保障机制不健全和考核评价体系不完善等诸多问题。要破解这些难题，必须从"大思政"教育观出发，整合各种实践资源，促使各方力量都参与到思政课实践教学中，形成协同效应，从而实现"以德树人"，以更好地完成思政课的教学目标。

关键词：思政课；多元协同；实践教学

思政课实践教学，在当前思政课教学体系中占据越来越重要的地位，而如何提高思政课教学质量，实践教学环节至关重要。当前，资源短缺、师资队伍薄弱、保障机制不健全和考核评价体系不完善等诸多问题在高校思政课实践教学中普遍存在，极大地影响实践教学的实效性。本文拟从"大思政"视角出发，尝试通过多元协同的理念改进思政课实践教学，并探索解决上述难题的有效路径。

一、思政课实践教学面临的主要问题

1.思政课实践教学资源短缺，各部门间缺乏统筹协调

实践教学资源是顺利开展思政课实践教学的基础。高校是否有足够的教学资源，一定程度上决定了该校思政课实践教学的完成可能性和完成质量。然而就全国大部分高校

＊　本文为2018年厦门大学教学改革研究项目（思政类专项）"思想政治理论课实践教学改革创新研究——以'思想道德修养与法律基础'课程实践教学为例"（项目编号：JG20180311）、2018年厦门大学"思想道德修养与法律基础"课程思政建设项目、2018年厦门大学"'基础'课有关'培养法治思维'问题的专题教学设计与研究"课程思政建设项目的研究成果。

＊＊　郑雁，福建福州人，厦门大学马克思主义学院副教授。

而言,相关实践教学资源分别由思政课教学机构和学生管理机构(以学工部、校团委、专业院系为代表)占有,这些机构各自有不同的岗位职责和工作任务,彼此之间也没有合作关系,导致所占有的实践教学资源无法打通,从而无法通过整合利用,实现一定程度上的共享。思政课教学机构组织的实践教学活动、校团委组织的大学生社团活动/暑期实践活动和专业课组织的专业实践教学活动是三条不相交的平行线,无法协调对接,从而导致实践教学资源闲置浪费严重。以我校"思想道德修养与法律基础"课程为例,思政课实践教学采取"2+1"学分(课堂教学+社会实践)模式,其中占1个学分的社会实践主要靠学生利用课余时间自行组队完成,所需的经费完全由学生小组自行解决,这势必大大限制学生社会实践的广度和深度,导致所提交的社会实践报告质量堪忧。尽管学校会举办一年一度的"思想政治理论课实践教学优秀调研报告"评选,并对获奖报告给予一定的奖励,但毕竟覆盖面有限,绝大多数参加思政课社会实践的学生无法得到经费上的支持。校团委每年暑假也会开展"三下乡"暑期社会实践活动,并提供一定的经费支持。此外,我校自2015年起将创新学分纳入本科人才培养方案,计入教学计划总学分,要求在校本科生自2015级起创新学分作为必修要求,每名本科生应至少取得2个学分,成功获得立项的大学生创新创业训练项目(以下简称"大创")小组将根据立项级别获得学校相应的经费资助。[1]思政课实践教学、暑期社会实践和大创项目这些实践活动彼此独立,缺乏统筹协调,实践教学资源无法得到有效的整合利用。很多思政课实践调查选题往往又申报暑期社会实践和大创项目,造成内容上的重复和资源的浪费。

2.实施思政课实践教学的师资队伍相对薄弱

思政课教师在带队指导实践教学方面存在自身的局限性。一方面,思政课教师擅长按照教学大纲传授理论知识,其关注重点一般局限于学科体系内容与时代前沿理论,但对学生的思想动态和关注热点了解不够;另一方面大部分思政课教师缺乏带领学生进行社会实践的指导经验,对实践中可能出现的困难估计不足。此外,由于思政课教师承担的是全校不同院系的学生的教学工作,学生人数较多且经费缺乏,对于需要思政课教师亲自带队指导的校外社会实践,往往只能选取部分学生作为代表,与实践教学必须覆盖全体学生的教育部文件要求明显相悖,无法充分发挥思政课实践育人功能。

3.实施思政课实践教学的保障机制尚未健全

首先,思政课实践教学缺乏足够的、稳定的社会实践教学基地。以我校"思想道德修养与法律基础"课程为例,一个思政课教师一个学期要承担4个班的教学,以每个班100人、每个实践小组10人计,就有约40个实践小组。由于每个思政课教师需要负责的实践小组数量较多,也缺乏相关的实践基地资源,实践地点往往由学生根据自己的社会实践选题自行寻找。即使找到合适的实践场所,也可能因为个别企事业单位怕麻烦怕担责,而最终拒绝接纳。总体而言,学生自行寻找实践基地资源的成功概率并不大,最终学生实践小组只好采取传统的在街头发发问卷做些调查采访来敷衍完成,这样的思政课实践教学效果必然大打折扣。

其次,思政课实践教学缺乏经费保障。要切实有效地开展实践教学,最好的模式是由教师带领学生走出校园、走向社会、走入基层,而这些都必然产生一笔不小的支出,包括交通、食宿等费用。而经费短缺始终是制约许多高校思政课开展社会实践教学的瓶颈因素。俗话说,"巧妇难为无米之炊",经费短缺使得思政课社会实践只能局限在校园内或者周边做一些小范围的调查,即便如此,小额的交通费和文印费也不可避免,这些费用都是由学生自行分摊,这既增加了学生的额外负担,又极大地影响了学生参与实践活动的积极性。为了节省开支,学生们无奈或者只能选择仅需要在校园内进行调查的实践选题,比如"大学生婚恋观调查""大学生理想信念状况调查""大学生消费观调查"等传统选题,而无法挑战尝试那些需要走出校园、走向社会的一些关乎社会民生热点的社会实践选题;或者是在选择关乎社会民生热点选题情况下不得不放弃一些必要的调研,这无疑将降低实践教学成果的质量和可信度。

4.思政课实践教学的考核评价体系亟待完善

要科学合理地检验教师教学效果和学生实践成果,就必须建立一套较为完善的思政课实践教学的考核评价体系。当前高校对于思政课实践教学的考核不尽相同,但或多或少都存在不合理之处。

一方面,针对思政课教师的实践考核评价体系不尽合理。以"思想道德修养与法律基础"课为例,在实行"2+1"的学分模式下,课堂教学占 2 学分,实践教学占 1 学分。然而,思政课实践教学持续整个学期(对于个别参加推优的实践报告,甚至需要延伸至暑期),需要教师投入大量时间和精力,从实践选题的确定、活动策划书的撰写、调研方法的选择、实践的后勤保障到最终实践报告的写作,都要对学生进行全程指导,其工作量甚至超过了课堂教学。这些实践教学指导工作最终仅体现为教学工作量中的 1 学分。就我校而言,虽然每年会举办一次校级思政课优秀调研报告评选表彰活动,对优秀的调研报告和指导教师予以表彰和奖励,但获得优秀指导教师称号在年度考核中所占的积分并不高,且与任课教师晋升职称没有必然关联,这些都对思政课教师开展实践教学的积极性和主动性产生一定的影响。

另一方面,针对学生的实践考核评价体系也不够完善。对学生实践教学成果的评价主要以学生实践小组最后提交的成果来评定。在课堂课时还充裕的情况下,有些教师会组织各实践小组上台展示其社会实践成果,综合课堂展示和提交成果情况来评定最终实践教学成绩。但由于学生的实践活动都是分组进行,存在个别组员空挂名不做事的现象;有的小组真正做事的就少数几个人,其他小组成员则"搭便车"。由于教师难以逐一检查把关,无法实现对学生的实践成果的准确评价。

二、破解思政课实践教学难题的理论依据

近几年,一种新的思政教育理念——"课程思政"——在全国高校得到迅速推广。"课程思政"指以构建全员、全程、全课程育人格局的形式将各类课程与思想政治理论课同向同行,形成协同效应,把"立德树人"作为教育的根本任务的一种综合教育理念。[2]课程思政体现的是一种"大思政"教育观,也就是要求学校所有教学科目和教育活动以课程为载体,以立德树人为目标,实现通识课、专业课、实习实训与立德树人目标的有机融合,将立德树人目标融入教育和教学的全过程,促进学生全面发展。从"大思政"教育观出发,高校的思政工作不再是各部门各管各的、互不干涉,而是要打破这种分割管理的局面,在各相关部门充分沟通协调的基础上,整合各种实践资源,促使各方力量都参与到思政课实践教学中。[3]具体而言,上好思政课需要全校各部门的密切配合,除了马克思主义学院及其思想政治理论课专任教师作为教学主体必须承担起思政课教学任务,学校其他部门及各学院也要积极予以配合,特别是辅导员和专业课教师要一起参与进来,共同为"立德树人"这一教育目标服务。在"课程思政"教育理念下,由学校负责统筹规划,提供组织和制度上的保障,并在实践教学教师队伍的引进、培养和整合、实践基地的建立与发展等方面提供大力支持,从而确保思政课实践教学落到实处、取得实效。可见,"大思政"理念是破解当前思政课实践教学发展难题并大力进行改革创新的不可或缺的理论依据。

三、高校思政课多元协同实践教学创新的具体路径

1.建立联合实践导师制,实现思政课教师与辅导员等队伍的优势互补

基于上面提到的各类教师队伍的优势与不足,在实践教学指导老师的构成上,除了传统的思政课教师队伍,还可以将辅导员队伍以及专业课教师队伍吸收进来,共同指导大学生社会实践,形成思政课教师队伍、辅导员队伍与专业课教师队伍的密切协作组织形式。[4]这种联合实践导师制可以结合思想政治理论课教师的思政学科优势、辅导员的学生管理优势和专业课教师的专业学科三方面的优势,强强联合,达到最佳的指导效果。在思政课教师、辅导员和专业课教师工作量计算上,可以由教务处统一出台相关制度,各导师所在部门/学院再根据学校有关文件精神,科学合理地计算联合实践导师的教学工作量,并对带队教师给予专项经费支持。

在实践选题上,思政课教师、辅导员和专业课教师应加强理解和沟通,既要符合思政课实践要求,又要与学生的学科专业相结合,注意确保思政课实践教学目标及专业课教学目标的共同实现。联合实践导师制的优势在于,克服了单一导师制下指导教师经验不足、精力不够、对学生缺乏了解等弊端,在思政课老师、辅导员和专业课老师之间充分沟通协

作的基础上,能更全面地了解学生的思想与学习状况,从而产生传统单一导师制所达不到的教学效果。

2.优化整合实践教学资源,形成合力育人的"大思政"实践教学格局

2017年教育部出台的《高等学校马克思主义学院建设标准》中要求"实践教学原则上覆盖全体在校学生,建设相对稳定的校外教学实践基地"。在"大思政"格局下,一方面推行联合实践导师制,促进思政课实践教学师资队伍上的优化整合、协同育人,另一方面在努力增加校外教学实践基地的基础上,也可以考虑将现有的各学院大学生社会实践基地、专业实践基地与思政课实践基地打通,将思政课实践与大学生的暑期社会实践、专业实践整合起来。具体而言,就是将思政课实践教学和校团委组织的大学生暑期社会实践以及大学生创新创业训练项目打通,实现资源共享和学分互认。联合实践导师制使得这种整合更具有可行性。参加实践的学生可以事先与联合实践导师——思政课实践导师及专业实践导师沟通,以获得他们的共同指导。同时,通过这种优化整合,解决了思政课实践教学经费短缺的困境,也避免了一个实践选题以不同的实践名目重复实施所导致的资源浪费。

3.健全思政课实践教学的系列保障制度

必须建立思想政治理论课实践教学的一系列配套制度,以确保思政课多元协同实践教学改革的有序推进。一是组织制度保障。由学校负责牵头,成立思政课实践教学领导工作组,其成员由教务处、学生工作部、校团委、相关专业院系及思政课教学机构组成。领导工作组应每个学期召开专门会议,根据党中央对思政课实践教学的最新要求,制定相应的思政课实践教学计划及相关指导性文件,为思政课实践教学的有效开展提供坚强的组织保障。[5]二是管理制度保障。思政课实践教学牵涉方方面面,因此必须建立一套健全的管理机制,对思政课实践教学各要素进行有效管理,对指导教师、参与实践的学生、实践教学资源以及整个实践教学过程实施有效监管,避免实践教学出现管理不力、权责不分等问题,从而确保实践教学的各个环节都有专门机构负责,形成分工有序、权责分明的规范管理机制。三是服务保障制度。具体包括充足的经费支持、完善的后勤保障和有经验的师资队伍等。充足的经费支持才能确保思政课实践教学走出校门、走向基层,深入调研,取得实效。完善的后勤服务更是外出实践的师生保驾护航不可或缺的保障。此外,需要着力培养一支经验丰富、有责任感的指导教师队伍,注意引进与培养相结合。在指导教师的业绩考核上,应将教师的实践教学科研成果和教师的工资绩效、职称评聘结合起来,对指导教师形成有效的激励机制。

4.完善思政课实践教学的考核评价体系

一个科学可行的考核评价体系,应旨在激励思政课社会实践教学目标的实现。这种考核评价体系包括对指导教师的实践教学的考核评价和对学生的社会实践的考核评价。对指导教师的实践教学考核,首先应制订思政课实践教学计划及配套的教学大纲、实施细则,并以此为依据对指导教师(联合实践导师制下包含思政课教师、辅导员和专业课教师)的教学效果进行有效的质量评价,科学合理地计算教师工作量,并将实践教学工作成果作为教师职称评聘的重要条件。只有这样,才能提高指导教师的工作积极性和主动性,增强指导教师实践教学指导的责任心,激发指导教师提升实践教学能力的内在推动力,从而进一步促进实践教学质量的提高。对学生的社会实践考核,也应出台相应的实践教学质量考核评价办法。为确保学生真实、有效地参与实践教学活动,首先指导教师应对学生提交的实践调研报告严格审查、认真把关,对弄虚作假的学生实践成果予以取消成绩、重修等处理。其次,可以通过实践成果展示,让学生对各实践小组的成果进行打分,结合教师的评分形成社会实践最终成绩。遴选质量较高的社会实践调研报告参加校级思政课实践教学优秀调研报告评选,并将评比结果与学分、奖学金、评优选好等方面相挂钩。这不仅能提高学生参与实践的积极性,也为客观评价学生实践成果提供保障。

　　综上所述,以“大思政”教育观为理论依据的思政课实践教学改革,可以通过多元协同实践教学、整合各方资源,建立联合实践导师制、健全实践教学保障制度、完善考核评价体系,最终形成合力育人的“大思政”实践教学格局,真正使高校思政课实践教学改革取得实效。

参考文献

[1]《厦门大学本科生创新学分认定办法(试行)》(厦大教〔2015〕33 号)。

[2]高德毅、宗爱东:《课程思政:有效发挥课堂育人主渠道作用的必然选择》,《思想理论教育导刊》2017 年第 1 期。

[3]马晓亮、赵雪照:《“大思政”视域下的高校思政课多元协同实践教学模式》,《西部素质教育》2019 年第 10 期。

[4]徐美华:《“大思政”背景下思政课实践教学与社会实践融合的研究》,《牡丹江教育学院学报》2019 年第 9 期。

[5]彭永东:《应用型高校思想政治理论课实践教学路径研究》,《安徽工业大学学报》(社会科学版)2017 年第 1 期。

高校思想政治理论课问题导向式专题改革分析

——基于厦大本科生的调研[*]

庄三红　黄玉林**

摘要：当今高校的思想政治理论课大多都陷入了实效性低、缺乏吸引力的困境，而以问题为导向的思想政治理论课教学模式使这一困境得到了有效缓解，但在实施过程中仍然还有很多问题亟待解决。通过对大学生思想政治理论课实际问题需求的调查，发现学生对问题的需求程度、问题涉及的领域、问题的关注点都具有差异性，而当前以问题为导向的思想政治理论课在课程内容、教学环节、考核体制等方面与学生的问题需求不相适应。为此，今后思想政治理论课改革要坚持以教材为基础、以问题为导向，科学化课程设计和教学环节，改革现有课程考核体制，使以问题为导向的思想政治理论课落到实处。

关键词：高校思想政治理论课；问题导向；大学生；教学改革

党的十八大以来，以习近平同志为核心的党中央重视高校思想政治工作，对此做出一系列重大部署。在全国高校思想政治工作会议上习近平指出，"要用好课堂教学这个主渠道，思想政治理论课要坚持在改进中加强，提升思想政治教育亲和力和针对性，满足学生成长发展需求和期待"。[1]然而，当今高校思想政治理论课（以下简称"思政课"）大多都陷入了实效性低、缺乏吸引力的困境，学生对思政课愈发厌倦，教师在教学中也逐渐失去了动力和激情，而以问题为导向的思政课教学模式，以"问题"为纽带将学生的"学"和老师的"教"有机地结合在一起，创新的课堂形式有效地激发了学生的学习热情，在一定程度上缓解了当前高校思政课的教学困境，但是在实施的过程中，仍然存在很多问题。例

　＊　基金项目：2018 年厦门大学校级教改项目（思政类专项）"思政课问题导向式专题设计研究——基于厦门大学本科生的调研"（项目编号：JG20180302）；厦门大学 2018 年"课程思政"示范课程建设项目"毛泽东思想和中国特色社会主义理论体系概论"。

　＊＊　庄三红，福建泉州人，厦门大学马克思主义学院助理教授；黄玉林，江西萍乡人，厦门大学马克思主义学院 2017 级硕士研究生。

如,学生的实际问题需求到底是什么? 这些需求又如何与教材、考核制度有机地结合在一起? 以问题为导向的思政课该如何有效进行? 本文以对大学生实际问题需求调研为基础,建立数据库并探究数据的特点和背后的意义,得出当前思政课问题导向教学模式存在的问题,旨在为制定合理的课程内容、教学模式、考核方式提供一些启发,使思政课问题导向教学落到实处。

一、基于调研的大学生思想政治理论课的问题需求分析

1.数据库的构建

围绕大学生关心的问题是什么,此次调查共搜集 3000 多个学生感兴趣的问题。为了使数据库更具有效性和可信度,调查采取线上和线下两种方式对厦门大学本科生进行数据搜集,进而建立、分析数据库。为了使庞杂的数据库更具有序性、对数据的分析更具针对性,调查将问题分为了政府、媒体、社会、经济、法制、军事、科技、思想文化八大类,并且对这八大类进一步进行了细化。将数据库的问题分类细化,从纵向角度分析,可以得到学生最为关注的是社会问题,而社会问题中最受关注的又是就业类问题,就业类问题可以再细化成更小的问题关注点,指向一个个非常具体的问题;从横向角度分析,则可以得知每一个分类或者每一个专题中学生关心的问题分别有哪些,这将有助于教师更加全面地把握学生在每个专题中感兴趣的问题。最后,通过计算机技术将所得数据进行统计,使学生问题的分布一览无余(详见图 1)。

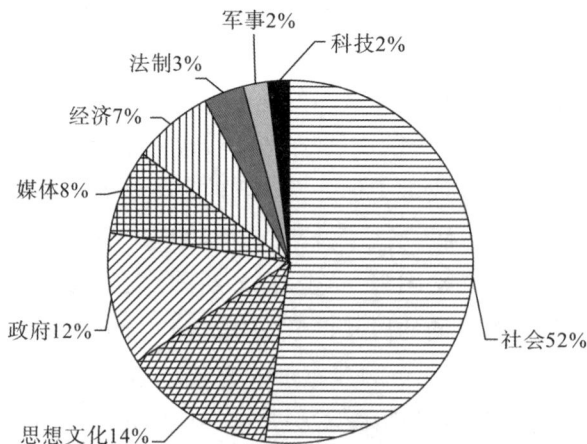

图 1 问题库详细分类及其占比

为了检验问题库的分类标准是否具有真实性和科学性,调查使用同一套问题还对不同高校的学生和教师进行了测试,测试的对象来自五湖四海,但是几乎所有的问题都找到了自己所属的类别。我们可以充分地相信,该问题库不是一堆杂乱的问题堆积起来的,而

是构架十分清晰、分类标准、科学合理的问题库,由此为学生实际问题需求的特点分析打下基础。

2.大学生思政课实际问题需求的特点——基于数据库的分析

基于数据的收集、分类以及统计,结合实际调查过程中学生回答问题的状况,可以得出大学生思政课实际问题需求的几个特点:

第一,在对问题的需求程度上,不同学生需求程度不同。绝大多数学生对实际问题具有需求性:一部分学生需求明确,并且能够较快速说出自己想了解的问题;另一部分学生虽然有问题需求,但是表达迟疑,不够明确。然而,有极小部分学生并没有问题意识,甚至害怕问题,当被调查时大都采取了随便写或者网上复制粘贴的方式。由调查可推断,当前绝大多数大学生具有问题意识并且对问题的需求性很大,他们关心社会和生活,对于使自己困惑或感兴趣的问题渴望在课堂中得到比较科学合理的解答。当然,也有极少数的大学生对社会和生活的关注度比较低,对课堂学习的兴趣度不高,极度缺乏问题意识。因此,思想政治理论课问题导向改革的前提必须是学生先树立问题意识,有问题可提。

第二,在问题涉及的领域上,总体范围广泛但是局部集中。大学生对于问题的需求五花八门,涉及的领域广泛。在搜集到的数据中,调查即使经过严格的分类、精简,问题设计领域仍包含了政府、媒体、社会、经济、法制、军事、科技、思想文化等八个方面。这充分体现了当代大学生思想活跃并且具有鲜明的个性,对于思政课问题导向的专题教学改革而言,授课对象的思想活跃恰恰是一个巨大的挑战。然而,问题需求的领域虽然广泛,但是多而不杂,学生关注的重点领域十分突出,并且在每个领域的关注重点也有所不同。如图1所示,学生当前关注度最高的是社会问题,在社会问题中关注度最高的便是与大学生密切相关的就业问题;虽然大学生对军事领域的关注度相对很低,但是在军事领域中,学生的问题聚焦在国际局势。这充分说明大学生不仅仅关心与自身密切相关的事情,同时心系家国天下事。因此,思想政治理论课问题导向教学改革必须深入分析学生关注的问题,还要科学合理地归类总结,努力使传授的知识满足学生的需求。

第三,在对问题的关注点上,不同专业的学生关注问题的点不尽相同。大学生文理科的思维使得对同一个问题的关注点具有明显的差异性,学生主要是根据自己已有的知识和经验,提出与自己所学专业密切相关的问题。例如,同样是生态问题,海洋专业的学生关注海洋生态问题,行政管理专业的学生则侧重国家政策性问题,天文学专业的学生更加关心空气质量,而社会学专业的学生则更强调生态环境对社会的影响。因此,思想政治理论课问题导向的专题改革中,必须根据不同专业的授课对象,选择恰当的案例及角度,才能更好地回应不同专业学生的不同问题需求。

二、高校思想政治理论课问题导向式专题教学中存在的问题

传统的思政课教学模式严重忽视了学生的需求和学生与教师之间的互动关系,知识体系、教学模式封闭僵化,导致了学生厌学、老师厌教的局面。自从以问题为导向式的思政课专题教学改革以来,这一困境大有改观,但是仍然没有从根本上改变思政课教学效果不佳的状况。据厦门大学马克思主义学院网络平台期末问卷调查的结果显示,学生对思想政治理论课现有的教学方式感到非常满意的学生占少数,而认为当前课程改革势在必行的学生占61.88%。由此可见,以问题为导向的思政课教学改革虽然早已启动并全面开展,但是总的来说,学生对思想政治理论课的兴趣值、关注度、自觉性仍然没有达到理想的效果。究其原因,主要有以下三个方面:

1.课程内容与学生问题需求脱节

课程内容是一门课程的重要组成部分,是一门课程的学习对象,课程内容关系着传授什么样的知识给学生,同时也关系着学生对这门课程的主动性和积极性。一门优质的课程,一方面,必须具有科学的课程内容,即课程内容的观点正确,实事求是,具有可信度和科学性;另一方面,必须具有合理的课程内容,即贴近社会、贴近生活、与学生的现实需要相适应。

毫无疑问,当前思政课的课程内容具有其科学性,有明确的观点,正确的价值观,并以事实为基础,课程内容丰富。但是,如此丰富的课程内容为何不能激发学生的学习兴趣?原因之一就在于课程内容较为宏观,教材内容与社会生活联系不紧密、与学生的问题需求不吻合。当前思想政治理论课的课程内容停留于书本的理论知识,而书本的理论知识与实际脱节,不能较好地解决现实生活中的问题。大学生是一个关心社会、注重实际得到感的有思想的群体,学生需要解决的问题往往与社会和生活息息相关,纯理论的知识已经不能满足现实的需求。因此,当前封闭僵化的课程内容无法充分调动学生学习的主动性和积极性。

2.教学过程与调动学生兴趣脱节

教学过程是教师和学生共同完成教学任务的活动过程,是教学活动的启动、发展、变化、结束过程。在这个过程中,学与教是一种相互依存的关系,老师将知识有目的、有计划、有方法地传授给学生,引导学生将知识内化,以促进学生全面发展;学生在老师的引导下,学习接收老师传授的知识,将知识内化于心之后再外化于实践。在这个过程中,由于老师的"教"与学生的"学"是紧密联系、不可分割的双向关系,如有一方在这个过程中不到位,就会导致教学过程脱轨偏离科学的发展方向,则良好的教学效果也无从获得。

在以问题为导向的思政课教学过程中,教师和学生的双向互动关系尤为重要,但是这种关系往往难以呈良性的持续发展状态。原因在于:首先,教师对问题的处理缺乏合理性。目前,思政课教师确实会充分了解学生的问题需求,但是对于收集到的学生问题处理得不够恰当。大学生思想活跃,个性化鲜明,实际问题需求呈现多样性,但是教师无法对每个问题一一解答,同时也无法面面俱到给予每一个问题一个成熟的答案。在正确处理多数和少数的关系问题上、解答与解答好的关系上,当前高校思政课老师还面临着较大的困境。其次,在学生对问题的解答满意度不高。由于学生专业、接受程度、原有的知识水平、认知水平、需求层次等的不同导致不同,学生对于教师给予的回答满意度不一,学生的求知欲没能得到充分的满足,导致学生的学习主动性和积极性下降。所以,教学过程中诸多的不合理因素,在很大程度上影响了问题式教学模式的教学效果。

3.课程内容与课程评价体制脱节

当前,思政课问题导向教学模式仍然持续传统的课程评价体制,教学方式改革在前,考核体制却不能紧随其后加以变更,这也会影响思政课教学的效果。主要表现在以下两个方面:

第一,考核内容不合理。以问题为导向的教学模式,区别于传统的教学模式,因此,考核方式也应有所区别。在传统的教学模式中,老师主要传授书本上的理论知识,将书本知识传授给学生,教与学的环节看上去结合在一起,实则是脱节的。这种教学模式下的课程评价以试卷考试为主要依据,而试卷上的内容完全来自书本。但是,在以问题为导向的教学模式,教师是以学生的问题需求为主,将书本上枯燥的理论知识融入学生提出的问题,通过解答学生问题的形式传授知识。因此,在课程评价中继续沿用以书本为重的考核评价模式,会给学生带来很大的压力,挫伤学生的积极性。同时,考卷上的考核内容仍为书本知识,与学生在课堂上和实践中学习的内容严重分离,还会抑制学生的思考能力,阻碍学生的全面发展。

第二,学生成绩评定不合理。首先,成绩评定标准过于统一。当前思政课对学生考试成绩的评定标准统一,但是不同专业的大学生之间的认识角度存在较大的差别,关注的方面往往不同,在同一个内容条件下接受知识的角度也存在差别。因此,思政课对不同专业的学生采取同样的评定标准容易造成成绩评定不公正的现象。其次,成绩评定重知识、轻能力。当前,部分高校思政课虽然已经转型成以问题为导向的教学模式,仍然重知识、轻能力,如在成绩组成部分中,纯书本知识试卷考试占成绩比重大,而课堂表现和社会实践在总成绩中所占比重低。这种不合理的成绩评定模式在很大程度上阻碍了思政课问题导向教学模式发挥其应有的作用。

三、高校思想政治理论课问题导向专题教学的改革路径

1.坚持以教材为基础、以问题为导向

第一,坚持以教材为基础的教材改革。教材是课程标准的具体化,是教学体系中重要的组成部分,同时也是一门课程最基本的遵循。思想政治理论课教材是思政课的根基和底线,高校思政课必须牢牢把握这道防线,绝不能天马行空、越轨教学。但是,传统的教材随着教学改革的推进已经无法满足教学要求,因此,当前教材改革势在必行,必须使教材更贴近实际、贴近教学需要,摆脱僵化古板的束缚,使教材更好地服务于以问题为导向的思想政治理论课教学模式。

第二,将课本知识与学生问题需求有机结合。教材可以说是作为一门课程知识的精炼总结,正是由于教材本身的性质,教材内容不可避免会存在逻辑性强、理论性强的特点。然而,学生的问题需求却是多样性、跳跃性、生活化的问题,这两者的矛盾如果不能得到解决,教学就会陷入困境。因此,问题导向的教学必须将课本知识与学生的问题需求有机结合。作为教师,必须充分了解学生的需要、深入分析学生所提问题的特点,在教学的过程中,将学生实际问题融入课本知识当中;作为学生,应该脚踏实地,充分了解教材内容,在理解认识课本知识的基础上,升华理论、运用理论、提出有意义的问题。

第三,以"成体系的问题"为导向。大学生思想活跃,个性化鲜明,实际问题需求呈现多样性,但是教师无法做到面面俱到,同时也没有必要在课堂中对学生的每个问题都一一解答,这不仅不符合实际教学情况,还会导致时间和教育资源的浪费。对于多样性的问题需求,教师必须进行深入的分析,寻找其中的普遍性和特殊性,主次分明,将问题按照科学的方法分类,使问题形成一个与教材联系紧密的知识体系,然后以"成体系的问题"为导向实现各个教学要求。

2.课程设计和教学环节科学化

第一,课程设计必须以问题解决为中心。在以问题为导向的思政课教学中,问题的内容及其解决是课程设计的依据,但这并不意味着可以直接脱离理论课。在课程设计上,应该合理分配理论课、讨论课、实践课的课时,抓住这三种类型课程的特点,以问题解决为导向,充分发挥它们各自的优势;同时以解决问题为中心,加强问题的导向作用,将理论课、讨论课、实践课有机融合,贯穿在一条主线上。

第二,教学过程中教师和学生必须有效互动。教学是教与学的统一,教师和学生在教学过程中必须保持一种双向互动的关系,才能满足双方各自的需要,教学才能发挥其应有的作用。首先,作为老师,在教学过程中必须主旨鲜明,思路清晰,表达准确,给予学生及时的反馈和点评,积极正面地解答学生的问题,引导学生将问题与理论知识、社会生活

结合在一起,激发学生的学习兴趣。其次,作为学生,应该提高自身学习的主动性和积极性,在老师的引导下,积极投入课堂中,善于交流、勤于思考、敢于质疑,与老师保持良性互动。

3.改革现有课程考核体制

第一,考核内容丰富化。首先,考核内容减少对课本知识的直接考察。思政课作为理论性较强的课程,如果专注于对学生掌握课本知识的直接考察,会严重导致知识为考试而背的情况。所以,考核的内容必须减少呆板僵化的考题,更具灵活性和现实意义,增强对学生知识运用能力的考察。其次,增加开放性问题分值。僵化的考核内容会使学生的思考能力逐渐降低,因此,考核必须增加开放性考题的比例,实现考核内容多样化,使学生充分发挥各自独特的思考能力,敢于表达自身的真实观点。

第二,考核评价标准多样化。首先,尊重学生专业的多样化。各科学生学习兴趣不同,理论基础和行为习惯有很大的不同,因此,对于同一问题不同专业的学生理解角度会有差异。思政课的评价机制必须看到这一点,不能对专业各异的学生使用同一套评价标准,而是应该在原则性问题正确的前提下,从不同专业的实际特点出发,尊重专业多样化带来的答案多样化。其次,实现评价标准多样化。以往的思政课考核评价过程中,"标准答案"总是不会缺席,不论是对于客观题还是主观题。毫无疑问,客观题必须由"标准答案"来检验学生对基础知识的掌握程度,但是对于主观题来说,评价则必须更具灵活性,实现考核评价标准由单一性向多样化的转变。

第三,考核方式合理化。传统的思政课考核方式通常由笔试和平时成绩组成,但是平时成绩所占比例极小,导致思政课考核一度处于完全依附课本知识的考试。当前,在以问题为导向思想政治理论课教学模式下,更注重学生的综合能力,而非单一的对课本知识的掌握程度。因此,在考核方式上,应该结合笔试、社会实践、课堂表现、网络成绩等,合理组织搭配。思政课考核应注重学生的能力评价以及思想道德素质评价,注重对学生的过程性考核,这不仅有利于培养学生分析问题解决问题的能力,而且有助于学生树立脚踏实地的学习风气。

党的十九大报告指出,"青年兴则国家兴,青年强则国家强。青年一代有理想、有本领、有担当,国家就有前途,民族就有希望"。[2]广大青年是党和国家的希望与未来,高校是培养人才的地方,也是广大青年学子的主要聚集地,肩负着培育中国特色社会主义建设者和接班人重大使命。高校思想政治理论课是大学生思想政治教育的主渠道、主阵地,高校思想政治理论课能否建设好,关系着高校为国家社会培养什么样的人的问题,关乎着为党立言、为党育人、为党守土的大业。面对当前思政课面临的困境,只有在实践中不断探索研究,才能使思政课问题导向教学改革落到实处,使思政课成为大学生真正喜爱、终身受益的优秀课程。

参考文献

［1］习近平：《把思想政治工作贯穿教育教学全过程》，http://www.xinhuanet. com//politics/2016-12/08/c_1120082577.htm，访问日期：2019 年 11 月 25 日。

［2］习近平：《决胜全面建成小康社会 夺取新时代中国特色社会主义伟大胜利——在中国共产党第十九次全国代表大会上的报告》，http://news. cctv. com/2017/10/27/ARTIw3x1nOMEAmnaiR1zWuUI171027.shtml，访问日期：2019 年 11 月 25 日。

大学生社会主义核心价值观培育：目标、困境与路径*

王圣宠**

摘要：大学生社会主义核心价值观培育以人的全面发展和知行统一为目标指向。经过调研发现，当前大学生社会主义核心价值观培育效果未如预期般理想，培育过程多停留于认知层面，缺乏推动内化和接受的思考与设计；培育方式囿于传统和趋于保守，创新性和实效性普遍不足；培育工作仍处于松散状态，尚未形成系统合力和长效机制。对此，以人本为导向解决培育对象的接受问题，以问题和实践为导向解决培育方式的创新问题，以协同为导向解决培育机制的长效问题，是培育工作实效性得以实现可以借重的关键路径。

关键词：大学生；社会主义核心价值观培育；目标；机制

高校大学生是中国特色社会主义事业继往开来的接棒者，他们对社会主义核心价值观的认同和践行情况对我国在新时代的发展走向和坚定"四个自信"有着不可忽视的重要影响。思考和探究大学生社会主义核心价值观培育的目标取向、现实困境和解决路径等问题，既是高校思想政治教育的重要任务，也是推进新时代中国特色社会主义事业健康发展的现实要求。

一、大学生社会主义核心价值观培育的目标指向

"三个倡导"的社会主义核心价值观包含了国家层面价值目标、社会层面价值目标和个体层面价值目标的设定，该设定反映了中国特色社会主义发展的内在要求和目标指向。大学生社会主义核心价值观培育就是将 24 字三个层面倡导的价值目标逐渐"内化"为大学生的思想观念并促使其践行的过程，其目标指向社会主义核心价值观的价值引领和价值整合等功能在培育活动中的具体落实和最终实现，即通过各种教育手段促成大学生的

---

* 基金项目：厦门大学马克思主义理论"一流学科"建设项目"社会主义核心价值观融入问题研究"（2017S006）；2018 厦门大学"思想道德修养与法律基础"思政课程项目；2019 年厦门大学教学改革研究项目（思政类专项）"设计思维下思想政治理论课专题教学创新研究"（JG20190304）。

** 王圣宠，辽宁岫岩人，厦门大学马克思主义学院助理教授。

社会主义核心价值观认同、自信与践行,引导大学生进行正确的价值判断和价值选择,提升自身的思想政治素质和道德素养,明确肩负的使命和责任,实现品德与才智的综合全面发展。对于大学生社会主义核心价值观培育的目标,可以从培育工作者和培育对象两个角度来具体地理解。

1.培育者角度:坚持立德树人,推动人的全面发展

党的十八大报告提出:"把立德树人作为教育的根本任务,培养德智体美全面发展的社会主义建设者和接班人。"[1]党的十九大报告再次强调:"建设教育强国,要落实立德树人根本任务,发展素质教育,培养德智体美全面发展的社会主义建设者和接班人。"[2]新时代大学生肩负着推进中国特色社会主义事业、实现中华民族伟大复兴的历史使命和责任,要担负起这一使命和责任,在多种社会思潮交织的社会中抵制各种诱惑,坚定正确的理想信念和政治立场,不仅需要知识和能力,还需要具备优良的思想、政治及品德素养。大学生社会主义核心价值观培育作为高校思想政治工作的基本内容和重要任务,侧重从国家意识、价值追求和道德责任等方面培养大学生正确的思想观念、健康的人格、情感和行为,引导他们提升自身的思想道德素质,其本质是解决培养什么人和如何培养人的问题,从培育者角度看,其目标要求是落实立德树人任务,以总体性理念构建培育的路径,从精神引领层面推动和实现大学生的全面发展。

2.培育对象角度:进行自我教育,实现知与行的统一

人的全面发展包含了发展人的主体性的基本要求。自我教育有利于激活人的主体意识,促生人主动学习和自觉实践的内在动力。"只有能够激发学生去进行自我教育的教育才是真正的教育。"[3]从价值观形成的规律看,个体确立一定的价值观,基本上都是个体在认知、情感、意志和行为等因素共同作用下自主选择和接受教育的结果,这个过程实质上就是个体发挥其主体性,接受外在教育的影响并进行自我教育的过程。"道不可坐论,德不能空谈。于实处用力,从知行合一上下功夫,核心价值观才能内化为人们的精神追求,外化为人们的自觉行动。"[4]就培育对象而言,大学生社会主义核心价值观培育所要追求的目标是推动和实现大学生的自我教育和自我完善,将社会主义核心价值观的要求内化于心,外化于行,实现知与行相统一,这要求培育工作必须以大学生的主体性作为出发点,尽可能为大学生自我教育创造条件,并采取有效手段,使其主体性在培育过程中得以充分激发,进而促生价值观自觉的实现。

二、大学生社会主义核心价值观培育的现实困境

自十八大以来,大学生社会主义核心价值观培育得到了党和国家以及各高校的重视和支持,社会主义核心价值观"三进"工作积极推进,取得了一定成效。但从目前情况看,

大学生社会主义核心价值观培育仍存在着现实困境,尚有一些问题亟待解决。为了了解大学生社会主义核心价值观培育的现状,课题组对国内 5 所重点高校的部分大学生进行了问卷调查,共发放 650 份问卷,回收 641 份,其中有效问卷 625 份。结果显示,81%的学生认为有必要对大学生进行社会主义核心价值观教育,近 68%的大学生有意愿把社会主义核心价值观内化为自己的信念并落实到行动上,但仅有约 13%的学生会经常性地主动了解和学习社会主义核心价值观的相关理论,近一半的学生认为自己在践行社会主义核心价值观方面表现得并不理想,这说明有部分学生虽然表面上对社会主义核心价值观认知和认同,但在实践中并未很好地贯彻和落实,一定程度上存在着"知行脱节"的倾向。此外,仅有 16%的学生认为大学生社会主义核心价值观教育解决了自己在价值观上的困惑,近一半学生认为所在高校的核心价值观培育效果一般。这些都反映出当前大学生社会主义核心价值观培育工作虽然取得一定成效,但并未如预期般理想,与实现培育目标仍存在一定距离。

根据调查结果反映出的情况,结合相关的研究资料,本文认为,目前的大学生社会主义核心价值观培育仍存在以下几个比较突出的问题:

1.培育过程多停留于认知层面,缺乏推动内化和接受的思考与设计

从调查结果看,绝大部分学生对社会主义核心价值观形成了基本认知,也认同培育和践行核心价值观的重要性和必要性,但缺乏学习和践行的主动性。究其原因,一是培育过程普遍不完整,偏重理论知识讲授为主的认知教育,缺乏情感和行为认同以及价值观内化和践行的培育。二是培育过程普遍忽略了大学生的个体需要和主体选择能力,在实际操作中未能很好地启发学生的思考、激发学生自我培育的动力,大学生往往是被动地接受培育者通过一定载体和渠道传播的教育信息,因此,也就难以取得我们所期待的接受效果。

2.培育方式囿于传统和趋于保守,创新性和实效性普遍不足

从调查结果看,大学生接收社会主义核心价值观信息的主要途径是高校思政课,而思政课对大学生进行价值观培育的主要形式仍是教师讲授,互动和实践等形式仅占较小比例。除课堂外,高校普遍没有常规性的社会主义核心价值观教育活动,多数高校只是偶尔开展活动。多数学生认为教学内容缺乏针对性、教育方式呆板和社会实践活动较少等是影响培育工作实效性的主因所在。由此,现有的大学生社会主义核心价值观培育工作仍以灌输教育为主要方式,缺乏互动交流中的思想碰撞和实践活动培育,这种忽略大学生主体性的传统培育方式,缺乏创新和活力,很难对学生产生足够的吸引力。

3.培育工作仍处于松散状态,尚未形成系统合力和长效机制

调查结果表明,目前学校教育仍是对大学生进行社会主义核心价值观教育的主渠道,社会和家庭方面教育的作用尚未得到充分发挥,一些教育工作者和党员干部的模范带头作用仍有待强化。部分学生将阻碍自身认同和践行社会主义核心价值观的因素归结于社会风气不正、多元思潮影响和网络等新媒体文化的冲击等外在的社会现实,一定程度上反映出相关治理工作和成效尚不能完全消解大学生在价值取向上的茫然与困惑。由此可见,目前的大学生社会主义核心价值观培育工作还比较松散,部分培育力量未能充分发挥其作用,各种培育渠道和教育资源尚未形成整体合力和长效机制,影响了培育实效。

三、大学生社会主义核心价值观培育的关键路径

"培育和践行社会主义核心价值观,要以培养担当民族复兴大任的时代新人为着眼点,强化教育引导、实践养成、制度保障,发挥社会主义核心价值观对国民教育、精神文明创建、精神文化产品创作生产传播的引领作用,把社会主义核心价值观融入社会发展各方面,转化为人们的情感认同和行为习惯。"[5]习近平总书记在党的十九大会议上的讲话精神为新时代大学生社会主义核心价值观培育工作的开展指明了任务和方向。针对调查过程中发现的大学生社会主义核心价值观培育的困境和存在的问题,笔者对大学生社会主义核心价值观培育的路径问题进行了一些思考,提出了需要注意和把握的几个关键点:

1.以人本为导向解决培育对象的接受问题

"从逻辑上说,教育对象的接受活动是制约思想政治教育实效性的根本问题。"[6]在大学生社会主义核心价值观培育过程中,接受是指大学生这一接受主体出于内在的动机和需要,在外在教育和环境的影响下对社会主义核心价值观进行认知、认同、内化和践行等活动的过程。大学生作为培育对象和接受的主体,其接受不是被动的,而是受接受动机和需要的支配,具体包括:了解有关知识的求知渴望,通过学习受到道德教化和精神塑造的需要,以及为了发展自己而吸收内化的动机等。大学生对社会主义核心价值观是否接受,关键在于其内在动机、需要和价值诉求,为此,面对他们的社会主义核心价值观培育工作必须坚持"以人为本",加强对大学生这一群体的调查研究与沟通交流,了解大学生的接受动机和接受需要,尊重大学生的主体性与价值情感,并据此对培育活动进行设计,改进培育方式和方法,激活大学生接受和践行社会主义核心价值观的内在动机,确保接受效果达到预期目的。

2.以问题和实践为导向解决培育方式的创新问题

大学生因认知能力和活动空间所限,其形成的对社会主义核心价值观的认识往往比较肤浅和零散,需要更具深刻性和开放性的培育方式来实现培育的目标。从现状看,影响大学生社会主义核心价值观培育实效的因素之一是对问题的回避和对实践的轻视。因此,创新培育方式必须强化培育活动中的问题意识和实践导向。

首先,抓住重点问题,增强培育的理论解读功能。应重视和加强培育过程中所涉及的

核心和重要问题的理论研究工作,形成对这些问题的正确的理论导向,加强理论解释的深刻性和彻底性,引导和深化大学生对这些问题的科学认知。其次,建立培育双方平等的提问和对话关系。既要努力创设互动提问的对话环境,也要强化大学生的问题意识,赋予大学生平等的提问权利,通过问题和对话,促成他们对问题更为深刻的理解,也有助于培育者了解大学生价值观状况和需要引导的方向,推动价值观培育由认知向认同和接受转化。再次,强化实践活动环节,构建实践培育机制。"自我教育不仅是思想上的和心理上的自我修养,而且还包括与之相联系的、在实践中积极行为方面的锻炼。真正的自我教育,应该把二者有机统一起来身体力行,这是自我教育的内在要求。"[7]应把实践培育列为重要任务,贯彻到大学生社会主义核心价值观培育的具体设计中,统筹规划,建立实践育人机制,鼓励大学生将所学的价值观知识运用于实践之中,实现知行统一。

3.以协同为导向解决培育机制的长效问题

要实现大学生核心价值观培育的双重目标要求,应具有总体性的视野,需要借助多种力量和多种渠道的广泛参与、互动整合,协同推动培育工作的开展。

一是主体协同。"立德树人"既包括受教育者之德育,也包括施教者之德性建设。大学生社会主义核心价值观培育活动的主体除了大学生自身外,还包括负责制定、执行和宣传社会主义核心价值观相关工作的党、政府及其各工作部门,也包括各级各类教育工作者,他们认同和践行社会主义核心价值观的情况对大学生树立正确的价值观将起到影响和表率作用。这就要求以严格的标准选拔、考核和监督党政工作者和教育工作者,通过常态化的教育和培训提高他们的思想政治素质和价值观自觉能力,以示范效应带动和强化大学生对社会主义核心价值观的接受和认同。

二是治理协同。"中国国家治理体系现代化须以社会主义核心价值观为指导,社会主义核心价值观的培育和践行也要以国家治理为中介和载体来传达。"[8]大学生社会主义核心价值观培育不仅要靠大学生主体的自觉性,还需要国家治理为其提供制度支撑和落实践行载体。借助国家治理的力量,把社会主义核心价值观融入具体的制度设计之中,通过制度和政策手段,解决好经济、政治、文化、社会、生态等各个层面的治理和管控问题,营造良好的社会环境,彰显社会主义制度的优越性,使大学生在制度的体系内感受到社会主义核心价值观的影响,解除内心的困惑,坚定正确的人生方向和价值取向。

三是教育协同。对大学生进行正确价值观的培养和教育是高校与社会、家庭三方教育力量相互配合、共同努力的过程。其中,高校教育方面,应强化思想政治理论课价值观引导的主渠道作用,积极创新思想政治理论课教育教学,特别是丰富和创新课堂内外的互动和实践形式,使核心价值观融进学生头脑;将价值观教育蕴于其他各门课程教育之中,确保各科教育在价值导向上的一致性;利用学生党员、学生干部和学生意见领袖的表率作用,实现榜样激励和相互教育;健全培育的领导机制,建立和完善培育的组织管理、评估激励和保障等制度;构建以社会主义核心价值观为引领的校园文化,让学生在潜移默化中接受核心价值观的熏陶。社会教育方面,相关组织机构和企业、社区等应为大学生核心价值观培养提供联合教育的平台和基地,可以依托各类展馆、教育基地、纪念场馆等形式载体对大学生进行先进人物的榜样教育,利用社区宣传栏、微博、微信公众号、主题网站、各类论坛、手机 APP 等媒体平台,形成舆论合力,弘扬社会正气。家庭教育方面,父母应以身作则,主动践行社会主义核心价值观,营造健康和谐的家庭关系和文化氛围,引导和教育大学生子女树立社会主义核心价值观。

总之,整合国家、社会和教育渠道的多方力量,通过各种力量的沟通与联合,打造价值观培育的生态环境和互动网络,营造有利于社会主义核心价值观培育目标实现的整体氛围,形成良性的常态化机制,将为大学生社会主义核心价值观培育目标的实现提供有力保障。

参考文献

[1]胡锦涛:《坚定不移沿着中国特色社会主义道路前进 为全面建成小康社会而奋斗——在中国共产党第十八次全国代表大会上的报告》,人民出版社 2012 年版,第 35 页。

[2][5]习近平:《决胜全面建成小康社会 夺取新时代中国特色社会主义伟大胜利——在中国共产党第十九次全国代表大会上的报告》,人民出版社 2017 年版,第 45、42 页。

[3][苏]B.A.苏霍姆林斯基著,杜殿坤编译:《给教师的建议》,教育科学出版社 1984 年版,第 341 页。

[4]习近平:《习近平谈治国理政》,外文出版社 2014 年版,第 173 页。

[6]李颖:《基于哲学解释学视角的思想政治教育接受研究》,浙江大学出版社 2013 年版,第 8~9 页。

[7]程文晋、渠长根、武彩鸿:《自我教育论》,气象出版社 1998 年版,第 202 页。

[8]李建华:《积极培育和践行社会主义核心价值观 推进国家治理体系现代化》,《光明日报》2014 年 2 月 10 日第 1 版。

第二篇

课程与教材建设

面向工程教育专业认证的综合性大学
土木工程专业力学课程教学实践*

张建国　王东东　张灿辉**

摘要：力学课程在土木工程专业本科的教学体系中占据着重要的地位，是土木工程专业知识体系的第一环节和学生学习后续专业课程的基础，其教学过程也是培养学生严谨科学思维习惯、运用科学思维解决工程问题的重要阶段。与一般理工科院校中力学课程由专门教学单位承担不同，综合性大学土木工程专业的力学课程往往由具有土木工程背景的专业教师讲授，课程的教学计划也由土木工程专业按照要求自行制定。本文介绍了厦门大学土木工程专业在综合性大学办学特色下，工程力学课程组面向工程教育专业认证，在力学课程的教学内容改革、教学方法改进、课程体系调整、课程达成评价以及创新人才培养等5个方面的教学实践及其取得的效果，可为相关院校进一步提升力学课程教学质量、培养优秀拔尖人才提供一定的参考和借鉴。

关键词：综合性大学；土木工程；力学课程；教学实践

一、引言

　　力学课程在土木工程专业本科的教学体系中占据着重要的地位，住建部高等学校土木工程学科专业指导委员会编写的《高等学校土木工程本科指导性专业规范》[1]将土木工程专业知识体系分为六个领域，其中"力学原理和方法"为第一个领域。理论力学、材料力学、结构力学、流体力学和土力学是该委员会推荐的必学课程。从力学知识的学习连续性来看，数值分析、弹性力学和有限元也属于力学课程的范畴。这些课程的教学内容是

　　* 福建省本科高校教育教学改革研究项目(FBJG20180185)。

　　** 张建国，湖北长阳人，厦门大学土木工程系副教授，副系主任，从事工程力学与结构防灾减灾方面的研究；王东东，河南三门峡人，厦门大学土木工程系教授，副院长，从事计算力学与结构工程方面的研究；张灿辉，福建惠安人，厦门大学土木工程系副教授，从事计算力学与复合材料力学性能方面的研究。

学生学习后续专业课程的基础,其教学过程也是培养学生严谨科学思维习惯、运用科学思维解决工程问题的重要阶段。

国内大部分理工科院校均设有理学院、工程力学系或力学教学部等教学单位,承担着全校各专业的基础力学课程教学,土木工程专业的力学课程一般也由上述教学单位承担。鉴于综合性大学的特点,厦门大学没有设立全校性的力学课程教学单位,因而土木工程专业的力学课程教学全部由土木工程系的专业教师承担,这些教师具有土木工程学科背景,其科研领域和社会服务方向大多都与土木行业相关。

2016年我国正式成为国际本科工程学位互认协议《华盛顿协议》的正式会员,国家对大学本科教学质量的严格管理和愈发重视,土木工程等工科专业面向工程教育专业认证的教学计划和培养方案调整也显得更为急切[2][3]。在培养方案的调整过程中,可能需要对相关课程的教学学时、开课年级、教学内容以及考核手段进行系统改进,在与厦门大学类似的综合性大学里,由本专业教师承担的力学课程,上述内容的修改较为容易实现;而在大部分的理工科院校中,力学课程的调整需要涉及所有开课院系,根据本专业要求所进行的教学计划修改可能影响到全校其他专业的力学课程教学,从而显得极为麻烦。

基于上述原因可以看出,综合性大学土木工程专业的力学课程教学状况虽然给土木工程背景的专业教师增加了大量的工作量,但同时也为更好地针对服务专业、提高本科教学质量、达到工程教育认证要求等进行力学教学改革提供了良好的契机。

近年来,厦门大学土木工程专业工程力学课程组面向工程教育专业认证,在对土木工程专业学生进行力学教学的过程中,认真思考,积极实践,在力学课程的课程设置、教学方法、教学内容、教学评价、因材施教、人才培养等方面进行了系统的教学改革,取得了较好的效果。

二、教学中存在的问题

目前的中国正处在一个信息爆炸的快速节奏年代,与20年前相比,学生在学习力学课程时,常常感觉内容空洞乏味,没有学习兴趣,不能静下心来,对知识点理解不透彻;教师在讲授力学课程时,也常常感觉课时压缩太多,无法深入讲解原理和方法,学生对知识点掌握不扎实,考核时成绩普遍偏差较大。在土木工程专业力学课程的教与学中,可将存在的问题归纳为以下几点:

1.力学课程与学生专业的联系和结合不够、内容难懂、学生学习兴趣不高

力学课程内容虽然是土木工程专业其他核心课程的基础,但两者在知识体系和学习方法上存在着较大差异。该专业的其他核心课程如"混凝土结构原理""钢结构原理""基础工程"等,主要侧重于现行规范条文的理解和运用,在设计时往往根据实验和经验公式进行计算,同时,这些课程与工程实践结合较为紧密,学生学习时充满兴趣。而力学课程

则侧重于力学原理的理解,所使用公式往往来源于数学推导,计算时需要严密逻辑过程。

多数力学教师在讲授力学课程时,往往局限于力学知识本身要求学生掌握力学课程中的知识点,而忽视了力学知识与专业知识之间的有机联系。因此,学生在学习中往往觉得力学课程太偏于理论,与本专业相差甚远,感觉内容晦涩难懂,从而学习兴趣不高。

2.本科力学课程体系和内容安排不够合理

土木工程专业的"三大力学"(理论力学、材料力学和结构力学)课程通常安排在大一下学期至大三上学期,虽然这些课程与所需高等数学和线性代数等课程几乎同时开设,基本可以支撑这些力学课程的讲授,然而,随着计算机技术在土木工程中的广泛运用,力学课程中许多内容需要结合软件应用和程序编制[4],以便提高学生运用计算机解决力学问题的能力,而这些相关知识和课程往往不能紧密结合本专业或者开设时间点不合适。

另外,许多学生反映,在学习完所有力学课程后,对力学在工程实践中的作用不能深入体会,仍然停留在定理、公式层面。如"理论力学"课程中讲授的运动学和动力学知识,很多土木工程专业的学生认为用处不大,因为工程结构大都是静止或者微振动的,根本不会产生类似机构一样的大位移。"结构力学"中学了多种形式的结构内力和位移计算方法,但在后续的结构计算和设计课程中,几乎都直接给出内力和位移,根本用不着这些计算方法。后续与力学知识点联系紧密的专业课程开设不够合理也是力学课程体系需要解决的问题。

3.力学课程教学方法单一

力学作为一门古老的学科,本科阶段的教学内容多年不变,课本局限于经典教材,教师改进教学方法的动力不够。教师多采用 PPT 多媒体教学的方式,即使有些教师采用黑板板书进行教学,但教学方法仍然局限于知识点的传授、典型习题的讲解,教学方式极为单一。

近几年兴起的"翻转课堂教学""线上线下混合教学"以及"开放课程"等教学方式在力学课程的教学中运用较少。多数力学任课教师认为,力学课程理论性强,课堂上面面俱到的讲解可能会有助于学生理解每个知识点。如果采用学生自学和教师答疑为主的"翻转课堂"式教学,可能会导致学生知识点遗漏,知识体系不连贯,最终成绩不理想。

4.课程达成评价方法不科学

在以往的力学课程教学评价时,往往根据学生的考试平均成绩来判断该门课程的教学过程是否成功,平均成绩越高,就认为教学效果越好,这种评价方法显然不科学,因为没有考虑试卷的难易程度和学生成绩的方差区分度。较多教师为了让学生取得较高的平均成绩,通常将试卷难度降低,这样学习主动性强的同学将取得接近满分的成绩,而学习较差的学生也能勉强及格,往往"皆大欢喜"。

另外,在考核的多样性方面,也常常做得不到位,将30%的期中成绩加上70%的期末成绩作为最终的课程成绩,缺少了过程考核内容。

5.在力学课程教学中不能因材施教、缺乏培养拔尖创新人才的意识

土木工程专业课程体系中的力学课程通常被认为是基础课程,为后续专业课程服务并奠定理论基础。传统教学过程中,要求学生仅需掌握力学基本知识点,满足教学大纲要求即可,不存在因材施教、培养拔尖人才的要求和任务。

综合性大学里,大量的工科学生具有良好的数理素质,但由于没有专门修读力学专业,从而失去了较多展现自己力学才能的机会。比如,两年一次的"全国周培源力学竞赛"就是考核选拔具有优秀力学思维的拔尖学生的。组织具有良好力学素质的土木工程专业学生参加类似周培源力学竞赛这样的全国性科创活动,也应该是力学课程教师培养拔尖创新人才的责任所在。

三、解决教学问题的方法

厦门大学土木工程专业力学课程组在力学课程的教学过程中逐步认识到了上述问题,认真思考、积极创新、勇于改革实践,有针对性地采取了如下方法和措施:

1.课程内容、作业形式多样化

土木工程专业的力学课程均由本专业的教师担任,在教材选择、内容讲授、作业布置等方面增加了与专业联系的紧密度。在讲授课程内容和选取实际案例时,教师均围绕土木工程专业知识点开展,在力学课程的教学过程中,教师均会布置至少1次关于力学知识在土木工程专业中应用的综合作业,由学生个人单独或小组合作在课外完成,着重培养学生解决复杂工程问题的能力。

如在讲授"材料力学"中关于梁的正截面应力分布时,教师会以钢筋混凝土正截面承载力计算和设计为例,讲明应力的分布及其受拉受压情况;在讲授"结构力学"连续梁的内力计算时,会以混凝土连续梁桥的预应力筋布置为例,讲明预应力筋的布置实际上是与弯矩图相联系的。

在布置各门力学课程的综合作业时,学生可自己选择材料和几何参数,根据不同工况正确确定荷载,利用所学力学知识设计并计算一个简单的土木工程结构。综合作业的结果并不唯一,只要合乎工程常理,教师均会给出合理的分数。

2.合理调整课程体系及课程开设时间

学生在力学课程学习时,需具备一定的数学基础知识,学生虽已在一年级学习了微积分、线性代数等课程,但运用计算机编程解决力学问题的能力仍明显不足。本课程组申请

调整了"数值分析"课程的开课时间,在二年级上学期完成该门课程的讲授,并在讲授内容中增加了 FORTRAN 和 MATLAB 等现代程序语言。同时,教会和鼓励学生运用"结构力学"求解器以及 ANSYS 和 SAP 2000 等通用程序来完成上述的大作业。

另外,在学完力学课程后的三年级下学期和四年级阶段,本课程组教师为学生开设了"弹性力学"和"有限单元法"两门选修课程,这些课程和三大力学联系紧密,对深入理解力学概念和运用力学知识解决实际问题用处较大。在学习这些课程时,本科生通常与研究生一起听课和完成作业,这对学有余力和有意继续深造的学生而言,无疑具有很好的促进作用。

3.大力改进教学方法

本课程组积极改进力学课程的教学方法,课程组成员之间互相观摩听课,指出各自教学的优缺点,在教学过程中,不拘泥于传统的公式推导、例题讲解等形式,而是培养学生一题多解、充分运用软件技术解决力学问题、抓住力学问题本质的能力。在课程考核时,多门课程增加了面试答辩环节,可多方面了解学生对力学知识的掌握能力。

课题组教师积极采用"翻转课堂""线上线下混合教学"等新的教学方式方法,"结构力学"课程获得了学校的"在线课程"经费支持,已经建设完成,将进行线上线下混合教学,同时,该课程还获批成为校级的一流课程建设。

4.在课程教学效果评价方法上,积极采用多参数分级评价方法进行课程达成评价

为了科学地评价力学课程的课程目标达成情况,本课程组采用多参数分级评价方法[5],即根据学生成绩的均值、方差、及格率和优秀率来综合评价该门课程的教学效果和达成情况,并根据评价的具体情况,有针对性地给出教学持续改进的措施和方向。

该方法并不仅以平均成绩来衡量教学效果的好坏,而且需考虑学生整体成绩的分布情况。如平均成绩太高、方差小、优秀率高则说明试卷难度低,在持续改进措施上要注意加深试卷的难度和区分度;如平均成绩太低、方差小、及格率低则说明试卷难度高,在持续改进措施上需注意降低试卷的难度;如平均成绩理想,但方差大、优秀率和不及格率均较高,则说明虽然试卷难度适中,但学生学习时两极分化严重,需着重注意学习不主动学生的动态状况,及时解决他们的学习态度和方法问题;如平均成绩理想,方差较小,成绩分布符合正态分布,则说明授课效果较好,达到了预期目的。

在考核方式上,课题组采用过程式考核策略,并根据过程考核结果,实时调整教学方法,关注学习存在困难的学生。课堂小测、章节小测都可作为平时考核的依据,并在最终的考核成绩中给予一定的比重。平时成绩、综合作业、期中考试、期末考试的比例分别为20%、20%、20%和40%。

5.因材施教,培养拔尖创新人才

本课程组教师在课程教学中积极发掘拔尖学生,因材施教、重点培养。对于"结构力

学""数值分析"课程提供双语教学或英文辅导教材,培养学生的专业"第二外语",为参加国际赛事奠定基础。工程力学课程组教师作为指导教师,指导拔尖学生申请和完成与力学课程相关的大学生创业创新项目,指导学生参加美国大学生数学建模竞赛、全国周培源力学竞赛、全国结构设计大赛、中南地区高校结构力学竞赛等多项赛事。

综上所述,本文将土木工程专业力学课程教学的创新点归纳为以下三点:

①在教学内容和课程体系方面开拓了新思路;

②在教学方法和教学评价方面采用了新手段:

③在创新育人和拔尖培养方面进行了新尝试。

四、教学效果

从 2014 年开始,本课程组教学成员相对固定,教师在厦门大学土木工程专业本科学生的力学课程教学中,进行了上述一系列的教学改革,取得了良好的教学效果:

1.教学内容和课程体系的调整和改革,特别是"数值分析"课程的前置开设和教学内容中贯穿专业知识,提高了学生学习力学课程的兴趣和积极性,增强了课程教学过程中的趣味性,加深了学生对专业的理解和热爱程度。学生觉得力学课程并不如想象中的那么难学,也觉得力学在实际工程问题中是非常重要的。通过后续"弹性力学"和"有限单元法"的选修学习,部分拔尖学生的力学水平提高到了一个新的台阶,基本达到了研究生的水平,为以后的学习深造打下了良好的基础。据初步统计,2012 级至 2016 级土木工程专业学生的力学课程成绩均较以前学生有一定程度的提高。

2.教学方法和教学评价手段的不断改进,大大提高了教师的教学水平和课堂教学效果。通过课程组的相互观摩和学习,授课教师的教学水平提高较快,获得了学生和社会的认可,课题组教师分别获得了"2016 年厦门市优秀教师""2014 年厦门大学教学技能比赛二等奖"和"第六届全国结构力学和弹性力学青年教师教学比赛三等奖"等荣誉奖项。学生具备了运用软件技术解决力学问题能力后,能运用专业软件解决大部分课后习题和部分实际工程问题,为后续的结构设计课程打好了良好的基础。采用多参数分级评价法进行课程达成度评价后,针对性地指出了各门课程教学中存在的不足,并给出了持续改进的建议措施和方向,促使教师积极改进教学方法,在近三年取得了良好的效果。

3.在力学课程教学过程中发掘拔尖学生,积极培养学生的创新能力,取得了良好的效果。到目前为止,课题组教师分别指导低年级学生申报并完成了多项大学生创新创业项目,其题目均紧密联系力学课程内容,学生完成情况良好;每年均指导学生参与"美国大学生数学建模竞赛"并获奖,最好成绩为二等奖;课程组教师指导学生参与两年一次的"全国周培源力学竞赛",取得了二等奖和三等奖的好成绩,并于 2019 年代表福建省参加了"全国周培源力学竞赛团体赛";此外,课程组教师指导学生获得多项"全国大学生结构设计竞赛"二等奖和"中南地区高校结构力学竞赛"一等奖。

参与各项科创赛事活动的土木工程专业的学生,通过赛前准备、赛时努力协作和赛后总结,增长了见识,拓宽了眼界,力学知识和专业知识都得到了较大的提高。获得好成绩的这部分学生中,大多选择了到国内外名校继续攻读研究生。

由此可见,土木工程专业力学课程教学改革内容包括了教学内容、课程体系、教学方法、教学评价以及拔尖学生培养等方面,其实际效果得到了良好的体现。

五、结论

综合性大学的工科办学往往有着自身的特点,专业课程的教学内容和效果评价方式通常是工程教育专业认证的重点考察内容。结合本校自身的特色,同时契合工程教育认证的要求,综合性大学的工科教育必须与时俱进,积极进行教学改革和实践。厦门大学土木工程专业在本科生的力学课程教学过程中,在教学内容、教学方法、考核方式、评价手段和创新人才培养等方面发现了存在的问题,积极探索,找到了解决问题的办法,通过实践取得了良好的效果,可为类似院校的教学改革提供借鉴和参考。

参考文献

[1]高等学校土木工程学科专业指导委员会:《高等学校土木工程本科指导性专业规范》,中国建筑工业出版社 2011 年版,第 8~15 页。

[2]中国工程教育专业认证协会:《中国工程教育专业认证通用标准(2015 版)》,中国工程教育专业认证协会 2015 年 3 月发布,第 1~10 页。

[3]住房和城乡建设部高等教育土木工程专业评估委员会:《全国高等学校土木工程专业评估(认证)文件(2017 版)》,住房和城乡建设部 2017 年 6 月发布,第 1~31 页。

[4]张建国、张建霖:《论实验与电算在"结构力学"教学中的重要性》,《厦门大学学报》(哲学社会版)2018 年增刊。

[5]陈东霞、王东东、高婧等:《土木工程专业工程教育认证持续改进机制的健全与实践》,《厦门大学学报》(哲学社会版)2018 年增刊。

面向"双一流"的专业基础课的立体化建设

——以电磁场理论课程为例

李伟文　李森森　宋争勇*

摘要：专业基础课是专业课程建设的起始点，也对整个专业的学科发展起着支撑作用。以电磁场理论为例，它是电子信息大类基础性课程，对后续专业的学习与深入有重要影响。厦门大学电子学院，按"双一流"和"新工科"要求，对学科课程进行课程组建设，对专业基础课进行平台课程建设，结合网络资源和课程的在线开放应用，构建了电磁场理论课程的立体化教学架构。它丰富的资源，多样化教学手段，为学生提供了无时空限制的互动式教学服务。

关键词：课程建设；网络教学；课程组；平台课程

现代社会，无论是日常生活还是科技前沿，都已经离不开电磁场电磁波相关理论的指导。如光纤通信移动通信等各种现代通信方式，是通过电磁波来传送信息；[1,2]遥感雷达等各种传感工程，是通过电磁波实现对远方目标的感知；[3,4]而广泛使用的大规模集成电路内部，要充分考虑电磁兼容问题。第五代移动通信的基础建设，离不开高校培养输出大批电磁相关专业的学生。电磁场电磁波是众多学科的理论基础，是相关专业课程建设的一个非常重要的环节。[5,6]

国内外电子信息类专业都开设有电磁场理论课程，国内有的高校已把其建设成为国家级精品课程，国外有的学校如 MIT 已向全球开放视频课。在已有的课程教学实践基础上，从电子信息类学科的整体角度考虑，结合课程理论应用的工程性特点，以学生学习规律为导向，按"双一流"和"新工科"要求，厦门大学电子学院对电磁场理论课程进行了立体化建设。

---

* 李伟文，浙江丽水人，厦门大学电子科学与技术学院副教授；李森森，福建三明人，厦门大学电子科学与技术学院副教授；宋争勇，山东济宁人，厦门大学电子科学与技术学院助理教授。

一、课程建设构架

电磁场理论作为工程类学科的专业基础课,它是后续工程实用课程的支撑。反过来,内容的工程应用需要,正是学生学习课程理论的兴趣源和原动力。电磁场理论系统性很强,逻辑严谨,学习它不仅可以获得场和波的理论,还有助于培养正确的思维方法和分析问题的能力。

结合电磁场理论的以上特点,可通过学科内各课程的结合,形成课程组,实现各课程间的有效关联,进而明确课程的效用性并提高学生的学习兴趣。例如,对于射频微波模块,电磁场理论课程的学习,是为系列后续课程如"微波技术基础""天线与电波传播""射频电路设计"等课程的学习和相关学科的科研打下坚实的基础。因此可按这一模块进行课程组建设,类似的还有光电子技术课程组等。缺少扎实的专业基础理论,势必影响后续学习和工作中对本领域的认知和深入,而后续课程为本课程学习提供效用性表现。总体上而言,电磁场理论可为后续多个方向模块提供支撑理论,因此可对其作为平台课程进行发散性建设。

按此原则,厦门大学电子学院对电磁场相关课程群进行了诸多建设,已形成了系统化的课程组。电磁场理论课程在课程组中处于引领作用,为后续课程提供基础支撑理论。因此对其首先在教学团队、教学资源、教学方法和教学手段等方面进行了全方位建设,克服了原来教学中存在的一些薄弱环节。最后在结合网络教学基础上,不仅面向本校师生,还向社会提供开放教学课程。

图 1 示例性地说明本课程的建设内容和改革脉络。从时间轴上看,我们首先进行课程的定位,以及教学团队的稳定和自我提升,然后进行教学资源的整合和网络化,解放学生学习的时空限制。从垂直层面上看,它们对应于人的建设与资源的建设,两者间通过教学手段发生关系,并输出作用于学生。如此,形成了立体化的课程教与学平台,其教学手段日趋深化、资源持续丰富、效应越来越大。

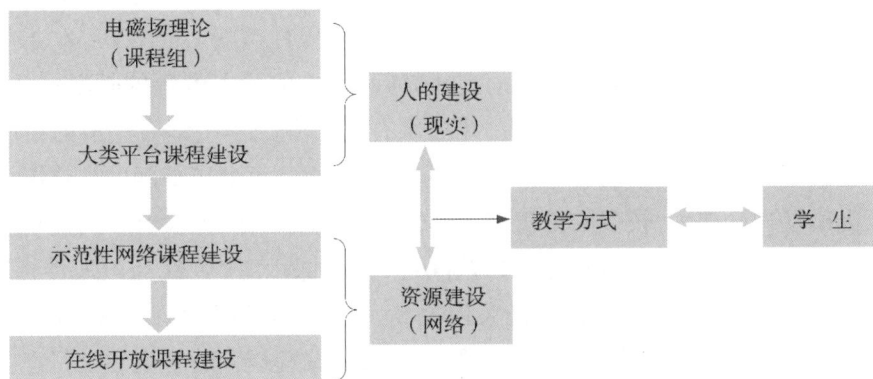

图 1　电磁场理论课程建设立体构架

二、教师团队建设

教师作为课程教学的活动者,其团队组成为平台课程进行提供有效保障。厦门大学教务处和电子学院一直重视课程的教学改革,已对电磁场相关课程进行了持续建设,形成相应的课程组教学队伍,组建了平台课程的核心教学团队。除教辅人员外,电磁场理论课程共有 6 位教学成员,教学团队稳定。其中教授、副教授及助理教授分别有 2 名,具有合理的年龄梯队结构。授课教师教学经验丰富,主讲老师都有 6 年以上的授课经历,其中教学名师一位,可以起到很好的带头示范作用。

教学团队的作用,不仅是对学生的教学,更有益于教师间的互相促进。定期举行教研活动,讨论解决教学中遇到的问题,提出教学改进的想法并进行分析和实施,收集学生重大意见进行集中处理和反馈。教研活动一项重要内容就是对教师进行培训,但这不仅是教师技能的提升,更是教学理念的更新与完善。

教师技能的培训,不是说只针对青年教师,对于年长教师也存在教育问题。实际上,他们之间可形成互补关系。例如,在教学手段上,随着当前计算机水平不断提高和网络资源不断丰富,多数年轻教师偏爱于只利用网络资料或 PPT 等多媒体进行演示教学,而对板书应用有所忽视。实际上,课堂上的板书授课,一方面可提升学生的学习注意力,引导学生的过程思考,另一方面也可培养教师自身的教学自信力。年长教师可带动年轻教师教学理念的回归,并通过示范进行课堂授课经验的传授。而反过来,年长教师可通过与年轻教师的交流,更多地了解新的教学方法,达到结合每个教师自身教学特点进而提高的目的。

形成课程组,一个重要目的就是改善课程教学的效用性,使学生及时了解平台课程的学习目的和作用,及时明确对后续课程的支撑意义。了解了一门课程的作用,无疑可极大地调动学生的学习积极性。课程组教学的确立,消除了以往教学活动中各课程间关系的割裂,也克服了常见的后续诸多课程学完才明白前面所学课程作用的无目的性"漫游"。当然,为明确这种目的性,最好能有其他课程教师的介入性引导,而不只是本课程教师在课堂上的宣讲。因此,课程组相关学科的其他教师,也应成为本课程的教学成员之一,只是其作用更多的是指导式或意见式介入,并提供有助于激励学生学习热情的讲座。相对于课程核心教学成员,对于这门课程而言,课程组其他教师可处于外围助推位置。

对于电磁场理论课程,较多的微积分运用使学生心生厌倦,而没有目的性功利性的刺激,常使学生学习只是忙于应付。针对这些问题,曾由课程组"天线与电波传播"老师和"射频电路"老师作了两场专题讲座,极大地提高了学生的学习热情。讲座现场,结合所学知识,学生提问积极,也拓宽了学生的思维面。此后课程授课时学生的学习态度改善明显,而且有的学生结合课程内容,申请实施了创新创业的项目。

利用教研活动,可对学生典型作业分析研究,查找教学中遇到的问题,也可观摩国内外名校电磁场理论相关网上公开课程,交流教学经验。利用课程组平台,与各专业方向的教师探讨,了解各专业方向对本课程的具体知识需求、电磁场电磁波理论在各专业方向中的应用以及相关方向当前的科技前沿,有针对性地更新或穿插教学内容,调动学生的学习热情。由于教师团队的形成,可以方便地选派教师外出学习访问,加强与国内外同类院校的交流与合作,学习先进的教学模式和教学理念,不断改进教学方法和手段,提升教学质量。

三、网络教学建设

网络教学包括网络资料的建设、互动教学的实施、基于网络的自主学习的形成以及网络学习考核机制的构建。这里的网络资源,不仅是指互联网功能,也包括如多媒体等现代技术。网络是一个大容器,容纳有众多教学资料;网络也是一口有源山泉,各种资源可不断涌现;网络还是一种有效的延伸接口,实现师生间不受时空限制的互动。

电磁理论是现代应用科技的基础支撑体系之一,电磁场与电磁波课程就是对其基本概念和基本原理进行廓清。对其的教学过程中,按教学大纲选取相关的教学材料,这对于学生的课程内容是足够的。但从学生学习兴趣上看,则缺少具有激情的可产生心灵碰撞的资源,而网络教学是这方面的有效补充。

电磁波对应于变化的场,是射频、微波、光波及通信领域必不可少的基础知识。故面向工程应用,应更注重于时变场的讲解,以增加电子信息类学生在工程研发工作中对场问题的直感能力和分析能力。同时,还可引入更多的与之相关的前沿研究内容,以激发学生的学习热情。但这些内容的讲解和有效展现,在课堂上往往不易实现,利用网络资源或多媒体技术,则可很方便实施。例如,在讲解平面波时,可提及涡旋波研究热点,这一方面有助于学生对平面波的理解,另一方面可激发出学生心中的好奇性。这种由口述难以描述的波场分布特点,通过网络则很容易得到展现。

网络教学的实施,首先要建设教学资源库,其形式可以是图片、音效、视频、动画、录像、仿真等,形成包括教学文本、教学课件、教学视频、试题库等教学资源。借鉴精品课程网站及相关网络资源的建设成果和经验,对原有的网络教学资源进行改进、调整,逐步丰富完善课程网络资源。充分利用网络平台,实现教学课件、习题、讨论及其他课程资源的最大程度共享;利用网络教学的丰富资源以及网络不受限的空时便利条件,提高学生的自主学习能力。

把网络教学引入课堂,使课堂教学与学生自主学习相结合,形成多层次的教学模式。由此容易根据学习规律,使课程适应于两种学习模式:一是系统学习模式,由浅入深、由简单到复杂,系统地学习知识;二是项目学习模式,基于学生感兴趣的知识点进行专题项目化学习,培养部分具有科研精神的学生作深入学习,易于做到因材施教。利用网络系统提供的总体教学情况、习题解答情况和考试分析,进行有侧重点的指导和强化。

利用网络教学平台,将传统教学方法不易讲清楚、不易讲透彻的内容,通过多媒体手段,学生理解、掌握,攻克教学难点。通过视听结合、增强图形和动画显示,提高教学效率。把课堂上没有条件做的、演示效果不好的、短时间做不出的实验,通过多媒体课件展示出来,拓展教学时空。总之,通过网络教学平台,可充分利用多种感官资源,超越时空限制,达到教与学的充分互动,取得良好的教与学的质量。

建立网上习题库和试题库,充分利用网络不受时间、地点限制的特点,进行相应的网上单元测试、章节测试、综合测试等。从不同的侧面了解学生对基础知识、基本技能的掌握程度。分析重要的学习指数,指导学生自主学习,并进行学生学习评价。利用系统根据学生平时登录情况、作业完成情况、平时测验情况综合完成平时成绩的判定,再根据期中、期末考试得出总评成绩。考核方式目的在于督促学生能充分利用网络教学平台,掌握相关知识。增加平时成绩占比,把课堂讨论、小组解决或展开问题的情况,纳入考核成绩中。

利用网络平台,易于实现课程组内各课程间的互动与建设。应把课程组作为整体进行构建,形成相互牵引、互为补充的网式课程关系,以有利于学生学习时张举出课程的效用性,激发学习兴趣,引发深度探索。依托厦门大学网络教学平台(http://course.xmu.edu.cn),我们已进行厦门大学示范性网络课程建设,利用网络资源延伸了学生学习的时空场景,并极大地丰富了学习资料。进一步,面向全社会对象,利用在线开放课程平台(https://www.icourse163.org),实施在线开放课程建设。课程组其他课程也取得类似进展。如此,课程群的相关性通过网络得到更好体现,实现互通互补,形成有效链接。

利用网上各种资源库给教学带来的便利,使教师教学时能更加丰富生动,使学生能在兴趣中轻易掌握知识。但也正是较多教学资源的引入,如果不注意实施过程的把握,容易使课堂教学与网络教学产生脱节,而不是优势互补。为实现课堂授课和网络资源的有机融合,需要对学生进行在使用上的指导性安排和时间节点上的调控。同时,通过学生间的互动,增加线上线下的融合。依托自主学习型网络教学平台提供的智能化的交互界面,建立完整的专业教学资源库,根据学习规律设置学习内容和学习流程,实现真正教和学的一体化。

四、教学方式建设

在电磁场理论课程立体平台建设上,其关键都在于能激发学生学习兴趣的内容或手段的引入。在教学手段上,除考虑兴趣点,如能把学习压力较有效地传递到每一位学生身上,也就是说每一个学生都有获得感,则也可有效地调整学生的参与积极性。反过来说,也就是激发起学习兴趣。对此,翻转教学和案例教学是值得借鉴或运用的教学方式。但在尝试引入翻转及案例教学时,不必对课程所有内容实施这种方式,而是对部分知识模块进行应用。不同教学方式的穿插,可引起学生的好奇心,由于部分应用,这种好奇心又不至于因形成习惯而很快淡化。

翻转教学方式,可增加讨论内容以加大师生之间的互动交流。通过课堂的引导和启发,增加前沿领域与当前内容间的联系说明,激发学生的学习热情。对于重点和难点部分,尽可能首先由学生利用可视化立体图形进行讲解,以加强学生的自主理解。教学中注重前后内容之间的联系和对比,并说明相关内容在专业方向中可解决的问题。

案例教学时,可选择少数例子,依托多媒体网络教学方面的优势,延伸教学时间。案例选择上,可选取与本学科相关的前沿研究,如表面等离激元、变换光学、电磁隐身、涡旋波等,进行所学知识的运用解释。也可与企业合作,选取企业工程进行应用,如 5G 通信、物联网、电磁生物医学等。还可将一些日常生活中的实际问题,甚至一些趣味问题,作为学习小组的研究课题,作为实例进行场的建模并结合计算机软件的使用让学生得出结果。可以对每一个小组布置一个综合性案例,以一个学期为期限,期终进行汇报总结和答辩,以激发学生的学习兴趣和知识运用能力。编写案例时,重点在举纲,对应的知识点可通过启发式展开。案例学习时,一旦关键概念和理论理解之后,后续的自学是容易的,而且兴趣点也容易激发。让学生利用计算机进行案例结果可视化显示,由学生在班级展示,可极大地提高学生对于课程学习的成就感。

五、总结

针对电磁理论课程立体化平台,主要在两个方面进行改革建设。一是构建平台课程的教师团队,引导教师采用互动性强的教学方式,强化教师自身素质如手书能力的提高,增加教师的教学激情。二是通过网络平台,引入可诱导学习兴趣的网络资源,对抽象内容进行具象化,对理论原理进行实例化,形成无时空限制的有效网络教学。最后,通过教学节奏的把握,使课堂和网络,即线上和线下教学更有机地结合,形成学生能充分受益的立体化课程教学与学习平台。具体而言,本课程建设分三点:一是教师教学手段的互动回归,二是可引导学科兴趣的资源的提增,三是实现课堂与网络教学进一步融合。

参考文献

[1]朱一群:《光纤通信课程教学改革的困境与出路》,《新课程研究》2019 年第 17 期。

[2]王晶:《"新工科"背景下"移动通信"课程教学探索》,《工业和信息化教育》2019 年第 8 期。

[3]陈唯实、李敬:《雷达探鸟技术发展与应用综述》,《现代雷达》2017 年第 2 期。

[4]周军其、刘亚文、王树根、张熠:《"遥感图像解译"课程教学设计探讨》,《测绘地理信息》2019 年第 5 期。

[5]陶凯晨、武向农:《电磁场理论课程教学改革和实践研究》,《中国教育技术装备》2018 年第 14 期。

[6]许吉、李培丽、黄勇林、倪新建、诸波:《"电磁场理论"与解决"复杂工程问题"能力的培养——以南邮光电信息科学与工程专业为例》,《教育现代化》2018年第4期。

[7]http://course.xmu.edu.cn,访问日期:2019年12月15日。

[8]https://www.icourse163.org,访问日期:2019年12月15日。

新工科建筑学中"数字建筑设计理论"课程建设探索[*]

新工科建筑学中"数字建筑设计理论"课程建设探索[*]

孙明宇[**]

摘要:2018 年厦门大学建筑学科"基于数字技术的建筑师培养体系研究与实践"入选教育部首批"新工科"建设项目,"数字建筑设计理论"课程是新工科建筑学建设项目下的重要组成部分。本文从引领新型建筑工程师人才培养目标出发,提出"研教并行""灵感导向"的课程教学思想,以数字建筑设计思维培养为教学主线,进行进阶专题式教学建构,并在此基础上规划未来数字建筑教学体系,初步探索课程建设。

关键词:数字建筑设计理论;新工科建筑学;研教并行;灵感导向;数字建筑设计思维

2013 年,德国政府在汉诺威工业博览会上推出"工业4.0"战略;2016 年,我国提出"中国制造 2025"王牌计划,部署全面推进实施制造强国战略,预计到 2025 年我国新一代信息技术产业人才缺口将达到 950 万人。2017 年,教育部部署"新工科"建设工作,引领高等教育改革,主动应对新一轮科技革命与产业变革的战略行动。2018 年,厦门大学建筑学科"基于数字技术的建筑师培养体系研究与实践"入选教育部首批"新工科"建设项目[1]。

"数字建筑设计理论"课程是厦门大学新工科建筑学建设背景下增设的新开课(2020年),是新工科建筑学建设项目的重要组成部分,也是建筑学专业本科教学体系中专业课程之一。旨在让学生全面了解当前数字化技术在建筑及相关领域的发展现状,掌握参数化建筑设计的思路与方法,建立多学科交叉的设计思维,培养学生解决复杂问题的综合能力。在"新工科""双一流"建设背景下,面向建筑学基础教育,以培养具有新技术教育背景的高素质、创新型、复合型的新型建筑工程师人才为目标,对新开课进行前期的、系统的课程建设探索。

---

* 国家自然科学基金项目(51808471)成果。
** 孙明宇,黑龙江哈尔滨人,厦门大学建筑与土木工程学院助理教授。

一、培养目标：新型建筑工程师

数字化时代下，建筑设计领域需要具有新技术教育背景的高素质、创新型、复合型建筑师，这对传统建筑学专业人才培养体系提出了挑战，也为传统建筑学专业课程的改造升级、与新技术交叉融合的教学模式创新提供了机遇。与此同时，将数字化设计与建造技术深入融合到建筑教学体系之中势在必行，其中"数字建筑设计理论"课程的教学目标应在新型建筑工程师的理论体系与知识体系培养上起到重要支撑作用。

如何培养面向新技术、面向新经济发展、推动我国实现制造强国战略的新型建筑工程师人才？通过对我国实现制造强国战略的建设发展目标与内容的分析，我们提炼新型建筑工程师人才培养的核心目标及所需核心能力：

1.系统多元

面向新工科下的建筑学专业发展趋势，应建立系统而多元的知识体系和能力框架。首先，建立系统化的知识体系。与传统建筑学教育不同的是，新型知识体系应加强计算机科学、计算机图形学等基础学科知识输入，基于建筑学知识体系，围绕形式、功能、结构、环境等核心点，创造性建立系统化数字建筑设计知识体系。其次，建立多元化的能力框架。新型建筑学学生的就业方向趋向多元化，培养方向将在原有领域的基础上，向智能设计、智能建造、媒体艺术、舞台艺术、装置设计、会展策展、产品设计等方向交叉和拓展。因此，在培养目标中强化知识体系的系统性和多元性，使学生具备挑战未知领域的知识储备及自我建构知识体系的能力，满足学生适应未来持续革新的多样化需求。

2.创新引领

在数字技术影响下，对快速更新迭代的未来具有高度适应能力的新型建筑工程师人才，应是具有"前沿性""时代性"的引领型人才。反映在教育之中，则是立足建筑学科基本问题，通过多学科交叉融合，积极探索建筑改革发展的新理念、新思路与新途径。新理念体现在培养学生将技术与艺术相结合的设计理念，通过数字技术手段的深入应用，从本质上真正提升建筑与自然、建筑与人的关系，以生态、美学为目标导向进行建筑设计的全面升级，建立性能目标与设计方法的本质链接。新思路体现在培养学生复杂整合的建筑设计思维，运用复杂性思维建立建筑形式、环境性能、全生命周期效益之间自下而上的整合关系，建筑师可以亲身投入到从设计到建造与管理的整个流程中，探索建筑形式背后的深层逻辑。新途径体现在建筑设计教学方法中引入数字协同，通过 BIM＋技术、数字化设计与建造技术、虚拟现实技术，实现从虚拟到现实的转移，实现建筑设计、加工、建造的无缝连接，实现建筑设计的高效率、高性能化和高完成度。

二、教学思想：研教并行与灵感导向

根据新型建筑工程师培养目标中对创新性的要求，根据数字化设计技术重交叉、重创新、重实践的发展情况，以及新科技背景下知识爆炸式增加，针对"数字建筑设计理论"课程建设，笔者提出"研教并行"及"灵感导向"的教学思想。

1.研教并行

实现从知识性教育到创造性教育的转变，是现代教育发展的重要特征，在这种转变中，将人的创造性潜能视为一种重要资源，并且视为教学过程中培养客体之一。不同于基础学科，建筑学科研工作偏重于应用研究，将基础学科发现的新理论、新技术综合运用起来，寻求应用上的创新与突破。当前，国内外数字建筑设计研究的 7 个研究重点包括计算性设计、传感数据与空间交互、建筑性能化设计、材料计算与机器人建造、建筑信息模型（BIM）、城市地理与数据分析、VR/AR 虚拟设计。在课程体系中建构开放的课程框架，应持续关注以上重点科研领域中最新科研及实践成果，将其实时地纳入教学内容之中，确保学生了解到最前沿、最具探索性的设计理念及方法。因此，该课程将不是一成不变的，其内容具有实时更新性，其课程体系将在开放系统中不断改革。与此同时，教学过程中学生对课程思考问题的讨论及学生课程作业，将充满创造力与偶然性，这在一定程度上可成为刺激科研工作的灵感来源。由此形成"教学促科研、科研促教学"的良性机制，在培养创新性人才的同时，提升教师教学及科研能力。

2.灵感导向

在现代大学教育中，越来越强调大学生创新教育及创业教育，以培养创新、创业型复合型人才，从而产生了"目标导向性""任务导向性"等教学思想，强调以完成特定任务而进行搜索式、自助式学习，培养主动获取知识的能力及建立知识体系的能力，发挥学生的学习主动性，培养学生的逻辑思维能力，已被认为是一种非常高效的教学理念。

将数字化技术引入到建筑设计中来，越来越多的教学及研究具有摸索前行的特点，在所设想的大的研究方向下，存在一部分较为明确的待解决任务，同时存在很大程度的探索性工作。特别在教学过程中，希望通过最前沿科研现象的刺激，使学生产生独具个性的创作灵感，通过灵感激发与创作冲动的刺激，促使学生主动建构创作逻辑及知识体系。相较于"任务导向性"教学思想，"灵感导向"具有更加强烈的个性化、开放性特征，十分有利于创新型人才培养。这也将有利于学生课堂教育与大学生创新创业课题相结合，与学生设计竞赛相结合，将理论与实践性工作紧密结合，激发学生解决复杂设计问题的综合能力和高级思维。

三、教学建构:思维主线与进阶专题

随着新技术不断发展,传统的建筑设计方法已经不再满足于现代科技社会对建筑的需求,不论从空间功能上,还是审美形式上。新型数字设计及建造技术在满足新形式、新功能等需求之上,更重要的是,可为建筑置入科学化、逻辑化、性能化基因。从教育角度来看,可在本质上培养学生的数字建筑设计思维,同时,通过进阶式专题教学内容的设置,让学生循序渐进进入到系统学习,并使其保持思想上的开放性。

1.主线:数字建筑设计思维

近年来,数字建筑设计在前沿性、概念性探索过程中,呈现出爆炸式发展,其探索领域及研究方向愈加多元,在国内的建筑院校中也发展出了具有特色的数字建筑教学方向。如清华大学[2]、同济大学[3]是我国较早同国外建筑院校合作提出参数化设计、数字化设计等的高校,东南大学[4]自2010年设立"建筑运算与应用实验室",天津大学[5]在新工科建筑学建设下于2017年围绕"智能设计"发表文章,哈尔滨工业大学[6]在2018年提出的计算性设计、智能设计并在2019年设立"智慧建筑与建造专业",新的概念不断升级。

透过现象,回归教学,应通过本课程建立学生数字化建筑设计思维。就其本质,数字建筑设计思维是编程思维。不同于传统建筑设计方法,计算机编程可将设计者的想法、思维过程转换成计算机要执行的动作,编程语言在设计者和计算机之间架起沟通的桥梁;正基于此,计算机平台为设计者提供了一个信息交汇计算的空间平台,建筑师可将与设计相关的多种复杂要素通通转化为编程语言,并建构从输入到输出再反馈的设计流程。通过编程思维的运用,建筑师可以创造性地解决问题、表达思想,因此数字建筑设计思维的培养将贯穿整个课程。

2.进阶式专题教学架构

本课程将采取进阶式课程串模式,将相关的理论知识以专题形式讲授,系统全面而层层递进。内容上,我们将教学主要内容分为"几何性能""结构性能"及"环境性能"三个部分,以此对应建筑基本空间问题、外沿结合的结构问题以及更为广泛的环境问题。进一步,分别从"原理""分析"与"生形"三个层面依次对以上三个章进行剖析讲解,共9个专题。加上第一讲"数字建筑设计思维"及最后一讲"思考与展望",共11个专题,32学时(表1)。

四、教学体系:系统与联动

新工科建筑学的建设需要更为系统整体的教学体系的支撑,近些年来,厦门大学建筑与土木工程学院已开设如 BIM 技术、Rhino 软件应用等技术课程。在加入理论课程的同时，还应该辅以相应的数字设计工作坊式的探索性设计课程，进而使学生系统化了解数字设计知识并具有将其运用到设计之中的创新能力。

1.课程系统的构想

在整合现有以技术为主的数字化教学资源基础上，增设偏重于理论与设计方向的新开课程，系统性建构"数字建筑设计课程体系"。对低年级本科学生开设数字化建筑设计与建造理论性课程，让学生全面了解当前数字化建筑技术的发展现状，学习数字化建筑设计的思路与方法，并通过课程作业（从几何形式到 3D 打印）的设置与完成初步了解从数字化建筑设计到建造的过程，建立智能化理性创新的建筑设计思维；对高年级学生开展"数字化建造节"活动，以主题创新与作品展示等方式，激发教师与学生团队的设计灵感，促进数字化建筑技术在教学与实践中的发展，引发社会对数字化建筑技术应用的关注，引导实践单位对全新数字化建筑设计范式的认识与应用；对研究生开展多专业融合的数字建筑设计课程，探讨传统材料在数字化技术下的新发展，以及新兴建筑材料的应用，从材料性能出发自下而上探索建筑设计逻辑，探讨不同尺度下结构形态的性能化创新，并从材料性能角度出发探索新结构形式的可能性，建立新材料、新结构与新形式的多维关系，培养学生的数字化建筑设计思路与数字化建筑设计手段。以此，从各个层面各个维度建构整体系统的数字建筑教学体系，从而体现教学的系统性、开放性和创新性。

2.课程联动的设置

"数字建筑设计实验"系列课程是将数字设计理论与建筑专业教学相结合的实验性设计课程，与"数字建筑设计理论"课程产生教学联动，理论思考与设计应用相结合。如表 1，与理论课程中第一阶段"几何性能"相对应的"数字建筑设计实验（一）：几何性能专题"（2019 年新开课），是一年级设计基础课程的延伸，以空间、几何与逻辑为核心，在给定空间范围内设计由若干空间单元所构成的空间聚合体。该课程旨在初步培养学生的参数化设计思维，加强学生的空间基础训练及空间三维体验，培养学生观察自然并汲取灵感的设计思维。与理论课程第二阶段"结构性能"相对应，我们设置了"数字建筑设计实验（二）：结构性能专题"（2020 年新开课）课程，探讨建筑空间、结构形态及数字设计三个维度的交叉。以给定尺度的建筑结构为设计对象，通过以结构性能为目标的设计、分析及优化，让学生积极探索设计的无限可能性，培养学生掌握数字建筑设计方法及流程，建立多专业交叉的创新设计思维。在未来几年内，将开设第三阶段的"数字建筑设计实验（三）：环境性能专题"（暂未列入培养计划），从能力系统理论出发，通过对环境要素的综合分析，建立环境与建筑形态之间的关联，培养学生从环境性能角度出发进行建筑构思和设计的思维。

表1　"数字建筑设计理论"与"数字建筑设计实验"系列课程联动

"数字建筑设计理论"教学框架		"数字建筑设计实验"系列课程	
内容框架	理论专题(学时)	课程名称(新开课时间)	学年(学时)
第1章 概述	数字建筑设计思维(3学时)	—	—
第2章 几何性能	几何性能原理(3学时)	数字建筑设计实验(一):几何性能专题(2019年新开课)	第一学年第三学期(16学时)
	几何性能分析(3学时)		
	几何性能生形(3学时)		
第3章 结构性能	结构性能原理(3学时)	数字建筑设计实验(二):结构性能专题(2020年新开课)	第二学年第三学期(16学时)
	结构性能分析(3学时)		
	结构性能生形(3学时)		
第4章 环境性能	环境性能原理(3学时)	数字建筑设计实验(三):环境性能专题(暂未列入培养计划)	第三学年第三学期(16学时)
	环境性能分析(3学时)		
	环境性能生形(3学时)		
第5章 总结	思考与展望(2学时)	—	—

五、结语

在"新工科"建设、"双一流"建设的背景下,数字建筑设计教学的引入具有多重价值。数字化时代下,技术、社会、经济及文化都以计算机迭代式的速度不断变化,数字建筑设计教学是建筑学专业教育中必须面对并解决的问题,学生急需新鲜而前沿的理论引导,从而应对未来未知的挑战。"数字建筑设计理论"课程建设的探索同时也是对国内传统建筑院校开展数字建筑设计教学之路的探索。

参考文献

[1]饶金通、孙明宇、李立新:《基于数字技术的建筑学新工科建设研究与思考》,《厦门大学学报》(哲学社会科学版)2017年增刊。

[2]徐卫国编著:《参数化非线性建筑设计》,清华大学出版社2016年版。

[3]袁烽:《从图解思维到数字建造》,同济大学出版社2016年版。

[4]李飚、华好、唐芃、李力编著:《建筑·运算·应用:教学与研究Ⅰ》,中国建筑工业出版社2017年版。

[5]魏力恺、张备、许蓁:《建筑智能设计:从思维到建造》,《建筑学报》2017年第5期。

[6]孙澄、韩昀松、任惠:《面向人工智能的建筑计算性设计研究》,《建筑学报》2018年第9期。

临床生物化学检验课程体系改革的研究与实践*

安　然　洪国粦　李志勇　郑铁生**

摘要：目的：构建新的临床生物化学检验课程体系，使其更加系统化、条理化，更加注重技术；同时减少学时数，适应新时代医学检验技术专业发展的需要。方法：通过梳理整合传统的课程体系，从中找出规律，设计构建创新课程体系。结果：经初步实践，不仅减少了不必要的重复，缩减了课时数，还加强了体系的系统性和条理性，提高了教学质量，颇受师生们的好评，达到了预期的目的。结论：为全面重构符合新时代特点的医学检验技术专业复合型人才培养的创新课程体系，提供了一条有效的途径。

关键词：临床生物化学检验；课程体系；实践

课程是人才培养的核心要素，是教育的微观问题，解决的却是战略大问题。课程是"立德树人成效"这一人才培养根本标准的具体化、操作化和目标化，也是当前中国大学带有普遍意义的短板、瓶颈和关键所在。课程体系改革是一个系统工程，是学校主动适应形势，全面提高学生素质，进一步提高教学质量的关键。我们根据新时代医学检验技术专业发展的需要，开展了对临床生物化学（常称临床生化）检验课程体系的研究，梳理整合了原先的课程体系，构建了创新的课程体系并已初步实施，现总结如下。

一、临床生物化学课程体系的改革背景

1.学制学位与培养目标的变革

（1）学制学位变革：根据2016年9月教育部正式颁布实施的《普通高等学校本科专

---

* 基金项目：福建省本科生创新创业教育改革试点专业项目，闽教高〔2016〕27号。

** 安然，工程师，医学检验技术专业教学秘书；洪国粦，主任技师，厦门大学附属第一医院检验科主任；李志勇，主任技师，厦门大学附属第一医院杏林分院检验科主任；郑铁生，教授，厦门大学公共卫生学院实验医学系主任。

业目录和专业介绍》[1],医学检验专业由临床医学二级学科,被归为新成立的医学技术一级学科之中,专业授予理学学士学位,学制也由五年改为四年。

(2)培养目标变革:根据医学检验技术专业教学质量国家标准[2],结合厦门大学双一流定位建设要求和自身的科研特色优势,确定了厦门大学的培养目标,即"培养品德高尚、基础扎实、技能熟练、素质全面,具有创新精神、国际视野、一流水平的德、智、体、美全面发展的复合型医学检验技术人才"。也就是教学质量国家标准中的"培养目标"+"特色"。毕业后学生除向高层次发展外,拓展向独立检验机构、体外诊断产业等企事业单位等多领域发展[3]。

2.大创教育是改革的重中之重

目前,大学生创新创业能力的培养是高等学校教育教学改革的重中之重[4,5]厦门大学医学检验技术专业是福建省创新创业改革试点专业,我们以检验技术学习为核心,结合科研训练作为大学生创新创业能力培养的主要途径,要求学生100%进入实验室参与大创项目。但是该专业学制短,课程多,课余时间不够充裕,而自然科学类大创训练项目涉及的实验比较多,出成果时间也较慢。因此,学生完成大创训练计划必须要有足够的时间保证。为此,我们计划从大一开始,充分利用小学期时间,设置3+2学分的大创课,让学生能有更多的时间投入大创训练。

3.医学检验新技术不断涌现

随着现代科学技术的发展,医学检验除了传统的生化、免疫、分子、微检、血检等不断开发出许多新项目新技术外,还涌现了一些与医学检验相关的分支新技术,如即时检验技术、活检技术、分子影像体内检测技术、体外诊断产业技术等。这些新技术都需要扩充,以拓展和推进学科的融合发展[6]。

二、临床生物化学检验课程体系改革的研究

临床生物化学检验是医学检验技术专业一门核心专业课程[7],在总体课程体系改革的框架下,我们首先对传统的临床生物化学检验课程体系进行了研究与实践。通过梳理整合传统课程体系,从中找出规律,构建了新的课程体系方案,并进行了初步实践。

1.梳理整合传统课程体系

传统临床生物化学检验课程体系,实际上是包括两部分内容(如图1所示)。
(1)临床生物化学检验技术:主要由临床生物化学检验项目和所用检测技术组成。
(2)临床生物化学检验与临床:即临床生物化学检验指标在临床中的应用。

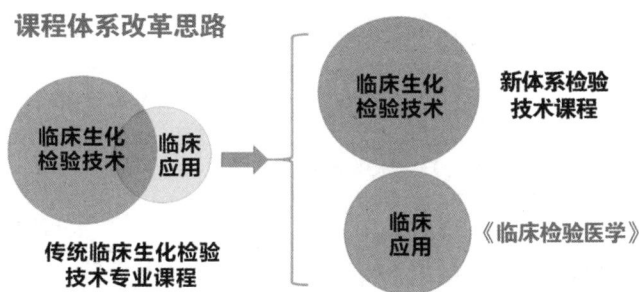

图1 传统临床生物化学检验课程体系解析图

2.构建新的课程体系方案

把传统的临床生物化学检验的内容分成两部分：

（1）整合开设临床生物化学检验新课程：以临床生物化学检验技术为主线，在阐述其技术相关理论（原理和方法）的基础上，将临床生物化学检验的核心技术与常做的生化检测指标相结合介绍，并做到举一反三，以强化技术的系统性和临床的实际运用，形成一门新的"临床生物化学检验"课程体系。

（2）整合开设临床检验医学新课程：将传统的临床生物化学检验中的检验与临床的内容从检测指标中剥离出来，连同其他医学检验专业课程中的检验与临床内容一起以疾病为主线，梳理整合成一门"临床检验医学"新课程，主要内容是：①研究疾病时医学检验指标与临床疾病的发生、发展、转归和愈后之间的关系，设计和选择有临床价值的各类检验指标。这部分内容侧重于研究疾病检测指标的来龙去脉，为临床应用提供依据。②拓展各类检验指标，在疾病诊断、病情观察、疗效监测、预后判断和疾病预防等方面的临床应用与评价，不断提高医疗水平和医疗质量。

3.新的课程体系方案的初步实践

目前，通过整合形成的两门新课程体系，我们已对2015级医学检验技术专业学生全面实施，师生反映普遍较好。

（1）临床检验医学：《临床检验医学》及其配套的案例分析、学习指导与习题集，以及网络增值服务一套教材在全国42所院校的通力合作下，现已全部出版（如表1所示），经使用已受到师生们的欢迎，普遍反映该体系系统性强、容易理解、易于学习。

表1 《临床检验医学》一套教材编写出版一览表

序号	教材名称	主编	副主编	出版社	出版日期
1	临床检验医学	郑铁生 倪培华	涂建成 王书奎 刘新光 应斌武	人民卫生出版社	2017年3月
2	临床检验医学 案例分析	郑铁生 李艳	张朝霞 郑芳 刘永华 张彦	人民卫生出版社	2017年7月
3	临床检验医学 学习指导与习题集	倪培华 王玉明	贾天军 郑晓群 张谨 蒋显勇	人民卫生出版社	2018年4月
4	临床检验医学 网络增值服务	倪培华 刘辉	王晓春 徐广贤 权志博 江新泉	人民卫生出版社	2018年4月

(2)临床生物化学检验:"临床生物化学检验"目前还没有新教材,现有出版教材有三本,根据新课程体系的要求,选用了高等教育出版社的《临床生物化学检验》[8],删减了《临床检验医学》中已有的临床内容,补充加强了部分检验技术内容,师生们普遍反映效果不错,期盼有符合新课程体系的教材尽快出版。

(3)课程学时缩减:"临床生物化学检验"新课程体系的技术理论课与实验操作课教学时数比为(1:1),共64学时,注重了检验技术;在"临床检验医学"新课中,与原"临床生物化学检验"明显相关的内容,理论学时与案例分析学时比为(3:1),共24学时,总共88学时。与国内几所985(双一流)高校单独开设的"临床生物化学检验"相比,学时数缩减了很多(如表2所示),同样也取得较好的效果。

表2 临床生物化学检验及与其相关临床检验医学新课学时与几所同类型学校的比较

学校	临床生物化学检验理论学时	临床生物化学检验实验学时	临床检验医学相关学时	临床检验医学案例分析学时	总学时
A	96	40	—	—	136
B	80	34			114
C	84	32	—	—	116
本校	32	32	18	6	88

(4)提高了学业成绩:2014级医学检验技术专业临床生物化学课程执行的是原课程体系教学,2015级开始执行本文中的课程体系进行教学,尤其是结合其案例分析,采用了翻转课堂的授课方法,大大提高了学生们的学习兴趣,通过两种不同课程体系的教学比较,执行改革后的课程体系组织教学,学生的学业成绩有了明显的提高。结果见表3。

表3 两种不同体系教学后学生的学业成绩比较

年级	人数	课程	成绩				
			90以上	80以上	70以上	60以上	60以下
2014	39	临床生物化学检验	0	9	19	9	2
2015	39	临床生物化学检验＋临床检验医学	10	7	14	7	1

三、新课程体系面临的挑战

培养一流的人才,需要一流的教师,教师要不断给自己提出新的学习任务,以饱满的热情,积极开展工作,更新自己的观念,增长自己的见识,扩展自己的视野与志趣,在教学实践中不断提高自己的修养和素质。

1.推进新课程体系面临的问题

在推进"临床生物化学检验"和"临床检验医学"新课程体系中,有些教师感到有如下困惑:

(1)教师感到难教:由于课程之间渗透增多,要求与临床疾病和检验技术相联系增多。教师的综合知识水平、归纳能力有些跟不上新课程体系的改革需要,不能更好地理解和适应新课程体系的教学理念与教学方法,有种焦虑和身心疲惫的感觉。

(2)上下不易突破:上指教学管理者不敢突破,认为"国家标准"中规定的教学计划、课程设置想变动不易;下指教师不愿突破,对多年辛勤劳动而形成的经验性的教学技能有些丢失感,科研压力又大不想多花时间,有些畏难情绪,比较习惯于传统的课程体系。[9]

(3)评价机制滞后:新课程体系的实施,在评价机制方面仍采用的是传统评价体系,评价机制滞后。新课程体系一方面课时数减少了,所获工作量也相应减少了,另一方面对教师的要求提高了,需要花费的精力和时间增多了,因而教师会产生厌改情绪。由于传统教学观念的影响,有些教学管理者和教师还没有深刻认识到课程开发的现实需要。因此,教学管理者应改变视角,去思考课程体系改革的发展方向,积极探索新课程体系与现实接轨的新途径。

2.推进新课程体系的解决方案

课程体系改革成功与否的关键就是教师。因此,教学管理者应努力提高教师的积极性,确保新课程体系的有效落地。另外,教师要有创新精神,教师要以教育思想观念的创新带动教育和教学的改革创新。只有教师富有创新精神,才能培养出创新人才。教师的创新是教师教育研究能力的反映,肩负着全面实施素质教育的历史重任。[10]

(1)建立评价再认识的新观念:评价并不完全等同于标准化、规模化,而应更注重个性化、特色化。传统的评价过于关注结果,现在的评价不仅要关注结果,更需要关注教师和学生教与学的过程。教学管理者要更多地关注如何对教师,教师如何对学生的过程评价与发散性评价,研究评价的内容与方式,让评价趋于全程化、多元化,更好地促进在打造办学品牌和探究学生发展上构建新课程体系的新道路。

(2)提高临床检验医学课程教学的素养:在过去的课程中,主要是分科教学,教师大多是靠个人力量解决课堂教学的所有问题。"临床检验医学"新课程的综合化、系统性和选择性的特点,需要教师具有综合性的专业知识修养,能够开展合作教学,具有课程资源开发的能力。

(3)提高教育教学探究创造的素养:在新课程体系的建设过程中,从学生学习方式的转变,到课程资源的开发等,是前所未有的创造过程,要求教师在教育教学过程中通过科学探究,发挥自己的聪明才智,创造性地发现和解决问题,共同创建起新的课程体系。这就要求教师必须具备教育教学探究创造的素养,投身到新课程体系改革之中,为新课程体系的建设贡献自己的力量。

综上所述,医学检验技术专业的学制缩短了一年,培养目标的教学内涵由重视临床改为注重技术[11,12],还要增加大学生创新创业教育和相关新技术的学习,必然要对培养方案进行改革,其中课程体系改革是关键。通过课程体系改革,不仅减少了不必要的重复,缩减了课时数,还加强了体系的系统性和条理性,提高了教学质量,受到了师生好评。但是,如何全面重构符合新时期特点的医学检验技术专业复合型人才培养的课程体系,是摆在我们面前的一个重要课题,还有待于进一步的研究与实践。

参考文献

[1]中华人民共和国教育部高等教育司:《普通高等学校本科专业目录和专业介绍》,高等教育出版社 2016 年版。

[2]中华人民共和国教育部高等学校教学指导委员会:《普通高等学校本科专业类教学质量国家标准》,高等教育出版社 2018 年版。

[3]李燕、冷平、罗萍:《应用型四年制医学检验人才培养标准的初步探究》,《成都中医药大学学报》(教育科学版)2014 年第 4 期。

[4]黄琳燕、王彦玲、闫玲等:《医学检验专业大学生创新创业训练计划的探索与实践》,《继续医学教育》2016 年第 3 期。

[5]张文玲、赵艳华、徐克前等:《医学检验本科生科研创新能力培养概述》,《创新与创业教育》2013 年第 2 期。

[6]邱谷、戴世荣、张曙晴:《帮助临床正确应用医学检验项目的意义与实践》,《中华临床实验室管理电子杂志》2018 年第 3 期。

[7]顾锡娟、王琦、苏建友等:《临床生物化学检验教学实践改革与体会》,《国际检验医学杂志》2015 年第 24 期。

［8］郑铁生、陈筱菲:《临床生物化学检验》,高等教育出版社 2012 年版。

［9］叶婷、曾章锐、田刚等:《基于 PDCA 循环理论的医学检验专业英语教研探讨》,《国际检验医学杂志》2018 年第 11 期。

［10］邢艳、唐中、蒋兴亮等:《医学检验专业应用型人才培养模式》,《检验医学与临床》2009 年第 3 期。

［11］张继瑜、王前、郑磊等:《医学检验创新人才培养模式的构建与实践》,《中华检验医学杂志》2014 年第 1 期。

［12］姚婕、黄辉、方立超等:《新形势下医学检验专业人才培养模式改革的探索与实践》,《国际检验医学杂志》2013 年第 8 期。

工程教育认证中解决复杂土木工程问题能力培养下的土力学课程教学思考

陈东霞　康开贵　李庶林　胡　华*

摘要：工程教育专业认证要求培养学生具有解决复杂土木工程问题的能力。本文阐述在土力学课程教学中培养学生解决复杂土木工程问题的能力：在注重兴趣培养的基础上，通过强化基本概念和加强基本原理的理解，为解决复杂土木工程问题奠定理论基础；以培养全局观和系统观为导向，通过对岩土工程框架体系了解及土力学内容宏观把握，为解决复杂土木工程问题提供思路；以培养多角度视角和创新性思维为目标，通过多维度地看待土力学内容、理论联系实际及小组学习和合作学习方式，培养学生独立分析、研究解决复杂土木工程问题的能力。

关键词：复杂土木工程问题；土力学课程；全局观；多角度；创新性思维

一、引言

2016 年 6 月我国正式成为《华盛顿协议》成员国，工程教育专业认证工作在中国高校迈入新阶段[1]。《华盛顿协议》要求通过工程教育认证，深入理解和把握复杂工程问题，并培养学生具有解决复杂工程问题的能力[2]。从社会经济发展、经济全球化以及"一带一路"倡议对工程教育提出要求的角度看，培养具有解决复杂工程问题能力的毕业生，应该是我国高等教育所有土木工程专业本科教育中当前和今后必须重视和做好的重要工作。

专业基础课程重点讲授与本专业相关的分析方法、计算手段及基本力学原理。在专

* 陈东霞，厦门大学建筑与土木工程学院土木工程系，讲师，硕士生导师；康开贵，厦门大学建筑与土木工程学院岩土工程实验室，工程师；李庶林，厦门大学建筑与土木工程学院土木工程系，教授，硕士生导师；胡华，厦门大学建筑与土木工程学院土木工程系，教授，硕士生导师。

业基础类课程的授课环节,教师通过研讨、参与式等教学方式,学生通过分组分工合作方式完成综合作业、综合性实验等内容,巩固、深化和扩展学生的学习成果,促进学生在解决复杂问题的过程中学习知识、培养能力并提升素质。通过这类课程的学习,为深入运用工程原理及知识分析解决各类复杂工程问题奠定理论基础。同时对学生进行综合训练,培养学生分析解决复杂工程问题的能力。

土力学是土木工程、水利工程、交通工程、港口航道工程等专业基础课程之一,对相关专业的本科生来说,它是学生从事土木工作及科学研究的重要理论基础,具有举足轻重的作用。在全国各大高校通过参加工程教育专业认证,推进工程教育改革,促进专业建设发展,提高工程教育质量的大背景下[3],土力学的教学如何适应新形势、顺应新要求,这是每一位土力学教师必须思考的问题。笔者就有关在土力学教学过程中如何培养学生解决复杂土木工程问题能力方面浅谈几点思考。

二、兴趣培养与实训并重

只有具备扎实的专业知识及理论基础,才有可能解决复杂土木工程问题。因此基础理论知识的学习至关重要,它是解决复杂土木工程问题的必要条件之一。而教学是人才培养的主渠道。教师通过教的环节,传道授业解惑,引导学生成人成才;学生通过学的过程,增长知识、提高能力、养成素质,特别是通过专业学习,成为本专业的专门人才[4]。教学过程中要想获得良好的教学效果,首先需要激发学生的求知欲望和学习兴趣。

"知之者不如好之者,好之者不如乐之者",学习兴趣是学生自觉学习的源动力。只有激发学生的学习兴趣,学生才会有良好的学习态度。"态度决定一切",一旦学生能够积极地发挥自身的主观能动性,认真听课,主动去学,基本原理才能牢固掌握,为解决复杂土木工程问题打下坚实基础。笔者在土力学第一课绪论上以工程应用为主线,突出课程的工程应用价值,激发学生学习土力学的兴趣。充分利用多媒体图文声并茂的优越性,先对触目惊心的失败案例展开分析,例如从加拿大特朗斯康谷仓地基土的整体破坏、香港宝城花岗岩残积土暴雨下导致的滑坡、日本阪神大地震中地基液化,引出强度问题,从日本关西国际机场沉降、意大利比萨斜塔和我国虎丘塔的严重倾斜等引出变形问题,从美国Teton坝和1998年九江大堤决口引出渗流问题。由此引出土力学研究的三大类工程问题。同时抛出问题引发学生思考:什么原因导致特朗斯康谷仓失稳、香港宝城残积土出现滑坡?是不是所有的地基土都会在地震中出现液化?如何消除地震液化?为何关西机场会产生那么大的沉降?有何弥补措施?比萨斜塔和虎丘塔为何会倾斜?可否采取纠偏措施?Teton坝和九江大堤出现渗透破坏的主要原因是什么?提出这些问题,引导学生思考,并留给学生一定的时间进行讨论。最后列举本地区或当下热点的工程实践问题进一步展开讨论,如厦门在建的地铁建设中遇到的岩土工程问题等,由此激发学生的学习兴趣和学好土力学的动力。

学生的学习方式以课堂面授为主,同时让学生有机会在学习过程中思考、体验、建构实践,建立学习兴趣。这需要有一个吸收、消化的过程。实现这种吸收、消化最好的方法就是让学生有较充裕的时间进行练习[4]。因此在整个教学过程中必须突出"实训"。实训形式多样,如可以通过教学环节中的课堂练习、课堂提问、课堂讨论、课后练习、综合作业、实验教学进行训练,也可以通过参加第二课堂中的"大学生创新创业训练计划项目""全国大学生岩土工程竞赛"等活动锻炼学生的实践能力,激发创新意识,提高学习兴趣。总之,通过实践训练,培养兴趣,有了兴趣就有了学习的积极性。通过积极认真的学习,取得一些成绩,使学生获得一定的成就感,进一步激发更高的学习热情与兴趣,形成良性循环。

三、培养全局观与系统观

系统集成和创新是解决复杂工程问题的主要思路[2]。复杂的土木工程问题通常是个系统工程。面对复杂土木工程问题,首先,按照功能性质对其进行分解;其次,在充分考虑局部与整体以及局部与局部之间关系的基础上分别解决好各个子系统的问题;最后,将各子系统集成以形成最终的解决方案。因此,解决复杂土木工程问题必须具有全局观与系统观,才能抓住主要矛盾,忽略次要矛盾,化繁为简,各个突破,最终解决。

笔者作为主讲教师在讲授"土力学"课程近20年中,发现许多学生在学习过程中很容易一头扎进细节里,不抬头看路,也不知道路在哪里,"只见树木不见森林""注重细节忽视整体"。他们会直奔主题,学习并掌握知识点,知道某个原理怎么用,但不知道为什么要这么用,什么情况下才能这么用,不能深层次地理解原理。他们普遍缺乏站在某种高度把控全局的能力。造成这种情况的原因很多,其中一个重要的原因就是知识面有限,视野狭窄。教师在教育学生过程中要帮助他们"既见树木又见森林":即让学生在进入某门课的知识的细枝末节之前,能够对这门课程所在的学科有一个宏观的把控与框架性的了解。这样当他们置身于该课程的学习时,能够知道该课程在这个框架体系中所处的位置,与其他课程之间的关联。"就是让学生们在开始研究树木之前,能够先看一眼森林。最好能够把这个森林地图印在大脑上,以后走到再细小的道路上,也不会迷路。"[5]

土力学课程教学过程中,为了能让学生有全局观和系统观,笔者通常在第一节课"土力学绪论"之前先讲授"岩土工程概论",让学生了解岩土工程是由土力学、基础工程、岩体力学、工程地质学及相关工程技术综合而成的学科。介绍岩土工程的发展阶段、岩土工程中材料的特性、岩土工程与试验及岩土工程实践进展等内容。其中在介绍岩土工程发展阶段中有关岩土工程理论的发展主要针对土力学理论发展进行阐述(如图1所示)。这样让学生明白土力学在岩土工程大学科下所处于理论基础的地位。

然后简单介绍"国外岩土工程教学概览"。具体从以下几个方面展开:

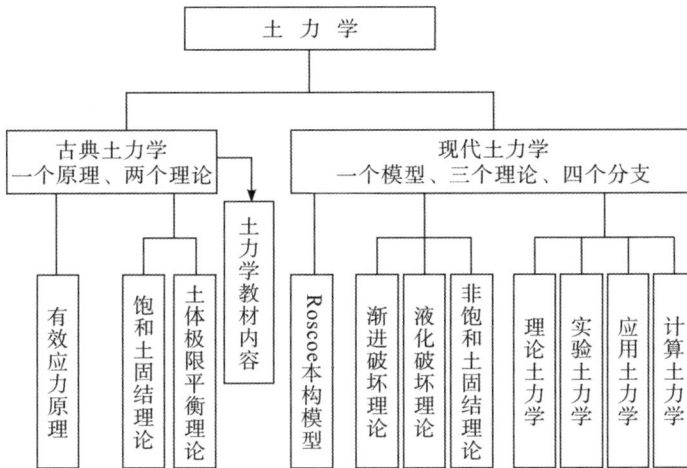

图1　土力学理论发展

1.国内外开设岩土课程的院系和专业

岩土工程(包括土力学、基础工程、土动力学等)主要是土建工程类专业开设。下面列出了美国、日本和中国大学本科开设岩土工程课程的主要院系及专业。

美国本科生按照大类进行宽口径教育,开设岩土工程专业的院系一般是土木工程学院/系(Civil Engineering)或土木与环境工程学院/系(Civil and Environmental Engineering)。在日本,岩土工程主要是在土木工学系开设,其中土木工程又细分为:材料工程/应用力学、结构工程/地震工程、岩土工程、水利工程/水文学、交通工程、区域规划、土木环境系统等。我国原来采用的是苏联模式,现在又参照美国体制,开设岩土工程课程的院系、专业比较多。

表1　国外岩土工程课程开设的院系及专业[6]

国家	美国	日本	中国
院系及专业	1.土木工程(岩土方向) (Civil Engineering, specializing in Geotechnical Engineering) 2.土木工程 (general Civil Engineering, not specializing in Geotechnical Engineering) 3.采矿工程 (Mining Engineering) 4.环境工程 (Environmental Engineering)	1.土木工学系 (Civil Engineering) 2.都市工学系 (City Engineering)	1.土木工程 2.地质工程 3.交通工程 4.测绘工程 5.水利水电工程 6.勘查工程与技术 7.港口航道与海岸工程

2.岩土工程课程结构体系

世界各国大学教学体系各不相同,但岩土工程教学计划一般都包括土力学和基础工程两部分。表2为美国、欧洲、日本和中国开设的主要岩土工程课程。

表2　美国、欧洲、日本和中国开设的主要岩土工程课程[6]

国家 （地区）	美国	欧洲	日本	中国
主要 岩土 工程 课程	1.初等土力学 （Basic Soil Mechanics） 2.土力学和基础工程 （Soil and Foundation Engineering） 3.岩土工程 （Geotechnical Engineering）	1.土力学 2.基础工程	1.地球工程概论 （Introduction to Global Engineering） 2.土力学1、2 3.土力学试验 4.岩石工程 （Rock Engineering）	1.工程地质 2.土力学 3.基础工程 4.地基处理 5.地下结构工程

3.土力学课程教学内容体系

　　美国土力学一般根据内容、层次分几门课。如"初等土力学（Elementary Soil Mechanics 或 Basic Soil Mechanics）、中等土力学（Intermediate Soil Mechanics）和高等土力学（Advanced Soil Mechanics）"。"初等土力学"重点强调基本概念和理论，"中等土力学"重点介绍与工程问题相关的理论和数学方法，"高等土力学"一般作为研究生课程，更多强调工程实际问题和合理的工程背景分析。美国、日本和中国的土力学课程教学内容如表3所示。国内大部分土力学教材内容属于"初等土力学"，要培养学生解决复杂土木工程问题，必须在课程教学中增加并渗透一些"中等土力学"的内容作为知识储备。

表3　美国、日本和中国土力学教学内容[6]

国家	美国	日本	中国
土力学教学内容	Simple Soil Properties；土的基本性质 Soil Formation；土的组成 Permeability，Seepage Through Soil；土的渗透性及渗流 Consolidation；土的固结 Mohr Stress Circle 莫尔应力圆 Shear Stress of Soil；土的剪切应力 Compaction 土的压实性	Part One 第一部分： Index Properties of Soil；土的性质指标 Soil Compaction；土的压实性 Permeability and Seepage Analysis；土渗透性及渗流分析 Theory of Stress Distribution；土中应力分布理论 Shear Stress-strain and Strength Properties；土的剪切应力—应变及强度特性 Part Two 第二部分： Earth Pressure；土压力 Bearing Capacity；地基土承载力 Shallow and Deep Foundation； Soil Environments；土工环境 Soil Behavior Under Dynamic Load-liquefaction；动荷载下土的液化特性	土的物理性质及分类 土的渗透性及渗流 土中应力 浅基础和深基础 Slope Stability；边坡稳定性 土的压缩性及固结理论 地基沉降 土的抗剪强度 土压力 地基承载力 土坡和地基稳定性 动荷载作用下土的特性

　　最后简要介绍土力学这门课程中各章内容之间的关系，如图2所示。土力学具有知识点分散、理论性强、内容多、概念多、公式多的特点。初学者很容易感到土力学的内容跳跃性大，连贯性差，学习起来头绪繁多，学习难度大。在第一节课的时候就把土力学各章

节内容的内在联系讲解给学生听,对土力学各部分内容有宏观把控。在后续的课上再次引导学生深入思考这些内容的内在联系与逻辑性,如在"土的应力"这一章的内容学习时,告诉学生之所以要了解土的应力,是因为我们要解决土的变形问题,而土产生变形的外因就是外荷载引起土中应力的变化,变形的内因是土具有压缩性。因此我们首先要知道土中存在哪几种应力,其中哪种应力是地基土产生沉降的外因,如何计算该应力等。这样能帮助学生深刻理解土力学的内容,真正做到"知其然,知其所以然"。

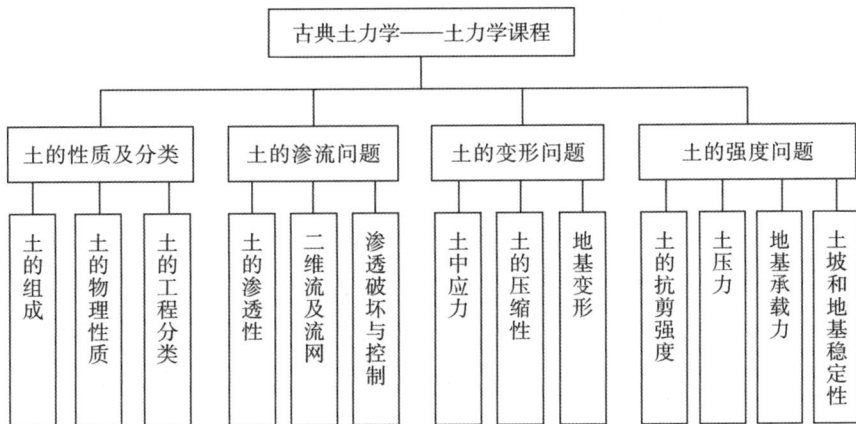

图2　土力学各章内容关系图

4.国内外教学新进展

复杂土木工程问题用已有的陈旧的知识内容可能无法解决,这就需要土木工程人员能够了解国内外土木工程的新研究成果、新计算方法等。因此对应在教学过程中需要教师时常更新课件,增加土力学教材之外的新内容,反映土力学较为前沿和较为普遍采用、认可的研究成果[7],比如:

(1)临界状态土力学。临界状态土力学是英国剑桥大学提出的,得到了国际广泛认可并已在工程中得到应用。它对理解土体的渐进破坏有重要作用,可在课堂上介绍,并引用 FLAC,PLAXIS 等岩土工程软件进行工程分析加深理解。

(2)非饱和土力学。传统土力学基础理论是建立在完全饱和土的研究基础之上。目前国内外对非饱和土力学研究取得一系列研究成果,并在实际工程中得到应用。因此,可以将非饱和土力学入门知识引入本科教学课堂,开阔学生的视野。

(3)鼓励学生充分运用互联网平台及数据库资源,获取有利于解决复杂土木工程问题的各种数据、信息和文献;鼓励学生使用计算机编程解决一些数据处理问题,如表格法用 Excel 软件计算,用 Mat lab 软件计算矩阵等。

四、培养多角度视角及创造性思维

在解决复杂土木工程问题的过程中需要始终贯穿着创新这条主线,因为复杂土木工程问题可能是前所未有的,解决复杂土木工程问题的工具、方法和技术也不一定是现存的。多维度多角度地看待复杂土木工程问题时,可能产生一些创造性思路及方法。因此在教学过程中,培养学生多角度视角及创造性思维。

1.多角度视角

如多维度之一:几门力学学科对比,如表4所示,将土木工程专业中几门力学学科进行简要对比,学生可以了解各门力学课程之间的本质区别。多维度之二:土力学课程各章节对土性假定的对比,如表5所示,启发学生为什么采取不同的假定。多维度之三:多尺度认识土的特性,如土工试验中微观性状试验:CT、电镜、电渗、X衍射等;单元体试验:压缩性、强度特性、渗透性、液化、导热性、吸附性等;宏观试验和监测:宏观试验:水力试验、真空试验、比尺、足尺模型等;监测项目:孔压、沉降、土压力、内力、化学浓度等。

2.创造性思维

(1)课堂教学过程中,强化基本概念和基本原理的理解,突出分析思想和分析方法,以培养学生创新思维的习惯。创新性的人才要具备创新性的思维能力,有了创新性思维,分析与解决问题的能力就较强[9]。如讲解太沙基固结理论时,应强调其适用条件,并适当地介绍二维、三维固结理论的概念和应用概况。

表4 几门力学学科对比

学科	研究对象	研究内容	说明
理论力学	质点、质点系和刚体	刚体的平衡运动及力学问题	静力学、运动学和动力学
材料力学	弹塑性构件	构件的强度、刚度和稳定性	国外称材料强度
结构力学	工程结构	工程结构内力、变形和稳定性以及动力特性	称结构分析
弹性力学	线性弹性体	弹性体的变形、内力和稳定性以及动力特性	称弹性理论
塑性力学	弹塑性体	超过弹性极限后弹塑性体变形、内力和稳定性以及动力特性	称塑性理论
土力学	土体	土的工程性质、地基沉降、地基承载力、土压力和土坡稳定等	

表5 土力学各章节中对土性的假定[8]

章节		土中的水及其流动	弹性地基中的应力	土的固结	土压力、地基承载力、边坡稳定
土	土颗粒骨架	刚体 （应力-应变图）	弹性体 （应力-应变图）	弹性体 （应力-应变图）	刚塑性体 （应力-应变图）
	孔隙水	黏性流体		黏性流体	
基本方程		拉普拉斯方程 $\dfrac{\partial^2 h}{\partial x^2}+\dfrac{\partial^2 h}{\partial y^2}+\dfrac{\partial^2 h}{\partial z^2}=0$	弹性理论	热传导方程 $\dfrac{\partial u}{\partial t}=C_v\dfrac{\partial^2 u}{\partial z^2}$	滑移线理论

（2）课堂教学中理论联系实际，教学与科研互助。教师可补充一些本学科的最新进展，增加应用性强的内容，如三峡船闸开挖高边坡、南水北调等大工程中的土力学问题，再如讲到应力路径问题时，可以结合基坑开挖中土体应力路径变化与土压力计算问题来讲解。教师也可以利用参与或主持的纵向和横向课题，引导学生针对复杂土木工程问题，如何提出、分析问题方法及解决问题方案。

（3）实践活动中采取小组学习和合作学习方式，给予学生更大的空间、时间和更灵活的方式，相对独立地分析、研究解决复杂土木工程问题。如土力学试验中注重培养学生的动手能力，包括土样制备、仪器拆卸、安装和试验操作，重视引导和培养学生对试验结果的分析，指导学生如何准确获得试验参数，分析试验现象，尤其重视对异常试验结果的分析，重点指引学生如何分析产生异常现象的原因。

五、结论

工程教育专业认证中非常重视学生解决复杂工程问题的能力培养。本文以土木工程专业的土力学课程为例，阐述如何在土力学教学过程中培养学生解决复杂土木工程问题的能力：以基本概念及原理的教学为主，为解决复杂土木工程问题奠定理论基础；以培养全局观和系统观为导向，为解决复杂土木工程问题提供思路；以培养多角度视角和创新性思维为目标，培养解决复杂土木工程问题的能力。

参考文献

[1]林健：《工程教育认证与工程教育改革与发展》，《高等工程教育研究》2015年第2期。

[2]林健：《如何理解和解决复杂工程问题——基于〈华盛顿协议〉的界定和要求》，

《高等工程教育研究》2016 年第 50 期。

[3]陈平:《专业认证理念推进攻克专业建设内涵式发展》,《中国大学教学》2014 年第 1 期。

[4]缪林昌、经纬、邵俐:《大土木工程类土力学教学改革思考与实践》,《东南大学学报》(哲学社会科学版)2009 年第 S11 期。

[5]刘瑜:《送你一颗子弹》,上海三联书店 2010 年版,第 322～328 页。

[6]刘松玉、易耀林:《国外岩土工程教学概览》,《土力学教育与教学——第一届全国土力学教学研讨会》2006 年第 1 辑。

[7]李大勇、崔煜:《国外土力学本科教学探讨——以挪威科技大学为例》,《力学与实践》2010 年第 32 期。

[8][日]松冈元著,罗汀、姚仰平译:《土力学》,中国水利水电出版社 2001 年版,第 3 页。

[9]陈福全:《土力学课程创新性教学的几点思考》,《理工高教研究》2005 年第 24 期。

结合预防医学专业背景开展"卫生经济学"教学案例导入

曾雁冰 韩耀风 袁满琼 方 亚*

摘要:在"健康中国"上升为国家战略、公共卫生发展面临新形势的背景下,对大健康公共卫生人才培养体系提出新的要求,本研究拟结合预防医学专业背景,结合教学实践,以疫苗接种策略、慢病管理模式的卫生经济分析与评价为例,探讨"卫生经济学"的教学案例导入,以期深化"卫生经济学"课程教学改革,提高教学质量,培养能适应我国公共卫生事业发展需要的高素质、高层次的专门人才。

关键词:公共卫生;预防医学;卫生经济学;教学案例;人才培养

卫生经济学(Health Economics)是经济学的一门分支学科,是卫生部门和卫生服务领域中的经济学[1]。与其他经济学学科相比是一门蓬勃发展的新兴经济学分支学科,它的产生和发展是社会、经济、人口和卫生等各项事业发展的必然结果。无论是发达国家还是发展中国家,能够用于卫生方面的资源总是有限的,往往难以满足人们日益增长的对医疗和卫生服务的需求。医疗和卫生服务过程中存在着各种经济活动与经济关系,直接关系到卫生事业能否健康和可持续发展。自 2003 年 SARS 流行以及近年来甲型 H1N1 流感病毒、新型类 SARS 病毒等传染病所引起的公共卫生危机,使世人认识到要从经济发展、国家安全、社会和谐等更高层面考虑疾病预防控制等公共卫生问题,党和政府高度重视公共卫生体系建设和应急能力建设。卫生经济学学科的发展迎合"推进健康中国建设"国家战略需要,可为国家建立卫生服务领域供求平衡机制、推动卫生服务领域供给侧结构改革提供理论基础[2]。加强卫生经济学教学建设,对提高人才培养质量,满足健康中国战略和公共卫生体系建设对人才的需要有积极的意义。

---

* 曾雁冰,副教授,厦门大学公共卫生学院预防医学系;韩耀风,助理教授,厦门大学公共卫生学院预防医学系;袁满琼,工程师,厦门大学公共卫生学院预防医学系;方亚,教授,厦门大学公共卫生学院卫生经济与政策研究中心主任。

作为一门应用性很强的课程，卫生经济学较适合运用案例式去教学[3]。案例式教学可以借用具体的情境促进隐性知识与显性知识之间的转化[4]，通过发挥教师和学生的主观能动性，导入与教学大纲紧密联系、符合中国卫生改革和发展实际的卫生经济学教学案例，可为丰富卫生经济学的教学内容和方法提供支持和保障。公共卫生与预防医学教育者提倡在预防医学教育中引入实际案例分析，以促进学生将预防医学知识和其他学科知识进行融合、提高学生分析与解决现代公共卫生实际问题的能力[5]。目前国内卫生经济学课程主要面向卫生事业管理专业、预防医学专业学生开设，相对而言，针对卫生管理学生开展教学研究较多，而围绕公共卫生与预防医学专业学生知识背景与特点开展的案例探讨相对较少。在新时期公共卫生大力发展的新形势下，本文拟结合预防医学专业背景，根据自身教学实践探讨"卫生经济学"教学案例导入，为完善"卫生经济学"课程教学提供参考。

一、结合预防医学背景开展案例教学设计

随着"大健康""大卫生"观念的形成，要求预防医学专业人才必须具备严密的公共卫生思维，能够预见疾病的流行趋势，分析和评价公众对卫生服务的需求，及早制定预防对策和措施[6]。对于预防医学专业学生的课程教学，主要是从预防医学的视角，探讨生物、遗传因素，环境自然因素以及心理、行为、社会等因素对人群健康的影响规律，研究健康促进与疾病预防策略与技术[7]。在课程内容上，我们设计了微观、中观、宏观三个层面（图1）。最基础的是包括疾病经济负担测算、健康投资效益测算、卫生经济分析与评价等微观层面，讲授卫生经济学基本测算方法与步骤。其次是包括卫生机构的成本核算、卫生筹资测算、卫生总费用测算等中观层面，介绍卫生机构的经济学活动及其过程。第三层是包括卫生服务需求与供给、卫生服务市场的政府管制、医疗保障体系等宏观层面，介绍卫生服务体系具体理论与内容。课程聚焦于"以较低的卫生经济投入水平获得较多的健康效益"，目的是基于群众多样化的健康需求，合理配置卫生资源，积极推进健康事业发展，促进人民健康水平不断提升。

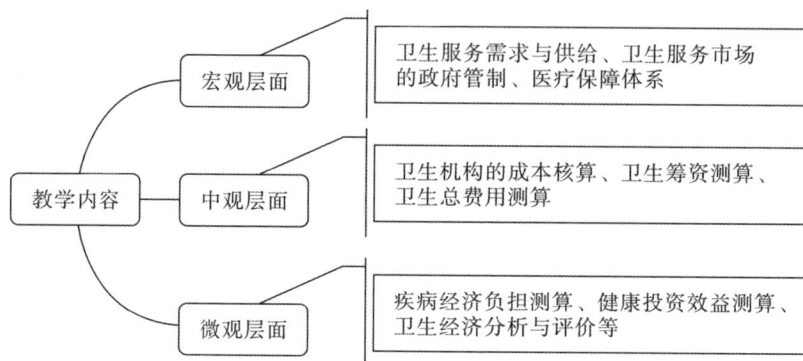

图1 "卫生经济学"课程内容设计

在教学中,我们结合预防医学专业学生知识背景,结合教材中的经典案例或是公共卫生领域中最新的热点问题,围绕疾病预防控制、健康促进的公共卫生策略与措施开展案例分析,让学生在掌握客观规律的基础上,灵活运用所学理论处理各种卫生领域的经济问题。例如"卫生服务需求与供给"章节讲述中结合兰德保险实验案例,通过兰德健康保险实验室对共同保险问题的论证,患者就诊率和住院率随患者自付比例增加而降低,分析保险与居民卫生服务需求的关联;"疾病经济负担研究"章节中结合学生所熟知的 SARS 病例展开,针对"SARS 对社会经济造成哪些影响? SARS 对个人造成了哪些影响?"进行问题思考,利用广州市等城市病例的各种相关费用和健康损失的调查数据,探讨社会卫生资源的消耗和经济影响;"卫生经济分析与评价"章节中,针对某项干预或治疗措施开展成本—效果评价,例如疫苗接种策略的经济学评价、糖尿病或高血压等慢病管理措施的经济学评价。通过案例分析,学生在情景模拟中接触真实的案例,通过思考、讨论,进一步感受和体验实际的卫生工作,也更为深入地理解、反思、消化课堂学习内容,逐渐学会运用课堂所学理论知识分析和处理卫生经济学的相关问题。

二、具体教学案例示例

本文以"卫生经济分析与评价"这一知识点为例,说明案例教学的表现形式。

(1)在教案中该章节要求掌握内容包括卫生经济分析与评价的基本概念、成本效果分析和成本效益分析的各种计算和分析与评价的方法。熟悉和了解的内容包括成本效用分析与评价方法、卫生经济分析与评价的目的及步骤。

(2)结合预防医学专业学生较为了解的疫苗接种开展经济学评价案例分析,以我们开展的乙型肝炎母婴传播策略的卫生经济学评价研究为例[8],评估预防乙型肝炎母婴传播策略的成本效益。首先带领学生熟悉卫生经济学分析与评价的基本步骤,包括确定评价的目的和分析的角度、确定备选方案、开展方案的效益与效果的测量、方案的成本估计以及敏感性分析等。围绕本案例,指导学生从全社会角度计算疫苗接种的成本,包括免疫预防直接和间接成本、乙肝相关疾病治疗产生的直接和间接成本,效益用因接受乙肝免疫预防措施而避免感染所减少的成本表示。评价指标采用净现值(NPV)和效益成本比(BCR)。进一步指导学生应用案例数据计算预防母婴传播策略人均总成本1906.27元,产生效益40230.04元,人均获得净现效益38323.78元,BCR 为21.10。常规普种策略人均总成本2889.26元,产生效益39247.05元,人均获得净现效益36357.80元,BCR 为13.58(表 1)。按照浙江省 2016 年62.4万新生人口计算,投入11.90亿元成本,可以产生251.04亿元的效益,获得239.14亿元的净现效益。

基于分析结果,同学们进一步讨论认为,该案例采用成本效益分析对预防乙肝母婴传播策略开展经济学评价,显示预防母婴传播策略比常规普种策略获得更多的经济效益,是一项高成本效益的策略,预防母婴传播是控制乙肝流行的重要手段。该案例分析的过程中,带领学生们掌握卫生经济分析与评价的基本概念,以及成本—效益计算和分析的方法与步骤。

表1　新生儿乙肝免疫预防策略的成本效益分析

策略	成本(元)	效益(元)	净现效益NPV(元)	效益成本比BCR
预防母婴传播	1906.27	40230.04	38323.78	21.10
常规普种	2889.26	39247.05	36357.80	13.58

(3)结合慢性病预防控制进行案例分析,以我们开展的厦门市糖尿病"三师共管"模式的卫生经济学评价为例[9],介绍从经济学角度评价厦门市糖尿病"三师共管"这一创新性的模式。首先让学生思考效益和效果的测量,引导学生列出本案例经济学评价可选取的指标。进一步介绍本案例的资料收集过程,通过对参与糖尿病"三师共管"的患者与常规慢病管理患者开展问卷调查,收集患者的人口学特征、糖尿病患病情况、治疗及费用情况等信息以进行效益和效果测量,并调查项目干预成本例如社区卫生服务中心的运营成本、糖尿病患者的管理费和检查费补助,以及"三师"相关的成本以估计方案成本。

进一步与同学们复习卫生经济学评价测算方法,根据调查的指标从成本—效果/效益/效用分析中选取合适的方法,采用增量成本效果分析和增量成本效益分析对"三师共管"干预效果进行评价。在了解基本概念、测量与计算方法后,指导学生运用课程知识进行计算实践操作。糖尿病"三师共管"项目与常规慢病管理相比增加了508元/人·年的投入成本,人均疾病负担减少1412元/年。干预使糖化血红蛋白控制率增加1%的成本为15.04元/人·年;餐后两小时血糖控制率增加1%的成本为36.47元/人·年;其他效果指标例如社区首诊率、双向转诊、糖尿病知识达标率、自我管理达标率等增加1%的成本为16.73~51.57元/人·年,相较于常规的糖尿病管理的人均成本640元,增量成本效果显著。同时,计算得到增量成本效益比为2.78,即相较于常规慢病管理,干预组每投入1元可带来2.78元净效益。

完成分析后,通过学生小组讨论得出结论,干预后显著提升了患者的血糖控制水平、社区首诊和双向转诊意愿以及糖尿病自我管理行为;糖尿病"三师共管"的患者疾病经济负担显著降低;与社区常规慢病管理相比,新型模式具有良好的成本效果/效益。该部分教学模式为,通过理论和实际结合使学生深入理解疾病经济负担的测量以及成本效果分析和成本效益分析的方法。

三、教学效果的评价

教学效果是教学效益评价的最后一环,教学效果好的案例教学,教学目标首先得到充分的实现,其次是教学内容恰当且充分,再次是课堂教学状态良好[3]。我们在实施了卫生经济学案例教学法之后,学生高质量完成了"某卫生策略、治疗方案的成本—效果分析或成本—效益分析"的课程作业。学生们开展了丰富的主题汇报,例如有老年人肺炎多糖疫苗接种成本效益分析、高血压社区管理项目成本效果分析、抗病毒治疗作为艾滋病预防措施的卫生经济学评价研究、新生儿接种乙肝疫苗成本效益分析等。同时,通过课堂案例的讨论,学生的语言表达能力、人际沟通交流能力以及应变创新能力等也得到一定程度的提高。此外,还实现了课堂案例教学与课外实践相结合。学生参与撰写的论文《浙江省预防乙肝母婴传播策略的卫生经济学评价》《基于决策树—马尔科夫模型的麻疹疫苗接种经济学评价》《厦门市糖尿病"三师共管"模式的卫生经济学评价》分别发表于核心期刊《中华预防医学杂志》《中国卫生统计》《山东大学学报》(医学版)。学生也积极申报了疾病负担调查研究、慢病防控管理经济学评价等大学生创新项目,并获 2018 年度第三届厦门大学本科生创新创业年会优秀大学生创新项目、最佳创意项目。

卫生问题是全球性挑战。当前,中国正在全面推进健康中国建设,全民健康是中国实现"两个一百年"奋斗目标的基础。在"全球健康""全民健康"大背景下,随着"健康中国2030""一带一路"卫生合作战略框架上升为国家战略等新形势,为我国公共卫生创造了极好的发展机遇。而大健康公共卫生人才培养体系便是培养高素质公共卫生人才、提供高质量社会公共卫生服务、提升全民健康素养的有力保障[10]。我们要紧密结合公共卫生、医疗卫生服务领域的经济现象和经济活动,坚持理论联系实际,不断深化教学改革,改进教学方法,提高教学质量,培养能适应我国公共卫生事业发展需要的高素质、高层次的专门人才,为"健康中国"美好愿景的实现注入持续动力。

参考文献

[1]程晓明:《卫生经济学》,人民卫生出版社 2013 年版,第 2~3 页。

[2]王先菊:《卫生经济学立体化课堂建设的思考》,《智库时代》2019 年第 2 期。

[3]黎东生:《论案例教学法在卫生经济学教学中的运用》,《中国高等医学教育》2016 年第 12 期。

[4]韩优莉、高广颖、朱俊利:《卫生事业管理专业卫生经济学教学案例研究》,《医学教育探索》2009 年第 8 期。

[5]黄昕、邓静、钟贵良、朱勇飞:《公共卫生案例竞赛引入预防医学教学的实践研究》,《医学教育研究与实践》2019 年第 3 期。

[6]黄锟、陶芳标、郝加虎、胡传来:《以案例为中心,培养预防医学专业学生公共卫生思维的教学实践》,《中国高等医学教育》2009 年第 11 期。

[7]赵浴光、姚业祥、陈明琪:《案例教学在卫生经济学教学中的应用探索与研究》,《中国继续医学教育》2019 年第 5 期。

[8]曾雁冰、罗明梁、何寒青、邓璇、谢淑云、方亚:《浙江省预防乙肝母婴传播策略的卫生经济学评价》,《中华预防医学杂志》2019 年第 7 期。

[9]曾雁冰、王秋鹏、方亚:《厦门市糖尿病"三师共管"模式的卫生经济学评价》,《山东大学学报》(医学版)2019 年第 2 期。

[10]段志光、王彤、李晓松、胡永华、梁晓峰、曾诚、任涛、罗会明、张文平、徐建国:《大健康背景下我国公共卫生人才培养的政策研究》,《中国工程科学》2019 年第 2 期。

商务汉语专业类课程金课构建研究

高清辉*

摘要:随着来华学历留学生规模的扩大,选择商务汉语专业的留学生人数不断增加。提高商务汉语教学质量,培养汉语流利、知华、友华的高素质商业人才,既有利于我国的经贸交流也有助于提高我国高等教育声誉。以教育部"金课"标准,努力提高教育质量,应从教学内容、教学模式、教学手段等几个方面加强创新,实行案例教学、翻转课堂、过程性评价等,提升留学生培养质量。

关键词:金课;商务汉语;来华留学;教育质量

近年来,来华留学生人数不断增加,根据教育部官方网站公布的统计数据,2018 年,共计有来自 196 个国家和地区的49.21万各类外国留学人员在全国 1004 所高等院校学习,规模的扩大带来了生源质量的提高,来华留学的学历生人数大幅提高,其中有25.81万名外国留学生来华接受学历教育,占来华留学生总数的52.44%。[1] 目前中国已成为世界第二、亚洲最大的留学目的国,体现了我国高等教育国际化的发展。而随着中外经贸交流的深化,实施有效的汉语教学,提高留学生专业汉语能力,对于各高校的留学生培养质量及其国际教育声誉尤显重要。2016 年全国来华留学管理工作会议上,强调要将来华留学纳入高校"双一流"建设和教育国际化战略等整体规划中;树立质量和品牌意识,打造来华留学新品牌。[2]2018 年教育部相继出台了有关本科教育及留学生教育的相关文件,提出了"淘汰'水课'、打造'金课'"的要求;[3]针对来华留学教育首次制定了质量规范文件。[4]在双一流大学双一流学科的建设中,商务汉语课程应如何打造金课,提升对留学生的培养质量,培养出既有语言能力又有商务专业素养,知华、友华、[5]促进中外经贸交流的商务复合型人才——汉语流利、商务专业能力强,是对外汉语教学科研工作者的重要任务。

打造金课,必须深刻理解金课的衡量标准,根据其要求和标准开展金课建设。教育部高等教育司司长吴岩在第十一届"中国大学教学论坛"上提出"金课"标准,[5]要求课程具

---

* 高清辉,福建长乐人,厦门大学海外教育学院副教授。

有高阶性、创新性、挑战度,相对的"水课"特点则是低阶性、陈旧性和不用心,在今后四到五年时间里教育部要建设两万门"金课"。

有了"金课"的标准,我们还应根据商务汉语课程的特点以及商务汉语教学的目标来进行课程建设。沈庶英认为商务汉语是专业语言教育,是以汉语为目标语言,以商务活动作为专门用途,以掌握经济贸易、管理等基础知识和基本技能,以及商务规则等文化因素作为复合培养目标。[7]也有学者称为经贸汉语,在某些学校的汉语教学中也称为经贸汉语。在许多高校的对外汉语学历教育中,汉语(商务方向)或汉语(经贸方向)是很受留学生欢迎的专业,因此商务汉语课程在各高校的对外汉语教学中占据重要的地位。从商务汉语的定义看,商务汉语的知识应包括四个方面:语言知识、商务汉语知识、商务专业知识及商务文化知识。相应地,商务汉语课程体系就包括四个类型的课程:通用汉语课程、商务汉语课程、商务知识课程及社会文化课程。[8]从各高校开设的课程来看,基本都涵盖了这四个类型,通用汉语课程包括汉语听说读写的课程,商务汉语知识主要包括商务汉语口语、商务汉语写作课等;社会文化课程主要包括中国概况、中国文化、跨文化交际等课程;商务专业知识则涵盖了经济学原理、中国经济概况、国际贸易、市场营销、电子商务等专业课程。其中商务专业知识类课程也就是我们通常说的商务汉语专业类课程,这类课程的教学拓宽商务汉语教学的领域,增强商务汉语人才的适应性,对留学生综合商务实践能力的提升有直接的影响。以下将重点探讨商务汉语专业课程的金课建设。我们应从教学内容、教学手段、教学模式等几个方面加强创新,以课堂为核心,从课内到课外,从教师到学生,从线上到线下,从考核要求到学业评价,同时结合商务汉语教学自身的特点,全方位打造高质量课程,构建商务汉语专业课程金课。

一、增设课程、更新教材,在教学内容上体现高阶性

从前述对商务汉语的定义看,商务汉语是以掌握经济贸易、管理等基础知识和基本技能,以及商务规则等文化因素为复合培养目标的专业语言教育,[7]因此专业类课程需要强调经管基础知识、基本技能,专业类课程的难度对于留学生来说也不宜过高。那么课程的高阶性就应体现在教学内容的质量上,高阶性的教学内容具有一定的理解难度,体现对学生能力和思维的训练,对留学生富有启发、有所裨益。因此一方面,应增设一些与经济发展、经济交流联系紧密的高质量的课程,例如电子商务、信息管理等。这是因为传统的商务汉语课程适应早期中外经贸交流特点而开设,集中在外贸交流、贸易实务等,而当今中国企业"走出去"、外企"引进来";"一带一路"倡议等带来的中外经贸合作范围不断扩大,对人才的需求早已不局限于国际贸易,金融、电子商务、营销等各个领域都需要商务汉语人才,这就需要相应的课程设置,帮助学生掌握相应的专业知识、商务技能,培养与时俱进的多元复合型人才。另一方面,经济发展日新月异,新的商业模式也层出不穷,传统经贸沟通中的函电已被即时通讯、电子邮件等所取代,更新原有课程的教学内容,优化教学

资源,帮助学生掌握最新专业知识,也是提高金课含金量的重要一环。

二、以学生为中心的教学模式创新

金课要求在教学模式上必须以学生为中心,以培养学生的自主学习能力。从"以教师为中心"的教学模式转向"以学生为中心"的教学模式,在金课建设中意义重大。

教学模式的转变,首先要求教师观念上的改变。教师的观念应更新,应明白自己的角色和责任。教师要将每个学生视为独特的个体,每个个体可能以不同的方式和风格进行学习,他们能力不同,处于不同的发展阶段。学习是一个建设性过程,与学生息息相关。课堂上的互动不仅仅是师生互动,也包括学生之间的互动。教师应努力创造条件,让学习环境能够支持学生间的积极互动,有条件的可以使用智慧教室,不同小组的学生可以同时进行组内讨论、展示,也可以小组之间或者全班进行讨论、展示,大大提高了学生的参与度。即使没有智慧教室这样的硬件,也可以使用帮助课堂互动的软件,学生使用智能手机参与到课堂互动中。在教学过程中,教师的角色设定应是学生学习的指导者,在教学中设置学习任务、保持学习气氛,通过提出开放性问题,鼓励学生积极参与讨论互动,帮助学生掌握批判性思维方法;通过设置需要合作完成的学习任务,鼓励和促进学生间的互相学习互相支持,共同在学习讨论中提高解决复杂问题的能力。

其次,"以学生为中心"意味着要让学生在一定程度上拥有学习的自主权,满足学生一些个性化的学习需求。例如基于学生能力的学习进度。在传统教学中学习进度由教师决定,全班几十个学生一刀切,不利于学生的发展。在以学生为中心的教学模式下,允许不同的学生有不同进度。留学生来自不同的国家,专业课的学习基础各不相同,对于基础较弱的学生,允许其在充分理解了一个概念或掌握了一个技能之后,才去学后续的概念或技能。这就避免了生吞活剥,学生能真正理解所学的概念,掌握所学的技能。又如学习突出个性化,允许学生以不同的方式参加学习,来自不同国家的留学生有着各不相同的学习目标。我们必须尊重他们不同的选择,给他们以较多的选择余地,通过增加更多专业选修课,允许学生跨年级选修课程,还可以提供慕课、网上课程等选择,给予学生更多自主性,将他们的兴趣和技能纳入学习过程,更有利于学生的学习。

"以学生为中心",也是以提高学生的学习能力为中心。商务汉语专业课程的学习,绝不仅限于专业知识的学习,还要让学生学会自主学习、学会合作、学会如何解决问题。处处留心皆学问,要让学生认识到,他的学习时间不限于上课,学习地点不限于课堂。使学生认识到自主学习的重要性,学会与他人互相支持合作,获得将来为社会服务的知识和技能,让他们获益一生。

三、案例教学与翻转课堂结合,打造创新教学方法

案例教学,最早运用于法学教学,用法庭已经做出判决的案件作为案例对学生进行教学,后扩展到商学、医学、语言学等领域。案例教学在语言教学中已有广泛的运用,研究认为"案例教学不仅具备进入汉语课堂的可能性,而且在商务汉语教学、医学汉语教学等专门用途语言教学中比传统教学方法更有优势"。[9]案例教学并非对原有专业课程教学的取代,而是专业课程教学内容上有益的补充。实践中可以组织教师编写具有时代气息,反映现实经济的案例作为教学内容,提高课程的"含金量"。在专业课程中,留学生通过案例的学习,掌握专业术语,获得专业知识,还能增进对中国经济的深入了解。例如国际金融课程中讲解"存托凭证"内容时可以配合有关阿里巴巴赴美上市的案例;营销课程也可以利用有关"网红经济"的案例,这些随着教学与经济发展不断编写而成的案例可以组成案例库供学生学习。

金课要求的创新性,是要在教学中体现先进性、互动性,不能采用满堂灌的方式。案例教学结合翻转课堂,可以有效克服商务汉语专业类课程教学内容多、难度大,对学生来说较为枯燥的问题。所谓"翻转课堂"指的是近年来兴起的新教学模式,在翻转课堂中,学生在上课前先预习讲课材料,课堂上的时间用于讨论、互动练习以及传统教学模式中的课外独立作业,所有这些工作都是在教师指导下进行的,教师在课堂上回答学生的问题。而课前提供的预习资料可以是录音、视频、文字等形式。商务汉语专业学生大多是"工作驱动型"学习动机,对商务知识具有较强的求知欲,也有一定的汉语基础(学历留学生入学时有汉语水平要求),在教学中,教师可以将商业案例事先发放给学生,要求学生阅读学习后在课堂进行交流学习,这样的交流学习可以是学生小组的展示,也可以是模拟商业场景、辩论等,这样既将有限的课时充分利用,也发挥学生主动学习的热情。甚至可以由教师确定一些专题,由学生分组搜寻不同案例,在翻转课堂分享给其他学生一起学习。翻转课堂具有如下优点:首先它使学生能够按照自己的学习进度学习预习资料,对于较难的问题,他可以多次反复观看学习,而对于已经掌握的内容则可以一笔带过。其次学生可以充分利用教师的帮助迅速掌握新知识。在传统课外作业中,学生往往因为某个"拦路虎"而无法完成,而在教室中教师可以及时有针对性地予以帮助,解决学生的困难。越来越多的研究表明翻转课堂能提高学生的成绩,因此在商务汉语的金课建设中,引入翻转课堂非常有益,当然教师需要做好把关,组织好课堂学习及课后总结,起到事半功倍的教学效果。

四、利用网络资源,线上线下结合打造"混合"金课

在"互联网+"的时代背景下,我们应该积极去利用各种线上的教学方式和手段,比如慕课、微课、实训软件、学习 APP 等,发挥学生学习的主观能动性,在提高学习效果的同

时也帮助学生掌握了自主学习的能力,对于语言学习来说,这种能力是非常重要的。例如商务专业类课程中的专业术语的学习是教学的重点和难点,可以运用微课来辅助教学。除了充分利用网上的资源,例如"秒懂百科"这类短小精悍的小视频,也可自行录制、制作一些相关的微课,在课前或课后发布在微信群上让学生预习及复习,定时发布一些测试题供学生检查自己的学习成果,让学生在微信群中进行自主学习打卡活动,打卡的行为还可以与过程性评价结合进入学生学业评价体系。目前也有许多实训软件可以用于专业课程的学习实践,例如外贸实训软件就可以辅助国际贸易课程的教学,通过实训软件可以让学生虚拟仿真外贸实务中各个环节的处理,尝试进出口商、出口商、银行等各个角色;财务、报关、商业谈判等都有相应的实训软件可以用来让学生通过虚拟仿真、模拟实训掌握商务技能。总之,帮助、指导学生利用移动互联网、智能手机、实训软件、各种 APP 进行自主学习,这些线上教学与线下的课堂教学有机结合,优势互补,通过线上、线下混合式教学模式来优化提高教学手段。

五、过程性评价促进提升课程挑战度

提高课程挑战度也是金课构建的重要标准之一。课程的挑战度,是强调课程对学生的能力训练,这一训练过程中必须有一定的难度,才能达到培养的目标。而"水课"就是一些容易"混过关"的课程,对学生能力训练难度低,达不到培养的目标,学生的最终学习效度差。在课程中增加训练难度,加大训练量,都需要学生的配合,我们可以在评价上重视过程性评价而非成果性评价,鼓励学生在平时自主学习、增加学习时间。例如前文提到的把微信打卡学习时间、线上学习时间、学习次数等计入期末总评分数,网上提交的小论文;翻转课堂上的课堂展示、发言交流等都作为学业评价的依据,这样学生就愿意积极参与到平时的课程训练中,愿意跳一跳去锻炼自己的能力,以期获得满意的成绩,而不参与到平时的教学活动,没有得到充分训练的学生也自然难以通过课程考核。

六、多样化社会实践课程

商务汉语最基本的属性是交际性,这种交际性是以语言为载体、结合商务专业知识和跨文化认知能力的三位一体的特征。[10] 这决定了商务汉语专业课程在强化商务知识的基础上,要重视留学生实践课程的设计与开发。这其中实习是社会实践教学中最重要的部分,留学生在中国实习面临诸多困难,此时学校应以学生为中心、以学为中心,重视学生的个性需求培养,通过建立来华留学生社会实践基地等方式,帮助学生找到合适的实习企业。当然实践教学的方式很多,绝不仅仅限于实习,社会实践也可以与专业课程教学结合起来,可以去相应的商务环境中参观考察,如海关、银行、证券公司等,也可以去商业展会中做志愿者、翻译,也可以在课程教学中安排进行一些专题调查,让学生分组进行社会调查、商务考察,还可以与中外企事业单位联合培养,构建多元培养模式,指导来华留学生进行商务实践。[11]

国内大学生积极参与的中国"互联网＋"大学生创新创业大赛,也应该鼓励、指导留学生参加,这一方面是留学生趋同管理的需要,一方面也是金课建设的需要。留学生通过参赛锻炼商务策划、商务写作的能力,与优秀的中国大学生取长补短、同台竞技,创新能力、语言水平以及专业技能都能得到很好的提高,也加深中外学生的交流。

总之,以金课标准为衡量,从教学内容、教学模式、教学手段、教学评价、实践教学等几个方面不断努力,不断创新,从高阶性、创新性、挑战度三个维度提升教学质量,依据人才培养的类型和目标,打造应用型人才培养金课,培养出具有商务专业知识的应用能力、跨文化沟通能力以及具有自主学习能力的国际化、复合型、应用型、创新型商务汉语人才。

参考文献

[1]中华人民共和国教育部:《2018 年来华留学统计》,http://www.moe.gov.cn/jyb_xwfb/gzdt_gzdt/s5987/201904/t20190412_377692.html,访问日期:2019 年 4 月 12 日。

[2]董鲁皖龙:《全国来华留学管理工作会议召开 规范管理服务推动来华留学事业迈上新台阶》,《中国教育报》2016 年 11 月 1 日第 3 版。

[3]中华人民共和国教育部:《教育部关于狠抓新时代全国高等学校本科教育工作会议精神落实的通知》,http://www.moe.gov.cn/srcsite/A08/s7056/201809/t20180903_347079.html,访问日期:2019 年 10 月 1 日。

[4]中华人民共和国教育部:《教育部关于印发〈来华留学生高等教育质量规范(试行)〉的通知》,http://www.moe.gov.cn/srcsite/A20/moe_850/201810/t20181012_351302.html,访问日期:2019 年 10 月 9 日。

[5]中华人民共和国教育部:《教育部关于印发〈留学中国计划〉的通知》,http://old.moe.gov.cn/publicfiles/business/htmlfiles/moe/moe_850/201009/xxgk_108815.html,访问日期:2019 年 10 月 9 日。

[6]吴岩:《建设中国"金课"》,《中国大学教育》2018 年第 12 期。

[7]沈庶英:《汉语国际教育视域下商务汉语教学改革探讨》,《国家教育行政学院学报》2012 年第 3 期。

[8]对外经济贸易大学国际汉语教学与资源开发基地:《2011 国际商务汉语年度报告》,高等教育出版社 2012 年版,第 15～16 页。

[9]原新梅、李昕升:《论案例教学在精品资源共享课中的应用——以"对外汉语教学概论"为例》,《云南师范大学学报》(对外汉语教学与研究版)2018 年第 3 期。

[10]沈庶英:《来华留学生商务汉语实践教学探索》,《语言教学与研究》2014 年第 1 期。

[11]张黎:《商务汉语教学需求分析》,《语言教学与研究》2007 年第 3 期。

文化创业教学与对外汉语教学

——厦门大学海外教育学院汉语本科经贸、文化专业文化创业课程设置思考

王 梅 Aparna Katre*

摘要：本文通过对厦门大学海外教育学院经贸、文化本科专业及明尼苏达大学德卢斯校区文化创业专业及课程的介绍，指出后者在教学方法、教学设计等方面对前者都有很好的借鉴意义，并在此基础上尝试规划设计适合厦门大学海外教育学院汉语本科生的文化创业课程。

关键词：文化创业；对外汉语教学；课程设计

文化创业可谓近年来的新兴学科，但是作为这一学科精神内核之一的创意思维，则是一直存在且与人类生存息息相关。人之存在就是不断创新与生成的过程，正如法国生理学家克劳德·伯纳德所说，"如果我必须用一个词来定义生存，那就是：生存即创造"。但是，大工业时代的分工方式常常使个人被机械化、工具化，人成为片面的、"单向度"的存在，属于自身的诸多特性被遗忘或搁置，创新创意也被惯常地归于艺术及设计领域，成为艺术家、设计家特有的禀赋。

随着后工业时代的到来，人们逐渐从工具化状态中解放，而去追求更具个性化的工作和生活方式，同时，世界互联的网络和连接为个性化的工作和生活方式提供了更方便、更全面的支持。仅学习满足生产线上某个环节所需的知识、技能已不能完全满足未来社会的发展，新一代的人才需要有更广阔的视野和目标、更有创意的思维能力以及更好的合作交流能力。正如扎克伯格在 2017 年哈佛毕业典礼的演讲中所说："我们父母辈大多数人终其一生从事一种固定的工作，但我们这一代则是创业的一代。"面对这一代人，传统的教育理念和教育方法必将面临重新考量。在此背景下，创新创意教育将不再是一种时髦

＊ 王梅，山东菏泽人，厦门大学海外教育学院讲师；Aparna Katre，美国明尼苏达大学德卢斯校区世界语言文化系副教授，管理学博士。

的、点缀性的教育方式，而将成为一种必要的、基础性的教育。

作为在全球舞台影响力日渐增强的中国，在未来必然会吸引更多国际人士来中国工作、创业。面对这一趋势，未来的对外汉语教学也必然要向多元化转换，我们要培养的将不仅是拥有语言优势的留学生，而且是有创意思维并且能够深入了解中国社会、文化的新一代留学生。

在此背景下，本文将参考明尼苏达大学德卢斯校区文化创业课程，根据厦门大学海外教育学院汉语本科经贸、文化两个专业的学生情况、课程设置及教学安排，思考两种学科的特点及教学方法，从而设计出适合经贸、文化本科生的课程，丰富对外汉语教学的课堂教学，进而培养出面向未来更具竞争力的来华留学生。

一、厦门大学海外教育学院汉语本科经贸/文化专业概况

厦门大学海外教育学院创建于 1956 年，主要致力于汉语国际教育及文化传播。2000年以来，学院为来华留学生开设了汉语本科经贸专业，随后又开设了文化专业。十几年来，学院培养了大批优秀毕业生，积累了大量的本科教育经验，但同时也面临着发展和革新的需要。目前，两个专业的项目概述及课程设置如下：

1.项目概述

经贸方向旨在培养学生具有扎实的汉语交流能力和广泛的国际贸易知识，能在中外商务交流中熟练运用汉语。文化方向旨在培养学生具有良好的汉语沟通能力，掌握较为系统的汉语言知识和技能，增进学生对中国国情和中国文化的了解，能在中外文化交流中熟练运用汉语。

2.课程设置

经贸方向主要专业课程：经济学原理、国际贸易实务、中国经济概况、国际贸易、国际金融、货币银行学、市场营销、管理学、中国涉外经济法律、国际经济法、翻译等。

文化方向主要专业课程：中国当代文学作品选读、中国现当代文学简史、中国古代文学简史、中国古代文学作品选读、中国古代简史、中国近现代史、中国文化概论、中外文化比较、中国民族与民俗、翻译、文化专题讲座等。

从以上项目概述与课程设置来看，目前学院的培养目的仍以实用性人才为主，强调培养学生的汉语言文字能力，以及学生对中国文化及商业知识的了解，基本上没有实践性及创意性的课程。而从目前学生的就业情况来看，无论是经贸专业还是文化专业的学生，留在中国创业及回国后参与家族企业或创业的学生为数不少。厦门大学是一个非常关注培养学生创新创业能力的大学，在各届"互联网＋"大学生创新创业大赛中都屡获佳绩。作为厦大学子，来华留学生也有同样的需求。2019 年，来自文化教育专业的蒙沐阳同学和

中国同学一起参与了"霍特奖"(Hult Prize)创业大赛,并与全国 25 所高校及其他国家高校的团队同台竞技。

无论从时代需求还是学生的具体需要来看,在留学生的专业教学中加入创新创意课程都极具现实意义。

二、明尼苏达大学德卢斯校区文化创业课程介绍

明尼苏达大学德卢斯校区文化创业专业设立于大学的世界语言与文化系,它是目前全美首个在本科阶段开展的文化创业专业。

其课程介绍如下:

作为一门新兴学科,文化创业旨在研究文化产品(例如戏剧、文学)和文化活动(例如体育、音乐、美食、电影)如何对本地、全国及全球经济的影响。该学位课程的设计目的是让学生获得关键业务能力、企业家精神、创造力和跨文化技能,以参与目前蓬勃发展的文化和创意经济。我们并不期望所有拥有此学位的学生都能真正参与创业,我们更关注的是该专业可以帮助学生拥有独特而有价值的技能及思维方式,这些技能和思维方式可使他们在今后整个职业生涯受益。

围绕这一理念,Aparna 博士设置了两类核心课程:一类为文化创业课程,其中包括文化工业及创意经济、文化创业基础、文化组织管理;另一类为概念化能力课程,包括创意问题决策、设计思维及概念化能力。同时,也有一系列配套课程,如创意工业中的金融问题、企业家道德伦理问题、环境及生态问题、生态经济、经济地理学、全球资源地理学。除课程,实践考察及实习也是完成学分的一部分。

从以上项目介绍及课程设置可以看出,这一专业的培养目标除知识传授,更关注学生思维方式的训练和实践能力的培养。这种教育理念可适用于培养基础性的、更开放性的人才。为了培养本专业学生的跨文化技能,选择这一专业的学生必须同时选修一门外语。

三、学习与借鉴

当我们谈及汉语教学或其他语言教学时,首先会想到语音、词汇、语法等知识性要素,以及理解、重复、记忆等学习要领。虽然功能学派努力将重点聚焦于情景与语境之中,但在具体操作时却常常因为缺少方便、合适的方法而被放弃。通过对明尼苏达大学文化创业课程的学习,笔者认为这类课程可为对外汉语教学提供新的思路和方法。

在明尼苏达大学访学期间,笔者选听了其中两门核心课程:文化创业基础(3001)、文化工业及创意经济学(1001)。通过对基础理论的了解及课堂教学的体会,本人认为创新创业课程本身及相关的教学方法都可以引入对外汉语教学,特别是其"项目主导性"的教学模式与功能教学法可谓不谋而合。功能教学法以强调语言项目为纲,通过创造语境培

养交际功能,项目设计不但可以为语言学习提供情景与语境,同时也可训练学生创意、设计、条理化以及深入思考的能力。在本人参与的明尼苏达大学的两门创意课程中,设定研究项目都是课程的核心。学生在学期开始即根据自我兴趣选定文化创业方向,并根据方向分组。比如 1001 课程的学生是做关于城市介绍的网站(story map),不同小组选取不同主题:有的介绍历史遗迹;有的介绍户外活动等。3001 课程则是分组或个人完成一项文化创业项目,比如开一家介绍全球饮食文化的餐厅,定时更换不同国家的菜谱并加入文化介绍。

根据目前厦门大学海外教育学院经贸/文化本科专业的特点及具体情况,本课程设计的诉求主要立足于以下两个方面:

1.思维训练

厦门大学海外教育学院本科专业的学生都有用汉语撰写本科论文的任务,每年论文季,导师、学生都焦头烂额。究其原因,除了学生用汉语进行写作的能力仍有所欠缺,更重要的问题是在选题、构思、组织上。很多学生完全不知道要写什么,有的甚至会直接向导师"索要"论文题目,而在此后查找资料、做调查问卷及论文架构时,各种问题更是层出不穷。这些都说明我们在前期培养过程中缺少相应的实践性训练,忽视了对他们问题意识和思维方式的培养。文化创业课程恰巧能在这方面填补学生思维能力培养方面的缺陷。

作为创新创业课程,创意思维训练必不可少。联系到创意,我们可能会想到灵感,想到牛顿的苹果、阿基米德的浴缸。的确,创意常常不期而遇,据统计只有 15% 的创意(idea)是在办公时间产生的,17.8% 产生在家中,17.1% 在路上,16.9% 为其他休闲时光,11.7% 甚至是在沐浴时,因此,创意其实是"全天制的工作(full-time job)"。当以项目为驱动时,参与者从项目设计开始就进入思考和创意状态,并随着一步步的设计、思考、探讨、推进等实现阶段性展开。此外,教师的提问式教学、合作伙伴或创业团队间的交流与合作等都可以让学生开启并保持开放的问题意识和创新意识。

如果说创意思维是火花,那么要想让火花燃成熊熊大火还需要各方面的添材加薪。从思维的角度来说,创业布局、分析训练,综合训练也是创业教育重要的训练项目。创业教育课程常常通过插入"画布"(canvas)的模式训练学生的分析布局能力,从一个创意出发,通过提问,列出支持这一创意的因素,再对这些因素进行思考细分,如此,让思维围绕项目反复思考,不断细化,不断延伸。当这种发散性思维产生大量信息后,综合集中处理信息又将成为下一步。它需要再次回到自己的中心,围绕中心理出层次和步骤。

回到上文学生在论文写作中遇到的问题,创意思维训练正好可以解决学生问题意识的缺乏,而分散与集中的双向思维训练则满足他们查找资料及分析组织资料能力培养之所需。因此,这些训练除了能在整体上提高他们的创新、组织能力,提高他们的整体素质,也可以满足他们在本科学习过程中顺利完成学术论文写作的需要。

2.实践训练

创业教育也是一种实践教育,它要传授的所有知识和理论都服务于实践,因此在项目设计规划的全过程中,实践都伴随其左右。而对学习汉语的留学生来说,这里的实践又具有双重意义。

(1)语言实践

对学习第二语言的学生来说,语言实践既是学习的目的也是学习的方式。功能学派教学法的核心观念就是让语言学习成为一种有功能意义的学习。文化创业课程可以直接为这一理念的贯彻提供最好的平台,因为在这一课程中,无论是学生的听说能力还是读写能力,都能通过真实的语境及确定的功能性需要而得到训练。

听说能力:听说教学的功能是实现交际功能,交际的实现则首先需要营造交际语境。创业课程的项目设计为学生提供了大量练习听说的现实语境。在项目设计初期,每个小组成员都需要划分不同的客户群体在课下对他们进行采访调查。在课堂上,则需对调查情况进行分阶段汇报、交流,这种交流包括小组内部交流,也包括小组间交流,在此过程中不停打磨自己的创业项目。在项目计划日渐成熟的同时,学生的听说能力也必将得到提高。

读写能力:交流和讨论规划项目计划,但将其塑造成型则需要通过书写来完成。和传统商业创业相比,文化创业更注重企业文化的塑造和企业价值的传播。因此,如何讲述企业故事,展现企业价值也是创业教育的重要环节。从企业命名开始,以写作为核心的训练就开始了。写作训练的重要支撑则是阅读,在现代,阅读已不限于书籍阅读,也包括图文结合的视频。而写作也可为文字配合图像的全息写作。在课程中,教师会要求学生分阶段提交项目进展报告,通过多次修改形成项目书,最后以书面及视频两种方式提交并展示。

(2)社会实践

目前汉语教学一般都是以课堂为中心的教学,但我们都认可语言教学绝非单纯的语言教学,语言与文化、社会紧密相连,因此,高级阶段的语言教学必然需加入社会、文化知识的教学。与具体书本上对文化知识的介绍不同,文化创业教育课程可以为学生提供更深入接触中国社会及中国商业文化的机会,从而实现与书本知识的互补。在项目指导下,学生通过现场采访及资料阅读等方式,至少可以集中了解一类文化创业项目。同时教师可以将创业者请入课堂,展示他们的文化产品与创业历程,也可以将学生带出课堂,走访社区,参观文化创业企业,使学生接触到具体的个人及从业者、倾听他们的真实生活,现场了解感受创业的价值和意义。

现代中国的发展可谓日新月异,它的丰富性和价值绝非三尺讲台可呈现。虽然学生也可以通过旅游等方式感受到中国文化的魅力,但在自己具体研究项目的激发下,以及在老师的引导下,他们对中国社会文化的了解必然更具体深入,更有价值和意义。

四、课程设置

根据上文对将文化创业课程引入对外汉语教学课堂体系的诉求及其可行性分析,本课程拟参照明尼苏达大学文化创业三年级"文化创业基础"课程作为本课程主体展开设计,同时根据对外汉语课程特色增加写作方面的训练,现以拟定大纲方式从以下六个方面展开。

1.课程类型

在明尼苏达大学,本课程属于文化创业专业的专业课程,但当其被引入海外教育学院本科课程的教学体系中,其目的则更符合通识课程的特性,即它关注的是培养学生独立思考的能力、通过语言操练实现对相关学科的认知能力,以及知识间的融会贯通能力。

2.授课对象

本课程的授课对象为海外教育学院经贸及文化专业本科三、四年级的学生。这一阶段的学生适合此课程的原因有二:首先,他们有足够的语言能力。这阶段的学生一般都通过了 HSK 5 级,具备了相对娴熟的日常汉语交际能力,可以在校园或社区进行社会调查。其次,他们有足够多样的文化、知识背景。这些学生来自世界各国,大多已在中国进行了至少两年的汉语学习,对中国社会及中国文化有一定了解,其中也有已经在本国大学毕业或从事工作多年的学生。最多元的创业团队也是最理想的创业团队,因此,本课程的授课对象在其构成上是有先天优势的。而在团队组合安排上,我们将充分利用这一优势,将不同专业、文化背景、知识背景的学生交叉组合。

3.课程内容及时间安排

本课程拟设置为一学期课程,计划安排在三年级下半学期或四年级上半学期。课程时间为每周两或三课时。

本课程可简单概括为项目或任务主导型课程,在课程介绍后即让学生分组并设定创业项目。当然这时所谓的项目只是一个大概的、不甚清晰的方向,它需要在接下来的课程中,随着理论学习、社会调查、参观访问、班级讨论、小组陈述、听取各方意见等过程中逐渐具体化、明晰化。在每次讨论中,教师将要求学生及时记录,并形成书面文字,以作业形式上交。

4.教学方法

作为一个以学生为中心,以任务为主导的课型,教师的教学方法主要是引导,即便是理论部分也需通过实践带出。比如通过游戏的方式来理解不同的思维方式及运作模式。在创业教育中,游戏(play)是非常重要的概念,游戏不但是直观有趣的介绍方式,也是贯穿整个创业过程的状态,即自由开放的状态。

5.培养目标及考核方式

本课程的培养目标基本对应于其被引入的两点缘起:其一是培养学生的思维能力,主要包括培养学生的问题意识,激发学生的创意思维,让学生处于积极主动思考的状态,同时培养他们的分析综合能力,即能够将创业项目拆分,理出层次和次第,逐一解决细节问题,再进行重构的能力。其二为培养学生的实践能力,主要包括语言实践能力及社会实践能力,语言实践能力包括现实语境中口语交际能力及用汉语完成企业规划、讲述企业故事的写作能力。本课程将强调写作能力的培养,因此在教学过程中将适当加入写作的训练。具体的考核办法主要通过分阶段的作业及整体项目汇报的方式完成。

6.教学资源

本课程不设固定教材,教学资料包括参考书及网络资料。除了创意经济学方面的书籍,教师将根据学生具体创业项目推荐参考书目及阅读资料。

五、总结

"以学生为中心"的教学方法绝非现代创意,孔子已经谈到"不愤不启,不悱不发",学生的需要才是教学的起点。同一问题,面对不同的提问者,孔子的答案也各不相同。所谓教无定法,时代在改变,学生的特点和需求也在改变,作为教师的我们也应该通过学习借鉴各类教学思路及方法,结合自身的特色和需求,思考丰富自己的教学技能,设计满足学生需要的课程。作为一门新兴学科,文化创业面向的是新一代创业者,培养他们的创新创业思维、关注社区的价值趋向、注重交流沟通的团队意识。这一培养目标可以说也是未来人才的培养目标之一。此外,围绕这一目标展开的注重实践的教学方法也为对外汉语教学提供了很好的借鉴意义。因此,本文尝试将文化创业课程引入高级阶段的汉语教学中,根据留学生的具体情况,适当增加文化介绍和写作训练,使其成为一门既能培养学生的语言能力,又能引发学生的创业思维,促进他们主动、深入了解中国文化和社会的课程。目前,这样的尝试只是一个起步,希望今后通过具体的教学实践继续思考学科间的学习和互动,促进对外汉语教学向更开放更丰富的方向发展。

参考文献

[1][7]Howkins,John.*The creative economy:how people make money from ideas*.London:Penguin Press,2001.

[2]《小扎在哈佛毕业典礼的演讲说了些什么？附演讲全文》,http://www.sohu.com/a/143619308_224461,访问日期:2019 年 10 月 5 日。

[3]汉语言专业专科,http://oec.xmu.edu.cn/website.aspx? website_id = 40&website_class=3,访问日期:2019 年 10 月 15 日。

[4]Cultural Entrepreneurship B. A.,https://academics. d. umn. edu/academics/majors-and-minors/cultural-entrepreneurship-ba,访问日期:2019 年 10 月 15 日.

[5]https://onestop2.umn.edu/pcas/viewCatalogProgram.do? programID = 10160&strm = 1199&campus=UMNDL,访问日期:2019 年 10 月 15 日。

[6]Duluth's creative Economy,https://umn. maps. arcgis. com/apps/MapSeries/index. html? appid=968f0142190d40a3a8079b96b841c274,访问日期:2019 年 11 月 9 日。

医学生物化学微课制作探索

林灏文　郑红花*

摘要："医学生物化学"是一门基础医学的必修课程，讲述正常人体生物大分子的结构、理化性质及其与功能的关系，研究构成人体的这些物质在生命过程中代谢转变的规律及其调控，阐明其功能异常与临床疾病发生的关系，与医学有着密切的联系；微课具有简便、快捷、富有趣味性又突出重点等方面的特征。文章基于微课特点、国内外微课应用现状、医学生物化学微课应用现状分析，阐述微课相较于课堂教学的优势性，并探讨医学生物化学微课设计、制作的方法，对微课视频制作初学者予以一些理论帮助。

关键词：微课；医学生物化学；制作

一、引言

传统的医学教育，以课堂集中授课的形式进行教学，不仅对场地、人力、物力的要求高，而且大班教学的形式，往往不能够因材施教，学生和老师之间的互动很少，课堂形式单一导致教学质量不高、教学质量不佳；同时医学教育的内容量大、广，临床案例数量多、复杂，知识点晦涩难懂，即使是依托多媒体这些图像技术，教学量仍然巨大。诸如医学生物化学这类对医学生最为重要的课程之一，生化课程量大、知识点繁杂，需要对文字反复地理解，并且生物分子结构、代谢通路等用死记硬背的方法极易遗忘，学生的课后学习仅依托课本和一些教辅材料，重要的知识点难以完全掌握。

微课是近几年来的新名词，它主要指微型教学视频，具有简便、快捷、富有趣味性又突出重点等方面的特征。依托微课这个载体将如医学生物化学等学科的知识传授给学生，可以更好完成教学目的，解决传统教学上的一些弊端。

---

*　林灏文，福建人，厦门大学临床医学 2016 级本科生；郑红花，厦门大学医学院副教授，从事医学生物化学教学 20 余年。

二、微课简介

微课的雏形最早见于美国北艾奥瓦大学 Leroy A.McGrew 教授 1993 年所提出的 60 s 课程(60-second Course)[1]。美国新墨西哥州圣胡安学院高级教学设计师 David Penrose 于 2008 年设计开发"微课"(Microlecture),以鼓励学生积极地学习[2]。我国则是由佛山市教育局胡铁生首先提出微课的概念[3]。

还有另一种说法,微课最早的雏形"微型课程"(Mini-course)源于 1960 年,由美国阿依华大学附属学校首先提出,它是针对某一主题设计与实施的短期课程或课程单元[4]。

不论微课的起源如何,关于微课的定义达成基本一致,即运用信息技术制作而成的碎片化、内容少、用时短的数字化资源,通常指时长为 5~8 分钟的微型教学视频[5]。

三、微课的特点

微课最突出的特点就是视频时间短,主题突出,有特殊受众人群。

1.时间短、主题突出

微课视频时间短,这是对微课中"微"的解释。微课的时间一般在 5~8 分钟,最多不超过 20 分钟,这就要求:制作者格局的设计要巧妙,并且要突出重点,有明确的教学目标;当教学内容过多时,可以将微课制作成课例片段,再由多个微课组成一系列的微课视频;相较于传统的 40 分钟或 45 分钟的课堂教学,微课内容不能过分强调一个知识点,最好利用语速、语调的变化来重点强调;同时微课的语言要清晰并且富有逻辑性。

2.有特殊受众人群

微课研究的问题可以是生活中的具体难题、科研方面的最新进展、教学方面的反思、课堂教学外的课后回顾等,而在一个视频中会重点强调所讨论的问题,往往需要一定的专业知识铺垫才可理解;微课视频虽由草根制作,但也不乏许多具有专业性质的课程、教学,大多是特定教学目标的视频,因此有特殊的受众人群如在校学生、科研人员、公司白领等。

四、国内外微课现状

国外的微课式教育远早于国内:1998 年新加坡教育部实施了 Microlessons 研究项目;2004 年 7 月,英国启动教师电视网站(Teachers TV,TTV,http://www.teachers.tv),其点击率曾一度超过了 586 万人次;美国"英语中心"(English Central,简称 EC)视频网站创始人施瓦茨(Schwartz)在 2008 年创建了"英语中心"英语学习视频内容库[6]。

目前,国外的微课资源不仅较完善而且设计新颖,提供知识地图,将零星的知识网络串联起来,学生可以回顾自己所学的内容,还可以明确自己的学习任务,循序渐进地诱导学生自主学习。如 TED-Ed 网站中的微课,每一个微课中不仅有讲解视频,还包含练习题(选择题与简答题),根据学习者的回答,微课提供反馈与视频回放提示,并将学习者引导到对应的视频位置再次观看[7]。微课制作者还可以根据学生的反馈信息,对微课内容进行进一步的更新、修改,微课教学模式已经在国外大面积普及,高校课堂教学与微课教学兼备的形式已经得到了大多数专家学者的认可与支持,但应用领域有待扩充,课程结构较为分散。

近年来,微课、慕课一类的教学资源在我国也开始盛行,但由于起始时间较晚,目前国内的微课研究制作还处于摸索阶段,许多制作者对微课的理解存在误区,相应的知识储备不达标,微课视频存在表述不当、知识点错误、不够吸引人的问题,大部分微课网站不乏一些滥竽充数的微课视频。由于视频内容的专业性、技术性较高、制作难度大,高校的教学资源极匮乏,相比于初中高中丰富的微课视频资源,在许多知名微课网站上,高校的教学资源零零散散,比如在中国微课网中高校资源一块,竟然搜索不到任何与生物化学、糖尿病、物质代谢有关的微课视频,医学视频寥寥无几,可见中国的微课教学模式还存在很大的漏洞。

五、医学生物化学微课的制作

1.医学生物化学微课应用分析

微课视频在医科各学科中的应用已得到了多方的肯定,例如医学免疫学的许多知识点抽象,通过微课介绍具体临床案例,辅助学生理解抽象知识[8];医学机能实验课传统的教学形式过于单一,可以利用演示类的微课资源,通过实际观察获得感性知识,如休克不同时期肠系膜毛细血管变化观察、ABO 血型的鉴定方法、家兔有机磷农药中毒的抢救[9];医学急救知识的传授如心肺复苏术等,传统教学一般是课堂教学加上实习结合,由于课堂人数众多导致教学困难[10],利用微课示范教学,可以使学生迅速掌握该技能。

医学生物化学是医学领域重要的前沿学科之一,讲述正常人体的生物化学以及疾病过程中的生物化学相关问题,与医学有着密切的联系。而生物化学这门学科教学难度与其重要性同样成正比:首先,教学内容多,有时难以抓住重点;其次,知识点抽象,理解起来存在困难;最后,生物化学中的代谢机制复杂、通路众多、酶的种类多且有的名称相似,记忆上十分困难,这就导致许多学生学习兴趣不高,容易挂起"红灯"。结合微课的重点突出兼备趣味性的特点,在生化教学中应用微课教学易有好的成效。

2.医学生物化学微课制作流程

微课制作主要有选题、设计框架、微课文稿撰写、视频制作四个流程,视频制作又可分为视频录制和动画视频制作两种,视频录制主要是由解说员对一个重点讲解、分析然后录制、配音,动画制作则是利用信息技术进行动画视频的制作。

(1)选题

微课时间短意味着讲述的内容少,要把握主题重点且突出的原则,因此好的选题是保证微课质量的前提。选题过程中,教师只需针对某一个具体的核心概念、单独的知识点或者教学活动等明确一个教学目标,然后针对各教学目标选择重点的教学内容,保证能够在较短时间内将所有的内容清晰地讲解出来[11]。选题的内容过于简单或与教学重点关系甚远,不仅会浪费制作者时间,对教学帮助也不大。以糖代谢的微课制作为例,可以将糖代谢的知识点讲解与糖尿病相结合,由于糖尿病是临床上常见的疾病,更容易激起学生们的兴趣,不仅与临床相结合,还能达到介绍相应糖代谢知识点,加深学习记忆的作用。

(2)设计

框架的设计包括了表达形式的设计、表达内容的设计。微课的种类繁多,可以是问答型、讨论型、讲授型、互动型等,所讲授的知识应与哪一类型的微课更为契合? 微课的表达内容要不要加入学习重点的归纳、几个小标题、思考题? 这些需要制作者自行地分辨。对于生化这类含有繁杂知识点的学科来说,制作互动类、启发类、案例分析类的微课更能激起学生们的兴趣,最好能与实际相结合,以加深学习的印象。此外,有的微课还会设计学习任务单,学习任务单的使用者是学生,它是帮助学生课前自主学习的桥梁和纽带,借助任务驱动,激发学生的学习兴趣,让学生知道"要做什么"和"应该怎么做",做个明白人[12]。

(3)撰写

撰写是微课制作的核心之一,微课内容的正确性是必须项,新颖性是加分项。生化微课内容最好是以人民卫生出版社出版的《生物化学与分子生物学》这类比较权威的书籍为核心,围绕这类权威书籍上介绍的知识点再进行拓展,以尽量保证微课内容的正确性。要介绍学科相关的前沿技术,则需要多参考一些近期文献,利用 pubmed、知网等网站即可找寻到大量的有关文献,同时引用高影响因子的文献或是著名期刊如 *Science*、*Nature* 的文献或是医学权威期刊如 *The New England Journal of Medicine*、*The Lancet* 等的文献,也会更具有说服力。

(4)视频录制

视频的录制主要在于软件的选取和使用,PPT 制作方面网络上模板众多,PPT 美化大师等软件还可以将 PPT 进行一键美化,每个人都有自己的制作心得。录屏方面推荐使用录屏软件 Camtasia Studio(简称 CS),CS 是专业的屏幕录像和编辑的软件,可以直接在

PPT 文稿中进行录屏,操作易上手,同时具备视频的剪辑、配音调试、过场动画和字幕的添加、视频封面制作等功能,基本满足初学者微课视频制作的需求。音频方面如有需求可以选用 ADOBE AUDITION,它可以对音频进行剪辑、波形大小调整、效果添加。录制出的视频效果还在于解说员本身的讲解能力,不同讲解员风格迥异,教学效果也不同。

(5)动画制作

动画制作不同于视频录制,上手的难度更大,专业的动画制作软件有 3D MAX、FLASH 等,这些软件的使用往往需要他人的传授或者长时间地摸索学习,甚至需要一定的绘画技术,最好是由相关专业的人员委托制作,制作的视频效果也会相去甚远。非专业人员若进行视频制作,可以选择一些门槛较低的制作软件进行制作,如万彩动画大师,可以较快地上手制作视频,同时制作中可以不断摸索改进。

六、展望

21 世纪以来,我国就提出社会各领域信息化发展攻略,在互联网飞速发展的今天,微课教学恰恰符合时代的潮流。在教育教学各界的大力推广下,优质的微课网站必然会越来越多,微课资源也将越来越系统、全面,相关的医学微课视频也会渐渐完善并产生优胜劣汰的格式,对当代学生的独立思考、创新精神的提升颇有裨益。

参考文献

[1]胡铁生、黄明燕、李民:《我国微课发展的三个阶段及其启示》,《远程教育杂志》2013 年第 4 期。

[2]Shieh,D,*These Lectures Are Gone in 60 Seconds*,*Chronicle of Higher Education*,2009,Vol.55,No.26,p.A13.

[3]胡铁生:《"微课":区域教育信息资源发展的新趋势》,《电化教育研究》2011 年第 10 期。

[4]孟亚鹏、何冬梅、韩桂琪、陶宏凯:《微课在医学院校教学课程中的应用》,《成都中医药大学学报》(教育科学版)2015 年第 4 期。

[5]黄剑声:《浅谈"微课"在医学急救知识普及中的应用》,《大众科技》2015 年第 1 期。

[6]张洁琪、李惠:《浅谈微课国内外发展现状》,《新教育时代电子杂志》(教师版)2015 年第 21 期。

[7]常广平、崔菊莲、玄祖兴:《混合式教学学习中的微课设计研究》,《科教文汇》2014 年第 24 期。

[8]王宁、陈丽华、郭娜、胡志芳、姜凤良:《微课网络教学法在医学免疫学教学的应用

探索》,《基础医学教育》2017年第9期。

[9]李旭伟、郑倩、刘华、霍雯、许薇、罗涛:《微课在医学机能实验学课程建设中的应用分析》,《四川生理科学杂志》2016年第2期。

[10]曲庆红:《微课设计与制作的理论与实践》,《白城师范学院学报》2016年第8期。

[11]李海军:《例谈历史"微课"的制作与实施》,《西藏教育》2014年第12期。

创新型教学模式探索之多维度教材的建设

张连茹*

摘要：生命科学的各个学科多为微观，其知识的呈现如果仅以文字或平面图表的形式，不利于学生对知识的领会和创新思维的拓展。现有的多种媒体和现代信息技术的整合，为肉眼不可见的生命科学尤其是微观类课程的教学和知识的呈现提供了无限的可能。为此，我们尝试将文字、声音、图像、动画以及 VR 技术运用于实验课教材的编写与制作。旨在突破实验教材或传统教材只能观看文字描述，不能够听到，更不能看到其实体或实际的场景等局限，力争打造一批与以往不同的生命科学类教材。本文以微生物学与免疫学实验课为主来阐述我们多维教材建设的思想和预期效果。

关键词：新形态教材；创新人才培养；课程思政

一、引言

传统的教材以文字和平面图表为主，教学模式也多以板书加 PPT 的形式；近年来随着教学改革的不断深入，课堂改革已出现了多媒体数字课程，MOOC 等网络课程，教材如果还仅停留在文字和纸质化阶段势必难以匹配网络课程的学习，也难以满足学生多元化网络信息技术综合运用的现代化的个性化学习模式。现代化的新型教材应该是什么形式呢？怎样才能满足飞速发展的时代对创新型人才的需求？

21 世纪发展最快的当属信息技术，以手机为例其更新速度最快可以达到每 30 天就可获得系统更新，而其载体即功能升级的手机，则（以苹果手机为例）每年或每半年推出新机型。然而现有教材的现状如何呢？教材的内容相当于手机的操作系统，而机型则相当于内容的载体即教材形式。到目前为止，无论是理论教材还是实验课教材，基本上是沿用早期的模式，当然编者不同，内容或所采用的视角以及其中的逻辑也不完全一样，但是基本上都没有太多的变化。其版本中有编者自己编写为主出版，也有在国外原版教材的

---

* 张连茹，厦门大学生命科学学院教授。

基础上经过翻译后出版,当然也不排除原创性的教材。不仅内容变化较少,而且在教材的承载形式上,也是以纸质或最多加上电子版的为主。相比之下,显然已与科技和社会的发展严重脱轨,远远滞后于信息时代。

以往的学习娱乐方式主要以文字为主或舞台表演为主,后来诞生了电影、电视、多媒体等形式。与文字相比,图文结合,加上音频、视频的效果给人的感觉更加生动和直观,极大地改变人们的生活方式。而到了现在,由于手机等电子设备集通讯、拍摄、娱乐于一体的多功能性和便携性方便了人们的生活,拉近了彼此间的距离,也已成为人们生活中不可或缺的东西。而快速发展的技术,也带动了教育教学的变革,大规模在线开放课程的建设和使用,使得人们不仅可以在学校学习,而且通过手机等电子设备可以实现"适时、课课"在线学习。手机功能的更新需要与完善的操作系统和相关的驱动程序密切配合。因而,教材的建设要与大规模的在线开放课程相匹配。

除了新兴的学科,国家每年都会组织统编教材的编写,新编写的教材虽不断涌现。而我们真正缺乏的是与时俱进,适应现代化教育的多元化教材以及在保证科学性的前提下,综合运用现代信息网络技术与专业知识高度融合的新形态教材。

二、新形态教材的定义

根据在线开放课程的特点,有人将新形态教材定义为以纸质教材为核心,与数字资源相配合的新型教材[1,2]即学生在使用纸质教材的时候,可以扫描纸质教材上的二维码,通过网络将在线课程网站及其教学资源库连接起来,进而实现线上、线下教育资源的整合。目前的新形态教材主要以这种纸质教材与在线课程资源(或数字课程)联系为表现形式。但是,纸质教材与在线资源的建设通常是孤立的,即编写教材的人可能不负责课程资源的建设,而进行课程网络资源建设的通常不一定参与教材的编写,而且未将教学改革的理念和思路融入教材中。习近平主席多次强调,教师一定要明确:我们培养什么样的人才? 为谁培养? 怎样培养? 这些问题应该体现在教材中。我们在长期的教学实践中,感觉新形态的教材应该是一本目标明确、内容完整、形式多样的教学资源,其中包括文字内容、声音、图像、动画以及 VR 技术等,除了新技术与新形式,要注重思政元素的融入和更多的人文教育的内涵。学生通过这本教材完全可以进行自我学习和自我教育。为什么需要这样的教材? 其意义在哪里? 专业教材中如何融入思政教育的元素? 以实现全程育人的思想。

三、教材改革的必要性与迫切性

随着中国作为世界大国的崛起,世界格局也发生了显著的变化。境外不稳定因素,提醒我们高校教师在人才培养中一定要找准主旋律,解决好培养什么样人才的问题。互联网已全面普及,手机等电子设备已成为人们日常生活中学习和交流的主要工具,更受到青年学生的青睐。早期人们对知识的摄取主要通过纸质书报等获取,而目前阅读电子书,收看音、视频甚至通过类似网络游戏的虚拟仿真学习已逐渐成为青年人的首选。而学习用的教材大多数院校还停留在纸质版的形式,有的课程虽然有电子版,但是不过是纸质版本的电子化。还可以有更大的改变吗?与文字相比,声音和视觉的冲击对学习和记忆可能更有帮助,也更能吸引学生的注意力。在教育教学改革已全面启动的当下,教材需要由形式到内容的革命,而不单是纸质文字到电子书籍的改进。这不仅是大规模在线开放课程(MOOC)实施,需要相应的配套教材的需求。而且也是教学改革和创新人才培养的迫切需要。不仅如此,现有教材沿用传统的形式,内容的呈现形式单一;教材多样性不足,且多为不同学校和不同背景的人联合组织编写,其章节间缺乏逻辑关联甚至相互脱离;同一学科不同编写者编写的教材大同小异,缺乏个性化或创新性等。随着学科本身的发展以及新技术与新方法不断地融入,对已有的观点或知识点也需要补充或完善,甚至可以提出可探讨的不具有唯一答案的观点。这需要以一种很科学和客观的角度,通过多种新型的技术手段来呈现一种与以往不同的集文字、声音、图、动画以及VR技术为一体的新形态的教材。总之,教材是教学的纲领性文件和教学实施的手册和指南,教材应该是教学改革和变革的最佳载体和体现。如何进行新形态教材的设计和编写?在回答高等学校应该如何培养人的问题的同时一定要考虑时代背景和社会的整体的教育技术水平。

四、新形态教材的设计思路

1.有视野、有聚焦

教育教学中教师是主要的完成人,教师一定要站在应有的高度,放开眼界的同时聚焦基础技能的传授。将来的人才是要面对各种挑战的全面发展的创新型人才,而有的大学老师在上课时还把某些授课内容强调为"这是考点呀,考试一定会考到的"。大学教学怎么还能适用这种应试教育?知识应该是成体系和富有逻辑的,一定要抓住主干,注意知识的延伸和拓展。如果仅把所谓的重点知识只是当作考试的重点而已,学生将来如何在面对复杂的问题和科学难题时,进行理性的分析和思考。此外,目前香港的不稳定性因素,也使我们必须在人才培养中融入爱国主义教育,要培养有担当意识、有家国情怀同时具有创新精神的新时代中国特色的接班人。

2.注重知识的系统性,融合技术方法的学习于实际问题的解决中

微生物学实验技能与其他化学或物理的方法不同,其核心思想是除了目标菌的无菌。这是解决微生物学问题的根本,要贯穿微生物学实验操作的始终。教学中一定要抓住这个根本,而如何实现无菌操作,就是学生在学习中要掌握的实验技能。

而这些技术方法的学习,一定要融入实际问题的解决中。让学生在学习时感受问题驱动,只有学习相应的技术方法,才能解决相应的问题。从而注重培养科学思维与科研能力的养成,致力于创新人才的培养。

3.打造基本技能平台,让学生学会运用所学去解决问题,提升学生的学习技能

所谓的新技术方法是学生完全可以运用现有的技能去实现的,学生能力的培养要通过解决具体问题来实现,因而实验课教材及课程的设计应该模拟科研项目的形式,使学生在学习和实践中掌握技能的同时,提升其分析解决问题的能力和水平。在教学实践中经常强调要把新技术方法引入教学,而忽略授之以"渔"远胜于授之以"鱼"。

4.总体实施思路

要进行结构设计,不仅是形式的改变,还要在改革的思想指导下,围绕培养目标和培养方向,进行内容的重新设计和定位。打破原有的教材模式,以整合的理念,将文字与声音、图像、动画等完整地契合在一起。配合创新性人才的培养,进行多维化教学,而不是简单地将传统的教材文字撰写与网络资源简单地关联,呈现线上、线下联动。实验课教学即完成科研项目或进行科研训练的过程。微生物学与免疫学实验课程共设计两条主线,一条以微生物学实验为主,通过环境微生物的分离、培养、观察鉴定和活性筛选,获得活性菌株,通过发酵进行培养,除了完成本门课程的教学内容,达到培养目标外,还可为生物技术实习提供发酵菌株,获得目标产物。而其环境微生物样本的来源,还可结合生命科学的实习采样,从而使课程自成体系,同时又成为整个生物学专业课程体系中的重要一环。另一条主线,则围绕着微生物免疫、免疫抗体的制备以及免疫抗体的检测分析展开,其相关的技术与方法的学习贯穿于免疫学实验的始终。而两条主线间又通过微生物的免疫相关联。此外,在教学内容上除了传统的形态及生理生化实验内容,引入分子鉴定,使整个实验内容更加丰富和完整。

①重置教学内容,使其符合科研训练或科研项目的形式,引入分子鉴定的内容。

②学生学习实验课即是一种科研体验。

第一次课,除了介绍课程的设计、教学进度教学目的与要求,重点向学生介绍实验室的设置与仪器配备,使学生掌握微生物学实验室的特殊性,进行基本操作的训练。

第二次课开始进行项目的选题以及无菌操作的实践。后续逐渐将微生物的操作融入具体的实验环节中。

③引入自主探索实验,其自主实验以总结报告的形式呈现。加强对实验结果的分析处理,与科研接轨。

④引入虚拟仿真实验,使先进教育技术与先进的实验设备进入本科教学。

⑤以学生为中心,学生参与教学。

⑥注重人文及思政教育,提升学生的综合素质。在教学中引入励志的名言并结合具

体的内容进行思政教育,全方位育人。

为此,分为以下几个环节:

第一部分:培养目标确定后,重点在内容设置上,而内容一定是围绕着目标的达成来设置的。实验课着重培养学生发现问题和通过设计实验解决问题的能力。其中涉及许多实验技能,这是实验课必须要教会学生的。基础部分,着重进行内容的设计与撰写(与传统教材不同的是对内容进行重构),包括图表的制作。

第二部分:进行声音添加,该部分由任课教师完成,以授课的声音形式对教材的内容以朗读的方式进行呈现。学生在学习时,一方面可以文字读书的形式学习,还可以采取这种听讲的方式完成学习。

第三部分:立体化部分,对文中的结构以立体三维的形式呈现。这部分需要有公司的加入,协作完成。

一定要明确,实验课设置的目的是解决实际问题,在解决问题的过程中又可能发现或遇到新的问题,从而不断向前。

五、新形态教材可行性

微生物学专业在国内的许多院校都有很好的基础。如厦门大学的微生物学专业创办早,已为国家培养了海内外享有盛誉的杰出人才,先后获首批硕士学位授权点,以及博士学位授权点,微生物学与免疫学实验课是国家级教学示范中心的核心主干课程,也是厦门大学"国家理科生物学基地"和"国家生物科学与技术人才培养基地"的专业基础课。与国内其他院校开设的微生物学实验课相比,无论在教学理念(专业教育融入思政教育的元素)、教学设计(融入技术方法的学习于综合实验中)以及教学内容(最先引入虚拟仿真实验)的安排上都带有自己鲜明的特色。加之,国家理科人才培养基地良好的硬件设施,使其在教学规模、师资配备和高水平的人才产出等方面都具有明显的优势。由于微生物学与免疫学实验课,其注重基础,模拟科研的教学理念,以及其问题引导式的实验设计,不仅在国家的微生物学与免疫学教学中处于领先地位,而且随着国际化的进程的加速,微生物学与免疫学实验课正逐渐融入国际主流微生物学实验课的教学内容和元素,在创新创业型人才的培养中发挥应有的作用。

我们自 2016 年首先在爱课程中国大学在线平台开设微生物学与免疫学实验,已完整开设 6 期。当时仅有少量的实验课上线,而且有关微生物方面的专业课仅此一门。而到现在,微生物学课程已开设 10 多门,而且实验课也开设。因而,信息技术的发展使得多维教材成为可能。此外,国家多年来一致鼓励和支持教材的编写。因此,新形态教材具有极大的可行性和良好的市场前景。

六、新形态教材对教学的推动和促进作用

教学主要完成人是教师,教师的思想高度、学识水平直接影响着学生,因而,教师一定要提升自身的素质。一个专门人才很可能会成为一个很好的科研工作者、研究人员,但未必是一个好的教师。同样一个专任教师,如果不虚心学习,不涉猎各行各业的知识尤其是所涉及的专业知识和现代教育技术就不能成为一个合格的教师,而教师通过多维教材的编写和使用,可以提升整体的能力和水平,无疑对教师的教学和学生的学习均具有推动和促进作用。

新形态教材集文字、音视频及其动画和 VR 等形式和内容于一体,学生可以选择阅读教材、听教材、观看教材甚至动手虚拟等多种方式,方便学生多渠道和个性化地学习,可以极大地吸引学生的注意力和学习兴趣。因而,新形态教材将助力创新型人才的培养。

参考文献

[1]李晓鹏:《新形态教材出版的实践与思考》,《现代出版》2017 年第 5 期。

[2]李辉:《新工科教育改革视界下的教材建设思考》,《现代教育管理》2019 年第 10 期。

从语块理论看汉语作为第二语言的教材编写*

马杜娟**

摘要：在汉语国际传播的大背景下，汉语作为第二语言的教材一直面临着数量多和实用性不强的矛盾，在本体要素和与使用方对接方面都存在问题。语块是连接学习者和教材之间的纽带，现有的综合汉语教材在语块呈现板块、呈现方式、分布和覆盖率、呈现范围、个别语块的选定和讲解方面均存在一些问题，需要借鉴语块理论进行修改完善。

关键词：汉语教材；语块；编写

近年来，汉语国际教育事业在世界各地大举开展，国内的汉语教学事业也蒸蒸日上，来华留学生的数量再创新高。汉语学习者数量多、分布广、需求各异的特点，使"三教"（教师、教材、教法）问题成为汉语推广的瓶颈问题和学界讨论的热点问题。教材作为教学活动的媒介，一直面临着数量多和实用性不强的矛盾与尴尬，教材谋求突破和创新，"既要继承和发扬汉语教学和教材编写中的优良传统，也要借鉴和吸收二语教学先进的教学理念和方法"[1]，本文借鉴语块理论，对现有通用对外汉语教材进行分析与考察，并提出修改意见。

一、汉语教材①的现状与困境

根据我们对"全球汉语教材库"的检索结果，1980—2000 年 20 年间海内外共出版教材 2858 种（册），2001—2017 年 17 年间共出版 15838 种（册）教材，相当于前 20 年的 5 倍多，可见汉语教材数量增长之快。在教材数量大增的背后，依然是教材呈现的诸多问题，这些问题有的由来已久，有的则是随着汉语国际传播的新形势而出现的，大致包括两大方面。

---

* 资金项目：中央高校基本科研基金（Fundamental Rese arch Funds for the Central Universities）"通用型对外汉语教材中的语块编排研究"（20720161011）。

** 马杜娟，河南获嘉人，厦门大学海外教育学院讲师。

① 本文所说的"汉语教材"即汉语作为第二语言的教材，下同。

1.教材本体要素的问题

教材本体要素可分两方面:一是教材宏观的编写理念、体例结构及编排原则;二是教材各板块的具体编排。

统观教材研究的综述性文章,宏观层面的问题大致包括:教材数量多而质量参差不齐;教材编写理念过时,对新的教学模式关注不够,更新不及时;教材在整体编排上缺乏实用性、趣味性、系统性;教材定位不够清晰;与其他课型教材的配合度低……随着汉语国际教育的开展逐步显现出一些新问题,如没有处理好通用型教材和国别化教材的关系,数字化立体化教材建设不足,教材多元化程度不够,教材缺乏对学习者文化背景的考察,教材不注重中外文化的对比和不同文化之间的关联……

在微观层面,教材各版块编排的体例和内容也存在问题。体例上,大部分教材设计传统老套,基本模仿国内语文教材体例,注重传统课堂讲授,对第二语言学习环节的展示不够清晰,如:课前环节缺失或轻描淡写;课堂环节涵盖板块多,师生分工不明;课后环节题量大,练习的有效性尚待提高。内容上,与教材生词、课文、语法/语言点、练习四大板块的设计体例相匹配,教材往往在不同板块侧重某一种语言要素或语言技能的训练,导致不同语言要素和语言技能之间的关联被割裂,容易降低整体习得汉语的效果。

2.教材与使用方对接的问题

教材是教学活动的媒介,是连接教师和学生的桥梁,也是学习者习得目的语的主要材料。好的教材要与教师和学习者的需求对接,既能以充实的材料、科学的设计满足教师开展教学活动的需求,又能符合学习者的年龄特点、实际水平、学习目的、兴趣爱好等。

从已有的研究成果来看,教材在话题的选择、语言材料的编写等方面与学生生活脱节的问题一直存在,真实性和趣味性有待提高[2];一些项目(如生词的翻译、语法点的讲解、练习的形式等)的编排不科学、不实用,需要教师花费大量时间重新处理,以目前来华留学生广泛使用的教材《发展汉语》为例,依然存在较多词汇译注的错误和不对等情况[3];国别化教材与所在国(地区)的对接问题更多,许多教材还只是停留在"注释本"的阶段,或者采用"一版多本"的方式[4],很难与所在国(地区)的"国情""民情""地情"相适应[5]。

二、语块是连接学习者和教材的桥梁

1.学习者的主体性与语块

学习者是教学活动的主体,汉语教学的最终目的是提高学习者的汉语水平和汉语交际能力。在西方国家的二语教学中,"以学生为中心"的理念表现得非常突出,如:美国的

5C 标准、加拿大的四项要求、澳大利亚的两个原则[6]。在语言教学中,只有抓住语言习得的关键要素,才能激发学习者的兴趣和主动性,真正体现"以学生为中心"。

"语块"(chunk)在自然语言中大量存在,Nattinger&Decarrico(1992)谈到语块是"语言习得的中心"[7],Lewis(1993)提出语言习得的关键是掌握、输出词块的能力,教师在教学过程中不要孤立将词汇和语法的讲解分割开来,而应引导学生注重记忆和分析带有语法功能的词汇的组合,也就是说通过语块来构建语言体系[8]。在对外汉语教学领域,周健(2007)[9]、钱旭菁(2008)[10]、亓文香(2008)[11]等很早就阐述过语块对第二语言学习者习得汉语的价值和作用。可见,"语块"是联系实际语言现象和学习者之间的纽带,语块习得是二语学习的重要环节。在第二语言教学中,抓住"语块"符合学习者的普遍认知规律,能发挥其主体性,提高教学效果。

2.教材的功能与语块

教材是教学活动的三大要素之一,李泉(2008)明确提出"用之于教学"是对外汉语教材的基本功能,"学习教材"的目的是通过理解和模仿教材所提供的范例和范本来掌握汉语的结构规则、组合规则和运用规则,进而在创造性地使用汉语的过程中掌握汉语[12]。可见,汉语的结构规则、组合规则和运用规则是对外汉语教材所要呈现的根本内容,也是实现教材"用之于教学"功能的基础。关于汉语结构规则的探讨由来已久,在句、小句、短语、词、字等单位中,哪一级单位既能体现汉语的基本结构组织规则,又长短适度、便于理解、记忆和运用?我们将目光转向了语块理论。

语块是语言中的一种预制性单位,可以在人脑中整体存储和提取,其心理现实性已经在相关的实证研究中得到证明(易维、鹿士义,2013[13];詹宏伟,2012[14])。在对外汉语教学领域,不少学者提出要将语块作为教学内容,在教学中实施语块教学法。在教材编写中,若能打破传统做法,将常用字、常用词、常用语法结构组成常用语块并突出显示,既体现汉语的基本机制和结构规则,又能实现教材的基本功能,也便于学习者整体理解、记忆和运用,可谓一举三得。

目前学界对教材语块关注不多,李慧(2013)认为教材语块呈现的不明晰对学习者语块的习得与使用造成了一定的影响[15]。根据语块理论,二语教学应该强调词汇和语法的融合而不是独立,目前的对外汉语教材大多还是基于传统的词汇/语法二分体系编写的,对词汇和语法的关联性重视不够,有意识凸显语块地位、强化语块习得的内容更少,这种现状造成教材的实用性不强,影响了教材基本功能的实现。

三、汉语教材中的语块编排考察

1.呈现板块

在两套教材中,对汉语语块均有所呈现的有生词、语言点、课文注释、练习这几大板块。生词中的语块主要包含一些离合词(如"睡觉、出差"),高频搭配(如"电子词典"),固定搭配或成语/四字词语(如"一帆风顺、气喘吁吁"),习用语(如"对不起、没问题");语言点中的语块主要是一些句式框架结构(如"当……的时候、宁可……也不……");课文注释中的语块主要是一些惯用语和固定格式(如"瞧不起、有……什么事");练习中的语块主要是对语言点中语块的操练和运用。

这几个板块编排整齐划一,系统性强,但将语块与其他语言项目糅合在一起,使每个板块担负的功能增多,容易使教师和学习者将注意力集中在一些传统的语言项目上,而忽略语块在汉语学习中的地位和作用。

2.呈现方式

语块的呈现方式分为直接呈现和间接呈现两种,"直接呈现"是教材有意识地对语块的凸显与展示,是对语块有意识的收录,其同级单位一般为词,学习者看到这类语块会直接将其作为一个整体习得使用;"间接呈现"是指教材给予语块独立呈现的机会,但是其语块的身份并未得以完全显示,教材将其与其他自由词组混同在一起[15]。

两套教材的语块均包含直接呈现和间接呈现两种方式。直接呈现主要集中在生词、语言点、课文注释和一些练习中,生词中直接呈现的语块最多的是成语和固定短语,如"乐此不疲、高等教育";语言点中直接呈现的语块最多的是句式框架结构和固定短语,如"凡是……都、要不然";课文注释一般以脚注的形式呈现,多为一些习用语,如"没怎么、好不容易";练习中直接呈现的语块一般为生词和语言点中的语块。间接呈现在两套教材中较少见,只有《成功之路》进步篇中的"词语扩展"、《冲刺篇》《成功篇》中的"词语搭配"属于间接呈现,列出重点词语的一些常用组合。

3.分布和覆盖率

从分布来看,两套教材从初级到高级阶段的每一册都融入语块内容,每套教材又自成体系,语块的分布较均匀。从覆盖率来看,语块在两套教材中的覆盖率都偏低,具体见表1。

表1　直接呈现的汉语语块在两套教材中的覆盖率(%)

教材	初级			中级			高级		
项目	生词	语言点	练习	生词	语言点	练习	生词	语言点	练习
发展汉语	4.8	46.6	28.9	3.4	71.3	34.4	15.7	36.7	36.3
成功之路	5.8	32.8	27.8	13.3	36.7	27.2	14.3	0.0	28.4

注:①我们在统计生词时,不统计教材单独列出的专有名词。在考察练习题型和数量时,只统计课文后的综合类练习,不考察课文前的导入、限时阅读等,也不考察语言点注释中的练习。

②根据教材说明,《成功之路》初级阶段包括《入门篇》《起步篇》《顺利篇》《进步篇》,中级阶段包括《提高篇》《跨越篇》,高级阶段包括《冲刺篇》《成功篇》。

根据表1,就直接呈现的语块在生词、语言点、练习三大板块中的平均覆盖率来看,《发展汉语》为8.0%、51.5%、33.3%,《成功之路》为11.1%、23.2%、27.8%。可见,语言点中的语块直接呈现比例最高,其次是练习,生词中最低。从教材中直接呈现语块的平均覆盖率来看,《发展汉语》为30.9%,《成功之路》为20.7%,两套教材平均为25.8%,根据杨玉晨(1999)的研究,语块在自然语言中占到约90%[16],教材中直接呈现的语块远远低于这一比例。

4.呈现范围

语块是一个范畴,其内部成员形成一个连续统,薛小芳、施春宏(2013)指出,按照语块典型程度的高低可以形成如下序列:成语—熟语式语块—习语式语块—定形式语块—组块式语块—整件式语块,离成语路径越短的,其典型性越显著;反之,路径越长的,就越不像典型语块[17]。

从呈现范围来看,两套教材呈现的语块大多为成语、熟语、习语、固定短语、短语框架、句式框架等,属于典型语块,只是汉语语块中的一小部分,所占比例不高,而大量的词语组合式语块被排除在教材之外。钱旭菁(2008)早就提出"对语块的研究也应包括语义透明、语法规则的词语序列,这样对语块的研究就不仅限于一小部分处于语言系统中边缘地位的习语"。[10]两套教材对语块的呈现范围偏窄,不利于学习者习得常用的词语搭配组合,储备大量实用的语块进行理解、记忆,进而输出地道的汉语。

5.个别语块的选定和讲解

两套教材均存在语块选定不完整和讲解不明晰的问题,不利于语块的正确习得和运用。如《发展汉语》中级综合一第11课的语言点"动不动",例句如下:

(1)她最近情绪很不好,动不动就哭。
(2)你别动不动就生气,也听听别人的话,看看有没有道理。
(3)公司动不动就开会,都影响我们的正常工作了。

根据例子,"动不动"和"就"搭配使用,表示很容易产生某种行为或情况,多用于不希望发生的事情,但选定的语块忽略了"动不动"和"就"的共现关系,改为"动不动就"更好。

又如《成功之路》进步篇第三册第27课的语言点"拿……来说",解释为"表示从某个方面提出话题",例句如下:

(1)就拿常用的两种颜色"红"和"白"来说,它们表示的象征意义你了解吗?
(2)我们班的同学进步都很大,拿阿里来说吧,刚来的时候连"你好"都不会说,现在都可以用汉语跟中国人聊天儿了。

教材对"拿……来说"的讲解太简单,只说明意义,对其使用规则、在句中的位置以及和前后分句的关系都没有具体说明,很容易造成学习者的使用偏误。

6.练习设计

教材语块练习题型不够实用、多样化。两套教材中有"朗读下面的短语并填空""词语搭配连线""把成语补充完整,并选用其中合适的改写句子""用所给的词语完成句子或对话""用所给的词语组成句子""根据所给的情景和词语进行表达练习""用所给的词语和格式进行写作练习"等语块练习,均为常见题型,可分为"写"和"说"两类。

"写"的练习比重大,形式单调,多为"完成句子或对话"类的写句写话练习,难以激发学生兴趣。"说"的练习比重低,有些题目所给的限制过多,使练习难度增加,实用性不强,如《发展汉语》中级综合二,每课练习中都有"根据课文内容、下面的表达方式和提示完成对话",但对话形式固定、话轮多、已有语句过长、口语化程度低,很容易使学习者产生为难情绪,自然达不到练习的效果。

四、建议

根据前文探讨可知,现有汉语教材对语块理论的吸收和运用欠佳,使教材的功能不能有效发挥,现提出如下修改建议:

第一,打破传统的编排设计,丰富语块呈现载体,在现有基础上增加多样化的语块呈现板块,加大直接呈现的汉语语块在教材中的比例,进一步显化语块的地位和作用。教材可以打破"生词—课文—语言点注释—练习"的编排模式,设计专门的语块板块,对每课重点词汇和语法项目构成的语块加以归类讲解,并附上相应的练习。

第二,加大语块的覆盖率和呈现范围,将大量的常用词语组合纳入语块序列,直接呈现,为学习者提供现成的语块学习材料。教材应在充分考察现有词汇大纲和学习者偏误的基础上,筛选出词汇习得重点和难点,将大量的常用词语组合纳入汉语语块的范畴,打破现有教材语块覆盖率低和呈现范围偏窄的局限,并在教材中直接呈现。

第三,深入研究常用汉语语块的选定、意义、用法等,确保入选教材的语块正确实用、讲解恰当明晰。现代汉语常用语块的选定需要结合大型语料库,在对现在汉语常用字、词、语法项目等进行考察的基础上,依据教学大纲进行鉴别、排序和分级,这是教材语块编排的基础。对于入选教材的常用汉语语块,要依据不同学习阶段和教学要求,研究并展示语块的典型意义和用法,做到讲解明晰、举例恰当,这也是教材编写的重要工作。

第四,丰富语块的练习类型,以实用为出发点和归宿,提供真实的练习场景,加深语块的理解和记忆。目前教材语块练习题型单一,实用性差,能提高学习者语块意识并有助于交际的练习很少。关于语块的练习类型,国外已有很多研究成果,例如 Lewis(1993)提出语块练习活动必须聚焦于目标语的真实使用并着重对语块的介绍和操练,他提出了"语块识别(identifying)、搭配(matching)、完成(completing)、分类(categorizing)、排序(sequencing)、删除(deleting)"等一些典型的语块练习类型[8]。汉语教材可以借鉴,并结合汉语交际特点加以创新,做到真实灵活,所练即所用。

参考文献

[1]姜丽萍:《汉语教材编写的继承、发展与创新》,《华文教学与研究》2018 年第 4 期。

[2]杨凯:《真实性原则与对外汉语教材中的语料选择》,《现代语文》(学术综合版) 2014 年第 8 期。

[3]温竹馨:《浅析对外汉语教材生词英译的问题及对策——以〈发展汉语中及综合〉为例》,《海外华文教育》2016 年第 2 期。

[4]周小兵、陈楠:《"一版多本"与海外教材的本土化研究》,《世界汉语教学》2013 年第 2 期。

[5]李如龙:《论汉语国际教育的国别化》,《语言教学与研究》2012 年第 5 期。

[6]罗春英、张燕军:《对外汉语教材编写的对象国适应性问题研究——基于美国大学权威性汉语教材编写特点的分析》,《中国高教研究》2014 年第 2 期。

[7] Nattinger. J. R. & J. S. DeCaricco: *Lexical Phrases And Language Teaching*, Oxford: Oxford University Press,1992.

[8]Lewis,M: *The Lexical Approach*, Hove: Teacher Training Publications,1993.

[9]周健:《语块在对外汉语教学中的价值与作用》,《暨南学报》(哲学社会科学版) 2007 年第 1 期。

[10]钱旭菁:《汉语语块研究初探》,《北京大学学报》(哲学社会科学版)2008 年第 5 期。

[11]亓文香:《语块理论在对外汉语教学中的应用》,《语言教学与研究》2008 年第 4 期。

[12]李泉:《论对外汉语教材的科学性》,《语言文字应用》2008 年第 4 期。

[13]易维、鹿士义:《语块的心理现实性》,《心理科学进展》2013 年第 12 期。

[14]詹宏伟:《L2 语块的心理现实性研究——来自语音加工的证据》,《外语与外语教学》2012 年第 6 期。

[15]李慧:《对外汉语教材中语块的呈现方式及其改进建议》,《云南师范大学学报》 (对外汉语教学与研究版)2013 年第 2 期。

[16]杨玉晨:《英语词汇的"板块"性及其对英语教学的启示》,《外语界》1999 年第 3 期。

[17]薛小芳、施春宏:《语块的性质及汉语语块系统的层级关系》,《当代修辞学》2013 年第 3 期。

第三篇

课堂教学改革与思考

史料在美国史教学中的重要性

胡锦山*

摘要:文章通过介绍美国史史料和分析美国史教学中史料教学的基本方式,提出美国史教学中的史料模式有利于培养学生的历史思维能力和探究精神。

关键词:史料;历史教学;美国史

在历史教学与研究中,史料具有极其重要的作用。没有史料,历史研究无异于无源之水,无本之木,只有在大量占有史料的基础上,才能探究历史的真相,还原历史的本来面目,进而才可以发现历史上所出现的事件的本质,并可据此把握历史发展脉络与规律。实际上这也正是史学的魅力所在。利用史料来探究历史问题,以史料为证据,历史学习的重心已不再是过去发生了什么,而是学习怎样去获取知识。培养学生的历史思维能力和探索精神,已成为许多教育发达国家历史教学的主要特点。史料教学,从根本上体现了历史教学的本质要义与价值追求,已经成为历史教学的世界性发展大趋势。

美国历史的学习与研究也是如此,注重运用史料来进行历史教学,通过史料直观地再现历史,极其有效地增强了对美国历史阐述的真实性与可信性。利用现在便利的网络资源,在美国史教学中可以通过史料组织多种多样、富有趣味的专题探究,以此来启发学生的史学思维,加深学生对历史问题的认识,让他们充分认识到只有挖掘史料、分析史料,才能发现美国历史的多样性、复杂性与独特的个性,也只有在掌握大量史料的基础之上,才能从美国的历史背景中找寻自己研究的兴趣点,发现在历史中美国人究竟做了什么,了解历史的真相,深入钻研,为美国史研究不断打开全新的视野。

一、史料与美国史教学中的史料

美国国会图书馆对史料做了简单的定义:"原始资料(史料)是历史的原材料,包括所研究时段产生的原始文件和物品。它们有别于没有第一手经历的人对事件所创造的二手

---

* 胡锦山,浙江省乐清市人,厦门大学人文学院历史系教授。

资料、描述或解释。"[1]据此可知,史料必须是第一手资料,它是在历史发生的当时留下的文字的或物化记录,史学研究者可以直接将其作为根据对当时历史加以阐述。

美国国会图书馆也对史料做了分类,共有六大类:物化资料、图像资料、声音资料、文字资料、统计资料和社区及家庭类资料。这些史料为不受过滤了解研究所涉生活在特定时期的人们的状况提供了窗口,透过这些史料,现在的人可以获得当时艺术、社会、科学和政治思想与成就的记录。让学习者与这些独特的、通常是非常个人化的文献和物品保持密切联系,可以让他们真正感觉到在一个久远的过去时代里生活是什么样的体验。由于时空上的一些限制,在美国史教学中我们并非这六大类资料都方便利用,美国史教学中可资利用的主要有三类:

1.文字类的原始资料

这类资料是我们在教学和研究美国史中最经常使用的资料,其并非仅限于历史文献原著,还包含历史上的期刊、日记、信件、广告及食谱等。如《民主评论》(*Democratic Review*)是存在于19世纪上半期的美国著名杂志,这一时期正是美国政治经济生活发生重大变化的时期,也是开始大规模兼并领土并向西扩张时期,通过对这一杂志相关文章的梳理分析,可以探究美国在此时段"发生了什么?"和"为什么发生?"。如1845年7月民主党人约翰·L.奥沙利文(John L. O'Sullivan)在此杂志上刊文《兼并》(*Annexation*),其中一段宣称"我们的天定命运,是将足迹遍布整个大陆,这是上帝指派给我们的乡间以满足每年所增长的数百万人口自由发展的需要"。这是美国人第一次提出"天定命运"(Manifest Destiny)的概念,其中体现出的思想内涵除了领土扩张主义,还包括一定的美国例外论和白人种族优越论,甚至暗含着基督教的救世精神。通过对这篇文章及其该杂志这一时段相关文章的分析,可以洞悉当时美国国内的扩张主义情绪,"天定命运"作为一种意识形态是怎么影响美国外交政策的,又对美国国内政治、经济利益、宗教信仰和地域主义等产生了什么作用。再如很多美国杂志上刊登的广告也是很好的史料,如通过对比分析,可以考察美国女性服饰在一个多世纪里从烦琐走向简洁,从束缚走向自由的变化,从中又透露出美国文化和思想的变迁。

2.声像资料

包括图片、电影、歌曲、广播录像、口述史资料、采访录音等。其中经典艺术品就是一种非常有价值的史料,在网上可以方便找到美国历史上的重要艺术品。如1872年约翰·加斯特(John Gast)创作的《美国进步》(*American Progress*)是一幅与"天定命运"相关的油画,该画作形象地描绘了美国文明向西部进军:在画面的正上方是一位美丽迷人的年轻女性,她向西飘浮在空中,额头上挂着"帝国之星",图片右边是一座城市,城市中有轮船、工厂、学校和教堂,金色阳光普照着那里,这是文明的象征。图片左边的基调灰暗不清,暗指当时远西部的黑暗、荒芜和混乱。从右边这座城市出发,有三条清晰的铁路线,反映出了当时美国著名的五条横贯大陆的铁路线中已有三条通车运营,在铁路沿线画有向西进发运输货车、大篷车队、猎人、淘金者、美国邮政的小马快递、西进移民。逃离"进步"的是印度人、野牛、野马、熊和其他猎物,这些落后标志正向西移动,不断向西退缩逃离。这幅画把美国描绘为一个丰富而美妙的国度,新世界的奇迹,让人看到了快速发展的美国西部边疆,天定命运注定了这里是美国巨大的粮仓,是美国的宝藏。但画家没有画入的东西也非常值得玩味,加斯特这幅绝妙的构图中没有黑人,遗漏的细节和包含的一样有趣,所以它很好地代表了"天定命运"(Manifest Destiny)中经久不衰的白人神话,黑人是和西方文明与历史没有任何关联的。这样,通过艺术作品可以从一个范围更广的人文视野洞察美国的历史和文化。将艺术作品融汇于美国史教学,不仅能使学生对历史现象、事件、人物有了具体鲜活的认知,还会给他们留下极为深刻的印记,更重要的是,这样的授课方式会使学生在享受审美情趣的同时激发对学习历史的兴趣,在展开想象的同时激起了创新的欲望,在欣赏历史名画的同时进行了历史的探究。电影和歌曲也有类似的作用,如 20 世纪50 年代的美国电影《无因的反叛》(Rebel Without a Cause)深刻剖析了二战后美国社会相对稳定、经济实力增强的背景下,年轻一代的困顿彷徨和迷失自我。同时电影中主人公身着的白 T 恤、皮夹克和牛仔裤表现出了当时青年自我选择的主张,这样的服饰随后成为美国年轻人穿着的主流,潜移默化中影响了美国社会与文化的变迁。越南战争将美国民众的反战情绪推向了高潮,大批反战歌曲出现,如《不再战斗》《敲响天堂之门》《别给我提什么饶恕》等,对这些歌曲的分析可以看出美国年轻人的厌战情绪和他们对战争本身的反思。

3.统计资料

包括人口普查资料、社会调查报告、历史地图、政府文件、法令条例、法院裁决等。研究美国经济史、族裔史、地区史和城市史,上述资料是极为重要的,如根据 1820 年美国人口普查局公布的人口统计资料,可以看出俄亥俄河谷和北部的人口快速增长,这直接影响了各州国会众议员席位的重新分配,其直接后果就是使保护关税能够越过南部的反对而通过,但这也加剧了南部州与北部州之间的敌对情绪,最终加速了内战的爆发。再以社会调查报告为例,19 世纪末 20 世纪初的进步运动时期,保罗·凯洛格(Paul Kellogg)等改革者对美国钢城匹兹堡做了系统调查,调查无论从其覆盖范围的广度还是挖掘社会问题的深入度都是史无前例的。从留下的大量调查报告中,可以看出 19 世纪末 20 世纪初大量东南欧移民为了生计远渡重洋来到匹兹堡务工,美国钢铁公司等大企业控制着匹兹堡市政府,匹兹堡的大多数居民生活在贫困与污染之中。对这些史料的分析会发现,调查者们希望他们的调查成果能够使公众看到工业化的美国所存在的社会和环境顽疾,从而促使企业和政府制定改革政策,进一步分析宾夕法尼亚州相关法律能够发现,在 1909 年到1917 年,该州颁布了 200 余条法案,其中许多涉及对劳动者利益进行保护,提高劳动者的待遇,增加社会福利和社会救济,改善居民的生活条件。如建立严格的童工法和义务教育法,规定童工工作的最低年龄,建立工人工伤补偿制度,改善住宅条件,建立社会服务机构等。再扩大范围,还能通过其他州相关法案看到匹兹堡改革者的做法在推广。

二、美国史教学中的史料学习方法

历史学习的目的并非让学生们知道过去发生了什么,而是要让学生们掌握研究历史的方法,"学校的历史学习,不是把焦点集中在历史本身发生了什么上,而是要集中在我们如何具有对历史的认识。最重要的是触摸和反映查询过程,获取知识的方法。其次才是历史探究的结果:历史的实际情况及其发展。要达到这样的目的,最好是由学生运用史料作为证据,而这种史料运用应是广泛的、有指导的、思考性的和逐步提高的"[2]。历史教师在教学过程中必须重视史料的运用,强化史料教学模式。

在美国历史学习中,重中之重是对美国历史和历史知识本质的理解,特别是对史料和历史及历史知识之间关系的理解,诚如美国史家卡娅·耶尔马兹(Kaya Yilmaz)所言:"我们不能把过去发生的一切都告诉学生,就像历史学家也不可能把过去发生的一切都写下来一样。那么,我们教什么?怎么教?答案并不简单,面对各种支离破碎的历史痕迹和记述,我们需要对各种史料进行筛选,选取多方面的史料展现给学生,以此来培养学生的批判性思维。因此,我们应该首先教会学生从多个角度看待不同类型的史料,提高学生分析和辩证地看待过去的能力。"[3]也就是说,让学生在有限的范围内做历史学家的工作。史料教学是循序渐进的、由浅入深的。

首先,课堂教学时如何选择史料,教师不仅要提供给学生广泛的文字史料,如来自报刊、典籍、回忆录、目击记录等方面的史料,还应提供相关的声像史料,以增强学生的感性认识。作为教师必须要有良好的鉴别能力与判断能力,所挑选的史料要能够最好地反映特定发展时期的美国历史,引导学生分析解读史料本身。同时教师也要训练学生分析解读的能力和方法,通过阅读分析这些史料促进学生学会主动学习,培养学生提出问题,并通过相关史料分析问题和解决问题的能力,而不是被动地记忆日期、名字和事实结论等知识。

其次,教师要以美国史整体观和积极的价值导向来收集、整理和分析史料。鉴于修课本科生的史学思维能力还未完善,尚无法批判地和反思地运用史料,而且面对庞杂的史料,学生难以取舍,易走入误区,因此教师应根据学生现有的美国史知识基础,在选取相关史料时必须仔细斟酌,除了证据确凿、因果关系合理,还要确保史料长度合适,便于学生理解,同时为引导学生从不同角度进行思考,还要注重史料来源多样化。这意味着,在史料授课时教师要重视学生的主体作用,为学生量身打造选取史料,上课所用史料要能够合理地反映出历史推理原则,让学生能够体会史论结合,要达到运用不同史料来获得历史知识,并通过不同史料对历史进行论证,使史学阐释可信性与可读性增强。这样才能有效激发学生学习历史的兴趣,充分发挥学生学习的积极性和创造性。

进而要培养学生自己搜集、甄别、选择、运用史料。史料教学并非"授人以鱼",而是"授人以渔"。实际上,"学生通过分析史料学习历史的最大收获,就是他们也将参与到历史进程中来。与教师和同学就史料的分析展开争论,学会质疑,并继续寻找新的证据来支撑自己的观点。"[4]围绕史料,学生在教师的指导下通过自己对史料的探究,了解历史事实,在进行历史问题深入探讨时,学生会从不同角度思考,主动寻找史料,真正理解历史的准确性不仅仅是弄清楚事实真相,它还涉及一种符合事实的历史解释。换句话说,它需要学生们在历史的学习中培养辩证的历史思维,从而来解释当今的诸多事件。因为,历史是为现实服务的。

最后,通过史料教育,倡导学生"做历史"(learning history by doing history),提升学生的思辨能力。所谓"做历史"就是"根据学生的认知和适当的受教育水平,引导学生去体会历史学家研究历史的过程"。[5]"做历史"要求学生成为积极的参与者而不是被动的观察者,像历史学家一样去主动地分析历史,而不是被动地接受历史,从而在思考与理解中去感受历史。具体到课堂中,就是学生不追随权威,需要根据问题在所给出的大量不同类型的史料中,通过自己对史料的整理分析,去伪存真,归纳总结出自己的思想,史论结合,撰写论文,真正体会柯林伍德历史哲学中的核心理念——"史学家必须在自己的心灵中重演过去"。[6]这种"做历史"对学生认识、整理、分析史料的能力以及历史思维都提出了非常高的要求,这就与平时的训练密不可分,史料教学在这其中起到了很大的作用。

三、史料教学的重要性

史料教学的目的在于激励学生们通过解读各种各样的史料来构建历史。"重建史实"经常是很碎片化、十分零散的,通过上述循序渐进的史料分析过程,"重建史实"的"做历史"会影响到学生意识的培养、历史方法的学习以及价值观的提升。

1.培养学生的历史思维

历史课程应该重视学生历史观的培养,而史料分析是其中关键一环。历史学家对历史的认识主要是通过对史料的研究获得的。在大量看似杂乱无章的史料中,历史学家为弄清历史的本来面目,并揭示历史发展的内在规律,逐步形成一套独特的研究方法和技巧。在美国史课程的史料分析中,学生逐步认识到历史真相是要通过掌握足够的史料和历史知识,而自己必须要像历史学家一样,通过积极阅读,深入查找史料,在对历史片段的分析中,寻求更多的证据,初步构建历史框架,培养时序思维能力,再通过进一步史料研读,由浅入深增进对历史更深的理解,明晰美国历史的复杂性、多面性与个性特征,构建并发展自己的历史思维能力。这些历史学家解决历史问题的方法和技巧,对培养学生的历史思维能力,特别是创新意识,会起到积极的促进作用。在美国史学习过程中学生运用史料作为证据,探讨历史现象与问题,这不仅有助于培养学生的分析、评价和辨伪能力,而且因为历史研究需要非常强的逻辑严谨和对真实还原历史探索精神,必然会使史学学习者和研究者在此过程中不断完善史学思维。

2.发展学生的问题意识和批判性思维能力

傅斯年有一句名言:史学便是史料学。他还说过:"假如有人问我们整理史料的方法,我们要回答说:第一是比较不同的史料,第二是比较不同的史料,第三还是比较不同的史料。"[7]虽然这些话道出了史学研究的精髓,但仅凭借史料进行研究也是不够的,在用史料说明问题时还要有逻辑的贯穿,要有问题意识。历史学互联网的发展已使美国史相关史料的查找变得便捷,但同时也给学生的学习研究带来挑战。网上资料极其丰富,良莠并存,难以取舍,如何解读这些材料,进而还原历史,这就需要学生树立问题意识,甄别、鉴定史料,提出质疑,辩证看待,从而培养历史理解能力、历史分析与解释能力以及批评性的历史研究能力。通过大量史料分析实践,学生们会了解到,一份史料的时间、地点或是其作者与某一历史事件的距离越短,联系越紧密,这份史料的质量也就更好。通过这种训练,学生们会在美国史学习中重视事件所留下的最直接的痕迹、事件的直接参与者或观察者在事件发生当时就作出的对事件的描述,事件的非直接参与者或非见证人用采访的方法或是找到的有关历史事件的证据,在事件发生后对事件所作的描述。进一步的史料分析实践还会让学生对作者的偏见、目的和观点等问题做出自己的判断和分析。因此,恰当的史料教学使得历史课能发展学生的分析与判断能力,训练学生判别偏见、鉴别证据、评估论断的能力,通过教和学,学生们能作出有意义的、独立的判断,觉察持偏颇观点的争辩者关于历史的虚假说明等。这种问题意识和批判性能力恰是史学创新的前提,正是在提出问题的前提下,才能不断追踪史料,把表层问题通过具有逻辑关联的史料延伸进行深化,使梳理清楚的史实呈现为有意义的知识,进而让这些史实和一些大的关怀之间产生关联,这也就是创新。

3.有助于学生形成正确的世界观、人生观和价值观

"历史知识是一个人具备一定的政治才能的前提,没有历史,一个社会就无法分享其曾经有过的集体记忆,其核心价值观以及解决相关的政治问题、社会问题或道德问题,也就无法有效地参与到国家民主发展进程中来。"[8]美国史的史料教学在培养学生"批判历史"的能力,掌握一定研究方法的同时,也高度关注学生价值观的培养与引导,如在进行美国南部奴隶制问题的研究时,要求学生利用史料将奴隶制置于一个宏观的历史背景下,尽管我们的学生基本上对历史背景都有较为准确的把握,但往往在讨论南部奴隶制问题时选取视角过大,对大范围的主题有认识,但对具体问题却缺乏深入探讨,对奴隶制相关史料的分析要求学生逐步学会用历史唯物主义观点在扎实史料基础上分析问题、解决问题,而在这一史料过程中也通过历史学科的特有功能构建历史与现实的桥梁,以史为鉴,增强学生爱国主义情感,理解和尊重其他国家和民族所创造的文明成果,从人类社会历史发展的曲折历程中理解人生的价值和意义,逐渐形成正确的史学研究方法。在美国史教学中的史料分析教学方法,不仅仅是引导学生学习研究历史,还要从社会主义核心价值体系出发,强调爱国主义、民族精神和多元文化等等的价值观教育,立足于个人的全面发展,尽职尽责教育学生,让学生通过史实学习,提高自我,服务于社会与国家。

从以上几方面的分析可以看出,美国历史教学中充分利用史料在教学实践中是行之有效的,史料教学具有教育性,它提高了学生学习历史的积极性,鼓励学生像历史学家一样思考、研讨、分析、解答历史问题,培养了学生的探究精神与创新意识。

参考文献

[1]Using Primary Sources,https://www. loc. gov/search/? in = &q = using + primary + sources&new = true&st = ,访问日期:2019 年 12 月 15 日。

[2]A. K. Dicklnson, P. J. Lee and P. T. Roger, *Learning History*, London:Pergamon Press Ltd. ,1984,p.169.

[3][4]Kaya Yilmaz.A Vision of History Education in Secondary Schools.*The High School Journal*,vol.92,2008,pp.38-39.

[5]Patrick Rael,What Happened and Why? Helping Students Read and Write Like Historians,*The History Teacher*,vol.1,2005,p.23.

[6]柯林武德:《历史的观念》,北京大学出版社 2010 年版,第 278 页。

[7]傅斯年:《历史语言研究所工作之旨趣》,《傅斯年全集》第二卷,湖南教育出版社 2003 年版。

[8]History Standards,https://phi.history.ucla.edu/nchs/preface/standards-faq/,访问日期:2019 年 12 月 15 日。

翻转课堂在酶工程全英文教学中的应用[*]

王世珍　凌雪萍　何　宁[**]

摘要:酶工程是酶学和化工学科相互渗透结合发展而成的前沿学科。酶工程全英文教学是在"生物化学"的双语教学的基础上进行开展。进一步培养学生专业相关英语的学习。采用拓展学习资源,整合网络和课堂内外文字和视频资源,在教学实践中应用翻转课堂全英文授课。并采用讲课和学生做报告,结合科研竞赛项目等方法,培养学生解决复杂问题的综合能力和思辨思维。紧跟学科发展前沿,介绍最新进展,课程内容具有前沿性和时代性,教学形式体现先进性和互动性,为实际工程实践打下基础。

关键词:酶工程;翻转课堂;模块教学;全英文教学

一、引言

　　酶工程课程涉及酶的挖掘、生产、改性与实际应用,包括微生物发酵产酶、酶的分离纯化、酶催化动力学、酶分子修饰、酶固定化、非水相酶催化、酶定向进化、酶反应器、酶的应用等内容。酶工程综合微生物学、生物化学、分子生物学等基础学科的理论知识,并包括生物分离技术、发酵技术等实践技能。[1]

　　酶工程是酶学和化工学科相互渗透结合发展而成的前沿学科。酶工程具有明确的生物技术领域产业化前景,应用于食品加工业、精细化学品工业、医学、环境保护等领域,与生产生活关系密切。课程任务是讲授酶催化原理与技术,以及酶作为生物催化剂在工业绿色制造中的作用。学生通过酶工程的学习,应掌握酶催化的基本理论、基本技术以及相

　　[*] 基金项目:国家基金面上项目"耐盐氨基酸脱氢酶的抗逆机制研究与元件优化组装"(No. 21776233);福建省自然基金项目"高苯丙氨酸脱氢酶的底物识别机制研究和催化性能调控"(No. 2018J01013);中央高校基本科研业务费项目"有机相胺脱氢酶电极可控组装研究及其在食品有机胺检测中的应用"(No.20720170033)。

　　[**] 王世珍,博士,厦门大学化学化工学院副教授,硕士生导师;凌雪萍,博士,厦门大学化学化工学院副教授,硕士生导师;何宁,博士,厦门大学化学化工学院化学工程与生物工程系教授,博士生导师。

关的研究和应用的发展趋势,学会综合运用所学解决科研和工业应用的实际问题,并为进一步研究奠定基础。厦门大学化工系生工化工专业酶工程课程采取全英文教学的方式,课程面对本科三、四年级学生,同时开放给国际硕士。

如何使酶工程的教学紧跟科技前沿并适应社会发展需要,培养兼具理论知识、工程技能与创新意识的合格毕业生是酶工程教学需要面对的重要问题。以"顶天立地"的教学理念为指导吗,在传统的酶工程的基础上增加前沿技术的介绍,并切实结合绿色制造的实际应用进行课程讲述。

二、课内外学习资源的拓展与整合

酶工程课程内容覆盖面广,学科综合性强,是高等院校生物化工专业重要的理论和实践并重的主干课程。酶工程全英文教学是在"生物化学"的双语教学的基础上进一步培养学生专业相关英语的学习。通过课内外学习资源的拓展与整合,调动学生学习积极性,培养自学能力。

1.公开课资源挖掘

引导学生学会利于国内外优质课程网站,包括国外高等院校开放课程,我国慕课(MOOC)、金课等网站,通过学生自主学习课件、电子教案,观看视频、动画等网络资源进行学习。这实际是开拓了学生对酶工程理论和实践的探索能力,梳理和强化了课程的重要知识点。课程中,老师针对同学们没有发现的知识点,学科交叉的部分,创新特色性部分,进一步强调分析。

2.视频实验资源挖掘

通过利用视频实验弥补理论课实际操作欠缺的不足,引导学生自主学习,加深对知识的理解。创办于 2006 年的 JoVE 实验视频期刊(JoVE:Journal of Visualized Experiments),以视频方式展现生物学、医学、化学、物理学等学科领域的研究过程与成果。通过甄选其中生物学专辑(Biology:http://www.jove.com/biology)、生物工程专辑(Bioengineering:http://www.jove.com/bioengineering)的基础操作视频,作为学生的课外学习资料,进一步规范和完善学生的实验操作技能,为进入实验室动手进行科研实践奠定基础。例如,采用jove 视频网站中的酶动力学(Enzyme Assays and Kineticshttps://www.jove.com/science-education/5692/enzyme-assays-and-kinetics)模块进行酶学基本仪器设备的讲解。[2]笔者关于酶标仪 96 孔板测定测定脂肪酶活性的实验教学论文,题为 Microplate bioassay for determining substrate selectivity of Candida rugosa lipase, 在 *Journal of chemical education* 期刊发表。[3]

3.生物大数据网站与软件

介绍酶和蛋白相关数据库的使用。相关蛋白结构数据库 PDB（http://www.rcsb.org/pdb/home/home.do）、酶反应数据库 Brendra（http://www.brendaenzymes.org/）的应用讲解。深化酶构效关系的讲解,结合蛋白结构分析的 Chemra 软件,讲授简单的蛋白结构比较分析、表面电势、溶剂可及表面等基础结构分析方法,初步讲授蛋白分子动态动力学的机理和应用。在生化基础实验中开设相关酶模拟与结构分析的实验。

4.英文论文写作并讲授

以发表在 *Trends in biotechnology* 期刊上的论文 Guidelines for reporting of biocatalytic reactions 为基础,讲述酶催化反应规范写作的相关要点。讲述内容包括酶活性检测试验条件、稳定性测定、实验平行样的设计和误差线的计算等。[4]通过酶催化相关论文写作基础规范的培养,切实提高学生的文献阅读能力和写作能力。

5.生物工程经济学

结合生物催化步骤的经济核算,介绍工程成本基本计算原则,突出课程的工程应用前景,通过讲授酶生产的基本单元操作的经济核算,阐明酶作为生物催化剂在实际生产和工业绿色制造中生物经济路线。通过分析酶催化路线成本核算,培训学生与工业生物技术的实际应用对接的能力。

三、翻转课堂在全英文授课实践中的应用

针对全英文授课要与专业课程知识的讲授和实践紧密地结合,充分考虑学生存在的畏难心理,采用生活实例与理论知识相结合的教学方法,合理组织教学内容,引导学生主动思考,掌握相关知识点。本文以酶的抑制这一章节为例进行讲述。

1.生活实例与理论知识相结合

将教学内容分解为多个模块,包括概念解析模块、公式推导模块以及实际应用模块,再在每个模块下建立数个知识点。重点识别关键英文术语,包括不可逆抑制,可逆抑制的三种类型。采用生活实例与理论知识相结合,结合有机磷农药中毒与解毒阐述不可逆抑制的机理。精心准备英文动画教学短片、形象解释三种类型可逆抑制的机理差异。以竞争性抑制为例,在米氏方程的基础上进一步导入抑制剂对活性的影响,进行公式推导。形象生动的授课方式更有利于学生理解与接受。该教学内容获得厦门大学第三届英文教学比赛一等奖。

2.翻转课堂讨论互动

由于本校的酶工程课程同时开放给国际硕士,结合同堂授课的情况,以竞争性抑制的目标小分子的设计和选择,以及药物治疗窗分析为例,引导本科生与国际硕士相互交流辩论。利用翻转课堂课桌随意调整的优势,进行座位洗牌,避免传统课堂教学中教师"自问自答"的教学模式,培养学术英语的听说读写能力。通过充分讨论,锻炼了学生的语言组织和表达能力,加深对课程内容的理解。学生的学习热情高涨,学生对知识的掌握和运用程度都有明显提升,提高了教学效果。[5,6]

3.学习测评方式改变

多种测评方式相结合,通过英文文献阅读报告、期末论文撰写等方法,调动学生积极性和主动性。期中考核以翻转课堂的方式,让学生进行小组合作进行英文报告,讲述最新的 *Nature*、*Science* 等国际知名期刊上酶工程领域的最新进展。每组学生合作自制 15 分钟的 PPT,进行英文陈述,并回答问题。评定分报告的规范性、逻辑性、回答问题情况和英文表达情况等几个部分进行打分。学生评分占 30%,教师评分占 70%。学生提问积极、课堂气氛踊跃。期末考核以综述论文的形式,分配不同论文题目要求写作,为学生参与科学研究和工程实践奠定基础。通过比较可以看出,将翻转课堂教学模式应用于教学中,更有利于学生形象学习。

四、科研竞赛项目和教学相结合

1.大学生创新创业训练计划

结合国家大学生创新创业训练计划在导师的指导下,自主完成创新性研究项目设计、研究条件准备、项目实施、数据处理与分析、研究报告撰写、成果(学术交流)等工作。本科生创新实践平台和校外实践基地都应作为本科生创新创业实践基地,制定政策向参与项目的学生免费提供场地、仪器和设备。同时开展跨学科交叉项目,通过二十二碳六烯酸发酵、极端酶电催化制备手性药物等科研项目,拓展学生的科研视野。通过解决复杂问题的过程,进行能力和思维的训练。

2.生物分子设计国际竞赛

组织学生参加生物大分子设计大赛 BIOMOD,2013 年获得银奖,2014 年获得国际金奖。通过"竞赛+项目"的实践教学,改变了"被动式教学"的状况,激发了学生的学习兴趣,启发学生主动实践,并为学生创造了与国际高水平大学的教授和学生面对面交流的机会。Biomod 是一项由哈佛大学生物启发工程研究所(Wyss Institute for Biologically

Inspired Engineering)创办的一年一度的设计大赛,参赛队伍由本科生组成。主要关注的领域包括:BIOMOD 大赛设计的对象是生物大分子,如酶、多肽或 DNA 等,目的是对生物大分子进行组装,实现生物分子机器人、生物分子的逻辑计算、基于结构的生物纳米技术等功能。笔者作为主要负责老师组织本科生参赛,进行跨学科交叉合作,以"Assembly of multi-enzyme inspired by bio-mimic DNA's structure"为课题展开研究。我们受 DNA 双螺旋结构的启发,设计以聚乙烯亚胺为双链骨架,构建以多酶体系为基础的生物分子机器生产二羟基丙酮,利用二羟基丙酮与皮肤上蛋白质间的反应实现生物刺青。成功地实现了预期构想,并利用 3D 打印技术打印该生物分子机器的模型,给现场评委留下深刻印象。[7,8]

图 1　2014 年厦门大学本科生 Nanobiocat 队伍

通过竞赛不仅检验学生是否基本掌握酶工程相关知识,而且通过组建队伍、提出课题、完成课题的整个过程,学生们的科研能力、跨学科学习和跨年级实践的能力、分析解决问题的能力、团队协作能力都能得到历练。

国际竞赛的参与对增强学生解决实际问题的能力和创新能力、塑造具有国际视野的高素质复合型人才具有重要作用。并且形成单科性学习到综合性学习、从继承性到研究性和创新性等转变的实践教学新模式。这项教育改革,能够使学生切实地对所遇到的问题进行思考,寻求解决问题的方法,进而产生灵感的火花。这样对学生的主动实践能力、分析问题和解决问题的能力、创新能力等都是极好的培养和锻炼,开拓了学生的科研视野。

五、结语

酶工程领域技术发展迅猛,日新月异。瑞典皇家科学院将 2018 年度诺贝尔化学奖的

图 2 2014 年厦门大学本科生获奖证书

一半奖金授予美国科学家弗朗西斯·阿诺德(Frances H.Arnold)以表彰她在"酶的定向进化"领域的贡献。在学科新发展形势下对酶工程教学进行思考和展望,需结合上下游课程和实际工业应用,对酶工程课程进行拓展与深化,并思考存在的问题。

课程内容需进一步贯穿上下游,包括上游生物信息学相关的酶的基因挖掘与表达,酶的蛋白质工程、溶剂工程和底物工程,以及下游生物绿色制造高附加值的手性化合物和生物炼制等。同时,需进行知识、能力、素质有机融合,使学生获得能力和思维的训练,培养学生解决复杂问题的综合能力和思辨思维。

参考文献

[1]周香艳:《酶工程课程教学改革与实践》,《生物学杂志》2018 年第 4 期。

[2] Enzyme Assays and Kinetics, https://www.jove.com/science-education/5692/enzyme-assays-and-kinetics,访问日期:2019 年 12 月 10 日。

[3] Shizhen Wang, Microplate bioassay for determining substrate selectivity of Candida rugosa lipase, *Journal of chemical education*, Vol.3, 2012, 409～411.

[4] Gardossi, Lucia, Guidelines for reporting of biocatalytic reactions, *Trends in biotechnology*, Vol.8, 2010, 171～180.

[5]孙飞龙:《翻转课堂教学模式在酶工程教学中的应用探讨》,《当代教育实践与教

学研究》2017 年第 3 期。

　　[6]罗璇、乔鑫：《翻转课堂在酶工程教学中的应用》，《广东化工》2018 年第 3 期。

　　[7]《Nanobiocat 团队在 BIOMOD 比赛中获金奖》，https://www.biomart.cn/news/10/119101.htm，访问日期：2019 年 12 月 15 日。

　　[8]《厦大学子科创成绩斐然去年夺 20 项国际级一等奖》，http://www.chinanews.com/edu/2015/04-03/7184379.shtml，访问日期：2019 年 12 月 15 日。

基于翻转课堂的建筑制图教学模式设计
及应用研究*

吴新烨 林 婕 郑建斌 李彦豪 刘中华**

摘要: 翻转课堂作为一种创新性教学方式的改革成果,给课堂教学模式带来了一阵新风。本文就建筑制图课程中投影法及空间几何形体的表达这一章节内容,利用翻转课堂的教学模式进行了具体设计和教学实践,包括课程视频的教学设计、翻转课堂教学策划以及教学内容拓展等。本研究期望能为类似课程的翻转课堂教学模式的引入起到抛砖引玉的作用。

关键词: 翻转课堂;建筑制图;投影法;教学改革

一、建筑制图课程的性质及任务

建筑制图是土木工程、工程管理、建筑学、城市规划四个专业必修的一门技术基础课。本课程的任务是培养学生利用投影法在二维平面图纸上表达三维空间几何形体的能力;培养和发展学生的空间想象能力、空间逻辑思维能力和创新思维能力;培养学生借助尺规等制图工具、徒手以及利用计算机绘制和阅读工程图样的能力;培养学生具有科学的思考方法以及认真细致的工作作风;培养学生具备良好的工程意识以及贯彻、执行国家标准的意识;培养学生绘制建筑物阴影透视图进一步增强建筑方案表达的能力。

* 本研究得到 2019 年厦门大学学生工作课题立项项目(2019XN003)、2018 年福建省本科高校教育教学改革研究项目(FBJG20180185)、2018 年厦门大学"翻转课堂"教学改革研究项目(JG20180207)、厦门大学第七批在线开放课程建设项目的资助,在此表示感谢!

** 吴新烨,厦门大学建筑与土木工程学院副教授;林婕,厦门大学建筑与土木工程学院讲师;郑建斌,厦门大学建筑与土木工程学院党务秘书;李彦豪,厦门大学建筑与土木工程学院工程师;刘中华,厦门大学建筑与土木工程学院教授。

二、建筑制图课程的翻转课堂教学模式内涵

翻转课堂让教学流程由"先教后学"转变为"先学后教",实现了教学流程的逆序创新。翻转课堂这一信息化教学实践的智慧亮点在于:体现生本思想、人机劳动分工以及混合学习策略。[1]翻转课堂教学法的实施路径可简述为 O-PIRPAS。O-PIRPAS 具体为:Objective—确定教学目标;Preparation—课前准备活动;Instructional video—课前教学视频;Review—课堂知识回顾与应用、Problem—课堂问题解决、Activity—课堂活动探究、Summary—总结和提升。[2]

翻转课程教学是新形势下一种全新的教学模式,对于学生综合能力水平的提升有着十分重要的意义。[3]翻转课堂教学理念使得"建筑制图"课堂变得更有趣,还可以使得"建筑制图"课程教学范围得到拓展、学生的"建筑制图"课程学习环境有所改变,进而提高学生的"建筑制图"课程学习兴趣,从而提高"建筑制图"课程教学水平。在教学过程中加强对这种教学模式的应用,引导学生之间进行相互合作学习,将学习的主动权交还给学生,让学生之间分享各种不同的观点,从而加深对各种土建类专业知识的理解,提升绘制、阅读工程图样以及建筑方案表达的能力。

三、建筑制图课程的翻转课堂实施案例

"投影法及空间几何形体的表达"是厦门大学建筑与土木工程学院专业基础课程"建筑制图"的一个主题。下面以该主题为例,介绍本课程如何实施翻转课堂教学模式。

1.确定教学目标

本主题的细分知识点包括:投影法的分类、投影法的特点、三视图的概念、三视图的形成原理、三视图的投影规律、三视图的一般绘图原则。

本主题的知识性教学目标:掌握投影法的分类及各投影法的特点;三视图的概念;三视图的形成原理及投影规律;三视图的一般绘图原则。

本主题的能力性教学目标:通过规范作图的方法和技能绘制三视图;发展学生的空间想象力、逻辑思维能力以及工程意识;培养学生细腻严谨的学习态度以及团队合作精神。

2.课前准备活动

课前准备活动主要是为了激发学生学习的动机以及准备相关的认知基础。对于本课程的学生来说,他们迫切想了解建筑制图的绘图理论,具备较强的学习动机。但是由于本主题的知识需要较强的空间想象力,而学生的空间思维受到定向模式的限制,在学习本主题内容的时候会出现困难。

基于上述考虑,教师在课前准备活动部分介绍了工程图样在生活中的实际应用,比如在桥梁、大楼、厂房以及道路等建筑物中的应用,强调工程图样的重要性,导入投影法的概念,激发学生学习投影的动机。教师向学生展示了一些相关的图片、影像资料,让学生意识到投影在建筑表达中的重要性,并引导学生从现有的知识和经验出发,借助日常生活中的现象进行直观感知,积极思索,加强学生立体思维的构建,见图1。教师让学生认真观察图片,并思考:生活现象是如何发生的,需要具备哪些要素?

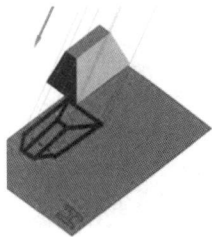

图 1　日常生活现象　　　　　　　图 2　投影法的基本概念

接下来开始引入投影法的概念:投影是指在一定的投射条件下,在承影面上获得与空间几何元素或形体一一对应的图形的过程。投影产生的具体过程见图2。

通过上述准备活动,教师一方面激发了学生学习本主题的兴趣,另一方面也让学生对投影法、形状表达等知识进行了思考,产生了未解的问题。从而学生将带着这些问题和疑问进入教学视频的学习。

3.课前教学视频

本主题的视频录制主要采取模拟环境下教学现场拍摄的形式。教学视频的主要目的是实现知识性的教学目标。下面对视频中的教学设计进行介绍。

教师首先介绍投影法的定义,接下来介绍投影法的分类,具体见图3。教师结合日常生活演示不同光源、不同角度下物体投影形状、大小的变化,引出投影线、投影面、斜投影、正投影等概念,并分析各投影法的优点、缺点及实际应用。

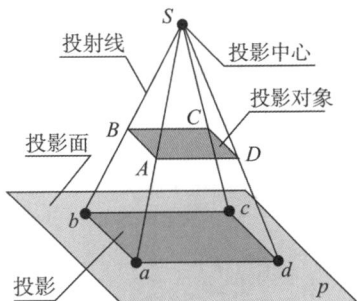

图 3　投影法及分类

然后教师重点分析了正投影的特性,包括实形性、积聚性、收缩性三个特点,见图4。之后,介绍各种投影法在工程表达中的应用,见图5。

接下来,教师介绍三视图的形成。教师首先结合生活中的实物模型和多媒体课件演示,总结单面、两面及三面投影的特点,见图6;并自然得出结论:三面投影能唯一确定物体的空间形状。

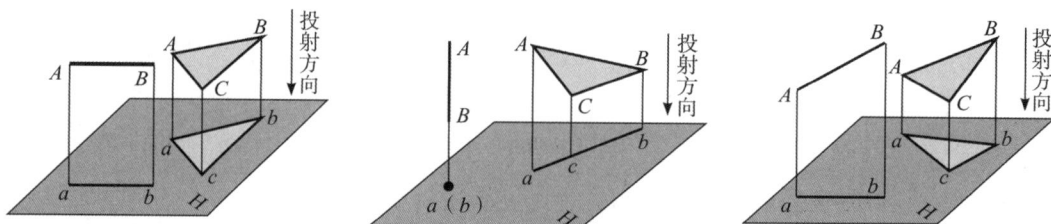

图 4　正投影的特性

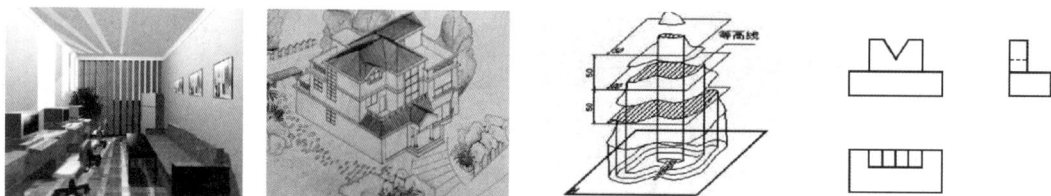

图 5　各种投影法在工程表达中的应用

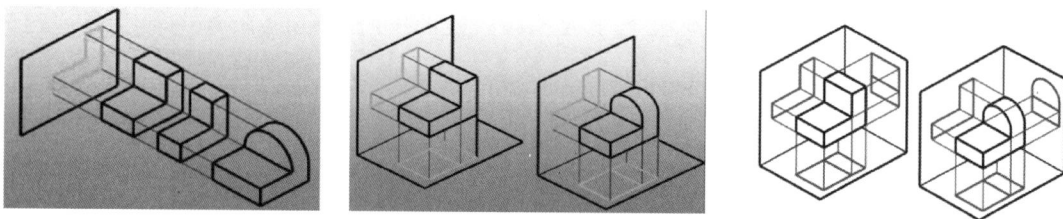

图 6　单面、两面及三面投影的特点

然后教师介绍如何建立三投影面体系(图 7)、三面正投影图的形成以及三面正投影图的展开,见图 8。

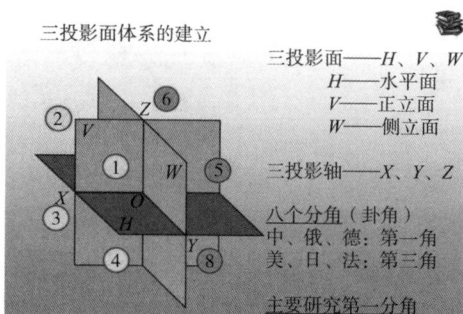

图 7　三投影面体系的建立

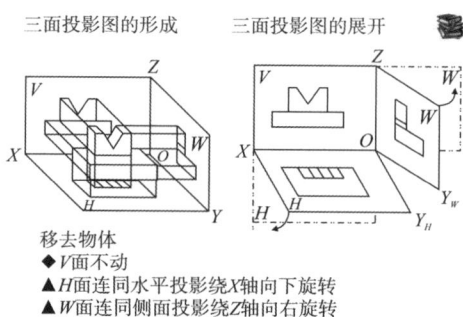

图 8　三面正投影图的形成及展开

教师借助教室的一角,即相互垂直的两堵墙和地板构成三个互相垂直的平面,并引导学生撑开课本竖放在课桌上,建立一个简易的三个互相垂直的平面来阐述三投影面体系,增强学生对三投影面体系的认识。同时结合多媒体演示回答以下问题:(1)三投影面体系中有哪几根轴,它们如何区分? (2)这几根轴的交点称为什么,用哪个字母表示? (图 9)

教师解释三视图的位置关系、投影关系、方位关系,总结三视图投影的规律,见图 10。

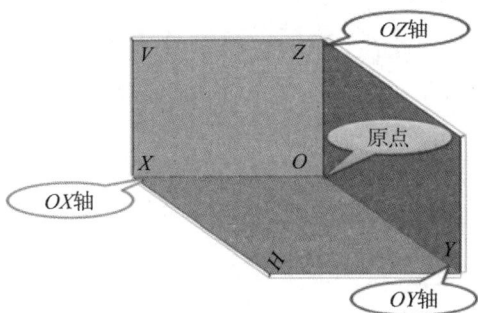

图 9　三投影面体系与教室一角的对应介绍

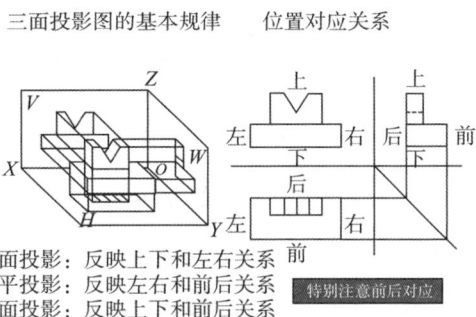

图 10　三视图投影规律

最后介绍空间几何形体的表达要求:不平齐处要画实线、平齐处(共面)不画实线、相交时要画交线、相切时不画切线,见图 11。同时,一并介绍了三视图中正视图的选择要求:要最能反映物体的形状特征、要符合物体的工作位置、要符合物体的加工位置、要使视图中的虚线较少、要合理地使用图纸,见图 12。

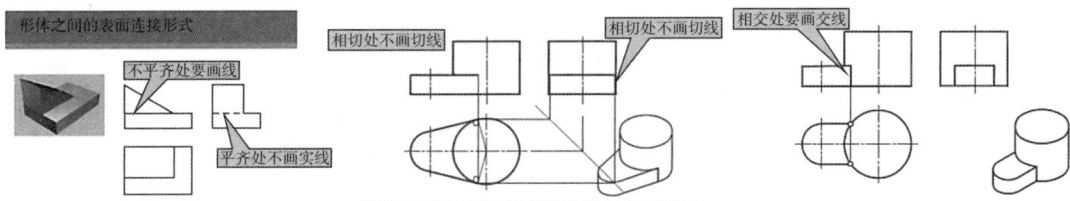

图 11　空间几何形体的表达要求

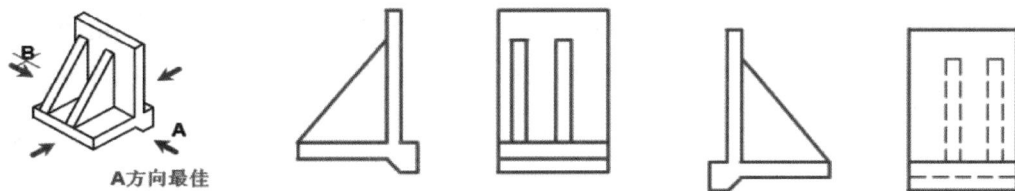

图 12　正视图的选择

4.课堂知识回顾与应用

学生完成线上视频学习之后,就进入到线下课堂学习。教师首先简要回顾视频内容,并对相关内容的重点进行了强调,比如中心投影与平行投影的区别以及由这两种投影法所产生的相关工程图样、为何需要用三视图来表达空间几何形体等。

5.课堂问题解决

回顾完视频内容之后,教师通过课堂问题设计检测学生课前视频学习的效果。教师首先设计基础性的题目考查学生课前是否学习了教学视频。比如下面的两道题目。

题目1:形体的主视图、俯视图、左视图依次为(　　　　),见图13。

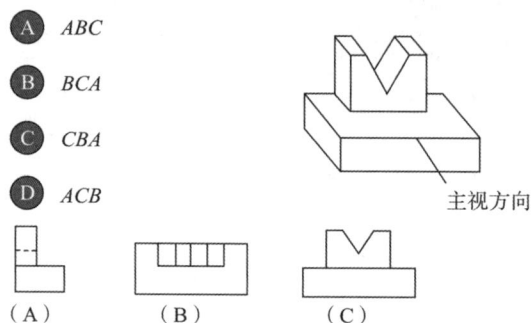

图13　三视图的正确配置

题目2:请学生指出以下正投影的错误之处,见图14。

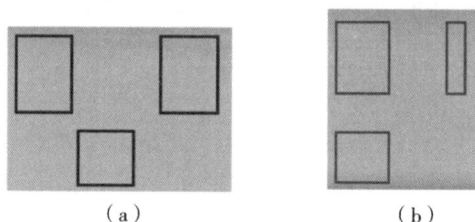

图14　三视图纠错

此外,教师设计了一些知识提升的题目,考查学生通过视频学习,对空间几何形体需要三面投影来准确表达这一知识难点的掌握程度。比如下面的题目,已知 V、H 面投影,想形状,绘制其 W 面投影,见图15。

图15　补全第三视图

教师根据学生对课堂问题的回答情况,进行有针对性的指导和解释,以加深学生对该主题知识点的理解和掌握。

6.课堂活动探究

在课堂问题解决之后,教师设计了两个课堂活动让学生进行探究,以实现本主题的能力性教学目标:随着国际化程度的提高,将会越来越多地接触到非第一分角画法国家的图纸。这就要求同学们拓展了解第三分角画法的特点。同时需要深刻体会平行投影与中心投影的区别以及在表达空间几何形体的区别。第一个探究活动是,"根据如下轴测图,绘制该形体的第三分角投影,并说出两种投影的异同点",见图16。

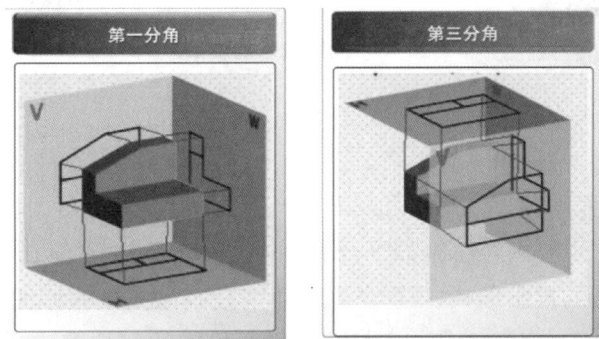

图16 第一分角与第三分角视图的异同点

第二个探究活动是让学生从投影的角度欣赏艺术与建筑,见图17。数学具有严密的逻辑,精确的计算,而艺术则是潇洒不羁,具有跳跃的思维律动。显然投影的基本概念就是属于数学的范畴。数学与艺术看似水火不容,但细细品味,艺术家们有意或无意中使用了数学的语言和思想,并将其贯穿于五彩缤纷的艺术生活中。所以从投影的角度来说,艺术与数学也是统一的。

图17 以投影的视觉欣赏世界名画

通过一个视频,同学们了解到投影技术的发展:VR(Virtual Reality)虚拟现实、AR(Augmented Reality)增强现实、MR(Mixed Reality)混合现实等新技术。通过视频,同学们体验VR技术在建筑设计中的具体应用,见图18。

图 18　投影技术的发展

7.总结与提升

最后,教师对课程内容进行总结和提升:今天的学习内容是对于投影的基本知识的练习与拓展。所涉及的主要内容总结如下:投影的概念及特点、空间几何形体的投影表达、空间形体在第三分角的投影形式、投影法在艺术与建筑欣赏中的体现、投影的新发展——VR技术。希望同学们能广泛涉猎,及时追踪、学习投影的新技术,在古建筑测绘、修复和重建中发挥你们的才智,挥洒你们的青春与激情。布置相关的课后复习作业,让同学们及时完成,以利于对本节学习的内容进行巩固与提高。

四、小结

翻转课堂作为一种创新性的教学方式的改革成果,给课堂教学带来了一阵新风。本文就建筑制图课程中投影法及空间几何形体的表达这一章节内容,利用翻转课堂的教学模式进行了具体设计,包括课程视频的教学设计,翻转课堂教学策划等。翻转课堂教学理念使得"建筑制图"课堂变得更有趣,还可以使得"建筑制图"课程教学范围得到拓展、学生的"建筑制图"课程学习环境有所改变,进而提高学生的"建筑制图"课程学习兴趣,从而提高"建筑制图"课程教学水平。本研究期望能为类似课程的翻转课堂教学模式的引入起到抛砖引玉的作用。

参考文献

[1]祝智庭、管珏琪、邱慧娴:《翻转课堂国内应用实践与反思》,《电化教育研究》2015年第6期。

[2]朱凤山、曹凤:《O-PIRPAS翻转课堂教学设计与实践探索》,《郑州铁路职业技术学院学报》2018年第2期。

[3]赵建峰:《翻转课堂教学模式下学生学习方式转变的研究》,《吉林教育》2016年第10期。

医学免疫学线上—线下混合教学的优劣分析

——小班化教学体会

庄国洪 高丰光*

摘要:推动广大教师"以生为本""以学为中心"开展教育教学活动,不断提高教育教学水平,提升本科教学质量,激发同学主动学习的积极性至关重要。尤其对于医学免疫学的教学,医学免疫学内容抽象、难以理解;专业名词多,且多数名词还有英文缩写,这些名词缩写会贯穿整本教科书、难以记忆。基于此特殊背景,我们对 2017—2019 学年期间小班化线上—线下教学体会予以分析,期待找到学好医学免疫学的方法。结果认为:(1) 小班化实施线上—线下混合教学可有效提高教学质量,增强学生学习的积极性、自主性,学生成绩良好,知识点掌握全面;培养了学生敢于提问、自主讨论、主动思考的学习模式。(2)开展线上—线下混合教学,需要较好的线上资源。目前不是每个学校、每个专业都具备这样的资源,国家在积极推进"双万"金课,即 1 万门左右国家级一流课程和 1 万门左右省级一流课程的建设,希望我们有更多的线上金课,为学生提供更好的线上资源。(3)目前多数学校、专业因师资力量有限,多以大班教学为主,如何在全专业、全年级实施教学改革需要我们思考。

关键词:医学免疫学;线上—线下混合教学;金课;精品课程

传统的教学模式以教师讲授为主体,以教为中心。教师查阅相关资料、积极备课,但学生的基础、理解力及学习方式的差别,教师虽积极备课,期望照顾到学生的主体,但授课效果不尽人意,以致部分同学不能掌握基本内容,不能通过考试。所以,推动广大教师"以生为本""以学为中心"开展教育教学活动势在必行。目前教育部提出建设双万工程,积极推动"金课"建设,以改变这种教学弊端。

"金课"是新时代教育价值的重要载体,担负着培养具有世界影响力学者的历史重

---

* 庄国洪,吉林人,厦门大学医学院副教授、硕士生导师,医学免疫学博士;高丰光,江苏徐州人,厦门大学医学院基础医学教授、硕士生导师,肿瘤学博士。

任。"金课"是以培养卓越拔尖人才,孕育有责任担当的科学家和思想家为主要目的,按照新时代的课程理念和人才成长规律,以智慧学习环境和技术为支撑,重塑的具有中国特色的课程体系[1]。

针对目前教学普遍存在的问题,判断一门课程是否为"金课",不仅取决于师资水平、课程内容、课程评价、教学过程、教学环境等,更重要的是学生的学习投入度与学习收获,即在多大程度上享受到了教育服务价值[2]。当前需要协同推进"金课"建设,重塑课程体系,实时采纳智慧教育理念和技术,使老师的教学积极性及教学效果得到极大的提高。同时,积极调动同学学习的积极性,改变学生的学习理念,充分利用好线上资源,提高教学质量。通过建设"金课"掀起高等教育的"质量革命"。

一、线上—线下混合教学的必要性

传统教学模式以教师为主体,课堂上以老师讲述为主,在授课中忽视了学生的差异性,不能有效地培养学生自主学习能力,也不能同时满足不同层次学生的个性化需求。建立"线上"网络教学与"线下"传统面授教学相结合,可以增强学生的自主学习意识,培养创新精神,提高实践能力,获得了事半功倍的效果。

线上—线下混合教学新模式的实施,首先需要具备较好的"线上"网络教学资源,目前"金课"的建设可以保障线上资源的优质性及可行性。但是完全线上学习模式缺乏教师的主导与监管,不能达到预期的教学效果。因此,传统课堂教学模式与"线上"网络教学模式的有机结合,可实现优势互补,所以,"线上"(网络教学)+"线下"(面授教学)混合式教学模式应运而生。

目前,教学改革提出:坚持以学生为中心、以学为中心、个性需求培养,构建多元培养模式,促进学生全面发展和个性成才。建设双万"金课"工程,建立精品课程正在进行,这一工程的实施可以有效地提升课程高阶性、创新性和挑战度。未来3~5年,"金课"将会呈现十大发展趋势[2]:(1)加快推进"金课"建设的政策、标准、评价指标体系等将会密集发布;(2)"金课"作为课程未来发展的新形态必将受到师生的广泛认可;(3)淘汰"水课",建设"金课"的浪潮,能够显著提升高等教育质量;(4)"金课"的相关研究将会呈现井喷式爆发,引领课程研究的新方向;(5)"金课"将会为培养卓越拔尖人才提供有力支撑;(6)"金课"将会颠覆现有的教材形态,实时更新、实时互动、动态化、智慧化、个性化的线上线下混合式教材将会成为教材发展的新趋势;(7)知识创新与创新创造力培养将会成为"金课"建设的关键导向;(8)"金课"考核中知识命题所占的比重越来越少,思维命题所占的比重越来越多;(9)没有特定教材和教学内容,没有特定教室,创新作品导向,跨学科、跨领域、跨文化、跨区域的研创活动和研创任务或许将会构成未来"金课"课程的主体;(10)"金课"有望成为具有世界影响力的中国课程品牌。

医学生因担负着治病救人的重要使命,对医学生的自主学习能力和学习效率的培养尤其重要,在 5 年的学习生活中,第一到第三年以学习医学基础理论知识为主,包括 30 多门必修课,每一门功课都同样重要。医学生要在有限的时间里掌握这样多的知识确实是个不小的挑战。如何提高学习效率至关重要。

医学免疫学在医学生的第二学年开课,是一门非常重要的基础课,同时也是一门很难理解的学科,已经在临床工作多年的医生当提到当年免疫学的学习时也是满脸的痛苦。人体免疫系统首先识别"非己"成分,通过激发固有免疫应答及适应性免疫应答而产生免疫效应物质(抗体、抗原特异的 Th 细胞及 CTL),这些物质协同发挥作用而清除"非己"成分—抗原,保持内环境稳态,进而保持身体健康。并且临床上的各种疾病多与免疫异常相关,称为免疫相关性疾病。同时根据免疫应答原理而建立的很多免疫学方法应用于临床疾病的预防、诊断及治疗。但是免疫学理论内容抽象、难以理解;专业名词多,并且多是英文缩写,难以记忆;免疫学的理论具有较好的系统性,前面的内容还是理解掌握后面知识的基础,所以,一旦有落课、不理解的情况就会影响后面知识的学习和掌握。

针对医学免疫学的课程特点,我们积极探索了线上—线下混合式教学的教学模式。我们的教学按所学专业分班,临床医学专业每年度上课人数都是百人以上,大班授课采用这种线上线下混合式教学改革不很实用,90 分钟的授课时间不能兼顾到每组同学。所以,我们先期在 10 人编制规模的"大医班"小班教学中先行试点,总结经验后再全面予以医学免疫学的教学改革。

二、线上—线下混合教学的实施

所谓线上—线下混合教学是指:课前提出问题、组织学生课下自学,学生根据线上学习质料(ppt 及课程视频)预习并提出课堂上要解决的问题,然后在课堂上通过讨论及老师讲解来解决问题、掌握知识点。这种课前导学、线上自主学习、课堂重点难点讲解、线上线下深度讨论、过程性考核等方式,将传统的以"教师讲授为主"的模式向以"学生自主学习为主"的模式转变,提高学生自主学习的能力和兴趣,锻炼学生独立思考的能力,使其养成良好的学习习惯,从而取得最好的学习效果。以前,上课很难能给学生留出自由讨论时间,更别提看视频、搞活动了。现在,这些都可以在线上完成,解决了课时不足的难题。在课堂教学中,学生有备而来,我有更多时间引导他们在广度和深度上进行拓展与挖掘。

目前,无线网络已经普及,在我们的教学楼可以自由上网,这对于同学们合理利用网络资源提供了可能。再有我们教研组已经上传了教学大纲、教学课件及相关的教学视频,重点及难点内容都有呈现,这些线上资源为学生自主学习提供了模板和指导。这些客观条件为线上学习提供了保障,接着需要的是老师线下的提前布置学习内容予以引导,以及课上正对学生的问题予以答疑解惑;同时需要同学们自主去学习。考虑到学生素质的不均衡性,我们觉得在小班教学中进行线上—线下教学试点比较可行。

为此,我们在 2017—2019 年间大医班教学中采用了这种教学模式进行医学免疫学的试点改革。大医班只有 8 名同学,学生的素质、学习成绩相近。我们把学生分成 4 组,每组 2 名同学,把相应的学习内容分成 4 个部分分配给每个小组,要求同学利用课下时间 2 位组员间自主学习与讨论;同时根据他们的理解把课程内容整理成 PPT,在课堂讲述,同时提出问题,做到以学生为中心,教师是配角,教师的任务是根据其讲述内容了解学生的理解与掌握程度并予以点评,同时纠正其不正确的理解并回答他们提出的问题,或对于重点、难点内容予以重点讲解。这样的教学,教师的讲述是有针对性的,同学的听也是带着问题的,通过这样的学习,同学和教师一起来解决同学不理解的内容,真正做到"解惑"。以这种方式进行教学改革,改进课堂教学方式,"以生为本""以学为中心"。改变以往的教师满堂灌,讲述内容不能很好地针对不同水平的同学,重点内容反复强调,导致好学生已经听腻,而理解力稍差的同学还是一头雾水。每学年的考核都有一定数量的同学不能通过考试。这种针对性、重点的学习可以通过线下自主学习,找到需要解决的问题,课堂上也即线下老师帮助解决问题,这种结合可以使同学最优化地理解和掌握知识点,可以充分提高教学效果和教学质量。

三、线上—线下混合教学的优劣分析

通过线上—线下综合教学的实施,充分调动了学生的学习积极性,教学效果比较喜人,小班同学的成绩在整个临床专业中排在前 20 名。有的同学在前 10 名。这种教学改革对于小班教学非常适合,我们可以在有限的时间顾及每位同学,可以为每位同学解答问题,甚至可以延伸教科书没有的内容,可以插入目前该领域的最新理念及研究进展。可以做到在课堂内掌握全部知识点。

针对我们开展 2 学年的教学试点,也发现了一些问题。比如,对于 2 年级的临床医学生来说,很多基础课程都需要同时学习,并且,学生受应试教育的影响很深,还是喜欢把学习的重心放在老师身上,存在个别的应付现象。为此,我们及时予以指出和纠正,作为教师,我们希望同学学到的知识越多越好,提出的问题越多越好,甚至把教师问倒,我们课下需要查阅资料才能解答问题,因为这样,证明同学认真思考了,把内容理解透彻了。所以,教师的教学宗旨是把学生教好,把我们的课程讲好,根据国家建设双万课程的目标,把我们的医学免疫学讲好,建设为一门优秀的金课。

"以生为本""以学为中心"看似老师的工作量减少了,实际上对老师提出了更高的要求,我们的本科生生源很好,思维活跃,学生们会提出各种问题,基础的、临床相关的,所以要求老师知识面宽,了解掌握的内容全面。

目前,我们还只限于小班教学改革,针对一两百人的大班应该如何消灭不及格,如何使尖子生学到更多的知识是我们应该考虑的主要问题。

四、线上—线下混合教学的进一步完善

要有效地实施线上—线下综合教学,应该线上拥有完善的教育资源,比如课程的视频,内容解析以及需要讨论的问题等。初期的精品课程以老师上课录像、录制 PPT 为主。线下同学观看老师课上录像需要较多时间,相当于课下自学了课程;而 PPT 只展示了重点的知识点,课上老师会对这些知识点进一步展开,所以,这些线上资源都有一定的局限性。

目前,国家大力倡导双万精品课程建设,可以完善线上学习资源。有的学校、专业率先录制了精品课程,对于没有自己线上资源的学校可以建议、鼓励、要求学生积极使用这些线上资源。这些课程会把每一章节的内容按知识点拆分,每个知识点录制视频时间不超过 10 分钟,并且老师讲授的内容重点突出,这些精品课程的制作和上线为同学们自主学习提供了极好的线上资源。

但是,并非所有的学校都具备自主的线上资源,一些较好的学校具备了这样的线上资源,但这些资源的使用也有一定的局限性,比如,和我们的授课时间不同步,非免费使用等。这就要求政府、学校给予充分的财力支持,因为,老师可以花大力气把课备好,但制备这些视频需要一些专门的技术支持,除了老师的人力、时间、精力的投入同时还需要相应的财力及技术支持。目前,我们学校先后设立了线上精品课程建设项目,有一定工作基础的老师可以积极申请并获得资助。并且每年的省级及国家级精品课程建设项目也为建立"金课"提供了大力支持。令人鼓舞的是在政府、学校及老师投入人力、物力、财力共同建设的精品课程的数量在逐年增加。

目前,网络普遍覆盖,电子产品人手具备,如果具备了很好的网上教学资源,那么学生也可以利用碎片时间主动、高效地学习。所以,网上的课程建设是建设"金课"的关键,并且应该以分散的、完整的知识点为一节,针对免疫学内容抽象的特点可以应用现代高科技手段制作一些二维甚至三维动画,帮助同学理解掌握学习内容。

由于学生招收数量较大,师资数量有限,很多学校和专业还是以大班、合班教学为主,那么如何在一两百人的班级开展好课程改革,需要我们思考。每次大课授课时间为 90 分钟,以 100 个同学为例,我们分为十组,以组为单位自主学习,每组 10 分钟讲解和提问时间,老师就没有答疑的时间,给同学们较少的时间,他们没有足够的时间来阐述问题,并且,由于学生的素质、基础、学习方式及学习自主性的差异,很难保障每位同学都做到线上自学。针对这样的问题个人觉得可以增加老师的工作量,把大班分成小班来实施线上—线下综合教学来提高教学质量。同时,引导学生改变学习方法,由以往的填鸭式学习中解放出来,逐渐养成主动学习的习惯。

实施"线上"+"线下"混合式教学改革,搭建了网络教学平台,师生充分利用平台进行学习。学生可以在平台发帖提问,老师可以解答,同学们也可以各抒己见,每个人的观

点都在上面显示出来,一目了然。这种教学模式的变革,不仅提高了教学质量,还推动了教材的编写和教师教学、研究水平的提升。

五、展望

国家的双万金课的建设还在进行中。提升大学课程难度,淘汰"水课",建设"金课",是当前推进教学改革,加快一流学科和一流专业建设的重要发力点,也是不忘初心的具体体现。虽然困难和挑战还有很多,但网络信息化模式将是未来课堂教学的主流之一,我们应该主动适应,积极参与,把握技巧,适时创新课堂教学手段与方法,提高教学效果。

参考文献

[1]吴岩:《教育部发力本科建设 打造"金专""金课"》,http://www.moe.gov.cn/fbh/live/2019/50601/mtbd/ 201904 /t201 90430_380194.html,访问日期:2019 年 4 月 30 日。

[2]王运武、黄荣怀、彭梓涵、张尧、徐怡:《打造新时代中国"金课"培养"卓越拔尖"人才》,《中国医学教育技术》2019 年第 4 期。

数字电子技术的时序逻辑电路设计

陈　伟　苏忠伟*

摘要:时序逻辑电路是数字电子技术的重要内容,区别于组合逻辑电路,它是一种动态的电路形式。具有时间相关性和记忆特点,是计算机硬件及后续课程的基础。时序逻辑电路在实践中的应用设计,可以让学生全面透彻地理解数字逻辑电路原理,培养学生的工程思维方法、电路设计方法和应用所学知识解决实际问题的能力。

关键词:时序逻辑;计数器;触发器

一、时序逻辑电路的重要性

数字电子技术作为电子类专业的入门课程,目前教材基本上是讲解基本逻辑电路和常用芯片的原理,而针对这些芯片的实际应用讲得很少。造成学生掌握的知识,不能和现实问题相关联,也不能很好地运用于实践。尤其在课程的下半部分的时序逻辑电路,这个阶段学生已经基本上掌握了数字逻辑电路的基础知识。如果时序逻辑电路能够结合实践应用,学生比较容易理解和接受。时序逻辑电路是数字电子技术的重要内容,区别于组合逻辑电路,它是一种动态的电路形式。具有时间相关性和记忆特点,也是计算机硬件的基础,本文以人员出入人数统计的应用为例,讲解时序逻辑电路的设计方法。

二、同步时序逻辑电路的设计方法

同步时序逻辑电路的设计方法流程如图1所示,首先把现实问题进行抽象为逻辑问题。

确定输入输出变量。由于学生的实践经验比较缺乏,这部分是一个难点,只有进行大

---

　*　陈伟,浙江杭州人,厦门大学航空航天学院副教授,硕导;苏忠伟,福建莆田人,厦门大学航空航天学院硕士研究生,课程助教。

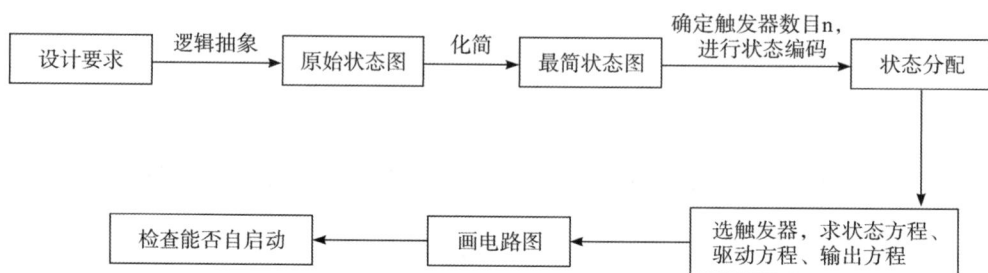

图1 设计流程图

量的练习和训练才能建立逻辑关系和实际问题的关联。通过定义需要的输入输出逻辑变量,把现实问题数字逻辑化[1]。

根据设计要求确定系统变化的状态数,并建立状态转换图。设计目标是用最少的逻辑器件达到设计要求,逻辑状态越多,需要采用的电子元件就越多,电路就较复杂。为此,需要对原始状态进行简化。对转移效果相同的按照次态相同、次态交错、次态循化几种情况进行简化。再进行状态分配,选择触发器类型,画卡诺图,建立状态方程及输出方程,最后画出设计电路图。

三、发掘时序逻辑的应用

克服传统课堂教学的缺点,需要创新课堂教学理念[2],让学生尝试解决生活中熟悉的问题,既容易理解也有趣味。结合我们生活常用的家用电器、交通设施等等。如电梯运行逻辑、车库的车辆出入统计、办公楼的人员统计等。应用数字电子技术基础来简化和实现其中的功能,使学生感受到数字电路可以解决实际问题,能够更直接的激发学生的学习动力和创新热情。以统计商店里面的人数为例,商店只有一个出入口,安装有两个光电传感器。前后安装分别是 A 和 B。当人进出时,会依次挡住相应的传感器。进入商店传感器动作过程是(A-AB-B),先挡住 A 传感器,接着同时挡住 A、B 传感器,再离开 A,最后挡住 B 传感器,最后进入商店,两个传感器都不被挡住。出门过程(B-AB-A)和进门过程相反,如图2所示。

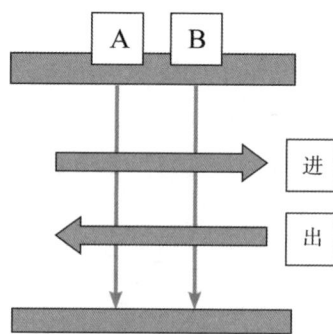

图2 出入传感器布局示意图

首先对这个命题进行分析,按照设计要求,可以采用一个十进制加减法计数器来完成人数的统计,故选用74193加减计数芯片,其逻辑真值表如图3所示,可以看出计数器电路需要两个重要的信号,就是加减的上升沿脉冲。我们必须从出入的 A/B 两个红外传感器信号的变化,来获得两个脉冲信号,分别是入脉冲 X 和出脉冲 Y,构造一个出入判别电路来实现这个功能。通过分析 A/B 传感器的逻辑变化规律,在人员不允许停留和后退的理想情况下,进行逻辑抽象,利用 D 触发器和相关门电路设计一个出入判别电路,得到出入信号的脉冲。

表1　74193 功能表(16 进制)

Cp_U	Cp_D	Rd	$\overline{LD}$	D_3	D_2	D_1	D_0	Q_3^{n+1}	Q_2^{n+1}	Q_1^{n+1}	Q_0^{n+1}	$\overline{Co}$	$\overline{Bo}$
×	×	1	×	×	×	×	×	0	0	0	0	1	×
×	×	0	0	D3	D2	D1	D0	D3	D2	D1	D0	×	×
⌐	1	0	1	×	×	×	×	四位二进制加法计数				⌐	1
1	⌐	0	1	×	×	×	×	四位二进制减法计数				1	⌐

根据人员出入 A/B 红外传感器的变化规律,以及输出脉冲 X/Y 的要求,假设 A/B 红外传感器,正常情况下为逻辑"0",有人挡住时为逻辑"1",其状态转换如图3:

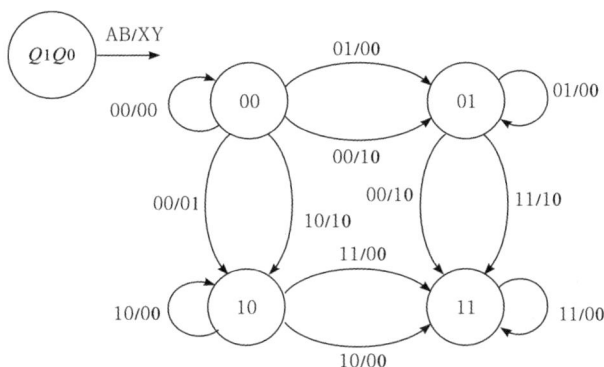

图3　状态转换图

转化为卡诺图如图4所示:

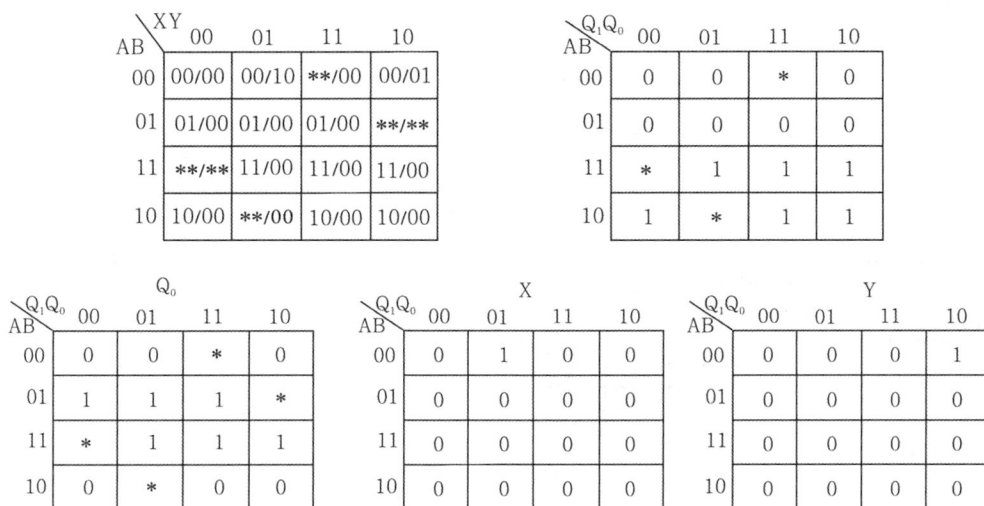

图4　卡诺图

从卡诺图,得到状态方程和输出方程为:

$Q_1 * = A$ $Q_0 * = B$

$X = A'B'Q_1'Q_0$ $Y = A'B'Q_1Q_0'$

采用 D 触发器和门电路设计的出入判别电路如图 5。

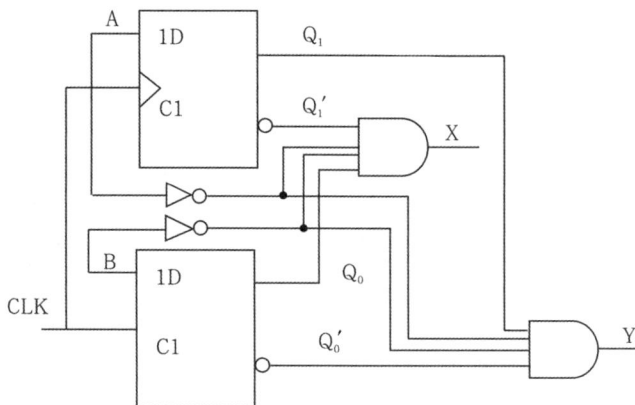

图 5　出入判别电路

采用 74193 作为计数器,先将 74193 接成十进制加减计数器,1010 状态译码接 Rd,则加法计数循环为 0000……1001;1111 状态译码接 LD',置数端接 1001,则减法计数循环为 1001……0000。图示左边第一片 74193 为个位,右边第二片 74103 为十位。第一片个位的 1010 状态译码接第二片加法输入脉冲,向高位进位,形成 100 进制加法计数器,第一片个位的 1111 状态译码接第二片减法输入脉冲,向高位进行借位,形成 100 进制减法计数器。把计数器的值通过带译码电路的数码管显示,系统电路实现如图 6 所示。

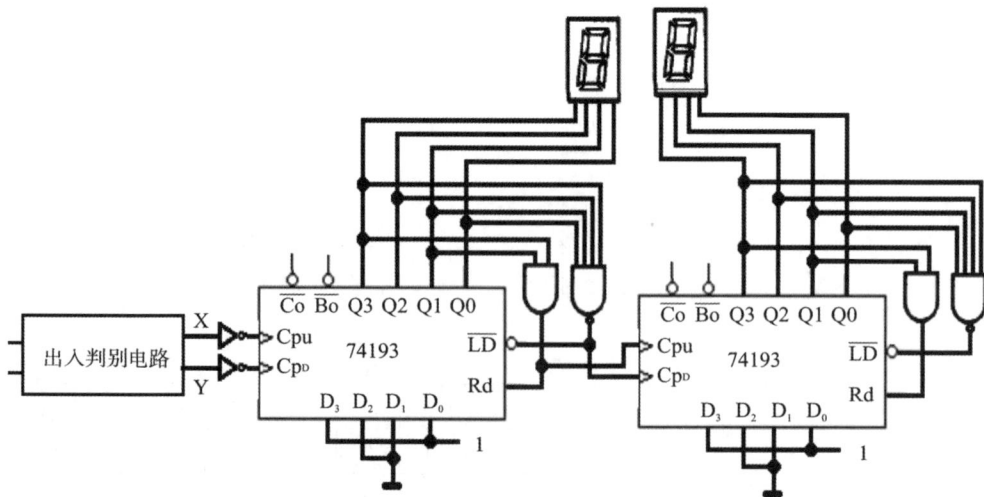

图 6　出入人数统计电路实现

四、数字电子技术教学的发展

通过结合具体应用的学习,学生体会到数字电子技术并非各种枯燥的逻辑公式和逻辑运算。培养学生的工程思维方法、电路设计方法和应用所学的知识解决实际问题的能力。从而大大提高学习兴趣和未来解决实际问题的能力。

通过电子辅助设计软件对数字电路进行仿真,在课堂教学和实验中起到很好的辅助作用,计算机仿真与虚拟仪器技术可以很好地解决理论教学与实际动手实验相脱节的问题。学生可以很方便地把刚刚学到的理论知识用计算机仿真真实地再现出来,是将理论知识付诸实践的直观高效的工具。下面几款是常用的设计软件:Multisim 作为一个完整的集成化设计环境,是专门用于电子电路仿真与设计的 EDA 工具软件,具有丰富的电子元件库,能够创建各种属于自己的虚拟仪器,对搭建的电路进行仿真分析,并提供详细的分析报告和强大的后处理功能。Proteus 的特点是除了具有 EDA 软件的仿真功能,还能仿真单片机及外围器件,是目前比较好的仿真单片机及外围器件的工具。ElectronicWork-bench 是一款经典小巧的模拟数字电路仿真软件,通过设置各种自带的电子仪器监测电路的各种参数、波形,具有完备直观的人机界面。

电子辅助仿真设计软件引入到数字电路教学活动中,对于传统的教学环节,相当于将实验室搬到课堂,教师把理论、实践、演示融为一体,对于电路的工作原理和过程更为直观地观测,使得整个教学内容更为丰富,有利于提升学生学习兴趣,提升教学效果[3][4]。

参考文献

[1]阎石:《数字电子技术基础》,高等教育出版社 2006 年版,第 315～316 页。

[2]孙志雄、雷红:《应用型本科数字电子技术课程教学改革与实践》,《中国电子教育》2019 年第 2 期。

[3]孙向文、孙立功:《Multisim 在"电工学"课堂教学中的应用》,《中国电力教育》2014 年第 11 期。

[4]郑兆兆、高静等:《将 Multisim 引入数字电路实验教学探讨》,《教学研究》2014 年第 3 期。

大学英语教学与思维教育

李丽婵*

摘要:长期以来,学生思维发展是我国教育中的短板。为体现大学教育的核心价值,为满足国家对创新人才的需求,大学英语教学有必要同时也有条件融入思维教育。大学英语的思维教育应该贯穿整个教学过程,而教师自身的素养和发展则是这一目标能否有效达成的关键。

关键词:大学英语;思维教育

一、问题

教育的本质是什么,大学教育的价值在哪里,这是一个被长期探究的问题。爱因斯坦曾经指出:"大学教育的价值,不在于学习很多事实,而在于训练大脑会思考。"[1]作者深以为然。然而遗憾的是,虽然我国教育改革持续发展,但是由于各门各类考试基本上仍然以考察知识为导向,以知识为中心的教育观念并没有发根性的变化。这种教育状况导致的一个结果是,我国学生虽然学习知识的能力较强,但是思维能力——主要是批判性思维能力和创造性思维能力——偏弱。身为大学英语教师的笔者对这一点感触颇深。笔者的授课对象来自全校各个院系,在教学过程中,学生往往表现出思维能力匮乏的病症。仅以话题写作为例:笔者每学期教授上百名学生,但他们提交的作文不仅趋同性极高,思路狭窄,而且往往逻辑表达不清晰,"反常"的思想火花更是难得一见。

在当今这样一个繁复多变、机遇和挑战并存的新时代,思维教育的重要性日益凸显。思维能力是创新的一个重要前提,而创新是引领发展的第一驱动力,也是一个民族进步的灵魂。面对学生思维发展的短板,面临国家对高素质创新人才的需求,我们应该彻底扭转传统的教育理念,使教育真正超越知识教育,达到另一个维度——思维教育。

---

* 李丽婵,福建漳平人,厦门大学外文学院副教授,英语语言文学硕士。

大学英语教学是大学教育的重要组成部分,在对学生思维能力的培养上不可缺席。既然名为"大学英语",我们的课程自然是不能抛开语言知识和语言技能的培养,但"语言应作为发展高阶思维能力的手段。在语言教学中,这意味着学生并不是为语言而学习语言,而是旨在发展他们的思维能力,并在超越语言课堂的情形中运用思维能力"。[2] 事实上,当前在大学英语教学中加强思维教育存在有利条件。首先,尽管中学英语教学质量依然存在地区性不平衡,但大学生入学时的英语能力从总体而言比以往有明显提高,这一点得益于 2003 年教育部《普通高级中学英语课程标准》对高中生的英语能力提出更新、更高的要求。其次,随着互联网的广泛使用、汹涌而至的全球化浪潮以及中国国力的强盛,大学英语的教学对象获得了前所未有的丰富的学习渠道。学生语言能力的提升以及自学环境的优化,使我们得以将原本用于语言技能训练的很大一部分时间用于对学生思维能力的培养。

从另一个角度而言,跳出纯粹的语言教学的框架,着力思维能力的培养,也是化解大学英语"危机"的途径之一。大学英语教学和高三教学缺乏对接,层级提升有限,已经在很大的程度上造成学生需求不满,学习热情消减。甚至有学生感叹大学时期语言能力不升反降,巅峰时期随着高考的结束已过。大学生的实际需求和大学英语教学已经出现错位,我们再不积极应变求变,大学英语教学的前景堪忧。

由上,大学英语教学加强思维教育体现了教育的核心价值,是国家、学生和大学英语发展的需求,同时也存在实操的有利前提。利用大学英语课程对学生进行思维教育是一个系统工程,应该贯穿整个教学过程。与此同时,教师自身的素养和发展是这一目标能否有效达成的关键。

二、教学实践

对学生思维能力的培养,核心在于要培养他们开放的思维心态和思维习惯,不断拓宽思维范围,想以前不曾想过的问题,问之前不曾怀疑过的命题。换句话说,就是要引导他们有意识地打破思维"禁区",走出思维"误区",走进思维"盲区",[3] 从而产生新的、与众不同的思维,获取创造力的源泉。为此,教师应当设计激发深度思维、引发思想碰撞甚至思想交锋的教学环节和教学任务,充分落实学生为主体、教师为主导的指导思想,给予学生丰富、多元、新颖的信息输入作为思维培养的前提,同时营造有利于思维培养的教学氛围。

首先,提问是引发思考的重要手段。提问的角度既要新颖也要有难度,以期达到引发散发性思维、逆向思维,以及摆脱定势思维。笔者目前教授大学英语三级课程,故结合具体的教学实践做进一步阐述。针对议论性文章,教师的提问可以分为两类:低认知问题,即封闭式、以事实为基础的问题,以及高认知问题,即开放式结尾、可评估的、具有推理性的问题。前者的目的是检测学生的英语语言能力,如作者意图阐述什么观点,作者的依据有哪些;后者的目的则在于激发学生的高层次思维能力,如你是否被说服,你有什么新观点,你的新观点的依据和理由有哪些等。对于文学类的文章,问题则应该以对真理的探究和对人性的研究为根本出发点,启发学生对文学作为人学的深刻思考。在讲授毛姆的《患难之交》一文时,笔者提出了这样两个问题:(1)Is Edward Burton cold-blooded? (2)If you think he is cold-blooded,why? 对于第一个问题,教师原本预期的答案是肯定的,但有些学生却提出不同的观点并展开推理。对于第二个问题,答案也是各不相同,有说是商人逐利的天性使然,有说是一时冲动导致,当然更多的是说嫉妒引发邪恶之心。

问题可以由教师提出,也可以让学生主动发现,而后者更容易激发思维兴趣和更深度思维。在学习"寻找达沃斯人"这一课时,笔者就采用了第二种方法,结果学生提出的问题包括:金砖国家的发展是否如文中预测的那样? 为什么? (该文发于 2005 年)全球化真的对西方国家不利吗? (文中有一句:If the issue is the size of the total pie,globalization has proved a good thing.If the issue is how the pie is divided,if you're in the Western world you could question that.)……教师可以从学生提出的问题中挑选合适的作为教学内容。这样,学生以提出疑问为起点,以获取证据、分析推理为过程,以提出有说服力的解答为结果,最终完成批判性思维和创造性思维的最本质的过程。

其次,把课堂还给学生,使课堂教学变成充满挑战的思维和产出的过程。有一种精心准备的"一言堂"要特别引起我们的注意。教师也许因为此已花费大量心血而不愿将其割舍,学生也可能因其精彩纷呈而喜爱,然而这种课堂依然抢夺了学生有限的思维时间,容易使学生滋生思维惰性而不自知。为此,教师可采用翻转课堂的模式,将语言输入的任务(如阅读和听力)以及语言难点的解决放在课下和网上进行(我校创立的 2+2 模式和各类教学平台为此提供了有利条件),课上则展开各种任务导向性活动。这类活动的初级形式可以有这几种:其一,单个学生作答或演讲;其二,分小组讨论,而后每个小组产出结论并选派代表总结发言;其三,单人或小组进行展示。高级形式则可以在上述活动的基础上增加生生之间或师生之间的 Q&A 环节或生生之间的辩论环节。学生经历聆听和对照、思考和质疑以及互相辩驳等一系列的思维过程和思想的摩擦和碰撞,逐渐拓展了对某一问题的认识的角度、广度和深度,同时也锻炼了阐述问题的逻辑性和条理性。此外,教师可以将这种课堂的思维和产出过程视为课后写作的前奏和准备。教学效果也证明,课堂这种批判性思维和创造性思维的过程,有利于学生课下写出内容新颖、语言丰富、逻辑正确、条理清楚的作文。

在课堂活动的过程中,教师的引导十分重要。徐锦芬教授指出,翻转课堂若不注重引导,则有翻到阴沟里的危险。[4]教师在引导时可侧重关注以下几点:思想的政治性、内容的丰富性、思维的逻辑性。在此还以"患难之交"一课的教学为例。当学生提出爱德华并非冷血、朋友的死亡咎由自取时,笔者不仅指出其结论的偏颇,同时还指出其推理的漏洞。笔者特别强调,该学生的推理虽具有一定的合理性,但笔者提出的证据更加有力。在引导的操作手段上,教师一方面可以利用思维导图帮助学生拓展思维,另一方面可倡导"三明治英语"、即英汉夹杂的方法使语言能力薄弱的学生跨越自由表达思想的语言障碍。当学生将思想完整表达之后,教师可协助他们使用正确的英语进行二次表达,使思维和语言的培养二者得以兼顾。总之,在培养思维能力的课堂上,教师作为"探究的向导或助手,与学生一起界定要研究的问题……拷问旧知,发现新知"。[5]

再次,为学生提供多元、多向以及高阶的知识输入,拓展大学英语的开课思路。知识不等于思维,但是知识是思维的前提。学生思维缺席的问题,在很大的程度上是缺乏有效的知识输入。我们的学生知识结构不够合理,思考问题时多囿于常识、个体经验或专业所学,因而思维的产出往往单一片面,缺乏新意。为此,我们应当积极开发跨学科、跨领域、跨界的高阶性英语阅读教材。我们还应该打破过去狭窄的课程设计、拓展课程深度以及扩大课程的可选择性。我们还可以走本土化的路子,即开发与本校或某院系的特色相关的教材和课程。例如,我校正开展管理学院的课程改革,精心打造的正是针对管理学院学生的特别属性的高阶性和创新型的课程。正如王雪梅教授所提出的,我们不仅要打造"金课",还要兴办"土课"。[6]

最后,教师应该营造轻松和谐、平等互爱的氛围,以此充分激发学生自由探索、大胆质疑的潜能。研究结果证实,个体情绪对于思维具有很大的影响,积极情绪状态有利于流畅性、灵活性维度结果产出。[7]我国的传统教育文化强调师道尊严,这在一定程度上容易导致学生过度尊重权威,压制奇思妙想。针对这种情况,教师应该始终表现出真诚、开放、包容的态度,这样才有助于学生卸下自由表达的思想负担。教师要鼓励学生的质疑精神,特别是鼓励对任课教师质疑的勇气和行为。在我国,敢于对任课教师质疑的学生少之又少,而且多在私下进行。由此,教师应对于这样的行为给予及时的公开表扬以在班级起到典型示范作用。当学生的思维出现偏差时,教师则应该讲究纠错和引领的技巧,避免挫伤学生的积极性。为鼓励学生积极思考和大胆发言,笔者在课程导入时总是特别强调 To err is human 以及 You remain a fool for five minutes if you ask questions, but you remain a fool for life if you don't. 的理念,并且在教学过程中对此反复强调。此外,自我校实行2+2教学模式,学生与教师在课下及网上有了更多教学方面的交流时间和机会。教师若能利用这个渠道增强师生情感的联通,也能有效提升学生在课堂上畅所欲言的勇气。正如德国教育家蒂斯多德所认为的,"教学的艺术不在于传授本领,而在于激励、唤醒和鼓舞。"[8]在培养思维能力时,教师应当力求让学生感受到更高的挑战和更少的恐惧。

三、教师素养和教师发展

"打铁还需自身硬。"在对学生思维能力的培养过程中,教师本身的政治素质、学识和素养以及个人发展极其关键。首先,教师的政治素质关乎学生的思维能否得到正确引领。思维教育过程也是学生的价值观和人生态度的塑造过程。为了正确引领学生,教师应当不断提升自身的政治思想素质,保持高度的文化安全意识,构建健康的跨文化思维。语言是文化的载体,也是文化的重要组成部分。作为大学英语教师,我们长期浸淫其中的大多是西方英语国家的原版资料。为保护我国社会制度、优良的文化传统和正确的价值观的完整性、独立性和延续性,对于教学科研中接触的各种原版资源,其中包括文字的、图像和语音的资源,我们都必须保持警醒的态度,尤其要仔细甄别隐藏在非核心话语中或作者态度里的不良信息甚至是敌意的信息,以免在无形中被潜移默化,在无意识中将不正确的思想传递给学生,造成学生思维的偏差和错误。

其次,教师的学识和素养关乎学生思维能被引领到的广度、高度和深度。哈佛大学原校长博克在《回归大学之道:对美国大学本科教育的反思与展望》中把大学本科生的思维模式分为三个阶段:第一,"无知的确定性",即认为所学到的一切都是对的;第二,"有知的混乱性",即知识增加了却无法判断哪个更有说服力;第三,"批判性思维"阶段,即通过分析、取证、推理等方式,作出判断,说出哪一种说法更有说服力。[9] 为了更好地引导学生达到批判性思维这个成熟的思维阶段,教师本身需要有大量的知识积累以及较强的批判性思维和创造性思维的能力。如果提出的问题已经没有热度,学生怎么能产生思考的兴趣? 如果提出的问题的比较浅显,又如何能够激起学生深入的思考? 在学生之间进行思想交流和交锋的过程中,如果教师本身对所涉及的问题知之甚少甚至一无所知,又如何能够进行有效和正确的指导和深层次的引领? 教学实践反复证明,每当教学活动围绕的话题涉及国际热点、社会问题、人性思考等方面时,同时教师的引领得当有高度,学生的思维活跃度明显提高。显然,专业水平到位,思维开阔,思路清晰,占位高远,是教师展开思维教育的自身前提。用通俗的话来说便是,想给别人一瓢水,自己得先有一桶水。

为了充分履行培养学生思维能力的责任,大学英语教师还要与时俱进,不断提升自身素养,紧随前沿的研究成果和当今世界的发展动态。这里所指的提升和紧随不仅是指专业方面,还指各个学科各个领域。也就是说,教师应当保持终身学习的态度,努力使自己成为英语专家和跨界杂家,这样在课堂扮演引领者的角色时才能厚积薄发。为此,教师应当随时对自己进行评估,找到自身的薄弱之处以及影响自我发展的因素。对于有一定年纪的教师,这一点更具有挑战性。在当今这样一个高度技术化和信息化的时代,这一类教师更要关注自身能力的短板,不断提高使用信息技术的意识、知识和能力,并将之运用于教学实践。对于年轻教师而言,鼓励跨学科读博、资助学术交流也是促进教师个人发展、有利于开展思维教育的手段之一。

我们正处在大学教育改革的重要关头,大学教育要"培养什么人、怎样培养人"是一个急需解决的深刻问题。就大学英语而言,现阶段也是转变思路、改革升级的关键时期。大学英语教师要把思维教育的观念扎根内心,将思维能力的培养融入每一节课堂、贯穿于整个教学过程中。

参考文献

[1][3][9]钱颖一:《批判性思维与创造性思维教育:理念与实践》,《清华大学教育研

究》2018 年第 4 期。

[2]Richards, J. & Rodgers, *Approaches and Methods in Language Teaching*, Cambridge：CUP, 2014, p.107.

[4]徐锦芬：《信息技术背景下外语创新教学与研究》,2019 年第 16 届华东外语论坛。

[5]孙有中：《思辨英语教学原则》,《外语教学与研究》2019 年第 6 期。

[6]王雪梅：《新时代背景下的外语专业建设、金课设计与教师发展》,2019 年第 16 届华东外语论坛。

[7]潘仲君：《情绪状态对发散性思维产出的影响》,《第十二届全国心理学学术大会论文摘要集》,2009 年。

[8]《教育的艺术不在于传授的本领,而在于激励唤醒和鼓舞》, https://www.jinchutou.com/p-100548747.html,访问日期:2019 年 11 月 3 日。

严氏三原则在大学英语翻译教学课堂之运用

常　鹏*

摘要：全国大学英语四、六级考试翻译题的长度与难度逐年增加，这一变化显示了大学英语教学从应试教育能力培养日益向应用实践能力培养的转变趋势。近年来，笔者将严复"信、达、雅"翻译三原则运用于厦门大学大学英语四级选修课课堂当中，取得了较为理想的教学效果。此文正是从严氏的这个三原则出发，逐一详细阐述每一个原则背后的原理以及课堂中如何具体得到运用，以期与诸位教学同仁交流一二，以望于未来的大学英语教学改革中有所裨益。

关键词：严氏三原则；形似；神似；惯用语

2005 年，教育部将汉译英纳入全国大学英语四、六级考试当中。最初，翻译题采用的是单句翻译的模式，但随着时间的推移，单句翻译逐渐衍化为段落翻译，长度和难度也在逐年增加之中。这一变化显示了大学英语四、六级考试从过去应试教育为主的考试逐渐向以应用实践能力水平考试转型的尝试。过去，由于我们的大学英语课堂教学对学生的翻译能力普遍培养不够，这种新题型的出现会让很多考生感到难以适应。一时间群议汹汹，以至于近几年来，四、六级翻译与听力一直并列学生吐槽榜榜首。

面对考生的困惑和不满，我们当然不能逃避问题，退回到过去，而应该是逆水行舟，奋力前行。大学英语教师更应当仁有所不让，要随着形势变化，不断调整自己的教学计划和内容。本人有幸利用了厦门大学提供的优秀的公共英语教学平台，常年从事大学公共英语四级翻译选修课的教学，愿意在这里与各位同仁分享一下自己的教学体会，不揣浅陋，求教于大方之家。

虽然公共英语教学不同于专业英语教学，但翻译的教学首先还是要从翻译理论开始谈起的。面对古今中外、五花八门的翻译理论，教师首先需要做好梳理工作，化繁为简，去粗取精，从中提炼出最菁华的，最符合翻译实践需要的指导原则，然后将之运用于课堂教学当中，为翻译技巧方法的讲解提供理据和指导思想。通过较长一段时间的教学实践，笔

---

* 常鹏，江西九江人，厦门大学外文学院副教授，博士。

者较常运用的翻译理论还是被推为翻译"第一国手"严复的"信、达、雅"翻译三原则。

　　"信、达、雅"这三个字最早出现在 1898 年严复的开山译作《天演论》卷首序文《译例言》中，可以说一语既出，遂被奉为圭臬，传为经典，成为翻译界的"三字真言"。虽然学术界对严氏提出的这三个字的内涵争议不断，且各有各的不同诠释，但一百多年来丝毫动摇不了其在中国翻译界的地位。笔者在大学英语翻译教学中便有效地运用了严氏这三原则，取得了较好的教学效果。

一、"信"字原则在大学英语课堂中的运用

　　从《译例言》来看，严复所说的"信"，即是指对于原文的忠实，在意义上"不倍本文"，[1]大致与英文单词"Fidelity"或者"Faithfulness"相通。其实，从广义上来讲，一个"信"字就包含了"达"和"雅"在里面。比如朱光潜就有类似的看法，认为"信"是第一位的，"信"里包含了"达""雅"。[2]

　　所以，按照这个意义来讲，要做到这第一个"信"实非易事，故严复称"求其信已大难矣"。中国文化与西方文化在思维上、文化上存在着巨大的差异，吉卜林（Rudyard Kipling）说过："东方就是东方，西方就是西方，东方和西方是不可能相逢的。"（East is East，and West is West，and never the twain shall meet）17 世纪法国批评家杜撰了一个很有意思的词叫"les belles infidels"，[3]戏指译文就像女人，要么美丽，要么忠贞，二者不可兼得。意大利俗语亦云"Traduttore，traditore"，意思是说"翻译等于背叛"，也显然对翻译持的是消极的态度。翻译的这种吃力不讨好就在于难于捕捉原文的不可言说的韵味（elusive charm），尤其是文学作品的翻译，常常被认为是 a fool's errand。

　　然而，事物皆有两面，不可为的反面便是有可为。东方虽然与西方距离十万八千里，但人性是相通的，情感基本面也并无二致，并无南北东西之分。学贯中西的文化昆仑钱锺书就曾说过："东海西海，心理攸同。"[3]中英文之间其实存在大量在形与神上高度吻合的表达，长期从事翻译或者文化比较的人对此应该都有深切的体会，生动的例证也俯首可得，比比皆是。

　　所以笔者在进行翻译教学的时候，会有意引导学生去发现和辨析中英文之间的本就存在的"同"或者"信"。在课堂上，笔者经常鼓励学生去背诵西方的谚语和格言，去寻找它们在中文中的"equivalents"。然后学生们很快便会惊喜地发现中英文里原来有这么多形神同步的表达法。比如，"Art is long，life is short"与庄子的"吾生也有涯，而知也无涯"十分神似。而这句英谚的拉丁原版，即"Ars longa，vita brevis"与庄子这句文言都显得古色古香，形神相宜。另一个经典的例子是 17 世纪英国诗人 Robert Herrick 的名句，即"Gather ye rosebuds while ye may"。每次我把这个句子介绍给学生的时候，他们当中稍微有些文学基础的便能吟诵出杜秋娘的名句来："花开堪折直须折，莫待无花空折枝。"还有个英语表达："There is so much water under the bridge."通过笔者的引导，学生们调动语言

储备,慢慢都能联想到孔子的"逝者如斯夫"或者《牡丹亭》里的"如花美眷,似水流年"。

除了上面列举的这些中英文中天然相通的例子,笔者还经常向同学介绍一些出自翻译界前辈之手、臻于"化境"的神译妙品以提高大家的鉴赏能力。比如最经典的莫过于钱锺书先生随口翻译的中国成语"吃一堑,长一智",他的译文是"A fall in the pit, a gain in your wit",堪称形神兼备的妙译。诗词翻译家许渊冲,将柳宗元的名句"千山鸟飞绝,万径人踪灭"译为:"From hill to hill no bird in flight, from path to path no men in sight." 这句译文则践行了他一贯主张翻译的意美、音美和形美。冯小刚电影《我不是潘金莲》有句台词"屁大点事"被译成"a piddly problem",这样的神翻译可以称得上惟妙惟肖,令人忍俊不禁。还有一回,笔者还在读中学的女儿随口把一句公厕标语"来也匆匆,去也冲冲"译为"come in a flash, go with a flush",也算得上灵感眷顾的神来之品。

当然,翻译求其"信"不是完全要求逐字对应,神似其实比形似更为重要。虽然,鲁迅说过"宁信而不顺",但并不是说他赞成死译和硬译。形神兼备的译文当然最好,但如果做不到形似,那还是按许渊冲先生说的"在二者有矛盾的时候,译文应该神似"。[4] 许渊冲在翻译毛主席诗词里的"不爱红装爱武装"这句话时,就把"红装"译为"powder the face",把"武装"译为"face the powder",[5] 字面上看好像不够"信",其实是更高层次的"信",他的译文正好表现了原文的"红""武"相对和"装"字的重复,的确是令读者拍案叫绝的神来之笔。本人在翻译实践中也曾遇到过这么一句话:"菌归君亦归。"这其实出自大学生创业竞赛中某一获奖作品的名字,讲的是大学生回家养菌菇创业的故事。笔者反复咀嚼原文的意思和神韵,把它译成:"There is much room for mushrooms and thee." 另外,笔者曾把学生一个环保活动的口号"垃圾投进趣"译为"slam dunk the junk",也是在求其在形与神上的信,为传达原文的意趣而做出的尝试。

总之,笔者把严复的这个"信"字原则在大学英语翻译课堂上反复运用,让学生学会比较和欣赏中英文之间的异同以及各自的微妙之处基础之上,找到二者之间形神相通之处,通过精彩的翻译案例以及课堂翻译练习,让学生对翻译发生兴趣和信心,培养他们在翻译过程中的思维能力和动手能力,边学边译,以练促译,从而产生了较好的课堂效果。

二、"达"字原则的运用

据笔者看来,严复信达雅三标准中的"达"主要指译文表达的通达、晓畅,即译文目标语读者眼中所谓的地道。其实单要实现这一目标,对翻译者的外语水平要求就非同一般。正如,严氏在《译例言》中所说的:"译顾信矣不达,虽译犹不译也,则达尚焉。"他还引经据典,证明"达"之重要:"《易》曰:修辞立诚。子曰:辞达而已。"

如果将严氏的这个"达"字原则应用于大学英语翻译课堂,则它的实际意义远比"信"字原则大得多。其实,"达不达"这个问题正好触及了当今中国大学生的一块短板。绝大多数同学在使用英语时,包括在做汉翻英时很难达到"达"这个标准,要么是浮于字面上的翻译，要么是自创的 Chinglish，一言以蔽之，就是欠通达、欠地道。究其缘由，就是因为多数中国学生对英语当中浩如烟海、无所不在的惯用表达法掌握的太少，故而在使用英语时处处碰壁，步步艰难。

所以说，在翻译教学时，如果抓住了惯用语这个方向，则是找到了通向"达"的捷径。可以不夸张地讲，惯用语几乎无所不在，涵盖了一门语言的方方面面。换而言之，学习一门外语的过程其实就是学习其习惯搭配的过程。为何可以这么讲？惯用语就是人们在长期使用自己的母语中形成的语言习惯表达法，这包括单词的搭配、词组、成语、俗语、谚语、俚语，甚至格言、警句、典故等，无一不超出惯用语的范畴。而且，我们光用惯用语这个概念可能还不够，还需要加上惯用语串、惯用语群。Pawley 和 Syder(1983)认为要获得母语式的语言驾驭能力不仅需要学会能衍生出无限句子的语法规则，而且还需要掌握整块记住的语串(memorized sequences)和词汇化的句干(lexicalized sentence stems)。[6]一个人的表达之所以被认为是通达而且顺畅，就是因为它符合了这门语言的使用习惯，没有违背这门语言长期形成的用词搭配规律。也就是说，语言使用，如果顺着来，则文从字顺；逆着用，则佶屈聱牙，戛戛乎其难矣。用老百姓的话来讲，不按习惯使用语言，听起来会拗口、别扭、不顺溜。

Nattinger 和 De Carrico(1992)也曾指出，词汇短语(lexical phrases)作为整个词块被储存和调用，可以减轻说话者的受挫感，同时又能激发学习动机，提高语言流利程度。[7]对于初学者来说，背诵这些惯用语无疑是学习语言的最好办法，也更容易激发学生的兴趣以及产生成就感。比如，笔者曾经接触过一位外教，哈佛的本科，北京大学的博士。他第一次给我们上课时，问及笔者的名字。当他得知名字当中有一"鹏"字，遂随口把《逍遥游》开篇第一段背诵出来："北冥有鱼，其名为鲲。鲲之大，不知其几千里也；化而为鸟，其名为鹏……"笔者当时不由得佩服得五体投地，毕竟这是一个外国人，能用中文进行简单交流尚属不易，何况背诵《庄子》。不过，事后细细思量，发现这也不算太奇怪，比如笔者本人就能背诵大段的莎士比亚作品，去英国交流时，与环球剧院的演员进行交流时就表演过，也赢得了对方的青眼相加。背诵这些经典美文以及惯用语串，其实就是学好一门语言的必经之路。过去中国私塾里，学生都要求背诵经典，看起来囫囵吞枣，不求甚解，其实对于学习者来讲是含英咀华，终身受用。

在这里，笔者不是提倡不求甚解，而是强调惯用语的整体性。整体性正是惯用语的一个重要特征，即便是一个 native speaker，在使用这些惯用语的时候往往知其然而不知其所以然。一门语言中这些个成语、惯用语，是一个有机的整体，犹如张炎说的"七宝楼台，炫人眼目，碎拆下来，不成片段"。中国学生在学习英语时，往往只满足于了解每个单词的某个定义，而对这个单词的惯用搭配知之甚少或则一知半解，挂一漏万。试想想，外语学习者如果只知道一个单词的若干定义，那怎么拿它与众多同义词、近义词进行区别？不知道它的惯用搭配，又怎么懂得去组词、造句、做文章？例如，在课堂上，笔者曾讲到 illicit 这个单词时，就跟学生说如果你们对这个单词的理解只停留在"违法"这个意义，则几乎全无用处。你们又怎么与它的同义词诸如 illegal、illegitimate 区别呢？但当你翻译"风流韵事"这个词时，你可以用 illicit love 这个习惯短语来翻译，主要是指 extramarital affair。可是如果你把 illicit 换成 illegal，那么它的含义其实已经悄悄发生改变，因为 illegal love 意思已经不再主要指"偷情"而是在讲"畸恋"了，比如洛丽塔式的爱情。而"私生子"则要用 illegitimate，不能用前面两个单词。

由上可见，一个单词只有在惯用语的组合当中，才有它存在的价值和使用的意义，哪怕你并不了解这个惯用法的出处或者其中某个单词的意义。比如，笔者在讲到昆曲《牡丹亭》杜丽娘的那句千古绝唱"原来姹紫嫣红开遍"时，会当场询问学生是否明白"姹"与"嫣"这两字的具体含义，众皆茫然而语塞，记住，这些同学可都是学习语文达十数年之久的地道中国人。这时对一个学中文的外国学生来说，能当场背诵下来这句唱词，能使用"姹紫嫣红"这个成语，早已经令人刮目相看了。试想即便是一个中国人，这一个"姹"字除了在这个成语当中使用以外，除文字学家以外，一生当中又能用上几回呢？另外，这个"姹紫嫣红"如果要译成英文，有个惯用语"a riot of colors"倒是颇贴切。同理，这个英语成语中的这个"riot"用得很怪，然而学习者可以不必纠结这里为何要用这个词，他只需记住这个习惯搭配就行了。用钱锺书的话来说，"假如你吃了个鸡蛋，觉得不错，何必要认识那下蛋的母鸡呢？"

三、"雅"字原则的运用

说到严复这个"雅"显然指的是古雅。严复自己在《译例言》中解释说："故信、达而外，求其尔雅。此不仅期以行远已耳，实则精理微言，用汉以前字法、句法，则为达易；用近世利俗文字，则求达难。"中国传统文人写文章一向重视文采，认为"言之无文，行之不远"。严复正是秉持这个文学传统，力求行文古雅中正。批评者往往认为这个"雅"字多余，试想想原文如果雅，译文自然可以雅；但译文如果不雅，则译文岂能再雅，否则不就是不"信"了吗？

固然严复的这个"雅"字有其时代的局限性，但如果细细阅读严复的序文，他这个"雅"其是与"信"与"达"是分不开的。译文如果不达，自然也很难做到雅。此外，上文提到的翻译家许渊冲，他主张的译文的意美、音美和形美也是对雅的另一种最好的诠释。一篇译文的雅顺与否直接影响到它在译入国的接受效果，更何况很多被翻译的许多对象本身就是本国公认的经典美文，译成外国文字，岂能埋没其原有之美。谢思田认为，"严复的雅指翻译达意阶段上，使用汉以前字法句法，在求达的同时，创造出其译文特定读者所青睐的文体美学效果。"[8]

事实上，翻译的雅还是不雅，往往能够决定某个作家或者作品在他国甚至世界的命运和接受度。比如波斯诗人 Omar Khayyam 和 Rumi 的诗在西方大受欢迎，翻译的功劳其实大得很。如《鲁拜集》的翻译者 Edward FitzGerald 本人就是一个颇有成就的诗人。而把该诗集介绍到中国的中国翻译者,其中用力最著、流传最广还要推黄克孙的译文。比如《鲁拜集》当中最为脍炙人口且颇近李太白风格的一首四行诗为:A book of verses underneath the Bough, A jug of wine, a loaf of bread — and Thou / Beside me singing in the wilderness — / Oh, wilderness were paradise enow! 黄克孙的译文是:"一箪疏食一壶浆,一卷诗书树下凉。卿为阿侬歌瀚海,茫茫瀚海即天堂。"黄的译文可以说在严氏三标准上都拿到了高分,故而得到了学界以及读者群的普遍认可。

许渊冲甚至认为译文有时可以做到比原著更美。[9]中国佛教界曾出了两位以写情诗著名的僧人,至今传为文坛一段风流佳话。一位就是那"不负如来不负卿"的仓央嘉措,另一位则是民国才子苏曼殊。前者作为西藏六世达赖喇嘛,他的情诗能在汉语圈流传甚广,其翻译者曾缄厥功甚巨。他用七言绝句的形式重译了仓央嘉措的白话版情诗,结果佳句迭出,文采斐然,一时间洛阳纸贵。比如仓央嘉措最著名的那首:"曾虑多情损梵行,入山又恐别倾城。世间安得双全法,不负如来不负卿。"殊不知,他的这首诗原来的白话版本为:"若要随彼女的心意,今生与佛法的缘分断绝了;若要往空寂的山岭间去云游,就把彼女的心愿违背了。"坦白地讲,曾译无论是在形、音、意上都远超原译,完全达到了严复"雅"的标准。而苏曼殊,以他的少年天才和他的屈艳班香,曾经不知虏获过多少民国少女的芳心。他文好、诗好、画也好,除此之外,他还与严复、林纾并称清末民初三大翻译家,翻译过《悲惨世界》,还是将拜伦、雪莱等人的诗翻译到中国来的第一人。[10]比如拜伦有首短诗叫 Adieu, Adieu! My Native Land,原诗为:Adieu, adieu! my native shore / Fades o'ver the waters blue; / The night-winds sigh, the breakers roar, / And shrieks the wild sea-mew. / Yon sun that sets upon the sea / We follow in his flight; / Farewell awhile to him and thee, / My native Land-Good Night! 结果,到了苏曼殊的手里,这首诗成了下面这古奥的五言:"行行去故国,濒远苍波来。鸣湍激夕风,沙鸥声凄其。落日照远海,游子行随之。须臾与尔别,故国从此辞。"由于这位天才的译介,拜伦从此风行于中国,成为民国青年追慕的偶像。

所以,严复的"雅"字同样可以在大学翻译课堂上得到很好的应用,教师可以通过生动具体的翻译实例,引导学生懂得译文雅在何处,美在哪里,可以向哪个方向努力。我平时很鼓励学生去背诵经典英文美诗、美句和美文,唯有厚积才能薄发,然后才能把好词好句用在写作和翻译当中。例如笔者在教汉翻英时有句话:"甄嬛虽然母仪天下,无上尊荣,却也失去了一切:爱人、亲人、朋友,甚至敌人,实乃天下第一孤独之人。"笔者遂建议"母仪天下"可以借莎士比亚的"the paragon of animals"这个表达译成"the paragon of mothers"。译后半句时,有学生翻译成这样的英文:She has lost everything, and has become the loneliest person in the world, without love, without family, without friends and even without enemies. 经过笔者一番引导学生改译为:She is bereaved of all her loved ones and winds up as the loneliest soul in the world, sans love, sans family, sans friends and even sans enemies. 这里"be bereaved of"更能如实反映甄嬛痛失所爱的境况。而"sans"这个词则来自英文诗歌,

如济慈的"La Belle Dame sans Merci"或者上文提到的《鲁拜集》的其中一首诗:Ah,make
the most of what we yet may spend./Before we too into the Dust descend;/Dust into Dust,and
under Dust,to lie,/ Sans Wine,sans Song,sans Singer,and-sans End! 笔者在介绍这首诗的
时候,还不失时机地问学生们能否在中国古诗中找出一首与我默此诗意境甚为接近的作
品,结果,个别文学修养稍好的同学想到了唐寅的《桃花庵诗》最后两句:"不见五陵豪杰
墓,无酒无花锄作田。"笔者则补充了古诗十九首中《驱车上东门》,其中间四句云:"下有
陈死人,杳杳即长暮。潜寐黄泉下,千载永不寤。"

参考文献

[1]严复:《译例言》,《翻译研究论文集(1894—1948)》,外语教学与研究出版社 1984
年版,第 6 页。

[2]朱光潜:《谈翻译》,罗新璋主编:《翻译论集》,商务印书馆 1984 年版,第 447～
455 页。

[3]钱锺书:《钱锺书散文》,浙江文艺出版社 1997 年版,第 312～331 页。

[4]刘晋锋:《许渊冲:我的译文胜傅雷》,《新京报》2013 年 6 月 20 日。

[5]许渊冲:《毛泽东诗词选》,中国对外翻译出版公司 1993 年版。

[6]Pawley A and Syder FH.Two puzzles for Linguistic Theory:Nativelike Selection and N-
ative-like Fluency.In Richards JC and Schmidt RW(eds).*Language and Communication*.Lon-
don:Longman,1983,p.191～225.

[7]Nattinger J Rand De Carrico J.*Lexical Phrases and Language Teaching*.Oxford:OUP,
1992.Shanghai Foreign Language Education Press.

[8]谢思田:《中西译理的视界融合——严复"信达雅"与法国"释意理论"总体类
比》,《外语与翻译》2006 年第 1 期。

[9]许渊冲:《翻译的艺术》,中国翻译出版公司 1984 年版,第 13 页。

[10]陈炜舜:《世间安得双全法:曾缄译〈六世达赖情歌六十六首探骊〉》,《东方翻
译》2014 年第 3 期。

[11]黄轶:《苏曼殊〈拜伦诗选〉几个问题考述》,《文艺报》2006 年 3 月 30 日。

关于我校医学本科生"循证医学"教学的思考与建议

陈田木 李 蕾 张小芬 江宜珍 赵本华 苏艳华*

摘要:新时代赋予了高等医学教育新的使命,高质量的医学本科教育则是建设"健康中国"重要基础之一。循证医学(evidence-based medicine,EBM)是"基于证据的医学",是关于指导如何遵循科学证据进行一切医疗卫生实践的科学方法学,EBM 实践不仅注重科学证据,也体现以人为本。在中国特色社会主义新时代,EBM 的理念是高质量医学人才必备的科学理念,是培养高素质医学人才的重要课程,是确保国家卫生健康策略及医学技术沿着造福全人类的道路上前进的方法学。厦门大学医学部从 2012 年开始将 EBM 课程纳入临床医学本科生和预防医学本科生的教学计划,本文结合"健康中国"国家战略发展之新需求,与时俱进地对厦门大学医学部近几年的 EBM 课程教学工作提出相关建议及思考,为改善我校未来的本科生"循证医学"教学工作,提高我校医学本科生的教育培养质量,为我国医疗卫生事业的可持续发展储备人才资源,为建设一个更加美好的健康中国及健康世界做出贡献!

关键词:医学本科生;"循证医学";思考与建议

循证医学(evidence-based medicine,EBM)是临床医学、流行病学以及图书情报学等多学科融合发展而成的新兴交叉性学科,是指导医疗卫生实践进行科学决策的方法学[1]。EBM 的最初理念:在现有的医疗环境下,临床医生针对患者具体的临床问题,从浩瀚的信息与文献中筛选出最新、最佳的科学证据来指导临床医生做出最佳的诊治方案;随着社会的发展,医学模式的转变、人口的老龄化、医学新科技的不断涌现以及公众对医疗卫生服务的质量期望及需求的不断增长,致使传统的临床诊治决策面临着前所未有的挑战,医疗服务的目的不再仅仅单纯局限于治疗疾病及维持生命,还包括预防保健、健康促进、恢复功能、提高生活质量、知情选择以及实现卫生服务的公平性等,相应的 EBM 的理

---

* 陈田木,厦门大学公共卫生学院助理教授;李蕾,厦门大学公共卫生学院副教授;张小芬,厦门大学公共卫生学院工程师;江宜珍,厦门大学公共卫生学院副教授;赵本华,厦门大学公共卫生学院副教授;苏艳华,厦门大学公共卫生学院助理教授。

念已经从临床医学渗透到医疗卫生各相关学科,如公共卫生、卫生政策的制定与管理以及医学的教育与改革等等领域,因此EBM可定义为是关于如何遵循科学证据进行一切医疗卫生实践的科学,包括基于个体的循证临床决策和基于宏观社会群体的循证卫生决策。厦门大学医学部是从2012年开始将"循证医学"课程纳入临床医学本科生和预防医学本科生的教学计划,进入中国特色的社会主义新时代之际,笔者结合这些年的教学工作,与时俱进地提出以下几点建议及思考,希望对我校未来的本科生"循证医学"教学工作的改善,进而提高医学本科生的教育培养质量有所裨益。

一、"循证医学"课程开课时间

EBM是临床医学、流行病学、医学统计学及互联网信息学等多学科融合发展而成,故建议EBM的开课时间应该设置在临床医学、流行病学及统计学课程后,其中流行病学(包括临床流行病学)和统计学是EBM基础学科之一,主要体现在流行病学和医学统计学不仅是产生医学决策需要的证据的科学研究方法,又是决策者理解和诠释科学证据必备的知识;例如,医学研究的设计、文献质量的评价、指标的分析评价,证据的卫生经济学分析与评价等,都涉及流行病学、临床流行病学及统计学的基本理论与方法;再者,临床医学相关课程的开设是更深入理解EBM的基础,而在临床实施EBM的基本理念是,临床医生针对具体的个体患者,在充分获取患者临床信息的基础上(包括病史、体检、实验室检查及影像学检查信息等),结合自身的临床专业理论知识与技能,围绕患者的主要临床疑难问题(如病因、诊断、治疗及预后等问题),检索、查找、评价当前最佳的研究证据,结合患者的实际情况与意愿以及临床医疗环境,认真明智地、深思熟虑地将最佳的研究证据运用到临床,形成科学的临床诊治决策,并在患者的配合下付诸实践,最后进行分析并评价其效果。因此,具备扎实的相关临床专业知识是开展EBM的前提。相应地,我校的临床专业本科生的EBM课程则是同步于流行病学、医学统计学及临床医学专业课程开设的(大三下学期),因此EBM相关基础知识的相对落后及缺乏会加大教学的难度,对学生及时深入理解EBM的授课内容会造成一定影响。而针对预防医学专业本科生所开设的EBM课程是在大四上学期,此时,预防医学专业本科生已经学完流行病学、统计学及临床实习课,因此对更深入地理解EBM的理念思想及相关内容帮助作用非常明显。

二、"循证医学"课程开设内容应对不同专业分别对待

大学的主要功能是培养人才、发展科学、服务社会等,而人才培养体系的核心在课程,EBM是关于如何遵循科学证据进行一切医疗卫生实践的科学,包括基于个体的循证临床决策和基于宏观社会群体的循证公共卫生决策。目前,我校主要有针对医学院的临床医学本科生和公共卫生学院的预防医学本科生开设的EBM课程,由于不同专业培养目标不

同,因此相应的 EBM 授课内容的侧重点也不同,临床医学本科生的 EBM 课程内容主要侧重基于个体的循证临床诊治决策,而预防医学本科生的 EBM 课程内容则应侧重基于宏观社会群体的循证公共卫生决策。但在近几年的授课过程中,临床医学和预防医学本科实际授课的内容相差无几,主要是关于个体临床诊治方面的内容,建议在今后的 EBM 开课内容针对预防医学专业的本科生选择基于宏观社会群体的"循证公共卫生"或"循证医疗卫生与管理"等相关内容,来适应新时代"健康中国"国家战略之所需。2018 年 10 月,十九大响亮地提出了实施"健康中国战略",强调坚持预防为主,预防控制重大疾病。需要强调的是,当代"健康中国"之"大健康"乃是一种全局的理念,影响健康的因素是极其复杂的,可以说"大而无外,小而无内",大健康所追求的不仅是公众个体身体生理的健康,还包含群体精神心理、社会、环境、道德等方面的全面健康,因此,"健康中国"之大健康事业将不再只是医学自己的事,而是全社会的共同责任。2019 年 6 月,《国务院关于实施健康中国行动的意见》[2]指出要动员各方广泛参与,将预防为主融入各项政策举措中,加强公共卫生体系建设和人才培养,优化资源配置,提高基本公共卫生服务项目、重大公共卫生服务项目资金使用的针对性和有效性,使得公共卫生与预防医学在新时代健康中国建设中的重要地位和作用有了更加明确的规划和部署,因此培养符合新时代所需的高素质公共卫生与预防医学人才显得尤为重要。

同时,我们也须重视生命科学、基础医学及药学对临床医学的重要促进作用。当今时代,生命科学与基础医学的发展远远超过临床医学的发展速度,临床医学的每一项重大突破都来自生命基础学科的研究成果,随着生命科学基础研究逐步深入,医学诊治手段也需要更加精准化和人性化。一名优秀的临床医师不仅是根据指南诊治常见病,通过循证医学知识和系统思维,向生命基础学科探寻疾病病因,研发新的诊治手段。因此,尽可能尽早地将生命基础研究成果应用于临床,是促进 EBM 发展的重要措施。另外,随着社会的发展,医疗模式从"以疾病为中心"的传统生物医学模式向"以病人为中心"的现代医学模式转变,患者对药物治疗的要求不断增高,催生了循证药学,循证药学也正是 EBM 理念在药学领域的运用与发展,指运用 EBM 的理念与方法来解决药学各领域的实践及研究问题,涉及药物的研发、生产、干预、药物效果评价及药物决策等方面,因此建议针对生命科学及药学等专业的本科生开展的相关 EBM 教育,培养其循证思维及科研逻辑思维,真正用 EBM 的理念及方法指导生命科学基础研究及药学方面的研究。

三、提高 EBM 教学的信息化,教材及教学内容要与时俱进

EBM 的最终目的是应对医疗卫生方面存在的问题,充分利用当今医学科学研究的成果,指导解决临床医疗实践及相关卫生领域的难题,促进医疗卫生决策的科学化、卫生资源的合理利用以及高素质医学人才的培养,提高现代医学之水平,最终达到最有效地保障人类健康之目的。EBM 对现代医学的主要贡献之一就是将医疗实践决策建立在与时俱

进的科学证据基础上,证据是实践 EBM 的武器,证据的质量决定着临床决策及卫生决策的科学性和正确性。真实可靠的临床证据可以改进临床诊疗决策,提高医疗质量,还可为卫生行政部门、政府机构制定政策提供科学依据。因此,EBM 是 21 世纪临床医学发展的必然趋势,目前,我校 EBM 教学主要采用纯理论讲授式教学的模式,随着信息时代的到来,知识瞬息万变,医学研究突飞猛进,传统的医学教学模式已很难满足医学教育发展的需要,教育医学生主动更新陈旧的医学知识,与时俱进,成为一名终身学习者,显得意义重大;同时,学生对老师的期望不再限于照本宣科,他们期望了解更多书本以外的知识点及前沿的医学研究成果。因此要求在 EBM 教学过程中,不仅要注重传授医学知识与技能,更要注意培养学生学习兴趣、自主学习与自我更新知识的能力,来面对不断发展变化的、复杂的医疗卫生健康实践,因为每个卫生健康服务人员的知识是有限的,但未知的相关知识却没有边际,而 EBM 的理念就是要有与时俱进的终身学习理念,不断进取、不断更新和丰富自己的理论与方法,勤于思考,才有可能及时发现患者的或公众的健康问题,才有可能卓有成效地进行 EBM 决策。

当今互联网的迅速普及与信息化教育技术的广泛应用为医学教育开辟了一个全新的领域,为培养 EBM 思维及终身学习的自我教育训练提供了越来越便利的环境,如何充分利用互联网资源培养具有 EBM 能力的高素质医疗卫生人才? 2016 年 6 月,国务院发布《关于促进和规范健康医疗大数据应用发展的指导意见》[3]指出支持建立以国家健康医疗开放大学为基础、中国健康医疗教育慕课联盟为支撑的健康医疗教育培训云平台,鼓励开发慕课健康医疗培训教材,探索新型互联网教学模式和方法,组织优质师资推进网络医学教育资源开放共享和在线互动、远程培训等应用,便捷医务人员终身教育,提升医疗卫生服务能力。2017 年 7 月,国务院发布的《关于深化医教协同进一步推进医学教育改革与发展的意见》[4]同时指出要推进信息技术与医学教育融合,建设国家教学案例共享资源库,建设一批国家精品在线开放课程。2018 年 9 月,《关于加强医教协同实施卓越医生教育培养计划2.0的意见》[5]也指出,紧紧围绕健康中国战略实施,树立"大健康"理念,深化医教协同,推进以胜任力为导向的教育教学改革,优化服务生命全周期、健康全过程的医学专业结构,促进现代信息技术与医学教育教学深度融合,提升高等医学教育质量,建设中国特色、世界水平的一流医学专业,培养一流医学人才,服务健康中国建设。因此,相应地,我校的 EBM 课程也要紧跟时代潮流及社会所需,提高 EBM 教学的信息化,积极推进"互联网+医学教育"建设,推广现代化教学手段,多种教学形式灵活并重,完善网络课程建设,开设在线课程,打造线上线下混合式教学的学习平台,建立、健全、普及 EBM 相关的生物信息及临床证据系统等网络信息平台资源,增加医学文献检索、医学信息学等内容的教学比重,提高医学生对大数据的信息检索和处理能力,使 EBM 课程中文献检索教学紧跟当今世界医学发展的步伐,让学生享受到当今时代世界上最先进、最真实可靠的医学研究成果,培养他们今后在医疗决策中将最佳的研究证据融入医疗决策中的循证能力及终身学习能力,不断提高造福公众健康的专业水平。

另外,目前的大数据时代,EBM以证据为基础的决策理念迎来了大发展的契机及挑战,其内容涵盖面广,包括临床医学、生物信息学、文献检索学、流行病学等多学科内容。因此教学内容上仅仅依靠单一的纸质版教材,已经远远不能满足新时代需求,所以教材多元化成为必然,除了传统的纸质版教材及缩短教材使用周期,更应该大力拓展电子教材的使用。EBM即实事求是,一切从实际出发,其整个实践过程贯穿着严肃认真的科学作风,其理念强调在医学实践中应充分应用当今世界范围内的最新最佳证据,因此,EBM的教学应紧跟世界医学潮流,及时剔除并更新教材中陈旧的知识。例如教科书上记载的钙通道阻塞剂治疗心肌梗死的理论和实践,多少年来一直被奉为经典,EBM运用其批判的视角理性地综合研究提示钙通道的应用实际上增加了病人的死亡率,类似的情况在教科书中不胜枚举,导致了一些高效、廉价的治疗方案不能够在临床进行及时广泛的推广应用,造成了医疗资源的浪费与滥用。EBM告诉我们,任何的医学干预,均应建立在当前最佳证据的基础上,应通过循证的方法停止使用无效的干预措施,预防新的无效措施引入医学实践,所以建议当今医学教育课程之教材,包括EBM课程的教材内容应紧跟世界医学发展的节拍,剔除过时错误的内容,及时更新教内容,使教材更加体现科学性、前沿性,同时创新教材呈现方式,并建立规范化、经常化的教材更新制度。

四、加强教学条件的基本建设,充分利用附属医院的功能

优秀的EBM师资力量是能否做好EBM课程教学的关键,因此,要加强EBM师资队伍的建设,EBM是医学统计学、现代信息学、流行病学、临床医学的融合,因此拥有广博的、过硬的EBM相关知识及较高专业水平是带教教师所应当具备的。2018年9月,教育部发布《关于加快建设高水平本科教育,全面提高人才培养能力的意见》[6]指出要全面提高教师教书育人能力,加强高校教师教学发展中心建设,全面开展教师教学能力提升培训;因校制宜,建立健全多种形式的基层教学组织,广泛开展教育教学研究活动,提高教师现代信息技术与教育教学深度融合的能力。同时,教育部联合国家卫生健康委员会发布《关于加强医教协同实施卓越医生教育培养计划2.0的意见》指出,要紧紧围绕健康中国战略实施,树立"大健康"理念,全维度打造医德高能力强的教师队伍,把师资队伍建设作为医学院校最为重要的基础工程。

另外,EBM的核心是运用最新最佳证据指导医学实践,因此学校应按照EBM的要求,加强学校电子数据库资源的建设和相应的硬件建设,提供丰富的数据资源,如图书信息管理系统、计算机应用系统以及EBM资源库等方面的建设,创造人人皆学、处处能学、时时科学的学习环境,以便为教师与学生实践EBM提供保障。

再者,要充分利用厦门大学附属医院的功能,2017年7月,国务院发布《关于深化医教协同进一步推进医学教育改革与发展的意见》指出高校要把附属医院教学建设纳入学校发展整体规划,明确附属医院临床教学主体职能,将教学作为附属医院考核评估的重要

内容;高校附属医院要把医学人才培养作为重大使命,处理好医疗、教学和科研工作的关系,健全教学组织机构,加大教学投入,围绕人才培养优化临床科室设置,加强临床学科建设,落实教育教学任务。《关于加强医教协同实施卓越医生教育培养计划2.0的意见》也指出按照有利于发挥综合性大学举办医学教育的优势、有利于培养卓越医学人才的原则,加强大学对医学人才培养的统筹协调,加强医学院(部)对医学教育的统筹管理,强化医学院(部)对附属医院医教研的管理,保持医学教育的完整性。现在的厦门大学附属医院涵盖了整个福建省最好的医疗资源,对开展 EBM 多学科教学有着独特的优势,一定要充分利用各附属医院,尤其是厦门本地附属医院的各科室临床教师在 EBM 课程教学过程中教书育人、提升学生综合素养的作用。

五、建议加强医学生人文素质的教育

医学是人学,以具有生命、心理和情感的人为研究对象,其最高目标是完善人性,保护人类的健康,创造美好生活。党的十九大指出医疗卫生事业改革的重要方向之一是注重"以人为本"的服务精神。近年来,各类医患纠纷事件和药品安全事故的频繁出现提示医生是否具备合格的人文素养,直接关系到医疗卫生实践活动质量的高低,进一步追溯到学生时代的医学教育环节,与忽略人文素质的培养有着密不可分的关系。EBM 强调现有最好证据、卫生人员的专业水平与经验、患者或公众的实际与意愿三者共同构成了 EBM 学科思维的主体。EBM 实践过程中,患者才是诊治决策的最终拍板人,故医生要充分尊重患者的价值取向和需求,从患者利益出发,加强医患沟通,让患者拥有充分的知情权,形成医患双方的诊治联盟,共同做出诊疗决策,因此,平等友好合作的良好医患关系是成功实践 EBM 的关键环节之一,也可以说成功实践 EBM 需要有效地提升学生的人文素质来加以保障和支撑。总之,EBM 在注重科学性的同时,也强调人文精神,让医学科学精神充满人文关怀,其本质是科学精神和人文精神的和谐统一,EBM 自身的不断发展,就是尊重人的价值与感受、尊重人的自由与民主的人文精神的回归。2017 年 7 月,国务院发布《关于深化医教协同进一步推进医学教育改革与发展的意见》指出,把思想政治教育和医德培养贯穿教育教学全过程,推动人文教育和专业教育有机结合,培养医学生关爱病人、尊重生命的职业操守,引导医学生将预防疾病、解除病痛和维护群众健康权益作为自己的职业责任。医学教育应注重加强医学生的人文素养,培养职业道德,建立和谐的医患关系,积极推动 EBM 实践得以真正实施,最终获得病人满意的医疗服务。因此,未来的优秀医生必将是既具备医学专业知识,又有深厚人文素养,同时拥有 EBM 思维与能力的高素质复合型医学人才。

总之,EBM 理念是 21 世纪高质量医学人才必备的科学理念,是培养高素质医学人才的重要课程。"健康中国"的建设对医学人才队伍提出了更高的要求。早在 1992 年,WHO 就已提出"五星级医生"的要求,即未来医生应具备以下五个方面的能力:卫生保健提供者、医疗决策者、健康教育者、社区领导者及服务管理者。现代医学发展至今,卓越的医学人才所拥有的能力不能仅仅停留于医学实践,而是还要同时演好健康管理者、医学专家、智慧的哲学家、信息专家以及掌握先进社会人文科学和自然科学知识并能终身自我教育的循证专家等多重角色。由于医学问题的复杂性及不确定性,在知识爆炸的信息网络时代,EBM 正是注重医学生综合能力培养的课程,具备诸多综合能力的高素质、高水平的医疗卫生工作人员是实践 EBM 的必备条件和有力保证,因此,需要将 EBM 教育贯穿于医学教育的全过程。当下的中国特色社会主义新时代是中国医疗卫生事业改革和发展的重要时期,2017 年 7 月,国务院发布《关于深化医教协同进一步推进医学教育改革与发展的意见》指出要始终坚持把医学教育和人才培养摆在卫生与健康事业优先发展的战略地位。而高素质医学人才的培养则需要优质的医学课程,优质的医学课程才能带来高质量的医学教育,唯其如此,才能为我国医疗卫生事业的可持续发展储备人才资源,为建设一个更加美好的健康中国及健康世界做出贡献!

参考文献

[1]唐金陵:《循证医学基础》,人民卫生出版社 2016 年版。

[2]《国务院关于实施健康中国行动的意见》,2019 年 6 月。

[3]《关于促进和规范健康医疗大数据应用发展的指导意见》,2016 年 6 月。

[4]《关于深化医教协同进一步推进医学教育改革与发展的意见》,2017 年 7 月。

[5]《关于加强医教协同实施卓越医生教育培养计划2.0的意见》,2018 年 9 月。

[6]《关于加快建设高水平本科教育,全面提高人才培养能力的意见》,2018 年 9 月。

体育素养视角下高校公共体育课的教学实践改革与创新研究

——以厦门大学高尔夫课为例

傅　亮　林致诚[*]

摘要：体育素养是近年来体育界流行并具有重大影响力的理念，文章运用文献资料法、逻辑分析法、实证研究法，以厦门大学高尔夫公共体育课的改革实践为研究对象，剖析了高校公体课教学中遇到的困惑，在体育素养理念的引导下进行的课程改革与创新，获得了显著的效果。教学改革涉及的学生、教师及课程的三维关系要同步协调，提出高校公共体育课在学生体育素养培育上的一些思考，具体包括：树立以学生为中心的改革出发点；加强教师和教材等软实力的建设；把握运动项目规律，优化课程设计；发挥体育社团的积极作用，实现课内外一体化，加强校园体育文化建设等。

关键词：体育素养；高校；公共体育课；改革

2016 年 5 月 6 日国务院办公厅颁布的《关于强化学校体育促进学生身心健康全面发展的意见》中将"全面提高学生体育素养"作为总体原则[1]，强调提高学生的体育素养是学校体育工作的主要目的，也将学生体育素养问题上升到国家层面的高度。高校体育是我国学校体育教育体系中的重要环节，如何在开展具体工作时，实现提升学生的体育素养，成为时下高校体育教育研究的热点。高尔夫课程是厦门大学的体育特色课程之一，自 2003 年开课以来，一直深受学生的欢迎，是体育选修课中的热门课程。本文对厦门大学高尔夫课程的改革和创新进行实证研究，探索高校公共体育课对学生体育素养的培育效果以及培育工作中遇到的问题和建议，以期对高校公共体育课提升学生的体育素养方面带来一定的参考价值。

---

* 傅亮，厦门大学体育教学部教师；林致诚，厦门大学体育教学部教授。

一、体育素养理念的理解

1993 年英国学者 Whitehead 首次提出"Physical Literacy"的概念,认为其是"个体在一生中维持适当水平身体活动所需的动机、信心、身体能力、知识和理解"[2]。"Physical Literacy"理念的提出,引起了一场颇具规模和深度的国际大讨论,在国际上不仅为多领域的学者所关注,而且经由政府和各种社会组织迅速对体育实践产生广泛影响,我国著名体育学者任海称"Physical Literacy"是近年来在国际体育界流行并具有重大影响的理念[3]。随着 Physical Literacy 理论研究的推进,其实践研究也在逐步推行中,其中美国、加拿大(部分地区)进行了新一轮的体育教育改革,将"培养具备体育素养的人"(Being Physically Literate)设为体育教育的总目标[4]。

国内较早进行"体育素养"研究的是赖天德教授,认为其体现了一个人的体育文化水平,"主要包含体育意识、身体基本活动能力、基本运动能力、基本体育知识,以及从事体育锻炼、身体娱乐和欣赏体育比赛的能力等"[5]。陈思同等研究学者在借鉴 Physical Literacy 概念的基础上,结合我国关于体育素养概念的相关研究,总结体育素养的概念可以被理解为:人类在生命过程中获得利于全人生存发展的运动要素的综合,包括体育意识、体育知识、体育行为、体育技能、体质水平[6]。

从前人研究的基础上可以分析到体育素养是一个综合概念,它不仅包括体育技能、体育知识、健康习惯等基础素养,还包括体育精神、体育品德、体育情感等深层次的素养,有价值观、人生观在里面,是一个综合体,身心内外结合,促进人的全面发展。体育素养理念的提出给高校公体课的教学改革带来一定的启示,从体育素养的培育上来讲,笔者认为主要涵盖以下三个方面:一是最基础的体育运动技能,包括运动技术动作,也包括锻炼的方式和方法,通过技能学习和掌握,身体参与,强身健体;二是健康行为习惯,主动参与体育相关活动,包括参与赛事、观看体育比赛、以体育锻炼为主要的活动方式,体育伴一生的终生体育健身习惯;三是体育情感的培养和体育品德塑造,运动中遵守规则礼仪、尊重对手,拥有公正、公平的竞争意识,领会运动精神,塑造积极进取的心态,健全人格。

二、高校学生体育素养培育的改革实践

高校公共体育课是高校体育工作的中心环节,也是培育大学生体育素养的主要路径,而培育大学生的体育素养,离不开具体运动项目的承载,学生只有通过具体运动项目的参与才能接触并投入具体运动项目的练习、训练、竞赛过程中,高校体育工作的功能才能得以发挥,学生体育素养的培育工作才能得以开展,在此以厦门大学高尔夫公体课的改革实践为例证探索高校大学生体育素养的培育路径。

1.厦门大学开设高尔夫公共课的背景

高尔夫球作为一项体育运动,首先具有强身健体、增强体质的作用,练习击球可以提高身体力量素质、协调性、柔韧性和平衡感;下场实践具有鲜明的有氧运动的特点,可以提高心肺功能和体能。其次高尔夫运动所推崇的礼仪规范和行为自律的绅士文化恰恰与高校借助体育塑造健全人格、提高社会适应能力的培养目标相一致,高尔夫运动在球场上需要球员独立面对各种困难,正确的判断,并勇于承担后果,在担当方面高尔夫球运动教会学生们怎么调节情绪,克服挫折感,培养良好的心理素质;礼仪方面,可以培养学生尊重他人、礼貌谦让的风范;在人格方面,高尔夫球特有的大多在没有裁判和他人监督下比赛的项目,可以培养诚实守信与自律的良好品质;在社交方面,运动强度低、漫步走的运动形式,利于运动中交流与商谈,从而有助于交际能力的培养。此外伴随中国经济的飞速发展、传播媒介的丰富,当代大学生对体育课的需求变得多元化和个性化。高尔夫运动的独特魅力、高校公共体育课程的改革需要,以及高尔夫运动与高校体育课堂的教育功能的吻合,开设高尔夫课程具有很高的教育意义,对现代大学生形成健康和谐的生活方式有着重要的指导意义,正是基于以上思路,厦门大学高尔夫公共体育课就应运而生。

2.高尔夫公体课教学中的困惑

(1)课程设置与高尔夫运动本质脱钩

高尔夫体育课归属于大学体育课程,是众多体育课程中的一门,但高尔夫运动与其他运动项目又有一定的区别,那就是高尔夫的真正运动形式在于场下击球进洞,相关的规则、礼仪、教育和锻炼价值更多体现在场下击球的过程中,而当前高校高尔夫体育课程的设置却没有或者很难实现高尔夫下场击球进洞的接轨。从教学内容上来看,早期高尔夫体育课分为理论课与实践课两大部分,实践课以 7 号铁杆全挥杆击球技术动作为主体教学内容;理论课学时较少,主要是高尔夫基本常识、规则礼仪的介绍,但由于高尔夫运动进入中国较晚,也不普及,绝大多数的学生在没有接触过这项运动的前提下,在接受理论知识时比较空洞,难以形成正确的概念;实践课的教学主要在全挥杆技术动作的教授上,但受制于场地、器材、时间等各方面的原因,学习的高尔夫技术动作难以跨到下场实践运用中,只能称之为"练习场高尔夫"或"动作高尔夫"。单纯的技术教学,也没有体现出来高尔夫运动真正的育人价值,运动所提倡的"诚信、自律、礼让、尊重"的精神仅仅在技术教学中难以体现和熏陶,与开展这门课的初衷并不相吻合。

(2)学生选课积极性与教学效果不理想的矛盾

高尔夫运动的独特魅力、稀缺性以及新鲜性,简言之就是"高大上",学生选修高尔夫体育课的热情相当高,选课系统刚开通,高尔夫课程就秒满,甚至出现了排队抢课或者拼运气的现象,这说明了学生对高尔夫运动项目具有浓厚的兴趣。但与选课火爆形成鲜明对比的是教学效果一般,高尔夫体育课存在着"三分钟热度"的现象,初上课情绪较高,随着课程的开展、挥杆难度的增加,教学内容的单一,兴趣会越来越淡,学生上课的积极性会随之降低,一学期的高尔夫学习却出现选修的学生们对高尔夫运动并不了解,并没有认识到高尔夫运动的本质,学生对所学习的技能没有形成正确的概念,甚至停留在把球打远就是好球的认知上,意识不到球的飞行方向、弹道、落点、稳定性等的控球概念,可以说敲到了高尔夫的门却没有迈进门里去,实际的教学效果并不理想。

(3)教学课时安排不科学

大学体育课程的教学安排通常为一周一次体育课,一次教学时长为 90 分钟,一周一次的体育课无论从练习的强度还是练习的频度上来讲,对掌握一项体育运动技能和改善一个人的身体素质其实是不够的,学生在一周后上课时存在着上周动作怎么做的失忆,这说明两次练习之间的时间间隔过长,实际上并没有遵循运动技能学习的规律,造成技能掌握缓慢。高尔夫的挥杆特点因为球杆长、力臂长、杆头小、球小,并且从静止状态下发力,高质量的击球对技术动作要求高,上手难度较大,从练习的频度、强度上都难以实现掌握和提升高尔夫技术的效果,学生技能掌握上并不扎实。

3.高尔夫公共课的改革与创新

(1)明确高尔夫公共课的课程定位

从培育学生体育素养的目标来看,高尔夫公体课的定位应该是以高尔夫为主要的锻炼和健身方式,通过参与高尔夫的相关体育活动实现强身健体、促进身心健康。为此高尔夫公共体育课应在传授高尔夫基本技能、讲解练习方法和手段,普及高尔夫运动基本常识,在技能和理论上让学生具备参与高尔夫运动活动和赛事的基础;充分发挥出高尔夫运动独特的育人功能,在高尔夫运动参与中知晓高尔夫基本规则,培养学生自律品格、尊重运动礼仪、增强人际交往能力,完成公体课培育体育素养的基本目标,这也才是高尔夫公体课教育的价值和意义所在。

(2)转变教学观念,调整教学内容,优化课程设计

高尔夫课程的改革首要是把握高尔夫运动项目的规律,转变以往传授高尔夫挥杆技能的教学观念,在教学内容和教学方法上进行突破和创新。高尔夫运动项目的本质是场地实践,需要挥杆完成击球进洞,评价的标准在于完成击球进洞杆数的多少,并且在下场实践中实现高尔夫礼仪的熏陶、规则的遵守及高尔夫精神的传递。为此首先教学内容上增加场地实践的课时比重,引导学生将所学的运动技能运用到场地实战中,所学有所用,并在场地实战中积累经验和建立正确的挥杆击球控球的概念;其次是教学场地的创新,高

尔夫球场占地是比较大的,高校中兴建高尔夫球场不现实,但可以结合高尔夫初学者打不远、打不稳的特点,利用高尔夫练习场的现实场地条件,依据高尔夫球场的设计原则和运动规则,设计迷你高尔夫球道,并增加球洞洞杯的直径,在距离和推球进洞上降低击球的难度,在不违背高尔夫运动本质的前提下增加下场实践打球的趣味性;最后就是升级教学方法,不再一味地灌输动作标准化,在教授高尔夫基本动作要领和练习方法的基础上,更多地提高学生打球的自主性,在安排下场实践时不是一味地玩,两人一组为一个团队,互相指正,提高课堂的互动性,把高尔夫运动的健身、自我挑战、人格塑造、绅士文化及社交功能的价值充分挖掘出来。

(3)搭建以高尔夫为平台的课外体育活动

高校公共课是培养学生素养的主要路径,但不是唯一路径,课堂外的学生社团活动和赛事,也可以有效地外延体育的内涵与价值,实现课内外一体化。厦门大学高尔夫协会是厦门大学高尔夫爱好者的大本营,会定期举办以高尔夫为主题的沙龙、赛事赏析及技能教学与切磋。高尔夫协会最大的活动是一年一度的厦门大学高尔夫球趣味赛,为全校喜爱高尔夫运动的学生和教职工提供了一个切磋球技、以球会友的交流平台,该赛事全程由学生进行策划、组织,并由学生担任比赛裁判,在这个过程中培养学生的规则意识、公平竞争意识,引导学生尊重对手、尊重比赛,建立起公平、公正的价值观念。高尔夫协会也积极与校外高尔夫相关组织开展活动,如邀请厦门女子公开赛的职业高尔夫球员来校进行指导和交流活动,为职业赛事提供志愿者服务等。此外厦门大学还建立了高尔夫校代表队,进行训练,代表厦门大学参与全国大学生的高尔夫比赛。厦门大学搭建的高尔夫平台基本上形成了以高尔夫公共课为普及、高尔夫协会为阶梯、高尔夫校队为高地的有层次的课内外一体化体系。

4.高尔夫公共课所取得丰硕成果

厦门大学高尔夫公共课从 2003 年开课,经过近 20 年的教学实践改革和完善,获得一定的成绩。高尔夫公体课作为一门体育课程,立项为厦门大学本科精品课程"现代小球运动",参与厦门大学教师教学大赛获得二等奖,并且入选了厦门大学一流本科课程建设计划;其次从高尔夫课程中学成的学生,承担过数次厦门职业赛事的志愿者任务,获得赛事组委会的高度评价;高尔夫协会策划组织的"厦门大学高尔夫球趣味赛"已经举办了 7 届,成为有影响力的校体育赛事之一,获得了"校十佳体育社团"的称号,并且成功承办了三届"海峡两岸"大学生高尔夫邀请赛;有选修高尔夫体育课并经过校队培养的学生获得过两次"全国大学生高尔夫锦标赛"阳光组男子个人总杆冠军及两次团体总杆亚军的成绩。

比起荣誉来讲,更欣喜的是从高尔夫课堂中走出的学生在离开课堂后还能回到运动场所坚持练习高尔夫,这才是课改的成果。练习场周末对外开放的时段会出现打位紧张的状况,这说明学生学习了高尔夫运动有再次练习的需求,有助于形成以高尔夫为健身方式的锻炼身体的习惯;同时会影响到周边的人群,带朋友同学前来体验高尔夫运动项目,并在体验过程中很好地传输高尔夫的文化、礼仪与精神,如练习场打球的安全、保持安静、互相指正、切磋交流等,这说明学生具有一定的高尔夫运动认知能力,说明高尔夫课程对学生体育素养各方面的培育在悄悄地发挥作用,悄无声息、潜移默化地进行了体育素养的培育,从而转化成学生自我的一种体育素养提升。

三、体育素养理念下高校公体课教改实践的一些思考

1.树立以学生为中心的教学改革出发点

以学生为中心的目的就是要保障每个学生都能在体育课程学习中受益,这也是体育新课程改革的根本要求之一[7]。反思体育教育,要么以学科本位施教,要么从教师本位出发,真正持有并践行学生本位思想或观念的并不多见[8]。为此,培养学生解决体育学习中实际问题的能力是体育素养培育的聚焦点,可以开展师生座谈会、学生调查问卷等形式的活动切实了解学生的选课需求,把解决学生在体育学习过程中遇到的各类实际问题放在重要位置,是公体课教改的出发点。

2.加强教师和教材等软实力的建设

教师是教学组织的核心,一堂课程质量高低的关键是教师,作为学生的引路人,教师要提高自己的教学与业务能力,在"体育素养"的大背景下,多开展交流,最好以课题组或者课程团队的形式,加强师资队伍建设,集思广益,共同设计好课程教学内容,丰富教学手段等;同时不能故步自封,可以与相关高校尤其是运动项目开展较好的院校之间进行观摩和学习,加强校际交流与合作。

同理教材建设也是目前高校课程建设中的薄弱环节,体育素养的理念当前还比较新鲜,教材上多参考或者翻译国外有影响力的体育素养培育方面的书籍,洋为中用,借鉴别人的长处;此外,可以根据高校所开设课程的软硬件条件,借鉴相关的专业书籍,结合实际情况,建设高校自己适用的教材。

3.把握运动项目规律,优化课程设计

随着我国高校体育教学改革工作的进行,高校体育教学内容根据学生的不同兴趣爱好与发展需要,引入了更多的新兴体育项目,以符合并满足学生对于体育运动的多样化需求,极大地丰富了大学体育的教学内容[9]。在教学内容丰富的同时,体育课的课程设计并没有随之充实,我们的体育教学大多强调的是技术动作的传授和指导,尤其在球类课堂上,整堂课的基本程序大致为教师的讲解、示范,学生的练习,教师纠正动作,教师通过诸

多教学措施,促使大学生做出"标准动作",学习的相对标准化动作没有过渡到实际运用中,尤其是没有发挥出该运动项目的竞技、文化及育人功能,从本质上讲看起来内容丰富的体育课堂只是外在运动形式不同,但是体育课的价值却基本同质。一项体育运动既然能在全世界得到推广和欢迎,肯定具有其独特的魅力和吸引力,要挖掘和发挥出它的价值,就要把握该运动项目的规律,对课堂设计进行优化,尤其是突出该项运动项目的独特性、文化及运动精神,如高尔夫的绅士、网球的优雅、足篮排的团队等。在体育素养培育背景下,公体课在让学生掌握基本运动技能的基础上,更应该让学生接受体育运动的精神熏陶,增加教学实践的设计,注重运动情景的创设,在特定的情境中掌握相应的运动技能、运动知识,让原本单一的技能教学转化为体育综合素养的教学。

4.发挥体育社团的积极作用,实现课内外一体化,加强校园体育文化建设

高校体育公共课是培育大学生体育素养的主导路径,课外体育活动通过多样化的活动形式,对大学生的体育素养培育可以起到显著的辅助效果,体育素养培育工作的全面性和综合性,需要体育课程外的其他方式进行配合和强化。大学生体育社团或者体育协会,是有着相同兴趣爱好的学生组织在一起,通过体育这个平台,开展相关的活动和赛事,公体课学生的运动技术水平不一定很高,但同等水平学生的竞赛气氛同样激烈,如组织体育训练、体育赛事观赏、体育比赛等。还有校运动队等其他的课外体育活动拓展了体育课堂活动的时间和空间,课内外并举的体育活动的开展,可以促进具有共同爱好的学生持续地坚持锻炼,共同进步,利于促进学生养成良好的锻炼习惯,锻炼的成果有展示的舞台,形成良性循环,丰富大学生的业余生活,形成健康的生活方式。

四、结论

今天,"在个体发展过程中,身体素养与读写能力和计算能力同等重要"。不具备读写算基本能力的人是"文盲",而不具备身体素养的人则是"体盲"。通过教育,扫除文盲,让人们走出文化愚昧状态,而培养身体素养,扫除"体盲",让人们走出身体愚昧状态,则是今天各国体育义不容辞的使命[10]。在体育素养理念的大背景下,高校体育工作不能停留在传统的教学习惯上,或者仅仅喊口号,而要付诸实践。社会在变化,时代在更新,学生的需求也在随之改变,教学改革的学生、教师及课程的三维关系要同步协调,以学生为中心,加强师资和教材建设,把握开设体育课程的项目规律,积极推进公体课的教学改善。此外在课时安排、学分修订、课程评价标准等方面,在体育素养视角下,还有较大的改革空间,充分发挥大学体育强身健体、立德育人的功效,为社会培养出身心健康全面发展的优秀人才。

参考文献

[1]国务院办公厅:《关于强化学校体育促进学生身心健康全面发展的意见》。

[2] WHITEHEAD M, The concept of physical literacy. *European Journal of Physical Education*, 2001, 127~138。

[3][10]任海:《身体素养:一个统领当代体育改革与发展的理念》,《体育科学》2018年第3期。

[4]陈思同、刘阳、唐炎、蔡玉军、陈佩杰:《体育素养测量与评价的现状、挑战及未来》,《体育学刊》2019年第9期。

[5]夏峰:《必须重视提高学生的体育素养》,《学校体育》1990年第6期。

[6]陈思同、刘阳、唐炎、陈昂:《对我国体育素养概念的理解——基于对 Physical Literacy 的解读》,《体育科学》2017年第6期。

[7]范叶飞、马卫平:《我国学校体育课程的"钟摆现象"管窥——基于学科向度与生活向度的二维视角》,《体育科学》2017年第2期。

[8]于素梅:《体育课程实施中教育内容的缺失及根源反思》,《成都体育学院学报》2016年第5期。

[9]杨广波:《我国高校体育教学改革过程中面临的问题与解决措施研究》,《当代体育科技》2018年第8期。

基于"谈判学"课程的 PMPM 教学模式探讨[*]

陈　锴^{**}

摘要：基于"谈判学"课程的 PMPM 教学模式［Problem-oriented Instruction（问题导向式讲授）、MOOC-based Preview（基于"慕课"的预习）、Peer Learning（同伴学习）和 Multiple Evaluation（多元化评价）］，具有原创性和现实针对性，顺应了高等教育的发展趋势。本文分别从五个维度（即培养目标、教学内容、教学方式、教学评价、师生关系），探讨了 PMPM 教学模式在"谈判学"课程中的实践，为专业/方向性课程建设，提供了值得借鉴的经验和做法。

关键词：谈判学；问题导向；同伴学习；翻转学习；师生关系

教学模式，是旨在实现特定教学任务的教学活动结构。一种相对稳定的教学模式，必需处理好"学习知识"与"实践能力培养"的关系，即通过特定的方法和过程，让学生掌握相应的知识与能力。对于广大高校教师而言，这是一个历久弥新的课题。笔者认为，"学习知识"与"实践能力培养"之间并无轻重之别，只有先后之分，即传授知识在前，培养实践能力在后。换而言之，一种相对稳定的教学模式，一方面要在传授知识的基础上培养实践能力，另一方面要注意到，实践能力的培养对知识学习存在很强的依附性。

不同学科、专业等性质的知识促进相应能力的发展既有普遍的方式，也有不同的方式。[1]近年来，随着互联网和信息技术对高等教育的深刻改变，传统的基于课堂讲授的教学模式，亟待"因课制宜"的创新。因为，基于课堂讲授的教学模式，难以充分体现学生的主体性，教师在讲授过程中难于及时、准确地把握学生参与教学的程度，"实践能力培养"无法落到实处。

那么，对于国际政治/外交学专业方向性课程而言，应当以什么样的教学模式促进知识的有效学习，并促进实践能力的培养？笔者认为，应根据不同的课程，构建相应的混合

---

* 本文是厦门大学本科教学改革研究项目的最终研究成果，项目编号 JG20180125。特别感谢厦门大学国际关系学院分管本科教学的施雪琴副院长，对本文提出了宝贵的意见和建议。

** 陈锴，厦门大学国际关系学院助理教授，经济学博士。

教学模式。探讨这个问题既有实践意义,又有理论意义。

自 2015 年以来,笔者秉承"以学生为主体,以教师为主导"的教学理念,在"谈判学"课程的教学研究与改革方面,逐步形成了有自身特色的混合教学模式,即 PMPM 教学模式。概括而言,该教学模式具有以下四个特征:

1.Problem-oriented Instruction(问题导向式讲授)

PMPM 教学模式将"问题意识"贯穿于整个教学过程。所谓"问题导向",是指"由教师设计或安排一个问题或任务交由学生去解决或达成,借由与同学合作共同解决问题或达成任务的过程,学生得以迸发自己建构的知识与技能"。[2] 在进行问题导向式讲授时,教师要充分相信学生的认知潜能,强调围绕学生的切身问题及关注热点来组织教学,培养学生的问题意识,以及发现问题、分析问题和解决问题的能力。

2.MOOC-based Preview(基于"慕课"的预习)

要求学生通过"慕课"(大规模开放在线课程)提前预习并掌握基础知识,课堂讲授主要解决难点,侧重于增进师生之间的讨论与交流。

3.Peer Learning(同伴学习)

由教师引导学生以小组为单位,进行组内讨论、组间讨论、小组模拟谈判,进一步激发其学习积极性。

4.Multiple Evaluation(多元化评价)

多年以来,大学教学面临的挑战越来越多,其主要表现之一,就是学习效果评价的多元化。[3] 在多元化评价方面,PMPM 教学模式强调三种评价方式,即学生自评、学生互评和教师评价。

接下来,本文要从培养目标、教学内容、教学方式、教学评价、师生关系这五个维度,探讨 PMPM 教学模式在"谈判学"课程中的实践。

一、PMPM 教学模式的培养目标

作为厦门大学国际关系学院为本科生开设的一门专业方向性课程,"谈判学"衍生出 PMPM 教学模式,并设定了以下三个培养目标:

1.帮助学生了解并批判性地汲取谈判学的基本知识与主要理论。

2.引导学生相互启发、相互借鉴、相互学习,并有效地实现其所学的谈判学知识的内化[4]。

3.组织学生以小组为单位,在模拟谈判中解决不同情景中的谈判问题,增强学生适应与改造环境的能力。

二、PMPM 教学模式的教学内容

1.讲授谈判学的基本知识。比如,如何贯彻谈判的基本原则、谈判开局的不同选择、谈判团队应具备的素质,以及谈判团队成员的角色分配等。

2.讲授谈判学的主要理论和相关的情景化谈判案例,例如,需求层次理论、博弈论、公平理论、实力谈判理论和原则谈判理论等。

3.以教师为主导,组织学生以小组为单位,进行小组模拟谈判。调动学生的积极性,启发其对教学内容深层次的思考,培养分析和解决问题的能力。同时,帮助学生掌握谈判中所体现的社交技巧、为人所信服的能力,以及设计、应用各种谈判技巧手段。

三、PMPM 教学模式的教学方式

教学方式,指教学过程中具体的活动状态,表明教学活动实际呈现的形式。[5]通常情况下,教学方式的选择和使用,应视特定的学科内容、学生的学习需求和状态、教师自身的偏好和教学风格等具体教学情境而定。[6]相应地,"谈判学"课程也根据特定的教学目标和教学内容选取了相应的教学方式。

1.问题导向式课堂讲授

课堂讲授,即通过讲授、谈话、板书、演示或其他媒体向一定规模的学生群传递教学信息的教学形式。[7]这种教学方式旨在帮助学生理解大量有组织的信息之间的关系,能"充分发挥教师的主导作用,也能让学生迅速接触到大量信息,掌握系统的学科知识"。[8]长期以来,课堂讲授是其他教学方式的基础。可以说,绝大多数教学方式都离不开教师的课堂讲授。

在"谈判学"课程中,PMPM 教学模式强调的"问题导向式课堂讲授",不同于传统的教师独白式授课模式。这种区别,主要体现在以下两个层面:

首先,授课教师在有限的时间内,向选课学生传递大量的信息,让他们了解并掌握谈判学的基本知识和主要理论,并使新知识与旧知识建立联系。这些信息是陈述性的、事实性的知识,运用课堂讲授的教学方式,有利于学生快速积累知识。值得注意的是,每段课堂授课的时间不宜超过 10 分钟,这是为了使学生大脑进行适当的休息,促进学生更好地理解消化新知识。

其次,授课教师以问题导向为主,突出学生的主体地位,重视学生的参与互动和知识(技能)的内化。比如,授课教师引导学生创设问题情境,激发学生强烈的问题意识,有意识地发现、提出和解决问题,其批判性思维能力和分析评论能力也会得到一定的提升。与传统的课堂讲授不同,教师不只是课堂讲授者,还是课堂讲授过程中的引导者。比如,教师着重讲授学生不易理解的内容,尤其是那些依靠学生自学也很难把握的知识。

2.同伴学习

学生在同伴学习的过程中,会从中获得成就感和自信。一旦学生的兴趣和需要得到认同与尊重,其学习的自主性和积极性也会随之而提高。

在"谈判学"课程中,教师鼓励、引导学生,围绕自己感兴趣的话题,分组创设具体生动的模拟谈判情景。有关谈判小组的组成、模拟谈判的选题和谈判背景设定都由学生自主决定。同时,各组经过协调确定各自的分工。比如,搜集材料、整合材料、阐述意见、分析原因以及讨论等分工安排。在模拟谈判的过程中,学生需要阐述自己的观点,提供证据说服他人,培养沟通表达能力和应变能力。与此同时,学生需要倾听别人的陈述或质疑,吸纳别人正确的观点和推理。有时,还会有思维碰撞,产生一些新的主意和意念。这有助于培养学生的创造性与批判性的思维。

3.基于"慕课"的翻转学习

在"谈判学"课程的教学实践中,基于"慕课"平台,实现了学生的翻转学习。所谓"慕课",又称为大规模开放在线课程,不受时间、地点和人数的限制,学生可以根据自身的情况进行个性化学习。可以说,"慕课"丰富了教学方式,结合了学生在线学习与课堂讲授的优势,实现线上、线下教学的有效对接与融合。2018年12月,笔者教授的"谈判学"课程在中国大学 MOOC(慕课)平台上线,面向所有社会学习者开放。目前,已顺利开设三轮,累计选课人数超过2.3万人。[9]

在一定程度上,"慕课"为翻转学习的出现和发展创造了条件。翻转学习(Flipping Learning),指"发生在课下并依赖网络学习的一种学生的个体性学习。这种学习要求学生独自利用网络资源进行个性化的碎片式学习,而在课堂上教师将帮助学生进行一种碎片化知识的整合"。[10]

与"翻转课堂"[11]相比,翻转学习的不同之处在哪里?究其实质,"翻转课堂"依然以教师为主体。相比之下,翻转学习的前提是,在师生之间真正意义上的对话关系。这种师生关系,必须充分尊重学生在学习中的"好奇心"和"自主性"。因为,学生的"好奇心"是其学习的基本动力之一。同时,尊重学生在学习中的"自主性",并非放任其行为,而是依据教学目标,使学生在拥有自主性的基础上自觉地开展学习活动。可以说,翻转学习是"翻转课堂"向更加宽广与更加纵深的方向发展的产物。

四、PMPM 教学模式的教学评价

教学评价必须突出评价主体和评价内容的多元性,换而言之,教师要适当放权,让学生主动参与教学评价。这不仅会激发学生的学习积极性和创造性,同时有助于教师间接地了解学生参与学习的情况和感受,及时调整线上、线下教学活动,并改进自己的教学模式。

以"谈判学"课程为例,PMPM教学模式的教学评价,针对在线开放课程和线下课程,结合了四种评价方式进行综合考虑,即学生互评、学生自评、教师评价和机评。值得强调的是,学生在自评与互评过程中,与同伴相互交流观点,同时反思总结自身的不足。随着高校教育的不断改进,学生在教学过程的主体作用日益凸显越。自评与互评相结合的教学评价,将成为未来学习评价发展的大势所趋。

1.学生互评

学生互评,是指小组成员之间进行相互评价。在进行互评时,学生会思考如何更好地评价对方,这有助于改善其批判性思维。学生对本组其他成员的学习和实践情况具有直观的感受和了解,能够做出较为客观的评价。学生互评的结果,应及时反馈给被评价学生,帮助其从同伴的评价和反馈中进一步反思自己的得失。

通常,同伴之间对学习过程及效果做出评价,能够培养及提高学生自我评价能力并改进小组协作学习过程。[12]从"谈判学"的教学实践来看,这样的学生互评是有益的。一方面,有助于同组学生从多个视角来评估一位同学。另一方面,学生可以将其自评与本组同学的评价进行比较。

以"谈判学"的线下课程为例,学生互评占总成绩的70%。具体而言,学生互评包括两部分,即小组会议记录与小组期末总结。再看"谈判学"的在线开放课程,一共有8次作业互评(学生互评),而作业互评占总成绩的40%。这些作业互评的题目均取自于现实生活中的真实案例,每次作业互评满分5分。为了鼓励学生积极参与作业互评,"谈判学"的在线开放课程规定,未参与互评的学生将给予所得分数的50%,未完成互评的学生将给予所得分数的80%,全部完成互评的学生将给予所得分数的100%。[13]

2.学生自评

学生自评是学生对自我学习态度、知识学习情况的总结和思考,尤其要突出学生对自身的知识学习过程与实践能力的反思。这种评价方式不仅可以使学生获得更清晰的自我认识,而且有利于学生对所学知识进行巩固。除此之外,学生自评有助于授课教师调整教学内容,这为学生间接参与教学提供了机会,使"谈判学"课程更具亲和力与针对性。

以"谈判学"的线下课程为例,选课学生在期末撰写自评,题为"我对谈判学的认识、实践和体会"。自评大致分为三个部分,即学生对谈判学的认识、对谈判学的实践,以及对谈判学的体会。具体而言,在认识部分,学生可以分别阐述学习"谈判学"课程前后,对于谈判学的不同认识;在实践部分,学生可以分析的问题较多,比如,我的小组在模拟谈判中表现如何? 我为小组的模拟谈判做了什么? 在总结体会部分,学生自评主要关注以下三个问题：

其一，谈判学理论是否能很好地指导我（或我的小组）的谈判实践？

其二，在我（或我的小组）的谈判实践中，是否发现哪些问题，是现有的谈判学理论还没有关注到的，或者无法解决的？

其三，以我参与的模拟谈判案例来看，若有其他备选方案，我是否还会优先通过谈判来解决这个问题？

3.教师评价

教师评价属于一种总结性学习评价（summative assessment），即"在某一阶段教学活动结束后，教学实施者为判断教与学的效果对学习主体进行的终结性评价"。[14]在"谈判学"课程中，授课教师不仅要对模拟谈判中不合理的部分进行点评、分析，并加以正确地引导，还要根据学生自评和学生互评，来评价学生在线上线下的参与程度，以及学生在小组协作中的积极性和贡献程度等。以"谈判学"的线下课程为例，教师针对学生小组的模拟谈判，制定了10项评分标准，将教师评价细化，这10项评分标准包括：团队默契、对谈判问题的理解、信息处理、逻辑性、遣词造句、时间把握、眼神交流、声音和语调、着装情况和出席情况等。

4.机评

这一评价方式限于"谈判学"的在线开放课程。具体而言，"谈判学"在线开放课程的期末考试中，设计了客观题，即20道判断题，每题1分，共20分。之所以选择判断题，是因为这种题型的信息量较大，出题方式较为灵活，评分客观且信度高。

五、PMPM 教学模式的师生关系

笔者认为，教育实质上就是人与人之间的互动，而师生关系是其中最为重要的互动关系。所谓师生关系，指"教育过程中教师与学生的相互关系"。[15]在传统课堂中，师生关系是一种自上而下的授受关系。[16]

"谈判学"课程的 PMPM 教学模式秉承"以学生为主体，以教师为主导"的理念。有关"以学生为主体"的倡议，最早是由美国著名心理学家卡尔·罗杰斯（Carl Rogers）于1952年在哈佛大学教育学院举办的一次学术研讨会中首次提出的。[17]遵循这种理念，"谈判学"课程为学生留有独立、自主探究的时间和空间，并将学生由被动的教学参与者，转变为主动的教学评价者。

与此同时，扮演主导角色的教师，由传统意义上的知识讲授者和传递者，转为学生学习知识的组织者和引导者。比如，在"谈判学"课程中，教师必须不断补充自己的知识储备，提升自己的专业素养，以便随时准备应对学生提出的各种问题，改善其思维习惯，并在学生遇到困难时给予及时的帮助和指导。

六、结语

"谈判学"课程的 PMPM 教学模式,为那些侧重于连接新旧知识和培养学生实践能力的专业方向性课程,提供了一种值得借鉴的经验和做法。这对于处理好"学习知识"与"实践能力培养"的关系,以及推动专业方向性课程建设,也具有一定的积极作用。

需要注意的是,"谈判学"课程是一门针对大三或大四本科生开设的专业方向性课程,并要求选课学生对谈判有一定的感性知识或经验的积累。因此,基于"谈判学"课程的 PMPM 教学模式,是连接新旧知识的一种有效路径。该教学模式是否适用于大一或大二本科生呢?这需要在今后的教学实践和研究中,进一步加以探索与研究。

参考文献

[1]郝文武:《知识教学促进能力发展的复杂关系和有效教学方式》,《陕西师范大学学报》(哲学社会科学版)2014 年第 3 期。

[2]杨巧玲:《不一样的教学原理》,福建教育出版社 2015 年版,第 193 页。

[3]汤建:《大学传统教学模式的演进与形成》,《苏州大学学报》(教育科学版)2018 年第 1 期。

[4]内化,指将一定的精神文化经社会学习而转化为稳定的心理因素的过程,即将人类知识、经验、社会规范与价值体系转化为不同个体的知识、经验、价值观与信念。实质上,内化就是个体的社会化。参见梁忠义:《实用教育辞典》,吉林教育出版社 1989 年版,第 66 页。

[5]顾明远:《教育大辞典》(上),上海教育出版社 1998 年版,第 714 页。

[6]张琼:《知识运用与创新能力培养——基于创新教育理念的大学专业课程变革》,《高等教育研究》2016 年第 3 期。

[7]顾明远:《教育大辞典》(上),上海教育出版社 1998 年版,第 640 页。

[8]汤建:《大学传统教学模式的演进与形成》,《苏州大学学报》(教育科学版)2018 年第 1 期。

[9]数据来自中国大学 MOOC(慕课)平台。

[10]张知博:《翻转学习挑战传统思维》,《光明日报》2017 年 7 月 25 日。

[11]所谓"翻转课堂",也可译为"颠倒课堂",指学生上课之前,就已经依据个人学习的具体情况借助视频或课件等现代教育技术接受直接教学。这更加符合人类的认知规律。

[12]张红英、陈明选、马志强、闫雪静:《基于自评与互评的网络协作学习贡献度评价》,《现代远程教育研究》2019 年第 2 期。

［13］数据来自中国大学 MOOC(慕课)平台。

［14］周晓春:《基于混合教学模式的评价体系构建和等级量表设计》,《长春师范大学学报》2018 年第 11 期。

［15］梁忠义:《实用教育辞典》,吉林教育出版社 1989 年版,第 206 页。

［16］王苏珏:《从师本到生本——对实施有效"问题导向"教学的思考》,《杭州师范学院学报》(自然科学版)2004 年第 6 期。

［17］Anonymous, Carl R. Rogers Spells Out New Teaching Views, https://www.thecrimson.com/article/1966/4/13/carl-r-rogers-spells-out-new/, 访问日期:2019 年 12 月 15 日。

基于 SPOC 的公共计算机程序设计课程
混合教学模式实践与思考

李慧琪*

摘要:公共计算机程序设计课程是一门重要的本科生必修课,面向全校大部分本科生,受众面大,如何有效地融合 SPOC 与传统课堂教学是一个值得探讨与实践的问题。本文从公共计算机程序设计课程教学实际工作出发,基于 SPOC 与传统课堂的混合教学模式实践阐述教学模式设计与实施策略,并将该教学模式运用于本科生教学实践,深入分析实施效果。实践表明,混合教学模式充分利用网络资源,融合了线上和线下教学二者的优点,突破传统课堂的时空限制,以学生为中心,通过自主学习—课堂讲授—即时实践—个性化拓展的模式较好地提升了课程教学质量,具有实践性和可操作性。

关键词:SPOC;混合教学模式;C 程序设计

一、引言

随着信息技术的高速发展,高校教学模式伴随着 MOOC、SPOC、翻转课堂的发展出现混合教学模式,以学生为中心、以学为中心、个性需求培养,构建多元培养模式,促进学生全面发展。公共计算机课程面向全校本科生,人数众多,近年基于 MOOC 和 SPOC 开展的混合式教学实践角度出发,探讨高效的、深度融合的教学模式是一项有意义的教学实践工作。

"C 程序设计"课程依托中国大学 MOOC 平台,自 2016 年 10 月以来已开设 7 期,持续更新建设并完善,积累了丰富的教学资源,已从厦门大学精品课程发展为福建省高校精品在线开放课程、首批国家精品在线开放课程,获得了高度的课程评价。

大规模在线开放课程(Massive Open Online Course,MOOC)是基于课程与教学论及网

---

* 李慧琪,讲师,厦门大学信息学院计算机科学系。

络和移动智能技术发展起来的新兴在线课程形式,自 2012 年起迅速升温。中国大学 MOOC 平台建设风起云涌,方兴未艾。MOOC 教学过程是主讲教师负责的,通过互联网开放支持大规模人群参与,以讲课视频、作业练习、讨论、公告、邮件、测验考试等要素交织,有一定时长的教学过程。MOOC 平台面向网络学习者,需要考虑学习者目的、基础不同,课程任务难度数量不宜过大,无法保证学习效果。

而小规模限制性在线课程(Small Private Online Course,SPOC)采取小效果和限制性开放,主要针对在校本科生,一般限制在几十到几百人,根据课程设置选取特定班级,有效地减小了学习者的差异,教师能有针对性地指导学习,布置课程任务,与传统课堂教学模式相结合,构建符合高校本科生需求的混合教学模式。

翻转课堂颠覆了传统课堂的教学流程,促进学生的个性化学习的创新教学模式。翻转课堂把知识的学习放在课下,让学生借助在线视频进行自主学习,而课上的时间用于师生交流讨论、答疑解惑和探究学习。这种教学模式把学习的主动权交给学生,学生在课下可以通过网络资源自主学习,教师在上机实践课上通过答疑辅导形式,提升学生对所学知识的深刻理解,从而培养学生自主学习能力,体现个性化学习特点。

二、SPOC 和传统课堂混合教学模式设计

1.SPOC 适合于大学公共计算机课程

从教学角度来看,混合教学模式实际上是对教学内容的重组:将学生拖过容易理解的知识内容,将知识点讲授内容以视频形式放在课程网络平台上,同时提供自测题、讨论题,要求学生在预先设置好的时间节点内完成自主学习;将难度较大、应用拓展放在课堂教学进行,以教师讲授为主、辅以讨论式学习。

高校本科生的程序设计公共课有 MOOC 及 SPOC 的一面,体现在程序设计的语法知识、编程运用细节较多,适合分割为知识点,体现"知识点碎片化""时间碎片化""学习碎片化",使得学生的学习灵活方便,利用 5～10 分钟时间就能掌握一个知识点,提升学习的积极性,体现了"零存整取式的学习策略"。相比之下,SPOC 比 MOOC 更加适合大学公共计算机课程的教学。

根据学生班级特点,以小规模限制型教学班级(SPOC)形式,开展线上和线下相结合的教学模式。在 2 年的教学实践中,基于 SPOC 的混合式教学模式在激发学生内在学习动机、提升自主学习能力、提高课堂效率、增加师生交流方面有积极的作用。视频学习资源时长一般在 10 分钟左右,适合学生观看习惯,不易产生疲倦感,可以反复利用,按需选取;配合自测题,针对性强,有效解决疑问。2 节课堂讲授内容需要精心准备,讲授过程中假如对教学内容的感悟和思考,突出重点和容易犯错的示例,学生听讲效果比看教材效率高。既要让已经学习了基本知识的学生从听课中有所收获,也要让易于走神的学生积极

参与到课堂,更要让课前没有学习的学生尽快赶上学习进度,回到学习轨迹。这要求讲课内容既要和在线课程内容一致,又不能是简单的重复,必须有所深入,通常视频10分钟的内容,课堂讲授引申为2倍以上的讲授时长,体现知识点的深化和运用。

上机实践课程通常每周布置5~6个编程题,难度循序渐进,在课程典型案例的基础上深入应用,巩固知识点。采用自动评价编程平台,取代教师人工阅读程序进行批改的形式,达到高效、及时反馈的效果。

2.混合教学模式设计

通过教学实践工作与调研分析,本文设计了自主学习—课堂讲授—即时实践—个性化拓展的模式。具体实施过程为:

(1)自主学习。以周为时间节点,在每周固定的时间发布学习公告,告知本周学习内容、重点;学生可通过网络学习平台观看视频进行自主学习,并进行课后的测验、测试学习效果,并整理学习过程中遇到的疑问,向主讲教师反馈。视频的信息量丰富、密集,学生可以暂停、回顾任何一个知识点,不受课堂时空的限制,是一种高效的信息传递方式。

(2)课堂讲授。在课堂学习阶段,主讲教师采用PPT形式讲解为主,交互形式为辅。针对本课程知识点多的特点,采用雨课堂以选择题形式发布课堂小测,提高学生的参与积极性,并及时了解知识点掌握情况。一般而言,每节课45分钟以2~4个互动练习为宜。

(3)即时实践。程序设计课程最主要的特点是自己动手编写程序。对于初学者而言,通常学生在听课及阅读教材或讲义时会觉得已经掌握了某个例题,而自己动手编写类似甚至相同程序时却往往出现各种问题。这是学习编程的普遍现象,只有自己反思总结才能真正掌握学习内容。而本课程安排的上机实践正是为解决这个问题。通常每周布置的编程题是对本周知识点的运用,难度循序渐进,学生提交程序作业后即时自动评判,能够得到反馈正确与否,这能有效提高学生的积极性。

以典型案例形式,提供学生解题思路,以某个案例为课堂讲解重点,启发学生解决一系列问题。这类重点案例同时以视频形式提供,可以供学生根据自己的需要反复观看并提问,达到课程要求。

(4)个性化拓展。程序设计课程可以适当地延伸拓展。根据学生的兴趣和需要,可以适当组织主题讨论,并根据在线拓展资料进行个性化学习。

上述过程构成线上SPOC和线下课程教学相结合的混合模式,符合建构学习规律,能够帮助学生掌握课程相关知识点,调动学生学习的积极性和主观能动性。

3.混合教学模式设计和实施实例

为了保证混合教学模式的有效性,在设计和实施混合教学模式的过程中要注意以下方面:

(1)知识点的合理切分。基础知识点便于学生理解,课堂讲解的内容侧重知识点之间的关联以及运用知识点解决问题。为了提高课堂教学的效率,遵循学习的规律,做到"三讲三不多讲":即讲易混点,讲易错点,讲易漏点,"讲"不等于讲解,而是点拨。"三不多讲"是学生观看视频、阅读教材讲义自学能掌握的不多讲;通过讨论能掌握的不多讲;课程作业需要自己独立编程实践的不多讲。

(2)课程案例的合理选取。程序是为解决特点问题而编写的,为了掌握某个语言编程知识点,可供选择的程序实例很多。选取教材中的部分实例,而不是照着教材不分主次逐一讲解,并针对授课班级需求,拓展自选的实例,提高学习兴趣。以本课程面向的数学系学生为例,各章节知识点和数学背景相关的容易激发学生的积极性。例如,教材中的实例是求解正弦函数的近似值,教学中可拓展到余弦函数、正切函数等其他三角函数,并根据难度递进布置学习任务,从而达到学习目标。

(3)学习效果的合理考核。平时成绩的评定采用过程性评价机制。过程性评价以学生课前、课中、课后学习活动的参与程度、完成情况和完成质量为依据。SPOC 平台的自动评分功能减轻了教师的负担,同时强化了"测试驱动学习"的理念。期末考试采取传统的考试评价方式。过程性评价和考试测评二者相结合给出总评成绩,更能体现对课程学习的评价,而不仅仅是期末考试结果的评价。过程性评价能体现对学生学习能力、投入时间、付出努力的评判;线下结果性评价能体现学生掌握知识解决问题的能力,可以更全面有效地对教学进行评价,综合体现师生完成教学目标的情况。

(4)师生交流方式的多样化。和纯粹线上的 MOOC 学习相比,SPOC 的最大优势在于每周有固定的见面时间,可以在课间、上机辅导时直接解答学生问题;学生也能够通过网络常用的通讯方式进行学习交流,使得学习中的疑问能够及时得到响应和帮助。

三、SPOC 混合教学模式的实施

1.SPOC 教学模式的实施对象

为了验证混合教学模式的有效性,笔者近两年以不同院系开设的大学计算机公共课"C 语言程序设计"为试点进行实践探索。

2018—2019 学年第 2 学期、2019—2020 学年第 1 学期分别为数学学院和管理学院班级授课,班级人数分别为 66 人、212 人。以国家精品在线开放课程为基础开设 SPOC,采取混合教学模式,在有限的课堂教学时间内,提高课堂教与学的效率,优化教学效果,提高教学质量。

2.混合式教学实施案例

以该课程学习的重点章节"循环结构进阶"教学为实例,实施线上和线下混合教学内容和过程如下:

（1）课前发布公告,提供学习任务单,阐明本周学习目标、线上学习任务(观看视频、反馈问题、课前小测等)、线下任务。让学生明确学习内容与步骤。借助中国大学 MOOC课堂平台,实现课前推送。

学习任务公告明确学习内容:

①循环的嵌套:讲解多层循环,通过图形例题,深入分析内、外层循环的关系;

②循环中的流程转移控制,内容包括:break 语句、continue 语句、goto 语句(选学内容);

③学习循环中的常用算法:累加法案例讲解各类求和问题的编程技巧。

（2）布置每周视频学习任务,设计讨论问题,查看学生观看视频后的讨论问题,查看学生针对知识目标咨询存在困难的问题,查看学生反馈自测结果,总结难点。

视频资源:①循环的嵌套;②循环中的流程转移控制;③常用算法举例;④穷举法。

（3）课堂教授环节。针对重点难点进行讲解,分析易错知识点、易混知识点,以及编程实践应用。

（4）利用“单元讨论区”发帖,平台的讨论、答疑功能,及时答疑解惑,并引导学生回答三个问题:(1)学习了什么? (2)学会了什么? (3)还要学什么?

难点/重点讨论:

①C 语言的循环结构可以采用三种语句之一实现:for、while 或 do-while 语句。请思考,如果只使用 while 语句,是否足以实现各种循环结构的需要?

②讨论选学内容:break、continue 适用于何种情况。

③讨论一个问题的多种实现算法和效率问题。

（5）借助单元测试,了解学生的掌握情况。课堂借助网络工具,实时推送问题,及时获取反馈及统计,监测班级学习情况。

单元测验:

共 12 个单选题,1 个填空题。试题由系统随机抽取。有 3 次答题的机会,取其中的最高分为单元测验的成绩。注意提交截止时间。

（6）通过课程建设,组织合适的案例,鼓励学生活学活用,与本专业、社会实践相结合,提升学习兴趣,促进深入学习。

文本资源:包括课件 PDF 文档、习题解析、附加题解析、问与答文档等。

（7）上机实践环节。发布知识点相关的编程题在课堂完成,现场答疑解决疑难问题。

（8）考核评价。根据学生在线学习时长、互动讨论参与情况,决定平时成绩的组成部分,通过适当的比例,督促学生对本课程的学习投入。

3.上机实践环节实施案例

从“函数及其应用”案例教学出发,课堂讲授典型例题“编写一个函数,其功能是求正整数 n 的位数”出发,利用同样的算法框架,启发学生思考,拓展到以下相似编程题:

（1）编写一个函数，其功能是求正整数 n 的各位数之和；

（2）编写一个函数，其功能是求正整数 n 的各位数之和；并调用该函数，输出指定范围内满足所有各位数之和为指定数值的所有数；

（3）编写一个函数，其功能是求正整数 n 的逆序数；

（4）写一个函数，其功能是判断一个正整数 n 是否为回文；

（5）编写一个函数，其功能是求正整数 n 的自右起第 k 位数；

（6）编写一个函数，其功能是判断正整数 n 的自右起的每位数是否升序/降序排列；

（7）编写一个函数，其功能是取正整数 n 的每位偶数值构成的新数。

以上问题都是从一个相同基本的算法框架出发，按问题需求增加相应处理，难度递增。课堂选取其中部分题目讲解，启发学生进行思考，按难度系数不同在上机实践环节要求学生完成。实践表明，这种个性化拓展训练受到学生普遍的好评，提高了学生掌握知识点解决问题的能力。

四、混合教学模式带来的挑战

公共计算机课程授课对象为全校理工类、医科类、经管类本科学生，已开设多年，积累了丰富的教学资源和经验。公共教学部一直重视该课程的建设，为更好地提高课程教学质量，与时俱进，从校级精品课程发展为福建省高校精品在线开放课程、首批国家精品在线开放课程，获得了高度的课程评价。

新的混合教学模式给教学工作带来了新的挑战，主要应当注重以下几个方面：

（1）教学资源内容的补充与质量的提高。教学资源的质量直接影响学生学习的兴趣和学习效果。对于已经成熟的 MOOC 资源，在每一轮的开设过程中，仍然需要补充相关的资源，包括视频方面替换更新新增的实例、编程分析 PDF 文档。考虑到 MOOC 多轮开设课程累计数十万人都在做作业，学生很容易在网上找到作业的答案，每一学期的编程实践题应当做到不完全相同，提高学生完成学习任务的积极性。教学中发现许多学生在学习和编程作业中都会遇到同样的问题，特别是作为第一次接触程序设计语言和编程工具的新手，不断累积的讨论、问与答文档能给学生有效的帮助。

（2）混合模式教学适合小班制。上课人数过多会造成交流讨论和上机答疑辅导压力过大，合理控制教学班级规模，尽量降低生师比过高对教学的消极影响。例如在人数较少的学院开设同样课程，反馈得到的教学质量较高。

（3）课堂教学和上机实践课时的时间安排合理。在课堂教学后紧接着安排上机实践课，例如课程学时为 2+2，安排整个下午的时段，56 节课堂讲授、78 节上机实践，课堂布置的学习任务、讨论都能及时得到有效的实施，完成度高，学生的积极性得到有效的提升。

此外，高校教师自身能力的提升和学习自主学习能力的培养对推广和深化混合式教学模式、提高教学质量大有裨益，以学生为中心，不仅是传递接受信息，还有思考、讨论、整合信息,才能形成自己的认识,这始终是教学工作中的重心。

五、结语

SPOC 教学模式引入本科教学过程,主要有翻转课堂和混合教学模式两种做法。结合教学实际需要,本文结合公共计算机程序设计课程教学实践,设计并开展了基于 SPOC 的混合教学模式,通过教学实践体现这一混合教学模式能够充分利用网络在线资源技术有效地激发学生的学习兴趣,提升自主学习能力,提升教学效果,具有较好的实践性和可操作性。

参考文献

[1]韩庆龙、李瑛、吕洁:《混合教学模式下的程序设计课程 MOOC 建设》,《计算机教育》2017 年第 4 期。

[2]康叶欣:《在线教育的"后 MOOC 时代"——SPOC 解析》,《清华大学教育研究》2014 年第 1 期。

基于项目的大学英语口语教学模式探索

雷应传*

摘要：本文首先提出"有效交际"应当作为大学英语口语学习的首要目标，然后指出PBL教学模式可以有效解决目前大学英语口语教学中存在的严重缺乏交际功能导向的问题，接着就PBL教学模式在大学英语口语教学中的关键因素、实施难点及经验等方面展开详细论述。

关键词：PBL；大学英语；口语教学；有效交际

一、引言

在全球化冲突加剧的时代背景下，"交际失误"在中西方交流中越来越普遍。英语作为国际语言是国际交流的重要工具，就新时代的中国大学生而言，"讲英语"不仅仅要会讲，而且还要讲得好（完成交际目的）；就英语口语而言，知道自己想讲什么，自己的意图能否清楚地表达出来（知道自己的语言能力），自己是否清楚地了解受众，是避免"交际失误"的前提保障。而现实情况是，对中国大学生而言，英语是一门外语，这决定了中国大学生英语语言能力有限（这也同样适用于大部分中国大学英语教师）。对英语是外语的中国英语学习者来说，"你的英语再好也不够好"（海外中国留学生的共识）。集中反映中国大学生英语水平的典型现象是"英语口语差"（可参考："2018年雅思官方白皮书"指出，全球培训类雅思考生口语平均水平为6.5分梯队，而中国大陆地区所有省份/直辖市的雅思考生口语平均分第一梯队在6.0分梯队，低于全球平均水平一个分数梯队。[1]），造成这种现象的部分原因是学生长期以来（从中学甚至到大学）在英语学习方面存在的应试思维，也是中国高校大学英语教学过于忽视教学的结果，这也是大部分中国大学生"英语学习效果差""英语口语差"等问题的根源所在。如何解决这个核心问题是大学英语教学改革的关键问题。

＊ 雷应传，福建罗源人，厦门大学外文学院讲师。

围绕着解决中国大学生"英语口语差"这样的核心问题,一个可提供的解决方案是项目学习模式(Project-based Learning,以下简称 PBL),它的核心内涵为该问题提供了基本的解决方案。由于 PBL 着眼于"21 世纪成功所需技能",在 PBL 框架下的英语学习,首先体现为提高"交际能力"。它的设计要素主要包括七个关键因素[2]:(1)设计并围绕一个有挑战性的问题;(2)保证探索该问题过程的持续性;(3)保证探索问题的真实性;(4)学生的主动参与及选择权;(5)学生/教师的反思过程;(6)师生对学习成果的批评及修改;(7)学生公开展示学习成果。这七个关键因素无不紧紧围绕"有效交际"这个核心命题。教师可以在这七个关键因素的框架下,使所有教学活动及学习过程贯穿其中,设计一套基于项目,以训练大学生英语口语为主要目标的口语训练模式。这样的模式下,英语教师不再纠结于"教听力还是口语"等类似问题,而将精力放在设计问题,对不同学生予以基于个人差别的辅导,并将教学活动集中在引导学生探索问题的教学过程中进而提高学生利用英语进行"有效交际"的能力。

就教学模式而言,PBL 以其"探索问题的真实性和持续性,以及学习成果的可展示性"等有效解决了大学英语口语教学中长期存在的因"假交际"而导致的"学习效果差"的问题;它通过"小组合作学习"解决了因班级人数过大(绝大多数英语课堂学生人数超过 25 人,部分班级甚至超过 40 人)而存在的学生口语练习无法得以有效锻炼/反馈的问题;它是一种以学生为中心,基于学生兴趣/关注点、并在教师设计框架下进行的通过运用英语进行问题探索的教学模式。

就学生学习而言,PBL 首先体现在"探索问题"的持续性,这决定了学生学习过程首先是一个"探索过程",通过这样的方法指引,学生将课堂学习有效延伸到课外学习(在二语习得理论中,课堂教学效果在整个外语习得过程中是非常有限的,因此教师应当理性认识到课堂教学的有限性[3]),同时由于 PBL 问题的"真实性",学生深刻意识到交际的真实性及有效性。而"学习成果的可展示性"则让学生充分体会到英语学习的成就感。应该说,PBL 的教学模式充分体现了"以学生为中心"。

就英语口语课教学而言,教师以 PBL 为教学理念,以提高学生口语能力为突破口训练学生的整体英语语言能力,学生学习以"小组合作学习"形式训练团队意识。在教学实施过程中,它立足于"现有教学条件"和学生"个人情况"及"个人需求",通过紧紧围绕一个"真实问题"使用英语作为工具进行问题探索,以小组合作学习为主要学习组织方式,通过"探索问题"的方式完成整个学习过程。因此,它是切实实施"以学生为中心"理念的教学模式。

二、实施 PBL 大学英语口语教学模式的关键因素

与传统意义上的英语口语课相比较而言,实施 PBL 大学英语口语教学模式的关键因素主要有三个:

1.将"有效交际"作为大学英语口语学习的首要目标

以往大学英语口语教学忽略了"有效交际"。就教师而言,教师过度依赖教材,在教学设计上缺乏对交际的重视。同时,很多大学英语教师并无丰富的英语国家生活工作经验,对英语国家文化介绍和了解过于片面,导致对英语国家文化的误读,同时也因为这方面经验的缺乏而大大忽略了真实生活场景中的"交际失误"。比如,在英语用词方面:部分大学英语教师无法用"简洁但得体"的词汇来完成交际目的、部分大学英语教师(甚至教授级别)无法用合乎场景的英文发表自己的观点。这些英语教育乱象的最后结果就是造成众所周知的大学生"英语口语差"。生活中的例子也不乏少见,如马云和 Elon Musk 在上海举行的 AI 辩论就典型说明了"英语听起来很溜,却被误读"的尴尬局面。就学生而言,学生对英语国家文化的理解有限甚至存在误导性认识,如很多学生对西方文化的了解是通过英/美剧或好莱坞影片。因此,PBL 教学模式设计的口语课堂应当将"有效交际"作为英语学习的首要目标。这种"有效交际"体现在教学的各个环节:教师用简洁清楚的英语(而不是矫揉造作的学究式英文)发布教学任务、学生踊跃用思路清晰的英语(而不是堆砌刚学来的"高大上"词汇)展开小组交流、学生利用互联网等工具用英语对问题进行有效研究并应用英文思维进行归纳总结(而不是用"空大泛"的思维形式进行总结)。

2.将英语口语学习过程内化于对一个"真实问题"的探索过程

PBL 的教学过程紧紧围绕一个真实问题做探索。这有助于学生摆脱应试思维,真正将英语作为一个工具研究现实中的真实问题。同时,由于"真实问题"只有一个且具有开放性(学生可从不同角度阐述论证)保证了学习过程的广度和深度;而"探索问题的持续性"则保障了学习过程的可持续性和有效延伸,将学生学习真正扩展到课外学习,通过一系列设计合理的"互动性学习活动"[4],有效率地完成"自主学习"。

值得特别指出的是,由于对"真实问题"的探索过程主要是学生在课外完成的,如何引导学生以及如何评估其研究的有效性是一个对教师来说非常具有挑战性的工作。这部分取决于教师对"问题"的理解程度(对教师本身而言就是一个不断学习的过程)以及对学生学习特点(尤其是了解学生很多错误的学习方式)的充分了解。而这不是传统教学上的教学管理(如注重教案等)可以体现出来,由于它注重实质内容而轻形式,很容易被教学管理部门所忽略甚至误解而影响教师积极性的发挥。

3.将"学习成果公开展示"作为英语学习的一个重要组成部分

以往大学英语学习成果的检验方式多为考试或学期论文等形式,弱化了英语的交际功能,无形中强化了英语的应试导向。而 PBL 的教学成果可公开展示,将学生"最终学习成果"可视化。由于在教学实施之前就将其设计在教学过程中的一个重要环节,可以大大提高学生学习成就感,帮助学生摆脱英语应试思维,同时在公开展示学习成果的过程中提高交际能力(21世纪重要技能)。

三、实施 PBL 大学英语口语教学模式的难点

就本人实施 PBL 教学的经验而言,其难点主要有以下三个:

1.教师如何设计 PBL 大学英语口语教学框架?

PBL 重在设计,教师需在设计阶段将 PBL 的七个因素考虑在内,因为这是一种全新的"以学生为中心"的教学理念,注重学生个人的探索过程,在实施阶段会因为学生的情况不同而产生各种各样的问题,教师需在设计之初予以充分考虑,并学会在现实中一步一步解决问题。同时,如何设计一个"开放性"的问题以保证研究的可行性也是设计之初必须予以重视的问题。

2.教师如何根据现有教学资源有效实施课堂教学?

大学英语口语课堂教学的现有条件主要集中在班级学生人数过多(大多数班级人数超过25人)而影响课堂互动以及师生反馈。另一方面,对教师本身而言英语是外语(非母语),教师在英语语调、措辞的地道性、思维的逻辑性等方面有先天缺陷,教师如何客观根据自己的语言能力有的放矢地实施教学也是关键因素。其他客观因素还包括:教室桌椅是否可以自由移动以便利小组讨论;学生是否可以轻松利用自己的手提电脑投影做演示(教室媒体设备兼容性);是否有易于操作的网络平台供学生上传口语作业(多以音视频形式)?如何将学生的口语作业做电子化存档以便利教师追踪学生进步或做实证研究?学生是否能够较为便利地利用互联网或图书馆资源查找到地道的可利用的英文资料?

3.教师如何帮助学生摆脱英语应试思维,将学生引导到"有效交际"的思维模式?

影响大学生英语学习效果的原因有历史因素(如学生初高中以来长期的应试思维)以及在学生及教师方面存在的现实因素(如学生在大学公选课中存在的"混学分"现象,教学管理部门选课设置不科学,教师掌握的教学资源有限、大学英语教学缺乏大学教学管理部门的有效支持)。教师如何帮助学生摆脱应试思维,真正将英语作为一种研究工具和语言技能工具,以通过运用英语完成"有效交际"是大学英语口语教学乃至整个大学英语教学的一个难题。

四、实施 PBL 大学英语口语教学的若干经验

1.设计一个有效的"分数政策"

分数政策应当在第一节课就清楚地告知学生,教师一旦制定好分数政策就不要随意修改。传统的教学基本上只笼统规定平时成绩及期末成绩的比例,而平时成绩经常都是由若干作业及小测构成,这种分数政策过于简单,没有将学生的整个学习过程反映到分数中。由于 PBL 中的任务多以小组合作形式完成,需有小组分数。小组分数如何给,是个技术问题,也是个导向问题。如果教学管理部门允许,分数可以采用"形成性评估",且每周教师不断更新学生的分数,让学生在学习过程中通过不断努力提高分数,而不是通过一两次考试来确定分数。以期末考试以口语考试为例,哪怕教师不确定话题内容,长期的应试思维也会让学生想尽各种办法"应付"考试或提高分数,违背了 PBL 教学的初衷。由于目前国内高校大学英语分数基本采用期末考试形式,教师可以尽量争取比例较高的平时成绩分数,尽量让学生的努力程度体现在分数上。同样,所有的课堂活动(如作为观众"听"别的小组发言)最好都在分数政策中得以体现。

2.设计一个开放的且具挑战性的"真实问题"

由于 PBL 教学模式紧紧围绕一个"真实问题",如何设计好这个问题,很大程度上决定了 PBL 教学模式的成败。就本人经验而言,设计的"问题"首先要保证其"开放性",其次是问题的时效性,以及可研究的广度和深度。以信息科学类专业学生为例,可以设计"高科技"等主题的问题,通过对高科技(如 AI、Autonomous Driving、5G、Block Chain)的介绍、高科技人才(如硅谷的科技天才 Elon Musk)研究、中国高科技公司 SWOT 分析、高科技对生活的影响等维度展开研究。有条件的教师还可以通过访谈(如与硅谷在职科技人员在线访谈)等形式将课堂研究延伸到课外,让学生充分意识到问题的"真实性"。

3.教学生学会去"倾听"

教学生学会去"倾听"同学的英语发言,是一个教学难点。以小组演示为例,经常发生的情况是在各组进行演示时,即将发言的几个组的同学会"努力"地在下面为自己的发言做准备。这时候,教师可以让学生收起学习材料,电脑合上,手机叠放在桌子上等,并明确告诉学生现在是"听"/"讲"的时间,而不是准备发言的时间。教师可以设计一些"听"的任务给学生,如"记下印象最深的三个要点"等。教师也可以采取折中办法,比如允许下一组即将要发言的学生在教室外面操练。教师还可以通过一系列简单的课堂活动,如以"谈感受"的形式让学生以小组形式对别的小组发言发表看法,经过几次类似活动,学生就会逐渐意识到可以从同学那里学到新的东西,就会更愿意去"倾听"。

4.增强学生的团队意识

团队意识薄弱是中国大学生较为薄弱的一个环节,尤其是大一新生。由于大部分大学英语课是面对大学新生设置的,这个工作尤显艰巨。在小组学习中,学生常见的行为是小组成员过分关注自己需要完成的任务而忽略了团队需要关注的部分。以小组演示为例,经常忽略的部分是:设计 PPT 时思路的统一性、小组成员轮流演示的时候如何轮换(Turn-taking)、小组演示时成员的整体形象、每个组员如何互相支持(如非言语行为、技术支持)等。团队意识还从很大程度上影响到课后小组活动的组织,有些甚至超过了英语语言教学本身的范畴,却是交际最为重要的部分。团队意识有时很大程度上取决于团队成立之初小组成员是如何组成的,如果是匆忙组成或是由教师强制指定,经常会发生问题。因此教师在形成小组之初要通过几次高效率的课堂活动让同学们互相认识,并明确告知小组组成形式,以及小组分数在成绩中的构成比例,并在小组成立之后通过多次小组活动(而不是指责)来改进小组成员和谐度。

5.有的放矢地使用多媒体及互联网工具

所有的教学辅助工具/手段应当是为了使课堂管理更有组织性,课堂教学/课后自主学习更有效。尽管目前高校有各类教学平台,但是否简单好用却值得商榷,同时教室的多媒体设施是否过于简陋或过于复杂而影响了课堂教学效果,教师都需要根据实际情况采取相应措施。教师常用的一个多媒体工具是 QQ。但 QQ 本身是个社交媒体,教师如何通过创造性地使用将其变成一个简单有效的教学平台,也是需要很多经验的。比如,利用 QQ 语音功能在课堂上让学生在指定时间内(如 3~5 分钟)就指定话题发布一个口语语音信息,解决了班级过大造成学生的参与度问题,同时教师可以通过让学生使用一个专用的 QQ 并添加你为好友后可以用语音对其口语作业提出修改意见,都是切实有效的方法。采用手机来辅助教学总的来说也是一个无奈之举,尤其是很多大一学生还没养成上课带笔记本电脑的习惯。这些都需要教师根据具体情况采取相应措施,而不应拘泥于形式。

6.纠正学生的应试思维

就大学英语学习而言,大部分学生的应试思维几乎是根深蒂固的,从中学阶段到大学阶段的四六级考试及雅思托福考试都充满了颇具误导的英语学习方法,这些不是一个教师通过一个学期的教学就能够改变学生的认识的。教师首先要充分认识到这个任务的艰巨性,以免"沮丧"而影响教学。应试思维在学生中主要表现为:应试成绩很好,但是语言能力很差;词汇背了不少,却不懂得使用或在具体生活场景中如何应用;积极词汇量少,不懂得如何将语言生动地运用到具体生活场景中;在完成口语作业的时候,先写成作文再念出来等错误做法。总之,学生的应试思维几乎无处不在,需要老师不断发现并予以指正。值得特别提出的,教师在设计 PBL 教学的时候应当充分考虑到学生的应试思维,通过分数政策等办法予以纠正,否则 PBL 教学很容易变成只注重"形式",不注重实际教学效果的"表演"(这也是大多数大学英语教学"改革"经常失败的一个主要原因)。

7.通过任务或活动来启发学生

通过任务或活动来启发学生要比直接告诉学生一堆理论要有效得多,也更难。比如教师在教授"要用细节,而不是用空洞的词汇"这样的要点的时候,直接告诉学生一些理论,学生是不可能一下子改变这个也许是中文思维中最常见的思维习惯。教师需要通过一系列的教学任务设计,不断地让学生来明白这个英文思维的特点。很不幸的是,很多慕课的教学活动似乎听起来是给教师讲的(讲了一堆理论,而学生听了也觉得"高深莫测"),而不是有针对性地面对学生群体来解决英语口语教学中的实际问题。因此广大大学英语教师需要克服学术界的浮躁气氛,踏踏实实教学,自我提升职业化(professionalism)意识(本人认为大学英语教师更需要培养教育的"职业化",而不是语言学或文学方面的"专业化"),有针对性地解决大学生英语学习中存在的具体问题。

五、结语

总的来说,PBL 教学模式从教学设计、课堂管理、教师知识面以及如何引导学生进行有效的"自主学习"等方面对大学英语教学提出了较高要求,在大学英语口语教学中集中反映为对"有效交际"的重视。它有助于将学生的英语学习习惯从长期的应试思维中改变过来,真正体会到学习外语是为了有效交际,并通过对项目的完成养成对自己的学习负责,培养良好的英语学习习惯。值得提出的是,PBL 教学模式的成功实施,除了教师本身的自我学习和努力程度外,也很大取决于教学管理部门在政策及教师评估方面的支持力度。

参考文献

[1]《2018 中国大陆地区雅思考生学术表现白皮书》,https://www.chinaielts.org/white_paper_2017.html,访问日期:2019 年 11 月 14 日。

[2]Gold Standard PBL:Essential Project Design Elements,https://www.pblworks.org/what-is-pbl/gold-standard-project-design.html,访问日期:2019 年 11 月 14 日。

[3]Rod Ellis,*The Study of Second Language Acquisition*,Oxford:Oxford University Press,1994,p.607.

[4]韩宝成:《整体外语教学的理念》,《外语教学与研究》2018 年第 4 期。

英语作文语篇语义密度和语义重力研究[*]
——基于"2019年百万同题"样文分析

潘　宁[**]

摘要：提高英文写作能力是英语教学的一项攻坚任务，对英语作文的语言表达和语义的研究是促进英文写作教学的重要环节。句酷批改网的全国百万同题英文写作具有当今学生英文写作能力与水平的代表性。本文基于系统功能语言学理论以及合法化语码理论中的语义原则观点，对2019年百万同题的不同水平英语作文语篇进行语义密度和语义重力分析，研究结果表明，高水平英语作文语篇具有强语义密度和弱语义重力，相反，低水平英语作文语篇具有弱语义密度和强语义重力，并且语义密度和语义重力的异同表现在这些英语作文语篇的作者对权势词汇语法的不同选择和运用。本研究的结论对今后学生英文写作能力的提高具有指导性意义，对提升外语写作教学质量和中国学生英语语言竞争力都会产生积极的作用。

关键词：英语作文语篇；语义密度；语义重力

一、引言

如何提高英文写作能力是英语教学中的重要内容和难点，英语写作教学训练需要对英语作文语篇有深刻认识和正确把握。北京语言智能协同研究院开发的句酷批改网是我国最具影响力的在线辅助写作智能平台之一[1]。由全国高等学校大学外语教学研究会和中国高校英语写作教学联盟主办，批改网承办的2019年百万同题活动选择的题目："Solution to the Problem of Plastic Pollution：Legislation or Technology?"（100～500词）。这

---

　*　本文是福建省高校领军人才资助专项（项目编号Z0210102）"大英百科全书词条知识建构的语义密度和语义重力分析"的阶段性成果。

　**　潘宁，汉族，福建人，厦门大学外文学院副教授，博士，研究方向为功能语言学、语篇分析。

是一个关于如何解决塑料污染环境的题目,呼吁社会关注环保,关心世界,关爱人类自己。此次活动中产生的英语作文语篇为研究中国学生英语写作能力和水平提供了良好的资源。通过对不同水平的英语作文语篇范文的比较,可以更清楚地考察出优秀的英语作文语篇该如何书写,为教师如何提高英文写作水平的教学提供指导,使学生更有意识地把握如何运用语言表达的技巧。

系统功能语言学对语言符号、语义、语篇本身以及它们与社会、与知识的产生之间的关系等方面都有着深刻的思考和论述[2][3][4]。系统功能语言学学者们认为:知识的产生来源于经验,体现于意义,最终体现于社会符号系统,而语言就是社会符号系统的中心系统。教育社会学学者 Maton 提出合法化语码理论[5][6][7],其中的语义维度观点与系统功能语言学对意义和语言符号的认识颇为相似,提出语义重力和语义密度两个概念,认为语言符号和语境之间的关系,以及语言符号和它所体现的意义之间的关系,是对一个语篇研究的两个重要方面。系统功能语言学者提出,通过观察语篇中的词汇语法,特别是权势词汇和权势语法[8][9],可以分析出语篇中语言符号与语境以及语言符号所包含的语义浓度。本文将对百万同题高低不同水平的英语作文语篇样文进行具体语言和语义的分析和比较,观察这些语篇的语义密度和语义重力,并通过分析比较结果探究提高英语作文写作能力的教学对策,以帮助学生有效提高英语写作能力。

二、英语作文语篇的语义密度和语义重力分析

在合法化语码理论语义维度中,语言密度指语言符号所包含语义浓度的大小,语言重力涉及体现意义的语言符号和语境之间的紧密关系。Martin[8][9] 提出权势词汇(power words)和权势语法(power grammar)的概念,即可以用来衡量语篇的语义密度和语义重力强弱程度的具体语言分析途径。Martin & Matruglio[10] 强调了判断语义密度和语义重力,要观察语言符号体现的语义的熟识度(specialization)和精细度(commitment)。权势词汇语法具有汇集或稀释语义功能,使语篇表达的内容概括化或特殊化,抽象化或具体化。本文将在分析语义密度时,重点分析语篇中的术语性(distillation)、归属性(attribution)、精密性(delicacy)、蕴含性(iconisation)的权势词汇以及名词化(nominalization)和降级化(downward rank shift)的权势语法;在分析语义重力时,侧重分析语篇中的概括性(specificity)、频率性(recurrence)、限定性(finiteness)、象似性(iconicity)的权势词汇以及概念隐喻(ideational metaphor)和逻辑隐喻(logical metaphor)的权势语法。下文将对英语作文语篇样文做语义密度和语义重力的具体语言分析。

1.英语作文语篇样文语义密度分析

(1)语义密度权势词汇分析

在随机抽取的一篇批改网百万同题比赛中高分作文语篇(278 词)中,对语篇中反映语义密度的权势词汇的运用情况进行分析。

在样文语篇中,学生采用了大量的语义密度浓度高的词汇,如"deterioration""contamination""retribution"等术语性强的词汇,"sea mammals""materials"等归属级别高的词汇,"legal system""community service""punishments""alternatives""developing technologies"等精密等级高的词汇,还用了"uncertainties and hard knocks""financial support and elites"等蕴含性词汇。语篇中的高语义密度权势词汇多达 23 处。整篇样文语篇的词汇选择语义信息含量大,具有较强的概括性。

(2)语义密度权势语法分析

同样在上文的样文语篇中,作者利用了诸多浓缩语义作用的语法手段。例如,作者开头就用了"Shockingly"一个词而非"It is shocked that"来表达震惊的意思,把一个小句的一致式表达换成一个词的降级表达,达到了提炼和浓缩语义的效果。再如,在小句"improving legal system is of paramount importance"当中,"improving legal system"就是由一个小句"to improve legal system"降级而来。在这篇样文中,还有很多权势语法的应用,如"such as substituting plastic""be time-consuming""Without legislation""deteriorating the situation""in comparison with developing technologies"等,共计 14 处之多。名词化和降级的作用是使整个小句语义凝练,单个小句可以囊括更多的语义信息,同时也起着使语篇上下文更加通顺流畅的作用。

2.英语作文语篇样文语义重力分析

(1)语义重力权势词汇分析

这篇高分样文语篇的语义重力的词汇选择表现在:语篇小句中的参与者大多是概括性名词,如"Legislation""technologies""the plastic situation"等,或概括性代词,如"Some""others""we""one"等;在整篇 35 个小句中,动作过程中有 12 个用的是"is"或"are",这样的语言表达凸显了动作的长久存在状态,而非一次性行为,其他的动作过程词汇选择有"consuming""undergo""hold"等,大多也表示频繁发生而非偶然发生的动作,除此之外,在 35 个小句中,有 11 处用的是非限定性动作过程词汇,如"arguing""depending""to take action""deteriorating"等。小句参与者体现的语义重力越轻,语篇则越书面化,动作过程状态越稳定,动作频度越高,语篇越显得客观性强。

（2）语义重力权势语法分析

通过对这篇高分样文语篇的语义重力权势语法分析，可以看出，语篇中概念隐喻表达形式非常多，如"sufferings""to developing technologies""deterioration""of plastic contamination""of paramount importance""as substituting plastic""improving legal system""a wiser option""the use of""into consideration""with alternatives""the consumption of plastic"等等。语篇中还发现有逻辑隐喻表达，如表原因的小句"which has caused great concern"，表时间的动作过程"turned out""was found"等。这些权势语法的运用巧妙地使语篇加强了抽象性和书面化，提升了语篇的正式程度。

三、不同水平英语作文语篇语义密度和语义重力比较

1.高低水平英语作文语篇语义情况

为了更清楚地了解英语作文语篇语义密度和语义重力情况，本文随机抽取句酷批改网 2019 年百万同题活动中，分数在 90 分以上和 80 分以下高低不同水平的英语作文语篇各 20 篇，进行具体语言分析。对高低不同水平样文语篇的语义密度和语义重力的权势词汇语法选择运用情况进行统计，数据如表 1、表 2 所示：

表 1　高低水平英语作文语篇语义密度权势词汇、权势语法运用情况

语义密度		语篇	
		高水平语篇（次）（7907 词）	低水平语篇（次）（3845 词）
权势词汇	术语性	148（1.87%）	54（1.40%）
	归属性	86（1.09%）	21（0.55%）
	精密性	234（2.96%）	87（2.26%）
	蕴含性	43（0.54%）	15（0.39%）
	合计	511（6.46%）	177（4.60%）
权势语法	名词化	212（2.68%）	93（2.42%）
	降级化	164（2.07%）	79（2.05%）
	合计	276（4.76%）	172（4.47%）

表2 高低水平英语作文语篇语义重力权势词汇、权势语法运用情况

语义重力		语篇	
		高水平语篇(次)(7907词)	低水平语篇(次)(3845词)
权势词汇	概括性	188(2.38%)	69(1.79%)
	频率性	312(3.95%)	131(3.40%)
	限定性	217(2.74%)	56(1.46%)
	象似性	28(0.35%)	4(0.10%)
	合计	745(9.42%)	260(6.76%)
权势语法	概念隐喻	334(4.22%)	127(3.30%)
	逻辑隐喻	128(1.62%)	31(0.81%)
	合计	462(5.84%)	158(4.11%)

表1、表2分别列出了高低水平英语作文语篇语义密度权势词汇、权势语法和语义重力权势词汇、权势语法的运用情况。高水平20篇样文共计7907词,低水平20篇样文共计3854词,表格中所统计的数字均为相应的权势词汇和权势语法在语篇中出现的次数。高水平语篇样文字数较低水平多,为了更清楚地做比较分析,每个词汇语法出现的次数后面括号里,均有次数占总语篇词数的百分比数据,并对每一项分析数据的结果做总计。

2.高低水平英语作文语篇语义情况比较

如表1所示,高低水平英语作文语篇在语义密度的权势词汇方面的运用存在较明显的差距,尤其是归属性和精密性词汇方面差距甚远,分别相差0.70%和0.54%。在总体的语义密度权势词汇运用上,高水平语篇比低水平语篇高出了1.86%,这个结果很明确地显示出,由于选词的差异,高水平作文传递的信息密度远大于低水平语篇,归属类和精密类词汇发挥了主要作用。

表1所示,高低水平英语作文语篇在语义密度的权势语法方面的运用差异主要表现在名词化程度,差距达到了0.26%之高。名词化是语义得以聚集的重要手段,提高英语作文写作水平,必须重视名词化的运用。

从表2中的数据可以看出,高低水平英语作文语篇在语义重力的权势词汇运用上,差距最大的是限定性词汇运用,高水平在2.74%,低水平在1.46%,相差1.28%。这个数据说明,高水平的作文句式变化多样,小句中的过程动作多以非限定性词汇表达。这一项的权势词汇总体运用上,高水平语篇比低水平语篇高出2.26%,是所有比较差距的最高值,说明了如果想写好一篇英语作文,必须掌握灵活运用语义重力权势词汇的技巧。

表2列出了高低水平英语作文语篇在语义重力的权势语法方面的分析结果。高水平

语篇在概念隐喻和逻辑隐喻权势语法的运用都高出低水平语篇较多,分别是0.92%和0.81%。这个数据差异表明,在语言表达方式上,隐喻式表达加强了语篇的深度和难度水平,使语篇的正式程度提升。加强语言的隐喻表达操练,是提高英语书面表达能力的有效途径。

四、结语

英语作文写作能力是外语教学的重要阵地,以系统功能语言学理论和合法化语码理论的视角,具体分析语义密度和语义重力的权势词汇和权势语法的语言运用情况,比较高低水平作文语篇的差异,是找到解决如何下手提高学生英语作文写作能力的新方法和有效手段。通过观察对英语作文样文语篇的分析结果,教师们得以加深对语言符号所体现的语义的认识。教师们可以将涉及某一话题的高语义密度和低语义重力的权势词汇和权势语法进行有目的地收集、归纳和整理,从各个角度介入,让学生们反复操练。学生们也可以借鉴分析结果,针对自己薄弱的某方面着重加强,加快提高英语写作水平的速度。

语言的本质是应用,写作的本质是思想和情感的表达[11]。我们要深刻认识语言和其所体现的语义之间的关系,精准地发现差距和问题,大胆创新教学方法,提出对策,促进教学深化改革,实现教师自身价值,要开展有中国特色的外语教学,提高中国学生英语书面表达能力,使学生掌握高水平英文语篇的语言表达方式,正确地、灵活地运用英语词汇语法,培养新时代有用人才。

参考文献

[1]李书影:《大数据时代英语写作教学的创新路径》,《外语电化教学》2017年第4期。

[2]M. A. K. Halliday, Language and knowledge: The "unpacking" of text, *The Language of Science*, Ed. J. Webster, London: Continuum, 1998, pp.24~48.

[3]M. A. K. Halliday, Things and relations: Regrammaticising experience as technical knowledge, *Reading Science: Critical and Functional Perspectives on Discourses of Science*, Ed. J. R. Martin, R. Veel, London: Routledge, 1998, pp.183~235.

[4]J. R. Martin, Life as a theme: Pitching vertical discourse, *PowerPoint Slides*, Sydney: University of Sydney, 2010, pp.1~40.

[5]K. Maton, Knowledge-knower structures in intellectual and educational fields, *Language, Knowledge and Pedagogy: Functional Linguistic and Sociological Perspectives*, Ed. F. Christie, J. R. Martin, London: Continuum, 2007, pp.87~108.

[6]K. Maton, Cumulative and segmented learning: Exploring the role of curriculum structures in knowledge-building, *British Journal of Sociology of Education*, 2009, 30(1): 43~57.

[7] K. Maton, Theories and things: The semantics of disciplinarity. *Disciplinarity: Functional Linguistic and Sociological Perspective*, Ed. F. Christie, K. Maton, London: Continuum, 2011, pp.62~84.

[8] J. R. Martin, How does language do it. *PowerPoint Slides*, Sydney: University of Sydney.2011, p.1~46.

[9] J. R. Martin. Embedded literacy: *Knowledge as meaning. Linguistics and Education.* 2013,24(1):23~37.

[10] J. R. Martin, E. Matruglio, Flights of fancy: A functional linguistic interpretation of semantic gravity and semantic density in secondary school history teaching, http://www.griffith. edu.au/_data/assets/pdf_file/0017/221840/Martin-and-Matruglio.RT-doc.pdf, Date: May 1,2011.

[11] 王海啸:《大数据时代的大学英语写作教学改革》,《现代远程教育研究》2014 年第 3 期。

大数据时代统计学教学改革探讨

——基于中外合作办学项目商科类学生的统计学教学

蔡晴云*

摘要:"统计学"是厦门大学都柏林中外合作项目两个本科专业课程中的通修核心课程,应用广泛且系统性强。随着时代的发展,社会对人才的技能需求在发生改变,"统计学"课程也应该不断地进行优化。根据中外合作项目中学生专业是商科类、毕业方向主要包括留学深造和就业等特点,结合大数据时代和双一流国际化发展的需要,本文提出结合大数据技术、国内外最新案例、注重实践操作等关于教学内容、教学方法和教学手段的改革建议。

关键词:统计学;商科;大数据;中外合作办学;教学改革

双一流建设是中共中央、国务院对高等教育作出的重大战略决策。在信息化与大数据时代背景下,建设世界一流大学与一流学科是落实创新驱动发展战略的重大举措,以实现我国高等教育教学质量的提高,为国家培养更多满足社会需求、国家建设需要的一流人才。双一流建设的主要核心内容包括创新人才培养模式,重视课程建设[1]。其中本科教育的质量和水平是双一流建设的重要基础[2]。因此,做好本科课程的教学改革是提高教学质量、实现双一流建设目标的工作重点之一。

厦门大学与都柏林商学院的中外合作项目是由教育部正式批准的包括会计学和金融学两个专业的本科培养项目。该项目引进国外本科学士学位课程设置、教学计划及教学模式,结合厦门大学教育特色,旨在创新我校人才培养模式和提升国际化办学水平,探索既有中国特色又体现国外教育特点的国际化人才培养模式[3]。

"统计学"是目前金融、经济和管理类专业的核心基础课程之一,与很多主要的学科紧密相关。在厦门大学中外合作项目的课程设置中,金融和会计专业的学生不仅需要掌握和专业应用紧密相关的统计理论和方法、专业软件的应用、有效定量分析模型的选择和

---

* 蔡晴云,福建泉州人,厦门大学海外教育学院/国际学院讲师,统计学博士。

评价,还要培养对复杂的大规模数据进行分析思考的能力[4]。大数据时代给各行业带来了新的机遇和挑战,特别是与社会金融经济紧密相关的商科类专业。金融经济市场变化万千,数据获取速度、数据量、形式、结构都在发生日新月异的变化。大数据技术的迅速发展,凸显着正确统计思想、正确数据价值观的重要性,也是对传统统计分析方法的冲击。商科类专业的人才必须能够运用科学的统计方法、定量分析技术从海量数据中及时提取有价值的信息。根据中外合作办学的主要目标,培养国际化、适应社会时代需求的人才就需要学科课程的内容最新、最前沿、最实用,在数据案例和方法分析上与国际接轨,在教学手段上应该根据不同背景的学生的特点形式多样且包含英语教学。因此,我们根据国际化培养模式中,商科专业"统计学"课程的特点和主要面临的问题,提出"统计学"课程教学内容、教学方法、教学手段更新与改革的建议。

一、课程特点和教学目标

1.课程特点

2008 年金融危机的主要原因之一被认为是风险管理的缺失,大家意识到统计学在金融商业领域的重要性。大数据时代的到来,再一次强调了统计学作为基础学科的广泛应用,遍及人工智能、医疗生物,以及复杂繁多且变化万千的金融商业数据分析等领域。不管是以前还是现在的大数据时代下,统计学以数据作为研究对象、从数据中提取信息的研究目的和基本方法论科学的性质没有变。但大数据技术使得数据的内涵、结构、分析思路和处理技术有了新的要求[5]。统计学为大数据提供研究的基础理论、基本方法,而大数据丰富了统计学的研究工具和应用领域[6]。统计学和大数据技术两者共同促进,因此"统计学"课程的基本思想、主要内容要求没有改变,但在研究方法和分析技术上应不断调整,从而适应专业上的需求。

"统计学"近年来被纳入许多专业的基础课程。数据的搜集、整理、归纳和分析是很多领域的必要工作内容。在专业人才的培养上,除了强调数据分析的重要性,各学科专业的实证训练也都有不同程度的要求加强对统计学的学习。在学科性质上,商科类的统计学属于应用统计学范畴,与商科类其他的专业课程有着密切的联系。应用范围包括一般统计分析方法的应用,也包含专业领域中实质性理论的应用[7]。应用的广泛性使得统计学教学内容丰富,涉及基本概念、统计描述、参数估计和假设检验的基础统计推断方法、简单线性回归模型等。这些内容是统计学的基础理论和方法,系统性较强。各个专业中统计学的教学都包含这些基本内容,但所结合的案例和实践应用分析则根据各专业需求和人才培养目标有所不同。

中外合作办学旨在加快培养我国急需的国际人才,借鉴国外优质教育经验,结合中国特色,探索新的人才培养途径,从而缩小与国际名校的差距,是扩大教育对外开放的重要

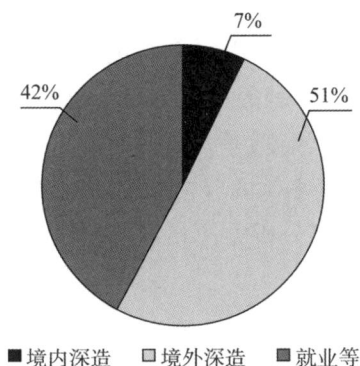

图1　毕业生去向

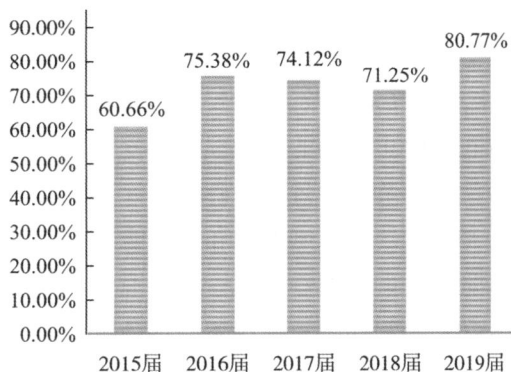

图2　境外深造中到世界百强名校的比例

战略。人才培养是中外合作办学的质量体现,重在培养学生的学习意识和创新型思维等适应社会时代需求的关键能力[8]。厦门大学都柏林合作办学项目于2011年正式招生,截至2019年,已有5届毕业生,总人数达729人[3]。如图1所示,有一半以上的毕业生出国出境继续深造,而其他的主要是就业或自主创业等。其中,图2为出境留学中到世界百强名校的比例。而毕业生就业的单位主要包括会计师事务所、银行、证券、事业单位等。针对中外合作办学中国际交流平台的特点和毕业生主要去向,"统计学"课程设置和教学内容应匹配办学方向和专业需求。在厦门大学都柏林中外合作项目中,统计学是会计、金融两个商科类专业课程在二年级第一学期开设的通修核心课程。学生在一年级完成了高等数学的学习,具备一定数理分析的能力,数学为统计学提供了数量方法的理论基础;而商科专业中的一些课程,如计量经济学、金融工程、衍生品工具、投资学、金融数据分析、商业案例分析等都需要结合统计理论解释专业相关的概念、理解常见的数据分析模型、并运用统计方法进行研究。在第四年的毕业论文设计中,与统计学紧密相关的实证分析是最常用的论证方法之一。因此统计学是商科类专业学生深入学习定量分析方法类课程的重要基础。课程的设置是否匹配专业需求至关重要,商科类学生对"统计学"课程的掌握情况,影响他们在后续专业课程中的学习和实践应用。

2.主要教学目标

商科类"统计学"课程的培养目标和侧重点与统计学专业不同,属于应用统计学的范畴,在教学内容、教学重难点和教学手段上应根据商科类专业的需求有针对性地培养。根据厦门大学都柏林中外合作项目办学的人才培养模式和学生的特点,我们对商科类"统计学"课程提出以下主要教学目标。课程将侧重统计学在金融经济领域方面的应用,主要目的是使学生具备科学准确的统计思想和数据价值观,培养学生应用实践和创新思维能力。具体内容包括统计学的基本概念、信息化时代数据的特点、数据的分类、调查方法、最新数据搜集技术、统计图表的制作、分布的数值特征、抽样分布相关理论、统计推断、相关与回归分析,最后是时间序列分析、数据挖掘等专业相关专题。在知识点的讲授过程中,结合国内外最新案例数据和软件操作,深入浅出地进行讲解。课程中主要使用 Excel和 SPSS 软件进行数据分布分析描述和线性回归模型拟合。考核内容主要包括平时的作业、课上参与互动和考试,还要求学生用软件完成专业相关课题的设计分析。总体来说,课程的重点除了基础的统计概念和分析方法,还侧重引导学生思考大数据对数据形态和分析方法的影响。通过对基础性统计知识的训练、具体数据案例的分析和软件操作,使学生具备基本的统计思维能力和应用能力,能够将正确的数据分析方法拓展应用到专业相关的海量数据问题的分析。

二、课程主要面临的问题和难点

厦门大学都柏林中外合作项目从 2011 年正式招生到现在,已经有 9 届学生。二年级开设的"统计学"课程持续进行了 8 年,根据课程的讲授情况和学生的反馈,我们概括出以下三个主要面临的问题和难点。

1.相对于大数据时代的发展,课程内容更新较慢

统计学的主要内容分为统计描述和统计推断。统计描述是对总体所有的数据信息进行计算分析,从而得出对现象特征的描述;统计推断则是利用对样本数据进行计算分析,推断总体的数量体征和变化趋势。传统的统计学理论和方法主要侧重在统计推断上。虽然统计推断还是目前商科类学生的重要方法之一,但大数据时代的发展不仅导致了对统计描述的需求不断上升,在统计推断方面,传统利用小样本的分析方法不适用于大数据的分析,局限性越来越突出。

在大数据时代的发展中,数据获取方式变得简单、迅速、便捷,数量变得越来越多,数据形式也变得越来越复杂与多样化。各个行业都需要从海量数据中获取更多、更有效、更及时的信息,为经营管理、投资、风险控制等提供决策支持。在商科领域中,大数据技术对学生数据分析处理能力提出了更高要求。比如在描述统计方面,网络、电子商务等相关的信息化设备都能直接提供及时的海量数据,代替了传统抽样调查收集方法。在技术上能获得总体所有的数据,直接对总体进行统计描述比部分样本得出的数值更准确,直接体现事物真实的表现特征。大数据也导致商科类学生在统计推断方法的重点发生改变,如数据挖掘、动态定量模型等分析技术。但现在大部分"统计学"课程内容或相关教材对海量数据分析部分更新较少、较慢。在统计学入门的基础课程中,中文教材大多为强调理论的统计学,金融或商务统计学方面较少,或为英文译本,没有结合中国学生的学习背景、商科类专业特点和大数据时代发展需求,学生无法了解到专业中的最新技术,统计学的重要性和广泛应用性没有完全体现出来。

2.专业实践与理论结合较少,导致学生学习目标不明确

统计学的知识体系主要包含理论概念和分析方法。这几年许多教学研究都提出了重视理论方法与专业应用实践的结合。商科类统计学的应用虽然不断在加强,但程度还是不够,特别是没有结合最新大数据分析的发展技术需求和金融经济变化特点。

统计学的基础理论部分数学概念和公式众多,加上传统的教学模式侧重对理论来源及公式的推导,使得学习过程容易变得枯燥乏味。比如方差的性质、连续型变量的密度和概率分布函数、变量之间的相关关系等基础概念的理解,需要用到积分、极限等数学方法。如果一味侧重公式推导,学生容易迷失方向,导致注意力分散,兴趣缺失,学习积极性差,跟不上后面的学习进度等问题。虽然基础理论有助于正确统计思维的掌握,但重理论的教学即使让学生掌握了基本理论,也会因为没有深刻体会到理论知识在专业学习的应用价值而容易被遗忘,应用不熟练,不助于后续专业课程中相关统计概念的学习。特别是在商科类专业中,理论与专业应用的结合是金融模型等定量数据分析课程的重要基础。对实际问题的处理和分析数据的能力才是应用型人才的培养目标。因此,近几年的统计学教学研究都提出了非统计专业应由理论教学转向偏应用教学。但在应用的加强过程中,容易陷入的误区是没有真正结合时代发展的特点和专业需求。统计专业的"统计学"课程应用范围太宽泛,对商科类的学生来说没有深入结合专业的实际应用需要。另一方面,大数据背景下,再讲一些传统的应用问题就失去了实际意义。

3.学生基础不一,学习能力参差不齐

商科类专业的学科范围和跨度较大,厦门大学都柏林中外合作项目中学生的数学基础背景和应用分析能力差别也比较大,在统计学的学习中发现学生学习能力、接受速度和分析能力参差不齐。

"统计学"课程对学生能力的培养范围主要包括基础理论的理解、方法的应用和分析软件的操作。根据学生的情况,我们也按这三个方面来划分突出的三类学生的表现特点。第一类是理论基础较好的学生,这类学生数学基础扎实,对概念的理解和公式的推导比较感兴趣,理论的学习和知识体系的构建速度较快。第二类学生是方法的应用比较熟练,这类学生对案例的分析完整、语言表述清晰,统计图表制作规范。第三类是操作能力较强,对软件编程中如数值模拟、模型分析等容易上手的技术型学生。这三类学生擅长点不一样,学生在学习过程中的理解掌握程度不一致,每个学生的具体学习情况也比较难全面、及时地衡量和了解。

三、教学内容与改革建议

我们从统计学的教学内容、教学方法和教学手段入手,提出以下针对商科类专业学生

需求的教学改革建议。

1.结合人才培养目标和时代发展,优化教学内容

大数据时代使得数据搜集、整理、分析的过程和方法发生了改变。"统计学"课程的教学内容需要根据时代发展特点不断进行调整,才能更好地引导学生利用新技术挖掘数据的价值。教材、课件不能一成不变,除了增加大数据相关的内容,强调统计思维的变革和分析方法的更新,还应在专业上结合实际发生的最新数据案例。我们按照章节结构对教学内容提出以下建议:

我们将"统计学"课程的章节结构分为 6 个部分,如表 1 所示。第一部分从基本概念出发,包括统计的含义、研究对象、数据的类型等。统计学为大数据技术提供理论支持,大数据背景下更应强调统计的基本含义、统一规范的专业学术用语。在内容更新上,应注意结合信息化时代的特点,分析对象在发生改变,数据形式更加多样化,结构也更加复杂。对研究对象的正确认识有助于后续对分析方法、计量模型的选择。第二部分的内容是统计描述,包括数据的搜集、整理、基本数量特征的计算和用统计图表进行显示。首先数据的搜集应增加大数据获取技术,代替传统的抽样调查方式。其次数据的整理和显示以及数量特征的计算,如集中趋势、离散程度等,都可以结合软件进行分析。除了基本的Excel,常用的统计软件主要分为直接操作类型,如 SPSS、Eviews,和编程类型,如 R、SAS、Python 等。若学生没有编程语言基础,使用直接操作类型的软件会容易上手;若有编程语言背景,则可选择编程类型的软件,根据研究需要设计分析方法。统计描述之后,第三部分是概率论和变量性质特征等偏向理论推导的部分,为统计推断提供理论基础。基础性理论知识有助于培养正确的统计思维,从而运用到大数据分析。但往往理论比较枯燥,容易导致学生学习目标不明确。因此,复杂的理论更应结合较易理解的专业应用,用深入浅出的方式利用具体的案例引导学生掌握理论和方法。第四部分是统计推断的基本内容。大数据对传统针对小样本数据的分析方法提出了挑战。这一部分除了介绍参数估计和假设检验的基本思想,还要提出对传统分析方法的思考,列举一些新的分析技术在大数据上突破的案例,培养学生的大数据思维能力。例如,多重假设检验标准上错误控制率的提出、噪音处理、降维分析等都是针对海量、高频、高维数据的分析,应用广泛。第五部分是简单线性回归模型的部分。同样地,除了重点结合实际案例和实用软件,内容上拓展适用海量数据分析模型的讨论,引导学生思考数据量的变化对模型拟合过程及拟合效果的影响。最后一部分内容可根据进度安排,对后续专业课程中会遇到的统计相关的应用或是学生感兴趣的信息化技术进行讨论,巩固在实践应用中拓展分析正确统计方法的能力。

表1　"统计学"课程内容建议及方法

主要结构	内容建议	方法侧重
基本概念	结合信息化时代特点	理解、应用
统计描述	利用大数据获取技术、软件分析技术	公式、计算、应用
基础理论	结合商科类专业中的应用案例	理论、推导、应用
统计推断	传统方法的局限性和大数据对新的方法的要求	计算、应用
线性回归	利用软件工具对实时数据案例进行分析	模型、应用
拓展专题	对后续专业课程中相关内容进行拓展	理解、应用

2.依据专业特点,改善教学方法

统计学由于专业应用范围广泛,除了要求教学内容丰富,在教学方法上也应该根据培养目标、专业需求、学生特点进行设计。对于中外合作办学的商科类专业,课程的人才培养目标重在应用实践能力的培养,我们强调利用国内外最新案例分析、实践训练和软件操作相结合的方式。

商科类专业人才的培养方向和时代经济发展紧密相关。根据大数据时代的发展,数据分析人员需要具备正确的统计思想,掌握更全面、更深入的实践分析能力,才能在海量数据中提取有价值的信息。在人才培养过程中,不仅应注意加强对统计理论基础的培养,而且更加注重训练学生在专业应用领域中统计方法的能力。要以统计学思想的培养以及统计学方法的应用作为教学的基本目标,推动教学方法的改革[7]。根据我们上述提出的问题,基础理论的理解与推导需要具备一定的数学基础才能较好掌握,否则学生容易迷失方向、积极性差。因此在理论教学方面,对于众多公式的推导和理论的研究可适当弱化,或者转换为延伸阅读,将教学重点放在提高实际数据的分析应用能力。一方面,在理论部分的讲解时,应注重案例教学,用国内外真实数据编写案例,结合国内外热点问题展开教学,吸引学生。另一方面,应增加实践操作环节比重。在课上,给出实际问题和数据让学生结合统计软件进行分析。课后,布置作业或课题让学生在生活中或相关专业课程中思考专业问题和统计学的关系,灵活应用统计思想,分析具体的问题。在每个章节,列出学习目标,明确对应理论和实践部分,从而不仅调动学生学习的积极性、参与性,更能提高上机操作、实践分析等能力。

3.结合国际化发展需求,改进教学手段

在教学手段上,我们建议双语教学、多种考核方式、合理分配课时、丰富上课形式和鼓励学生增加课后延伸阅读等。丰富多样的教学手段不仅让授课内容形式多样,可以根据内容需要选择合适的方法,更能增加学生互动,激发学习研究兴趣。

中外合作办学项目都有国内外教师进行授课,要求学生能够用中英文上课。统计学在教学过程中,为了做到国内外内容的衔接,在材料上都提供了中英文的课件、教材、阅读材料,要求学生掌握中英文专业术语及常用缩写形式和符号表达。这有助于后续本科或是留学课程中对统计概念的识别和应用。

根据上述教学内容改革建议,"统计学"课程主要由理论、案例、操作三大部分组成。每个章节都需要这三个部分的内容来巩固和加深所学的知识点,因而应合理分配课时,保证理论方法与应用实践的充分结合。我们建议这三个部分按 1∶2∶2 的课时来进行,即案例的分析和实际数据的操作应各是理论课时的两倍,将重点课时放在培养学生应用和实践技能。理论课时侧重理论的概念和意义,公式的推导可作为课后作业或延伸阅读。考核方式也应结合这三个部分,除了基本的平时作业和期中、期末考试成绩,还要有综合实践和操作环节,可以以小组课题或是实践操作设计的形式来进行,并根据需要投入的时间量和难度来设置考核比例,全面地考核学生各个方面的能力。

对于学生背景或水平参差不齐时,应尽量根据学生的程度特点分小班上课,能对学生的学习进度、掌握程度有更深入及时的了解。在上课形式上,除了传统的讲授形式,可以根据内容适当穿插慕课、微课、翻转课堂等其他形式,特别是针对理论难点较多的内容,通过这些形式让学生利用网络平台事先进行预习和资料查阅,不仅能提高上课学习效率,更能增加学生的参与、引发学生主动思考探索问题。

四、小结

大数据时代影响着各个专业的数据分析内容和方法,统计学是信息化技术的主要理论基础之一,内容广泛又具有复杂性和抽象性。对于应用类型的专业,"统计学"课程的教学内容、教学方法和手段需要不断地优化。根据双一流的建设目标、中外合作项目的办学宗旨,商科类专业统计学的课程体系强调基础理论知识与实际数据案例的灵活应用,内容上突出信息化时代的特色和与专业应用的有机结合,教学内容和语言上都应该与国际接轨。教学过程中通过理论、案例、软件操作三个部分全面地提升学生对复杂海量数据的认知、分析应用和实践能力,以满足国际化的需求、适应大数据时代的发展。

参考文献

[1]周光礼:《"双一流"建设中的学术突破》,《教育研究》2016 年第 5 期。

[2]钟秉林、方芳:《一流本科教育是"双一流"建设的重要内涵》,《中国大学教学》2016 年第 4 期。

[3]国际学院:《厦门大学都柏林项目招生简章》,http://liuxue.xmu.edu.cn,访问日期:2019 年 10 月 15 日。

[4]孟生旺、袁卫:《大数据时代的统计教育》,《统计研究》2015 年第 4 期。

[5]李金昌:《基于大数据思维的统计学若干理论问题》,《统计研究》2016 年第

11 期。

[6]刘春杰:《大数据时代对当代统计学教育的挑战》,《统计与决策》2015 年第 8 期。

[7]曾五一、肖红叶、庞皓、朱建平:《经济管理类统计学专业教学体系的改革与创新》,《统计研究》2010 年第 2 期。

[8]《新时代如何发展中外合作办学》,http://edu.people.com.cn/n1/2019/0805/c1053-31276052.html,访问日期:2019 年 10 月 18 日。

"一带一路"背景下古筝课程教学模式改革研究

李　晶*

摘要:我国于2015年推行"一带一路"倡议,这一想法与"古代丝绸之路"、沿途国家的文化、经济等发展方向达成交流、合作的关系。音乐是我国民族文化不可或缺的部分,"一带一路"倡议的提出实现了我民族音乐文化对外的学习与交流。当前,在对传统文化继承时不光要对音乐内涵进行深入了解,还要将其发扬光大。从古至今,古筝已经有近3000年的历史背景,在众多古老乐器的发展中,古筝在战国时期就已经受到了人们的喜爱。直到今日,一些著名音乐家通过古筝弹奏出无数美妙的乐章。古筝具有独特的音色、独特的韵味,能够为人们营造出美妙的氛围,并为听众与演奏者带来丰富的趣味与意义。本文对"一带一路"背景下古筝的发展及古筝课程教学模式的改革方式进行探究。

关键词:一带一路;古筝发展;教学模式;改革创新

想要实现中华民族的伟大复兴,就应将中华民族文化发扬光大。为了满足新时期人才需求,实现祖国文化的复兴,教育质量的提升与教学方法的创新占据着十分重要的地位。当前,各高校古筝教学中存在教学方式守旧、讲课形式单一、课程周期长、新兴科技运用不足、课程零散、教学评价不客观等问题,对古筝教学质量的提升有消极的影响。为了将中华民族音乐文化发扬光大,使古筝教学质量得以提升,本文在"一带一路"背景下对古筝课程教学模式进行分析,并提出可行性改革策略,为高质量音乐人才的培养打下良好基础。

一、"一带一路"背景下音乐文化的发展与沟通

"一带一路"指的是丝绸之路的经济发展与21世纪海上丝绸之路的发展,这一提议对我国历史上丝绸之路的发展有着积极的影响[1]。"一带一路"为丝绸之路沿线的国家建立起信任、互益、包容的关系,构建了经济发展共同承担体。丝绸之路最早期指的是通

---

* 李晶,青年演奏家,厦门大学音乐系古筝教师,文学硕士,讲师。

过两国之间进行文化交流促进东西文化的融合与发展。"一带一路"的创建增加了文化交流的责任,文化的传播能够对各地区的发展有更加深入的了解。在古代,丝绸之路是我国与西方国家沟通的主要方式,这一倡议的推行与落实让中原文化与西方文化进行了有效融合。丝绸之路在促进东西方文化交流的同时,也构建出独特的音乐理念。中西方文化的交流是这一音乐理念的主要特征。

从历史角度而言,丝绸之路的发展主要使东西方音乐文化进行相互借鉴、学习、交流。汉武帝时期是我国古典音乐的兴起阶段,这源于西域音乐的优美与独具一格的乐器使宫廷的雅乐与民间俗乐有了变革,由此,音乐风格实现了创新。此外,丝绸之路的发展还是中西方文化交流沟通的便捷之路,为中华民族的音乐带来了创新与改革。

二、古筝文化发展历程

1.古筝发展历程

古筝是我国古典音乐中十分重要的乐器之一,至今已经有了 3000 年的历史。据《史记》相关记载可知,古筝的起源地是战国秦国,因此,古筝也被称之为"秦筝"。中华人民共和国成立之前,人们将古筝分为南、北两大派别,北派指的是河南、山东筝派,南派指的是客家、潮州筝派。中华人民共和国成立之后,将古筝分为四大派别,之后,浙江筝派也加入其中,由此,成立了中国五大筝派。20 世纪 60 年代,我国举办了古筝教材会议,曹正先生将古筝分别分为延边、河南、客家、潮州、山东、福建、蒙古、陕西等筝派,这些筝派广为流传,直至今日。

2.古筝在交流中的发展

"一带一路"倡议的提出主要是想打开我国与西方国家之间文化、经济等方面的交流与发展,从而创建共赢的局面。音乐是中西方文化沟通交流的主要方式,丝绸之路使西方音乐文化与我国音乐文化相融,使我国人民逐渐接受了西方的音乐文化。中西方文化的融合促进了我国古筝文化的创新与发展。部分古筝演奏家将西方音乐技巧与我国古典音乐相融合,打破了古典音乐原有的局限,有了全新的演奏方式,收获了令人意想不到的音乐成果[2]。在这一系列的创作中,有着杰出贡献的是将原有的五声音阶转变为七声音阶与多类排序音节。从古筝演奏角度而言,新颖的弹法出现,传统小三度、中指八度和弦、大二弦等与当前古筝作品已经不匹配。例如,在《幻想曲》《华丽》等曲目中蕴含多种新颖色彩,《西域随缘》中有十分引人注目的敲击面板部分。作曲家采用全新的方式对古筝曲目进行研究探索,从而使古筝演奏技术得以提升。

3."一带一路"背景下古筝发展面临的阻碍

首先,古筝的演奏方式较为传统、单一,在中西方文化的交融发展中,原本单一的古筝教学方式与现代创新模式不匹配。古筝乐曲要跟随时代潮流,符合听众音乐欣赏水平,与此同时,还要进行创新。只有这样,才能在"一带一路"背景下得到多元化的发展。其次,对于古筝的利用与保护的管理机制不够完善,想要将民族传统文化得以继承,就应不断提升对民族音乐文化的赞同感。历史文化能够凝聚民族力量,还能促进社会文化艺术的进步与发展。就文化多样性而言,中华民族大部分传统文化在非物质文化遗产之间徘徊,且缺乏对传统文化遗产的有效保护措施。就当前古筝文化发展情况而言,侧重于内容的创新,忽视了传统文化的继承。想要同时实现对古筝艺术文化的传承与创新,就应取其精华去其糟粕,对其艺术形式进行创新。

三、古筝课程教学中存在的问题

1.课程间隔周期长、讲课形式单一

在传统民间古筝学习过程中,老辈民间艺人与徒弟共同生活,当徒弟在学习中遇见困难时,老师能及时指出,这一学习方式对古筝的学习有极大的便利性。在现代古筝教学中,课程安排周期过长,学生与老师碰面的机会很少,学生在课后学习时出现练习或知识理解方面的问题需要等下次有课时才能解决,这一状况对古筝学习效果产生了直接的影响。古筝是我国传统民族乐器,在中华民族文化的发展中有至关重要的地位。从古至今,古筝演奏技术的学习与传承经历了变革,从民间艺人演奏、徒弟学习,再由师傅对徒弟指点,到今天,老师为学生讲授知识、学生听讲的方式,都限制了古筝艺术的发展与普及。

2.新兴科技运用不足、教学内容安排分散

在国内院校音乐教学中,存在学生学习环境简陋、音乐设备不足等问题。据相关调查研究可知,大部分院校建设音乐练习房间只是用水泥板做了最简单的隔音,而乐器的发音对环境却有着特殊的要求,音乐练习房的设计无法满足声乐对环境的需求,对声乐教学效果产生了影响。此外,信息时代的到来使数字音乐成为流行趋势。数字音乐有着使用方便的优势,且大部分音乐院校设置了数字音乐课程体系,这一教学现状对数字音乐的发展及普及有着积极的影响。国内各大音乐院校在教学过程中也使用了多媒体、计算机、视频播放等技术,弥补了声乐教学过程中环境的不足。此外,各院校古筝教材各不相同,缺乏统一指导材料,导致学生古筝演奏水平不相同。造成这一现状的原因是教学计划与人才培养计划过于分散,各院校之间各自为纲,没有进行统一的教学计划制定。

3.教学评价不客观、缺少实践机会

传统古筝教学评价体系对演奏技巧及情感方面的评价不够完善。当前,各大音乐院校在对古筝学习成果进行考核时通常采用学生演奏曲目,教师给予评分并对其进行评价

的方式。对于学生而言,分数只是等级评价的数字,但古筝演奏的特点与各院校人才培养的目标各不相同,因此,单一的评价方式无法满足学生的学习需求,对其学习主动性的提升有消极的影响。此外,大部分音乐院校在古筝教学中一味地对学生进行演奏技巧的指导,忽视了学生实践能力的培养。导致这一现状的主要原因是学生未树立正确的古筝学习认知,过于重视技巧的学习,无法将音乐情感表达出来。与此同时,各高校没有为学生提供古筝实践的平台,导致学生无法对自己的学习成果进行证实,更加无法明确自身学习目标。

4.未进行集体式教学、学生缺少才华展示的平台

当前,我国各音乐院校在古筝教学过程中仍然采用一对一教学,这一教学方式虽然能够确保学生学习质量,但长此以往,会使学生失去集体意识,在学习过程中缺乏沟通、无法进行有效交流,且师生之间少互动,沟通方式不合理。这一教学方式对学生个性化发展产生严重阻碍,学生在日后参加集体活动时会无法适应。此外,由于各音乐院校采用传统古筝教学方式,教师在教学过程中占据主体地位,学生只能听老师讲解、被动学习,无法发挥主观能动性,对其思维能力的培养有极大的限制。长此以往,学生的学习积极性与主动性会降低,无法将真实的古筝演奏技术展示出来,无法进一步提高水平。

5.学生学习心态不端正、教师缺少对艺术教学的重视程度

古筝演奏技术的学习与文化的传承是一个长期且艰巨的过程,不是一朝一夕就可以有所成就的。但是在当前古筝教学过程中,部分学生与家长抱着速成的心态,想要通过短期的学习取得显著的成绩,还有部分学生跟风,未树立明确的学习目标,学习心态极其不端正。这一教学现状如果没有得到及时的解决,古筝的学习将会成为空谈,学生及家长也只是在浪费时间与金钱。此外,当前古筝教学方式受传统教学理念的影响,过于重视演奏技巧的学习,对古筝艺术文化的传承有所忽视。学生将学习的时间用在演奏技巧的练习或学习中,对古筝艺术内涵了解较少,这一教学现状会导致学生只能成为古筝演奏者,但是无法成为古筝艺术者,对其日后综合发展有不利影响。

四、古筝课程教学模式改革策略

1.提升学生古筝学习的热情

任何乐器的学习本身具有一定规律,且这一规律性与教师教学方式息息相关。针对古筝教学策略的改革,主要是提升教学成果及学生综合素质。兴趣是最好的教师,想要在古筝的学习中取得优异的成绩,首先要对古筝学习有兴趣,教师只有提升对学生学习兴趣培养的重视程度,使其拥有古筝学习的热情,才能够收获最佳学习效果。在古筝学习的初期,学生对于古筝充满好奇与疑问,但由于缺乏演奏基础,极其容易失去学习信心与耐心,面对这一状况,教师可通过简短乐曲的播放来激发学生注意力,使其从好奇心转变为学习兴趣,与此同时,教师还应帮助学生树立正确的古筝学习意识。在古筝学习过程中,教师应为学生创建良好的学习氛围,多与学生沟通交流,以其性格特点为依据进行针对性教学。此外,教师还应提高古筝内涵与技巧训练的重视程度。实践环节在古筝学习中也是不可或缺的部分,教师可组织学生参加实践活动,发挥其主观能动性,使其通过真实的演奏环境感受古筝的魅力。教师也可以通过实践活动对学生的演奏优缺点进行总结,以便日后对自身教学方式进行调整。

2.更新教学方式及教学理念

在传统古筝教学过程中,大多采取灌输式教学,这一教学方式对学生学习成果的提升有所限制。因此,教师对自身教学方式及教学理念进行创新改革已经是必然趋势。教师应创新出满足学生学习需求与现代教学需求的方式。近年来,启发性教学与示范性教学在古筝学习过程中得到了广泛的应用。启发性教学指的是教师对学生的学习重点及难点进行针对性分析,通过分析、讲解、引导的方式使其进行自主思考。这一教学方式能够使学生形成独特的音乐见解,并培养其音乐思维理解能力。示范性教学指的是教师通过语言、动作的示范对学生进行知识、技巧的传授,这一教学方式有着极强的感染力,且非常直观,学生能通过视觉冲击力来加强对知识的理解能力。

3.提升对学生文化素养培养的重视程度

古筝是一项具有悠久历史的艺术文化,古筝作品也有着极强的文化内涵。想要使学生了解到古筝作品的表达情感及内涵,就应提升学生对音乐文化背景的了解程度,使其通过自身文化认知感受到艺术气息,不然,学生演奏出的曲目将会是空洞乏味的。因此,在古筝教学过程中,教师应提升对学生音乐文化素养的重视程度,使其在掌握文化背景的前提下提升古筝演奏能力。

4.加强师生之间互动性、进行多元化教学评价

有效的交流互动对古筝教学质量的提升有至关重要的作用,教师可通过新媒体设备将双向互动落实在古筝教学中,使古筝学习不受时间与地点的限制,教师与学生之间可以随时通过多媒体设备进行沟通学习,最终使学生的学习主动性得以提升。加强师生之间的互动能够使古筝艺术获取更多人的喜爱。教师可通过数字音乐教学方式为学生营造良好的学习氛围,使学生的学习成果接受舞台的检验。学生还可以通过真实的舞台来提升自身演奏技巧。此外,教师想要对学生的古筝学习成果进行精准评价,就应改变传统单一评价方式。在传统古筝学习成果评价中,主要通过教师的个人感受对演奏成果进行判定,这一评价方式极其不稳定,也缺乏统一的评价标准,容易导致纠纷。教师可以通过信息化设备对学生的演奏速度、音色、共鸣等多方面因素进行准确的评价。评价标准的统一能够使学生的演奏变得更加专业,对学生古筝演奏技术的培养有促进的作用。

5.各院校之间共享音乐资源、缩小艺术传播地域性限制

为了有效避免各院校教学水平各不相同的这一状况发生,各院校之间可以将教学材料通过电子的方式共享。电子材料的共享能够打破地区之间的界限,将不同国家、不同地区间的音乐材料进行交融。此外,各院校还应以新媒体传播作为媒介,将我国古筝演奏技术进行传播,使其在国际文化交流中占据先锋地位。

五、结语

时代在不断进步,古筝是我国传统文化的重要组成部分,在中华文明的发展、民族精神的弘扬中,古筝文化艺术都肩负着独特的责任与使命。音乐教育坚守在东西方文化交流的前线阵地上,是培养人才的主要方式。各音乐院校如何为祖国培养出高质量古筝人才已经成为广大学者的主要谈论话题之一,本文以"一带一路"为背景对当前古筝教学中存在的问题进行研究,其中主要存在以下问题:课程间隔周期长,学生课后遇见困难难以解决;讲课形式单一,教学方式老化不新颖;新兴科技运用不足,没有将多媒体设备引进课堂;教学内容安排分散,学生古筝演奏水平各不相同;对学生演奏成果评价不客观,采取分数制度对学生演奏成果进行点评缺乏针对性;学生缺少实践机会,学习的技巧与知识只是纸上谈兵,无法落到实处;未进行集体式教学,采取传统一对一方式教学导致学生缺乏集体感;学生学习心态不端正,报着急于求成的心态学习;教师缺少对艺术教学的重视程度的问题,过于重视对学生音乐技巧的培养,忽视了音乐情感与情怀的培养。想要解决上述问题,教师就应通过多样化教学方式提升学生古筝学习的热情;更新教学方式及教学理念,改变传统教学中灌输教学方式;提升对学生文化素养培养的重视程度,在学生掌握音乐演奏技巧的基础上对其进行古筝文化内涵的介绍;加强师生之间的互动性,创建良好的师生关系;进行多元化教学评价,采取计算机评分的方式对学生进行统一标准点评;各院校之间共享音乐资源,使学生的古筝学习水平在同一起跑线上;缩小艺术传播地域性限制的方式来提升古筝教学质量,促进民族文化的传承,使古筝艺术传播在生活中的各个角落。

参考文献

[1]张婧:《开放性古筝合奏教学模式的构建》,《北方音乐》2018年第12期。

[2]袁姗姗:《高师古筝选修课教学内容的研究与改革》,《当代教育实践与教学研究》(电子刊)2018年第8期。

论古筝教学与演奏的中国哲学思考

李　晶*

摘要：弘扬和传承中国传统音乐文化是当今高等院校在古筝教学改革中需要注意的方面。古筝演奏在我国的历史十分悠久，是中国文化特征和民族器乐艺术的代表。如何在保持古筝活力的同时将中国的哲学思考融入当代筝乐艺术教学，需要我们认真地分析和思考，通过古筝培养学生的民族自尊心和人生观、价值观，提高学生的修养，健全学生的人格，最终实现学生的全面发展。

关键词：古筝教学；儒家思想；道家思想；中国哲学

一、引言

在悠久的中国文化历史中，有着悠久历史的古筝艺术最能体现中国的文化特征，是我国传统乐器的代表。古筝在我国的文化传承中是作为中华民族文化基因的一部分流传下来，因此古筝演奏也作为中华民族传统文化中文化精神和文化气质的传承载体。古筝音乐作为宫廷仪式音乐在过去普遍存在于帝王家族和各级官府之中，与当时的仪式音乐、宫廷音乐的社会语境有着千丝万缕的联系。因此，古筝教学对于大学生的艺术素养培养就像是对学生的"母语"教学，是文化的传承，是精神的延续，在古筝教学中的中国哲学思考就是中国文化思想对学生的精神培养。

古筝是我国最具代表性的传统乐器之一，已有近 3000 年的悠久历史，使得古筝艺术在我国的历史长河中存有众多的传世佳作和丰富的古筝文献。研究这些流传的文献我们可以看出以孔子为代表的儒家思想、以老子为代表的道家思想在古琴的思想表达中占据着重要位置，他们之间有着十分密切的联系。古琴的美学自先秦开始就有儒、道两家提出各自的命题，对于传统古筝美学思想的发展来说儒、道两家思想对其发展产生的影响十分深远。

---

* 李晶，青年演奏家，厦门大学音乐系古筝教师，文学硕士，讲师。

二、古筝中的儒家思想表达

教育最本质的目的是培养一个健全的人,而人的培养基础是文化,文化通过传递、选择、融合、创新为基础,将文化内化为人的学识、能力与德行,使人身心健康发展。而在古筝的教学过程中,儒家的音乐思想是古筝教学思想表达中最重要的部分。

在儒家的音乐思想中,对于古筝的注重点在于"禁"。在我国的古筝文化发展中,儒家文化一直是古筝文化极其重要的部分,因此"禁"这一字也是儒家音乐思想在古琴文化中的代表,更是成为古筝思想的主流。在儒家的思想中,"禁"要表现的基础是掌握音乐的基本功能。儒家孔子教育使用的教材为《诗》《书》《礼》《易》《春秋》,乐以道和,内容就是"文、行、忠、信"(《论语·述而》),因此在儒家看来音乐首先是教化的工具。古筝代表着我国传统乐器,在《左传》有着这样的话:"君子之近琴瑟,以仪节也,非以慆心也。"古筝音乐的发展与社会文化礼仪等都有着密切的关系,因而与儒家音乐思想文化有着不可分离的关系,所以在古筝美学思想中儒家的音乐思想表达注重点在音乐与其外部关系的研究部分[1]。

音乐作为会受到道德观念影响的一种意识形态,必然和社会有着密切的联系,"君子之近琴瑟,以仪节也",强调与君子礼仪、社会的关系,却不能将音乐的创作之本视作对这种关系的讨论,儒家思想中乐是一种用于经世致用的手段,使得古筝的艺术审美价值被抛弃,从而沦落成简单的取乐器具。因此,在古筝教学过程中,要注意避免这个问题。

儒家在音乐审美方面,以"琴者,禁也"为主,强调"平和"和"中和"。《左传·昭公元年》中有记载"中声以降,五降之后不容弹矣。于是有烦手淫声,慆堙心耳,乃忘平和,君子弗德也","中声"指规定的五声"大不逾宫,细不过羽";"淫声"指音响、速度变化超过"中声"音乐。"中声"使人能够保持平和之心,后来荀子将"中声"进一步发展为和"平和"并为古筝审美标准中最重要部分的"中和"。自此,"中和""平和"成为儒家音乐思想审美准则中最核心的要求,而排斥郑声和悲乐。

三、古筝教学中的道家思想思考

自春秋以来的中国封建社会,儒家思想和道家思想一直处于思想上的统治地位,音乐、绘画、诗歌等领域就更不必说,全被儒、道思想所渗透。道家思想在我国的传统文化中和儒家思想互补,因此道家思想在古筝美学思想中也具有重要地位。老子思想注重自然,崇尚自然,因此对音乐的风格注重自然之风,倡导自然、无为类型的音乐美,老子和庄子在谈哲学思想时所发表见解,注重于体现"大音希声"这一道家思想中的道之精神。老子的清静无为自然观被庄子继承,庄子主张"法天贵真",反对束缚人性、违反自然,因此和儒家的礼乐思想相悖,庄子虽对有声之乐没有完全否定,仍在《骈拇》《马蹄》等篇中毫不留情地对儒家礼乐思想做出了批判。庄子提出的"中纯实而反乎情,乐也"音乐思想含义就是将人之自然情性通过音乐来表现,随于自然而不拘于礼法。"父邪,母邪?天乎,人乎"表达了庄子对情、对悲乐的肯定,表达了娱乐作用和审美作用也是古筝音乐的重要部分。

在古筝的音乐思想的表现里,"淡"之一字十分重要。《道德经》的观点对于古筝的演奏和表演者对于音乐的追求具有重要的影响。"淡兮其无味""大音希声"对古筝音乐审美的发展所产生的影响是十分巨大的。《道德经·三十五章》有这样一句话:"道之出口,淡乎其无味","淡"的范畴自被提出到汉代之前,其影响还不是很大,自魏晋玄学盛行,"淡"之审美受到了巨大的反响,阮籍在"淡"之审美的影响下提出的"道德平淡,故五声无味"就是对"淡"之审美的肯定,"淡"之一字代表恬淡之乐而排斥美声。自唐代以后的"淡"之审美则在古筝表演中得到进一步发展:"曲淡节稀声不多""清泠由本性,恬淡随人心"反映出古乐、雅乐的标志已经变为恬淡之音,"古声淡无味,不称今人情""入耳淡无味,惬心潜有情""心静即声淡,其间无古今"等乐诗表明恬淡之音在唐代的古筝音乐审美中的地位十分重要。在宋代,周敦颐在儒家思想的基础上吸收、融合进老子思想后提出了儒、道两家共尊的音乐审美观——"淡和"说。"淡则欲心平,和则躁心释"的审美观既有道家主张恬淡的思想,又包含了儒家的中和主张,成为后来古筝表演者所共同接受的思想。

老子从虚无主义本体论出发提出的"大音希声"认为,"大音"就是"道"的音乐,"希声"是"听之不闻"的声音,即"道"的音乐是无声的,因此有声之乐是音乐的表象,无声之乐是音乐的核心。老子对有声之乐的看法就是人为的"钟鼓之音",而非自然的音乐,因此声音之美残缺不全,只能听得声音的局部之美,而不能十全十美。"大音希声"是对有声之乐只有部分美的批判,对无声之乐永恒之美的赞叹,因此后来庄子将"大音希声"这一思想纳入古筝乐理,对后世文人传统古筝的美学思想影响十分巨大,"希声"也成为古筝演奏所要达到的至境。徐上瀛在引用老子的思想和有声之乐的基础上通过演奏美学角度对"希声"进行了全新的诠释,"所谓希者,至静之极,通乎杳渺,出有入无,而游神于羲皇之上者也","疏如寥廓,若太古,优游弦上,节其气候,候至而下,以叶厥律者,此希声之始作也;或章句舒徐,或缓急相间,或断而复续,或幽而致远,因候制宜,调古声淡,渐入渊源,而心志悠悠不已者,此希声之引申也;复探其迟之趣,乃若山静秋鸣,月高林表,松风远拂,石涧流寒,而日不知晡(晡),夕不觉曙者,此希声之寓境也"。徐氏之言中的"希声"多为稀疏之意的有声之乐,代表了绝大多数筝论的观点,而老子"大音希声"是无声之乐[2]。

"大音希声"的道家思想在古筝教学中可以帮助学生们追求"淡而会心"的含蓄之美,帮助学生们学会在创造音乐的时候能营造出深远意境,音乐声中之美和音乐弦外之韵味。

庄子提倡人应该忘掉自身、忘掉功利,超越个人的极限,脱离生理感官、摆脱人心的欲望,用心灵去与自然交融,从而达到物我合一的自由审美境界,为了解释庄子的观点,庄子在《外物》《人间世》《大宗师》中分别提出了"心斋""坐忘"等观点解释:"言者所以在意,得意而妄言"(《外物》)、"无听之以耳而听之以心,无听之以心而听之以气……虚而待物"(《人间世》)、"堕肢体,黜聪明,离形去知,同于化通"(《大宗师》)。庄子的思想对古筝美学的影响十分深远,因此后来陶渊明认为音乐的真意在于声音之外而不在声音本身,求得弦外之意趣才是古筝演奏最根本目的而非其他。自此以后音、意的关系成为筝论中非常受重视的问题,古筝演奏的最终目标是回归自然、天人合一,所以对弦外之音、音外之意的追求也慢慢地渗透到古筝乐曲的创作、演奏、欣赏等各个角度、各个层面。

李贽认为音乐应该是抒发人们内心感情的艺术而非儒家所提倡的"禁"的礼乐思想。"以自然之为美"是李贽"童心"观点建立的基础,李贽在《焚书·童心说》中提到,"夫童心者,绝假纯真、最初一念之本心也",这句话对"童心"做出解释:童心即人生之初的自然之心。李贽又指出"若失却童心,便失却真心,便失却真人",由此看出李贽格外强调人的自然情性,并在《焚书·读律肤说》说道:"盖声色之来,发于情性,由乎自然,是可以牵合矫强而致乎?故自然发于情性则自然止乎礼义,非情性之外复有礼义可止也。惟矫强乃失之,故以自然之为美声,又非于情性之外复有所谓自然而然也。故性格清澈者音调自然宣畅,性格舒徐者音调自然舒缓,旷达者自然浩荡,雄迈者自然壮烈,沉郁者自然悲酸,古怪者自然奇绝。有是格便有是调,皆情性自然之谓也。"音乐发于情性乃天性自然,是人之自然情性。因此人为对音乐的束缚是对自然天性的压抑,应该受到批判,因为"非情性之外复有礼义可止也"[3]。

在古筝教学过程中,要注意发挥学生的天性,注意表现"淡""童心"的道家古乐美学思想。音乐是人们自由表达心中思想感情的一种途径,是对情感的表达而非封建统治工具。音乐自由表达限制就是违背人的天性,道家的音乐思想和儒家音乐思想的对立碰撞大大促进了古筝音乐的自由发展,对于古筝音乐的发展具有重要的意义。

四、古筝教学与演奏中的思考

高校的职能是养育人文精神,因此高校的文化核心是人文精神,人文精神也是高等教育的灵魂,而大学生人文素质的核心应该包含中华民族流传下来的优良文化传统。

1.在古筝教学中注意大学生民族自尊心和爱国情怀的培养

民族、国家有着其鲜明民族和本国特色的传统文化,这种具有鲜明民族和本国特色的传统文化深深融入这个民族和国家的每个个体的血脉中,如同无形的蛛网联系着每一个个体,因此,当国家和民族的利益受到侵害、尊严受到践踏时,需要全体的国人去维护,甚至需要用国民的鲜血和生命来捍卫国家和民族的利益与尊严。通过优秀传统文化的传承,大学生充分了解国家和民族的历史,了解所身处的这个国家历史进程中的社会、历史事件和出现的可歌可泣的历史人物,才能激发他们的民族自尊心,培养出他们的爱国精神。有着悠久历史、最能体现中国的文化特征的古筝艺术蕴含着中华民族的文化、哲学思想和民族精神,作为大学生的爱国主义教育教材是十分切合的,通过琴声引领当代的大学生靠近古代先贤,与古代先贤的思想进行碰撞,倾听古代先贤的心声,触摸古代先贤的智慧,最终将学生的赤子之心与先贤同频跳动,使大学生的赤子之心和爱国之情在古筝教学中得到升华[4]。

2.在古筝教学中提高学生的人生境界

古筝艺术中道家思想提倡以自然为美,返归自然、抱朴守真而追求"清、微、淡、远",因此在古筝教学中注意引导学生追求超然的虚淡意境,让学生沉浸于意境之中如置身于深山幽谷,促使学生的精神摆脱自身肉体限制而体会自然之美,实现对精神高度自由的审美诉求。通过古筝的学习,可以很好地引导帮助大学生激发对精神自由和想象自由的探索,从而培养他们豁达、乐观的人生观,最终引导学生成为心胸开阔、积极达观的人。

3.在古筝教学中帮助学生建立和谐的理念

道家思想中的"天人合一",其核心内容是强调人与自然的关系应该和谐;儒家思想中的修身之道,其内容是人与人的和谐关系,无论是人与自然的和谐还是人与人的和谐,其基础都是人在内心里的和谐,内心和谐才会与自然和他人和谐。古筝教学与演奏过程中注意引导学生的文化品质追求返归于自身的内心,避免学生过分追求外在的审美情趣。因此,古筝艺术中所蕴含的道家"天人合一"思想和儒道修身之道思想都可以帮助学生保持对自然的敬畏之心,保持对他人的平和心态,使大学生通过古筝演奏的学习、熏染来平和自己对待学习、生活、就业压力的心态,加强自我完善以实现全面和谐发展。

4.在古筝演奏中帮助学生建立其自己的音乐特点

引导学生学习古筝时在培养学生演奏技法的同时帮助学生建立自己的音乐风格、特点、韵味。不同的方法去弹奏风格各异、丰富多彩的乐曲,会加强音乐的韵味与魅力,让具有学生们自己风格的音乐变得精彩万分,从而凸显音乐的文化内涵。

近年来,随着古筝创作的进步与发展,古筝的演奏技法也得到了创新性的发展。据笔者的不完全统计,现今较常见的演奏技法已达80多种,因此传统的古筝演奏技术训练已经不能满足当下多种新的古筝演奏技法的训练。为了能提高古筝演奏教学的教学质量,提高学生的演奏水平,在教学过程中注意让学生进行古筝专项练习曲和节选于乐曲中的技术练习片段。专项筝曲的演奏练习目的在于练习专项技术,以点带面提高演奏水平;让学生进行乐曲中的技术练习片段目的在于针对性解决乐曲中的难点,最终提高演奏水平,实现演奏水平质的提升。

当今时代的艺术环境多元复杂,学生是在一个多元复杂的艺术环境中成长学习的,当下学生们对于音乐的基础认识是音乐是流行化、时尚化的,而这种流行化、时尚化的音乐认识趋势在学生中越来越明显,范围也越来越大。因此我们在这样的背景下,在古筝演奏的教学中,要反思如何做到不失偏颇地、全面地发展和创新,从而让古筝艺术的生命力能在新时期得到加强发展,让古筝演奏符合时代要求的同时更加富于特色。

五、结语

儒、道哲学体系在古筝的发展中具有很深厚的影响。长期以来人们对古筝教学中的儒、道思想思考不足,曲解了中国文化的思想内涵。总而言之,古筝艺术的文化价值要高于古筝艺术的时代内涵,今天的古筝在教学过程中要在结合现代化思想的基础上,坚持以人为本,批判以礼为本,最终促进学生的全面发展。

参考文献

[1]赵琦:《东方文化和道家思想对音乐教育的一点启迪》,《音乐传播》2018年第12期。

[2]苗建华:《古琴美学中的儒道佛思想》,《音乐研究》2002年第2期。

[3]李晓源:《浅论道家思想在"古琴文化"中的体现》,《陕西广播电视大学学报》2006年第4期。

[4]王景:《古琴艺术在大学生艺术教育中的文化价值探究》,《教育理论与实践》2017年第11期。

第四篇

创新创业教育与实践教学

基于 STC 的火箭气动设计与轨迹控制
仿真实验项目建设*

尤延铖　朱呈祥　陈荣钱　吴了泥　邢　菲**

摘要：阐述了火箭气动设计与轨迹控制仿真实验项目的建设思路、构建层次、主要实验教学内容和实验教学效果，并探讨了实验平台管理运行机制和相关保障措施。该实验平台立足飞行器设计专业的人才培养，不仅为航空航天概论、气体动力学和飞行力学等专业课程教学提供实践教学保障，还体现出了以厦门大学"嘉庚一号"带翼回收火箭为背景开展飞行试验科学研究的显著特色。该项目在虚拟的基础上更加注重仿真实效，设计功能具有很强的开放性，并兼具趣味性和竞技性。

关键词：虚拟仿真；STC；气动设计；轨迹仿真

飞行器设计相关专业课程在实验教学中具有高危险、高成本的特点，并且往往受到各种场地条件的限制，给实验教学活动的开展带来了诸多困难。但是，实践教学又是专业课程教学中非常重要的一环，是培养专业型人才不可缺少的一部分。

将虚拟仿真技术引入实验教学是解决问题的很好方案。虚拟仿真实验教学系统是通过综合应用虚拟现实、大数据以及网络编程等技术，构建与真实实验场景等同的操作环境和测试对象，使得学生在高度自主性和交互性的虚拟环境中开展充满开放性、经济性和高效性的实验，实现实物实验中不宜开放的高危险、高成本性实验功能，达到实物实验无法实现的效果。相对比传统实验教学，虚拟仿真实验极大地拓展了学生的学习资源和空间，能有效培养学生自主实验设计能力、实验分析能力、独立创新能力，特别适应现代教学的发展[1~3]。

根据《教育信息化十年发展规划（2011—2020 年）》和《2017 年教育信息化工作要点》

* 基金项目：2019 年省级虚拟仿真教学项目资助。

** 尤延铖，厦门大学航空航天学院教授，常务副院长，博士生导师；朱呈祥，厦门大学航空航天学院副教授，硕士生导师；陈荣钱，厦门大学航空航天学院副教授，硕士生导师；吴了泥，厦门大学航空航天学院副教授，硕士生导师；邢菲，厦门大学航空航天学院教授，博士生导师。

等文件要求,加强信息技术与高等教育实验教学的深度融合,以提高学生实践创新能力。厦门大学航空航天学院基于"校园到职业",即 STC(School to Careers)理念,借助翻转课堂,改变以往教师传统的注入式教学方式,强调以学生为中心的实验教学理念,以学生自主学习为主,教师指导为辅,建设了"火箭气动设计与轨迹控制仿真实验项目"。实验项目执行过程中教师将尊重学生的想法,鼓励、引导学生主动学习,师生配合共同完成实验项目,从而使得学生在操作过程中激发创新思维,获取专业知识和实践技能。

一、项目建设理念

1.体现 STC 内涵

在 21 世纪初形成的 STC 理念的雏形,其核心内涵内容包括:终身职业教育、全民职业教育、关于学生个体发展、加强与企业界合作和课程整合[4]。STC 是美国为适应科技高速发展而建立起来的人才培养理论,其当时情形与我国现在的情况类似,那就是如何将学校人才培养与专业工作结合起来以及如何培养学生的创新创造意识[5]。

关于厦门大学航空航天学科的人才培养目标和定位,相关研究团队认为通识教育与工程教育和专业教育之间的认知还存在一定问题,实践教学和实验教学的关系有待进一步梳理。针对学院内航空航天相关学科高度交叉融合特点,研究团队以建设飞行器设计与工程专业的新一代复合型"双一流"人才培养计划为牵引,寻求体现航空航天工科特点的虚拟仿真实验研究项目建设主题,形成育人、教学、科研、产业相互促进、协调发展的STC 特色。

2.突出实验特色

近年来,高校实验室屡有爆炸、火灾等重大安全事故发生,造成高校师生的生命和国家财产的重大损失。飞行器设计相关专业课程在本科实验教学中有很多实验操作具有高危险性和各种场地条件的限制。为保障教学安全,这些实验难以对大批量本科学生进行开放教学,从而使学生对这些未来工作需要的专业实验缺乏基本技能训练,对飞行器整体气动设计和控制缺乏切身体会。

实验设计是以由厦门大学航空航天学院和北京凌空天行科技有限责任公司共同研制的"嘉庚一号"带翼回收火箭为背景开展飞行试验科学研究。亲身参与嘉庚一号项目的相关专业老师得到启迪灵感,最终依托厦门大学"双一流"校级重大项目、厦门大学虚拟仿真实验教学中心和福建省新型先进空天动力工程研究中心的相关教学和科研资源建设而成"火箭气动设计与轨迹控制仿真实验"。实验通过近真实的虚拟环境,关键的技术环节,原汁原味地还原了研究团队在进行"嘉庚一号"火箭设计阶段,就确立了"带翼回收火箭"这一超前的先进设计概念,最终给火箭"插上翅膀","从无到有"地实现了带翼回收可重复使用火箭技术的过程。基于嘉庚一号火箭原型机,学生科研通过气动特性仿真和飞行轨迹仿真完成相关飞行任务,强化了理论与实践的密切关系,具有非常鲜明的工程应用背景和与产业结合的特点。

二、项目建设内容

1.虚拟仿真项目总体构架

厦门大学"嘉庚一号"火箭的实际开发过程只有少数学生可以参与进来。随着虚拟仿真实验环节的补充,采用实际工程项目与课程虚拟仿真相结合的实验教学方法,开创了线上线下教学相结合的个性化和智能化的实验教学新模式,将基于网络的远程教学和基于翻转课堂的引导式、开放式教学相结合,可极大激发学生的学习兴趣,让更多的学生通过仿真实验环节学习相关专业知识,提高学生的专业实验操作技能。

"火箭气动设计与轨迹控制仿真实验"项目的开放运行依托于开放式虚拟仿真实验教学管理平台的支撑,二者通过数据接口无缝对接,保证用户能够随时随地地通过浏览器访问该项目,并通过平台提供的面向用户的智能指导、自动批改服务功能,尽可能帮助用户实现自主的实验,加强实验项目的开放服务能力,提升开放服务效果。开放式虚拟仿真实验教学管理平台以计算机仿真技术、多媒体技术和网络技术为依托,采用面向服务的软件架构开发,集实物仿真、创新设计、智能指导、虚拟实验结果自动批改和教学管理于一体,是具有良好自主性、交互性和可扩展性的虚拟实验教学平台。

如图1总体架构图所示,支撑项目运行的平台及项目运行的架构共分为五层,每一层都为其上层提供服务,直到完成具体虚拟实验教学环境的构建。下面将按照从下至上的顺序分别阐述各层的具体功能。

(1)数据层

火箭气动设计与轨迹控制仿真实验项目涉及多种类型虚拟实验组件及数据,这里分别设置虚拟实验的基础元件库、实验课程库、典型实验库、标准答案库、规则库、实验数据、用户信息等来实现对相应数据的存放和管理。

(2)支撑层

支撑层是虚拟仿真实验教学与开放共享平台的核心框架,是实验项目正常开放运行的基础,负责整个基础系统的运行、维护和管理。支撑平台包括以下几个功能子系统:安全管理、服务容器、数据管理、资源管理与监控、域管理、域间信息服务等。

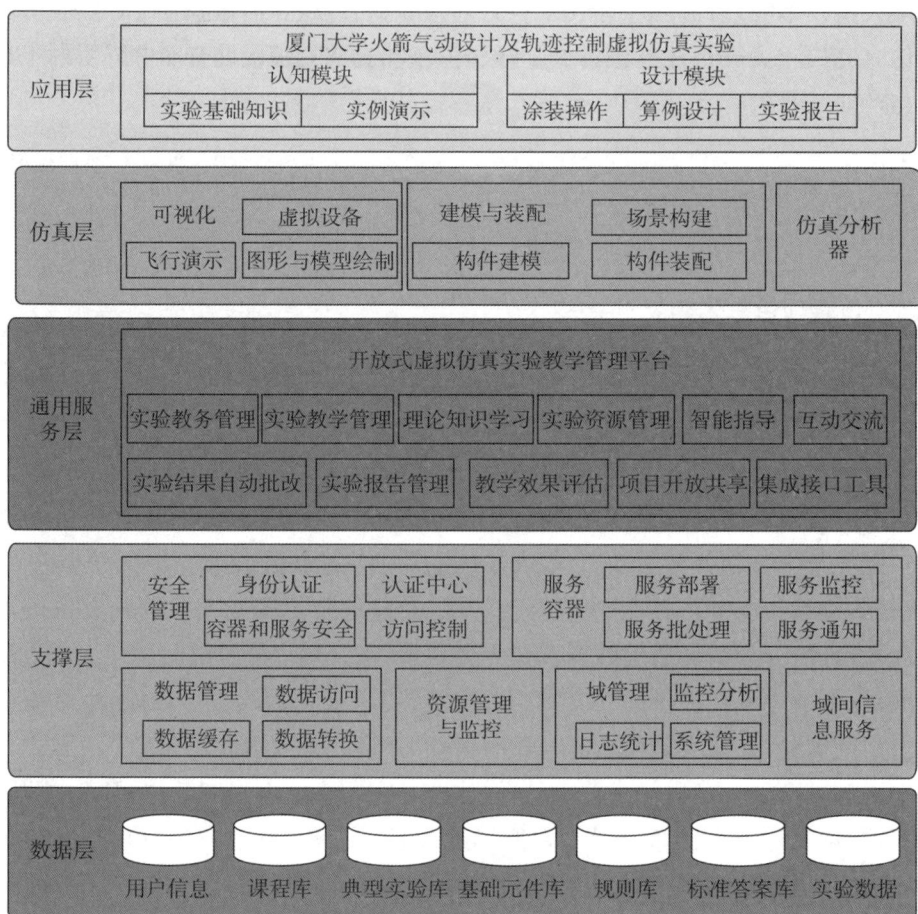

图1 系统总体架构图

(3)通用服务层

通用服务层即开放式虚拟仿真实验教学管理平台,提供虚拟实验教学环境的一些通用支持组件,以便用户能够快速在虚拟实验环境完成虚拟仿真实验。通用服务包括:实验教务管理、实验教学管理、理论知识学习、实验资源管理、智能指导、互动交流、实验结果自动批改、实验报告管理、教学效果评估、项目开放与共享等,同时提供相应集成接口工具,以便该平台能够方便集成第三方的虚拟实验软件进入统一管理。

(4)仿真层

仿真层主要针对该项目进行相应的器材建模、实验场景构建、虚拟仪器开发、提供通用的仿真器,最后为上层提供实验结果数据的格式化输出。

（5）应用层

基于底层的服务,最终实现火箭气动设计与轨迹控制仿真实验项目教学与开放共享。该框架的应用层具有良好的扩展性,实验教师可根据教学需要,利用服务层提供的各种工具和仿真层提供的相应的器材模型,设计各种典型实验实例,最后面向学校开展实验教学应用。

2.认知模块

"火箭气动设计与轨迹控制仿真实验项目"整个项目分为认知探究和设计分析两个模块,共对应 9 个大类知识点,具体示意图如图 2 所示。

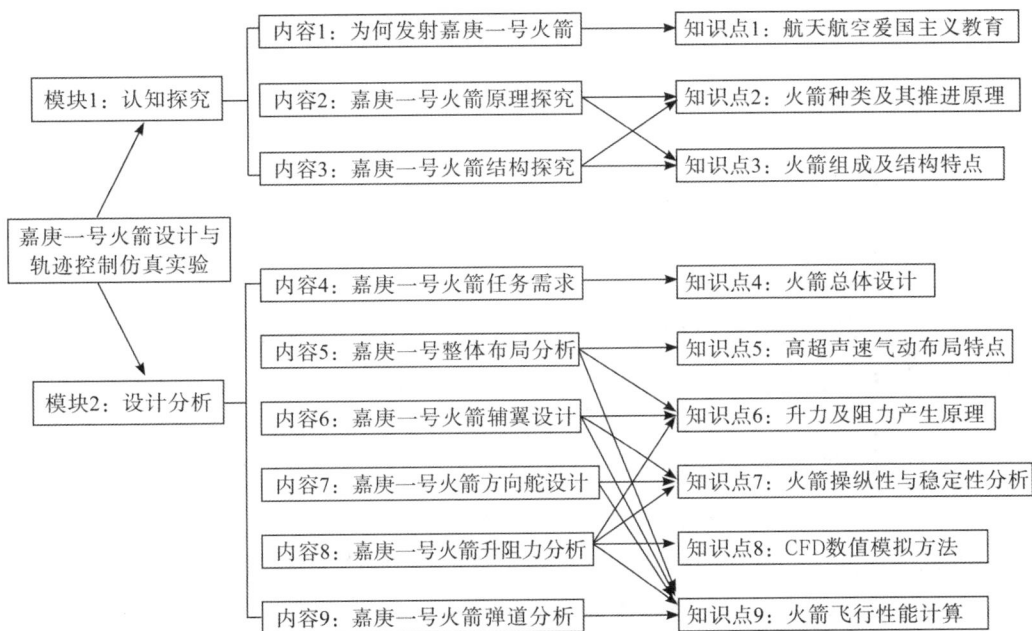

图 2　项目整体结构及知识点

认知模块中的第一项内容就是以嘉庚一号火箭为例进行爱国主义教育。首先展示的是厦门大学嘉庚一号火箭相关的研究背景图片及视频,讲述了嘉庚一号火箭背后鲜为人知的故事。嘉庚一号作为国内第一个满足可重复使用技术要求的基于火箭动力的试验飞行器,其研究背景、研究历程、技术试验等等均展示给同学。结合教师讲解,展示相关研究团队主动融入中华民族伟大复兴的努力实践,激扬空天报国情怀,奋勇拼搏自强不息止于至善的效力期许。

依次点击查看实验目,点击推进原理,学习牛顿第三定律作用力与反作用力,学习火箭推力及升阻力产生原理,学习火箭主要性能参数。点击右侧菜单栏嘉庚系列菜单,以嘉庚一号固体火箭为例详细学习其部件组成及主要结构特点。学习气体动力学相关知识在嘉庚一号带翼火箭结构设计中的应用。按照部件结构组装成嘉庚一号火箭，了解嘉庚一号火箭详细结构。系统中涉及的各类火箭包括"嘉庚一号"均单独建模，分别能够进行360度全方位的展示。火箭各主要部件可以单独分解展示，并搭配文字说明，用于教学，让用户达到认知的效果。所有模型应在实例讲解模块的界面中显示，点击某个火箭类型进入该对应的火箭模型的具体展示，如图3所示。

图3　嘉庚一号火箭详细结构

3.设计模块

设计模块中的仿真计算包括气动仿真和控制仿真。模块以"嘉庚一号"火箭为模型，可在标准算例模块或者约束算例模块领取不同的飞行任务。采用求解可压缩 Euler 方程组，结合热力学参数定义及理想气体状态方程，根据飞行器的指定飞行状态，计算火箭表面压强、温度、速度等参数，进而积分得到火箭在不同飞行攻角下的升阻比曲线。

在完成气动特性仿真计算后，学生需要进行飞行轨迹的仿真计算。具体方法是将气动数据录入相应的气动数据文件转化为零迎角升力阻力系数矩阵以及迎角变化引起的升力阻力系数变化矩阵。利用矩阵和火箭推力以及质量信息，求解火箭飞行过程中的三自由度运动微分方程的七个状态量，结合火箭飞行的约束条件来进行火箭飞行轨迹的仿真（如图4所示）。

在约束算例模块火箭的翼型、展弦比、后掠角、厚度等设计参数均可由学生进行自主设计，并根据设计后的气动外形仿真得到不同的气动特性结果。学生可以在标准算例模块或者约束算例模块查看飞行轨迹，并在约束算例模块将飞行轨迹与飞行需求的飞行轨迹进行对比分析，通过调整火箭的气动外形结构，最终得到满足飞行任务需求的轨迹及火箭气动外形。

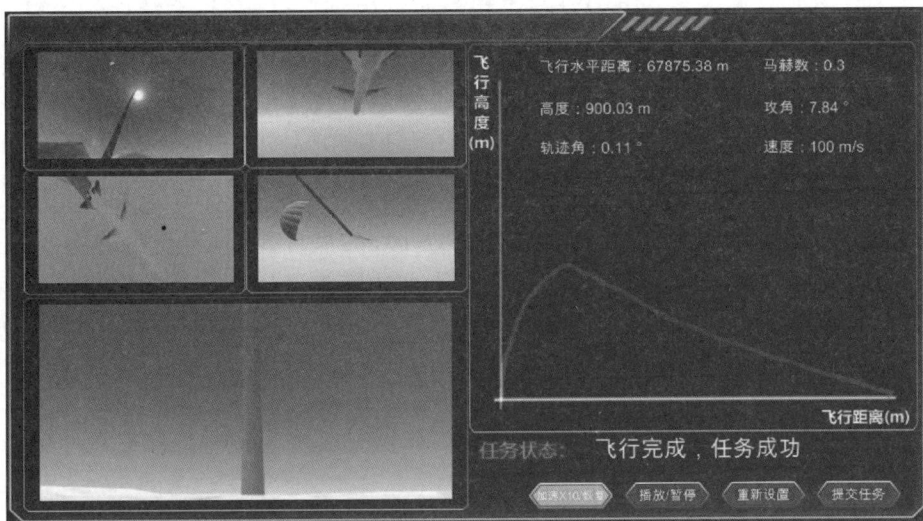

图 4 火箭飞行轨迹仿真界面及飞行轨迹展示

三、实验教学实施

1.线上仿真系统

目前在本校初步展开了该实验项目的教学,服务学生总共 80 余人次,线上的系统访问量超过 1000 次,实验人数也超过 50 人次。在线上示范教学过程中,开发团队强调关键步骤和注意事项,理论与技能并重。由于教学活动的重点放在设计仿真过程上,这就有利于学生掌握专业知识的同时将所学知识运用到真实的飞行器设计和飞行控制仿真实验中。学生通过完成教学项目,能有效调动学习的积极性,既掌握实践技能,又掌握相关安全知识,既学习了课程,又学习了工作方法帮助解决问题,能够充分发掘学生的创造潜能,提高了学生解决实际问题的综合能力。

该项目实施以来,通过对航空航天学院内的同学进行反馈调查,大部分学生完成了该实验,并反馈实验教学效果良好。同学们通过仿真项目更加了解了身边厦门大学"嘉庚一号"火箭的相关知识,极大地提高了学生的学习兴趣和对专业知识的掌握,大幅提升学生的专业素养和工程经验,是传统教学模式的有效延伸和崭新拓展。

2.线下课程设计

在线上系统开发的同时,研究团队在线下结合厦门大学航空航天学院飞行器设计与工程专业的教学活动,将虚拟仿真项目融入了大三学年开始的课程设计环节。采取分组的形式将不同"嘉庚一号"火箭的气动外形作为课程设计任务分配给同学们。线下的实验教学中对于参加实验的飞行器设计与工程专业学生,要求已经较系统地学习航空航天概论、流体力学、气体动力学、飞行力学、计算流体力学等课程。已经掌握了飞行器设计、高超声速流动的基本理论,在专业能力方面要求学生对气体动力学理论及应用有深入的理解。

因为最终要完成的"火箭气动设计与轨迹控制仿真实验"是一种半开放式的仿真平台,对于约束飞行任务的设置以及新型火箭气动外形的设计,均具有一定的不可预见性。如果相关参数设置不当,可能会出现无法进行仿真计算或者仿真计算的结果不合理等一系列后果。这就要求学生在课程设计的过程中具备独立解决问题的能力,勇于解决问题的决心,开拓创新的意识。通过对未知因素的摸索,最终设计合理的火箭气动外形并完成相关飞行任务,整个过程将大大增强学生对知识获取的兴趣和实际解决工程问题的能力。

四、保障与推广

1.资源保障

火箭气动设计与轨迹控制仿真实验平台在建设和完善过程中,运行机制建设、人员管理、运行经费保障、实验教学质量监控等是实验教学质量的保障[6]。

目前的在线系统是基于公有云服务器部署的系统,5M～10M 带宽。支持 1000 个学生同时在线并发访问和请求,如果单个实验被占用,则提示后面进行在线等待,等待前面一个预约实验结束后,进入下一个预约队列。根据涉及课程的教学计划和实际情况,厦门大学将加大航空航天学科虚拟仿真实验教学项目建设力度,继续探索线上线下教学相结合的新型实验教学模式。加强对虚拟仿真实验教学项目应用管理,建立健全适应网络化学习的实验教学成绩考核评价指标体系,促进实验教学质量稳步提高。

基于已有的线上系统平台,厦门大学航空航天学院计划增加 1 项飞行器动力专业虚拟仿真实验和 1 项飞行器结构专业虚拟仿真实验;增加 VR、AR、MR 等视觉增强硬件仿真设备;继续完善硬件资源,提供 500～1000 人同时访问的系统平台;依托"双一流"校级重大项目计划再投入建设经费。

2.平台建设与推广

拟通过学分互认机制,拓宽与省市内院校如集美大学、华侨大学、厦门理工学院等高校能源动力类相关专业合作共享。在此基础上,进一步加强与国内一流航空航天院校实现课程合作共享。借助厦门大学国家级虚拟仿真实验教学中心已建设的平台,今后 5 年预计将服务 1000～2000 人次。

本项目可利用厦门大学对外开放的优势向社会普通大众开放,依托仿真教学中心进一步完善航空航天虚拟仿真教学项目。尤其是针对中小学生普及航空航天知识,在培养青少年群体的兴趣探索方面开展相关介绍类项目的建设。此外,还可以通过举办会议、论坛接待参访等形式,与相关机构和实验室进行项目建设思路、经验和成果的资源共享。今后 5 年预计将服务 3000～5000 人次。

五、结束语

火箭气动设计与轨迹控制仿真实验项目以厦门大学"嘉庚一号"带翼回收火箭为背景,激发学生对国家、对学校的归属感和认同感的同时,结合前沿的科学技术将航空航天概论、气体动力学和飞行力学等专业理论知识转化为实践教学,体现了育人、教学、科研、产业相互促进、协调发展的 STC 内涵,不仅极大地拓展了学生的学习资源和空间,也能有效培养学生自主实验设计能力、实验分析能力、独立创新能力。同时,项目具有合理的结构设计和实验教学方案,拥有完备的技术和人员保障,未来进一步的建设推广效果将非常显著。

参考文献

[1]郭军红、崔锦峰、杨保平:《新工科背景下虚实结合虚拟仿真实验项目的建设》,《实验技术与管理》2019 年第 8 期。

[2]郭雅楠、王掩刚、牟蕾等:《航空动力系统虚拟仿真实验教学体系建设的探索与实践》,《高教学刊》2019 年第 3 期。

[3]周洪旭:《虚拟仿真技术在航空教学中的应用研究》,《数字技术与应用》,2011 年第 1 期。

[4]付雪玲:《STC:21 世纪美国职业教育的走向》,华东师范大学硕士学位论文,2005 年。

[5]李春光、李熙琪、刘振中:《基于 STC 理念的新工科创新实验教学模式》,《中国冶金教育》2018 年第 2 期。

[6]张兵强、林洪文、方伟:《航空虚拟仿真实验平台构建及教学实施》,《实验技术与管理》2016 年第 12 期。

[7]邵宝力:《新工科背景下工科专业教学模式研究与实践》,《内蒙古石油化工》2018 年第 10 期。

基于校企合作的我国高校创业教育
现状诊断及对策研究*

唐炎钊　谢新秋　周子程**

摘要:采用问卷调查法,对国内165所高校的创业教育校企合作现状进行调查。结果表明,基于校企合作的我国高校创业教育存在以下问题:(1)校企合作开展创业教育的程度还有待提高;(2)高校对于企业在创业教育中的作用认识不足;(3)高校和企业之间在合作理念、利益共同点、合作机制、合作方式上还未能达成一致等的问题。基于研究结果提出应对策略,即通过"提升高校认知、吸引企业参与,在此基础上利用多种方式减少高校和企业在合作中存在的困难"的方式来促进和保障高校与企业在创业教育上的合作。

关键词:创业教育;校企合作;现状;对策

一、前言

创新与创业对于经济的发展起到至关重要的作用。因此创业教育(Entrepreneurship education)的开展对于提升当代大学生创新创业能力、培养其创新创业意识有着重要的经济与社会意义。

在开展创业教育的过程中,高校与企业各种形式的合作能为创业教育的开展带来积极作用。例如,有研究表明,高校以建立学生企业社团(student enterprise society)的方式在企业和学生之间建立联系,为参加学生企业社团的创业学生提供一个相互交流的平台。这个平台不仅能使创业学生之间提供相互的支持,还有利于风险投资项目向实际的成果

　　* 中国儿童少年基金会青春启航计划——大学生创新创业公益项目:"基于校企合作的高校创新创业教育研究"。

　　** 唐炎钊,湖北安陆人,厦门大学管理学院教授、博士生导师;谢新秋,福建泉州人,厦门大学管理学院博士研究生;周子程,山东烟台人,厦门大学管理学院硕士研究生。

的转化[1]。国外高校不仅能为学生提供创业教育课程,还能提供课程外的创业支持(extra-curricular entrepreneurial support)活动。通过这类活动,学生能够更方便地与企业开展交流,从而更好地提升学生对于创业教育课程的学习效果。例如,普利茅斯大学能够为其创业的在校生和毕业不久的校友提供包含五个模块的企业支持(enterprise support)活动,以此帮助学生与企业等校外资源建立联系[2]。

现有的对于高校创业教育及创业教育校企合作的研究"多以定性的理论分析和对策建议为主"[3],其结果与结论缺少定量证据的支持。因此,本文尝试从定量研究的角度出发,通过问卷调查法,对国内基于校企合作的高校创业教育现状进行诊断,分析存在的问题,并据此提出相应的应对策略。

本研究的研究目的在于:第一,通过问卷调查法,对基于校企合作的我国高校创业教育现状进行调查,发现其中可能存在的问题并提供定量数据上的支持。第二,对现有创业教育及创业教育校企合作研究中所关注的两个可能的差异来源,即学校类型[4]及学校所在地区[5]在基于校企合作的高校创业教育上的差异表现进行研究,从而探索影响创业教育校企合作的开展的因素。第三,在数据结果基础上,分析当前基于校企合作的高校创业教育所存在的问题及其形成原因。第四,针对研究中所发现的问题,提出针对性的应对策略,为未来基于校企合作的高校创业教育的开展提供参考依据。

二、国内高校创业教育校企合作现状调查

1.问卷的编制

根据研究目的,本文对已发表的学术文献进行整理,对其中所涉及的可用于描述基于校企合作的高校创业教育现状以及对高校创业教育及创业教育校企合作所存在的问题等的信息进行收集,同时对专家、创业教育实践者等开展访谈,以此获得用于研究的调查问卷,具体过程如下:

首先,本文在"中国知网"上以"创业教育""校企合作""产教结合""产学结合"等作为关键词,结合逻辑组合,对已有的文献进行搜索,并采用以下方式对文献进行筛选。第一,采用"中国知网"搜索页面的设置,将收录文献的期刊来源类别限定为"SCI来源期刊""核心期刊""CSSCI"等,作为所选论文具备足够的科学性和严谨性的标准。第二,选取已被引用过的文献,作为该文献受到学术同行认可的标准。第三,考虑到文献的收录时间问题,本文将发表时间截至在问卷开始编制前的半年之内,符合筛选标准但暂无引用数的文献纳入目标文献之中。

其次,在按照前述标准收集好所需文献之后,本文按照以下标准对问卷条目进行筛选。第一,选择在实践中已经被采用过的创业教育校企合作实践内容作为问卷条目。对于尚停留于理论构想,未曾应用于实践中的工作内容则不予考虑。第二,选择在中国大陆

高校中已经采用过的创业教育校企合作实践内容作为问卷条目。对于其他国家和地区所采用过的创业教育实践内容,若在其他文献中有提及也曾在中国大陆高校得到实践应用则同样纳入问卷条目当中。

最后,研究者还对 2 名创业教育研究领域专家及 2 名高校创业教育实践者进行访谈,访谈内容主要包括以下几个方面:第一,在不出示已收集条目的前提下,通过询问开放式问题的方式尽可能多地获得创业教育校企合作实践可能涉及的内容。第二,将已收集的条目呈现给专家及创业教育实践者,由其评价此类条目的合理性,并请其在已有条目(包括通过文献收集到的以及询问开放式问题所得到的条目)的基础上进一步提出可以增加的条目内容。

通过上述方法,本文共获得 68 个条目(Item),结合条目在创业教育校企合作中所具有的特点及相关专家和创业教育实践者的建议,将 68 个条目归类为两个大类、九个维度。第一类为"创业教育校企合作实践",共包含七个维度,即"校企合作建立创业教育课程培养体系""校企合作参与创业大赛""校企合作开展创业教育实训""校企合作开展创业实践活动孵化""校企合作开展创业教育科研""校企合作开展创业教育师资队伍建设""校企合作开展创业教育信息交流"等;第二类为"创业教育校企合作困境",共包括两个维度,即"创业教育中存在的问题"及"创业教育校企合作中存在的困难"等。全部条目均按照李克特式五点计分法进行评分,从 1~5 分别代表"非常不符合""较不符合""态度中立""比较符合"以及"完全符合",用以根据实际情况评价条目所描述的创业教育校企合作实践内容的开展状况。考虑到某些高校可能尚未开展相关的校企合作工作,因此在第一大类的所有七个维度上设置了"0"选项,用以表示该校在开展创业教育时并未与企业在该维度上开展过任何形式的合作。调查问卷还设置了开放题项,供研究参与者补充其学校创业教育实践中存在但在问卷中没有提及的内容。

2.数据结果

(1)样本来源

本文选取来自不同高校的创业教育工作负责人(如创业学院领导、创新创业专职教师、分管创新创业工作的职能部门领导、分管创新创业工作的校领导等)作为本研究的参与者,通过发放问卷的方式,对参与者进行调查。本次研究共回收有效问卷 165 份,参与者的学校类型及学校所在地区的分布情况如表 1 所示。

表 1　参与本次调查研究的学校类型及学校所在地区的分布情况

学校类型	频数	学校所在地区[6]	频数
高职院校	46	东部地区	91
普通院校	79	中部地区	20

续表

学校类型	频数	学校所在地区[6]	频数
重点院校(211 及 985 院校)	40	西部地区	16
	—	东北地区	38

（2）对基于校企合作的创业教育现状的描述性统计

采用描述性统计法,对在七个创业教育校企合作实践维度上回答为 0 的频数及其占比、所有九个维度的平均分（其中七个创业教育校企合作实践维度平均分的计算是在排除了回答为"0"的样本后计算的,其样本量在 81～115 之间）及标准差进行统计计算。其结果如表 2 所示。

表 2　基于校企合作的高校创业教育现状的描述性统计结果

维度	回答为 0 的频数（百分比）	均值	标准差
校企合作建立创业教育课程培养体系	54(32.7%)	3.38	1.01
校企合作参与创业大赛	53(32.1%)	3.67	0.93
校企合作开展创业教育实训	50(30.3%)	3.64	0.83
校企合作开展创业实践活动孵化	72(43.6%)	3.64	0.84
校企合作开展创业教育科研	84(50.9%)	3.80	0.88
校企合作开展创业教育师资队伍建设	71(43.0%)	3.72	0.83
校企合作开展创业教育信息交流	71(43.0%)	3.70	0.83
创业教育中存在的问题	—	3.65	0.87
创业教育校企合作中存在的困难	—	3.61	0.82

从表 2 中可以看出,在创业教育校企合作的各个实践维度上都有至少接近三分之一的受访高校没有在此维度上开展任何形式的校企合作。

从总体上看,在有开展特定形式创业教育校企合作的高校中,通过校企合作建立创业教育课程培养体系的平均得分最低。此外,通过校企合作开展创业教育实训、实践活动孵化及参与创业大赛等活动的开展状况相对良好,而通过校企合作开展创业教育信息交流、创业教育师资队伍建设及创业教育科研的开展状况则较为良好。

从表 2 中还可以看出,在根据参与者所在学校状况描述创业教育以及创业教育校企合作中存在的问题时,参与者们的回答倾向于"比较符合",即从整体上看,高校在创业教育和创业教育校企合作的实践上仍存在较多的问题。

（3）对校企合作具体实践的描述性统计

同样地,在排除了在创业教育校企合作实践维度中回答为 0 的样本后,采用描述性统计法,对所有条目的平均值及标准差进行计算,并列举在某一创业教育校企合作实践维度中均值最高的两项及均值最低的两项,以此考察当前基于校企合作的高校创业教育实践中哪些具体的实践开展得较为良好,哪些开展得较为不足。

在"校企合作建立创业教育课程培养体系"维度中,企业帮助高校开发创业实训沙盘课程($\bar{m} = 3.49, SE = 1.21$)和企业基于自身需求协助高校开发定制化的创业课程($\bar{m} = 3.46, SE = 1.17$)等实践活动的开展情况较为良好。而企业帮助高校开发基于计算机平台的创业模拟课程($\bar{m} = 3.33, SE = 1.23$)和企业资助高校出版创业教育相关的教材($\bar{m} = 3.23, SE = 1.33$)等实践活动开展得较为不足。

在"校企合作参与创业大赛"维度中,高校与企业合作参加省级创业大赛($\bar{m} = 3.89, SE = 1.06$)和高校与企业合作参加国家级创业大赛($\bar{m} = 3.82, SE = 1.13$)等实践活动的开展情况较为良好。而企业为高校参与各级创业大赛提供技术支持(如样本模型的制作、图纸的设计等)($\bar{m} = 3.55, SE = 1.18$)和企业为高校参与各级创业大赛提供政策信息支持(如相关法律法规、专利申请方式等的指导)($\bar{m} = 3.52, SE = 1.14$)等实践活动开展得较为不足。

在"校企合作开展创业教育实训"维度中,企业为学生提供创业实践的实习机会($\bar{m} = 3.92, SE = 0.97$)和企业指派管理者、工程师等人员为学生实践提供支持($\bar{m} = 3.73, SE = 0.97$)等实践活动的开展情况较为良好。而企业协助高校建立基于软件应用的创业实验室($\bar{m} = 3.50, SE = 1.13$)和企业协助高校建立基于沙盘模拟的创业实验室($\bar{m} = 3.49, SE = 1.07$)等实践活动开展得较为不足。

在"校企合作开展创业实践活动孵化"维度中,企业协助在校创业学生与其他创业团队建立社会网络关系($\bar{m} = 3.80, SE = 0.97$)和企业对高校开放其创业众创空间($\bar{m} = 3.69, SE = 0.98$)等实践活动的开展情况较为良好。而企业为高校提供创业预孵化器($\bar{m} = 3.53, SE = 1.07$)和企业为高校实现创业活动的孵化提供日常事务代理(如财务、税收、法律、人力资源管理等)($\bar{m} = 3.53, SE = 1.07$)等实践活动开展得较为不足。

在"校企合作开展创业教育科研"维度中,企业为高校的创业项目研究提供实地调研机会($\bar{m} = 4.06, SE = 0.89$)和企业协助高校开办创业的学术会议($\bar{m} = 3.89, SE = 1.03$)等实践活动的开展情况较为良好。而企业协助高校建设创业研究机构($\bar{m} = 3.69, SE = 1.11$)和企业为高校创业教育人才引进、科研工作等活动提供资金支持($\bar{m} = 3.54, SE = 1.11$)等实践活动开展得较为不足。

在"校企合作开展创业教育师资队伍建设"维度中,企业人员进入高校担任创业实践导师($\bar{m} = 4.03, SE = .87$)和企业为高校举办创业师资培训课程($\bar{m} = 3.73, SE = 1.04$)等实践活动的开展情况较为良好。而企业为高校的创业教师提供沙盘演练培训($\bar{m} = 3.62, SE = 1.04$)和企业为高校的创业教师提供在企业进行挂职锻炼的机会($\bar{m} = 3.53, SE = 1.11$)等实践活动开展得较为不足。

在"校企合作开展创业教育信息交流"维度中,企业协助高校举办创业教育讲座($\bar{m} = 3.88, SE = 0.91$)和企业协助高校举办创业教育沙龙($\bar{m} = 3.81, SE = 0.91$)等实践活动的开展情况较为良好。而企业协助高校举办创业教育网络交流($\bar{m}=3.59,SE=1.08$)和企业为高校创业教育信息交流活动提供物资支持($\bar{m}=3.56,SE=1.14$)等实践活动开展得较为不足。

此外,采用描述性统计法,对创业教育及创业教育校企合作中存在的困难等两个维度中所有条目进行计算,并列举得分最高的三个条目,以此反映在创业教育和创业教育校企合作当中最为突出的问题。

从"创业教育中存在的问题"维度中各个项目的得分可以看出,现有的创业教育中存在的主要问题有创业教育师资队伍数量不足($\bar{m}=3.87,SE=1.08$)、创业教育在理论与实践方面耦合不足($\bar{m}=3.74,SE=0.96$)、各职能部门在创业教育上的协作不足等($\bar{m}=3.72,SE=1.07$)。

从"创业教育校企合作中存在的困难"维度中各个项目的得分可以看出,现有的创业教育校企合作中存在的困难与障碍主要有企业与高校创业教育的合作机制不完善($\bar{m}=3.78,SE=0.88$)、企业与高校在创业教育上的利益共同点不同($\bar{m}=3.72,SE=1.10$)、企业与高校在创业教育上的合作理念不同($\bar{m}=3.68,SE=0.94$)、企业对创业的物资支持不足($\bar{m}=3.68,SE=0.88$)等。

(4)学校类型、学校所在地区在各个维度得分上的差异性检验

采用二因素方差分析法,对学校类型、学校所在地区在各个维度上得分的差异进行检验,结果如表3所示。除了学校所在地区在"创业教育中存在的问题"及"创业教育校企合作中存在的困难"两个维度上的主效应显著外,学校类型、学校所在地区在各个维度上的主效应均不显著,学校类型、学校所在地区在各个维度上的交互效应也均不显著。

表3 学校类型、学校所在地区对各个维度得分的差异性检验

维度	主效应（学校类型）	主效应（学校所在地区）	交互作用
校企合作建立创业教育课程培养体系	$F(2,99)=1.71$	$F(3,99)=2.03$	$F(6,99)=0.85$
校企合作参与创业大赛	$F(2,100)=0.20$	$F(3,100)=1.34$	$F(6,100)=1.15$
校企合作开展创业教育实训	$F(2,103)=0.67$	$F(3,103)=0.55$	$F(6,103)=1.73$
校企合作开展创业实践活动孵化	$F(2,81)=0.39$	$F(3,81)=0.72$	$F(6,81)=0.48$
校企合作开展创业教育科研	$F(2,69)=0.92$	$F(3,69)=0.62$	$F(6,69)=0.77$
校企合作开展创业教育师资队伍建设	$F(2,82)=0.27$	$F(3,82)=0.91$	$F(6,82)=0.48$
校企合作开展创业教育信息交流	$F(2,82)=0.24$	$F(3,82)=0.68$	$F(6,82)=0.89$
创业教育中存在的问题	$F(2,153)=1.68$	$F(3,153)=3.23^{*}$	$F(6,153)=1.65$
创业教育校企合作中存在的困难	$F(2,153)=1.88$	$F(3,153)=2.97^{*}$	$F(6,153)=1.59$

注:＊＊＊代表 p<0.001,＊＊代表 p<0.01,＊代表 p<0.05。

对学校所在地区在"创业教育中存在的问题"及"创业教育校企合作中存在的困难"两个维度上的主效应进行简单效应检验发现,不同地区学校的组间差异均不显著（$F(3,161)=1.95;F(3,161)=0.86$）。

综合上述结果,不同学校类型和不同学校所在地区在各个维度上的得分均不存在显著差异。

三、数据结果及现状总结

1.高校与企业形成创业教育校企合作的特点

在以高校选择与企业开展合作为前提的基础上,本文对开展得较为良好的以及较为不足的创业教育校企合作实践进行总结,得出以下结果:

在下列情况下,高校和企业更容易在合作开展创业教育上达成一致:第一,当高校需要的帮助为非物质性时候。例如,在要求企业为高校提供实习机会与调研机会、协助建立社会联系、指导课程开发、指派管理人员与工程师等担任实践导师指导实践、举办讲座与沙龙等时,高校和企业较容易达成合作,这与多数的校企合作项目（如校园招聘）所表现出来的特点一致。第二,企业能够通过高校提供的平台提升自身价值。例如,当高校参与国家级、省级创新创业大赛并向企业寻求合作时,高校和企业较容易达成合作。

在下列情况下,高校和企业之间较难在合作开展创业教育上达成一致:第一,当高校需要的是直接的物质支持时。例如,当需要企业在资助高校开展创新创业教育活动（如编写教材、建立实验室、引进人才等）时,高校和企业较难形成合作。第二,当开展合作可能会影响企业自身的经营活动时。例如,在需要企业提供技术支持、政策信息支持、日常事务代理及高校教师挂职锻炼机会时,高校和企业较难形成合作,因为这有可能导致企业的信息泄露、事务安排受到影响等情况的出现,进而影响到公司的正常运作。第三,当对技术、理念的要求超过企业自身的能力时。企业在创业教育的技术支持和概念理解上存在一定的滞后性,具体表现在当需要企业参与需要使用计算机、互联网、软件等涉及技术以及开设创业类课程等需要对创业教育理念有深入理解等的校企合作项目时,高校和企业较难形成合作。

2.各维度在合作开展数量和开展状况上的现状

从结果可以看出,在基于校企合作的高校创业教育实践的各个维度上都至少有三分之一左右的国内高校未参与某个维度内的任何校企合作实践。由于高校为创业教育的主体,很大程度上决定了校企合作是否能够顺利开展,上述结果表明虽然创业教育在国内已经得到了重视,但国内高校对校企合作重要性的认识还有待加强。

在校企合作开展数量和开展状况上,有开展校企合作的高校数量与校企合作的开展状况呈现出类似于"负相关"的关系。这可能与高校与企业能否运用自身所具有的优势资源来促进实践的开展,以及双方是否能够达成利益一致有关:当高校认为自身能够独立完成某类实践时,高校可以选择不与企业开展合作,因而这类实践不仅不需要太多的合作机会,在形成合作时,高校也能利用自身对于某类实践较为深刻的认识,与参与合作的企业开展更深层次的合作(如创业教育科研、创业信息的交流等);但当高校认为自身没有足够的能力完成此类实践而寻求企业帮助时,由于企业以营利为主要目的,因此企业首先会根据自身的特点进行评价,当企业认为参与此类实践会损害企业自身利益时,企业会中止与高校的合作,这就减少了某类实践形成校企合作的数量。而当企业决定开展合作时,由于企业拥有在实现此类实践上的优势资源,能够在更好地理解此类实践的基础上与高校开展更深层次的合作(如创业活动孵化、师资队伍建设等),而当高校与企业在利益点上达成一致时,才能开展广泛而深入的校企合作(如合作参与创业大赛、开展创业实训等)。这一结论也支持了高校与企业在合作理念、利益共同点、合作机制上的差异是影响创业教育校企合作进一步开展的原因。

需要特别指出的是,虽然高校和企业在开展创业教育课程培养体系的实践上有较多的合作,但其开展状况却较为一般,这可能是由于高校与企业都缺少较好地实现创业教育课程培养体系的建立的资源与能力。

3.各维度在学校类型和学校所在地区上的差异

在对创业教育各个维度在学校类型、学校所在地区上的差异进行考察后,发现创业教育各个维度在学校类型和学校所在地区上均没有显著差异。这与人们对于创业教育的经验认识相违背。在排除统计抽样可能的影响之后,最有可能的原因在于由于当下创业教育校企合作实践还未普遍得到国内高校的重视,使得校企合作实践不能很好地依托学校和地方优势开展,从而没有体现出学校、地区在校企合作实践上的差异。

4.创业教育与校企合作面临的困难

在创业教育校企合作上存在的困难方面,合作理念不同、利益共同点不同、合作机制不完善、物质支持不足等是影响创业教育校企合作进一步开展的重要原因。

现有的创业教育存在的问题主要表现为师资队伍不足、理论与实践脱节、学校内各职能部门协作不足等。这一定程度上反映了我国的创业教育由于起步较晚,所需的人才和与之相匹配的制度及组织保障尚不够完善的状况。而理论与实践脱节也是创业教育一直以来面临的最严重的问题之一,这更强调了掌握理论基础的高校与掌握实践经验的企业在创业教育上开展合作的意义。

5.对基于校企合作的高校创业教育现存问题的总结

总结上述数据结果,可以对国内现有的基于校企合作的高校创业教育存在的问题进行总结:第一,作为创业教育的主体,高校的不足之处体现在对创业教育校企合作的重视程度有待提高、未能很好地理解企业在创业教育中所起到的作用、未能充分利用自身条件(如优势学校资源、内部部门协调和资源调动)和所在地区的资源优化创业教育的质量等。第二,企业的不足之处体现在支持创业教育优化的技术不足、对创业教育的理解不够深入等。第三,高校和企业之间在合作理念、利益共同点、合作机制、合作方式等问题上还未能达成一致。第四,部分校企合作实践的合作程度还需要进一步地加强(如通过校企合作建立课程培养体系等)。

四、提升校企合作从事创业教育的对策

在通过问卷调查法明确当前国内基于校企合作的高校创业教育所存在的问题之后,本文根据调查结果,提出可以用于提升校企合作从事创业教育的对策:首先,国内高校应进一步提升企业在开展创业教育过程中所具有的地位和作用的认识,并通过自身合作机制的完善来吸引企业的参与。这是成功开展创业教育校企合作的基础,也是进一步联合其他主体保障高校和企业合作开展创业教育的先决条件。其次,应尽可能多地引入其他主体加入创业教育校企合作的建设中,利用各主体自身的资源和优势,解决创业教育校企合作开展过程中遇到的资源、激励、技术等方面的问题。

简单来说,就是要通过"提升高校认知、吸引企业参与,在此基础上利用多种方式减少高校和企业在合作中存在的困难"的方式来促进和保障高校与企业在创业教育上的合作。

1.提升高校对于企业作用的认知

由前述结果可知,从整体上看,企业与高校在创业教育各维度上的合作还需要进一步地加强,这体现在无论是在企业具有优势资源的实践当中(如实践活动孵化、提供人员创业教育师资队伍建设),还是在学校具有优势资源的实践当中(如创业教育科研的开展、创业信息交流),校企合作的数量都有待提高。

事实上,国外高校在其创业教育的各个环节上均重视与企业之间的协作,如为其学生提供可以联络校外企业的创业信息交流平台等[7]。因此,国内高校应积极提升自身对于企业在创业教育中所具有的作用的认识,主动寻求与企业间的合作,以此提升自身创业教育质量,培养出合格的创新创业人才。

2.提升企业信心,吸引企业参与

通过本文的结果可以得知,合作理念不同、利益共同点不同、合作机制不完善、物质支持不足等是影响创业教育校企合作进一步开展的重要原因,这一结论与孙秀丽[8]的研究结果相一致。事实上,由于教育资源的正外部性(Positive externality)、企业的自利性、激

励不相容及信息不对称等现象的存在,企业并不愿意主动与学校开展各种形式的合作[9]。因此,作为创业教育主体的高校应主动改善与企业间的合作机制,寻求与企业间的利益共同点,以此提升企业对于合作开展创业教育的信心,从而吸引企业加入到创业教育的建设当中。

由前述结果可知,从整体上看,国内高校在开展创业教育的过程中存在着各单位之间协调不足的状况。事实上,尽管创业教育已经存在并开展了几十年,但在开展的过程中过度局限于商学院的弊端依然未得到很好的解决。有研究表明,尽管学校已经建立起成熟的校企合作创业教育平台,学校中多数学生和教职工仍然不知道这类平台的存在[10]。创业教育过度局限于商学院的负面影响之一就是限制了技术的有效流动,而高校协助企业进行技术创新又是吸引企业与学校开展合作的重要因素之一[11]。因此,高校应完善校内各单位之间的协作机制,以此确保各类创新活动的开展,从而吸引企业参与到创业教育的合作当中。

其次,前述结果还表明,从整体上看,国内高校的学校类型及所在地区在创业教育校企合作的各个维度上均未体现出显著性的差异,这意味着在通过校企合作开展创业教育的过程中,多数高校可能未能充分利用其自身资源和所在地区的优势资源来促进自身校企合作开展创业教育活动的进行,这一结果与田贤鹏[12]的观点一致。有研究表明,企业的类型会对其选择高校作为创新资源的决策产生影响。当企业对创新性战略的态度较为积极,并在研发项目上有较高的投入时,企业更容易选择高校作为其创新资源的来源并与其开展合作[13]。因此,高校应该充分应用自身的资源优势和地缘优势,与地方优势产业和特色产业、技术创新导向企业建立联系,从而吸引企业参与到创业教育的合作当中。

总结上述观点,本文提出用于提升企业信心,吸引企业参与创业教育合作的方式:高校应将创新作为与企业开展合作的利益共同点,以推动企业创新能力的提升为己任,创造出鼓励创新的合作机制,如加大创业教育在学校内的普及程度,吸引具备技术和创业意愿的人才参与其中,从而吸引企业关注并加入创业教育校企合作实践。

3.多主体共同参与减少校企合作中出现的困难

如前所述,由于教育资源的正外部性、企业的自利性、激励不相容及信息不对称等现象的存在,企业并不愿意主动与学校开展各种形式的合作。因此仅靠高校并不能独立保障创业教育校企合作的顺利开展,因此创业教育校企合作还需要其他主体的支持。

由前述结果可知,国内现有的基于校企合作的高校创业教育存在的问题还包括企业由于技术和理念问题导致部分校企合作的程度需要进一步地提升,高校和企业之间在合作理念、利益共同点(学校的教书育人与企业的盈利之间的冲突)等方面还未能达成一致等。简单来说,就是在政策与资源支持、合作观念以及技术等方面存在的困难会阻碍校企合作开展创业教育实践的进行。

为了解决上述问题,在开展创业教育校企合作的过程当中,可以考虑引入政府与现代教育技术手段来应对政策与资源、合作理念以及技术方面上的问题。

政府对基于校企合作的创业教育体系的影响主要体现在三个方面:首先,政府应通过宏观调控等方式,通过各种政策扶持参与创业教育校企合作的企业,引导企业参与到创业教育校企合作当中;其次,政府应为基于校企合作的创业教育体系提供法律法规、政策及资金上的支撑,使得企业能够免除后顾之忧,积极地与学校开展合作,以此来提升自身的创新水平和市场竞争力;最后,政府部门应该努力营造优良的创新创业环境,建立起鼓励创新和创业的文化氛围,从而提升企业主动寻求创新创业的意识和精神,以此来促进企业与学校之间的合作。

在开展创业教育校企合作的过程中,为了实现创业教育理念与技术间的有效融合,建立完善的创业教育课程培养体系,有必要在掌握创业教育理念的高校和掌握技术的企业之间建立起联系的桥梁,而现代教育技术就是能够很好地弥补这一缺陷的手段。有研究表明,现代教育技术的发展对于创新创业人才的培养具有积极的作用[14]。由于教育技术的实践者能够在运用教育理论的基础上通过技术实现教育理论的应用,因此是实现创业教育与技术支持,建立完善的创业教育课程培养体系的最佳选择之一。因此,高校和企业在合作开展创业教育的过程中如果遇到创业教育理念与技术无法融合时,可考虑向本校或外校掌握教育技术的实践者寻求帮助,这样不仅能够更好地解决高校与企业在技术层面上遇到的问题,也是通过协调学校资源更好地开展创业教育的体现。

参考文献

[1]Bird B. J., The Operation of Intentions in Time: The Emergence of the New Venture, *Entrepreneurship Theory and Practice*, 1992, 17(1), pp.11~20; Pittaway L, Rodriguez-Falcon E., Aiyegbayo O., and King, A.., The Role of Entrepreneurship Clubs and Societies in Entrepreneurial Learning, *International Small Business Journal*, 2011, 29(1), pp.37~57.

[2][7][10]Maas G., *Systemic Entrepreneurship: Contemporary Issues and Case Studies*, Palgrave Macmillan, 2015, pp.102, 103, 107.

[3]刘伟、邓志超:《我国大学创新创业教育的现状调查与政策建议》,《教育科学》2014 年第 12 期。

[4]胡正明:《论高职院校创业教育制度环境的优化》,《高等教育研究》2019 年第1 期。

[5]何光耀、黄家庆:《论地方新建本科院校的转型发展——地方本科高校转型发展研究之二》,《广西社会科学》2014 年第 10 期。

[6]国家统计局:《东中西部和东北地区划分方法》,http://www.stats.gov.cn/tjsj/zxfb/201405/t20140527_558611.html,2019 年 11 月。

[8]孙秀丽:《大学生创业实践中的校企合作模式探讨》,《教育发展研究》2011 年第7 期。

[9]曾阳、黄崴:《政府干预职业教育校企合作的限度及其改进》,《现代教育管理》2016 年第 5 期。

[11]Bellucci A,and Pennacchio L.,University Knowledge and Firm Innovation:Evidence from European Countries,*The Journal of Technology Transfer*,2016,41(4):pp.730~752;Petruzzelli A. M.,The Impact of Technological Relatedness,Prior Ties,and Geographical Distance on University-Industry Collaborations:A joint-patent analysis,*Technovation*,2011,31(7):pp.309~319.

[12]田贤鹏:《教育生态理论视域下创新创业教育共同体构建》,《教育发展研究》2016 年第 7 期。

[13]Laursen K.,and Salter A.,Searching High and Low:What Types of Firms Use Universities as A Source of Innovation?,*Research Policy*,2004,33(8):pp.1201~1215.

[14]印伟:《创新创业人才培养与教育技术的应用》,《中国高校科技》2018 年第 5 期。

从组织传播视角研究以新工科建设为牵引的航空制造人才实践教学共享平台改革[*]

成炘儒　周　锐　祝青园　王凌云　颜黄苹　李　展[**]

摘要:为适应习近平新时代中国特色社会主义思想对高校人才培养提出的全新要求,厦门大学航空航天学院机电工程系以培养高素质创新型复合人才为目标,在完成基础教学任务的同时,积极探索校企合作的实践教学新模式,与中国航发南方公司、中国航发湖南动力机械研究所等大型企事业单位建立了合作关系,形成以新工科建设为牵引的航空制造人才实践教学共享平台群。但是,在校企协同育人的组织建设与信息沟通过程中,呈现出一系列亟需攻克的难点问题,本文以组织传播学为分析框架,从组织传播的四大要素,即组织结构、组织传播流向、组织传播方式和组织传播信息量的视角来分析、解释问题出现的原因,并以此为切入点,为人才实践教学共享平台的可持续发展提供新思路、补给新办法,进行跨学科探索,有效提升组织内、组织外和组织之间的传播效率,努力构建"一厂、一所、一终端"的实践基地网络,形成"学以致用、服务国家"的新工科人才实践培养体系。

关键词:新工科建设;航空制造人才;实践教学共享平台;组织传播

* 致谢:"面向'两机'专项的高端装备制造技术人才实践教育教学体系建设"(厦门大学教学改革项目,编号 JG20180108)、"激光加工教学共享平台创新训练的教学内容和课程体系改革"(教育部高等教育司 2017 年第二批产学合作协同育人项目,编号 201702120035)。

** 成炘儒,山西晋中人,厦门大学经济学院储备辅导员、新闻传播学院传播学系硕士研究生;周锐,湖北仙桃人,厦门大学航空航天学院高级工程师;祝青园,湖北当阳人,厦门大学航空航天学院教授;王凌云,四川通江人,厦门大学航空航天学院副教授;颜黄苹,福建漳州人,厦门大学航空航天学院助理教授;李展,黑龙江哈尔滨人,厦门大学新闻传播学院传播学系副教授。

一、改革意义与思路

当前,我国为主动应对新一轮科技革命与产业变革,支撑服务创新驱动发展、"中国制造 2025"等一系列国家战略,教育部积极推进新工科建设,发布了《关于开展新工科研究与实践的通知》《关于推进新工科研究与实践项目的通知》。相对于传统的工科人才,未来新兴产业和新经济需要的是实践能力强、创新能力强、具备国际竞争力的高素质复合型新工科人才,这就要求培养的工科人才必须具备更高的创新能力和跨界整合的能力,也必然要求在培养过程实现课程体系的继承与创新、学科的交叉与融合、实践基地建设的协同与共享等,因此,以航空制造人才需求为牵引,以机械工程学科为核心,融合仪器科学、控制工程和航空工程等交叉学科优势,与行业企业广泛合作,开展面向行业的跨学科式的复合交叉型"新工科"人才培养,构建实践教育功能平台共享和知识传播质量保障体系,实现实践能力和创新能力的培养,有助于多学科在以航空产业中先进制造任务为牵引的导向下优势互补,形成支撑航空业产品制造和售后服务保障的学科交叉支撑布局,有效服务于我省先进制造产业,并为厦门市"一站式"航空维修基地的产业规划提供人才储备。

机械设计制造及其自动化专业包含了机械设计、机械制造和自动化三方面的专业知识与研究内容,在学校的支持和指导下,机械工程学科的主要载体航空航天学院机电工程系提出工程训练类课程体系的创新教学改革,加大对设备经费的投入的同时,加强与行业的对接,在实践课环节(生产实习、课程设计、毕业设计等)增强工程应用元素,旨在建设:一是校企双方在产学合作模式下,通过科研成果丰富教学内容、科研项目驱动创新项目、科研平台拓展创新实验、科研思想改革教学方法等方式,构建"多层次、模块化、开放型"创新创业指导课程体系;二是校企双方深度融合,以实施教育部高教司组织的企业与高校"产学合作协同育人项目"工作为指导,以制造技术发展前沿及人才培养需求为切入点,构建具有可示范性、可推广性的"专业与产业结合、教学与就业融合、科研与教学共进、育人与用人双赢"的产学合作的全新协同育人模式。通过实践教学环节中的功能模块平台共享,打破组织建制壁垒,培养符合新工科建设要求的高素质、复合型工程技术和管理人才。

厦门大学航空航天学院机电工程系作为典型的组织类型之一,有明确的组织架构、组织层级和组织目标,在人才培养的过程中,不仅依靠本组织内部系统和优势进行制造业创新人才培育,而且积极主动寻求校外资源,与中国航发等多家企业建立合作关系、形成紧密联系,实现组织与组织之间(组织外部系统)的互动,正如美国传播学者埃弗雷特·罗杰斯(Everett M.Rogers)所定义的"发生在组织内、组织间,以及组织与其环境间的传播"是为组织传播[1]。国内学者魏永征认为,组织传播即"某个组织凭借组织和系统的力量所进行的有领导有秩序有目的的信息传播活动"[2]31。可见,组织传播已经呈现在本专业航空制造人才实践教学环节中,它具有鲜明的系统性、秩序性、层级性以及目的性,其实质是进行有效的信息传播活动。航空航天学院机械设计制造及其自动化专业与校外企业积极合作,以新工科创新人才培养为共同目标,致力于打造产学研一体化的协同育人平台,在深度融合中构建了新型组织架构,同样具备组织架构、组织层级和组织目标,这就促使我们不仅关注学科所在院系这一层面的组织运作,同时,以更为广阔的视角研究校企合作深度育人构建的新组织体。

校企合作是育人的新模式,被大力倡导和鼓励,但是,在具体的育人实践中,存在诸多问题和难点。例如,航空制造企业因历史原因多位于内陆腹地,在生产实习教学环节,本校与企业双方的教学组成员因工作地点限制,存在空间距离且保密要求较高,可能造成交流不畅、任务推进不及时;即便双方能及时沟通,也较难实现面对面洽谈,传播方式更多呈现为以计算机媒介为载体的互动,如微信、QQ 或邮件,传播方式的差异会一定程度影响信息传播效率;再如,因双方长期处于不同的工作系统中,已经形成一系列专业化的思考模式和行为特征,学院专业教师对于如何教学、如何与学生沟通,更为擅长,企业工作者在这方面相对经验欠缺,育人理念也存在差别,因此,双方会经历一段磨合期,磨合期的表现为:对学生培养模式想法各异、对目标的认同感不够、任务实施时投入的时间精力有差别等。

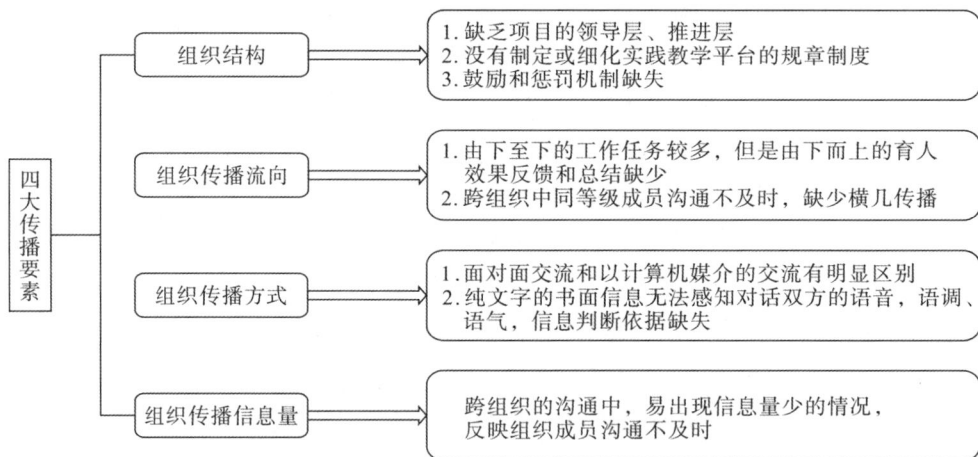

图1　四大组织传播要素在实践教学平台中对应存在的问题

这些问题的出现,从组织传播的角度来看,可以归纳为几点:一是组织结构的问题,缺乏项目的领导层、推进层,没有制定或细化实践教学平台的规章制度,鼓励和惩罚机制缺失;二是组织传播流向的问题,由上至下的工作任务布置较多,但是由下而上的育人效果反馈和总结较少,或跨组织中同等级成员沟通不及时,缺少横向的传播;三是组织传播方式的问题,面对面交流和以计算机为媒介的交流有明显区别,纯文字的书面信息尽管有准确性、精练性、可保留的特征,但是无法感知对话双方的语音、语调、语气,缺少了许多对信息加以判断的依据;四是组织传播信息量的问题,跨组织的沟通中,很容易出现信息量少或信息不对称的情况,说明组织成员沟通不及时,影响组织目标的最终实现和组织利益的长远发展(如图1)。因此,本文试图从组织传播视角探讨航空制造人才实践教学共享平台的发展和改革建议。

二、改革的理论基础和要素构成

20世纪50年代,组织传播的概念出现于西方世界,80年代后期,相关研究被引入中国大陆。组织传播的萌芽与19世纪初的工业革命息息相关,机械制造和大工厂时代的来临,让工厂管理者思考,如何有效组织工人进行高效的生产运动,并获得最大程度的利益,因此,与工厂管理相关的组织传播研究萌发了。后来,组织传播借助社会学、心理学、管理学、人类学、政治学、新闻学等学科基础和背景在诸多领域发展。[3]

对组织传播的发展产生较大影响的学派有四类:古典学派、人际关系学派、行为科学学派和批判学派,它们对组织传播理论的发展提供了理论的源头和现实的考量。在此基础上逐渐形成了五种主要的组织传播理论。

第一,古典组织传播理论突出了组织标准化、专业化和可预测性的特点,追求工作效率的提高,一切向结果和效益看齐,同时,该学派认为传播与沟通的存在是为了通过纵向的、正规的渠道推进领导者对组织的指挥和控制[4]26,但忽视了组织中成员的情感需要和自我满足。我校机械设计制造及其自动化专业经历了不同的发展阶段,基本已经具备标准化的组织结构,无论是教学科研的组织架构,还是辅助教学发展的综合类实践平台,都有一流的师资团队进行专业化的施教。在教学过程中,为提升教师投入教学的热情,调动学生科研的积极性,学校和学院在组织架构中明确制定结果导向型的相关制度,例如,鼓励教师在核心期刊发表论文,年度考核中体现加分工作量项等;学生若有突出的学术成果,在学年评奖评优中会有明显的积分效应,有极大的优势获得奖学金,诸如此类的案例皆可说明学校工科类院系在追求工作效率方面投入的力量,但是一定程度上忽视了师生在组织运作中的情感需要,很多教师会逐渐认为自己越来越像"发文章的机器",将本身有意义的教学科研工作变成了急功近利地向"成果看齐",人与人之间的关系变得淡漠,缺失组织的人文关怀。

第二,人际关系组织传播理论重视组织中人的行为的动因,关注组织中的人际传播、纵横交错的传播流向等非正式传播[5]。人际关系的组织传播理论,顾名思义,更加关注组织中人与人关系的交互、矛盾、合作等问题,即组织中存在哪些形式的人际沟通?何种形式更为有效?人们出于怎样的动机与他人互动?在机械设计制造及其自动化专业建设和发展过程中,人际关系的交互普遍存在,按照组织内部的层级结构,既有由上而下的下行传播,由下至上的上行传播,还有同等级间的横向传播;按照信息传播的形式和内容,可分为正式传播,即通过会议、文件、通知等形式的正式传播和非正式传播,即师生之间以交流、互动等形式进行信息传达与交流,无论是正式还是非正式的传播形式,目的都是完成组织任务、达到组织目标。例如,本专业已按惯例于2019年5月23日召开2016级专业生产实习动员大会、2018 年 12 月 25 日召开 2015 级本科生毕业论文(设计)动员大会等实践教学环节的工作布置会,是一种正式传播,即由上级向下级在特定场景下、以正式化的语言传达本学年的教学任务、教学要求、教学宗旨和教学精神;会议结束后,教学导师组老师们在下班的班车上,就感兴趣的某一点会议精神交流探讨,不限时间、场景、交流对象,也没有交谈语言的要求,即是一种非正式传播。正是因为有极少的限制,所以在组织中,非正式传播要远远多于正式传播,非正式传播一定程度上满足了组织成员的情感交流、宣泄或认同,是正式传播的重要补充。

第三,系统组织传播理论关注组织的有序运行,组织不是独立自主的机器,而是必须与外部环境发生互动的有机体。组织内部、组织与组织之间、组织外部是存在多个系统的,不同系统要彼此开放,才能允许信息进行充分交流和反馈[6]。相较于其他理论,这一理论以独特的视角观察到组织的开放性、共生性,信息的交流不能只停留在组织内部,为了提升工作效率、实现组织目标,组织要有意识地与外界发生联系,这种联系可以是短暂的、非正式的,也可以是长期的、组织化的。目前,本专业与航空制造业大型企业的校企合作就是一种组织与组织之间的信息交流过程,我们正在探索与中国航发南方公司、湖南动力机械研究所等企业共建支撑产品服务保障技术的实践教学共享平台,这是以一种"组织再建构"的形式共同完成新工科人才培养的目标。

第四,人本组织传播理论,以"人"为研究主体,突出主体人的行为,将其作为组织传播的缘起和最终目标。该理论围绕工作创新展开,激发人们长久的冲动和热情,使人们认识到自身的内在价值。组织由一个个人构成,个体为了实现共同的目标聚集在一起,形成群体、团队,因此,人是组织的基本要素,人的行为、动因是组织传播的缘起与目标。机械设计制造及其自动化专业也是由普通的个体组成,在院系实践教学组织中,为了调动教师投入实践教学的积极性,设立了奖励机制,以组织的形式召开研讨会,引进企业中从事产品型号开发与管理的高层次企业导师(如型号总师等),激发思维碰撞、促进实践教学方法与企业人才需求的交流,长此循环,保持师资队伍和企业导师的长久热情。

第五,文化组织传播理论强调了传播的过程也是组织文化形成与发展的过程。在组织发展过程中,会形成三个层次的文化:组织的外在文化(组织环境、仪式等)、组织的内在文化(核心价值观)和文化假说,即组织成员在处理内外部环境问题中不断得到强化的、对于世界和人类关系的总体看法[7]。组织文化的构建并非一日之功,起初,个体为了达成目标草拟构建的组织运行框架只是推动组织运行的基础,在长期的发展中,组织文化经由组织的策划、人与人之间的传播而逐渐形成、细化。例如,我校航空航天学院也将"空天报国"的志向在实际行动中发扬光大,海洋与地球学院发展形成了"同舟共济"的内部价值观,经济学院师生胸怀"经世济邦"的使命,新闻与传播学院共享"新闻一家、传播天下"的集体理念等。同时,与企业合作的实践教学过程中,企业的文化也会逐渐渗透交融,深入学子心中,如中国航发"动力强军"的铸芯文化,激励莘莘学子航空报国的情怀,这些内在文化使组织中的个体获得归属感,在一遍遍强化的过程中,对组织文化产生认同感和使命感。我院成立的实践教学共享平台是学院大的组织中统揽的重要部分,在成立之初和发展过程中也形成自身的外在文化和内在文化,并在未来实施中与外部文化交织融合,以文化升级反哺组织发展,强化个体的组织意识,让个体更好地为组织愿景奉献和服务。

以上五种基础理论从不同角度探讨了本专业实践教学过程中组织传播的典型特征,构建了组织传播的基本框架。组织的构建是为了共同目标的实现,促进本专业校内外实践导师在教学共享平台上的知识传播中实现意志的传达、情绪的调动、行为的落实和结果的反馈,这就涉及组织结构、组织传播流向、组织传播方式和组织传播信息量的问题。这四大因素是影响组织运作中信息传播效率的关键要素,也是解决沟通障碍的重要因子,影响信息的高效传播和组织意志的实现,同时,它们与五大组织传播理论息息相关(如图2)。

下面,我们将就这四大因素做简要阐述。

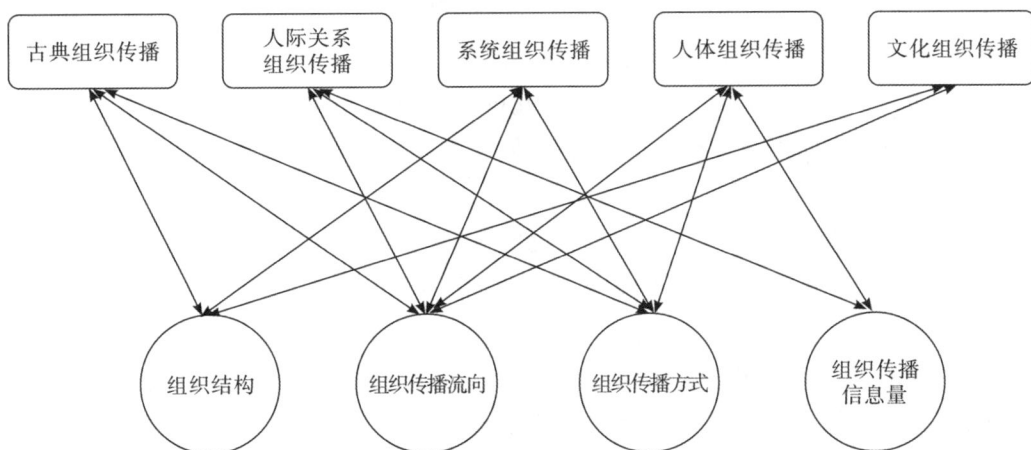

图2　五大组织传播理论与四个组织传播要素之间的互联关系

第一,组织结构。组织结构的规模越大,节点越多,就越难创建有效的组织传播体系[8]34。相对精简、扁平化的组织结构有利于信息的有效沟通。古典组织传播理论追求组织的标准化和专业化,在组织结构上,一定程度体现为层级特征突出、职责鲜明,专人做专事;系统组织传播理论关注系统内外部的互动关系,在组织外部互动中,可能形成新的组织结构,就像本专业现有的实践教学共享平台,即机电工程系与校外企业(例如中国航发)两两组织之间的合作,构筑了新型组织结构;文化组织传播理论中的外在文化也体现了组织结构这一要素,组织仪式具有层级导向性,例如,组织中文件的起草、修改、形成、传达都是由特定的节点上的人完成的,不是每个人都能参与这项工作,这是组织仪式感的一种体现。

第二,组织传播流向。组织的传播渠道分为上行传播、下行传播、横向传播和斜向传播(也称交叉传播)[9]。在组织中,较为常见的是下行传播和横向传播,下行传播即信息在组织中由上级向下级传播,包括任务指令、工作规定、组织愿景等;横向传播是指信息在相同等级的人群中传播,可以是个人对个人的、个人对群体的,或群体对群体的。横向传播不易产生曲解,因为同层级的人员之间所处的组织环境基本相同,且多为协调性质的工作。斜向传播,是指不同部门、不同层级的单位或人员进行传播,在组织等级结构中传播者处于高低不等的"阶梯"。斜向传播是组织中比较灵活的传播方式,只要不违反组织传播的规章制度,是有利于提高办事效率的[10]。传播流向和五种经典的组织传播理论都有关联:古典组织传播的标准化体现为信息传播有明确流向,下行传播,组织领导者发布指令,下级实施和完成,但是因缺少上行的反馈,施教者难以了解到学生的情感需求,对效率的追逐丢失了人性化的温暖;人际关系传播理论本身就是探讨组织中人际互动的问题,互动无非分为四种形式,也就是传播流向的四种形态,这促进了人际关系的和谐,也可能加速人际关系的恶化;系统传播理论不仅关注组织内部传播流向的问题,也关注组织外部传播流向,更多实现了不同组织间同等级人员(比如学生互相之间)的工作协调和配合;人本组织传播理论以"人"为主体去探究人为的信息流通导向,即向上的信息反馈、向下的信息传达和同等级间的信息交流,偶尔也会出现斜向传播;文化组织传播理论同样涉及传播流向,组织成员在传播中强化对组织文化的认同感和归属感,方式有多种,例如通过开动员会或者例会传达组织精神,即下行传播;学生积极奋进的事迹被写入新闻,大家互相传阅,受到鼓舞,即为横向传播,等等。

第三,组织传播方式。组织中,信息传播方式分为书面传播和口头传播,二者均可借助电子媒介进行。书面传播无论是纸媒或是电子媒介,都是相对冰冷无感情的;口头传播如果是面对面传播,可以使受传者通过感知传递者的表情、语气、音调对信息的重要性、紧急性加以判断,提升信息获取效率。这就产生"非人格化现象",即信息传递中,若是缺乏面对面的传播,光靠语言符号传播,将使得人们难以把握信息的度。组织传播是一个相互影响的过程,强调反馈的重要性[11]121,因此,组织信息的传递要尽量做到"内容和情绪同时到场"。当代信息媒介的发展,大大促进了信息交流的手段,缩短了交际的时空距离,目前,高校组织间进行的传播,通常都会涉及书面传播和口头传播。以师生互动为例,二者既可以通过电子邮件推动论文进度,也可以在办公室面对面交流近期课题遇到的阻碍。传播方式见诸五种经典组织传播理论,任何组织中,只要涉及人与人之间的信息传播,就不可避免会受到传播方式的影响。

第四,组织传播的信息量。在这里要提到一个概念——"沟通负荷",指组织传播的信息总量,强调了组织传播信息量的适当和稳定。即使是正常时期的组织传播,也并非信息量越多越好,信息量的膨胀和匮乏都会对组织传播产生不利影响[6]31。涉及人际关系和人本组织传播中,信息量尤为重要,每个节点的个体都是信息的接收者和传播者,对各方传播而来的信息量会有一个"敏感点",一旦信息量超出个体所能承受的范围,就会造成"沟通负荷",势必会对部分信息的处理反馈不那么及时高效。当然,极少的信息量也不利于构建健康的组织传播,没有信息可以传播,人与人之间的互动自然会减少,组织关系会呈现疏离的状态[12]。

三、改革难点与创新点

本团队部分成员在 2013 年对大类人才培养模式下机械学科的课程体系改革进行了意见阐述,梳理了本专业的课程内涵及其课程组成要素,并且明确了本专业的理论基础课程、专业基础课程和方向性专业课之间的承接关系,按照《普通高等学校本科专业目录》的设置,本专业的发展方向是进一步将机、光、电结合以及机械和控制等方面的一体化,设计、发明和研制具有"智能化"和"微型化"的功能性产品[13]。目前,本学科已经将智能制造和微纳制造列入优先发展方向,是厦门大学双一流建设重点支持方向,建立了符合国际工程认证要求的课程体系,获批通过了工程教育认证。在此基础之上,我们在实践课环节(生产实习、课程设计、毕业设计等)增强"智能制造"和"微纳制造"的工程元素,采取分步实施、模块化建设的方式,建立了激光应用、金工、电工、力学实验、计算机应用以及制图测绘等实践教学共享功能平台模块(如图3)。以激光应用模块为例,在实验室建设专项资金和中央修购计划专项经费的支持下,2015 年我院购置 3 台教学型激光加工设备,2016 年我院建立 3D 打印创新(创意)实践平台,购置 10 台 3D 打印设备。我院开始着手激光应用实验项目群的建设,开展激光测试、加工及 3D 打印的教学及创新实践活动。目前,我院已有的及未来计划购置的多台激光设备将为构建多元化的激光应用课程体系和实施"产学合作协同育人项目"提供有力的支持。同时,我院有一支由教师及工程技术人员组成的,长期从事激光应用教学与科研工作的师资队伍,在激光应用实践项目开发与创新创业训练等方面具有较为丰富的实践经验,支撑共享平台创新训练的教学内容设计和课程体系改革的软硬件条件总体情况良好。

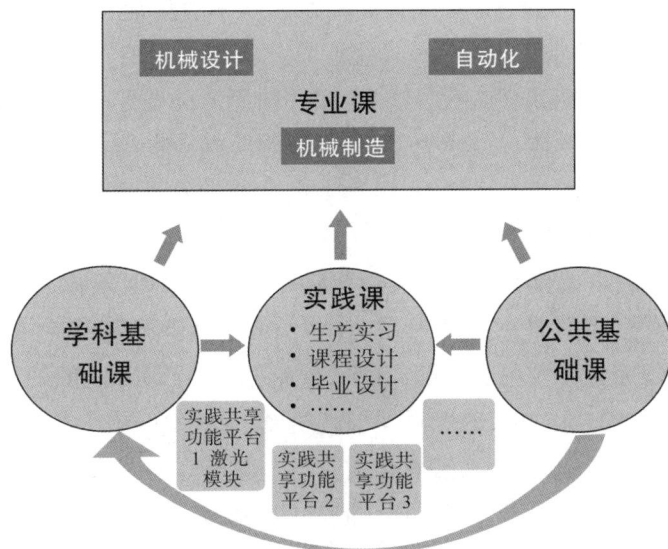

图 3　机械设计制造及其自动化专业课程体系构成要素的相互关系及其实践教学共享平台群

围绕激光应用实践教学平台模块,以企业需求为导向,例如中国航发服务保障体系建设的技术开发与人才培养,分解出产品的保障技术内容和管理标准内涵,并以此为依据构建实践教学课题的选题库。在保障技术方面,以航空发动机产品试验为例,可分解为性能试验(进气质量、风扇/压气机、燃烧室、涡轮、排气装置、控制系统、燃油/点火、传动/滑油、防火、二动力、地面性能、模拟高空等)、通用性试验(压气机稳定性、起动和再起动、推力瞬变、进气道/发动机/尾喷管适配等)、耐久性试验(持久、结构、包容性、加速任务)、环境试验(大气环境如冷启动和防冰,吞咽如吞鸟、吞沙和吞冰块、噪声以及排气发散等)、飞行试验(飞行试验台试验、原型机飞行试验等),通过调研文献和技术资料,梳理出激光技术在产品保障技术中的应用,为实践教学内容的优化提供素材。此外,在管理标准内涵方面,引导学生在实践教学中从体系标准角度思考问题,例如技术资料标准(编制标准、管理标准、质量标准、验证标准、交付标准)、培训标准(通用标准、教材标准、管理标准、实施标准、培训大纲、培训资料)、维修思想、决断逻辑和分析程序、维修大纲、计划文件、维修手册、维修性设计准则、维修性指标分配方法、维修性并行设计技术、保障性大纲、保障性设计准则、数据管理有关的资料与标准、健康管理系统、销售模式、保障模式和费用概算等,培养真正符合实际工作需要的复合型工程技术管理人才。

虽然已经有计划地对开展实践的内容有所聚焦(如激光领域),但由于航空制造业产品的技术保障体系较为复杂,因此在布置实践课题过程中,存在着部分学生反馈内容太多、过于复杂,无法有效抓住实践学习的核心要素。出现的主要难点:一是跨组织沟通成本高,收益未知。行业保密程度较高,企业需求的挖掘需要一定的沟通成本。二是从传播流向来看,任务和目标要实现全覆盖。组织结构的第一要素是"复杂性",简单来说,指组织结构要具备深度、广度和扩展度,以使得一个组织区别于其他组织[14]45。但是,就目前而言,因组织制度化建设不完善,没有明确实践教学平台实施的目标,特别是下行传播(学院面向学生)和斜向传播(学院和校外企业)中,没有把组织目标渗透到组织的各个层级,激发学生群体的主动性和创造性,缺少组织共同愿景的描绘和激励,例如召开项目动员会,让组织目标的受众群体——学生,充分了解学院构建的实践教学平台在专业化、师资化、协同化等方面配备的集合力量,吸引学生主动参与平台教学的过程。三是急需进行质量保障体系和评价制度的建设。在组织运作中,上行传播具有一定难度,因此,这种传播流向并不常见,这就要求组织成员要有包容胸怀和远见卓识,对他人和某些群体提出的批评和意见有则改之、无则加勉,更重要的是,组织要建立常态化、制度化的工科专业实践教学质量保障体系,完善高校内部教师、院系、企业、企业导师等之间的良性协同,以及建立高校内部和外部相结合的实践教学质量监控机制,完善实践教学基本制度建设,文件化质量标准,规范化质量责任,实现实践教学质量的科学管理和控制,对保证实践教学质量有决定性意义,是应对人才培养模式多样化趋势的迫切需求,也是本项目建设难点。四是关注组织信息传播方式,加强导师、学生面对面交流。无论是高校专任教师,还是校外企业导师,都存在与学生见面少、互动难的问题,即便有交流,也多表现为线上书面交流。导师和学生的沟通既可以看作是组织中两个层级的对话,也可以理解为一对一、一对多的人际传播。在实践教学平台育人过程中,导师要更多采用面对面的沟通方式,增强师生双方的理解,建立合作互信的互动关系,让教育引领入脑入心。

此外,组织由无数个体组合而成,个体因共同的任务和目标集聚,依靠互动(接受讯息—行动—反馈讯息)推进组织意志的达成。个体组合形成群体、团队,因此,群体工作是组织传播最为重要的理论和实践领域之一[15]194。现实生活中,人们会选择建立相互依存的合作关系,群体机能正是在相互依存中得以实现[16]。但在实践教学中,由于学生之间的差异,组织中的群体互动会有积极和消极两个方面。消极的群体互动表现为对抗性互动,较为常见的是一种"搭便车"式的负协同效应。当群体在一起完成一件事情时,个人于其中所付出的努力要比单独完成时偏少,这一现象在社会心理学上被称为"社会惰化"。究其原因有三点:一是协调性丧失:工作协调难度的增大导致成员间无法实现通力合作;二是动机性丧失,群体工作中,个体的动机较低,使得个体工作投入和贡献量减少;三是群体责任的扩散,群体活动的成果不能归结为某个人的作用,个体投入和群体产出之间的关系变得模糊,当个体认为自己的贡献无法衡量时,群体的效率就会降低[15]198,也会造成导师团队在教学平台中积极性、创造性较低。

由此可见,通过组织传播理论的分析,找准问题,能有效提升师生在该具体平台模块的实践教学和学习效果,本团队通过探索总结出了如下方法:一是组织任务和组织目标制度化:将实习任务的分解流程形成制度,由行业和学校共同来建设与生产制造融会贯通的教学体系,开展课题研究式的实践教学,将企业技术攻关课题和大学教师课题研究相结合,形成以课题任务为导引的教学改革,增强组织成员对组织的归属感和认同感,有利于组织成员同心同德促进目标的实现[17]。二是组织层级精简化,减少信息的过滤和曲解:一方面由学校导师提供基础理论概述(如激光原理等),另一方面由企业导师提供工程背景介绍,打通实践教学合作双方的组织管理,建立校内外导师业务对接的直接方式。三是合理控制组织传播的信息量,避免造成"沟通负荷":在模式上将形成柔性时间的实习任务安排,可以根据企业的需要和课题分解的程度,柔性地安排学生实践实习的时间和长度,允许学生在实习环节上有一定的自由选择度,既能更好地满足行业当下的需求,又可以根据学生学习的进展情况来进行分类管理。四是完善组织内容,以鼓励机制调动积极性:在传统经济报酬和物质奖励之外,建立和培育人际型组织传播的激励措施,通过影响组织内人际关系,调节成员心理契约,从而将组织与员工的关系从简单的雇佣关系推进到情感和归属的领域[18]。将实践教学与科研合作高度结合,以实践实习为桥梁,挖掘潜在的科研课题,调动大学教师、企业工程师、实习学生的共同积极性,除了在实践教学中有方向性地培养人才外,还能形成科研成果的新转化力。

在这样的机制要求下,本专业的实践教学共享平台呈现出一定的特色与创新点:一是建设起专业的激光教学资源库,与企业合作开设一批与激光加工相关的理论课程,如"激光原理及应用""激光加工技术""激光加工设备"等,同时开设一批面向大学生创新创业的指导课程,如"激光加工综合实验""激光微纳加工创新训练""创意激光加工""创意3D打印"以及"科研项目驱动的激光加工"等,彰显校企深度融合的产学合作优势,具有资源多元化及共享、体现产业技术发展前沿的特色。资源库以激光技术为主线,包括课程教学视频、影音资料、试题库、企业技术资料、虚拟实验室以及共享课程网络学习资源等,呈现多元化特征,实现线上资源库的使用与线下教学的互动。二是校企合作建设开放型激光实训平台,设置多层次模块化的实践教学内容(验证性、设计性、综合性与创新性实验),增强学生的创业意识、创新精神和创造能力。三是校企合作加大区域服务与示范能力,拓展地方人才培养和科研协同服务,加大区域示范能力,提供产学合作协同育人影响力,实现校企双赢。

四、改革任务和主要举措

从组织传播的角度来看,本专业实践教学共享平台的运行策略,我们试图从组织结构、组织传播流向、组织传播方式和组织传播的信息量四个维度去探讨实践教学平台在未来建设中的改革任务和主要举措。组织传播的根本目的是让信息在组织内外部更好地流通,积极调动各个传播节点(人)的积极性,指导组织以标准化、理想化的状态向前发展。

组织结构既要有层级性,有力推动组织意志的传达和组织任务的完成,也要避免因结构繁杂造成的信息过滤和曲解现象;组织传播流向基本遍布各类组织形式,每种流向有其优缺点,在实践教学平台的建设中,要更多关注横向和斜向传播,紧密联系校企双方,加强两个系统成员的沟通交流;组织传播方式实质是探讨人际传播方式,在当今信息技术快速发展、手机媒介通讯日益普及的情况下,人们不可避免将工作、生活等交流放置在媒介平台上,但是,高校育人工作不能简化为一个屏幕和一堆冰冷的文字,想要调动学生科研积极性,首要应当解决的是思想层面的认识问题,在工程专业的实践教学中,促膝交谈的人际传播方式也是必不可少的;组织信息传播量也要拿捏好度,实践教学平台本身是校企双方常规工作之外的重要补充,组织中成员工作强度高、压力大已经是行业普遍认知,因此,在实践教学平台的发展中,切不可贪多,但要有重点,也不可过于疏简,缺乏促进个体间交流的必要推动力。就此,我们认为,未来的改革任务和举措可以从以下几个方面展开。

改革的任务主要分三个方面:一是围绕行业需求优化改进基础课程教学体系和内容:根据国家重大专项需求,在优化改进基础课程教学体系和内容的基础上,进一步发挥学院机械、仪器、控制和航空等交叉学科优势,邀请相关专业教师有针对性地开设讲座,使得学生能在掌握必要基础知识的前提下,参与生产制造和服务保障实践工作,试点开展"项目伴随"式的实习,形成对工程任务的全过程学习。二是围绕工程任务来分解微观课题,形成实践内容:参观体验式实践与课题研究式实践相结合,改变目前学生实习中由于各种限制所导致的纯参观体验式实践教学模式,结合企业的技术需求,建立宏观认识下的微观课题导向体系,设立本科生科研导师,使得学生实质性地参与企业的工程设计实践,利用我校相关的科研实验室和虚拟仿真平台资源,以学生参与为桥梁,促进对企业有价值的科研成果转化,同时改变企业对高校传统实习模式的理解,使得在读大学生的创造力也转化为智能制造业的一支生力军。三是建立质量保障体系和评价制度。实践教学体系是由实践教学活动中各个要素构成的有机联系的总体。在进行相应基础性课程内容更新、项目伴随式实践的基础上,进一步构建实践教学环节设计、实践教学师资队伍、实践教学条件建设及实践教学管理等质量保障体系;建立起以学生创新能力和实践能力为主要依据的评价制度,并不断优化和改进。

围绕上述任务,主要的改革举措包括:一是实习任务与教学体系制度化:本学科刚经历了工程教育认证的全过程,优化了本学科的新工科人才培养体系,设立与生产实习相协调的课程,为学生实习打下坚实的知识体系基础。同时,突破单次体验式实习的局限,近期又根据校企合作的需求,与中国航发南方公司等合作设立不同时间长短和形式多样化的实践模式,目前在欧美、新加坡等发达国家的工程本科教育中,有要求本科生在企业实习半年、实习时间可灵活规划的培养环节,有针对性地制定符合航空制造人才培养的制度和模式。二是生产任务与实践教学协同化:根据企业产品的售后维修和服务保障体系建设要求,涉及外场排故、返场大修以及用户培训等各业务领域,可以在教学过程中与实践企业充分协同,设计与航空产品生产与维修过程中所需的柔性生产线、保障工具工装技术开发等相关课题,组织和鼓励学生主持和参与课题研究,在这个过程中进一步深入了解航空制造业的集成性、复杂性,做到产业与教学协同的常态化,由校企联合组成的导师组来辅导学生团队的课题研究。三是教学任务与科研任务一体化:基于所承建的福建省精密制造业技术开发基地、航空航天教育培训中心等机构,以实践教学为切入点,通过实习与教学挖掘和验证科研成果的转化能力,建立有效的激励机制,在实践教学中形成教师、工程技术人员和学生共同的成就感、责任感和使命感。

五、总结

组织传播学在探讨团队决策时,大多认为团队中每个参与者具有一致的偏好和身份。实际上,在真实的团队运作中,每个个体的身份、想法、喜好可能各不相同,只有消除不一致性,才能最大程度凝聚共识,在相异化的个体间建立合作关系。基于组织传播理论的分析,组织领导者通过制度、评价体系培养成员的责任感、使命感,提升彼此的信任、忠诚等品质,营造积极向上、奋发图强的团队氛围[15],对新工科建设中的实践教学平台共享具有重要的改革启示意义。目前,在国家重大专项(如"两机"专项)的战略牵引下,充分利用厦门大学和航空制造行业领军企业(如中国航发)的紧密合作机遇,以企业需求为主导,基于我校机械设计制造及其自动化专业与大型航空制造国企(如中国航发南方公司、中国航发湖南动力机械研究所等)建立的紧密实践教学合作关系,按照航空产品研发体系和生产制造体系的协同规律,顺应我国航空制造业对高级工程技术和管理人才的迫切需求,在已有的实习基地平台上,构建起"一厂、一所、一终端"的实践基地网络,形成"学以致用、服务国家"的新工科人才实践培养体系。

参考文献

[1][美]埃弗雷特·M.罗杰斯著,陈昭郎译:《组织传播》,台湾编译馆1983年版,第10页。

[2]魏永征:《关于组织传播》,《新闻大学》1997年第3期。

[3]胡河宁:《组织传播学的界定及其意义》,《中国人民大学学报》2004年第6期。

[4]胡河宁:《组织传播早期研究中的古典理论学派》,《今传媒》2010年第11期。

[5]胡正荣:《传播学总论》,北京广播学院出版社1997年版。

[6]陈力丹:《组织传播的四种理论》,《东南传播》2016年第2期。

[7]刘双、教军章:《组织传播:洞悉管理的全新视野》,黑龙江人民出版社2000年版,第15～148页。

[8]孔繁俊、胡慧:《组织结构与组织传播探析》,《科技传播》2014年第12期。

[9]陈力丹:《组织的内外传播》,《东南传播》2016年第3期。

[10]张国才:《组织传播理论与事务》,厦门大学出版社2002年版,第26～109页。

[11]程士安、沈恩绍:《数字化时代组织传播理论的解释与重构——以科技进步与传播规律的演进为视角》,《新闻大学》2009年第2期。

[12]徐维艳、罗明亮:《组织有效沟通的障碍分析》,《河南科技大学学报》(社会科学版)2018年第8期。

[13]王凌云、祝青园、卓勇、孙道恒:《大类人才培养模式下机械学科的课程体系改革》,《厦门大学学报》2013年增刊(教学研究专辑)。

[14][美]理查德·H.霍尔,张友星、刘五一、沈勇译:《组织:结构、过程及结果》,上海财经大学出版社2003年版,第45页。

[15]胡河宁:《组织传播学:结构与关系的象征性互动》,北京大学出版社2010年版,第194～211页。

[16][美]Johnson,D. W.,[美]Johnson,Frank P.,谢晓非等译:《集合起来——群体理论与团队技巧》,中国轻工业出版社2008年版,第90页。

[17]陈力丹:《组织传播中的人》,《东南传播》2016年第4期。

[18]王慧敏、陈政男:《人际传播型组织传播的激励作用:一个心理契约的视角》,《新闻界》2018年第4期。

医学检验技术专业创新创业教育改革与实践[*]

安　然　葛胜祥　张忠英　许荣均　郑铁生^{**}

摘要：目的：摸索一条具有厦门大学自己特色的医学检验技术专业发展道路。方法：围绕创新创业教育，在培养目标、课程设置、教学体系、课程建设等方面进行深入改革，并制定医学检验技术专业"十三五"建设与发展规划。结果：在创新创业教育中，已初步取得了一定成效。

关键词：医学检验；创新创业；改革；实践

厦门大学公共卫生学院医学检验技术专业 2016 年申报获批为福建省创新创业教育改革试点专业[1]，学院根据自己的科研优势，树立创新创业教育理念，着力打造"新医科"培养体系，在培养目标、课程设置、教学体系、课程建设等方面进行深入改革，制定了医学检验技术专业"十三五"建设与发展规划，实施了医学检验技术专业创新创业教育改革方案，经过 3 年的创新创业改革试点专业建设，已初步显示出自己的办学特色。

一、重塑培养目标

1.培养目标

根据创新创业教育的理念，以及医学检验技术的发展现状和社会对医学检验技术专业人才的需求，在 2016 年 3 月制定的"十三五"医学检验技术专业建设与发展规划中，进一步确定了厦门大学医学检验技术专业的培养目标，即"培养品德高尚、基础扎实，科研思维良好、动手能力强，微观思维与宏观思维相结合，熟悉产业现况与发展趋势，具有创新创业精神，具有国际视野的复合型医学检验人才"。鼓励和支持学生毕业后向高层次发

* 基金项目：福建省本科生创新创业教育改革试点专业项目，闽教高〔2016〕27 号。

** 安然，工程师，硕士，医学检验技术专业教学秘书；葛胜祥，教授，厦门大学公共卫生学院实验医学系副主任；张忠英，厦门大学公共卫生学院实验医学系副主任；许荣均，科员，厦门大学公共卫生学院教学秘书；郑铁生，教授，厦门大学公共卫生学院实验医学系主任。

展的同时,向多领域发展,拓展创业、就业空间。

2.初步成效

在新的教育理念和培养目标下,极大地激发了学生的学习热情,目前,在2013级和2014级两届毕业生中已出现了可喜的多渠道发展就业局面。89名学生中,有36名升学攻读研究生(6名出国深造),占40.5%;有2名学生除以优异的成绩完成了本专业的课程,还分别辅修经济学、司法学第二学位,其中1名学生被我校经济学专业录取攻读研究生;有5名学生录取国家公务员;有4名学生定向西藏就业;有13名学生到上市公司发展;其他(金融、培训、高校院所、创业等)12名;剩余19名学生就业于医院检验科,占21.3%;良好实现预期目标。在第四届中国"互联网+"大学生创新创业大赛获得金奖一项。

二、设置创新课程

1.新课程设置方案

为满足"新医科"从治疗为主到生命健康全周期,培养新型医学检验人才的需求,按照培养目标的要求,大胆提出了培养复合型人才的专业课程设置模块(表1)和专业实验课程设置模块(表2),优化了医学检验技术专业的专业课程设置。

2.新课程设置思路

"临床检验医学"是在临床医学概要学习的基础上,以疾病为主线,将以前各门医学检验专业课程中的检验与临床部分剥离出来,整合成一门独立的课程。作为医学检验与临床医学之间的桥梁学科,有利于教师有条理地讲深讲透,避免了零碎分散、多次重复的问题;有利于提高学生学习兴趣,便于学生系统性学习掌握,连同临床医学概要作为"检验医学"模块。原开设的临床生化检验、临床免疫学检验等各门检验课程,则全部以技术为主线分类开设,并拓展了"体外诊断产业技术"和"临床分子影像检测技术"两门特色检验技术课程,形成了"检验技术"模块。本课程设置的最大特点是设列了"实践创新"模块(如表1所示)。

另外,临床检验仪器学开设的主要功能实际上是各检验技术中的仪器检验部分,结合虚拟仿真技术在实验课中开设(如表2所示)。在专业拓展模块中,临床实验室管理学主要分统计质量控制和行政实验室管理两部分,统计质量控制部分,分别纳入各门检验技术课程;行政实验室管理对本科生来说应属于拓展知识,因此,作为选修课开设;另外,在专业拓展模块中还设置了医学科研设计与论文撰写、生物信息学、SPSS应用、医学实验动物学等实用的选修课(如表1所示)。

表 1　医学检验技术专业课程设置改革方案

课程模块	课程名称	修读形式	总学时
检验医学模块	临床医学概要	必修	48
	临床检验医学	必修	64
检验技术模块	临床血液学检验	必修	84
	临床生物化学检验	必修	80
	临床基础检验	必修	64
	临床免疫学检验	必修	80
	临床微生物学检验	必修	64
	临床分子生物学检验	必修	48
	临床输血学检验	必修	24
	体外诊断产业技术	必修	40
	临床分子影像检测技术	必修	32
实践创新模块	实践/实验技能训练	必修	120 以上
	大学生创新创业训练	必修	不定
专业拓展模块	临床实验室管理学	选修	32
	临床检验仪器学	选修	32
	SPSS 应用	选修	36
	医学科研设计与论文撰写	选修	16
	生物信息学	选修	32
	医学实验动物学	选修	32

表 2　医学检验技术专业实验课程设置改革方案

实验模块	实验课程名称	修读形式	学时（实验＋虚拟）
基础检验与血液学实验模块	临床检验基础	必修	28＋4
	临床输血检验	必修	8
	临床血液学检验	必修	28＋4
微生物和免疫学实验模块	临床微生物检验	必修	28＋4
	临床免疫学检验	必修	28＋4
临床生化与分子实验模块	临床生化检验	必修	28＋4
	临床分子检验	必修	16＋2
检验仪器与虚拟仿真实验模块（虚实结合）	临床分子影像检测技术	必修	10＋6
	临床检验仪器学资源库	必修	10＋6
	体外诊断产业技术	必修	10＋6
	形态学检验资源库	必修	＋8
4 大模块	11 门		242 学时

三、改革教学体系

教学体系,是教学过程中知识的基本结构、框架、教学内容设计、教学方法设计、教学过程设计和教学结果评价组成的统一的整体。我们的改革方案是,包含上述课程设置中的理论教学和实验/实践教学训练的顺序、过程、方式、方法、形式、内容、反馈、评估、总结、比较和推导,以及专业见习、实习和毕业论文多元化等一系列教学要素(如图1所示)。

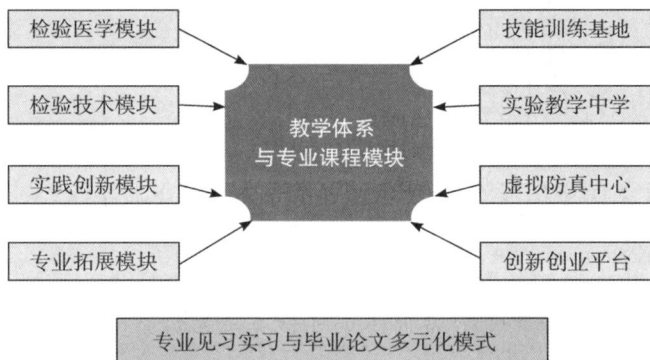

图1 厦门大学医学检验技术专业教学体系

医学检验技术专业的教学要素主要包括理论教学、实验教学和实践训练,以前各门课程之间的理论教学和实验教学相对独立,缺乏连贯性,缺少对学生创新思维能力的培养。新培养目标要求学生具有更强的实践动手能力、创新思维能力以及更宽广的知识领域。因此,我们着重建设了技能训练基地、实验教学示范中心、虚拟仿真实验教学中心、创新创业实践平台,以及在北京、上海、广州、杭州等地建立了专业实习基地。从整个教学体系上寻求改变和调整,以实现预期的培养目标。

四、加强课程建设

在高校中,教师、教材、教法的"三教"关系的处理是课程建设的核心。而在教学过程中,有效把握和正确处理知识传授与人才培养的关系、教材与教学内容的关系、科研与教学的关系等,每一个环节都离不开教师的参与和作用的发挥,起决定作用的是教师。因此,加强课程建设对人才培养目标的实施至关重要。

1.教师队伍建设

高校教学核心是教师。教师是组织与实施教学的主体,是教学活动的组织者、实践者,是教学方法的设计者、实施者。一流的教学内容、一流的教学方法、一流的教材、一流的人才培养、一流的教学管理等首先要有一流的教师队伍(如表3所示)。

表 3　医学检验技术专业新建教师队伍

职称	专职教师	外聘临床教师	实验技术人员	教学管理人员
正高	11	10	—	3
副高	10	18	1	—
中级	5	—	7	1

（1）教学团队和课程教学组建设

打破原有教研室的界限，以专职专长优秀教师为核心，聘请具有丰富实践经验和扎实理论基础的兼职临床教师，建立了医学检验技术专业的 5 个教学团队和 15 个课程教学组（如表 4 所示）。构建了一支理念先进、结构合理、科研与教学结合、理论与技能结合、传统教学与特色教学结合的教学团队和课程教学组。

表 4　厦门大学医学检验技术专业教学团队和课程教学组建设

教学团队	课程教学组
临床医学与检验医学教学团队	临床医学概要 临床检验医学 医学科研设计与论文撰写
临床体液与血液学检验教学团队	临床基础检验 临床输血学检验 临床血液学检验
临床微生物与免疫学检验教学团队	医学微生物学与免疫学 临床微生物检验 临床免疫学检验
临床生化与分子生物学检验教学团队	生物化学与分子生物学 临床生物化学检验 临床分子生物学检验 临床实验室管理学
临床分子影像检测与体外诊断产业教学团队	临床分子影像检测技术 体外诊断产业技术 生物信息学

（2）制定指标和建立相关评价机制

制定了标准化课程教学组建设指标，在教师队伍建设、团队日常管理、教学工作管理、科研教研教改、课程建设、教材建设等方面都有明确的建设指标，以及能体现课程组在历史传承、规划定位、建设措施、运行机制与成效、文化氛围、创新教学等方面的特色要求。建立的相关评价机制有：团队运行机制和激励机制、教师培训机制等，特别是青年教师培训制度,使青年教师的交流、学习、培训常态化。通过带教、听课等方式,帮助青年教师提高教学水平。为更好地执行教师职责,鼓励教师加强与国内外兄弟院校的交流学习,扩展视野提高认识;申请承担教研项目,利用项目提供的资助和校系的教学改革奖励措施,鼓励教师积极进行教学研究,撰写教学论文,促进教师素质的提高。近三年来,发表教研论文1篇,全国大会交流教研论文6篇,应邀全国大会交流报告4次。在第15届"乐普杯"全国高等医学院校医学检验专业临床生化分子管理和仪器学组校际研讨会上获得优秀教学论文竞赛一等奖。

2.教材建设

教材建设是一项紧迫而又艰巨的任务,也是进一步提高医学检验技术专业教学质量和保障培养目标实现的一个重要保证。我们立足实际,结合"十三五"专业建设和课程建设规划,注重专业特色,配合特色课程的开设,鼓励编写有特色、高质量的校本教材。

(1)基本原则

①重点原则。专业课程教材要加强针对性和实用性。②创新原则。鼓励创新,积极扶持符合教学需要、反映新成果、结构合理、教学改革力度较大、更具有鲜明特色和优势的教材。③效益原则。即积极扶持学生受益面较宽的教材。④择优原则。即优先扶持建设在教学使用中效果良好的优秀教材和在国内处于领先水平的教材。2016年始,联合上海交通大学等全国42所院校共同主编了《临床检验医学》[3]及其配套教材[4],还结合自身的科研特色,联合兄弟院校和有关公司企业牵头主编了《体外诊断产业技术》[5]《体外诊断产业技术实验指导》[6]《分子影像检测技术》[7]等特色教材。

(2)深化教材改革,建立激励机制

①以先进的教育思想和观念为指导,以素质教育为核心,从优化课程体系入手,使知识、能力、素质协调发展,进而拟定课程教学大纲,规范教材建设工作,深化教材改革。②建立激励机制,充分调动教师从事教材编写的积极性。高水平教材是教学研究的重要成果之一,可作为教师考核、晋升的重要依据;对列为国家规划教材、教育部推广教材和获省(部)级及以上的教材的主编和副主编,制定办法予以奖励。

(3)广泛参与,提高影响力

在学院政策的鼓励和老教师的带动下,逐步有更多的教师参与到特色教材、规划教材的编写中。在学院的带动下,包括临床教师每年参编教材人次数不断提升(如图2所示)。共有8位教师参与中国医药科技出版社2019版医学检验技术专业规划教材的编写(含主编1人),不断扩大我校医学检验技术专业在兄弟院校中的影响力。

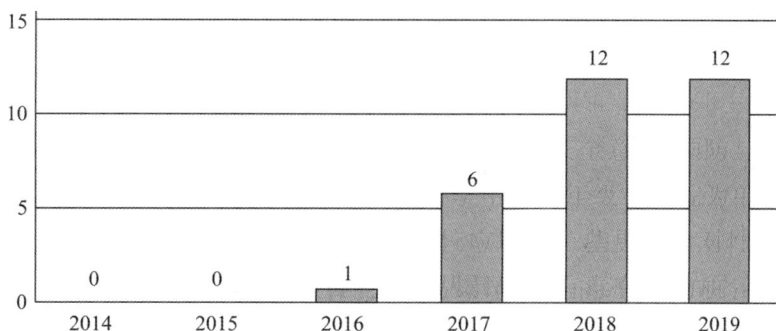

图 2　参与编写教材人次数

3.强化实验室建设,实现创新创业功能

围绕培养目标,在改革与完善实验教学体系中,着重建设了 1 个校内实验技能训练基地,1 个创新创业实践平台,1 个省级实验教学中心[8],1 个省级虚拟仿真实验教学中心[9],14 个校外专业实习基地,1 个校级实践教学基地,1 个校级创新实践平台,从整个教学体系上进行了改革。

(1)实验技能训练基地

结合本科生导师制,专门为医学检验技术专业开设了实验/实践技能训练课程,设置 3 个学分,要求本科生从入校后就参与科研活动,早进实验室、早进科研团队,不断接受科研思想的熏陶,学习实验的基本技能,形成对专业学习的兴趣,激发自主学习的积极性。学生跟随本科生导师或其他教师进行实践/实验活动,修满 120 学时,使学生掌握医学检验的实验技能;并且,使学生能通过实践/实验提高专业知识的综合应用能力,掌握学科的基本理念。同时,在实践/实验技能训练的过程,也加强本科生导师与学生的联系,导师也能给予学生在学习和生活上的指导。

(2)实验教学示范中心

改革探索实验教学模式,打破了传统医学检验实验教学的模式,不再按照每门课程独立开设实验课。一是融合临床血液学检验、临床检验基础和临床微生物学检验中形态学部分的内容,形成形态学检验实验教学模块。二是融合临床生物化学检验、临床免疫学检验、临床分子生物学检验等课程中的实验,形成化学检验实验模块。增加开设综合型、设计型实验,能够让学生系统地学习各门实验技术,融会贯通。能够更好地理解理论知识在实践中的应用。

(3)虚拟仿真实验教学中心

在改进传统实验教学的同时,结合虚拟仿真实验教学,弥补实验教学中由于仪器设备不足、试剂耗材昂贵、安全因素等原因无法开设的实验,既能弥补实验教学的不足,也能提高学生的学习兴趣。医学检验技术专业虚拟仿真实验中心 2018 年获批省级虚拟仿真实验教学中心。

(4)创新创业实践平台

在本科生导师的指导下,开展丰富多样的创新创业训练计划项目,设置 2 个创新学分。要求本科生在校期间,在学校认定的各级各类竞赛、科学研究、发明创造、发表论文等方面取得成果,通过申请和认定后方可获得学分。结合本科生导师制,鼓励学生参加大学生创新创业训练计划项目。重点围绕具有学院特色的体外诊断和分子影像方向,以及转化医学交叉学科,开展创新创业训练。可以为学生提供不同专业、不同角度的创新创业项目,打造多样化、个性化的创新创业训练计划项目体系。2013—2018 年,教师指导本科生承担创新创业训练项目累计 108 项,发表学术论文 24 篇。

(5)专业实习基地

专业实习是培养学生实践能力和创新精神的重要环节,也是提高学生分析问题解决问题能力的重要途径,通过实习能够让学生了解社会、接触知识的实际应用,是学生达到培养目标完成教学计划所规定的重要阶段。因此,学院选择在能代表国家一流医疗水平的北京、上海、广州、杭州等城市建立了专业实习基地。实习单位包括北京协和医院、浙江大学附属第一医院、上海长征医院、中山大学附属第三医院等国内知名医院。通过实习,以提升学生视野,拓展毕业生的就业空间。

另外,还计划在开设专业课学习之前,安排 2 周的集中见习活动,以及开展体外诊断产业技术创新训练营,并设定实践学分 2 学分。让学生提前接触毕业后的日常工作,培养学生对相关产业的兴趣,以及创新创业意识。

五、加强教学管理

1.成立教学管理机构,分层教学管理

成立教学指导委员会,根据国家、社会和学生的需求,制定教学质量目标与管理职能,指导教学资源的管理和教学过程的质量管理。成立教学督导委员会,根据教学质量目标与管理职能,对教学质量实施监控,并分析提出改进意见,指导教学资源的管理和教学过程的质量管理。建立专业教学团队职能制度,定期集体备课制度:做到相互交流、新课试讲、青蓝传帮带。有利于培养年轻教师,精准把控教学质量。坚持各级定期听课制度:做到党政领导、同行教师等定期听课、定期召开师生座谈,了解并反馈师生对教学工作的意见。建立教风学风建设管理制度:建立并实施《课程组负责人工作职责》《标准化课程组

建设指标》《教师教学工作规范》等建设方案和管理制度。多渠道质量反馈信息收集,结合社会需求、用人单位意见反馈、定期召开师生座谈,了解并反馈对教学质量保障的意见。本运行机制是由教务职能部门主导,教学指导委员会指导,教学督导委员会督导,专业教学团队具体落实的运行模式。而且根据国家、社会和学生的满意度进行持续调整改进,不断提高专业的教学质量(如图 3 所示)。

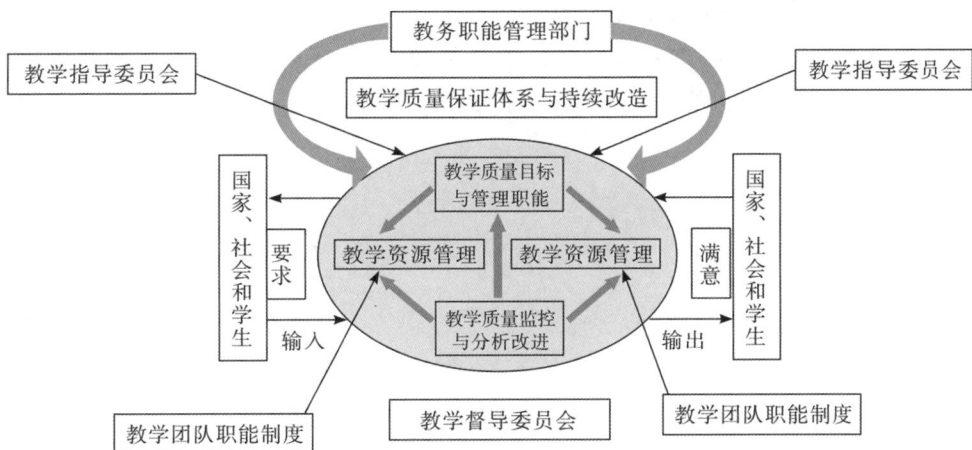

图 3　厦门大学医学检验教学质量保证体系

2.加强教风学风建设,完善规章管理制度

制定了《课程组负责人工作职责》《标准化课程组建设指标》《教师教学工作规范》等教风学风建设方案和管理办法,通过加强对教风学风的建设工作,提高教学水平,规范教学管理,加强课程团队建设。

综上所述,围绕创新创业教育理念,打造符合"新医科"要求的教学体系,学院在培养目标、课程设置、教学体系、课程建设等方面进行一些具有特色的改革,并已初步取得一定成效。目前已完成福建省创新创业改革试点专业的两年建设期,并申报一流本科专业,已进入教育部评审阶段。在学院的引导下,学生在就业方向上已经与传统医学检验技术专业的就业方向产生变化,更多的学生愿意选择升学和公司、企业等单位。通过实验实践技能培训、大学生创新创业训练计划项目、创新创业特色课程等方面的训练和培养,有效地提升了学生的创新创业能力。但与学院制定的培养目标要求相比还相差较远。希望能与更多的兄弟院校交流合作,在医学检验技术专业建设方面能走出一条特色发展的道路。

参考文献

[1]福建省教育厅:《福建省教育厅关于公布 2017 年高等学校创新创业教育改革项目立项名单的通知》闽教高〔2016〕27 号。

[2]郑铁生、倪培华:《临床检验医学》,人民卫生出版社 2017 年版。

［3］郑铁生、李艳:《临床检验医学案例分析》,人民卫生出版社 2017 年版。

［4］夏宁绍、郑铁生:《体外诊断产业技术》,人民卫生出版社 2018 年版。

［5］郑铁生:《体外诊断产业技术实验指导》,人民卫生出版社 2018 年版。

［6］陈小元、金征宇:《临床分子影像检测技术》,人民卫生出版社 2019 年版。

［7］福建省教育厅:《福建省教育厅关于公布 2015 年高等学校实验教学示范中心项目名单的通知》闽教高〔2015〕26 号。

［8］福建省教育厅:《福建省教育厅关于公布 2018 年省级虚拟仿真实验教学中心和虚拟仿真实验教学项目名单的通知》闽教高〔2018〕27 号。

虚拟现实(VR)技术在材料学科教学及新工科建设中的应用

李　烨　余海箭　王诗晴　吴高磊　张重阳　解荣军*

摘要:20年前,计算机和投影多媒体技术的发展带动了多媒体教学方式的出现和普及。如今,随着信息技术的飞速发展,互联网技术越来越成熟,5G和VR技术迎来了发展的重要窗口期。这些技术改变着我们的生活,也革新着新一代的教学方式。本文主要介绍了VR技术的特点和优势,不仅分析了材料学科中原本抽象难以模拟和理解的知识点需要VR技术进行虚拟仿真的必要性,并且总结了许多性能优异并有着重要应用的前沿新材料所对应的极端条件下(超高温高压)合成、易燃易爆性能、毒性等相关性能都受到了现有多媒体教学方式和实际实验课条件的限制性,利用VR技术进行教学方式革新的现实性,并构建了一系列量材料模型和VR操作实例,最后展望了VR技术应用于教学的趋势和前景。

关键词:VR;虚拟现实;材料学科;抽象原理模拟;危险性实验模拟

一、概述

互联网高效、快捷、方便传播的特点,迎合了新时代下的信息化需求,随着互联网技术对社会各个领域的渗透,"互联网＋教育"应运而生,并随之渐入佳境。"互联网＋教育"是"互联网＋"的重要组成部分,是国家战略,有利于加快教育现代化进程。虚拟现实(VR)技术沉浸性、交互性、构想性的三大特征,不受时间、空间限制,操作性强,可以提升

＊李烨,博士,厦门大学材料学院助理教授,硕士生导师;余海箭,厦门市双百计划高层次引进人才领军人物,现任十一维度(网络)科技有限公司董事长,中科虚拟现实产业技术研究院执行院长;王诗晴,十一维度(网络)科技有限公司文案策划;吴高磊,十一维度(厦门)网络科技有限公司项目经理;张重阳,厦门大学材料学院材料科学与工程系材料工程专业在读硕士研究生;解荣军,博士,特聘教授,国家高层次人才,博士生导师。

学生学习的体验,有效优化了学习模式,很大程度上提高学生学习兴趣和教师教学效果。借助虚拟现实(VR)新技术,多元化课堂讲授媒体方式以及网上课程(慕课等)内容,布局材料学科及新工科建设新征程,让材料学科及新工科建设焕发新活力。

二、虚拟现实(VR)技术

VR全称"Virtual reality"中文名称虚拟现实,具体是指利用计算机及最新的传感器技术实现人机交互手段。借助计算机模拟创造出一个三维空间的虚拟世界,它主要包含听觉和视觉反馈,但也可能允许其他类型的感官反馈,如触觉,让人拥有身临其境的体验,这种沉浸式环境可以与现实世界类似,也可以是奇幻般的。

1.VR 的三大特性

(1)沉浸性

具体指通过计算机模拟出的虚拟世界极具真实性,用户不仅难以分辨真假,更能全身心置身于多维空间的虚拟环境中,身临其境,虚拟如同现实。这一特性在娱乐行业最常见,如 VR 体验店、VR 影院等[1,2]。

(2)交互性

交互性是指用户在虚拟的世界中,通过自身的感官去获取感知虚拟世界中的事物,如感受物体重量、大小等,甚至用户直接的指令动作,如放大、缩小、移动等。这不难让人联想到游戏。VR 看房、VR 旅游、虚拟仿真实验室等,也都很好利用了 VR 的交互性特征,给人们带来了一种崭新的体验。

(3)构想性

基于沉浸性和交互性的特点,用户可以随着环境状态和交互行为的变化而产生的联想及想象。可以理解为用户在虚拟的多维空间中,通过自身的感知和认知能力所发挥的主观能动性。如电影《盗梦空间》《黑客帝国》都是 VR 构想性很经典的一次应用。

基于 VR 技术以上三大典型特征,我们可以预想 VR 这种前沿的新媒体技术应用于教学后会给学生带来更加真实的虚拟仿真教学体验,而教师授课的内容也不再局限于课堂上容易用语言或 ppt 呈现出的内容,所有理论的、抽象的、有毒的、易燃易爆的、极端条件下合成或存在的材料都可以用真实的感官体验来进行虚拟仿真模拟,极大地丰富了教学内容,也使得教学效果和学生的上课体验更加逼真。

2.硬件设备及教学条件

虚拟现实仿真实验室所需的硬件设备,除了基础的多媒体教室应有的电脑、音响和投影仪之外,最主要的就是虚拟现实头戴显示器设备。

HTC Vive(浸入式头戴显示器)是由 HTC(宏达国际电子股份有限公司)与 Valve(维尔福软件公司)共同开发的一款浸入式头戴虚拟现实设备[3]。HTC Vive 主体由一个头戴显示器、两个操控手柄、两个定位器以及各类线材组成。Vive 头戴设备配有刷新率为90Hz 的双 AMOLED 屏幕,单眼分辨率 1080×1200 像素,双眼分辨率可达 2160×1200 像素,配合内置的瞳距和镜头距离调整设计,既可在佩戴眼镜的同时戴上头显,也可摆脱眼镜的束缚(400 度左右的近视依然能看清画面的细节)。配套的 Vive 空间定位追踪装置,可在最小 2m×1.5m,最大 3.5m×3.5m 的房间里实现无限虚拟空间的畅游。

作为同为 HTC 与 Valve 软件公司共同开发的虚拟现实头戴式设备,HTC Vive Focus 完全摆脱了外置设备(如线材长短和空间限制),独立的 CPU 和显示系统让它可以被称为真正意义上的 VR 独立产品。Vive Focus 的配置要简单得多,只有一个头戴式设备和一个操控手柄,戴上头盔,拿起手柄,随时随地,有光亮的地方就是你的虚拟世界。与 Vive 相比,Focus 的屏幕刷新率降到了 75Hz,但是屏幕分辨率达到了双眼 2880×1600 像素,贴近面部的部分由抗菌材质制成,佩戴时也不会产生明显的漏光现象。

根据教学规模的大小、硬件设备的选取以及实际成本的控制可以大致分成两种。

一种是基于 HTC Vive 的大规模、高成本的数字化多媒体教室,类似于传统的机房。但是 HTC Vive 仅能充当一个 VR 显示器的作用,需要外接电脑才能使用,显示内容如课件、软件等仍需要在电脑端运行,且对电脑的配置有较高要求。而且,受到线材以及空间定位器的限制,对教室空间及大小有较高要求。但是,这种方式建成的虚拟仿真实验室既可以对教师进行培训,进行虚拟仿真课程的开发;也可以直接对学生进行教学。教学规模随空间规模和投入增长而扩大。

另一种是基于 HTC Vive Focus 的低成本的教室,就像现在普遍存在的多媒体教室,只不过是给这间教室配上了多个虚拟现实一体机设备。教师在课前将课件导入一体机,在合适的时机将头盔下发给学生进行操作,即可实现虚拟现实教学。

3.软件及开发流程

开发流程主要包含需求分析,资源制作和开发、软件测试三大流程。

(1)需求分析

在需求分析阶段,对该仿真项目的实验目的、实验原理及交互脚本进行分析研究。通过仿真实验软件的使用,让学生能够更加深刻理解极端条件下无机材料合成过程及原理,因此在整个实验的过程中,需要涉及学习、训练、考核三个模块。在确定基本需求之后,对实验的脚本进行分析,了解整个仿真实验中需要制作的三维场景、三维模型、动画等资源及实验过程的交互方式,罗列出将要开发的系统功能模块,并初步探讨界面风格及使用终端,本项目主要通过台式电脑进行使用。

（2）资源制作和开发

在资源制作和开发阶段，可采用 3DMAX 及 MAYA 等软件手动进行三维场景、三维模型及其贴图的制作。在制作之前，需要明确模型制作的精度、面数、贴图张数、贴图分辨率、贴图大小的要求，因虚拟仿真课程需在网络中通过浏览器进行体验，为保证项目的良好体验，对于模型资源的制作拥有以下限制要求：①场景模型的面数不高于 5 万面；②单个物品模型的面数不高于 3 万面；③模型总面数不高于 30 万面；④贴图分辨率不高于 2048×2048；⑤单个物品模型的贴图不超过 5 张；⑥单张贴图的大小不高于 2M。

根据要求先将所有物品及场景进行拍照，采集素材，之后将照片素材导入到 3DMAX 或 MAYA 中，建模时可比对照片进行参考。模型建好后要给模型制作贴图，比如展 UV 后再绘制贴图或直接用颜色贴图或是表面贴图，为了使模型的效果看起来更好还可以添加法线贴图等。之后还需对模型材质进行制作，比如金属材质和玻璃材质，因为不同的三维引擎工具材质不能通用，所以只能将模型导入引擎中再进行材质的制作，因本项目须在网络浏览器中进行体验，因此可以使用 three.js 进行开发，three.js 是一款可在浏览器中运行的三维引擎，它能够提供良好的三维显示效果，模型材质调试完成后，根据实验的流程进行交互过程的开发，完成学习、训练、考核三个模块。

（3）软件测试

在测试阶段，可采用黑盒测试方式，黑盒测试是站在用户的角度对软件功能及软件界面进行测试的方法。主要测试软件在常规的网络环境下是否运行良好，有无功能缺陷及流程性错误。

三、材料学科中 VR 技术的应用

1.材料学科的特点以及利用现有多媒体教学的受限性

材料学科的一大特点是学生基础理论知识与实验操作技能结合性强。现有多媒体教学仍以传统的教师授课型理论教学为主，缺乏实践教学的环节。而有些专业往往比较抽象难以理解，学校可操作性不强，学校往往缺少相对应并可实际辅助学生教学的教学资源。不少专业在设立专业授课之前需要购买大量相关的实验仪器设备，以及准备专用的实验场地进行实验教学，这也是材料学科实验教育存在的高成本问题。

为了材料学科的实践教学，目前学院普遍采用引进实验室的方式，通过实验室内的相关仪器设备，给学生们提供一个实验环境。但是，通过教师和学生在教学中反馈的问题可以发现，现有的实验室仍然存在很大局限性。如有些实验操作释放的化学物质等对师生的健康构成很大伤害；场地、时间等限制，学生得不到足够的操作机会，基础学习受到制约。

2.VR 技术在学科教学中的应用方式

借用 VR 技术,结合材料学科相关专业建立虚拟仿真实验室,为学生提供互联网教学实训,学生通过电脑操作,模拟实验室现场,学习学科相关知识,有效避免传统学习受地域限制的弊端[4]。

在一些教学领域,已经率先开展了虚拟仿真教学方式。比如在地震模拟、灾难逃生模拟等都有着无法取代的重要意义。在医疗教育领域,许多世界领先的医院和高校,都在尝试用 VR 来突破一些医疗难题,如虚拟仿真实验室。脑卒中解剖学基础—虚拟仿真教学实验有效解决了该课程在传统实习中存在的问题:(1)脑血管应用解剖因其操作难度大、学生在规定时数难以完成教学任务;(2)尸体解剖过程中的甲醛等对师生的健康构成很大伤害;(3)近年尸体标本严重不足,一个小班只能保证一具尸体的操作,学生得不到足够的操作机会,基础学习受到制约。利用虚拟技术,自主设计研发"脑卒中解剖学基础"虚拟仿真实验教学系统,课前学生线上预习进行虚拟解剖练习,课上教师用虚拟软件讲授重点难点,带领学生观察辨认解剖结构,课后学生还可利用软件复习巩固所学知识,利用在线试题检测知识掌握情况,最终使得解剖实操更具有针对性,更加高效。

材料学科可以借鉴已有的虚拟仿真实验系统,利用 VR 技术为材料学科及相关专业的学生提供一套完整的实验流程,对关键的实验步骤进行教学示范,形成一套完整的实验体系学习、实操训练与技能测试评估为一体的虚拟仿真实验系统。虚拟仿真实验系统强调自主式学习。允许学生自由操作、大胆尝试是虚拟仿真项目有别于传统教学的根本特征。结合具体学科知识,以自主学习为主,构建知识点功能模块,让学习层次化、系统化。

3.材料学科与 VR 技术结合的实例

(1)总体设计原则

材料学科是研究材料的成分、结构、组织以及加工制造工艺和性能之间的关系的一门学科,材料学科所研究的内容涉及材料的制备及加工工艺、微观结构和宏观性能三大领域。现有的材料学科相关课程的教学主要集中在常规的线下授课和逐渐普及的线上慕课等形式,虽然获取知识的途径更加简便,知识的呈现形式也更加多样(板书、PPT、音视频等),但是学生对于课程的理解,对于重难点的把握,仍受限于授课老师的讲解水平以及听课学生的理解能力。而且,材料学科中涉及很多材料相关的合成与制备技术,基础的、常规的技术可以通过认识实习和金工实习来实践,但是一些涉及危险化学品(如易燃、易爆、强酸、强碱等)、特殊合成条件(高温、高压等)以及精密仪器的合成与制备手段,考虑到学生的人身安全与成本问题,就无法通过实际操作让学生增进理解。更何况,在实际操作过程中很难去观察到原理,实验过程中设备出现的故障、操作中的失误以及一些小概率事件,难以在教学与实践过程中一一体现。通过与 VR 技术相结合,我们可以将那些重点难点(如微观晶体结构)以及无法通过实际操作来实现的合成手段搬进虚拟现实空间,在虚拟平台上进行操作,从而让学生更加深刻地认识和理解这些知识点。如本次"CdS 量子点发光材料及其在 X 射线探测中的应用"实例中,CdS 量子点的合成[5,6,7]涉及有毒有害的重金属镉,热注射法合成又涉及高温,应用部分的 X 射线也会对人体产生一定的伤害。

(2)教学课程设计

①基础知识点讲解与模型展示

这部分是指教师围绕材料学科的相关内容进行 VR 课件展示,在基础知识点讲解的同时将相应三维模型穿插其中以加深学生的印象。课件内容既要结合经典教材,又要包含国内外最新研究成果,同时还可以添加自身科研过程中的一些小故事,让课件更加生动有趣。在涵盖所有学习内容的同时,还应适当拓宽以供学有余力的学生有方向地进行深入学习。本次"CdS 量子点发光材料及其在 X 射线探测中的应用"实例中的主要内容包括量子点概述、CdS 量子点简介、CdS 量子点的制备、CdS 量子点的表征、CdS 量子点的应用。CdS 量子点的制备不仅要讲到虚拟实操中的热注射法,还要包含其他常见的诸如微乳法、热分解法等。表征部分在常见的光谱以及 XRD 物相鉴定之外,还应介绍 TEM、SEM 等表征手段。本次实例的重点应用放在 X 射线检测[8]部分,但是 CdS 量子点的应用远不止于此,在应用方面的扩展也应涉及。

②虚拟空间课件与模型展示

教师提前把材料学科相关内容所涉及的实验仪器设备以及相关知识点的抽象模型,如本次实例中的通风橱、气瓶、磁力搅拌加热平台、烧瓶、冷凝管等实物模型和"量子限域效应"解释模型和 CdS 量子点的晶体结构模型,如图 1 所示,预先导入虚拟现实一体机。在课堂中,学生可以在听老师讲解完基础知识点和见识过二维模型之后,进入教师预先设定的虚拟场景中,在三维空间中一边回顾上述的知识点,一边观看三维立体模型以增进理解,身临其境地进行学习。而且,学生可以根据自己的理解程度加快或者放缓学习进度,遇到不懂的地方可以停下

图 1 量子点晶体结构模型

来反复思考,对模型进行旋转、切分等操作,从而实现对整节课学习内容的充分理解,对老师来说也实现了对学生的个性化教学。

③虚拟平台实操演练

基于上述虚拟空间的课件与模型展示,学生既能获得学习内容,也通过实物模型弥补

了想象的不足,同时也勾起了学生对此次内容的兴趣,更希望实际动手去操作一番。这时候,虚拟平台的优势就体现出来了,戴上一体机,同学们就可以在虚拟空间中运用学到的知识对课程中讲解的材料进行合成,并进行相关性能检测,最终将其应用到某一具体应用中。如本次实例中运用热注射法进行 CdS 量子点的合成(包含对合成装置的组装、药品的添加顺序以及整个合成过程中的相关仪器操作),并进行简易的发射光谱测试(包含测试样品的制备以及测试时的样品摆放),最后将其应用在 X 射线检测中(如图 2 所示)。在学到知识的同时,也提高了学生的动手动脑能力,同时还消除了暴露在 X 射线下的安全隐患。

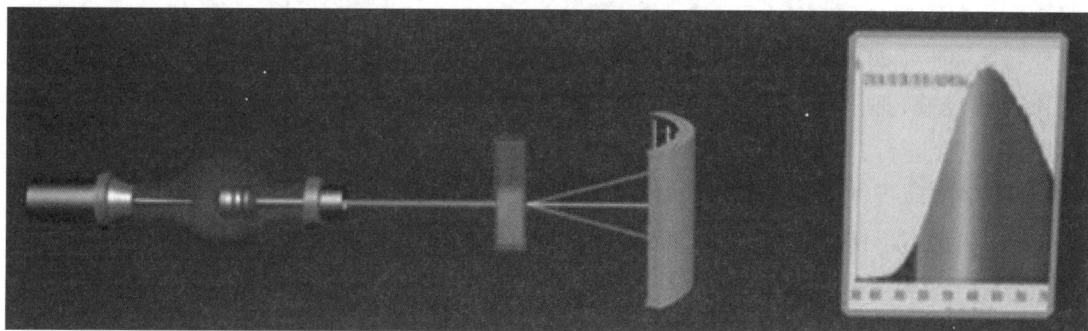

图 2　光谱表征模型

(3)实际虚拟平台操作

虚拟现实平台的操作主要包括课件与模型展示、热注射法合成 CdS 量子点、CdS 量子点发射光谱的测试以及 CdS 量子点应用于 X 射线检测。

课件与模型展示部分的操作主要通过揿下手柄扳机进行上下翻页、头盔左右旋转对整个虚拟环境进行熟悉以及瞬间移动到虚拟空间的不同位置对同一个模型进行不同角度的观察。不仅如此,针对特定的模型,如图 3 所示,对量子限域效应进行解释的模型,学生可以通过对眼前不同尺寸量子点发光的变化,而对该效应有更加形象的理解。比如 CdS

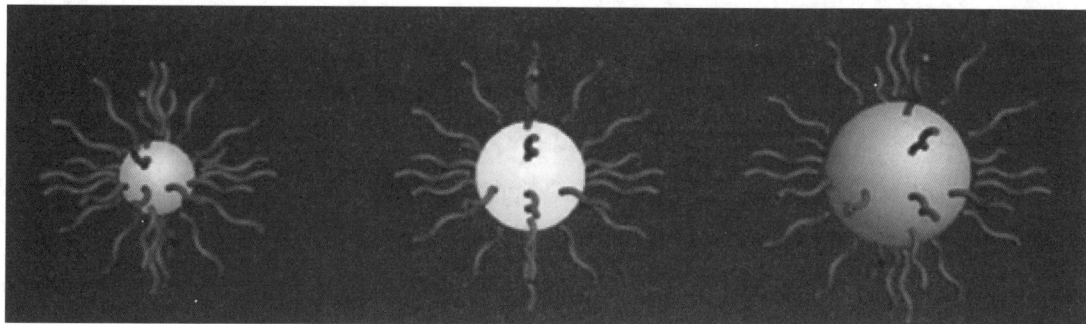

图 3　量子限域效应模型

量子点形成的瞬间,可以通过动画的形式进行呈现,材料的合成就在你的眼前发生(如图4所示)。再比如对整个热注射法合成装置的组装与拆解,可以以爆炸图的形式展现。后续合成、检测与应用部分,通过使用者按照操作规范抓取相应物体放置在特定部位(如抓取药品放入四颈烧瓶、抓取冷凝管与四颈烧瓶进行拼接等操作),或者扣动扳机摁下某

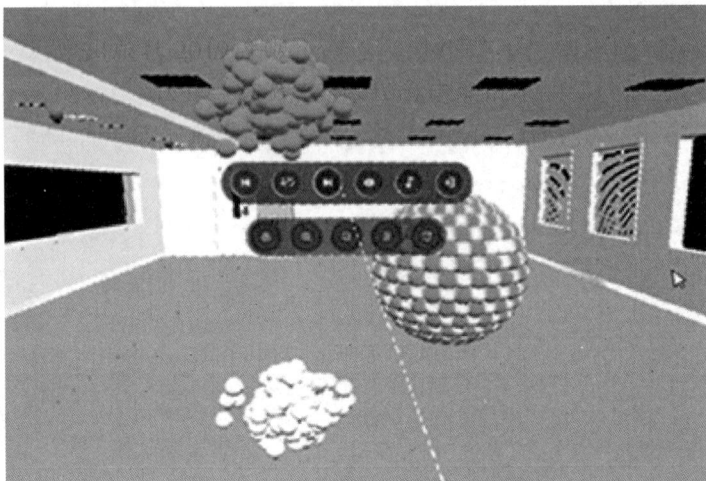

图4　CdS量子点的形成(HTC Vive Focus中实际操作的图片)

个按钮(如摁下手柄扳机模拟、摁下磁力加热搅拌器开关、打开气瓶通气开关等),在编程脚本作用下实现相应实验结果的呈现或者某个设备的运转与停止。

四、总结与展望

随着VR技术的发展,虚拟仿真教学开始成为高校关注的焦点。虚拟仿真教学实训系统就是针对特定学科的真实课件内容进行定制开发的,并借助虚拟现实的三大特性,让师生获得与实际环境中一样的场景和物体的实训体验,达到替代或者部分替代实训效果的作用。虚拟仿真实验室可以把学科实验作为一个整体来教学,从理论到实践,再从实践回到理论对学科的知识进行巩固,打破传统教学在时间和空间上的限制。高等教育越来越强调对学生实践能力的培养,虚拟仿真实验系统符合国家高校对学生的教育培养,助力新工科课程体系的构建。

参考文献

[1]宁攀、李丁丁、张炳林:《VR技术及其教育应用探究》,《教育现代化》2019年第6期。

[2]Ning Gu,Kerry London,Understanding and facilitating BIM adoption in the AEC industry,*Automation in Construction*,2010,Vol.19,No.8,p.988-999.

[3]杨军杰、王小霞:《基于VR技术的化学教学资源开发》,《电脑知识与技术》2019年第15期。

[4]Senthil K,Chandrasegaran,Karthik Ramani.et al,The evolution,challenges,and future of knowledge representation in product design systems,*Computer-Aided Design*,2013,Vol.45,

No.2, pp.204-228.

［5］Ziyue Guo, Dong Zhou, Jiayu Chen.et al, Using virtual reality to support the product's maintainability design：Immersive maintainability verification and evaluation system, *Computers in Industry*, 2018, Vol.101, pp.41-50.

［6］Gallagher AG, Ritter EM, Champion H.et al, Virtual reality simulation for the operating room-Proficiency-based training as a paradigm shift in surgical skills training, *Annals of Surgery*, 2005, Vol.241, No.2, pp.364-372.

［7］A.D.Yoffe, Semiconductor quantum dots and related systems：Electronic, optical, luminescence and related properties of low dimensional systems, *Advances in Physics*, 2010, Vol.50, No.1, pp.1-208.

［8］Wang Xun, Zhuang Jing, Peng Qing.et al, A general strategy for nanocrystal synthesis, *Nature*, 2005, Vol.437, pp.121-124.

［9］Won-Wook So, Jum-Suk Jang, Young-Woo Rhee.et al, Preparation of Nanosized Crystalline CdS Particles by the Hydrothermal Treatment, *Journal of Colloid And Interface Science*, 2001, Vol.237, No.1, pp.136-141.

［10］WangPing Jiang, Tengfei Zhu.et al, One-Step, Solvothermal Synthesis of Graphene-CdS and Graphene-ZnS Quantum Dot Nanocomposites and Their Interesting Photovoltaic Properties, *Nano Research*, 2010, Vol.3, No.11, pp.794-799.

［11］J Zázvorka1, J Pekárek, R Grill. et al, Inhomogeneous resistivity and its effect on CdZnTe-based radiation detectors operating at high radiation fluxes. *Journal of Physics D：Applied Physics*, 2019, Vol.52, No.32.

［12］B. O. Dabbousi, J. Rodriguez-Viejo, F. V. Mikulec. et al, （CdSe）ZnS Core-Shell Quantum Dots：Synthesis and Characterization of a Size Series of Highly Luminescent Nanocrystallites, *The Journal of Physical Chemistry B*, 1997, Vol.101, No.46, pp.9463-9475.

高校大学生实验室安全意识的培养*

郑敏芳　邱雨生　陈　敏**

摘要：在推进高校创新创业型人才培养的新形势下，越来越多的本科生进入实验室开展科研实验。近年来，高校实验室安全问题日益凸显，加强对大学生，尤其是实验理论知识和实验技能相对薄弱的本科生的实验室安全教育的重要性不容忽视，其中实验室安全意识的培养至关重要。本文通过多年来对大学生创新创业实验中出现的问题进行总结，分析这些问题出现的原因，从实验室管理的角度对培养提高大学生实验室安全意识的具体措施进行探讨。

关键词：大学生；实验室；安全意识

为贯彻落实《关于深化高等学校创新创业教育改革的实施意见》（国发办〔2015〕36号）精神，加强本科生创新意识和创新实践能力的培养，教育部及多所高校设立了多项专门面向本科生的项目以鼓励本科生参加富有创新性的科研课题研究，如国家级、校级、院级大学生创新创业训练计划项目、校长基金本科生项目等。因此，近年来本科生进入实验室开展科研实验的人数和频次明显增加，科研项目和实验内容涉及面宽。随着开展大学生创新创业实验的实验室规模和数量不断扩大，高校实验室的安全问题也日益凸显。近几年接连发生的清华大学实验室氢气爆炸、北京交通大学实验室爆炸、南京工业大学实验室火灾等多起高校实验室安全事故让实验室安全的警钟长鸣，全国各高校对实验室安全管理日益重视，对安全管理的要求和监督越来越严格。大批量本科生参与到科研实验，将使实验室安全面临更大的挑战。加强对学生实验室安全意识的培养和提升，引导学生自觉遵守各项实验室安全规定和操作规范、防范安全事故于未然，是保障高校实验室安全的有效手段和重要任务。

---

　　* 本文获得厦门大学在线开放课程建设项目、厦门大学一流本科课程建设项目和厦门大学"课程思政"建设项目的支持。
　　** 郑敏芳，福建泉州人，厦门大学海洋与地球学院工程师；邱雨生，福建三明人，厦门大学海洋与地球学院高级工程师；陈敏，广东韶关人，厦门大学海洋与地球学院教授、博士生导师。

一、本科生开展科研实验存在的问题

1.实验方法存在不确定性

教学实验通常是选择较为成熟的或经典的方法,其可行性已经过反复验证确认,实验技术要点和安全要点已总结出来。与教学实验不同,多数科研创新实验的方法相对不成熟,部分课题研究甚至是对新方法的探索,存在不确定性。探索未知是创新的永恒动力,但其中也隐藏着一定风险。

2.实验技能和安全知识薄弱

本科生,尤其是低年级本科生,实验理论知识和实际操作经验积累较少,事故应急能力也相对薄弱,操作失误以及出现问题时惊慌失措或错误应对的概率相对较高,他们对实验室安全隐患的辨识能力也相对弱一些。

3.指导水平参差不齐

教学实验中老师通常会将实验原理、方法流程、实验关键要点以及安全注意事项等详细介绍,在实验过程中会巡查、监督学生的操作,及时纠正不规范行为,有效地预防了安全事故的发生。课题研究实验中,老师在指导研究生时通常更多地关注于实验方法的可行性分析,而较少对实验进行具体指导。因为大部分研究生经过本科阶段的学习,已掌握了基本的实验知识技能,且具有较强的自主学习和思考能力,可以独立完成实验操作。多数导师以指导研究生的方式来指导本科生,忽视了本科生实验知识技能和自主安全意识相对欠缺的特点,没有帮助学生对实验中可能发生的安全问题进行预判和提醒。有些导师甚至会将本科生的科研实验交给研究生指导。不同研究生的专业素质、教授能力等参差不齐。部分研究生由于实验理论不扎实、基本操作不规范、实验习惯差等甚至会起到负面的示范作用。

4.实验室安全意识淡薄

实验室安全意识淡薄是高校大学生普遍存在的一个问题。大学生初入实验室,对实验室安全隐患无处不在的事实和事故发生的后果认识不足,常常无知者无畏。在高校实验室,学生将水杯或饮料、食品带入实验室随手放于实验桌上,做实验时因嫌热或觉得不方便未穿着实验服等防护用品,做实验时边听音乐甚至看视频,实验中途离开未值守,做完实验不收拾整理,离开实验室不关门等情况屡禁不止。这些学生认为无关紧要的疏忽,常常是导致安全事故发生的关键。

二、大学生实验室安全意识培养的重要性

实验室安全隐患是无处不在的,在实验室水、电、火、气体、试剂、仪器设备、实验废弃物等的使用和处理中都有可能发生安全事故。高校实验室安全事故时有发生,其根本原因在于实验人员安全意识和实验知识技能的薄弱。实验室安全意识是指人的大脑中的一种安全观念,是实验人员在实验室中对各种可能对自己或他人造成伤害的外在环境条件的一种戒备和警觉心理。实验室安全意识是高校教学、科研实验顺利进行的重要保障,是科研人员必备的科学素质。加强大学生实验室安全意识的培养具有重要意义。具体体现在:首先,大学生正处于实验技能学习和实验习惯养成的重要阶段。实验室安全意识的提高,不仅有助于培养学生掌握规范的实验操作技能,为其成长为具备优异动手能力的创新创业型人才奠定基础,而且可以促使学生自觉遵守实验室各项安全规定和规范,养成良好的实验习惯,提高个人素质和科学素养;在生活中学生也会更加注意安全性的问题,有效地防范各种安全事故的发生。其次,学生安全意识的强弱,实验习惯的好坏,也直接影响了实验室的安全管理。因此,高校实验室安全管理中,除了制定安全制度、落实安全责任等,也要注重学生实验室安全意识的培养。

三、大学生实验室安全意识培养的方法

笔者认为,大学生实验室安全意识的培养应通过学校多部门的共同努力,建立起一套多途径、全方位、全过程浸入式的系统性教育方案(如图1所示),才能取得突出的成效。多途径是指采用多种形式相结合,包括开设实验室安全教育课程、建立实验室安全准入制度、加强和发挥导师角色、加强实验室安全文化宣传等方式。全方位是指从实验室卫生、试剂、器材、安全设施到学生实验操作等方面全覆盖,通过创造良好的实验室环境、规范试剂器材的存放和使用、完善实验室安全设施配备、加强实验室安全巡查和监督等来潜移默化提高学生的实验室安全意识。全过程指从学生进

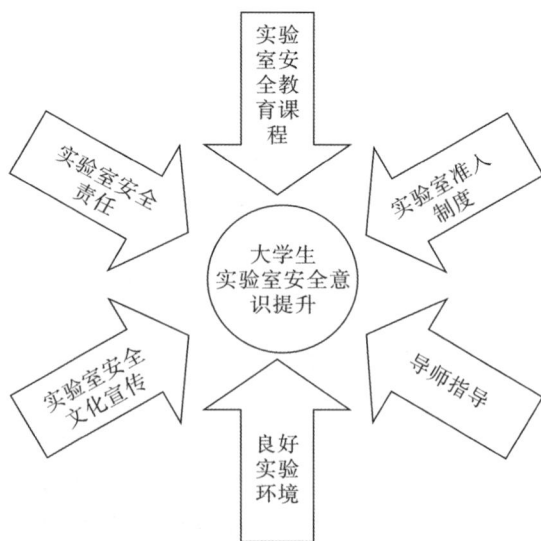

图1 大学生实验室安全意识的培养方案

入大学开始,到进入实验室学习研究,直至离开实验室,通过入学安全教育、实验室准入培训、实验方案审核、实验过程监控等进行全过程教育和指导,始终灌输实验室安全意识。

以下是培养提高大学生实验室安全意识的几项具体措施和建议:

1.增设实验室安全教育的专门课程

安全教育培训是教学生辨识和控制实验室危害,树立安全意识,预防与减少实验室安全事故发生的重要措施。目前很多高校对理工科学生会以年级或学院为单位进行统一的入学安全教育培训,讲解一般实验安全知识。学校应增设一些更有针对性的安全教育课程让学生选修[1],如防火、逃生、钢瓶气体、易燃易爆试剂、有毒有害物质、细菌病毒、事故应急处理、海上或野外作业安全等专门教育课程,介绍一些详细的具体知识,有利于提高学生的实验安全意识和对突发安全事件的应变能力,遇到具体问题时才能懂得处理,而不会毫无概念、束手无策。在实验室安全教育培训中,不应过多机械地宣读安全条例,生硬地要求学生应该注意什么,不应该做什么,学生一方面容易起逆反情绪,另一方面记忆的效果也不佳。建议通过结合安全事故实例来讲解实验室安全条例,比如因违反了某项规定,曾经在哪里发生过什么安全状况,造成了什么后果。如果本实验室或本院校有发生过一些安全状况,可结合到安全教育培训中,因为身边的事例对学生的触动更大,教育效果更佳。讲实例时建议多采用图片或影片的方式展示,可更直观地让学生看到轻视实验安全可能导致的严重后果,使他们触目惊心,在今后的实验中自觉注意防范类似状况的发生。

2.建立实验室准入制度

调查发现,学生普遍存在对实验室安全规章制度、公共安全设施、化学试剂使用和管理、仪器设备使用和管理等了解不足,实验室工作习惯差等现象[2]。这些问题直接影响了实验室的安全状况,学生实验室安全意识的培养应从这些方面进行着力。在每位学生进入实验室学习、实验之前,实验室应将涵盖实验室水、电、化学药品、仪器设备、实验废弃物等的使用与管理要求的实验室管理条例分发给他们学习,同时结合管理员介绍实验室情况、开展安全知识讲座及组织常规仪器培训等,帮助学生尽快熟悉实验室的布局和运行管理、掌握实验室安全基本知识、提高实验操作技能、养成良好的实验习惯。实验室管理员在进行安全培训时应着重讲解实验室安全管理条例,以及消防器材、应急处理装置、安全疏散通道等安全设施的位置和使用方法,给学生灌输安全意识。一些仪器设备,尤其是大型精密仪器,学生在初次使用前须接受相应的仪器操作培训。学生完成学习和培训后,须接受考核,考核合格后方可进入实验室开展实验,否则不予进入实验室。考核的内容应包括实验室安全常识、专业实验常识、操作规范、事故应急处理方法等相关知识。

3.加强导师对本科生科研实验的指导

如前所述,本科生进入实验室开展科研实验,因其实验知识和操作经验积累相对不足,存在实验理论知识薄弱、自主安全意识欠缺的问题。指导老师应加强对本科生科研实验的指导,在实验方案设计、方法可行性评估、试剂器材的安全使用要点、实验现象预估、实验风险预测、防护措施预备等方面进行细致分析和指导,帮助学生防患于未然。同时通过对实验关键要点、实验现象分析等的提问、考核等方式锻炼学生独立思考的能力,鼓励学生在实验中做到胆大心细、勤于思考。导师应培养学生养成实验前查看化学品安全技术说明书(MSDS,Material Safety Data Sheet)的习惯。MSDS 是一份关于化学品基本性质、理化参数、危险性描述、运输、储存与废弃物处理要求以及防护、急救、消防、泄漏应急处理措施、法律法规等信息的综合文件,对化学品的安全使用和管理具有重要指导作用[3]。实验室应将实验室内所存放化学品的 MSDS 表整理放置于实验室显眼处,方便学生查阅。

实验室应建立实验申请制度,由指导老师、实验室管理员等进行审批。学生做实验须提前填写实验申请表,详细描述实验方案、实验目的、实验起止时间、申请使用的实验台面、试剂、器材以及可能发生的安全问题等信息,经导师审核并签字确认后递交实验室管理员申请。未经导师和管理员同意,学生不得开展实验。

实验室管理员由于还有其他的实验室管理任务,无法时刻监控每位学生的实验。对于容易出现安全问题的实验,导师应在学生实验过程中经常到实验室查看实验情况,进行技术指导,对不规范的实验行为给予纠正,帮忙及时排除一些安全隐患,保障实验安全。

通过加强导师对学生的实验指导和监督,不仅可以有效提高实验数据质量,促进高质量科研成果产出,也有助于培养学生安全隐患辨识能力和独立思考能力,引导学生形成自主实验安全意识。

4.营造良好的安全实验环境

实验室环境对学生的实验安全意识具有潜移默化的影响[4]。在一个整洁有序、管理规范、制度健全的实验室环境中,学生容易自觉遵守相关管理规定。学生之间也会相互学习和效仿,师兄师姐的良好实验习惯会对师弟师妹产生正面的示范作用,一届届往下传,形成良性循环。反之,如果实验室环境脏乱,管理涣散,试剂、器材摆放无序,实验废料随意丢弃,学生很自然地会有从众行为,不遵守规定,管理制度成为摆设,实验室安全将无从保障。

营造良好的安全实验环境,可通过完善实验室安全设施、健全安全管理制度、加强安全巡查监督等方面来努力。

完善实验室安全设施包括配备相关的实验防护用品(实验服、实验手套、护目镜、防毒面罩等)、通风排气设施(通风橱、排气扇等)、防爆设施(泄压装置、气瓶柜等)、防盗设施(锁、门禁等)、消防器材(灭火器、消防栓等)、应急处理装置(急救药箱、喷淋装置等)以及报警装置(气体报警装置、烟雾报警装置)等安全设施,并进行定期更新和维护,保障安全设施配备齐全、性能良好。实验室现场应合理布局、保持通道畅通,实验室安全标志应齐全、醒目直观。一些安全设施、实验设备的安全使用注意要点可通过在其附近张贴醒目警示语的方式来时时提醒学生,如实验室门上张贴"请随手关门"、电热板边上张贴"用完请拔掉插头"、制水机上张贴"取水时人不能离开"、各类仪器上张贴"使用仪器请及时登记"、烘箱等加热设备边上张贴"使用期间需经常查看,仪器禁止在夜间无人时工作"等标语。

安全管理制度是指为保障实验室安全运行而制定的各项具体管理规定和措施。各实验室应根据国家相关法律法规、学校相关实验室安全管理制度,结合实验室自身的实验、试剂、仪器等特点,制定涵盖人员管理、试剂管理、仪器管理、样品管理、实验废弃物管理、卫生管理、权责分工、奖惩措施等契合本实验室实际、可操作性强的实验室管理规定,并严格落实执行。实验室应根据仪器设备的特点和技术要求,参考仪器说明书,结合具体情况和相关经验,对每台仪器设备制定合理可行的操作规程,包括详细操作步骤、注意事项等,作为实验人员正确操作仪器设备的依据。仪器操作规程应放置或张贴在仪器边上,方便学生随时查看。

为确保实验室的各项管理规定切实落实到位、保障实验室安全、整洁、有序运行,实验室需经常进行安全巡查监督,同时在巡查中检查各项管理规定的实施效果并加以完善。实验室管理员应每天巡视实验室,检查实验室卫生情况,排查实验室安全隐患,同时监督学生实验情况,对违反实验室管理规定、容易导致安全问题的不当行为责令整改,对一些典型的、屡教不改的或情节较严重的违规行为进行公开通报,让其他人引以为戒、提高警惕。除了实验室自查外,学校、学院也应定期组织专家对各个实验室进行安全巡查或抽查,对实验室安全管理的不足之处给予指正,并督促管理员落实整改,促进实验室安全管理水平的提升。

5.加强实验室安全文化宣传

学校应采用多种形式加强校园实验室安全文化宣传,营造良好的实验室安全教育氛围。如在学生流量较多的地方设立实验室安全宣传栏或放置海报展板、在学校网站或校园广播中开辟实验室安全知识专栏、借助新媒体平台(如建立微信公众号等)发布一些实验室安全知识或事故案例等,以及定期开展一些让学生参与其中的活动,如实验室安全知识竞赛、应急预案演练等。通过形式多样、内容丰富的经常性实验室安全宣传教育活动,向学生时时渗透实验室安全意识。

6.强调实验室安全责任

实验室应强调和落实实验室安全责任,通过制定实验室安全岗位责任制度,明确实验室主任、管理员、导师等安全责任人的具体职责,并制定明确的惩罚措施,对实验室各项失责或违规行为追究当事人责任,进行相应处罚。在每位学生进入实验室前,实验室应要求其签署安全责任书,让他们知道若违反安全规定或操作规范引发事故,除了可能给自身或他人造成伤害以及造成财产损失,还必须承担相应的责任。通过对学生实验室安全责任意识的灌输,促使学生提高实验室安全意识,自觉遵守实验室各项规章制度[5]。

四、结语

在高校广泛加强大学生创新创业能力培养的背景下,加强大学生实验室安全意识培养既有重要现实意义,又是高校实验室安全的重要保障。本文建议从增设实验室安全教育课程、建立实验室准入制度、加强导师指导作用、营造良好实验环境、加强实验室安全文化宣传、强调实验室安全责任等六个方面对高校大学生进行系统性的实验室安全意识培养,确保实验室安全教育落到实处,为社会培养出具有优良科学素养的高素质创新创业型人才。

参考文献

[1]贾霏、李伟杰、李志强:《基础化学实验中培养提高学生安全意识的探索》,《广州化工》2014年第5期。

[2]冯永庆、沈元月、秦岭等:《研究生的实验室安全意识调查及分析——以北京农学院农科研究生为例》,《安徽农学通报》2010年第7期。

[3]蔡毅飞、薛来:《MSDS在高校化学实验室安全管理中的应用》,《实验室研究与探索》2010年第11期。

[4]邓丽荣:《培养学生实验安全意识的研究与探讨》,《科技资讯》2012年第3期。

[5]贺振旗:《强化安全意识,做好实验室安全管理工作》,《中国现代教育装备》2015年第9期。

国土空间规划条件下实践课程改革的思考

——以城乡认识实习教学成果《聚落寻源》为例

杨　哲　张　曼*

摘要：城乡规划学是一门理论与实践结合度很高的学科。通过实践课程的教学可以使学生对理论知识进行整理强化并加以运用。当前我国正经历从城乡规划体系向国土空间规划体系的转型过程，实践类教学也需要跟随国家战略、时代要求不断进行更新和调整。厦门大学城乡规划教学课程"城乡认识实习"有计划地带领学生去探访古城、古镇、古村落、古建筑空间，去认识和梳理传统聚落所反映的丰富多彩、各具特色的城乡历史文化和空间原型。十年来，已完成了从南方地区的皖南、婺源、徽杭、赣江流域，到云贵高原的黔东南；从北方地区的晋西陕北山东，到绵长宏阔的河西走廊的探索，并整理成教学成果专著《聚落寻源》。在如今国土空间规划所要求的全域、全过程、全周期新形势下，这种系统、全面的实践教学方法具有重要的参考意义。

关键词：国土空间规划；实践课程；教学成果

一、关于实践类课程

伯特兰·罗素的《哲学简史》曾提道："对于未知的事物，实际上有两种态度：一是接受人们基于书本、神话或神灵启示所做的声明；二是自己亲自走出去看一看，而这种方法正是哲学和科学的方法。"实践类课程正是给学生一个走出去看一看的机会。

实践类课程是学生获取知识、积累储存知识、改造整理知识并加以运用的过程。同时课程本身需要不断改进，时代重点的变化、不同地域所存在的差异、认识方法和手段的更新，都要求实践课程及时加以调整。城乡规划学本身具有知识体系广域和繁杂的特点，课程教学具有很强的专业性和应用性。厦门大学城乡规划系实践课程"城乡认识实习"带

---

* 杨哲，厦门大学建筑与土木工程学院副教授，研究方向为建筑历史与理论；张曼，厦门大学建筑与土木工程学院 2018 级硕士研究生，研究方向为建筑历史与理论。

领学生运用多种认知方法进行实地调研,并将每年的实习过程和成果进行串联,建立自己的实习资料库,最终形成完整的教学成果,包括展示展览、评奖评优、论著出版。

二、城乡认识实习目的和内容

由于快速发展的城市化进程,很多城市已经看不出历史发展的脉络和痕迹,趋向"千城一面"。而广大乡村要么迅速空心化甚至消亡,要么蜕变为都市人寻找"乡愁"的旅游景点。这些普遍的现象都在呼唤空间形态与社会文化的转型与发展。要获得成功的转型,首先必须对人类聚落的原型有准确的理解和把握。这些"原型"不存在于城市化水平较高的城市,而存在于古城镇和古村落中。

中国历史文化城镇群落十分丰富,华东非沿海大部地区以及广阔的中原地区、西部边远地区,都有着深厚的历史文化,多样的城镇和村寨群落。这些古镇、村落是中国城乡建筑文化传承的重要因素。它们既有鲜明的个性特色,同时又具有某些普遍的共性特征。

自 2011 年以来,每届城乡规划系本科二年级学生按教学计划在暑期进行为期1.5周(实际9~12 天)的"城乡认识实习"。结合"城乡历史与文化"课程,实习着重对我国东南区域的历史文化城镇和村寨及自然环境进行实地考察,聚焦聚落的空间原型与文化特征,进行短时间、多种类地点的现场认识。使学生建立对中国东南典型城乡的空间结构与文化历史等各项要素的感官(眼、手、脑)认识,扩大眼界,增进对不同区域及环境条件下的城镇乡村聚落的全面了解,培养和锻炼学生的专业观察和表达的能力。十年间,师生们在祖国南北大地上都留下了汗水和足迹。从 2011 年的晋陕风韵,2012 年的河西走廊,2013年的且看黔行,2014 厦遇皖南,2015 年齐鲁大地,2016 年山水婺源,2017 年徽杭古道,2018 年赣江南北,到 2019 年寻迹珠江。

实习过程中要求学生通过考察和调研,对当地聚落的空间原型及历史文化"原生态"特征进行了解和总结,主要包括以下 4 个方面:

(1)山水格局、区域性组团关系及交通联系方式。
(2)城、镇、村的空间结构,街巷肌理与建筑群落(类型、分布等)特征。
(3)自然地理、城乡风貌与建筑风格形式特点。
(4)历史、人文、乡俗等虚体和情感要素的提炼(非物质文化遗产等)。

三、实习课程的架构

整个实践课程的架构包括事先筹划、事中执行、事后总结三大部分,架构根据每年的具体情况进行调整和更新,到 2016 年山水婺源阶段已建立完整的构架(如图 1)。

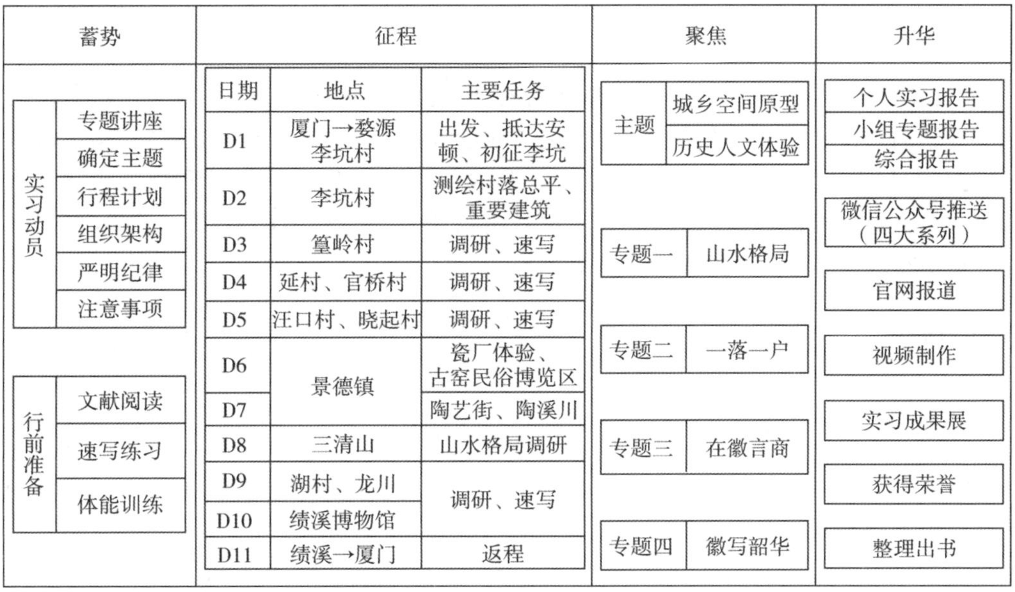

蓄势		征程			聚焦		升华
实习动员	专题讲座	日期	地点	主要任务	主题	城乡空间原型	个人实习报告
	确定主题	D1	厦门→婺源李坑村	出发、抵达安顿、初征李坑		历史人文体验	小组专题报告
	行程计划						综合报告
	组织架构	D2	李坑村	测绘村落总平、重要建筑			微信公众号推送（四大系列）
	严明纪律	D3	篁岭村	调研、速写	专题一	山水格局	
	注意事项	D4	延村、官桥村	调研、速写			官网报道
		D5	汪口村、晓起村	调研、速写			
行前准备	文献阅读	D6	景德镇	瓷厂体验、古窑民俗博览区	专题二	一落一户	视频制作
	速写练习	D7		陶艺街、陶溪川			实习成果展
	体能训练	D8	三清山	山水格局调研	专题三	在徽言商	获得荣誉
		D9	湖村、龙川	调研、速写			
		D10	绩溪博物馆				整理出书
		D11	绩溪→厦门	返程	专题四	徽写韶华	

图1　2016年"山水婺源"实施全程

1.事先筹划

（1）实习大纲与计划

编写实习大纲,明确实习的目的、教学要求,确定实习的组织与实施方案,包括实习内容、实习方式、时间安排,实习考核、注意事项等内容。

（2）实习动员

提前1～2个月开展实习理论培训和动员。内容包括专题讲座、实习主题的明确、整体行程计划、人员组织架构、严明纪律和阐述注意事项等方面。使学生对实习的全部过程有完整的了解。专题讲座跟学生按研究专题展开分析,明确重点和要求。建立实习组织架构,明确各小组和个人的任务和负责事项。

（3）行前准备

行前要求每个学生做三个方面的准备:文献阅读、速写练习和体能训练。通过大量的资料查阅,提前了解要调研城镇乡村的基本概况,做到心中有数,扩宽学生的专业知识储备。在实习中更加深入、有侧重点地调研和测绘,而非盲目参观游览却没有专业性知识的提升。速写练习能扎实学生的绘画功底,到现场之后调研工作也能够开展得更加得心应手。另外,因天气炎热,聚落中步行距离较远,同学们会有大量的体能消耗,所以出发前会提醒学生进行适当的体能训练。

2.事中执行

经过充分的事先准备工作,实习在暑期展开,过程基本为 9～12 天时间。在老师的指导下,学生通过眼——观察拍照、手——速写测绘、心——思考访谈等方式,切实了解调研对象的有形与无形结构的特征及其表达,掌握城乡规划专业必备的调研方法,包括无人机数据采集、重点建筑测绘、现场访谈等。对村落物质形态有初步的认识和了解:村落整体概况、道路交通、水系、公共空间、建筑单体等。

3.事后总结

(1)聚焦

在广泛调研的基础上进行专项聚焦,通过小组分工合作,学生进行城乡空间结构分析、城乡山水格局环境分析、建筑空间与风格特征分析、历史文化民俗风情等虚体要素以及深层问题的认知与把握,达成对较大范围城镇乡村形态的整体认知。专题聚焦阶段使用专业的学术分析方法,如诺利地图、空间句法等,分析聚落空间的系统和深层逻辑。

(2)升华

实习结束后学生进行实习成果整理,通过撰写个人实习报告、小组调研报告、微信公众号推文(纪实性报道在实习途中每天发送)、官网新闻报道乃至发表学术论文等,培养学生独立思考的能力,并让学生养成及时记录所见所闻并提炼自己的认识和感想的良好习惯。

四、实践认知的层面与方法

城乡规划学的学习离不开对地方与场所的各方面的认识,如气候、资源、交通、历史、文化等。认知可通过多种途径达成,如形态(人地关系)、区域(特色显现)、地段场所(领域感)、风土人文(历史积淀)等。针对本科二年级学生的实际情况,对认知方法也进行不断的改进,其中包括速写、访谈、摄影、无人机、诺利地图、空间句法等,加深对不同聚落空间环境与历史人文的认识。

认知层面,由具象上升为抽象,大体可分为外在形式、主观意象和社会意义。城市、乡村与建筑的形式是原本物理或物质的存在,对于认知者(规划设计者)来说,属于原物或"原创"。当认知者以自身或习得的经验来把控这个客体,形成主观意识到的存在时,比如测绘图、写生画等,便"客创"出意象。这个主观性很强的意象经由集体意识的认可与增强便具有了社会意义,最终影响到规划设计的定位、方向、框架、重点乃至细节。

1.速写

城乡规划学专业的速写不同于美术绘画,是对当时所看到的城镇空间或建筑形式的感悟的及时记录;虽然大多仍表现为形态,但可能会忽略明暗与光影,甚至色彩与质感;以建筑或空间形式本身作为记录重点。认识实习过程中调研时间有限,通过短时间速写,训练的是概括、取舍能力,表达的是对有感场景的最基本、最强烈的印象。

2.测绘

针对传统聚落中古民居的建筑形制、建筑结构、建筑材料、比例尺度、建筑装饰及艺术空间手法进行测量和描绘,强化学生对传统建筑的理论认识,并补充对测绘方法的技能训练,对我国传统村落和建筑格局有初步认识。无人机技术的应用也对测绘技术进行了补充,可以更加直观方便地获取聚落全貌信息。

3."鱼眼图"

鱼眼图具有超广角的属性,超出人眼所能看到的范围,建立了平面图与三维视图之间的联系。通过鱼眼图,可以直观认知更大范围的聚落空间,从而全面系统地了解、掌握聚落环境信息,如山水林田湖草等全域全要素的地理方位信息(如图2、图3)。

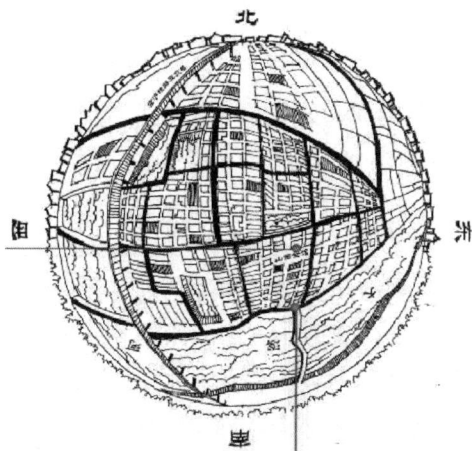

图2 手绘"鱼眼图"

图片来源:杨哲:《聚落寻源》,厦门大学出版社 2019 年版。

图3 无人机拍摄"鱼眼图"

图片来源:杨哲:《聚落寻源》,厦门大学出版社 2019 年版。

4.诺利地图

由詹巴蒂斯塔·诺利(Giambattista Nolli)绘制的《新罗马地图》,精确详细地记录了罗马当时的城市和城郊的状况,包含丰富的信息。诺利地图采用"图底关系"的方式来表达城市形态,区分公共领域与私人领域,将公共空间留白,私人建筑涂黑,空间被整理为"图"和"底"的组合。采用这种方式整合聚落空间形态,使学生对聚落肌理和空间特征有了新的认识和思考(如图4、图5)。

图 4　渼陂村鸟瞰图(图片来源:《聚落寻源》)
图片来源:杨哲:《聚落寻源》,厦门大
学出版社 2019 年版。

图 5　渼陂村诺利地图(图片来源:《聚落寻源》)
图片来源:杨哲:《聚落寻源》,厦门大
学出版社 2019 年版。

5.空间句法

空间句法是描述建筑与城市空间模式的理论,通过对空间的尺度划分和空间分割,分析其中复杂的逻辑关系。可运用到聚落中分析计算空间的可达度等信息。

五、课程教学成果

学生在认识实习结束之后需在 1~2 周内提交实习报告电子版,经过教师点评修改之后成为正式个人实习报告、小组报告,作为成果提交。实习课程自 2016 年起还与申报厦门大学校级实践重点团队进行了结合。通过加大宣传力度,如"微信公众号系列推送"和官网新闻报道等,整个认识实习的过程及各阶段成果得到更加及时和系统的提升。

2016 级城乡规划"厦门大学山水婺源实践队"实习成果如下:

(1)全队成员的实践报告及速写(全队完成速写 586 幅,人均16.7幅)。

(2)村落测绘和典型建筑测绘小组的成果汇总。

(3)实践队综合报告以及 4 个子课题报告。

(4)实践队公众号推送文章,4 个系列共 25 篇。

(5)学院官网和《厦大石语》新闻报道。

(6)实践队全程与成果视频制作(书籍附光盘《山水婺源》)。

(7)实践成果汇报展(厦大三家村、学院中庭)。

(8)在全校范围举行的"2016 年厦门大学社会实践'十佳团队''最有人气团队'评选"活动中,"山水婺源"实践队均获得第一名。

(9)"山水婺源"社会实践队荣获"2016 年福建省大中专学生志愿者暑期'三下乡'社会实践活动优秀团队"称号。

（10）2017 年 6 月，作为社会实践教学成果的组成部分，带队教师以个人名义获得厦门大学校级高等教育教学成果二等奖，以教师团队的集体名义获得一等奖，福建省大中专学生志愿者暑期"三下乡"社会实践活动优秀团队等。

这部分内容直接奠定了教学成果专著《聚落寻源》的出版。该书系统地梳理了自 2011 年至 2018 年暑期城乡认知实习的心得和成果。共分四篇：第一篇回顾了 2011—2015 年历次城乡规划认识实习详情与部分成果；第二篇详细展开 2016 年"山水婺源"实践的方方面面；第三篇汇编了 2017 年"徽杭古道·第三空间"实践成果；第四篇总结了 2018 年"赣江南北·诺利地图"的考察方法。

六、展望

国土空间规划是对国土自然保护、有序开发、高效利用和高品质建设的整体性谋划和有意识行动。包括四个基础要素：战略引领、底线管控、持续发展和全方位协同。城乡规划系的实践课程"城乡认识实习"也可以套用为"国土空间认识实习"，进行相应的课程内容调整。那么，"国土空间认识实习"课程要点为物理地理、社会经济、心理文化、网络数据四项。通过与"城乡认识实习"对比，山水格局、区域性组团关系及交通联系方式；城镇村的空间结构，建筑街巷组织与空间肌理特征；自然地理、城乡风貌与建筑风格形式特点这三部分可合并到物理地理中。历史、人文、乡俗等虚体情感要素的提炼（非物质文化遗产则分解为社会经济与心理文化两项）。所增加的"网络数据"，虽然在以往实习中通过微信推送等有部分呈现，但仍需通过更加完善的数据库信息流，才能进行更为精准和全面的梳理和分析（如图 6）。

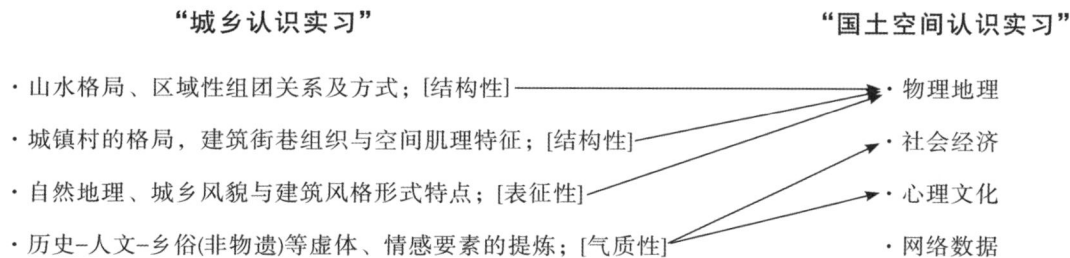

"城乡认识实习"　　　　　　　　　　　　　　　　　　**"国土空间认识实习"**

· 山水格局、区域性组团关系及方式；[结构性] ⟶ · 物理地理

· 城镇村的格局，建筑街巷组织与空间肌理特征；[结构性] ⟶ · 社会经济

· 自然地理、城乡风貌与建筑风格形式特点；[表征性] ⟶ · 心理文化

· 历史-人文-乡俗(非物遗)等虚体、情感要素的提炼；[气质性] · 网络数据

图 6　从城乡规划到国土空间规划实践课程内容的调整

上山下乡，走街串巷。深入城镇乡聚落的实践经历使我们认识到，城乡历史与文化已不再仅仅是一个由历史遗迹和古代建筑构成的文化遗产，也不仅仅包括历史人物、民风民俗、工艺美食等物质与非物质文化遗产，"它已经被赋予了更为丰富的社会可持续发展的内涵"，是人类聚落生生不息、继往开来的核心要素与内在灵魂。我们永远可以在聚落中找到新的智慧，诞生新的见解与词汇。

厦门大学城乡认识实习走过皖南、婺源、徽杭、黔东南、赣江流域，晋西陕北、齐鲁大地、河西走廊。但在祖国乃至世界聚落的版图上，还仍只是冰山一角。"聚落寻源"行动刚刚起步。新时代条件下，我们要放眼国土，超越地平线，把实践课程推向新的境界。

参考文献

[1]杨哲:《聚落寻源》,厦门大学出版社 2019 年版。

[2]吴晓、王承慧、高源:《城乡规划学"认识—实践"类课程的建设初探——以本科阶段的教学探索为例》,《城市规划》2018 年第 1 期。

[3]李梦然、冯江:《诺利地图及其方法价值》,《新建筑》2017 年第 4 期。

[4]吴次芳、叶艳妹、吴宇哲、岳文泽:《国土空间规划》,地质出版社 2019 年版。

新能源多学科交叉本科实验教学与基础建设*

刘　健　林志彬　甘礼惠　胡晓慧**

摘要:新能源科学与工程专业以教育部"卓越工程师培养计划"为导向,面向国内外新能源产业的发展需求,重点培养核能、生物能源、化学能源、太阳能和能效工程等新能源产业体系急需的高质量技术研发人才与管理人才。2013年,厦门大学成立能源学院,设立新能源科学与工程本科专业,致力于培养新能源产业体系急需的高质量技术研发人才与管理人才。在学院初创阶段,采取了高效利用科研设备等方法解决了本科教学设备采购不足的问题,多渠道学习兄弟院校经验,克服了本科实验教学无经验可以借鉴的问题,联合全院老师一起公关,解决了实验课程体系不完整、实验室建设不完善的问题,并改革了教学模式、教学手段和教学方法,克服了学科交叉程度高的问题。

关键词:新能源;多学科交叉;本科实验;基础建设

在能源危机和环境污染日益加剧的背景下,新能源产业已经成为未来社会可持续发展的支柱产业,大力发展新能源已经成为国家的战略重点之一[1]。要发展新能源产业,一个最重要的环节便是人才的培养,这是对国内高校的一个挑战,也是一个机遇[2]。新能源科学与工程本科专业作为一个年轻的本科专业,在课程内容体系设置上需要紧密结合培养目标要求,以新能源基础知识、技术系统设计、实验和工业实践等课程为核心,强调培养学生的创新能力、实践能力和国际化交流能力[3]。本专业以学生的专业系统知识、实践动手能力和技术创新能力作为教学评价的重要依据,突出基础理论学习和新能源工业实践的有效结合,并以综合素质培养和新能源产业发展实际需求作为学生的培养方向,

---

　*　教育部产学合作协同育人项目(201801171033)。

　**　刘健,博士,教授级高工,研究方向涉及能源化工、生物基材料、保健食品、新能源本科教学实验建设等领域;林志彬,工程师,研究方向为能源电化学;甘礼惠,工程师,研究方向为能源化工、生物基材料、保健食品、新能源本科教学实验建设等;胡晓慧,博士,工程师,研究方向为超临界流体、催化、无机材料制备、润滑剂研究等。

造就满足社会需求的高水平人才[4]。2013 年,厦门大学成立能源学院,设立新能源科学与工程本科专业,致力于培养核能、生物能源、化学能源、太阳能和能效工程等新能源产业体系急需的高质量技术研发人才与管理人才。在学院初创阶段,新能源本科实验教学存在着各种问题。针对这些问题,学院展开了学科建设,形成了符合能源技术研发、具有交叉学科和工程类学科特点的培养教育模式,详述如下。

一、新能源本科实验教学存在的主要问题

1.学院初创阶段,本科教学设备采购不足

按照教学大纲方案,新能源科学与工程专业设置了实验实践课程体系,包括"新能源实验入门""新能源系统技术与实践"等实验课程。由于学院初创,受教学硬件条件的限制,本科实验室条件从零起步,实验室人员、实验室设施及教学设备资源均处于空白状态,而学校建设部门拨付的起始经费不足以一次性大量购置设备,导致教学实验室的仪器设备数量不能满足规模化本科培养的需要。

2.学院初创阶段,本科实验教学无经验可以借鉴

本院的新能源科学与工程专业,第一届本科学生最早的是 2013 年入学,截至目前未有学生毕业。因此,既没有创办经验,也没有用人单位对走向工作岗位的毕业生反馈意见。全国范围内所有开设的该专业,均处于初创阶段,无法相互借鉴成熟经验。

3.实验课程体系不完整,实验室建设不完善

新能源科学与工程作为一个全新的专业,各高校对实验课程的设置和教材的选取均是在不断尝试中进行,建立的实验课程体系未经过验证,不可避免地存在这样那样的问题[5]。新能源科学与工程专业是在厦门大学文理为主教育专业基础上设立的,教学内容更侧重理论知识,实验教学中基础实验比重相对较大,工科类实验相对较少,综合、设计性的创新实验更少之又少。实验教学选取的教材基本是根据本学院教师的自有研究方向,容易偏向于因人设课,实验内容的设置也是根据现有科研实验室的硬件条件,且更多围绕于教师已有的研究,缺乏创新。

4.学科交叉程度高,教学模式、教学手段和教学方法需要改革

新能源本科教学实验作为一类综合性实验课程,设立的初衷是满足能源学科发展的需要,基于在能源、电工、电子、材料、化工、生物、化学、工程方面的交叉知识,专门培养实践动手能力,使学生具备在理论知识指导下的高级综合技能,因此需要很高的学科交叉程度要求[6]。学院初创阶段,总体师资力量虽然不弱,但十几名实验教师的师资力量的知

识背景大不相同,为了顺利完成教学任务,所采用的教学方法和流程基本仍然延续原有传统学科知识背景的模式,教学模式、教学手段和教学方法需要改革。

二、解决新能源本科实验教学问题的思路

1.为了解决学院初创阶段本科教学设备采购不足的问题,按照教学大纲方案,新能源科学与工程专业设置了实验实践课程体系,包括"新能源实验入门""新能源系统技术与实践""核电数控模拟仿真"等实验课程。依据课堂讲授的理论知识,调整基础实验(基础化学实验、能源材料类实验、电化学实验)设置,将综合性实验和验证性实验相结合,在配合课堂理论知识讲授的同时,又培养了应用实践技能。

2.为了解决学院初创阶段,本科实验教学无经验可以借鉴的问题,学院组织教学部,面向全院教师征集各类综合性创新实验,将征集的草稿在注重学科交叉的基础上进行整理、提升、融合、改进,形成了"新能源系统技术与实践"这门创新性试验课程。在大三第一学期围绕巩固前两年基础知识的目标,增加综合性创新实验,将实验规划设计和实验实践操作结合起来,培养学生发现、分析和解决问题的能力,促使其充分参与实验教学课程,从而树立了创新意识和严谨的科研作风,在专业相关知识掌握的程度与实际应用能力方面达到社会的要求。

3.为了解决实验课程体系不完整,实验室建设不完善的问题,"新能源系统技术与实践"课程作为跨学科交叉课程,尚处在一个逐渐实践的阶段,需不断探索、改革,以求日臻完善。"新能源系统技术与实践"课程是我校高等教育中实现交叉协同创新的一种尝试,与传统课程不同的是本课程教育强调学科交叉性,重点是培养学生运用各方面知识的综合能力,所以本课程教育应"知识融会贯通",避免单一的某一方面空洞的理论知识。随着我校协同创新工作的快速发展,学生们对跨学科知识的需求量在日益增加,本课程作为典型的跨学科课程,得以迅速发展。因此,本课程教学需要"知识融会贯通"教学方式。

4.为了解决学科交叉程度高的问题,教学模式、教学手段和教学方法进行了改革,从实验原理、实验过程到具体的实验操作步骤都是启发式设计,学生需要深入思考才可以参与到实验中。这样实施的新能源实验教学不仅可使学生掌握基本实验操作技能,而且能够培养学生相关的思考设计能力,以及严谨求实的科学态度。这种启发式教学,不仅可以提高学生的动手能力,而且可以培养分析解决问题的能力,以及思维和创新能力。

三、解决新能源本科实验教学问题的举措

1.知识点与案例教学相结合

在教学过程中,联系本专业的基础知识,多结合实际应用案例,引导学生从应用的角

度去思维和学习。大体可从两个方面入手:

首先,只叙述案例的基本要求,并给出初步结果,引导学生利用所学知识提出更好的解决方案,充分发挥学生的主动性和创造性。案例教学应掌握以下原则:案例与专业基本知识相结合;激发学生的创新能力;克服传统课堂教学的束缚,拓展教学空间。通过实施案例教学,更能充分体现现代学科交叉综合能力教育的理念。

其次,介绍某生物质综合工艺案例,包括案例的要求、解决过程、采取的措施、注意事项、涉及的知识等,使学生犹如身临其境,从而达到感性认识与理性认识的结合,并且再次从感性认识上升到理性认识。

最后,结合实际应用,例如以物理化学理论知识为基础,结合实际锂离子电池材料的制备与表征,安排学生亲自动手完成整个锂离子电池的制备过程,加强学生动手实践能力。

2.应着重培养实践知识融会贯通技能

大部分学生将书本上的理论知识学习得很好,理论考试也能考出较好的成绩,可就是欠缺知识融会贯通能力。如何培养学生的知识融会贯通技能呢? 大致应做到以下几点:

(1)培养学生的融会贯通能力

除了需熟练掌握各类能源工程知识,还需正确认识、理解工艺,清楚工艺原理。培养学生的融会贯通能力需要教师在教学中转变教学思想,把以应试教育为主转变为以能力教育为主。针对"新能源系统技术与实践"课程,我们在教学计划中专门进行了综合讨论课,分组安排学生准备不同问题,使本课程中所学的有关理论知识在准备的课题中得以应用。实训内容涵盖了基本知识面。通过综合讨论课,极大地提高了学生的实践知识融会贯通能力。

(2)培养学生熟练知识融会贯通,使用常用的仪器、设备的能力

常用的实验方法是实际工作中经常用到的,学生应熟练掌握。如纤维素酶活力检测、金属材料性质检测、功能性官能团检测、特征性结构表征等。

(3)培养学生掌握能源产品工艺知识

让学生学习、掌握能源产品工艺。包括工艺文件分类、内容、如何编写;根据生物质的种类和特点,多进行相关训练,掌握利用生物质的技巧;掌握衍生化工艺的内容、方法、步骤等;了解检测工艺的内容、方法等。

(4)培养学生鉴别生物质的能力

作为开放性选修课,各专业的学生未必将直接从事与生物质产品有关的工作,但生物

质鉴定相关知识将受益终生。能源产品是由众多能源产品组成的,所以,识别和检测是基础。首先,学生应认识各种能源生物质原料并掌握其性能指标。其次,还应培养学生熟练使用各种仪器检测的能力,尤其使用通用仪表检测的能力。如掌握红外法迅速、准确判别各类有机燃料官能团等能力。

3.教学内容要努力拓宽知识面

来自不同专业的学生,毕业后也不可能全部从事面向与能源有关的各类工作,甚至与能源无直接关系的工作。这就要求学生不仅要有扎实的专业基本知识,同时也要有足够宽的知识面。即点的深度与面的宽度相结合。因此,应在本科前三年的时间里重点学习本专业的基础课和专业课,并力求理论与实训紧密结合。本课程在此基础上,应注重实践能力,让学生亲自动手多接触、多实践各种实用性技术和知识。

4.保持教学与世界最新研究进展的同步,摆脱某些教材滞后的束缚

本课程的教材中也不乏优秀的教材,但教材的组织编写、出版等总是有一定的过程,而知识和技术的更新却越来越快,尤其在新能源领域。故大多数教材存在着不同程度的滞后性。本课程教育的特点要求本课程教材应突出学科交叉的特色,尤其应突出最新理论突破,由于上述原因,教材滞后现象更为明显。所以,课程教学中应摆脱某些教材滞后的束缚,及时补充新知识,使学生掌握学科最新进展。这样培养出来的学生才能适应知识和技术的发展、满足新时代的需要。要做到这一点,对新编教材和任课教师提出了更高的要求。

因此,作为教师,不仅要胜任理论课的课堂教学,还要不断补充学习新知识,并不断提高自己的水平,保持足够新的知识面。这样才能摆脱某些教材滞后内容的束缚,尝试教学方式的改革,及时给学生补充有关新知识,并引领和指导学生将所学的理论知识融会贯通。以上是我对本课程教学中的"知识融会贯通"教学方式的几点见解和思考。力图阐述这样一个观点:本课程教育应注重使学生掌握交叉学科知识的应用,力求真正地"学以致用"。

四、新能源本科实验教学建设方案的创新点

1.教学理念创新:多层次的实验教学格局

实验类本科课程建设应以培养高层次研究型人才为目标,以培养应用型人才为导向,培养的创新型人才具备基础知识扎实、动手能力强、综合素质全面的特点[7]。因此,在构建新能源科学与工程专业实验教学课程体系过程中,应该全面考虑新能源学科的特点,结合本校现有教师在科研方面的背景,综合构建学生的学科知识基础、实践动手技能和科研

创新能力[8]。新能源科学与工程专业实验教学课程体系,按照"基础知识—工程实践—应用导向—科研创新"四层次,构建了多元化的实践教学模式,搭建了实验教学、实习实训、创新实践、模拟仿真四位一体资源平台,全面提升了学生的工程实践能力和创新能力。

2.教学模式创新:多元化的实践教学模式

针对实验实践的关键环节,探索实施了"知识融会贯通"的实验教学模式,除了知识点与案例教学相结合,更是将教学内容拓宽知识面,同时保持教学与世界最新研究进展的同步,摆脱某些教材滞后的束缚,注重使学生掌握交叉学科知识的应用,力求真正地"学以致用"。经过课程的锻炼,学生将顺利融入毕业设计阶段,知识及技能水平得到更进一步的提升。

3.实践平台创新:建立多学科交叉和工程应用属性的本科生创新实践平台

"新能源综合应用创新实践平台"是我院平台建设中非常重要的一环。平台主要利用现有本科实验教学设备和空间资源,结合学院丰富的教学和科研人才资源,让学生,特别是本科生进入研究课题组和实验室,参与科研创新活动,通过课题的参与、项目的研究,培养学生创新思维、动手能力、科学素养及工程应用能力。通过平台的建设,整合实验资源和教师资源,由学院提供项目研究所需设备、空间等,由课题组提供课题和学生需求,学生与导师双向选择,为学生提供更好的科研训练和工程素养的培训。平台以卓越工程师培养为最终目标,为学生提供除课程学习以外,更多的动手和思维能力训练。根据教育部"卓越工程师教育培养计划"和"高等学校创新能力提升计划(2011)",结合洁净能源产业对工程技术人才的需要,在本科实验教学方案设置中,需要打破常规专业学科界限,汇集融合科研、技术和产业发展中国际上共通的知识和技能,通过搭建多平台,推行体验式教学,强化学生的创新能力、实践能力。

4.研究创新性教学

在学生掌握了新能源专业理论知识体系和相关实践应用技能后,按照培养计划,在大三第二学期开设创新性实验课程,对大四的毕业设计论文进行预备培养,在实验课程的安排上要努力体现学科之间的交叉,在巩固实验技能的同时,也能培养学生掌握多学科交叉知识的能力。通过开设创新性实验课程,可以全方位提升学生对新能源科学与工程学科领域的理解,实现其自主设计实验方案和分析解决问题。因此,本专业的实验教师,不仅要胜任理论知识的教学,还要不断补充学习实践知识,并不断提高自己的水平,保持足够新的知识面。这样才能摆脱某些实验滞后内容的束缚,尝试教学方式的改革,及时给学生补充有关新知识,并引领和指导学生将所学的理论知识融会贯通,力求真正地"学以致用"。

五、建设成果

1.教学改革效果显著,学生受益面广

通过改革,新能源本科教学实验为学生塑造了完整的实验设计思想,训练了学生的专业实验操作技能,使其掌握了新能源科学与工程的基本研究手段,从而在大四毕业设计中可以进行独立的文献调研、实验设计、实验实施和研究总结。同时,自2013级新能源科学与工程专业本科生开始,该成果已成功培养两届本科生多学科交叉实验实践技能,经过课程的学习,学生顺利进入毕业设计阶段,以最快的速度融入科研课题组从事科学研究活动,取得较好的成果。

2.科创项目成果

能源学院以该成果为基础,落实本科生参与大创实验项目制度,本科生大创实验项目参与比率为100%,是厦门大学比例最高的学院。2015年度我院立项了19项大创项目,总经费20余万元,截至目前全院立项总数达65项,总经费达60余万元。

3.科创项目的落实与效果

科创成果收获颇丰。2016年"创青春"大学生创业大赛中我院两支队伍参与省赛并取得两枚银牌,2016年厦门大学"挑战杯"大学生课外学术科技作品竞赛中,我院五支队伍参与并有一支队伍进入决赛,2016年"互联网＋"大学生创新创业大赛我院多支队伍报名参与。2016年全国大学生节能减排大赛中,我院五支队伍参与校赛,一支队伍获得特等奖、两支队伍获得二等奖,一支队伍获得三等奖。在之后的国赛中,由我院老师指导的参赛队最终获得全国二等奖。此外,我院学子在国际赛场上也开始崭露头角。2016年施耐德电气绿色能源全球创新案例挑战赛中,我院参赛队获得中国赛区一等奖并代表中国在法国巴黎举行的决赛中获得了第四名的好成绩。我院两名学生参与的IGEM并获得金奖。校级比赛中我院学生积极参与屡获佳绩,特别是厦门大学建筑结构大赛中我院学生参与非专业组比赛获得一等奖并破格参与专业组比赛获得三等奖的好成绩。

六、总结

本研究组在新能源科学与工程本科实验教学的探索性建设过程中,围绕本专业人才培养目标,根据该专业特点,通过构建新能源科学与工程专业本科实验教学理念,建立了具有多学科交叉特色的本科教学实验模式,为解决新能源科学与工程专业教学实验体系暂无经验可借鉴的问题,进行了有益的尝试。回顾近年来走过的建设道路,新能源科学与

工程本科实验教学,应该加强创新实验教学方式改革,应将知识点与案例教学相结合,侧重学生专业实践技能训练,培养学生独立思考能力和创新能力,提高毕业生的综合素质,促进知识和技能实践融会贯通,保持教学内容与世界最新研究进展的同步,培养学生解决实际问题和工程化能力,形成符合能源技术研发、具有交叉学科和工程类学科特点的培养教育模式。

参考文献

[1]潘启勇:《新能源科学与工程实验教学中心的建设实践》,《实验技术与管理》2016年第7期。

[2]卢佃清:《应用型本科院校新能源科学与工程专业实验室建设的探索与实践》,《实验技术与管理》2014年第12期。

[3]韩新月:《新能源科学与工程专业人才培养探讨》,《中国电力教育》2013年第5期。

[4]田红:《基于战略性新兴新能源产业发展的能源动力类专业人才培养探讨》,《中国电力教育》2014年第31期。

[5]朱媛媛:《新能源材料专业实验教学的实践与探索》,《产业与科技论坛》2013年第2期。

[6]杨世关:《国内外新能源专业人才培养方案对比与分析》,《中国电力教育》2013年第2期。

[7]李爱菊:《新能源材料与器件专业多层次实验教学模式的探索》,《科技视界》2016年第6期。

[8]曾惠丹:《新能源材料与器件专业实验教学探讨》,《实验室研究与探索》2012年第10期。

综合设计类实验项目改革

——学以致用的工程态度提升专业感知

刘恺之　刘舜奎*

摘要：工科生，需要具备工程应用能力；工程师，既要能讲明工程原理，更要能解决实际问题；这，就是"工程态度"。"工程态度"不是一蹴而就的，它需要日积月累，需要有扎实的数理基础，更需要有勇于探索的实践素养和高效自主的认知归纳能力。"电子线路实验"是电子信息类专业的基础实验课程，对于学生提升专业感知，有着责无旁贷的使命感。让学生能够"学进去，用出来"，是课程建设的依据；核心在于体现学以致用的工程态度。综合设计类实验项目，让学生借助自己所掌握的学识、依靠自己双手的劳动，实践制作出一款能满足一定综合性能指标要求但复杂程度不太高的完整的电子作品。这样的课程改革建设，锤炼的是从畏惧设计到乐于设计的心态成长，沉淀的是自身的专业素养，践行的是学以致用的工程态度。

关键词：工程态度；综合设计；实验项目改革

一、引言

"学以致用"是一项亘古不变的学习情怀，在工科高等教育与人才培养中，这份情怀尤为突出。工科生，需要具备工程应用能力；工程师，既要能讲明工程原理，更要能解决实际问题；这，就是"工程态度"。"工程态度"不是一蹴而就的，它需要日积月累，需要有扎实的数理基础，更需要有勇于探索的实践素养和高效自主的认知归纳能力。电子电气工程（electronic electrical engineering，EEE）这类专业，作为"电气化"时代的工科典范，跨越人类近现代历史阶段百多年，其间涌现无数专业名人，其工程化成果时至今日也依然在人类社会中扮演举足轻重的角色。习惯于现代化生活的人们，或许可以一周不开荤、三天不

* 刘恺之，福建惠安人，厦门大学电子科学与技术学院工程师；刘舜奎，福建惠安人，厦门大学电子科学与技术学院高级工程师。

洗浴，却很可能难以忍受没有"电"的二十四小时。黑夜没有灯，夏天没有空调，上不了网聊不了天，你甚至不知道今天的世界跟昨天有着怎样的变化——北京申奥了、英国脱欧了……你与"与世隔绝"之感或许只差一次断电。从真空管到集成电路，从收音机到自动驾驶，凝结的无不是 EEE 专业的精华。这当中，有"欧姆定律""基尔霍夫定律"，也有"电流之战""ENIAC"等。有 GE、IBM、Intel、NVIDIA，也有华为、中兴、小米、格力。只有"学进去"、再"用出来"，对 EEE 专业才会有感受、才会有认知。

具体到教学中，"电子线路实验课程"，涵盖"模拟电路"与"数字电路"和"高频电路"，是电子信息类专业的基础实验课程，也是带领学生走进"电子"世界的重要一环；对于学生提升专业感知，有着责无旁贷的使命感。如何让学生能够"学进去，用出来"，这便是课程建设的依据；核心在于体现学以致用的工程态度。

二、课程规划

对于有着高度成熟的知识体系的专业基础课程，其作用正是在于，让学生通过课堂上的数十分钟，就能走过人类社会在这一专业领域数年乃至数十年的发展与演化历程。这一作用，并不总是能适用于同一课堂之上的数十名学生，也不总是能适用于同一学生的数十节课堂。因此，预设适当的缓冲区，有助于这个作用的更充分体现，这在实验类课程中的效果尤为明显。

"电子线路实验课程"与理论课程同步进行，保证了理论知识与实践同步，也为专业基础知识结构的系统化提供缓冲。"电子线路实验课程"，打造"预习→仿真→实验→总结"四位一体的课程结构，如图 1 所示。

图 1 "电子线路实验课程"课程结构

整个学习过程，贯穿着由已知的"分析"过程、到未知的"设计"过程，如图 2 所示。

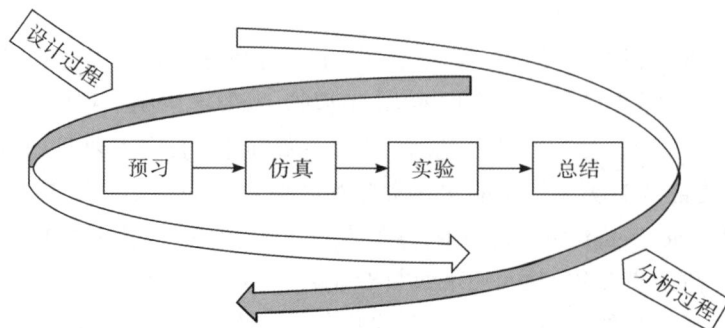

图 2 "电子线路实验课程"课程设置

"实验"是课程进入实验室的核心环节，着重培养学生的"观察、纠错、优化"三种能力,如图 3 所示。

综上,"电子线路实验课程"本身可作为理论课程的知识缓冲,"预习＋仿真"双机制,既是对理论课程的回顾,又是对实验课程的预热;学生能或带着具体疑问或带着实验信心走进实验室,能够更从容、更有针对性地对待实践对象与实践内容。课程锻炼了学生从专业知识回顾到应对实际问题的自主工程应用能力;并借此达到培养学生主动梳理知识结构的目的。这种培养模式如图 4 所示。

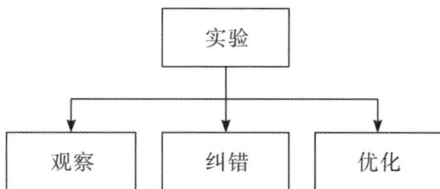

图 3 《电子线路实验课程》核心能力培养

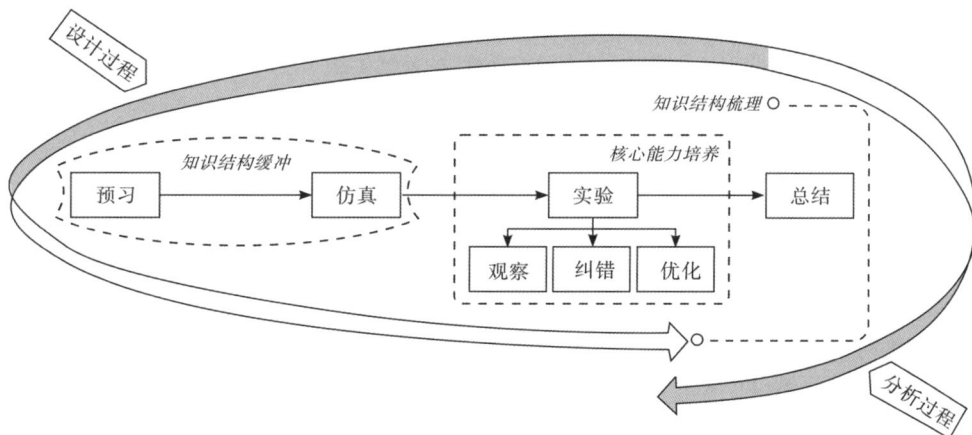

图 4 "电子线路实验课程"自主工程应用能力的培养模式

培养模式的确立固然重要,模式的可持续性同样不容忽视。这就要求课程建设的过程需要引入学生的"学习接受度"反馈。一个典型的闭环反馈控制系统的基本框图如图 5 所示。

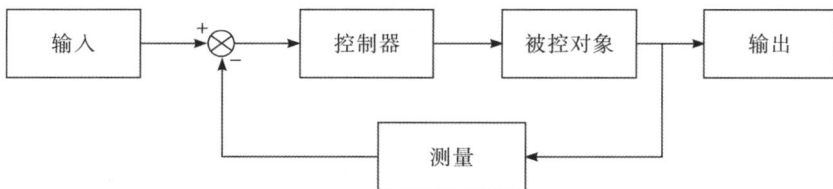

图 5 闭环反馈控制系统基本框图

将这个理念引入到课程建设中,有如下培养模式可持续性控制的基本框图,如图 6 所示。

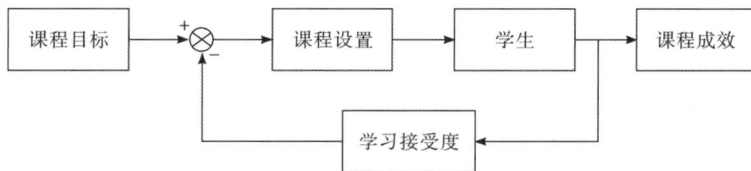

图 6 培养模式可持续性控制基本框图

显然,对于控制系统而言,控制器的设计决定了系统的性能,其设计依据又依赖于测量的有效性。因此,培养模式要可持续,课程设置尤为重要,其依据也有赖于对学生学习接受度的了解与精准把控。"学习接受度"的把控,得益于"主讲教师＋辅导教师＋研究生助教"三重课程质量保障体系,构筑了对学生的预习与仿真质量保障、课堂实验进展质量保障、课后实验总结评定质量保障、实验室开放与项目指导质量保障的四维把控。形成一套颇有成效的反馈依据,如图 7 所示。

$$反馈依据 = (主讲教师、辅导教师、研究生助教) \times \begin{cases} 学生的预习与仿真质量保障 \\ 课后实验进展质量保障 \\ 课后实验总结评定质量保障 \\ 实验开放与项目指导质量保障 \end{cases}$$

图 7　"学习接受度"的反馈依据

由此反馈而得到的课程设置调整,这就有了近三年的项目改革,增加了"设计类"项目尤其是"综合设计类"项目的课程占比。

三、项目改革

"设计",是衡量工程技术能力的好途径;"综合设计",是衡量优秀工程技术能力的好途径。当然,"综合设计"离不开"基础设计"的铺垫与积累。"设计"的三个阶段:①合乎规范,②匹配需求,③优化效能。"电子设计"也遵循这样的原则。对于模拟电子技术而言,通用的模拟电子系统,往往需要传感检测与信号处理,如图 8 所示。

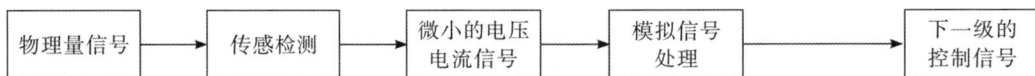

物理量信号 → 传感检测 → 微小的电压电流信号 → 模拟信号处理 → 下一级的控制信号

图 8　模拟电子系统前端基本组成

传感检测着重体现"电子测量",而模拟信号处理往往表现为"放大"。这个"放大"可能是"电流放大"、也可能是"电压放大",还可能是"功率(电压电流)放大"。高品质的"放大"伴随着模拟电子技术的发展,也正是学生应该重点掌握的专业基础知识;与"放大"相关的"设计"项目也就随之引入。"电流放大""电压放大"可作为基础设计项目,"功率放大"则可作为综合设计项目。

"音频放大器"设计,就是一项有针对性的综合设计项目。项目本质是要让学生综合掌握"功率放大"并感受其实际应用。"音频放大器"能接收微小的音频信号,经放大后传送至音响并进行有效播放,高音要能上得去、低音要能下得来,不破音不变声等。对于放大器而言,其通用模型可以如图 9 所示。

通常,一款放大器的动态性能指标有放大倍数、输入电阻、输出电阻、通频带等关注点。对于"音频放大器"而言,要能接收微小的音频信号,即要求输入电阻尽可能大;要能推动音响播放,即要求输出电阻尽可能小;要能有足够宽的高低音覆盖,即要求通频带尽

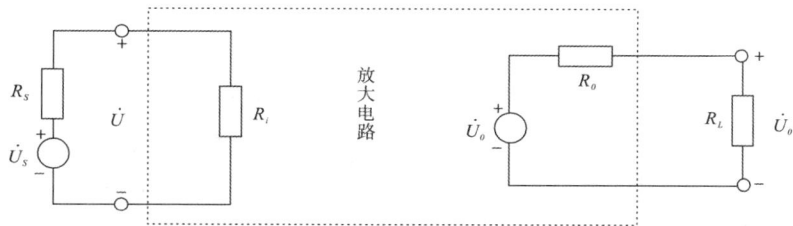

图 9　放大器通用模型

可能宽;要不破音不变声,即要求放大倍数适当以匹配合适的动态范围。

　　若作为开放型设计项目,从元件选型到电路构造,均可由学生自行设计。这一方面大大提高了对学生的要求,另一方面也可能导致设计时长大幅度增加。因此,为了有利于设计项目的进行,针对课程进行了三项约束:(1)音频放大器由输入级、驱动级和输出级三部分组成;(2)各级放大核心元件选用双极型三极管;(3)提供各级电路模型及其静态工作点与动态性能指标的限定范围。这样一来,既达到了对学生综合设计能力的培养与锻炼,也符合课程安排的实际现状。以四次课程 16 学时的教学安排,让学生充分实践从构思到组装测试的综合设计项目全流程,如图 10所示。

四、改革成效

　　在实物搭接的过程中,存在着输入级与驱动级两级级联时,将产生由于系统引入"正反馈"而导致的"自激现象"。该现实情景往往在计算机仿真中并不体现。而这也是该综合项目预设给学生的一项小挑战。这种体验也让学生直观而真切地体会到,实际应用场景与计算机仿真可能存在着严重差异;借助计算机仿真可加速设计过程,但更应尊重事实,珍惜实物的实践体验并积攒工程经验。

图 10　"音频放大器"
综合设计项目流程

　　当然,由于项目的综合性,几乎没有学生可以一次性完成所有设计指标并完成作品。第一次调试过程,少则 2～3 次电路元件参数更改、多则 5～6 次。这样的往复多次的调试过程,一方面要锻炼学生对总体设计思路的判断与把握、树立"总体思路可靠"的自信心;另一方面,也磨炼学生的沉着与耐心,遇事不慌,及时调整方向解决问题。

　　"音频放大器"最终通过实物试听验收后,学生还需提交一份设计文档,内容包含完整的设计过程、遇到的实际问题及解决过程记录、项目完成的总结与体会。

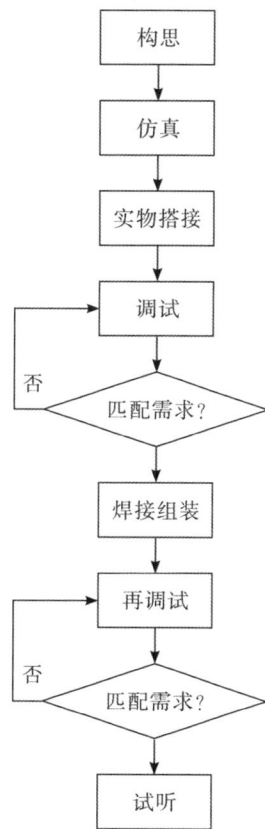

五、结语

综合设计类实验项目,让学生借助自己所掌握的学识、依靠自己双手的劳动,实践制作出一款能满足一定综合性能指标要求但复杂程度不太高的完整的电子作品。其间有遇到问题的困扰也有解决问题的喜悦。这样的课程改革建设,锤炼的是从畏惧设计到乐于设计的心态成长,沉淀的是自身的专业素养,践行的是学以致用的工程态度。

未来,课堂上可以逐步尝试开展开放式综合设计项目,即逐步减少对项目指标的直接约束定义,转而将更广的自由度、更大的自主性留给学生;同时,提升对项目论证的重点要求,以期更加适应时代对工科专业人才的需求。

以赛促学，培养学生创新创业能力
和综合素质的实践教学
——以 2018 年中国国际太阳能竞赛为例

陈兰英*

摘要：以 2018 年中国国际太阳能竞赛为例，针对该竞赛综合性、系统性、前沿性、学科交叉等特点，采用启发式、体验式教学手段，探索以学生为主体，以赛促学，强化实践，将创新创业能力和综合素质培养融入竞赛全过程的实践教学方式方法，收效显著。

关键词：太阳能竞赛；创新创业能力和综合素质；实践教学

　　大学生创新创业教育是国家实施创新驱动发展战略的迫切需要，2015 年 5 月国务院办公厅《关于深化高等学校创新创业教育改革的实施意见》指出，各高校应以推进素质教育为主题，以提高人才培养质量为核心，加快培养规模宏大、富有创新精神、勇于投身实践的创新创业人才队伍，其中强化创新创业实践是深化教育改革的重要举措之一[1]。中国国际太阳能竞赛集前沿性新技术应用创新及项目创业实践为一体，由于其高水准、综合性、前沿性、国际性以及时间长、规模大、学科交叉的特点，可系统性广泛性地培养学生创新创业能力和综合素质。在两年半前期准备及正式竞赛的过程中，始终贯彻以竞赛为导向，以学生为主体，以赛促学，重视学生参与过程的实践教学理念，将培养学生创新创业能力和综合素质全面融合在整个竞赛实施过程，推动学生们全面综合成长。

一、中国国际太阳能竞赛概况

　　国际太阳能十项全能竞赛是面向全球高校的住宅建筑与可再生能源科技竞赛，将太阳能应用、节能减排与建筑设计紧密结合，涉及多学科综合创新和发展应用，被称为太阳能建筑领域的"奥林匹克运动会"。竞赛由美国能源部发起，并于 2002 年在美国华盛顿首次举办，每两年举办一届，迄今已在全世界不同国家举办了多届，备受国际相关行业企

---

　　* 陈兰英，四川遂宁人，厦门大学建筑与土木工程学院高级工程师。

业和世界范围内著名建筑、工程类高校的关注。

中国国际太阳能十项全能竞赛(Solar Decathlon China,简称 SDC)是由中国国家能源局和美国能源部主办,中国产业海外发展协会承办,以全球高校为参赛单位的绿色能源建筑科技竞赛。2018 年 SDC 竞赛是继 2013 年首届 SDC 竞赛后的第二届竞赛,大赛于 2018 年 7～8 月在山东德州举行,共有来自全球 8 个国家和地区的 34 所高校的 19 支赛队参加,国内顶级建筑院校均报名参赛。

2018 年 SDC 大赛要求每支赛队设计并在 21 天的期限内建造一栋 120～200 平方米的双层太阳能住宅,供单一家庭使用,并保证国家标准要求的 50 年使用年限。住宅建成后,竞赛将全面考核参赛作品的成本可行性、节能、建筑物理环境调控及能源自给能力,通过对十项指标(如表 1 所示)的评比来确定各个单项及总成绩排名。

表 1　SDC 大赛十项指标评分规则

序号	评分项	分数	分项	分值	评分内容
1	建筑设计	100	—	—	包括设计概念和方法、建筑的实施和创新、各施工图的准确有效等
2	市场潜力	100	—	—	包括居住适宜性、市场销售力、建造的可行性、购买力(价格)等
3	工程设计	100	—	—	包括设计创新、功能(节能舒适性)、效益、可靠性、图纸文件展示等
4	宣传推广	100	—	—	包括沟通策略、团队网站宣传、公众展览材料、介绍及视听演示等
5	创新能力	100	—	—	包括采用的新技术、对空气质量、采暖的控制及对生活方式的影响等
6	舒适程度	100	温度	40	保持室温 22℃～25℃
			湿度	20	低于 60%
			CO_2 浓度	20	低于 1000ppm
			PM2.5 浓度	20	低于 35μg/m³
7	家用电器	100	冰箱	10	1℃～4℃
			冷冻	10	−30℃～−15℃
			洗衣机	16	清洗 6 条浴巾 8 次
			烘干机	32	烘干 6 条浴巾 8 次
			洗碗机	17	清洗 5 套餐具
			烧水	15	2 小时内烧开 2kg 水 5 次
8	生活起居	100	灯光	25	每天在规定时间内所有灯具达到最大亮度
			热水	50	10min 内放出 60L 不低于 45℃的水 16 次
			电子设备	10	在规定时间内使用电视和电脑
			晚餐聚会	10	邀请客人进行 8 人晚宴 2 次
			电影之夜	5	邀请客人观看电影 1 次

续表

序号	评分项	分数	分项	分值	评分内容
9	电动通勤	100	—	—	完成 160km 电动车通勤
10	能源绩效	100	能耗平衡	80	发电量≥消耗电量
			发电效率	20	单位面积光伏板发电量尽可能多

从竞赛要求、内容和评分规则[2]可以看出,这是一个需要采用前沿新技术,从设计到施工完成,建造符合国家规范要求的实际房屋,最后通过模拟实际生活场景进行全面考核评比的全过程大型竞赛,时间长、规模大、多学科交叉综合创新,是学生创新创业训练、实践和综合素质培养的有利契机。经过激烈的角逐,厦门大学 Team Jia＋团队参赛作品"Nature·Between"(如图 1 所示)最终获得了生活起居和电动通勤两个单项第一名,宣传推广第三名,市场潜力第四名,工程设计第四名,创新能力第五名,总成绩第三名的佳绩!并获得 2019 年厦门大学最高级别通令嘉奖!

图 1　"Nature Between"建成实景

二、以竞赛为导向,培养学生创新创业能力

创新创业教育就是将创新理念、创新精神融入创业教育当中,为他们埋下创新创业的思想种子,奠定未来进步与发展的基础[3]。SDC 竞赛涉及建筑、结构、室内、光伏节能、水

电空调、热水、智能控制、工程管理、物流等多个专业学科,是一个综合性的系统工程,覆盖面广,符合大众创业万众创新的人才培养要求。本着以 SDC 竞赛为导向,以培养学生创新创业能力为目标,我们深入系统地采用多层次教学训练模式,如采用分课题组启发式学习研究,开展课堂教学、自主学习、分组讨论,学科交叉、协调融合;组织走访交流、市场调研、校企合作、项目考察活动等体验式教学,与市场充分结合;通过分工合作、自主进行组织管理、参与施工亲手搭建房屋等方式,提高学生理论水平和综合实践能力,并将最新前沿技术和研究成果融入竞赛作品,学习新知识,研究新技术,将创新创业思维理念植入到每个阶段,学生们在此过程中得以迅速成长。

围绕 SDC 竞赛,创新创业实践教学活动按内容和进程分为以下几个阶段:

1.建立组织架构,分工合作

SDC 竞赛要求按照现行国家规范进行设计和施工,满足 50 年的使用周期,是真实工程,比赛过程不再是纸上谈兵,需要从调研、组织、外联、宣传、设计、施工计划、运输、建造等各方面做细致周密的准备,因此首先需要建立合理的组织架构。经过广泛吸纳厦大各学院学生,以及与校际及国外学校合作,组建起以建筑与土木工程学院为龙头,航空航天学院、艺术学院、物理机电学院、能源学院、经济学院、管理学院、法学院、软件学院、外文学院等学生组成的厦大团队和山东大学、法国高校联队 Team Solar Bretagne 跨专业跨校际联合团队,总人数达 300 多人,在由骨干学生组成的统筹组下按专业和工作内容设立建筑设计、结构设计、室内设计、光伏节能、电气、暖通、给排水、智能控制、工程管理、物流、外联、宣传、施工、翻译、财务……各个工作小组,由学生担任组长,分组运作,自主管理,协调配合,尽可能创造更多机会,使学生们积极投身参与进来,学以致用。

2.理论学习新知识新技术

将创新创业的教育培养始终贯穿于 SDC 竞赛过程中,倡导学生不仅要运用已有的各专业知识体系,还要吸纳新的知识和前沿技术,进行知识结构的补充,充分激发学生的自主学习能力和探索精神,培养主动学习终身学习的习惯养成。比如房屋结构设计,本竞赛作品从太阳能应用自然、绿色、环保的主题和建筑设计希望全部采用稻草竹木等自然环保建筑材料的理念出发,采用了现代轻型木结构体系,由于学生们课程中几乎没有涉及木结构方面的知识,需要从头学习,指导老师带领土木工程专业学生负责的结构设计组,引入木材特性和木结构体系,指导学生自主学习木结构相关教材、资料、规范,建立起对木结构各种体系的基本认知,再通过老师与学生互动,启发学生进行系统梳理,掌握木结构体系的基本原理和计算方法,并综合运用所学结构理论知识进行计算机建模计算,结构整体和节点优化设计,突破原有知识结构,拓展专业领域,给创新设计打下基础。

3.市场调研与实践

结合创新创业培养理念,开展市场调研与实践的体验式教学。带领学生走出校门,走访工厂、设计院、材料商、物流等企业,与相关行业技术人员交流学习,了解新材料新技术和各节能产品市场情况,参观多家木结构工厂和装配式建筑施工现场,使学生对要采用的技术、构造、施工方式方法有直观体验,从实践中加深对技术、施工、组织管理各方面的理解认识,同时建立校企联系,协商合作赞助意向,锻炼学生市场拓展和项目宣传的创业能力。

4.设计及创新

工程设计及创新是 SDC 竞赛的重点和核心,也是培养学生创新创业思维和能力的重要环节。本次竞赛进行了诸多创新尝试,如主体结构采用现代轻型木结构体系,创新地进行了装配式结构设计和施工方法的探索(如图 2 所示),将楼板、墙体等主体承重构件拆分成二维封闭式模块单元进行结构、构件和节点设计计算,各个模块单元均在工厂预生产随后运输到现场进行吊装连接,装配快速便捷,极大地减少了现场建造时间和人力成本,主体结构现场施工时间缩短至 3 天,很好地响应了国家倡导的发展装配式建筑绿色施工技术、促进产业

图 2　装配式施工现场

化生产、提高效率、节能减排的新要求;建筑室内热环境采用主被动式设计实现舒适度控制,通过可调节竹百叶遮阳门窗、智能电动百叶,风压和热压自然通风(如图 3 所示),以及具有良好热惰性的填充稻草蓄热设计,这些不耗能的被动式措施从设计、构件等方面对建筑微气候进行相应调节,配备先进的新风、空调、除湿共同控制的一套合理高效的 HVAC 主动控制系统(如图 4 所示),实时准确地控制室内环境;采用高效率太阳能电池组件发电,满足家庭日常生活所需,实现能源自给;引入智能家居控制系统等。

采用多种教学方式和手段,引导学生突破现有知识结构,训练学生的创新思维养成,是创新创业教育的关键。本次竞赛中各专业小组采取课题研究的形式,启发式和体验式教学,每周 1~2 次专题讲授、讨论,指导学生查阅资料、文献,提出设想,展开讨论,答疑解析,评判优化,研究解决,循序渐进推进进度。比如装配式结构设计和施工创新中,一方面带领学生们进行大量装配式建造前沿技术的理论学习,另方面寻求机会让学生们深入装

图 3　自然通风设计

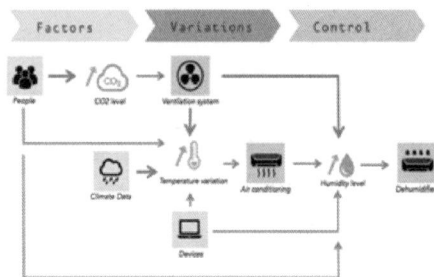

图 4　HVAC 控制系统

配式建筑生产工厂和施工现场实地考察调研,切身体会装配式建筑的具体实施情况,使学生建立直观的感性认识,加深理解,再结合轻木结构施工现状条件,启发学生打破传统建造模式,开动脑筋,探索木结构新的更高效快捷的建造方式,并从运输条件、结构设计和施工技术上提出各种解决方案,加以分析计算,筛选出最合理的方案,再进行优化,最终达到设想的目标。

5.预搭建训练动手实践能力

强化创新创业实践是深化教育改革的重要举措之一,为培养学生的动手能力,锻炼意志品质,也为了让学生了解如何将设计图纸落地实施变为真实房屋及装配式建筑施工技术应用于实践,达到更好的理论联系实践的目的,我们主张让学生们尽可能多地参与竞赛实践。通过校企合作,组织学生在木结构工厂和厦大校园进行太阳能房屋的预搭建,由施工组长牵头,分班组进行,在专业师傅的演示指导下,学生们学习掌握各种工具的规范操作技能,树立安全意识,按照设计图纸分步施工,将施工过程中出现的问题、解决的方法及注意事项一一记录、总结,为正式竞赛搭建做好演练。这虽是一项辛苦的工作,但学生们的实践能力得到了有效的锻炼和提升。

6.编制运输和施工组织计划

正式竞赛在山东德州举行,因此需要将预搭建的房屋构件拆卸,按照事先设计的方案组织运输,与专业物流公司签订运输协议,做好构件编号,理清顺序,以便有序装卸和施工。施工组织计划包括施工场地安排和施工顺序、时间、各工种交叉作业安排等(如表 2 所示),事先编制有效保证了施工搭建时有组织有计划进行,应对天气变化等不可预知条件,及时调整。经过实际竞赛证明,的确有效地保证了房屋按时保质完成,为竞赛后期测试和评分打下良好基础。

表 2　施工横道安排

类型	施工项目	用时(天)	1	2	3	4	5	6	7	8	9	10	11	12	13	14	15	16	17	18	19	20	21
主体	场地准备	0.5	■																				
	测量放线	0.5	■																				
	钢基础安置	0.5	■																				
	地板吊装	0.5		■																			
	一层墙体吊装	1.0		■	■																		
	框架梁柱吊装	0.5			■																		
	二层墙体吊装	0.5			■																		
	夹层楼面及内墙吊装	0.5				■																	
	屋面吊装	0.5				■																	
室外	雨棚及雨沟安装	0.5					■																
	屋面防水铺设	1.0					■	■															
	遮阳框架安装	1.5						■	■														
	光伏支架安装	0.5							■														
	遮阳竹门安装	1.0								■													
	光伏板安装	1.0								■	■												
	室外平台安装	1.5									■	■											
	外饰面板安装	3.0											■	■	■								
	老房子构架安装	1.0														■							
	景观竹墙安装	1.5														■	■						
	设备间竹门安装	0.5															■						
	老房子装饰	1.0																■					
	景观水桶安装	2.0																■	■				
	电动百叶安装	2.0																	■	■			
	室外栏杆及椅子制作	2.0																			■	■	
	展示材料准备	2.0																				■	■

续表

类型	施工项目	用时(天)	1	2	3	4	5	6	7	8	9	10	11	12	13	14	15	16	17	18	19	20	21
室内	门窗安装	1.5					■	■															
	厕所防水铺设	1.0						■															
	天窗安装	1.5							■														
	地面 OSB 板安装	1.0								■													
	吊顶龙骨安装	0.5									■												
	楼梯安装	0.5									■												
	厕所瓷砖粘贴	1.0										■											
	内饰面板安装	5.0										■	■	■	■	■							
	缓存庭院装饰制作	1.0														■							
	楼梯扶手安装	1.5															■						
	内饰面板刷漆	3.0															■	■	■				
	沙发背景墙安装	0.5																	■				
	地板安装	1.0																		■			
	厨卫设备安装	2.0																			■	■	
	家具及家电安装	3.0																			■	■	■
水暖电	暖通设备安装准备	1.0					■																
	电控柜安装	1.0						■															
	水管安装	1.0							■														
	风管安装	1.0							■														
	热水箱安装	1.0								■													
	电气布线	4.0					■	■	■	■													
	光热板安装	1.0								■													
	新风系统安装	2.0								■	■												
	电线测试	1.0									■												
	电气设备安装	2.0																	■	■			
	电气及智能系统测试	13.0									■	■	■	■	■	■	■	■	■	■	■	■	■
	暖通测试	13.0									■	■	■	■	■	■	■	■	■	■	■	■	■

7.正式竞赛

经过两年半时间的准备,竞赛于 2018 年 7 月 9 日正式开始,为期 45 天,前 21 天为施工搭建阶段,后为评审测试阶段。由于前期准备阶段精心设计、周密安排、充分预演,竞赛时学生们按计划有条不紊地进行,深度参与搭建,克服高温酷暑,各司其职,团结协作,认真准备评审介绍,精细组织各项测试,精确分析计算做好应对预案,在测评阶段始终名列前茅,最终取得优异的成绩。

三、重视参与过程,培养学生综合素质

创新创业教育是全过程的、全覆盖的、全链条的、面向未来的,关键是以学生为中心,突出学生的主体地位,通过创新创业教育,为全体学生训练自我发展能力提供舞台和平台,促进学生的个性化发展和创新精神、创新意识、创业能力的养成[3]。SDC 竞赛覆盖了一个项目从策划到设计及落地实施全过程,我们认为夺得竞赛好成绩不是唯一目的,充分利用 SDC 竞赛契机,重视参与过程,激发学生的积极主动性,深度参与到各阶段每一事务中,培养创新创业能力,进行全方位综合素质和能力训练,才是高校提高人才培养质量追求的目标。

1.学科交叉融合能力

跨院系、跨校际、跨专业多学科交叉融合是国家培养创新创业人才提出的新要求,是现代科技发展的必然趋势。学生们大多数课程仍处在理论学习环节,即便是建筑、土木、室内设计等与工程实际密切相关的专业,也基本为虚拟设计教学,而且基本局限在本专业范围内,很少有机会得到实际工程的多学科交叉的综合训练。在参与 SDC 竞赛的过程中,建筑学、土木工程、室内外环境、光伏发电、电气智能控制、暖通、工程管理等各专业将自身课堂所学知识与现行国家规范相结合,综合运用到太阳能房屋的设计中,打通课程与实际运用的大门;各专业之间进行交叉协调,团队讨论,相互配合,细化每个空间的每个节点、每条管路,经过无数次沟通、碰撞、修改、契合,最终呈现可落地实施的施工图纸,真正地实现了理论到实践的跨越,使学生们对于学科交叉应用有了切身体验,了解了各专业学科的特点,学会了相互合作,综合考虑,融会贯通。

2.动手实践能力

走出课堂,在实践中学习深化理论知识,一直是创新创业和综合能力训练非常重要的环节。学生们在专业师傅的带领下,进行操作培训和安全教育,学会了测量放线、熟练使用电钻、钉枪等各种技能,分组从基础浇筑、构件加工制作到拼装连接、设备安装调试,亲身参与建造全过程,有效地提高了学生的动手实践能力,在安排工程进度、控制质量、应对

天气变化(如降雨)的过程中,对于施工组织管理有了深入理解,设计与施工的无缝衔接也使学生们懂得了施工图纸如何转化为实际房屋,在设计过程中如何考虑施工的可行性等技术要求,课堂之外收获巨大。此次太阳能大赛19支队伍中有两支队伍是由学生动手完成房屋搭建的,厦大是其中之一,7月的德州正值酷暑,学生们克服了高温暴晒天气,不辞辛苦,顺利完成搭建任务,很好地展现了厦大学子优秀的综合素质和良好的精神风貌!

3.组织协调能力

由于参与人数众多,工作内容多,准备时间长,且既有校内各学院各专业以及国内校际合作,又有国际高校合作,对于培养学生们的组织协调能力是一次很好的锻炼机会,因此在准备和竞赛过程中,充分调动学生的主动积极性,以学生自我管理为主,在把握大方向的前提下,由学生安排工作细节,如人员招募、组内分工、组间协调、工作进程、宣传活动等,老师给予适当引导即可,极大地给予学生自主管理机会,学生们的组织协调能力得以快速提升。

4.对外交流沟通能力

SDC竞赛对太阳能利用、零能耗和房屋搭建的要求,促使学生们必须了解市场新技术新材料并具体落实实施,必然需要与市场对接。前期准备阶段,在老师的带领下,鼓励学生们积极参与对外联络,与各企业交流沟通,学习新技术,了解新材料,尽最大可能争取企业赞助和合作,落实房屋所涉及的各种主辅材料、施工场地、器械工具、人事安排、物流运输、签订合同等事务,并在这过程中很好地宣传了绿色环保节能的可持续发展理念,极大地锻炼了学生们对外交流沟通能力。

5.国际合作

本次竞赛由厦门大学、山东大学和法国Team Solar Bretagne的师生组成的"家"联队(TEAM JIA+),大家通力合作,无私奉献,才有了满意的成绩。在合作过程中,中外学生文化差异大,教育背景不同,学生们对待事物的看法态度都有差别,比如中国学生勤奋刻苦、谦逊好学,法国学生动手能力强、勇于表现等等。作为东道主,厦大师生团队主动承担起各阶段更多的工作,发挥自身优势,加班加点,克服文化差异,相互磨合,取长补短,在施工阶段,中国学生与法国学生一起,认真学习操作技巧,很快掌握了各项技能,在竞赛阶段成为搭建的主力军,展现了良好的团队合作意识和奉献精神。

四、结语

创新创业能力和综合素质培养是一个系统工程,中国国际太阳能竞赛从新知识新技术的学习到应用设计、创新、学科交叉合作、施工搭建实践、答辩测试,等同于一个复杂高效的综合性大课题研究实训,完全契合新时期创新创业教育理念要求,学生们经过一轮完整的训练,创新创业意识得到深度拓展,综合能力得到显著提升,2018 年度的 SDC 竞赛也取得前所未有的好成绩,这些均得益于多方面因素的支持配合:学校和学院各级部门的大力支持和重视,使得经费、场地和组织实施都有了强有力的保障;老师们的精心指导,让学生团队进行决策咨询、方案确定、设计计算、市场调研、图纸绘制、施工组织、校内预搭建、拆装运输、正式竞赛各阶段有了明确的方向和信心;前期精心周密的准备和竞赛时的数据跟踪分析保证了各项指标始终位居前列。这次的竞赛训练经历,将创新创业思想广泛根植于学生心中,将给他们以后的学习工作带来深远的影响。

参考文献

[1]国务院办公厅:《关于深化高等学校创新创业教育改革的实施意见》,国办发〔2015〕36 号。

[2]中国国际太阳能十项全能竞赛组委会:《太阳能十项全能》,http://www.sdchina.org.cn/about/,访问日期:2018 年 9 月 18 日。

[3]胡金焱:《创新创业教育:理念、制度与平台》,《中国高教研究》2018 年第 7 期。

第五篇

人才培养模式创新与实践

材料科学通识教育基地的建设与实践

周　花　张英干　何凯斌　任　磊　刘兴军[*]

摘要:通识教育是我国大学教育教学改革的重点,但跨学科的通识教育存在学生专业基础差别大、教学内容多而学时有限等问题。从材料学科的角度,阐述建设材料科学通识教育基地,探索通识教育新模式的可行性和取得的效果。包含材料科学博物馆、材料通识课程体系和材料科学实践平台的材料通识教育基地,不仅能满足本学科新生入学教育、跨学科通识教育的需求,还可对中小学生和社会人员开放。

关键词:通识教育基地;材料科学博物馆;通识课程体系;实践平台

国内的通识教育在 20 世纪末开始推行实施,由教育部发起和部署,其目的是加强文化素质教育,促进教育和思想观念的转变,推进高校人才培养模式、课程体系和教学内容的改革,培养高质量的人才。"加强基础、淡化专业"成了众多研究型大学教育教学改革和调整人才培养的方向,各高校积极探索通识教育的方法和措施[1-4]。目前,我国的通识教育课程大都是各学院根据自己的专业特点进行申报,以概论型、常识型、实用技术型、休闲娱乐型课程居多,但跨学科的通识教育存在学生专业基础差别大、教学内容多而学时有限等问题,如仍采用以教师为主导的传统教学模式,难以达到教学要求[5-9]。材料作为现代文明的三大支柱(材料、能源、信息)之一,是新技术革命的重要基础,对人类文明和社会经济的发展起重要作用。提高材料学科通识教育的教学质量是材料人的追求。厦门大学材料学院建设的"材料科学通识教育基地",作为材料学科面向校内外开放的窗口,为全校师生和社会各界人士提供一个认识材料学科、了解材料基本常识、实践材料制备与表征的场所。"材料科学通识教育基地"的建设内容分为材料科学发展博物馆、材料科学通识课程体系和材料科学实践平台三部分。材料通识教育基地不仅能满足跨学科通识教育的功能需求,还可作为本学科新生入学教育基地及对中小学生和社会人员开放。

---

　*　周花,工学硕士,福建寿宁人,高级工程师,国家级实验教学中心副主任,研究方向:实验室建设与管理;张英干,厦门大学材料学院材料科学与工程系工程师;何凯斌,厦门大学材料学院材料科学与工程系工程师;任磊,厦门大学材料学院教授,博导;刘兴军,厦门大学材料学院教授,博导。

一、建设学科教育基地，提升通识教育的系统性

材料科学通识教育基地通过"博物馆""课程体系"和"实践基地"相结合的方式，打造完整的通识教育链条，提升通识教育的系统性和教学效果。基地的各个环节相对独立又互相依存，建成后除了可以作为我校其他学科通识教育基地外，还将为全校师生和各界人士提供一个展示材料科学魅力、呈现学院乃至学校特色的舞台，它是材料科学走入生活、走向艺术的一个尝试。

1.材料科学博物馆的建设

材料科学博物馆分为图片讲述和实物展示两大部分，利用厦门大学材料学院教学科研楼宽大的走廊空间进行建设。博物馆分三层，第一层展示过去材料的发展历程及实物展品，第二层展示近代材料的发展过程及实物展品，第三层则是生物材料专场。博物馆的展品通过多种渠道征集：（1）与福建省源古博物馆和厦门大学人文学院合作，由他们提供展品并根据展出需要进行不定期更换；（2）与厦门市及其周边地区的文化商店、旧物回收场等单位合作，由他们提供博物馆所需展品；（3）发动广大师生和社会各界人士收集相关物品。博物馆图片讲述部分由东北大学郝士明教授提供，着重介绍材料科学发展历程中重要的人物和事件，由古至今，深入浅出，融会贯通。

2.材料科学通识课程体系的建设

材料作为技术革命和科技文明发展的主导力量，是全球经济增长的主要驱动力之一，各国在教育与人才培养、科学研究和产业政策等方面都给予了材料科学重点支持、优先发展的政策[10]。为了让更多人了解材料、认识材料和合理应用材料，材料学院已在全校先后开设"材料科技与人类文明""材料科学与工程导论""神奇的纳米材料""奇妙的高分子世界""宝石鉴赏""新材料与社会进步""材料与生活""漫谈自然中的力学""大功率LED 的封装与应用"和"纳米材料与现代生活"等通识教育基础理论选修课。为推动学生将书本知识和生活经验融合，促进通识教育教学效果的提高，创造创新人才培养条件，材料学院又先后推出"趣味陶瓷工艺品制备实验""宝石鉴赏实验""神奇的形状记忆合金"和"3D 打印与生活"通识教育实验课程。系列通识教育基础理论课程和实验课程的开设，有利于不同学科学生根据自己的兴趣和能力选择相应课程修学。

3.材料科学实践平台的建设

通识教育的核心就是提高学生的整体素质，实施文理渗透，打破专业限制，帮助学生将不同学科的知识相互贯通，从不同的角度分析问题、收集资料，以达到不同文化和专业之间的沟通。文理科渗透中，理工科（如生物、化学、物理、航空航天等）教学中实验教学

是其重要组成部分。理工科的通识教育如果仅停留在课堂教学上,就不能充分彰显这些学科的魅力,很难实现通识教育培养动手能力、提高学生素质的基本愿望[3,12]。由于材料科学是一门实践性很强的学科,为了进一步培养学生的创新能力、实践能力和创业精神,材料学院对校内外开放材料科学实践平台。材料科学实践平台依托厦门大学材料科学与工程实验教学中心(国家级实验教学示范中心,下文简称中心)。该中心拥有较为完备的材料合成、材料制备、材料热处理、材料分析表征、材料虚拟仿真等实验室,能够满足材料学院本科教学、通识教育和对外开放实践部分的教学需求。中心建设的"面向全校开放的材料科学与工程实验教学平台"的所有实验资源,可对校内外用户 24 小时开放。用户可以通过登录该中心网站报名培训,取得相关仪器设备或相关实验空间的授权使用资格,即可通过网络预约使用。中心还在学校的教务系统网站上公开具体开放的实验项目,各个学院的学生均可通过网络查询自己感兴趣的实验项目,经与相关项目负责人联系后,即可预约进行实验。对于有自我创新要求的学生,则可通过向中心提交实验方案,经过中心相关人员进行可行性、风险性评估,并与学生一起做好危险应急预防措施后给予开放。通过多项措施并举,极大促进各类人才的培养[13]。

二、通识教育基地建设运行效果

1.材料科学博物馆成为材料科学知识传播的科普名片

材料科学博物馆从材料学科发展的角度审视人类文明发展与材料发展之间的关系,不同知识背景的人对其中知识点和展出内容产生各自的共鸣点。对于具有材料学科背景的参观人员,博物馆的图片部分完整展示了人类从旧石器时代使用石头、兽骨、贝壳、竹木等天然材料,到新石器时代开始加工天然材料并发明了陶器,在青铜时代开始出现铜冶金术和材料设计,在铁器时代发明了炼铁技术。随着各种技术的进步和提高,开启大规模生产钢铁工业机器文明时代,并逐渐促成了材料科学概念的萌生。当发源于热机研究的热力学理论逐渐与材料相结合,就构成了材料组织研究的基础。随后各类无机非金属材料、高分子材料、铝合金、高温合金和功能材料等并起。随着高技术时代的到来,各种先进陶瓷材料、金属玻璃、金属间化合物结构材料、生物医学材料、环境意识材料、纳米材料、信息材料、能源材料、先进复合材料等蓬勃发展,第一原理材料设计开始得到发展和应用。为满足信息、能源、航空航天、海洋等各方面发展的需要,各种"超级钢"、轻合金、媲美金属材料的工程塑料、耐高温材料、薄膜材料、纳米材料等将是各国研究的热点。对于没有材料学科背景的参观人员,注意力更容易被展品吸引,可通过实物展出与图片介绍相结合的方式,阐述材料在人类生产与生活中的重要作用。如通过旧石器时代图片介绍天然材料:石头、贝壳、竹木等在人类的生产和生活中的应用,以曾经称霸欧洲大陆 20 万年之久的强壮的"尼安德特人的灭绝之谜",说明善于利用材料的重要性。而实物部分,展现古人在既有生产力水平条件下,凭借智慧不断尝试、选择、改造材料,使其为人类的生产生活服务,从而创造出当今辉煌的华夏文明。在人手一部智能手机的今天,通过电话机发展过程实物的展示,讲述人类的通讯方式是如何从2000多年前的"飞鸽传书""烽火传军情"模式,发展到近代电报机(1837年)、人工式电话机(1876)、自动式拨号电话机、脉冲按键式电话机、音频按键式电话机、无绳电话、移动电话(1983年)、智能电话等,这与其中磁性材料和电子信息技术的发展是分不开的。一部常见的现代智能电话就包含了多种材料,以魅族Pro 6 Plus智能手机为例:手机的整机外壳、侧键、SIM卡槽、各种电子元件、电子元件间的焊接和连接部分都为金属材料;5.7英寸的LED触摸显示屏、屏外覆盖的玻璃保护层、各种芯片等属于无机非金属材料;而手机制造中用到的各种胶、表面烤漆、起防震作用的海绵和硅橡胶保护套等则属于高分子材料。

2.开设材料科学通识课程体系,有利于促进学科交叉融合

材料学院对外专业开设的通识教育基础理论课程和通识实验课程,基本能够满足外专业对材料通识理论知识和实践技能训练的教育需求。每年选修材料学院通识教育课程的学生达到600多人,特别是通识选修实验课程,反响非常好,选课速度达到"秒杀"。在实验过程中同学间的协作、思维碰撞和产品完成,让他们收获了"学习知识并运用到实践的满足感",如一个同学在"形状记忆合金实验"的心得体会中表示"在制作小夜灯并且调试改进的过程中遇到棉线被烧断,替代材料无处可寻的时候,灵光一闪采用铝箔搓捻成条解决问题;在漆黑的环境下在不断改进实验,透过温暖的灯光观察合金弹簧的形变与光影变化,体验科技带来的美感……"通过"趣味陶瓷工艺品制备实验"课程,学生了解和掌握陶瓷材料的选料与配料、研磨、注浆成型、烧结、上釉等传统制备工艺过程,并学会陶瓷密度、硬度与孔隙率等基本性能的表征方法。在学习、训练的过程中收获自己亲手制作的精美工艺品,使该课程一开出就极具吸引力。

3.承担中小学生和社会人员科普教育,促进材料学科基本知识传播

中小学生研学旅行是由教育部门和学校有计划地组织安排,通过集体旅行、集中食宿方式开展的研究性学习和旅行体验相结合的校外教育活动,是学校教育和校外教育衔接的创新形式,是综合实践育人的有效途径[16-17]。材料科学通识教育基地秉承"创新、协调、绿色、开放、共享"的发展理念,积极响应国务院办公厅2016年3月印发的《全民科学素质行动计划纲要实施方案(2016—2020年)》《科普基础设施发展规划》和教育部2016年12月发文《关于推进中小学生研学旅行的意见》(教基〔2016〕8号)的号召,对中小学生和社会团体开放研学课程。基地中的材料科学博物馆常年开放,可自由参观学习或预约工作人员讲解相关知识。而"宝石鉴与赏""神奇的形状记忆合金""3D打印与生活""趣味陶瓷工艺品制备实验"课程可以根据研学旅行的行程和学生兴趣灵活安排,满足从2小时到2星期的研学需求。从2016年9月建设完成至今,已多批次接待来自福建、广州、江苏等地中小学生的研学需求。

三、完善通识教育基地的运行与保障体系,保证基地可持续发展

厦门大学和材料学院高度重视材料科学教育基地的运行与保障,从管理与维护人员配备、师资力量建设和实验室管理等方面确保该基地的可持续发展。

1.配备专职管理和维护人员

为配合材料科学博物馆的正常运作与对外开放,材料学院专门配备保洁员、门卫、专职管理和讲解人员、志愿者管理员和讲解员。而材料科学实践平台配备的专职管理和维护人员,主要负责实验室安全、卫生、仪器设备和物品采购、实验准备、仪器培训、实验室开放、实验室装修改造、仪器设备维护与维修等工作,确保实验教学和开放实验的正常运转。

2.建设高素质师资队伍

材料通识教育基地依托的材料学院建立了一支年富力强的高素质师资队伍。现有教职工 106 人,其中专任教师 63 人(教授 28 人、副教授 23 人,助理教授 12 人);教师队伍中国家杰出青年科学基金获得者 2 人,福建省"闽江学者"特聘教授 5 人,厦门大学特聘教授 1 人,教育部新世纪优秀人才支持计划获得者 4 人,福建省新世纪优秀人才支持计划获得者 8 人。这些杰出人才为通识课程体系的开展和持续改进奠定了坚实的基础。

3.实施规范化实验室 6S 管理模式

在实验教学的管理中,实验室现场管理的状况间接反映了实验室内部的管理水平。现场管理水平的高低,直接影响到工作效率和实验教学效果。2014 年,厦门大学材料学院将现代企业 6S 管理方法引入教学实验室管理和实验教学。经过 4 年多的实践证明,6S 管理方法在以下六个方面取得显著效果:①更宽敞的使用空间:通过整理(1S)在工作现场中仅保留有用物品,清除不用物品,可改善和增加使用空间。②更高效的工作效率:通过整顿(2S)对留下来的物品进行定点、定位、定量放置,工作场所一目了然,减少寻找物品时间,提高工作效率。③更整洁的工作环境:通过清扫(3S),清除工作场所的灰尘和污垢,保持清爽明亮的工作环境,异常情况易于发现。④更完善的安全(4S)保障:通过整理和整顿,现场无杂物、行道通畅,减少磕碰的机会,强调全体师生员工遵守实验操作和安全标准,危险点有预防措施和警告标识,不易发生工作伤害。⑤更标准的管理规范(5S):仪器设备的使用、维护和保养,实验室物品放置、卫生和安全均制定有章可循的标准化文件,可操作性强。⑥更良好的师生素质(6S):通过 6S 培训和实施,实验室管理人员对工作职责的认识水平得以提升,管理方法得以优化,整体素质得以提高;同时,干净整洁的实验环境有助于培养学生遵守规矩、按章操作的良好习惯,使每个人都成为有教养的人。6S 可

实现学生的自我管理,为实验室的全天候开放创造条件。6S 管理模式得到校内外专家的高度赞赏,纷纷派遣代表到我院参观考察。

4.预约开放使用实验室资源

材料科学通识教育实践平台的所有实验室在 2011 年就安装教学准入系统、教学监控系统和教学实时指导系统等多种现代化管理模式,实现授权用户 365 天×24 小时/天开放时间、实时监控和可视化现场指导等功能,在最大程度地发挥现有公共教学实验室的功效基础上有效地保障实验室安全,学生和老师反映良好。2017 年,该系统升级为网络版,更方便师生实时查看和使用实验室资源。

四、结束语

材料通识教育基地的建设和运行模式得到校内外专家、师生和社会团体的认可,是通识教育新模式的积极探索和实践。2016 年 3 月厦门大学人文学院在考察材料科学通识教育基地之后,与材料学院签订合作协议,共同建设"材料学院—人文学院考古材料学研究中心"。2017 年 8 月,中国生物材料学会在参观考察材料科学通识教育基地后,提出建设"再生医学材料分会—厦门大学材料学院科普基地"。材料通识教育基地建设完成后,每年参观材料科学博物馆的人数超过 2000 人,材料通识类课程的受益人数超过 600 人,接待中小学研学人数超过 300 人,充分发挥了教育基地的示范推广作用,有利于普及材料科学知识,建设材料创新人才储备库。近 3 年,第一志愿报考厦门大学材料科学与工程的学生比例接近 7 成,学生学习主动性显著提升,在多项国内外创新创业活动中取得优异成绩。

参考文献

[1]刘昌利:《通识教育选修课程开展实验教学的探讨和实践》,《皖西学院学报》2013 年第 1 期。

[2]李敏杰:《高校通识计算机基础课程教学模式的探索》,《实验室研究与探索》2007 年第 12 期。

[3]马晓春:《通识教育理念融入实验教学改革的模式》,《实验室研究与探索》2009 年第 12 期。

[4]郑珍珍:《依托综合教学改革构建多元化通识教育发展路径》,《实验室研究与探索》2017 年第 12 期。

[5]罗云:《困境与出路:我国研究型大学通识教育实践研究》,《内蒙古师范大学学报》(教育科学版)2011 年第 7 期。

[6]闫晓天:《中医院校开展通识教育之改革探讨》,《中国高等医学教育》2009 年第

9 期。

［7］王晓岗：《工科院校通识教育课程教学的几点看法和建议》，《化工高等教育》2018 年第 4 期。

［8］王洪才：《中国通识教育 20 年：进展/困境与出路》，《厦门大学学报》（哲学社会科学版）2015 年第 6 期。

［9］于忠海：《大学通识课程"不通"问题反思及其改进理念》，《教育与现代化》2010 年第 2 期。

［10］张钧林：《材料科学与工程的学科发展、现状及人才培养》，《甘肃科技》2008 年第 15 期。

［11］张为军：《材料科学与工程人才培养方案的改革研究》，《高等教育研究学报》2011 年第 3 期。

［12］郑冬超：《通识课程植物组织培养趣味实验的探索》，《实验技术与管理》2018 年第 6 期。

［13］周花：《建设面向全校开放的材料科学与工程实验教学平台》，《中国现代教育装备》2017 年第 1 期。

［14］刘畅：《"以人为本"教育理念下大学新生入学教育模式优化途径初探——以成都学院医学院为例》，《高教学刊》2018 年第 17 期。

［15］王新伟：《基于创新创业意识培育的工科大学新生入学教育实践探索》，《社会工作与管理》2018 年第 3 期。

［16］黄思华：《研学旅行对提升学生综合素质的作用》，《素质拓展》2018 年第 4 期。

［17］王婷婷：《论中小学研学旅行面临的几个问题及其应对策略》，《黑龙江教育学院学报》2018 年第 5 期。

"健康中国"视域下大学体育气排球运动开展状况研究

——以厦门大学为例

柯惠芬 *

摘要：在"健康中国"大背景下，采用文献法、比较法、逻辑分析法等研究方法，从气排球的特点和功能入手，以厦门大学为例，从课内教学和课外体育活动两个视角详细阐述当下我校气排球运动的开展状况，并在此基础上总结其特点及不足之处，为更好地提高大学生的身心健康和培养终身体育服务，为大学体育课程的深化改革与发展提供参考与借鉴。

关键词：气排球；健康中国；开展状况；大学体育

2016 年 10 月 25 日中共中央、国务院印发了《"健康中国 2030"规划纲要》明确提出："将健康教育纳入国民教育体系，把健康教育作为所有教育阶段素质教育的重要内容。"[1]2017 年 6 月 14 日教育部印发的《普通高等学校健康教育指导纲要》（教体艺〔2017〕5 号）中指出："高校健康教育重在增强学生的健康意识、提高学生的健康素养和健全学生的人格品质。"[2]2019 年 8 月 10 日国务院办公厅印发的《体育强国建设纲要》（国办发〔2019〕40 号）中提出："将促进青少年提高身体素养和养成健康生活方式作为学校体育教育的重要内容。"[3]所有这些纲要的出台，对高校体育改革与发展提出了很高的要求，也成为高校体育发展的政策依据。青少年的身心健康越来越得到国家的重视。2018 年 9 月 10 日习近平总书记在全国教育大会上的重要讲话中指出："树立健康第一的教育理念，开齐开足体育课，帮助学生在体育锻炼中享受乐趣、增强体质、健全人格、锤炼意志。"[4]大学阶段是大学生人生观、价值观、健康观形成的重要时期，他们作为国家和民族的希望，应该承担起传播健康理念、引领健康生活方式的重要使命，认识到体育与健康的关系，在大学期间掌握一到两项运动技能，养成终身锻炼身体的习惯，不断提升自身的体育文化素养，努力成为一名时代发展需要的健康人。

---

* 柯惠芬，厦门大学体育部副教授，研究方向为体育教育训练学。

　　气排球运动是室内排球运动衍生的,是我国土生土长的一项集运动、健身、休闲、娱乐、交友为一体的老少皆宜的运动项目。这项运动从1984年创立至今,活动群体由最初的老年人发展到现在的广大中青年,而且已经成为高校公共体育课程设置和教学的重点内容之一,其主要动力是气排球运动本身的魅力和人们对它的喜爱。我校自2012年新学期起开设气排球课程,本研究在"健康中国"视域下,以厦门大学为例,从气排球的特点和功能入手,从课内教学和课外体育活动两个内容视角详细阐述当下大学体育气排球运动的开展状况,并在此基础上总结特点和不足之处,为更好地提高大学生身心健康和培养终身体育服务,为大学体育课程的深化改革与发展提供参考与借鉴。

一、气排球运动的特点和功能

1.气排球运动的特点

（1）球体轻便,简单易学,适合群体广

　　从表1中可以看出,与室内排球相比较,气排球重量轻、体积大、柔软反弹力大、飞行速度慢、可控性强,技术动作要求与比赛规则相对于室内排球较容易掌握,受性别、年龄、体质和技术水平的限制较少,不管是技术娴熟的还是初次接触的运动者,都可以参与其中,是一项很适合大学体育课程教学中调动学生积极性的运动项目。

表1　气排球与室内排球场地器材赛制的比较

项目	气排球（2013—2016）	气排球（2017—2020）	室内排球	两者差距
场地（m）	12×6	12×6	18×9	长少6、宽少3
进攻线（m）	2	2	3	少1
网高（m）	男2.1/2.0	男2.1	男2.43	男网低0.33
	女1.9/1.8	女1.9	女2.24	女网低0.34
球重（g）	100～120	120～140	260～280	轻140
球圆周（cm）	76～78	72～78	65～67	大7～11
球气压（kg/cm²）	0.16～0.17	0.15～0.18	0.30～0.325	少0.15～0.145
上场人数（人）	5或4	5或4	6	少1～2
比赛方法	三局两胜制	三局两胜制	五局三胜制	少两局

（2）技术要求随性,打法独特有趣

　　由于气排球球体轻场地小,打起来时来回次数多,场上运动员都处于全攻全守状态,必须全面掌握捧、垫、传、推、扣等技术动作,要求全面;再则,气排球比赛规定所有运动员必须在进攻线 2 米后才能进行下压式进攻性击球,2 米线以内的进攻性击球需要有明显的过网幅度,这样的击球完成起来需要有较大的灵活性和技术性,能很好地锻炼练习者的应急反应能力和敏捷的思维能力。

(3)观赏性强,娱乐性浓,亲和力好

由于气排球自身的特点,球网低、来回球多,比赛中更容易出现精彩的场面,对抗性和观赏性加强,加上比赛赛制是三局两胜,不仅增加了比赛的竞技性和娱乐性,而且也加强了比赛的偶然性和未知性,每个参赛球队都有获得冠军的可能,也增加了队员与队员之间的凝聚力和亲和力。这也是继软式排球后又一项老少皆宜、亲和力好的室内排球衍生项目。

2.气排球运动的功能

(1)强身健体,培养终身体育意识

气排球运动是一项竞技性与娱乐性并存、难度与强度可大可小、趣味性与观赏性较高的综合性的有氧运动项目。打球过程中,学生需要积极跑动接、弯腰救球、起跳扣球拦网、落地下蹲缓冲等动作,能改善人体的中枢神经系统和内脏器官的功能状态,提高学生的身体素质和运动技能,增进健康,强健体魄;同时让学生在打球中体会运动的乐趣,调动积极性,培养终身体育意识。

(2)提高心理品质,促进学生"精神健康"

大学校园里,大学生面临着学习、生活、情感、就业等方面的压力,背负着越来越多的心理问题。在这样的环境下,学生需要通过一定的体育运动来宣泄和缓解这些压力,气排球运动是一项不错的选择。它具有攻防两重性和胜败两重性的特点,进攻与防守的不断转换能磨炼顽强拼搏的意志品质,对待胜利与失败的态度是人生观的重要组成部分;其次,气排球运动的娱乐性、随意性、趣味性是学生宣泄情感、缓解心理压力的有效途径之一。大学生通过气排球运动,可以排除不良情绪,以积极乐观、健康向上的心态来对待学习和生活。

(3)提高社会适应能力

在气排球运动中,每个人在球场上不同位置有不同的职责,只有整个队伍齐心协力,各司其职,相互配合才能赢得比赛,这无形当中培养了学生团队协作的意识;比赛过程中必须遵守规则,尊重裁判,尊重对手,锻炼了学生学会做人、学会做事的能力。运动中,大学生要不断调整和处理个人之间、个人与集体、强者与弱者之间的关系,一方面感受来自同学之间的帮忙,感受团队的凝聚力;另一方面也让自己学会处理竞争与合作的关系,有利于个体的成长与发展。整个过程中都体现了大学生对他人、社会的适应和认可,无疑提高了大学生的社会适应能力。

二、目前我校大学体育气排球运动开展的状况

目前,我校大学生气排球运动开展活动主要包括气排球课内教学和气排球课外体育活动两部分。在师资队伍方面,我们拥有一支技术精湛、高学历高职称、教学经验丰富的教师团队,开展气排球运动的教师有 9 位,其中博士有 3 位,副教授有 7 位,年龄结构上老、中、青合理搭配,其中 4 位女教师是 2019 年福建省气排球甲级联赛的主力队员。这样的教师团队为保证气排球运动在我校体育课程教学和课外群体活动中顺利开展保驾护航,也为了能更好地促进我校大学生身心健康和谐发展提供人力资源保障。

1.气排球课内教学

我校自 2012 年新学期开始给本科生开设气排球课程,目前室内场地有思明校区风雨球馆 4 片和翔安校区综合馆 10 片。截止到本学期,我们总共开设了 84 个气排球课程教学班,授课学生总数接近 3500 人。据统计,气排球课每学年开设平均不少于 10 个班级。对于三大球(篮排足)课程开设情况来说,每学年气排球课程开设的班级是最多的。以下从网络课程平台、教学课程组、气排球课堂教学三方面来详细介绍我校气排球课内教学的具体情况。

(1)气排球网络课程平台

为了进一步提高我校本科教学水平,引导教师教学方式的改革和学生学习方式的转变,促进学生开展自主性、实践性、探索性学习,推进信息技术与教育教学的深度融合,学校从 2013 年起启动建设课程中心平台,2016 年我校启动实施"本科生全部课程上网工程"。在气排球网络课程平台上,主要包括课程介绍、课程大纲、教学进度、教师介绍、作业布置、学生反馈、教学视频等等气排球运动的相关知识,任课教师可以随时在平台上更新信息,尤其是在每学期学生选课之前,教师们需要对该学期的教学进度、教学大纲进行更新,把最新的气排球相关知识挂网供学生学习与参考,教师可以在平台上答疑解惑。网络课程为学生课后自主学习和锻炼提供了交流互动平台,促使课内课外教学相长,有利于培养学生的自主学习能力和对气排球运动的兴趣。

(2)气排球教学课程组

教学课程组是改革创新的教学组织,是进一步提升教学质量的重要平台。我校 2017年下半年正式启动教学课程组工作。体育教学部根据厦门大学《关于启动教学课程组建设工作的通知》精神和要求,结合体育课程性质、教师队伍情况及教学工作需要等具体情

况制定了《厦门大学体育教学部教学课程组工作具体实施细则》,并按目前开设的 52 门体育课程组建了 10 个教学课程组,其中气排球课程归属于羽毛球排球课程组,主要工作职责包括:①组织完成气排球教学任务,实施教学过程管理,以确保每门课程教学大纲、教学内容、考核内容和评价标准的一致性,尽显公平;②开展气排球的课程建设、教材建设、实践教学建设、教学档案建设等;③根据气排球教学过程的实践经验,每年积极组织气排球教学改革项目、教学成果奖等的申报工作,促进气排球课程建设;④开展教学观摩、集体备课、业务学习、教学研究、教学交流等体育教学学术活动;⑤开展教学团队建设,开展教学传帮带,组织教师参加教学培训及教学技能比赛等;⑥开展日常的气排球教学质量监控,通过听课、座谈会、教学检查等形式,建立同行评议机制;⑦课程组要建立工作档案,记录相关活动情况。羽毛球排球课程组的成立为气排球课程教学的顺利开展提供了科学性、系统性、规范性、有序性、完整性的保障,同时对于任课教师的专业素养提出了更高的要求和期待。

(3)气排球课堂教学

气排球课内教学就是指每学期的气排球选项课。我校体育课程规定,大学四年修满 4 个体育学分,可以在四年内任何一个学期内选修,所以我校的气排球选项课班级除了大一第一学期外,其他任何一个学期的班级学生都由不同年级、不同学院的学生组成的,为不同学院之间开展气排球运动提供了交流平台,也为学生扩大交际面创造了条件。

①气排球课程目标

我校气排球课程自开设以来,以学生为本,与时俱进,在教育改革大潮中不断深化、不断改革、不断发展、不断完善。通过气排球选项课的学习与实践,达到以下目标:第一,运动技能目标。掌握气排球运动的基本知识、基本技能和基本战术,培养对气排球运动的兴趣,养成自觉锻炼的习惯,为终身体育打下良好的基础。第二,生理健康目标。通过气排球运动的实践,增强心肺功能,提高速度、耐力、力量、灵敏、弹跳等身体素质指标,改善生理健康指标。第三,心理健康目标。在气排球运动中得到愉快的情绪体验,使人的个性、潜力和创造力得到充分展示,改善心理状况、克服心理障碍,养成积极乐观的生活态度。第四,社会适应目标。气排球运动以其丰富的活动形式及攻防变换的对抗,培养学生的勇敢、顽强、拼搏的进取精神,正确处理竞争和合作的关系。

②气排球的教学方法与教学内容

在教学方法上,我们根据学生的不同技术水平、不同身体素质因材施教,采用分层教学法,开设了基础班和提高班,尊重学生个体,注重学生个性发展。我们根据不同层次的班级制定不同的教学内容和要求,具体为:

第一,基础班的教学内容为:准备姿势和移动、正面上手传球、正面双手传球、体侧垫球、背垫球、单手垫球、挡球、下手发球、原地扣球手法、身体素质、气排球规则和裁判法、教学比赛。具体要求:其一,了解气排球运动的发展史,掌握气排球运动的规则,学习裁判法并能运用于实践;其二,掌握气排球运动的基本技术,尤其是正面上手传球、正面双手传球及下手发球;其三,在掌握基本技术的基础上学习气排球的基本战术,并能参与教学比赛;其四,在学习气排球运动的过程中,发展学生的速度、腰腹力量等身体素质。

第二,提高班的教学内容:三角传球、顺网传球、背传球、调整传球、跳起单手传球、下手发直线球和斜线球、一传技术、助跑扣球、一三二接发球站位法、中一二进攻战术、身体素质、教学比赛。具体要求:其一,在气排球传球技术上要结合球网进行,如顺网传球、背传球及调整传球等,为能更好地比赛奠定基础;其二,在掌握气排球运动的垫球与传球后,进一步学习助跑扣球,全面掌握基本技术,并在原来的基础上有所提高;其三,在掌握气排球运动的基本技术后,加强基本战术的学习,并对排球比赛有新的认识;其四,在学习气排球运动的过程中,发展学生的耐力、爆发力等身体素质,使学生身心全面发展。

③气排球课程的考核内容及评分标准

我校体育课程考核内容分为专项成绩、身体素质和平时表现三部分,其中专项成绩所占比例为60%。气排球课程的考核内容:基础班包括传垫球、发球、教学比赛及临场裁判;提高班包括一传球、二传球、教学比赛及临场裁判。具体的评分标准详见表2、表3。

表2　气排球基础班考核内容及成绩评定标准

项目	分值	成绩评定标准
传垫球	15	两人相距3~5米互传垫球连续50次
发球	15	连续发球10个,界内球每球1分,技评为5分
教学比赛	20	期末教学比赛前三名的为优秀,4~6名为良好,其他为及格
临场裁判	10	好9~10分,较好6~8分,一般3~5分,较差1~2分

表3　气排球提高班考核内容及成绩评定标准

项目	分值	成绩评定标准
一传球	15	站后场接对方过网球给二传。10个球,每球1分
二传球	15	站3号位定点传4、2号位,各5个球,每球1分
教学比赛	20	20分,期末教学比赛前三名的为优秀,4~6名为良好,其他为及格
临场裁判	10	10分:好9~10分,较好6~8分,一般3~5分,较差1~2分

④气排球课程教材建设

教师、学生、教材是课堂教学活动的三个重要组成部分,它们从不同的角度、不同的层面对课堂教学活动产生了根本性、实质性、决定性的影响。从某种层面上来说,教材是教学工作的中心和关键,因为它是教师制订教学计划、进行教学设计、编写教案的基础,是备好课、上好课、实现教学过程最优化的前提和关键,对顺利完成教学内容、实现教学目标具有十分重要的意义。体育教学部于2018年组织本单位资深教师编写出版了《大学体育》教程,它是集合了众多学者和一线教师的学科水平和专业智慧,根据教育目的、学生身心发展规律及我校体育教学特色专门研制和编写的文本,理论与实践并重,主要涵盖了三大球类、小球类、操舞类、武术类、户外冒险、水上项目、体育养生七大类运动35门体育课程。2019年新版的《大学体育与健康教程》在2018年版的基础上将运动技能信息化、现代化,学生通过手机扫描教材里各门课程各项技术的二维码,可以清晰地观看任课教师的运动技术动作,既直观又便捷,课前课后学习起来更轻松,能更清晰地明了和掌握运动技能,非常适合我校学生对体育课程的学习。

2.气排球课外体育活动

课外群体活动,作为学校体育的一个重要组成部分,是课内体育教学在时间和空间上的延伸和扩展,不仅有利于学生身心全面健康发展,有益于学生个性的发展和体育锻炼习惯的养成,而且丰富了学生课余文化生活,丰富了校园体育文化,形成良好的校园体育传统和特色。目前,我校的气排球课外体育活动开展得如火如荼。

(1)气排球社团

目前,我校设有篮球、排球、足球等三十几个学生体育社团,面向全校所有学生,根据自己的兴趣爱好,自主选择、自愿参加社团活动,气排球社团归属于排球社团。体育教学部针对每个社团都安排一位负责老师,配合学生开展社团的各项活动,每年给予一定的活动经费支持。社团的出发点是吸引更多的大学生走出教室,走出宿舍,走向运动场,在欢声笑语中锻炼身体,充分享受运动流汗的快乐和运动带来的乐趣。

(2)气排球运动队

目前我校有20支运动队,分为3个级别,气排球运动队属于三级运动队,完全为普通大学生。气排球运动队主要是针对部分热爱运动、身体素质好又有一定排球基础的学生,每周安排固定的场地和训练时间,对他们进行系统专项训练,提高他们的竞技运动水平,以便参加不同层次的比赛,为学校争荣誉,又能成为学校气排球体育骨干,指导和推动我校气排球群体运动的开展。

(3)气排球赛事

竞赛是体育运动的基本特征,它可以培养学生的竞争意识,又符合学生竞争的心理需求。气排球比赛是推动我校气排球运动开展的有效组织形式之一,能起到宣传、教育和鼓励的作用。通过比赛,可以检查教学和训练的情况,促进运动交流。首先,一年一度的厦门大学学生气排球比赛,每年的4~5月份期间,以学院为单位组队参加,倡导"友谊第一、比赛第二",各个学院报名踊跃,获胜的队伍都有相应的奖状和奖品。其次是每年的厦门市全民健身运动会气排球比赛、厦门市社区气排球比赛等市级的赛事,多走出去,多向高水平队伍学习,比赛过程中提升自身优势,找出自身不足,为日常训练指明方向。再则就是福建省大学生气排球联赛,这是省内顶级的大学生气排球赛事,我们学校的气排球运动队任重而道远。

三、结论与建议

1.气排球运动由于具有球体轻、简单易学、技术随性、打法独特、观赏性强、娱乐性浓、亲和力好等特点,同时能达到强身健体、提高心理品质和社会适应力等功能而深受大学生的青睐。

2.目前,我校拥有一支技术精湛、高学历高职称、教学经验丰富的中青年教师团队,为学校气排球运动的开展提供了强大了人力资源保障;体育课程随着现代科学信息化的不断加入,教师的信息化水平有待于进一步强化。

3.在气排球课内教学方面,我们学校层面上从网络课程平台建设和教学课程组建设两方面来保障课内教学质量;体育教学部从课程目标、教学方法、教学内容、考核内容、评分标准及教材建设等6个方面来真正落实气排球课程的具体教学工作,做到学校与体育教学部紧密结合来培养学生掌握气排球运动技能,把提升学生身心健康真正落到实处,网络课程、课程组、带有二维码的教材这三方面的成功经验值得参考与借鉴。

4.在气排球课外体育活动方面,我们主要从社团建设、运动队建设、赛事参与等三方面来丰富大学生的课外文化生活,提高大学生的社会适应能力。由于我校思明校区室内场馆比较紧张,学生课外训练时间和场所无法保障到位,这也是我们今后需要抓紧落实的问题。

5.气排球运动是一项可以活到老、学到老、打到老、快乐到老的终身体育运动项目,我们需要加大宣传教育力度,吸引更多的大学生参与其中,终生享受气排球运动带来的快乐与喜悦。在大学生的气排球运动道路上,我们任重而道远。

参考文献

[1]《"健康中国 2030"规划纲要》,http://www.gov.cn/zhengce/2016-10/25/content_5124174.htm,访问日期:2019 年 10 月 15 日。

[2]教育部:《关于印发〈普通高等学校健康教育指导纲要〉的通知》,http://www.gov.cn/xinwen/2017-07/10/content_5209366.htm,访问日期:2019 年 10 月 15 日。

[3]国务院:《关于印发〈体育强国建设纲要〉的通知》,http://www.gov.cn/zhengce/content/2019-09/02/content_5426485.htm,访问日期:2019 年 10 月 15 日。

[4]《习近平出席全国教育大会并发表重要讲话》,http://www.gov.cn/xinwen/2018-09/10/content_5320835.htm,访问日期:2019 年 10 月 15 日。

[5]陈铁成主编:《气排球》,厦门大学出版社 2014 年版,第 132～180 页。

[6]陈志伟、林致诚、林顺英主编:《大学体育与健康教程》,厦门大学出版社 2019 年版,第 95～109 页。

理工类通识教育在思政育人中的新定位

张志昊 张 业[*]

摘要:通识教育是一种培养学生独立人格和独自思考能力的教育,是学生树立正确人生观、世界观、价值观的可靠保证。理工类通识教育在思政育人中具有独特的优势,肩负着立德树人的示范指引作用。通过教学改革深入挖掘思政内涵、不断提升育人效果是理工类通识教育"课程思政"的重要途径,将"立德树人贯穿教书育人全过程"进而实现"全方位育人"是理工类通识教育的全新定位和根本目标。

关键词:通识教育;课程思政;理工类;全方位育人

一、引子

教育终其根本是培养学生独立思考、明辨是非、学以致用的能力。《小戴礼记》中有记:"博学之,审问之,慎思之,明辨之,笃行之。"[1]古人讲求学,即学习知识,要多方面地探索,涉猎的知识不局限于一个流派或一个体系,通过学习进而周密而深入地思考,提出自己的疑问并谨慎地寻求答案,从而明辨是非对错,最终将学到的知识指导实践,达到知行合一。古人受限于信息的传播障碍,知识获取成本高昂,知识的教授以师徒制为主,培养人数少,传承容易断档。现代大学教育以大规模培养符合社会发展需求的人才为目标,通过规范的培养方案构建科学的知识体系,培养人才形成正确的人生观、价值观和世界观,使之成为对社会有用之人。与古人师徒制的个性化培养方式不同,现代大学教育更加接近"快餐式"的培养模式,虽然在教学质量上可能有所欠缺,但是这种规模化的专业人才培养方式极大地促进了社会的发展。

从知识构成上来说,现代大学教育的学科分类系统而明确,各专业的授课内容差异明显,学生的培养重视专业知识的教授,却在一定程度上忽视了知识的广博性和全面性。尤

* 张志昊,黑龙江齐齐哈尔市人,厦门大学材料学院助理教授、硕士生导师,工学博士;张业,山东省黄县人,厦门大学医学院教授、硕士生导师,医学硕士。

其对于理工类学科,因其专业知识体系庞大,专业课程内容繁多,学生获取非专业知识的时间被极大地压缩。由于学生涉猎知识领域的范围狭窄,造成其思辨能力受限。特别是随着互联网时代的到来,世界多元文化对传统价值取向造成极大的冲击,多元社会思潮涌入校园,对涉世未深的学生造成严重的心理影响。拜金主义、享乐主义、功利主义等西方资产阶级自由化思潮在校园中汹涌澎湃,愤青群体、精日群体、废青群体等社会腐化群体在校园中伺机而动。虽然思想政治教育一直是我国高等院校人才培养的必修内容,然而"毕其功于一役"式的思政教学已经很难吸引学生的目光,如何将思政内容融入学生培养的教学全过程已经成为现阶段大学教育面临的新挑战。

二、课程思政的实际意义

习近平总书记在 2016 年全国高校思想政治工作会议上强调,"要用好课堂教学这个主渠道,思想政治理论课要坚持在改进中加强,提升政治教育亲和力和针对性,满足学生成长发展需求和期待,其他各门课都要守好一段渠、种好责任田,使各类课程与思想政治理论课同向同行,形成协同效应。"[2]上述讲话内容要求高等院校要不忘初心、牢记使命,将教书育人和立德树人始终作为高等院校的核心任务,在课堂教学过程中不能只教授知识而忽视思想、道德、品德的树立。在提升学生的政治觉悟和道德品质上思想政治理论课仍然是主力军,不过其他类各课程需要改变其以往"袖手旁观"的模式,发挥更为重要的立德树人作用。

由于育人方式和育人角色上的转变,理工类课程教育面临极大的挑战。传统理工类专业课程在经过几十年的反复修订后,其知识构架已经基本成熟,教学重点往往是各种高难度的理论、公式、定理等专业知识。教师在教学过程中需要消耗大量的精力和时间去讲授烦琐的公式推导、复杂的逻辑计算和抽象的概念定理等内容;学生在课堂学习过程中同样需要注意力高度集中,通过高强度的记忆与快速的逻辑思考以迅速吸收教师教授的专业知识。此时,在授课环节中添加思政内容会显得较为突兀,破坏学生逻辑思维的连贯性和持续性;虽然穿插爱国主义教育可以活跃课堂气氛、舒缓紧张情绪,但是细碎的课时分配会割裂教师的授课进程,少量的思政内容又会失去对学生的教育意义。

三、通识教育是全方位育人的有效手段

通识教育旨在为受教育者提供通行于不同人群之间的知识和价值观。其倡导者认为通过通识教育可以丰富人的内涵,建立广博的知识体系,实现多学科交叉融合,是全方位育人的有效手段。因此,在欧美国家的高等教育中通识教育受到极大的欢迎,并成为大学的必修科目之一。通识教育课程在国内高等学校属于选修课程,在学生的认知中通识教育属于拓宽视野甚至娱乐范畴;授课教师同样对此类课程的教学目标把握不准,教学内容

要么过于浅显,要么过于高深,有些学院甚至将通识教育课设置成专业导读课,明显脱离了通识教育扩展知识范畴和塑造正确价值观的初衷。理工类通识课程尤为如此,由于不同专业的学生知识结构层次差异很大,过于高深的专业知识让社科类学生无所适从,而过于浅显的专业知识又会让理工类学生失去学习兴趣。因此,理工类通识教育课程在很多教师的心中属于鸡肋型课程,学生同样感到此类课程食之无味,却又弃之可惜。

建立一门优秀的理工类通识教育课程需要教师有足够的知识储备,根据选课学生类型分配教授内容,讲授的知识应该符合绝大多数学生的学习兴趣与学习能力。在课程重点和难点设置上应选择性地讲解具有学科代表性的知识,对于部分专业学生都难于理解的知识点则坚决摒弃,对于内容重要却略微超出学生认知范围的知识可以在讲授后给出参考书籍,让有兴趣的学生课后研读。与专业课程相比,理工类通识教育课程应更加专注于学生在授课时间内的知识吸收与领悟,不过分强调课后的阅读和强制性的课后作业,在考核方式上增加平时成绩而减少最终考核成绩,将教学重心始终放置在教学效果而不是教学内容上。理工类通识教育由于课程内容更加弹性和自由,专业知识的讲授进度可以适当放缓,这样一方面可以让不同专业背景的学生获得足够的认知时间,另一方面有利于实现思政育人的目标。与理工类专业课相比,通识教育更加适合增添思政内容,将专业知识与爱国主义教育交叉融合,进而实现"把思想政治工作贯穿教育教学全过程,实现全程育人、全方位育人"[3]。

四、理工类通识课程教书育人具体案例

笔者以教授的"航空航天材料概论"课程为依托,初步探索了思政育人工作在理工类通识教育课程中的应用,与读者朋友相互交流。"航空航天材料概论"是一门厦门大学材料科学与工程系开设的理论性和实践性较强的通识教育基础课。该课程开设 20 学时共 1 学分,教学目标是让学生全面、系统地了解航空航天材料方面的理论基础知识,掌握材料的化学成分、结构、组织和性能之间的依赖关系及其变化规律,学习金属、陶瓷、高分子等航空航天材料的使用范围及部分失效分析的案例。2017 年开设这门课的初始目标是为材料类、机械类、能源类及航空航天类等专业提供基础理论先导,为学生今后从事科学研究及分析解决生产实际问题培养初步的创新设计能力和实践能力;然而近三年随着学生对国家航空航天事业发展的持续关注,选课人数逐年增加,不少政治学、国际经济与贸易、金融学、会计学等社科类专业的同学也开始陆续加入该课程的学习过程中(如 2017 年 4 人、2018 年 6 人、2019 年 10 人)。不少社科类专业学生对航空航天材料的认知仅仅是飞机外壳是由金属制造,而不少理工类专业的学生(如土木工程、生物工程、电子信息工程等)同样对航空航天材料的知识一知半解。显然,如何对这些知识体系相差甚远的学生进行教学导入是笔者面临的首要问题,而笔者最先想到的是发掘本课程的思想政治教育资源。

　　航天航空材料并不是凭空出现的,而飞天的神话、飞天的探索在中华民族五千年的历史中早有记载,笔者开篇与学生分享了三个有趣的故事:(1)敦煌莫高窟的飞天壁画。该壁画最早出现在十六国时代(304—439年),并延续到元代后期(1271—1368年),甚至我们如今的国酒茅台也以此作为商标,显然这种形象已经深入人心。飞天形象反映的恰好是我国古人对飞天的第一认知,即通过自身修行获得涅槃从而拥有飞天的神力。(2)后羿射日与嫦娥奔月的故事。这个故事的起源已经不可考,不过《吕氏春秋·勿躬篇》(公元前239年前后)有尚仪(嫦娥)占月之说,[4]《淮南子·览冥训》(公元前122年前后)记载了"羿请不死之药于西王母,托与姮娥(嫦娥)。逢蒙往而窃之,窃之不成,欲加害姮娥。娥无以为计,吞不死药以升天"[5],而最早的实物记载来自长沙马王堆西汉古墓的出土帛画。显然古人意识到改善自身获得神力的朴素思想实际上并不能实现飞天,因此古人转而进行第二种飞天构想,即食用神药飞天。(3)牛郎织女的故事。这个故事萌芽于《诗经·小雅》,南朝梁殷芸《小说》亦有记载,不过笔者在讲述过程中强调了一个小细节,即牛郎乘着牛皮气球飞入天界的传说。从最早的修行自身,到随后的服用神药,再到最后的乘坐飞天载具,古人的飞天之梦从无到有,从不可期到可期,而德国著名的齐柏林飞艇正是由牛肠衣做成的气球制造而成,这给予学生极大的震撼。上述故事的讲授激发了学生对"航空航天材料概论"这门教育通识课的兴趣,让社科类的同学觉得这门课通俗易懂,而理工类的同学也觉得这门课不似传统专业课那样枯燥无味。

　　随后笔者对材料在古代飞天探索中的应用实例的讲解就更容易吸引学生的注意力,在这部分中笔者重点按时间顺序描述了材料在飞天中的进步,如上古三皇虞舜利用竹斗笠(降落伞原型)从仓廪跳落逃出火海;上古三皇大禹发明布制风帆、木制船舵实现浮力载具的初步控制;战国时列御寇发明了木制风车从而在陆地御风而行(载于《庄子·逍遥游》[6]);楚汉战争时期汉大将韩信发明纸鸢用于军事战争;五代时莘七娘用竹篾作架、表面糊纸并在底部燃烧松脂做成松脂灯,这是热气球的原型;唐朝铜质的卧褥香炉是陀螺仪的原型,同时这也是飞天载具燃烧炉的初步探索;晋朝发明的竹蜻蜓是螺旋桨的原型;唐—宋—元—明时火药的发明并应用是飞天燃料的探索;明朝的万户乘坐自制的火箭和大风筝成功飞上蓝天,被誉为"人类航天的第一位先驱"[7];民国时期(1909年)的冯如制造了中国第一架螺旋桨飞机,而他只比莱特兄弟的飞机晚了6年。通过上述讲授,学生在了解飞天材料的演化发展过程的同时,深刻体会了我国古人对飞天的向往,感受了中华五千年的飞天文化传承,也更加向往后续知识内容的学习。同时,学生对航空航天材料追求轻质、高强度、高可靠性等性能要求有了更深刻的认识。

　　再次,笔者对近现代国家航空航天工程进行梳理,讲解了"两弹一星"功勋专家、被誉为"中国航天之父"和"火箭之王"的钱学森院士归国的坎坷之路和他拳拳的报国之心。类似钱院士等大量科研工作者,为了祖国两弹一星事业甘愿隐姓埋名、抛家舍业地前往戈壁滩潜心研究、奉献一生的爱国壮举,也深深地感动了诸多学生。特别是一名管理系学生,在国庆假期观看了陈凯歌导演的电影《我和我的祖国》,其中《相遇篇》中一名无名科研英雄在原子弹研发阶段不敢与爱人相见、最后为科研献身的故事令她久久不能忘怀,她特地给笔者发来微信,说课上的故事和影片中的英雄事迹发生了重叠,引起了她深深的共鸣,她立志要向英雄学习。从这件事笔者深刻地意识到,课堂知识的传授只是教学目标的一部分,塑造学生正确的人生观、价值观和社会观才是高等院校育人的根本。

在随后的课堂授课环节中,笔者与学生们分享了"长征"一号运载火箭和"东方红"一号人造地球卫星发射成功的喜悦,感受了"长征"二号运载火箭因控制信号导线折断而发生失败的悲伤。特别是在介绍中国载人航天计划的开启人是小平同志时,同学们纷纷惊叹一代伟人的高瞻远瞩和未雨绸缪。从神舟计划到天宫计划再到嫦娥计划,中国的航空航天事业飞速发展;从中国航天第一人杨利伟到中国太空漫步第一人翟志刚再到中国第一位女航天员刘洋,中国的航天成就令国人振奋、世界震惊。一个个耳熟能详的故事让同学们再次感受了祖国的伟大,而思政的基因就这样轻松而深刻地注入学生们的体内。在后续的航空航天材料与服役环境的相互关系讲解中,学生们的注意力更加集中,更迫切地想了解一切与航空航天相关的专业知识,学习效率和教学效果显著提升。

在第二节课中笔者主要讲授了航空器的发展简史、分类知识及材料方面的应用。从热气球的浮力原理到飞机材料的演化,同学们在学习过程中始终能保持和教师的互动。尤其在讲授国产战机歼20、歼31和武直10时,笔者将歼20和美国F22、F35、俄罗斯T-50进行了性能对比,然后提出四种飞机成本的小预测,同学们参与度非常高。此外,笔者还进行了一个课堂小游戏,背景是学生扮演的盟军飞机在二战时期被日军击落,迫降在海面,学生需要在15种求生工具中选择必需品以完成自救。在这个游戏中,学生以小组为单位,将课堂知识学以致用,同时学习如何自荐团队领袖、如何与团队成员配合、如何在团队中发出自己的声音,在这种寓教于乐、轻松互动的氛围下,学生巩固了知识、练习了口才、培养了能力,进一步激发了学习兴趣,教学目标也自然而然地实现了。

五、课程思政育人实际成效和思考

2015级经济学院统计系本科生郭玉敏同学这样写道:"老师搜集了许多与航空航天相关的历史故事甚至神话故事,极为有趣,十分吸引人,老师教折的纸飞机也给人留下深刻印象,像这种别出心裁的环节设计让人对这门课充满好感。"2016级化学化工学院本科生姬媛媛同学这样写道:"课程从航空发展史、航天发展史讲起,例如牛郎通过鼓起的牛皮飞上天与织女相会、齐柏林太空船的辉煌与没落等,了解历史的同时也为我们说明了材料在航空航天领域的关键性作用;之后围绕航空航天常用材料的几个典型及其结构、性能等为我们做了简要介绍,其中我印象较为深刻的是关于晶体的讲解,例如晶格类型、晶格能、晶面、晶系等,从微观结构折射到宏观性质,具有较强的科学性;最让人激动的是纸飞机以及木制小马达飞机的制作,趣味性十足,我们学生的参与度也很高,教学方式别出心裁,教学成果也比较显著。课程学习中还有几组关于'求生'的讨论,在这个过程中需要与小组人员合作,虽然我们组最后得出的结果不那么完美,但在这个过程中加深了同学彼此之间的了解,锻炼了总结与协调能力,促进了合作,最后参考专家的答案也略微记住了一些求生技巧。"不过,也有同学提出一些意见,如 2014 级土木工程学院本科生胡管乐同学认为:"在我修完一学期的'航空航天材料学'课程之后,发现这门课程并非想象中的那么无趣,它向我们科普了许多航空航天专业中的知识。但是整个课程下来,我们接受知识的方式只有在讲台下面听老师讲解,最多只是观看一些视频,而完全没有理工科非常需要的实验环节。"笔者认为优秀的通识教育课程是建立在良性的反馈机制之上,考虑到"航空航天材料概论"是一门材料类课程,通过自己动手感受材料、学习材料才能将知识掌握牢固,为此从 2019 年笔者开始增加实验课的尝试,即将 8 学时的理论课修订为 8 学时的实验课,这是该课程从开课之初设置 4 学时企业参观尝试后的另一个教改举措。

参考文献

[1]韩剑英:《〈中庸〉蕴含的人的全面发展思想》,《领导科学论坛》2019 年第 4 期。

[2]石书臣:《正确把握"课程思政"与思政课程的关系》,《思想理论教育》2018 年第 11 期。

[3]郑永廷:《把高校思想政治工作贯穿教育教学全过程的若干思考——学习习近平总书记在全国高校思想政治工作会议上的讲话》,《思想理论教育》2017 年第 1 期。

[4]蔡先金、李佩瑶:《嫦娥神话演变及其主题》,《东岳论丛》2013 年第 2 期。

[5]张根云:《从神话到宗教——论先秦两汉嫦娥奔月故事的长生主题演化》,《宝鸡文理学院学报》(社会科学版)2016 年第 36 期。

[6]郭勇健:《庄子"逍遥"新解》,《南开学报》(哲学社会科学版)2013 年第 6 期。

[7]张志昊、周花、张英干:《思行善政、教书育人——通识教育课在新工科建设中的教改研究与创新实践》,《当代教育实践与教学研究》2019 年第 8 期。

加强医学生营养教育的必要性和建议

李　蕾　苏艳华　许荣均　张小芬　李红卫*

摘要：通过论述医学生营养教育的意义，分析我国营养学教育的现状，强调营养学在医学教育中的重要地位，建议将营养学设为医学生的必修课，建立统一的评价标准来判断"准医生"们的营养学知识储备是否达标。提出制定科学的教学计划，探索多元化的教学模式，增加实践机会以及提高教师素养等改善措施，提高医学生营养教育的质量，适应现代医学的迅猛发展。

关键词：医学生；营养学；医学教育

营养是维持人类生命和健康、保证身体正常生长发育的物质基础。合理营养是健康生活方式的重要基石，膳食营养素摄入不足或者不均衡与许多疾病，特别是慢性非传染性疾病的发生发展密切相关。随着食物资源的丰富和人们生活方式的改变，肥胖、高血脂、糖尿病等慢性疾病的发病率逐年增加，这些营养相关性疾病已经成为威胁人类健康的重要公共卫生问题之一，全球每年因不良饮食习惯引发的死亡人数高达1100万[1]。因此在临床实践中应用营养知识帮助患者管理生活方式相关慢性疾病以及其他膳食相关的健康状况具有举足轻重的作用。

一、加强医学生营养学教育的重要意义

1.现代医学模式对医学生营养知识的要求增高

近年来我国的疾病模式已经从以传染病为主的模式转变为以心脑血管疾病、癌症、糖

* 李蕾，山东泰安人，厦门大学公共卫生学院副教授，硕士生导师，医学博士；苏艳华，河南开封人，厦门大学公共卫生学院助理教授，医学博士；许荣均，福建南安人，厦门大学公共卫生学院教学秘书，理学硕士；张小芬，广东揭阳人，厦门大学公共卫生学院工程师，医学博士；李红卫，黑龙江哈尔滨人，厦门大学公共学院副教授，硕士生导师，医学博士。

尿病等慢性非传染性疾病为主的模式[2]。医疗机构的服务模式也从单纯的医疗型逐渐转型为医疗、预防和保健相结合的模式。在从单纯的技术服务向社会性服务的转变中，健康教育是关键环节之一，其中医学营养教育是健康教育的重要组成部分。医务人员作为健康教育主体，掌握医学营养知识是其必备的专业技能之一。

在临床诊疗中，现代医学模式强调疾病的整体治疗和综合管理，医疗、护理与营养三要素缺一不可，合理营养对疾病的治疗和预后具有积极的协同作用。营养支持可提高患者的免疫力，增强对手术的耐受力，减少并发症的发生，有效改善临床治疗效果。而对于高脂血症、糖尿病等与营养因素密切相关的慢性疾病，饮食治疗是治疗计划中最基本、最有效的措施之一。如何给患者提供合理的膳食也是患者家属最为关心的问题之一，他们常常带着"病人是否有忌口？""吃什么有利于病人的康复？"等诸多疑问，向负责其疾病诊治的临床医护人员进行营养咨询。叶芳等对血液透析病人的营养教育实施状况调查中发现，92%的患者营养教育来源于医护人员[3]，但是由于大多数临床医务人员未接受过系统的营养学教育，营养知识欠缺，无法根据患者的疾病状况，提供具体的膳食建议。对于患有普通疾病的患者，考虑到治疗成本，医生不会主动建议进行营养科的会诊或咨询，患者无法得到科学的饮食指导，营养支持也就无法在疾病治疗过程中发挥其应有的协同作用。因此现代诊疗模式要求医生除了具备过硬的临床诊疗技术外，还必须储备一定的营养知识，才能指导患者合理安排膳食，配合临床治疗，促进疾病的康复。

近年来随着营养在疾病治疗中的重要作用逐渐被认可，现代医学诊疗模式对医院的营养能力建设提出了更高的要求。我国国家卫健委规定二级及以上医疗机构要设置临床营养科，同时还要求临床医生具备专业的营养知识，在疾病诊疗过程中对患者进行营养教育。美国医疗机构评审国际联合委员会提出，医生要对患者进行营养教育，并对存在营养风险的患者与临床营养科进行无缝对接，协作诊疗[4]。2017年，国务院颁布了《国民营养计划（2017—2030）》，指出要加强营养能力建设，开展临床营养行动，推进对医院、妇幼保健机构、基层医疗卫生机构的临床医生的营养培训，贯彻落实《"健康中国2030"规划纲要》，提高国民营养健康水平。

作为医务工作者的储备力量，医学生担负着保障国民健康的重任，他们对营养知识的知—信—行不仅有利于将来的临床治疗，还将在推行健康文明的生活方式、预防疾病、促进全民健康等方面产生深远的影响，因此加强医学生的营养学教育，促使医学生掌握必要的营养学知识技能，既适应现代医学治疗的要求，也是满足社会预防保健的需求。

2.医学生营养知识缺乏，对营养知识的需求增加

经济的发展带来了丰富的食物资源，我国居民尤其城市居民的膳食模式从以植物性食物为主过渡为以动物性食物为主，"吃出来的疾病"越来越多。"预防为主，营养先行"是预防这些慢性疾病的重要策略之一。这就要求医学生掌握系统的营养学知识，在临床诊疗中，对患者进行营养教育，为患者提供具体可行的膳食建议，引导患者通过平衡膳食、合理营养预防慢性疾病的发生,促进机体健康。但国内外多项调查研究发现,大部分医学生营养基础薄弱,无法应对临床实践中常规的营养诊疗,并希望通过学校教育获取更多的营养知识。Adams 等调查了 106 名医学院教师,其中 88% 认为他们的学生需要更多的营养教育[5]。厉芳红等调查了 1418 名在校医学生与 398 名临床医务工作者,发现83.04%的学生认为营养知识对临床工作有帮助,但83.48%的学生不熟悉临床营养的评价方法;61.13%的临床医务人员认为在学校所学的营养知识不能满足临床工作的需要[6]。医学生获取营养知识的途径大都来源于非正规化教育途径,缺乏系统性和权威性。耿珊珊对289 名医学生进行的调查中发现,大约50%的同学通过网络、报刊书籍和电视了解营养学知识,38.4%的同学从父母及同学处获取相关知识,4.8%的同学通过广播了解营养学知识。在对其食物营养相关知识的调查中发现 60%左右的学生回答是错误的[7]。医学生营养知识储备不足势必会对以后的临床医疗工作产生负面影响,因此,开展正规化的营养学教学是普及医学生营养学知识的有效途径,也是提高医疗水平的重要举措。杨艳等对1056 名在校临床本科生、医学硕士研究生和临床医生进行的调查中发现,学生学习了临床营养学后,营养知识的得分显著高于未学营养课程的学生[8]。

此外,开展营养教育对促进医学生的自身健康也具有重要的意义。医护人员常常因手术、急诊等工作原因无法保证规律进餐和充足睡眠,营养知识的掌握有利于他们合理安排自己的膳食,通过均衡营养提高身体素质,为从事繁重的临床医疗、教育和科研工作提供保障。正规化的营养教育不仅可以提高临床医生的综合医疗水平,还可以改善其自身的营养与健康状况,更好地为实现全民健康服务。

二、医学生营养学教育的现状及存在的问题

1.医学生营养学教育的现状

目前全球医学生营养学教育的现状不容乐观。Crowley 等在《柳叶刀—星球健康》发表了一篇关于医学生营养教育的综述类文章,该综述纳入了 2012—2018 年美国、欧洲、中东、非洲和大洋洲等地区开展的 24 项研究。研究发现在全球范围内的医学教育中,普遍存在营养教育欠缺的问题,导致医学生缺乏必要的信心、技能和知识来指导和干预患者的营养膳食[9]。美国国家研究委员会在 19 世纪 80 年代就已经指出美国医学院未将营养学课程设为必修课程是其课程设置的重要缺陷,并建议将营养课的最低学时设为 25 小时[10]。美国临床营养学会推荐医学生在校期间营养教育不得少于 40 学时,但国内外大多数医学院校无法达到这一标准。美国学者 2004 年对 106 所医学院校的营养学教育状况进行了调查,结果发现59%的学院营养学课程时长小于25 小时,10%的学院小于 10 小时。56%的学院将营养学设为综合课程,平均授课时长不足 7 小时,仅有 25%的学院专门开设营养学课,平均时长仅为17.7小时[5]。

在我国,大多数医学院校没有为临床相关专业的学生开设独立的营养学课程,通常在"预防医学"或"卫生学"的课程中讲授部分营养学知识。李芬对 9 所学校 63 个医学专业的在校医学生的调查中发现,我国大学生在 5 年的医学教育中平均接受营养教育的时间仅为16.8学时[11]。姚雪婷等对 90 多所医学院校的临床医学专业的本、专科学生进行了调查,发现只有少数院校把"临床营养学"设为选修课,没有一所院校将其设为必修课。38.9%的院校把营养学作为预防医学或卫生保健课程的一部分来讲授,所涉及的营养学内容都是出自"预防医学"或"卫生学"课程,而37.8%的院校甚至没有给临床专业的学生开设系统的营养学基础课程[12]。以我校为例,护理专业的学生在培养过程中未设置与营养相关的课程,而临床医学和口腔医学等专业的学生主要在"预防医学"课程中学习营养和食品卫生的内容。营养学的理论教学仅为 2 个学时,主要讲授部分基础营养知识。因为授课时间的限制,与临床关系密切的人群营养、营养与疾病以及临床营养等章节均未开展课堂教学。我们的医学生对自身存在营养问题尚存在诸多的疑问与困惑,将来他们在复杂临床状况下开展营养治疗的能力令人担忧。通过课下答疑,我们发现同学们对营养学知识的兴趣浓厚,学习热情较高,2 个学时的教学时间无法满足他们对营养学知识的需求,希望能够安排更多的学时开展营养学教育,以便掌握营养学相关的健康服务技能。

2.医学营养教育存在的问题

在医学院校开展系统的营养学教育是培养全面医学人才的必然要求,也是提高临床医护人员营养学知识水平的重要手段。但是目前我国医学院校在营养学教育方面仍存在诸多问题急需解决。

(1)营养学教学安排不合理,教学总体情况欠佳。我国医学院校中的营养学教育存在独立设置的营养课程不足,教学时限短以及教学年限安排不合理等诸多问题。我国大部分医学院校很少为临床医学专业的学生开设独立的营养学课程,通常将其并入医学基础课程如"预防医学""卫生学"中进行讲授,平均教学时限仅为16.8学时,明显低于美国临床营养学会推荐的 40 学时的标准。因为学时的限制,学生只能通过课堂教学获得有限的营养学知识,缺乏课下拓展学习以及应用实践训练。学生对所学知识的理解肤浅,更无法学以致用,将所学的知识在实践中进行操作训练,只是为了应付考试一味地死记硬背书本内容,学习效果较差。在教学安排中,营养学的教育年限多在第 2～3 学年。在这个阶段主要涉及医学基础学科的学习,营养与疾病的发生、发展及其在治疗中的应用等知识对低年级的医学生来讲还比较抽象,学生只能对这些知识进行机械性记忆,无法结合临床实践进行学习与应用。在第 4～5 学年,学生除了学习部分临床课程之外,大部分时间用于临床各科室的见习和实习。在这个阶段学校设置的营养教育课程较少或者完全缺乏,医学生无法再次从课堂上获取基础营养以及临床营养的相关知识,之前学习的内容也大都遗忘,导致他们进入临床实践后面对病人的营养问题不能做出正确的判断,无法为其制定适当的营养方案,影响了营养支持在疾病治疗中的重要作用[13]。

(2)教学内容缺乏针对性,教学手段传统单一。目前我国大部分医学院校在"预防医学"这门课程的讲授过程中涉及营养学知识。虽然"预防医学"教材经过多次改版后,营养学的内容涉及了临床营养等内容,但尚存在基础知识过于精简,缺乏营养与疾病、不同人群的营养等临床实践中应用率高的内容,专业针对性较差,难以满足临床医学和护理学专业学习的需求。此外,近年来营养学基础研究在临床上的应用取得了较大发展,出现了许多操作方便,实用性较强的营养应用软件。这些内容的学习可以帮助医护人员在临床实践中轻松运用营养知识,但由于学时以及教学条件的限制,这些实用性较强的内容无法及时地进入医学生的课堂教学中。

营养学教学大都采用以多媒体为主的课堂讲授方式,在课下训练和临床实践方面的设置几乎处于空白状态。学生只是被动地接受知识,掌握的知识碎片化,不知道如何将营养理论知识与临床实践有效结合,导致在临床工作中忽视营养在疾病治疗中的作用。随着我国医疗保健服务体系的发展,临床全科医疗以及社区医疗服务要求医护人员能够熟练评价患者的营养状况,针对患者的具体情况有效开展营养诊疗与健康教育。要达到这个目的,就需要医护人员不仅具备扎实的营养学功底,还要能够将营养学知识活学活用。但是目前的教学效果无法达到这些要求。

三、加强营养学教育的建议

加强医学生的营养学教育,提高医学生的营养学素养是培养合格医学人才,适应我国医学发展的必然要求。今后的营养教育需要解决的重点问题主要有以下几个方面。

1.调整教学计划,重视营养教育

在医学院校开展独立的营养学课程,将其纳入教学计划,将选修课改设为必修课。课程内容应涉及基础营养学(膳食成分与能量、合理膳食与膳食指南、营养配餐与食谱制定)、临床营养总论(病人营养风险筛查与评价、医院膳食、肠内外营养)、临床营养各论(各种疾病的营养治疗)等各章节的内容[14]。增加营养教学的学时,有条件的院校可以参照美国临床营养学会推荐的40学时的标准进行教学安排。将该门课程的开课时间设立在第4~5学年,让学生在见习和实习阶段学习营养学知识,边学边用,有效地在临床工作中进行营养学的实际应用。此外,提高对医学生营养知识的要求。在毕业考试以及执业医师考试中增加营养学知识的比例,内容应既要涉及基础营养知识的考核,还要加强对综合运用营养知识能力的考核,提高医学生对营养学的重视。

2.探索多元化的教学模式,改善课堂教学效果

在教学过程中,打破传统的"满堂灌""填鸭式"式教学,开展灵活多样的教学形式。

利用翻转课堂,问题驱动教学法等新兴教学方式提高学生学习的主动性,提高学生在教学过程中的参与程度,实现教学的"双边互动",提高课堂教学效果。在授课过程中,将基础理论与实践密切结合,通过视频、图片等方式引入具体案例以及与营养相关的社会热点问题,鼓励学生分组讨论。充分利用网络教学平台,开展线上线下混合教学,为学生提供影像视频、参考文献以及外文书籍等学习材料,方便学生进行课下学习,扩宽学生的视野,夯实学生的营养基础。在课堂中引入应用营养软件的学习,包括计算机软件以及营养 APP 的介绍,充分利用各种便捷软件解决实践中的营养问题,如利用手机 APP 进行食谱设计,计算膳食中的营养素含量,简化计算步骤,降低难度,增加可操作性。学生在课堂上即可实现对营养学知识的运用,为将来在生活实践或临床工作中实现营养知识的实际应用奠定基础。同时利用周末或者假期,以"创新实验"或者"实践训练"的形式开展课下实践活动,走出课堂,进行小规模的营养调查,为社区群众开展营养宣教,为不同人群制定营养食谱,加强学生对理论知识的实际运用能力。

3.注重实践练习,增加实践机会

在教学中,尝试开放性营养学教学,安排实用性强的内容,锻炼学生的动手能力[15]。例如在学习基础营养和公共营养的基础上,安排学生到学校食堂,采用记账法及称重法,记录在学校进餐的学生摄入的食物种类和数量。查阅食物成分表,计算进餐者膳食中摄入的能量和各种营养素的含量,对调查对象的膳食营养状况进行客观评价,并提出改善建议。在临床营养内容的教学过程中,引入具体病例,学生分组讨论,为患者制定可行的营养方案,增加学生运用营养知识解决临床问题的应用能力。近年来虚拟仿真技术在教学中的广泛应用为营养的实践教学带来了革命性的升级。教学中充分利用虚拟仿真教学平台的各种高仿真模具、模拟人,安排学生进行食谱的编制与应用,开展营养调查,为不同人群提供营养咨询,还可以通过该平台重现临床营养诊疗场景,提高学生分析问题、解决问题的能力。增加课堂教学实践的同时,还应该增加学生临床见习与实习的时间,让学生在临床工作中进行"实战"。安排学生到教学医院营养科学习制作各种临床膳食配餐,为特殊病人进行食谱编制。在经验丰富的营养科医生的带教下,参加营养会诊、查房等工作,对患者进行营养评估和临床综合治疗,学习并践行营养知识在临床医疗工作中的应用。

4.加强教师培训,提升教师的专业素养

教师肩负着"传道、授业、解惑"的责任,应具备过硬的专业基础。除了掌握专业的营养学基础知识,还应具有扎实的基础医学、临床医学和临床营养学的理论知识。建议任课老师可以定期到临床营养科进行学习,掌握更多的临床营养实践经验,这对提高教学质量具有举足轻重的作用。还可以将临床医院营养科经验丰富的医护人员纳入教学队伍,承担临床营养的教学内容,有针对性地对不同专业的医学生及护理人员进行营养知识的讲授。比如,注重医学生在营养与疾病的关系、营养在疾病治疗的应用,特别是肠内、肠外营养治疗的掌握与应用。培养护理专业学生对患者进行营养评价、开展营养宣教的能力。临床经验丰富的师资以及专业化的培养有利于促进医学生掌握丰富的营养知识,提高医学生在实际工作中运用知识的能力。

加强医学生营养教育,建立全球统一的评价标准来判断"准医生"们的营养学知识储备是否达标,并投入更多资金来研发医学院营养教育的新方法,促使医学生掌握必要的营养学知识技能、重视病人的饮食营养,这不仅有助于提高医护人员的综合素质,也是我国医学事业快速发展的必然要求。

参考文献

[1]GBD 2017 Diet Collaborators.Health Effects of Dietary Risks in 195 Countries,1990-2017:A Systematic Analysis for the Global Burden of Disease Study 2017,*Lancet*,2019,393,pp.1958-1972.

[2]李立明:《流行病学》,人民卫生出版社 2003 年版,第 193～197 页。

[3]叶芳、熊辉:《血液透析患者营养教育实施现状的调查与分析》,《齐齐哈尔医学院报》2004 年第 1 期。

[4]李莉、热孜亚·阿不来提、张世瑶:《浅谈临床营养学教育在医学生培养中的必要性》,《新疆医科大学学报》2014 年第 10 期。

[5]Adams K.M.,Kohlmeier M.,Powell M.,et al.Nutrition in Medicine:Nutrition Education for Medical Students and Residents,*Nutr Clin Pract*,2010,25(5),pp.471～480.

[6]厉芳红、方芳、余清等:《临床营养学教学现状及在医学教育中的作用》,《中国健康教育》2009 年第 5 期。

[7]耿珊珊、莫宝庆、周明等:《为医学生开设营养学相关课程的调查分析》,《教育教学论坛》2016 年第 10 期。

[8]杨艳、汪春梅、罗礼容等:《临床医学专业开设临床营养学课程的必要性研究》,《现代医药卫生》2011 年第 16 期。

[9]Crowley J.,Ball L.,Hiddink G.J.Nutrition in Medical Education:A Systematic Review.,*Lancet Planet Health*,2019,3,pp.e379～389.

[10]Committee on Nutrition in Medical Education,Food and Nutrition Board,Council on Life Science,National Research Council.*Nutrition education in U.S.Medical Schools.*Washington,D.C.:National Academy Press,1985.

[11]李芬:《医学院校大学生营养教育状况调查分析》,《中国现代医生》2010 年第 25 期。

[12]姚雪婷、鲁力、郭松超:《我国医学生〈临床营养学〉教育的现状和发展趋势》,

《广西医科大学学报》2007 年第 41 期。

[13]周蜜、徐武、江涛:《医学生营养教育现状研究》,《重庆医学》2017 年第 20 期。

[14]热孜亚·阿不来提、李莉、吐尔逊江·买买提明:《加强临床营养学教育的体会与建议》,《新疆医学》2015 年第 1 期。

[15]冯刚玲、丁玉松、马儒林、徐上知:《医学营养学教学方法的探讨》,《农垦医学》2009 年第 2 期。

土木工程专业学位硕士校企联合培养
模式的探索与实践[*]

雷家艳　高　婧[**]

摘要：随着《关于制定工程类硕士专业学位研究生培养方案的指导意见》的落实，高校加强对土木工程专业学位硕士研究生专业实践能力培养的改革势在必行，本文阐述了校企联合培养模式在专业实践教学环节中的重要作用，通过学分制、"双导师"制及实践环节的考核标准制定等内容，分析了土木工程专业学位硕士培养过程中高校与企业联合培养模式的协同性、可实施性和有效性等问题；并通过企业实地调研，分析了专业学位硕士能力多层次化培养目标的特点。

关键词：专业学位硕士；校企联合培养；专业实践能力；教学改革

一、引言

我国自 1998 年设置工程硕士专业学位以来，培养了一批高层次应用型工程技术和管理人才。2018 年，国务院学位委员会决定将工程专业学位类别调整为电子信息等 8 个专业学位类别。为更好地适应国家经济社会发展对高层次应用型人才的新需求，全国工程专业学位研究生教育指导委员会起草了《关于制定工程类硕士专业学位研究生培养方案的指导意见》，国务院学位委员会办公室于 2018 年 5 月 4 日转发该《指导意见》，并明确提出 2018 级工程类硕士专业学位研究生开始执行，往届工程类硕士专业学位研究生的培养方案可参照此指导意见做相应调整。

按照国务院学位委员会决定，原来的"土木工程"硕士专业学位调整为"土木水利"硕士专业学位，根据全国工程专业学位研究生教育指导委员起草的《关于制定工程类硕士

* 福建省教育厅研究生教育教学改革项目（FBJG20180235）。

** 雷家艳，厦门大学土木工程系助理教授；高婧，厦门大学建筑与土木工程学院，副教授，土木工程系副系主任。

专业学位研究生培养方案的指导意见》(以下简称"新《指导意见》"),培养方案最重要的变化是对研究生培养过程中"专业实践"环节的重视,并提出了相关要求,即工程类硕士专业学位研究生应开展专业实践,可采用集中实践和分段实践相结合的方式。具有 2 年及以上企业工作经历的工程类硕士专业学位研究生专业实践时间不少于 6 个月,不具有 2 年以上企业工作经历的工程类硕士专业学位研究生专业实践时间应不少于 1 年。非全日制工程类硕士专业学位研究生专业实践可结合自身工作岗位任务开展。

在新形势新规定的敦促下,土木工程类专业学位硕士研究生的培养方案调整迫在眉睫,如何合理地设置"专业实践"环节的相应内容以及提出有效的实施方式是该项工作的重点问题。照搬原有培养方案中的"实践教学"环节的方法显然不符合新《指导意见》的根本要求和宗旨,因此对土木工程专业学位硕士实践教学的改革势在必行,对专业实践开展模式的探索是新《指导意见》的重要革新内容。

本文阐述了在土木工程专业学位硕士研究生培养中,通过高校与相关企事业单位的多渠道联合,针对专业实践教学环节采取的具体举措,根据人才需求调研,分析了当前专业学位硕士能力培养特点。

二、校企联合培养是专业实践教学改革的主要举措

中国硕士研究生的学位教育主要分为学术型学位(学术理论研究)和专业型学位(注重操作实践能力),两种教育并轨,且自 2010 年 1 月起教育部对研究生结构进行了调制,逐步减少学术型硕士招生人数,减少的名额用以增加全日制专业型硕士招生名额,通过几年的调整,使全日制专业型研究生与全日制学术型研究生的招生比例达到 7∶3。经过近十年的调整,我国专业型硕士研究生的招生人数已成为硕士研究生招生的主要类型。

学术型硕士教育以培养教学和科研人才为主,专业型硕士培养的是我国经济建设紧缺的应用型人才。土木工程属于工程应用性学科,我国基础设施建设蓬勃发展使得市场对专业型硕士的需求急增。与土木工程专业相关的企事业单位主要集中于建筑、交通、市政基础设施的规划、设计、施工与运营管理等领域。在我国经济建设发展的新时期,行业内的企业单位面临崭新的机遇和挑战,企业对高校人才培养的需求观念及要求正在逐步转变,对人才培养提出了更加明确的产出目标,即希望高校所培养的人才尤其是硕士学位以上的学生,除了掌握书本传授的专业基础理论知识外,还能够在具体工程实践中具有解决复杂应用问题的能力。高校的工程类人才培养以学科应用为导向,并与产出需求相一致。高校及时调整专业型硕士研究生的培养方案,着重加强学生专业实践能力的培养,是高校人才培养适应时代经济发展需求的重要教学改革。

对专业型硕士研究生的专业实践能力培养需要让学生更加深入地接触和参与到具体的工程建设项目。高校与企业联合培养的模式,以学生的专业应用能力培养为主线,能够使学生在毕业前初步具备岗位生产的能力,同时合作企业能够优先挑选、录用实习中表现

出色的学生,使企业降低招工、用人方面的成本和风险,从而快速有效地培养企业储备人才。对于土木工程专业学位硕士研究生的培养而言,校企联合培养是提高工程类硕士专业实践能力的有效方式。如何开展校企联合培养,充分调动企业积极性,吸收企业优质实践资源参与研究生教育体系,发挥企业在人才培养中的重要作用,推动产学结合、协同育人,提高校企联合培养质量是探索及改革的核心任务。

三、校企联合培养模式的探索与实践

1.学分制——培养模式的协同性

高校土木工程专业学位硕士的培养方案表现为学分制的形式。对专业实践环节进行学分制的管理能够使高校将企业对研究生的实践指导工作与学校管理方式协同起来并统筹安排。学分制能够提供工作量计算的组织形式,新《指导意见》在课程设置与学分要求中将"专业实践"规定为必修环节,课程学习和专业实践均实行学分制,总学分应不少于32学分,其中课程学习不少于24学分,即"专业实践"环节约8学分。以往的培养方案中的"实践教学"环节通常以实习、听专业讲座、参与导师科研项目等形式开展,一定程度上存在与社会经济发展需求不相适应的现象,对专业学位研究生实践能力的锻炼和提高成效不明显,因此改革中应对专业实践环节的具体内容及形式、具体学分的划分等问题进行充分的调研和讨论,针对校企联合培养的方式,以探索如何合理设置"专业实践"环节的具体内容及提出行之有效的实施办法为核心。

2."双导师"制——培养模式的可实施性

以企业的工程需求和专业学位研究生的学位论文研究方向相结合,通过学分制的细化工作可明确专业实践教育环节的主要内容。专业学位研究生的校企联合培养需要建立起研究生与企业之间的衔接节点。根据专业学位研究生的培养特点,专业学位研究生实行"双导师"制,由校内导师和校外导师以"双导师"的形式共同指导,校内导师为第一导师,作为研究生培养第一责任人,负责研究生的全面指导;校外导师为第二导师,负责指导研究生的实践环节学习,为所指导的研究生创造条件进行实践活动,并协助指导研究生完成学位论文。"双导师"制是校企联合培养方式中的关键节点,也是研究生有效参与、学习企业具体工程项目实践的最佳途径和重要保证。

校外导师应了解国家有关研究生教育的政策法规,了解专业学位研究生教育的性质、特点和培养目标,掌握专业学位教育的研究方法,具有良好的学术道德和治学态度,具有较高的学术造诣,在业界具有较强的影响力和良好的社会声誉,熟悉所指导的学科领域,具备较深厚的理论基础和丰富的实践经验。能认真履行导师职责,能够按专业学位研究生培养方案的要求指导研究生进行专业实践环节及学位论文工作。

在校外导师的选聘过程中应遵照高校相关聘任制度严格进行资格认定并按程序完成聘用过程。为了充分调动校外导师的工作积极性，应按照工作量给予适当名誉及物质报酬，使"双导师"制真正发挥应有的作用，保证校企联合培养模式的可持续性发展。

3.制定合理的考核标准——确保培养模式的有效性

通过学校、导师、企业协同努力，如何使校企联合培养方式合理有效地发挥优势，真正地提高学生的工程能力和职业发展潜力，是土木工程专业学位硕士校企联合培养模式探索中的难点问题。

学分化的管理要求对各环节进行成绩评定，作为对学生培养目标达成情况的衡量。校企联合培养中专业实践环节的成绩考核标准不可能采取传统的考试等考核办法，因此明确合理的考核办法，制定可行的考核标准，为评价专业学位研究生的专业实践能力培养成效提供依据。

四、企业人才需求调研

在校外导师聘用制度执行过程中，厦门大学土木系对专业相关的企业开展了人才需求调研活动。涉及单位包括政府管理部门（厦门市公路局）、建筑及市政路桥设计院（中铁大桥设计院有限公司、厦门市政设计院、厦门天华设计公司）、国有大型施工企业（中铁一局重庆枢纽东环站前3标项目部、中铁一局广州分公司）等。调研结果表明，土木工程硕士学位的毕业生是目前企业需求极为重要的组成部分，同时人才需求也表现出专业能力多层次化的特点。比如设计院等单位注重硕士毕业生的结构分析计算能力；施工企业侧重于关注学生的工程管理协调能力和施工过程中的专业问题分析解决能力；而政府职能管理部门重视学生对专业知识的归纳总结能力，一些岗位对学历的要求可能会有所提高，少数专业型硕士研究生可根据自身的职业规划和定位，选择进一步地学习深造。

企业人才需求呈现显著的能力多层次化特点，因此学校对专业型硕士学位学生的能力培养应结合需求做出相应调整。校外导师制度能够灵活、多样地将专业能力需求细化到学生为期6个月至1年的工程实践教学环节，以学生对实际工程项目的设计、施工、管理等活动的介入，侧重性地培养学生相关能力。调研活动证明，校企联合培养模式有利于学校把握行业需求，培养针对性强、专业性高、综合素质达标的专业学生硕士研究生。

五、总结

校企联合培养模式是工程类专业学位研究生培养过程中提高学生专业实践能力的重要革新举措。校企联合培养模式的探索以产出目标为导向，使高校人才培养与产业需求紧密结合。土木工程专业学位硕士在校企联合培养方式下，通过专业实践环节的学分制、

"双导师"制等方法,使专业实践环节的内容更加明确;合理的考核标准使学生能力的培养评价机制具有可操作性。多项措施的有效开展,可调动企业在联合培养中的积极性,并保证校企联合培养方式的成效性,为专业学位硕士的培养发挥最大作用。

参考文献

[1]全国工程专业学位研究生教育指导委员会:《关于制定工程类硕士专业学位研究生培养方案的指导意见》,2018年。

[2]陈勇、周发明等:《全日制农业硕士专业学位研究生"三双四模块七学段"培养模式的探索与实践》,《学位与研究生教育》2017年第3期。

[3]伊影秋:《研究生培养机制改革的成效分析——基于研究生导师制度的视角》,《高教探索》2016年第4期。

[4]阎俊爱等:《校企联合研究生培养模式研究》,《教育理论与实践》2014年第24期。

[5]杜建军:《校企联合培养研究生的办学实践对全日制专业学位研究生培养的启迪》,《学位与研究生教育》2013年第3期。

[6]吴志军、李晔、曹静等:《同济大学车辆工程领域全日制专业学位研究生校企联合培养模式的探索》,《学位与研究生教育》2012年第8期。

[7]李秀春、韦福雷:《校企合作培养硕士研究生的实践与经验》,《山西财经大学学报》2012年第S2期。

[8]李景元、蒋国平、宋建新等:《浅析"双导师制"在工程硕士培养过程中的落实情况》,《学位与研究生教育》2008年第12期。

[9]钟振国:《全日制专业学位研究生教育质量保障机制构建的路径》,《教育理论与实践》2015年第24期。

在过渡时期提升国防生培养工作质效的几点思考

王　飞*

摘要：随着以提高战斗力为核心展开的军事改革不断深入，军人知识结构和学历结构调整迫在眉睫。继从普通高校大学生中全国直招士官举措出台之后，根据军队改革有关部署，国防生政策做出重大调整，从 2017 年起，不再从普通高中毕业生中定向招收、从在校大学生中考核选拔国防生，由定向招录、全程培养逐步调整为面向地方院校毕业生直接选拔招录。国防生分流的政策随之出台，在这种背景下，如何继续培养适应部队需要的国防生，并引导真正有志于国防和军队建设的优秀国防生主动选择步入军队急需岗位，既是我们驻校选培办工作人员的使命职责，也是我们面临的全新挑战。本文在充分调研往届毕业国防生在军队发展现状的基础上总结归纳了国防生培养面临的一系列问题并分析了其内在原因，提出了过渡阶段国防生培养工作的思路和对策。

关键词：国防生；培养；军事训练；基层任职

一、引言

依托国民教育培养国防人才，是当今世界军事高科技应用与发展的客观要求，也是新军事变革的一项重要内容。与美、俄、英、日等世界军事强国相比，我国依托国民教育培养国防人才起步较晚。2000 年 5 月，国务院、中央军委颁布《关于建立依托普通高等教育培养军队干部制度的决定》（国发〔2000〕9 号），标志这项工程正式拉开帷幕。全国培养国防生的签约高校最多时达 117 所，2006 年招生数量达到峰值约 13000 人。但是由于人民解放军的性质宗旨以及所处政治环境都不同于西方军队，培养工作起步晚、底子薄、经验缺，加之国防生培养工作的系统性、广泛性和复杂性，不少问题纷纷涌现。大量国防生进入部队后出现了水土不服的现象，国防生军官群体并没有达到更好地服务于军队的信息

---

* 王飞，中国人民解放军驻厦门大学选培办副教授，研究方向：国防生教育培养。

化建设的初衷,部队对其总体的认可度不高,军民融合式高等教育过去所沿用的数量规模扩张模式面临挑战。数据显示,国防生全面停招前的 2016 年,签约高校数量减少至 65 所,招生人数也锐减至 4700 人[1]。

2017 年的国防生停招就是为了适应军事形势发展对军队人员思想特点和知识水平新要求而采取的举措。这次国防生政策的调整将使军官的入伍动机更纯粹,知识水平也同样会发生重大的优化。虽然国防生政策进行了调整改革,但在校的广大国防生仍然是军队建设宝贵的人才资源。据军队人才网最新公布的数据,2019 年军队文职人员补录总人数为 2876 人,其中,高教、工程、科学研究、医疗等与国防生专业相关的 4 个岗位类别占比分别达到了 51.5%、24.3%、14.1%、7.2%,有效地开展好国防生培养工作,让更多优秀的人才为国防事业服务对改革强军意义重大。

二、国防生军官的劣势及原因分析

从国防生政策诞生以来,已经陆续有不同批次不同院校毕业的国防生步入军营的各个岗位,我们对已经毕业入伍的多个地区不同工作岗位不同级别的国防生军官开展了广泛的调研,其间也广泛听取了各个部队人力部门以及单位军政首长对国防生军官的评价,分析后认为,国防生军官的劣势和成因主要有以下几点:

1.思维发散且活跃,个性突出,不甘受全方位的约束

军校的环境相对单一、紧张、封闭,部分军校甚至将"严于部队,高于部队"作为管理的理念,在一定程度上培养了军校生坚韧沉稳的性格,也帮助他们更快速地适应第一任职岗位。而国防生在地方高校自由、开放、张扬个性的环境中成长,有更强的批判精神。手机管理上相对宽松,网络环境更加开放,国防生更容易受到西方的一些不良思潮以及对党和军队抹黑言论的影响,由于缺乏公开讨论以及必要的辨别能力,这些信息对国防生产生了消极的影响,甚至导致他们对自己的选择产生了怀疑。

不同的高校有着不同的教育理念,总体来说是开放包容的。而国防生在校期间正是形成世界观、人生观、价值观的关键时期,地方大学的生活如同其对普通大学生一样,潜移默化地让国防生形成了自己的个性。在校国防生普遍缺乏对军队性质宗旨的深刻认知和对军营生活的切身理解,更缺乏像其他普通学生一样的职业规划。大多数国防生被分配到了作战部队的基层,在其任职初期他们的专业知识往往得不到施展的空间。基层大量重复的工作、繁重的训练和在国防生群体看来枯燥的政治教育让他们感觉从思想、身体、纪律上处处受到束缚,容易产生抵触情绪。有的国防生军官始终对基层的管理模式感到不理解,总喜欢将"不懂就问"的习惯带到基层工作中,不能很好地处理与上级和下级的关系,甚至有的一进入军营就开始打退堂鼓,2015 年习主席宣布裁军 30 万以来,许多国防生也趁机选择了转业或者复员离开了军营。

2.学习吸收能力强但主动学习意愿弱,军政素质整体有差距

在当前大学毕业生逐年增多,就业矛盾突出的背景下,部分高中毕业生报考国防生的动机就是为了减轻家庭的经济负担,摆脱就业的压力。在部队薪资待遇经历了几次上涨后,部分国防生入校后一方面刚刚摆脱备战高考的压力,早就憧憬着在高校好好放松;一方面又没有就业压力,毕业初期整体的平均工资待遇并不比身边的同学差,缺乏认真学习的内在动力,导致学业上不精进,毕业后未能如愿走上技术岗位。Wrzesniewski 等对10239 名西点军校的学员进行调研后得出结论:具有较强内在动机的学员在军队被破格提升的可能性高于外在动机较强的学员[2]。

高校的环境相对宽松,驻校选培办编制人数相对外军类似机构严重不足且成分单一[3],军事训练的组织和水平受场地器材及缺少教练员的限制。当前,绝大多数高校的国防生军事训练都能按照计划、内容、时间、人员落实,主要采取高年级骨干带低年级或暑期短期基地化集训的方式。但在这样的训练模式下,组训的国防生骨干自身经验缺乏、训练内容和方式普遍比较单一、医疗保障依靠高校的挂钩医院不专业、暑期集训时间短强度低等问题十分突出,导致国防生军事素质提升有限,身上的"兵味儿"不浓。

基于以上两点,部分国防生在高校学习期间既未实现学业水平和专业知识的提升,也因为错过了军事体育水平提升的黄金阶段,未能做好在基层摔打磨炼的准备。国防生军官群体的军政素质较弱,导致在激烈的竞争中不占优势。有很大一部分的国防生毕业后分配到了基层,与预期不符,便期待交流、改技术岗位,对部队的参谋业务和党务知识以及军事训练不感兴趣,加之基层工作千头万绪,一些国防生军官便消极怠工,不主动追求军政素养的提高,导致工作开展不顺,发展受限。

3.缺少昂扬的战斗精神和必要的管理能力,自我心理疏导能力不强

在校国防生身处地方高校这个"温室",受到了高校、选培办以及家庭的多重呵护。部分国防生在入学时就将自我定位区别于军校生,认为自己毕业以后更多从事技术工作。一部分国防生没有选择军校的原因就是身体基础较差,性格上不够坚韧,害怕吃苦,担心达不到指挥类干部的要求。对在校期间并不繁重的军事训练也表现得不自信,无法突破训练瓶颈,缺少基层军官所需的血性和虎气,即军队始终强调的战斗精神。

国防生既是大学生,又是未来的军官,对自身的片面认识导致缺乏危机意识和应付挫折的心理防护能力。在校期间,不管是选培办还是高校,以及作为高年级甚至同年级同学的模拟连骨干,对国防生的管理通常是温和且包容的,管理更多侧重于"理"而疏于"管",这与部分基层部队的管理特点恰恰相反。从我们调研的情况来看,有过模拟连主要骨干任职经历的国防生军官相对于从没有担任过骨干的在军队的发展并没有明显的优势,究其原因,主要是国防生群体相同的年龄段、文化水平和校园环境,管理相对简单,管理水平自然提升有限。

国防生毕业分配到基层的指挥岗位后,面对的是经过多年系统训练的军校生的竞争,下属的士兵有的比自己年龄还大,组训和管理的经验也更丰富,导致在工作过程中会遇到各种各样的矛盾。很多国防生排长没能在管理工作上快速打开局面,得不到充分的尊重;有的对基层的特点和工作规律掌握不清,对岗位的期待和现实存在落差,工作开展不顺利便产生挫败感,丧失了积极性;由于入伍前经历的挫折少,部分国防生抗压能力差,未能有效进行自我的心理疏导,消除消极情绪,有的开始混日子,期待转岗交流以及转业或者复员。

三、如何抓好在校国防生的培养

以上我们分析了国防生军官群体在军营中较为普遍的劣势,如何针对性地消除这些劣势一直是老大难的问题,虽然 2017 年国防生招生政策的变化为国防生培养工作带来了新的挑战,但也为选培办大胆创新,抓好在校国防生的培养提供了有利条件。

1.改变传统政治教育方法,创新思想引领方式

国防生在大学校园的环境里接触信息多元,思维发散,入伍前虽很难形成对马克思主义理论的系统认知,但他们思辨能力强,对一些历史事件和新闻热点有自己独特的认知,具有较强的逻辑思维和批判能力,如果能发挥国防生在政治教育过程中的主体地位,教育效果将事半功倍。一是要减少大课开展灌输式教育,多针对具体论点展开研讨式交流。作为驻校的"军代表",我们首先要有共产党人坚定的"四个自信",可以大胆地将"马克思主义拯救了中国""当今世界上没有一种完美无缺的政治体制"等论点和话题抛出来,通过研讨发言式和辩论式的教育形式,让国防生由被教育者变成教育的主体以及辩手,能够更好地启发他们对马克思主义和党的创新理论的理解和自觉维护。马克思主义具有严密的内在逻辑说服性,减少甚至杜绝枯燥的灌输,让国防生自己通过思辨和研讨加深对马克思主义的理解。二是要丰富手段和资源,用浸润式的环境完成国防生的思想纠偏。一方面可以通过平时的辩论、演讲、研讨间接地了解以及谈心交流中去掌握国防生的思想动态,分析可能存在的思想偏差,有针对性地组织观看金一南、张维为、郑强、张召忠、金灿荣等军内外网络名人的演讲和授课视频,为国防生罗列书目,推送网络文章,让国防生增强"四个自信"以及思辨能力。另一方面,可以依托校园周边的红色资源开展好无形的教育熏陶。以厦门大学国防生为例,通过参观见学,大家对厦大四种精神、鼓浪屿好八连精神、英雄三岛精神耳熟能详;通过去干休所慰问老红军,听老红军讲故事,大家普遍认为比网上听来要生动和真实,更有教育意义。正如学好英语需要浸润式的环境,选培办也需要和学校合力创造浸润式的环境,引导国防生完成思想重造。三是要提高入党的门槛,真正做到"成熟一个,发展一个"。通过调研发现,各校国防生在毕业入伍前入党比例极高,通常达到90%以上。但对有的国防生来说,在没有真正的成熟之前就被吸纳进入党组织无异

于"揠苗助长"。从调研的情况来看,个别国防生党员无法完整回答发展党员的相关程序和要求。由于基层党务知识的缺失和对党的组织原则和创新理论认识不足,导致部分国防生军官在任职初期无法很好地融入基层的组织生活。国防生分流政策出现后,应当坚持树立国防生党支部只为部队输送合格党员的意识,对选择分流的国防生,应当建议他们在普通的支部寻求入党;对仍在犹豫的国防生,应当继续培养考察直至其决定选择投身军营并从思想上行为上成熟以后再予以吸收。

2.充分尊重个人发展意愿,因人而异协助开展职业规划

根据最新的《军队研究生招生计划和政策》规定:从 2018 年起,国防生非指挥类只能报考军队院校和科研机构研究生,不得报考地方院校和科研机构研究生。选培办应结合历届国防生在部队的发展情况,协助在校国防生选择更适合自身发展的道路。一是要为在校国防生勾勒每条道路的基本前景。从往届国防生毕业入伍后的情况来看,毕业后选择攻读军队院校和研究所的国防生军官,基本都实现了入校之初的身份定位和期待,成为一名技术干部,对岗位的满意度和发展前景普遍较好,而毕业后直接分配至部队的国防生军官除少数被安排在技术岗位,绝大多数被安排在基层指挥岗位,面临激烈的竞争以及训练和管理的压力。一部分军政素质强、愿意主动学习的国防生军官在渡过正连的岗位后,相比较其他军官已基本没有发展上的劣势,而选择分流的国防生可获取的就业信息更加广泛,发展前景基本等同于一般在校生。军队的文职人员也是国防生分流的一个选择,选培办应通过调研了解文职人员的发展现状供国防生参考。二是要协助在校国防生根据自身的特点规划发展方向。鼓励国防生利用地方和高校现有的平台和机会展示和锻炼自己各方面的能力,比如定向越野大赛、演讲比赛、数学建模等,对自身的优势和短板有清楚的认识。选培办也可专门针对在校国防生创造专门的平台比如军事体育比武、党务知识竞赛、摄影和写作等培训,并通过毕业在岗的国防生军官"过来人讲过来事"、选培办分工对在校国防生进行"多对一"的把脉等形式,让他们根据自己的特点和兴趣,为尽早确定发展方向提供参考,从而激发自觉提高自身素质的主动性。三是要因人而异为国防生的素质提升积极创造条件。在定下了初步的发展方向后,可以适当对国防生进行分组,对志在攻读军校研究生的国防生,除要求其参加必要的基础体能训练外,在政治教育的形式上也可以更加灵活,比如,要求其观看相应视频或书籍后上交心得体会,把更多的时间留给他们抓好专业学习;对志在投身基层军营的国防生,应当着重发展其军事素质和政工素养,尤其是基础体能,可以参照部队训练的大纲严格要求,并创造各种条件让他们多感受基层环境;对志在分流的国防生要及时跟踪其思想动态,防止其借口分流从而躲避训练和管理;此外,要实行真正的双向选择,对军政素质不过关的国防生,动员其选择分流,甚至强制予以淘汰。据统计,美军现役部队中约 30%的将军和 40%的校尉级军官均来自 ROTC(美军后备军官训练团)[4],源于其培养全程实行最高达到 60%的淘汰率[5]。

3.强化军政训练的质效,锤炼综合素质

针对当前刚入职的国防生军官军政素养相对较弱,难以第一时间打开基层工作局面的问题,在国防生政策培养过渡阶段,作为驻校选培办,可以在三个方面大胆实践:一是要大力营造鼓励政工技能和军体训练的氛围。为更好地激励国防生自觉提高军政素质,改变以往评优时学业成绩占最高权重的做法,在评优时可区分学业成绩、军体训练、政工技能三个类别进行评选,提高物质和精神奖励,并将其纳入量化积分,以此激励提升主动性。尤其要突出强调基础体能对基层第一任职的极端重要性,注重通过军事体育训练突出战斗精神培育,通过开展比武竞赛、团体项目竞赛增强团队协作精神和荣誉感。二是要创新培养手段。对定位于在基层担任指挥军官的在校国防生,在组织军事训练时可以协调学校周边的部队基层单位,在规范的训练场上感受基层的训练氛围和训练组织,邀请周边部队的训练骨干和毕业的优秀国防生军官来校传授组训方法和经验;借鉴驻地部队政工集训思路和成果,丰富课余时间训练内容;编写党政知识题库或者开展知识竞赛,对《军队基层建设纲要》等指导性非涉密书籍进行分阶段系统地学习。三是要鼓励国防生积极拓展兴趣爱好。以美军为例,军队中的将领很多都是在校期间的体育明星,通过参加体育活动,一方面可以增强体质,增强竞争意识和荣誉感,强化战斗精神;另一方面,有助于强化领导力和消除不良情绪。要及时跟踪国防生动态,督促其发展至少一两项如摄影、写作、健身健美、乐器演奏等兴趣爱好,鼓励参加定向越野、马拉松、校园运动会等活动,一方面可以帮助培养其健康向上的情操,另一方面可以为以后在军营的发展发掘和培养特长。

4.由集中式管理转变为服务式管理,加强心理疏导和心理建设

当前政策让在校国防生对未来有了更多的选择,为实现个人的发展和部队的需要,选培办也要增强服务意识,尽可能在为部队输送更多优秀可用的人才前提下,让每一名国防生做出最合适的选择。对想要入伍的国防生,要提前打好预防针,提前培育其战斗精神。一是要多用典型激励,增强自我认同感。厦大、集大国防生身边就有许多典型。比如,在培养了多批国防生的厦大物理系,刘守教授带领团队设计研发的"激光全息瞄准器(镜)"出现在参加此次国庆70周年阅兵的部队手里,引起国内外的热烈讨论;集美大学09级国防生夏菁在土耳其国际高级突击队培训中取得外军学员总评第一的成绩,这些典型都能很好地激发国防生的内在动力。二是要客观实在,为国防生算好一笔账。虽然在校国防生学历高,思维活,但缺乏社会历练和军旅生涯的磨炼。选培办可以为国防生对比地方生活和军营生活,算经济收入、发展前景、荣誉得失,让每一名国防生根据自己的实际情况作出选择,避免入校之初对部队认识偏差所带来的缺乏内在动力、心理有落差等问题。三是要适当压担子,加强心理防护能力。从模拟连运行的情况来看,日常性的事务较多,缺少突击性任务和急难险重任务的锤炼,与大部分基层部队紧张的生活节奏不相符。选培办可对照基层部队的现实需要,要求国防生策划基层晚会、比武竞赛等活动,限时上交训练计划、教育提纲、组训教案、年终总结等材料,并对完成任务情况进行讲评,通过任务牵引增强抗压能力;调研中发现,国防生作为一个特殊的群体,超过60%的人对心理咨询和治疗有需求,但并没有针对国防生心理辅导的专门机构。为了让国防生学习心理学相关知识,加强心理防护能力,也为了任职后能了解战士们的心理,更好地开展工作,可以动员国防生利用在校时间准备和参加国家心理咨询师考试,并通过平时对国防生的随机教育和心理疏导传授相应的工作方法。

参考文献

[1]普桉:《我国高校国防生培养模式:问题、成因与对策》,《山西青年》2018年第14期。

[2] Amy Wrzesniewski, Barry Schwartz, Xiangyu Cong, Michael Kane, Audrey Omar, Thomas Kolditz, Multiple types of motives don't multiply the motivation of West Point cadets, *National Academy of Sciences*, 2014, Vol.111, Nol 30, p.10990-10995.

[3]周洁、张建卫、郭保民、李兵、秦作文:《普通高校军民融合人才培养的现状与对策——基于全国4103名国防生的研究证据》,《现代教育科学》2017年第4期。

[4]董宇:《我国高校国防生与美国"后备军官训练团"培养模式比较研究》,《Doctoral dissertation》2010年。

[5]孙桂珍:《美国依托国民教育培养高素质生长军官的做法及启示》,《经济与社会发展》2012年第6期。

高校少数民族预科班自主培养
与委托培养的教育质量比较
——基于厦门大学的案例分析*

于正伟**

摘要:在我国部分高校少数民族预科班由集中培养向自主培养转变的政策调整背景下,自主培养学生的教育质量问题备受社会各界关注。依据公共政策评估理论,对厦门大学少数民族预科班最后一批委托培养学生和第一批自主培养学生的学习成绩及在校期间表现进行比较研究。结果发现:自主培养学生的学习成绩较好,学习积极性较高,对学校的适应性较好,身份认同感强,归属感较强,对本科专业、学业生涯和未来发展认识更加深入。通过厦门大学个案分析,国家少数民族预科教育培养院校政策调整的实际效果得到初步实践检验。

关键词:高校;少数民族预科班;自主培养;委托培养;教育质量比较

一、问题缘起

1.国家政策调整:部分高校少数民族预科班由集中培养向自主培养转变

在高校举办少数民族预科班是国家促进少数民族地区经济发展、实现民族团结与社会稳定、加快少数民族人才培养的一项重要公共政策。根据教育部 2005 印发的《普通高等学校少数民族预科班、民族班管理办法》,民族预科班是指对当年参加普通高等学校招生全国统一考试、适当降分、择优录取的少数民族学生,实施高等学校本、专科(高职)预备性教育的一种办学形式。[1]

在 2018 年之前,考虑到各个高校少数民族预科班招生数量、培养成本等因素,国家多

* 本文是 2017 年福建省中青年教师教育科研项目(批准号 JZ170206)的阶段性成果。
** 于正伟,山东莱州人,厦门大学少数民族预科生管理中心讲师,研究方向为思想政治教育。

采用集中培养的模式,即集中在几个少数民族预科教育基地,如中央民族大学、陕西师范大学、北京邮电大学、宁夏大学、黄河科技学院、南昌工学院等。2018年起,国家开始较大规模地调整少数民族预科班培养院校,即部分高校少数民族预科班由集中培养向自主培养转变。根据《教育部办公厅关于切实做好高校少数民族预科学生自主培养工作的通知》(教民厅函〔2018〕6号)等文件精神,从2018年秋季学期开始,中央部门所属高校招收的预科学生实施自主培养,省属高校招收的预科学生原则上由省级教育行政部门根据实际情况,由学校自主培养或集中培养(不含新疆民考民类学生)。实施预科学生自主培养和分省集中培养,是深化从入口、过程到出口人才培养机制改革的重要内容,有利于高校落实立德树人根本任务,有针对性地开展教育管理,有利于预科学生更快地适应大学生活学习,有利于促进各民族学生交往交流交融,符合新形势需要和民族地区群众期待,对实现预本教育协调发展,提高预科教育质量具有积极意义。[2]

2.国家政策评估:自主培养质量关切

根据公共政策过程理论,一项公共政策调整后,需要对该项政策调整的实际效果与影响进行评估,对政策的未来走向作出基本的判断。目前,我国高校民族预科教育已经进入到综合改革、质量提升、全面发展的新阶段。在国家政策调整的大背景下,无论是国家决策层、高校还是社会大众、家长及学生本人都非常关注自主培养的教育质量问题,并持续关注自主培养的学生在大学本科阶段的成长发展。因此,在现阶段,我们需要关注和评估的是,部分高校少数民族预科班由集中培养向自主培养转变后,是否促进了高校少数民族预科教育和本科教育的有机融合、有效衔接,是否提高了少数民族预科生的培养质量,是否真正有利于学生的成长发展,等等,这都需要我们进一步地深入调查研究。对高校工作者来说,如何评估高校自主培养的教育质量,是一个需要深入探索研究的课题。

此外,近年来,党和国家出台了一系列重要举措,高度重视民族预科教育事业发展。随着社会经济的发展以及高等教育的改革,来内地求学的少数民族预科生也日益增多。当前,部分高校少数民族预科班自主培养后,会产生哪些新问题?原先学生在预科阶段存在的适应性困难、学业基础薄弱、思想心理波动等问题,在自主培养院校能否更加有效解决?这都需要我们在新形势下充分认识民族预科教育的特殊性和复杂性,分析少数民族预科生的特点,探索民族预科教育发展的基本规律,研究制定适合少数民族预科生的人才培养方式方法。因此,如何做好少数民族预科生的教育教学和管理工作,充分发挥预科教育的基础性作用,培养思想政治素质高、综合素质好的少数民族优秀人才,也是摆在高校教育工作者面前的一个重要任务。

二、研究设计

1.研究思路与方法

公共政策评估比较常用的是对比法与个案分析法。为更好地检验政策实施效果,通过对比法与个案分析法,对政策调整前预科委托培养的学生与政策调整后预科自主培养的学生在本科阶段学习成绩、在校表现的大数据分析比较,能更让我们直观地看到政策调整效果。在 2018 年中央部门所属高校招收的预科学生实施自主培养大规模政策调整之前,厦门大学、西北工业大学、东北大学、中国地质大学等几所高校进行了少数民族预科班自主培养探索工作,可以说是一项公共政策试验或工作试点。现以厦门大学为案例,观测研究厦门大学少数民族预科班自主办学情况,以期对政策调整的现实影响进行实证分析与个案检验。

2.研究对象

2015 年前,厦门大学少数民族预科生在河南省黄河科技学院培养,完成一年的预科学习,成绩合格并结业者转入我校进行本科阶段学习。为全面贯彻落实党的教育方针和民族政策,加快培养少数民族人才,帮助和支持少数民族地区经济发展,更好地促进各民族团结和文化交流,2015 年起,厦门大学开设少数民族预科班,自主培养少数民族预科生。2015 年秋季学期,共有 62 名少数民族预科生来校报到注册。其中,有维吾尔族、哈萨克族、回族、藏族等 17 个民族,新疆地区少数民族学生 20 名。在接到少数民族预科生培养任务后,厦门大学积极研究民族预科相关政策,提高政治站位,充分调动相关资源支持预科办学,探索独具厦大特色的民族预科教育模式。在学校领导的高度重视下,围绕"严、细、爱"的工作方针,一方面按照国家要求完成"规定动作",一方面探索独具厦大特色的民族预科教育"创新举措",即办班伊始,参照本科教育,高起点建设民族预科教育,坚持内涵发展理念,以提高教育质量为核心,以自我评估为手段,从思想教育、教学管理、服务保障、安全稳定四方面着手,逐步形成贯通培养目标、培养模式、过程监控、培养结果等人才培养全过程的内部质量保障系统,助力学生成长成才。

为了研究的需要,我们选取厦门大学少数民族预科班作个案分析,通过搜集、调取、整理委托培养学生与自主培养学生的学习成绩、在校表现情况等相关数据,观测政策评估效果。为了直观地进行对比,我们计划采用厦门大学最后一批委托培养的学生与第一批自主培养的学生进行学业成绩比较分析。2014 级少数民族预科生(即 2015 级本科生)有 65人,是最后一批在黄河科技学院学习的学生。2015 级少数民族预科生(即 2016 级本科生)有 62 人,是第一批在厦门大学自主培养的学生。两批学生人数接近,整体样本量较小,易于对比分析。为了比较这两批学生的学习成绩,我们计划采用两批学生在大一期间的成绩,分析最后一批在黄河科技学院委托培养的学生和第一批在厦门大学自主培养的学生在大一期间的学习表现。因此,我们的研究对象是2014级预科转2015级本科生和2015级预科生转2016级本科生。

3.研究假设

我们假设,自主培养的少数民族预科生到了本科阶段后更能促进学业成绩的提高,学习积极性更高、动力更强,学习效果更好。反之假设,亦可。同时,影响学生学习成绩的因素有很多,比如学生本身的素质及潜质等,我们进一步假设其他因素保持不变,只分析学习环境(培养院校的教育管理)对学生学习成绩的影响。

4.数据分析

我们调取的是厦门大学教务处2015级本科生(原2014级预科生)、2016级本科生(原2015级预科生)两批学生大一成绩。这些数据是真实可靠的,也印证了该项研究的真实性与客观性。同时,我们也调取了《厦门大学本科教育质量调查问卷(2017年度)》中的相关数据。通过观察学生对委托培养与自主培养的学习态度,调查学生在校期间的学习状态、学习体验等,分析研究学生在本科期间的适应性与融合度。

大数据时代,通过对数据进行整合,从中寻找关系、发现规律,然后再加以总结、形成结论,这将有助于发现更多意外的"发现"。[3]我们采用两批学生上了大一之后的学习成绩表现,通过SPSS进行描述统计分析。由于学生分布校区、学院、专业不尽相同,在大一期间修读的课程不尽相同,现将两批学生所有必修课程与选修课程进行大数据整理分析。具体统计结果如表1所示。

表1 2015级本科与2016级本科大一期间平均成绩统计

单位:分

少数民族预科转本科		学生数	平均数	标准偏差	标准错误平均值
平均成绩	自主培养	62	74.906	6.373	0.809
	委托培养	65	74.397	8.826	1.095

数据来源:厦门大学教务处。

通过表1,我们发现,自主培养的学生的平均成绩是74.906分,委托培养的学生的平均成绩是74.397分,自主培养的比委托培养的成绩高0.509分;自主培养的学生的标准偏差是6.373分,委托培养的学生的标准偏差是8.826分,自主培养的比委托培养的标准偏差少2.453分,说明自主培养学生的分数与平均分数的距离比较小,自主培养的学生之间的差距比委托培养的学生之间的差距小。

表2　2015级本科与2016级本科大一期间学分绩点统计

单位:学分

少数民族预科转本科		学生数	平均数	标准偏差	标准错误平均值
学分绩点	自主培养	62	2.564	0.535	0.068
	委托培养	65	2.559	0.689	0.085

数据来源:厦门大学教务处。

通过表2,我们发现,自主培养的学生的学分绩点是2.564,委托培养的学生的学分绩点是2.559,自主培养的比委托培养的学分绩点高0.005;自主培养的学生的标准偏差是0.535,委托培养的学生的标准偏差是0.689,自主培养的比委托培养的标准偏差少0.154,说明自主培养学生的绩点与平均绩点的距离比较小,说明自主培养的学生之间的差距比委托培养的学生之间的差距小。

表3　2015级本科与2016级本科大一重修门数统计

少数民族预科转本科		学生数	平均数	标准偏差	标准错误平均值
重修门数	自主培养	62	1.194	1.3771	0.1749
	委托培养	65	1.723	2.2604	0.2804

数据来源:厦门大学教务处。

自主培养的学生的重修门数是1.194,委托培养的学生的重修门数是1.723,自主培养的比委托培养的重修门数少;自主培养的学生的标准偏差是1.377,委托培养的学生的标准偏差是2.260,自主培养的比委托培养的标准偏差小,说明自主培养的学生之间的差距比委托培养的学生之间的差距小。

表4　2015级本科与2016级本科大一期间对学校情感数据统计

少数民族预科转本科		学生数	你觉得自己是否属于学校的一分子?	你是否愿意推荐他人来就读厦大?
学校情感	自主培养	62	96.30%	88.90%
	委托培养	65	95.83%	83.30%

数据来源:厦门大学本科教育质量调查问卷(2017年度)。

通过表4,我们发现,自主培养的学生觉得自己属于学校的一分子的比例为96.30%,委托培养学生觉得自己属于学校的一分子的比例为95.83%,自主培养的比委托培养的高;自主培养的学生愿意推荐他人来就读厦大的比例为88.90%,委托培养学生愿意推荐他人来就读厦大的比例为83.30%,自主培养的比委托培养的高。

三、其他材料佐证

作为少数民族学生的教育管理者,长时期和少数民族预科班学生接触交流互动,获得第一手资料,更能从实际观察入手,从原始资料中归纳出经验概括。通过与学生访谈,当问及学生是否愿意回到招生院校学习时,两批学生大都表达了到招生院校就读的意向,尤其是当招生院校的综合实力和人才培养质量比委托院校排名较高时,这种意愿更加强烈。学生认为,在自己的学校有更多的学习资源,发展机更多,衔接性更好,学习体验更好;与老师、学长学姐接触接触机更多,融合性更好,身份认同感强,归属感更强;对本科教育的认知更加明确,对本科专业、能力锻炼、未来发展、就业方向的认知更加深入。

此外,通过3年来对厦门大学少数民族预科班学生的观察,我们发现学生在思想成长、能力锻炼与自信心建立方面得到快速发展。比如,在思想政治素质方面:学生理想信念进一步增强。厦门大学少数民族预科班学生对习近平新时代中国特色社会主义思想和党的十九大精神,对马克思主义"五观""五个认同"和"三个离不开"的思想,对我国多民族多元一体的历史格局和中华民族共同体意识,有了更深刻的理解。在厦门大学"党的创新理论暨十九大精神"知识竞赛中,少数民族预科班代表队从学校30个单位中脱颖而出,获得总决赛亚军。少数民族预科班学生还通过座谈会、撰写心得体会等方式,纷纷发声亮剑,传播社会正能量,以自己的实际言行,表明了同"三股势力"作斗争的坚定立场,以及维护民族团结、社会稳定、祖国统一的坚定决心和不忘初心跟党走的坚定信念。再如,在"第二课堂"参与方面:少数民族预科班各项校园文化活动比赛成绩斐然,学生更加自信。少数民族预科班学生积极参加校园的文体活动比赛,和全校本科生同台竞争,当仁不让,多次获得国家级、省级、校级奖项。如,少数民族预科班学生多次获得全国大学生青春健康演讲大赛优秀风采奖、福建省红十字会演讲比赛三等奖、厦门大学演讲比赛冠军、全校卫生检查六连冠、趣味运动会冠军、心理剧全校总决赛冠军,等等。2016级少数民族预科班有68位学生,转升大一后,有10位同学担任团支部书记、班长等主要学生干部,人才培养效果初显。

四、结论与讨论

通过以上两批学生大一学业成绩的数据统计,我们发现:厦门大学自主培养的少数民族预科转本科学生,经过在厦门大学预科阶段的学习生活,学生学习的积极性和主动性较高,学业基础较为扎实,在大一期间学习成绩较委托培养的学生好,更快地适应大学本科阶段学习生活。从教育质量调查结果及其他材料分析,可以看出:厦门大学自主培养的少数民族预科转本科学生,经过在厦门大学的预科阶段学习生活,对学校的适应性更好,身份认同感明显增强,对学校的归属感更强,对自己下一阶段的本科专业学习更加明确,对自己的认识定位、学业生涯和未来发展更加自信。

当然,这里还可以进一步讨论,假如我们自主培养的学生在大一期间的学业成绩不理想,还可以回头检验预科阶段的培养过程,分析问题症结所在,查找原因,对预科教育培养实行更有针对性的内部质量监测,强化教学管理,为学生顺利进入本科阶段、学好大学课程奠定良好基础,为本科专业培养和输送合格的预科结业生。

因此,通过厦门大学这一案例分析,我们可以初步验证,国家对少数民族预科班培养院校结构布局的政策调整效果较好,呈积极发展态势。当然,为了经得住实践检验,后续研究中,通过更长时间的持续个案跟踪、观察,以及更多自主培养高校的教育质量分析,能得出更有说服力的政策评估效果,更好地为国家决策提供现实依据。

参考文献

[1]《普通高等学校少数民族预科班、民族班管理办法》,http://www.moe.gov.cn/srcsite/A09/moe_751/200502/t20050228_8454.html,访问日期:2019 年 10 月 5 日。

[2]《教育部办公厅关于切实做好高校少数民族预科学生自主培养工作的通知》,http://www.moe.gov.cn/srcsite/A09/moe_751/201804/t20180411_332868.html,访问日期:2019 年 10 月 5 日。

[3]朱建平、张悦涵:《大数据时代对传统统计学变革的思考》,《统计研究》2016 年第2 期。